金融硕士(MF)考试辅导用书

金融学综合真题汇编及详解

(第10版)

科兴教育　编

中国石化出版社

内 容 提 要

本书是配合教育部命制的431金融学综合考试大纲而编写的考试辅导用书，整个系列有《金融学综合复习指南》《金融学综合习题精编》《金融学综合真题汇编及详解》《金融学综合计算专题24讲》《金融学综合热点突破》五本，分别适用于第一、二、三轮复习。

《金融学综合真题汇编及详解》收集了51套最近5年(包括2022年)各大名校具有典型代表性的金融硕士431金融学综合考试真题，并提供参考答案与解析。本书在为试题提供参考答案时，尽量详细解析相关考点，并且适时进行归纳总结，做到讲练合一。

本书适用于参加金融硕士(MF)考试的考生，也可供高等院校金融学专业的师生参考。

图书在版编目(CIP)数据

金融学综合真题汇编及详解 / 科兴教育编. —10版. —北京：中国石化出版社，2022.5(2022.8重印)
金融硕士(MF)考试辅导用书
ISBN 978-7-5114-6676-1

Ⅰ. ①金… Ⅱ. ①科… Ⅲ. ①金融学-研究生-入学考试-题解 Ⅳ. ①F830-44

中国版本图书馆CIP数据核字(2022)第067124号

中国石化出版社出版发行

地址：北京市东城区安定门外大街58号
邮编：100011 电话：(010)57512500
发行部电话：(010)57512575
http://www.sinopec-press.com
E-mail:press@sinopec.com
北京柏力行彩印有限公司印刷
全国各地新华书店经销

*

787×1092毫米 16开本 26.25印张 659千字
2022年5月第10版 2022年8月第2次印刷
定价：69.00元

前　言

本书是配合教育部命制的431金融学综合考试大纲而编写的考试辅导用书，整个系列有《金融学综合复习指南》《金融学综合习题精编》《金融学综合真题汇编及详解》《金融学综合计算专题24讲》《金融学综合热点突破》五本，其中，复习指南适用于第一轮复习，习题精编适用于第二轮复习，其余三本适用于第三轮复习。

《金融学综合真题汇编及详解》有两大用途：一方面，考生通过分析和对比各高校的真题，能够迅速准确地确定适合自己水平和风格的高校；另一方面，各高校真题之间存在或多或少的可借鉴之处，考生通过练习兄弟院校真题能够拓宽答题思路。

时至2022年，本书已经出版发行到第10版。本次改版主要体现在以下方面：

一、试卷挑选的规范性。第10版一共收集了51份各高校的金融学综合试题，这是我们在认真研究500多份试卷的基础上挑选出来的，挑选的每一份试卷都有存在的价值。在筛选试卷的过程中，我们考虑了诸多因素。首先，试题的难度要适中，太难或太简单都没有收录的必要；其次，试题的质量要有保障，那些命题随意，随便出几道名词解释和简答论述题就想敷衍考生的试卷首先会被淘汰；再次，试题的题型要具有普遍性，我们选取的试卷一般有单选题、名词解释、简答题、计算题和论述题，能应对绝大多数高校的复习备考；最后，试题题目要有时效性，金融这个学科与现实生活情境联系密切，时间较早的试题参考价值较低，第10版只收录2018年及以后的试题。

二、试题解析的准确性。第10版中约收录了约2000道试题，我们为每一道试题做了详细解析，使考生在学习的过程中能够知其然并知其所以然。由于每所高校命题的侧重点和使用的参考书并不一致，因此做试题解析的工作量是非常大的。为了保证试题解析的准确性，我们参阅了大量的参考资料。

三、教材知识的拓展性。第10版的每份试卷都设置了“科兴点评”的插件，或简评试题难度，或推荐参考用书，或阐述命题规律。同时，还在不少试题下增加了“科兴提示”的插件，或归纳总结，或知识拓展，或说明题源。考生备考的时间是宝贵的，我们希望能在有限的时间内为考生提供更多的实质性帮助。

由于图书篇幅有限，我们删除了部分命题重复率较高、时间较早的试题，删除的试卷及其解析可以加本书读者答疑QQ群：883680756进行下载。同时，我们也会在答疑群中定期提供勘误。下表是可以下载的试卷名单。

高校	年份	高校	年份
东北财经大学	2011—2013+2017	江西财经大学	2011—2016
南开大学	2011—2016	武汉大学	2011—2015
清华大学	2013—2017	厦门大学	2011—2014
中国海洋大学	2011—2013+2018	首都经济贸易大学	2011—2016
中山大学	2011—2017	暨南大学	2011—2013+2016—2017
华南理工大学	2011—2015+2017	中国科学与技术大学	2013—2016
南京航空航天大学	2014—2015	浙江财经大学	2011—2016
中央财经大学	2011—2017	对外经济贸易大学	2011—2017
浙江工商大学	2011—2015+2020	中国人民大学	2011—2013+2015
苏州大学	2013—2014	重庆大学	2013+2016
上海交通大学	2012	上海大学	2014
电子科技大学	2016	宁波大学	2020
四川大学	2016—2017	上海理工大学	2015—2017
华侨大学	2011—2014	湖南大学	2011+2013+2017
中南财经政法大学	2018	山东财经大学	2021

由于时间和编者水平所限，再加上各高校试题考试侧重点和参考用书区别很大，本书肯定还存在诸多不当之处。如果您在学习过程中发现错误或者有其他建议，请发邮件至 275443204@qq.com 进行反馈与交流。

科兴教育

2022 年 4 月

目　录
CONTENTS

2018 年真题

2019 年真题

2020 年真题

2021 年真题

2022 年真题

重庆大学 2018 年金融学综合试题

金融学(90 分)

一、单项选择题(每题 2 分，共 30 分)

1. 我们通常所说的负利率是指(　　)。
   A. 名义利率为负　　B. 名义利率低于实际利率
   C. 实际利率为负　　D. 存款利率低于贷款利率
2. 近年来异常火爆的区块链的基本原理就是一种(　　)系统。
   A. 中心化的分布式记账　　B. 去中心化的分布式记账
   C. 中心化的复式记账　　D. 去中心化的复式记账
3. 商业银行的存贷比例一般是指(　　)。
   A. 贷款/存款　　B. 存款/贷款
   C. 存款/(存款+贷款)　　D. 贷款/(存款+贷款)
4. 通常，下列金融产品主要以场外交易(OTC)为主的是(　　)。
   A. 股指期货　　B. 欧式期权　　C. ETF 基金　　D. 外汇掉期
5. 截至 2017 年 11 月，在国际货币基金组织特别提款权货币篮子中，占比最低的是(　　)。
   A. 日元　　B. 英镑　　C. 欧元　　D. 人民币
6. 米德冲突主要分析的是(　　)。
   A. 固定汇率制度下，失业与经常账户逆差并存或者通货膨胀与经常账户顺差并存两种经济状况下的政策困境
   B. 浮动汇率制度下，失业与经常账户逆差并存或者通货膨胀与经常账户顺差并存两种经济状况下的政策困境
   C. 浮动汇率制度下，资本自由流动和货币政策自主性之间的政策冲突
   D. 固定汇率制度下，资本自由流动和货币政策自主性之间的政策冲突
7. 看跌期权的买方具有在约定价格内按(　　)价格卖出一定数量某种资产的权力。
   A. 市场价格　　B. 买入价格　　C. 卖出价格　　D. 协议价格
8. 从货币当局采取行动开始直到对正常目标产生影响为止的这段过程，一般被称为(　　)。
   A. 认识时滞　　B. 内部时滞　　C. 外部时滞　　D. 行动时滞
9. 下列哪个著名的债券评级机构不是美国的？(　　)
   A. 大公国际　　B. 标准普尔　　C. 穆迪　　D. 惠誉
10. 以下不属于在货币市场上交易的金融产品是(　　)
    A. 银行承兑汇票　　B. 回购协议
    C. 短期政府国资　　D. 银行中期债券
11. 下列关于商业银行中间业务特点的说法中，错误的是(　　)。
    A. 提供资金与服务相分离，可以充分利用非资金资源
    B. 成本较低，收益较高
    C. 透明度高，易于监管

D. 以接受客户委托的方式为主来开展业务

12.“通货膨胀无论何时何地都是一种货币现象”，这一经典论断由(　　)提出。

A. 凯恩斯　　B. 弗里德曼　　C. 莫顿　　D. 克鲁格曼

13. 可转让支付命令账户(NOW)是对(　　)签发的类似于支票的凭证。

A. 活期存款　　B. 储蓄存款

C. 定期存款　　D. 活期存款+定期存款+储蓄存款

14. 中国人民银行资产负债表中的“储备货币”是指(　　)。

A. 外汇储备　　B. 法定存款准备金　　C. 基础货币　　D. 超额存款准备

15. 费雪方程式主要强调的是货币的(　　)功能。

A. 交易手段　　B. 价值储存　　C. 资产属性　　D. 保值增值

二、分析计算题(10 分)

A 银行获得央行 20000 元贴现贷款，银行体系法定存款准备金率为 20%，A 银行超额准备金率为 10%，现金流失率为 20%。

(1) 分析计算存款乘数?

(2) 计算银行体系可以创造的货币总额。

三、简答题(每题 10 分，共 30 分)

1. 简述外汇完全可兑换的主要内容。

2. 简述发展中国家普遍存在的金融抑制的主要政策原因。

3. 简述货币供给内生性和外生性的主要内容。

四、论述题(20 分)

防范系统金融风险

2017 年 7 月 12 日，《人民日报》提到，我们既要防“黑天鹅”也要防“灰犀牛”，对各类风险苗头既不能掉以轻心，也不能置若罔闻。事实上，作为不同的风险事件类型，“灰犀牛”和“黑天鹅”有区别更有联系，不能将两者完全割裂。

目前，我国政府非常重视防范和化解金融风险，始终要守住底线，特别是守住不发生系统性金融风险的底线。而“黑天鹅”和“灰犀牛”都有可能冲击金融风险的底线，要以不同的思路和方法应对防范。

2017 年 10 月 19 日，央行行长周小川在介绍如何守住不发生系统性金融风险底线时，要重点防止“明斯基时刻”出现所引发的剧烈调整。

阅读以上材料，请结合相关的金融理论知识回答以下问题：

(1) 材料中提到的灰犀牛和明斯基时刻分别指什么?

(2) 结合材料说明我国目前在哪些领域存在着灰犀牛和明斯基时刻? 为什么?

公司理财(60 分)

一、单项选择题(每题 2 分，共 30 分)

1. 某企业全部资本为 200 万，负债比率为 40%，债务利息为 12%，每年支付优先股股利 1.44 万，所得税 40%，每年息税前收益 32 万，则该企业的财务杠杆为(　　)。

A. 1.60　　B. 1.70　　C. 1.80　　D. 1.90

2. 证券承销的信用风险主要表现为，(　　)不在指定的时间内向证券公司支付承销费用，从而给证券公司带来相应的损失。

A. 管理人　　B. 委托人　　C. 代理人　　D. 发行人

3. 以下不会改变企业项目内部收益率的因素是(　　)。

A. 项目初始投资额　　B. 项目经营期现金流

C. 项目资本成本率　　D. 项目周期

4. K 线图中通常包含四个不同的价格，而其中最重要的价格为(　　)。

A. 开盘价　　B. 收盘价　　C. 最高价　　D. 最低价

5. 对于债务重组的理解，下列说法中错误的是(　　)。

A. 债务重组的前提是债务人发生财务困境

B. 债权人做出让步是债务重组的必要条件

C. 债权人减免债务人部分债务本金属于债务重组

D. 债权人同意债务人延期支付款项属于债务重组

6. 下列行业中属于典型的周期性行业的是(　　)。

A. 房地产业　　B. 计算机业　　C. 食品业　　D. 公共事业

7. 某公司发行面值为 100 元，股利率为 8%，发行价格为 120 元，发行成本为发行价格的 10%，则该优先股的融资成本为(　　)。

A. 6.54%　　B. 7.41%　　C. 8.57%　　D. 9.32%

8. 通常不反映企业盈利能力的指标是(　　)。

A. 每股收益　　B. 净资产收益率　　C. 总资产周转率　　D. 权益报酬率

9. A 是一个风险厌恶的投资者，而 B 的风险厌恶程度小于 A，那么(　　)。

A. 对于相同的风险，B 比 A 要求更高的回报率

B. 对于相同的收益率，A 比 B 能忍受更高的风险

C. 对于相同的风险，A 比 B 要求降低的收益率

D. 对于相同的收益率，B 比 A 能忍受更高的风险

10. 一般而言，某个包含风险资产组合的方差是(　　)。

A. 组合中各个证券方差的加权和

B. 组合中各个证券方差和协方差的和

C. 组合中各个证券方差和协方差的加权和

D. 组合中各个证券协方差的加权和

11. 市场上开放基金的发行价格一般会(　　)。

A. 由于费用和佣金的存在而低于净资产价格

B. 由于费用和佣金的存在而高于净资产价格

C. 由于有限的需求的存在而低于净资产价格

D. 由于超额的需求的存在而高于净资产价格

12. 下列关于股票股利的表达，正确的是(　　)。

A. 股票股利直接增加股东的财富

B. 股票股利导致公司的资产流出

C. 股票股利会导致公司资产的增加

D. 股票股利会引起所有者权益各项目的结构变化

13. 通常，企业进行现金管理的主要目的表现为(　　)。

A. 加权现金周转速度

B. 增加企业应付紧急情况的能力

C. 提高企业控制现金的能力

D. 努力降低现金短缺

14. 认股权证实际上相当于是一种普通股票的(　　)。

A. 欧式期权　　B. 美式期权　　C. 看涨期权　　D. 看跌期权

15. 如若到期时间和到期收益率不变，当息票利率增加时，债券的久期与利率敏感度将分别为(　　)。

A. 变长和增加　　B. 变长和减少　　C. 缩短和增加　　D. 缩短和减少

二、计算题(每题 15 分，共 30 分)

1. 一两年期债券票面价格是 1000，票面收益率是 5%，首次发行价格为 900，每年计息一次。

(1) 计算债券的当期收益率；

(2) 若持有至到期的到期收益率；

(3) 若在第二年将债券以 950 元的价格卖出，计算其收益率。

2. A、B 都希望借入五年期 1000 万美元的贷款，A 希望以浮动利率借入，B 希望以固定利率借入。市场可以借给 AB 的贷款类型如下：

	固定利率	浮动利率
A 公司	5%	六个月 LIBOR+0.5%
B 公司	6%	六个月 LIBOR+0.8%

(1) AB 之间进行利率互换，互换收益在 AB 之间均等分享，请你设计互换方案，并计算互换之后 AB 的实际利率；

(2) AB 分别与银行进行利率互换，中介银行收取 0.1%的中介费，其余互换收益在 AB 间均等分割，请你设计互换方案，并计算互换后的 AB 实际利率；

(3) 在(2)的方案下计算 A 在这笔贷款中所能节省的利息费用。

重庆大学 2018 年金融学综合试题解析

金融学(90 分)

一、单项选择题(每题 2 分，共 30 分)

1. C。我们通常说得负利率是实际利率为负，即名义利率低于通货膨胀率。但现实中，出现了名义利率为负的情况，打破了凯恩斯的零利率下限。

2. B。区块链技术是一种融合了分布式账本技术以及共享投票机制的颠覆性科技，它可以取代掉任何涉及中间环节的一切人类行为，解决人类终究的信任问题。区块链包括两个部分：区块跟链。区块就是一个个记录单元，用链把这些区块拴在一起就是区块链。每个区块跟别的区块发生交易，这个区块就要向周围所有区块进行广播通知，告诉他们自己要进行的这笔交易，其他区块进行确认通过，这个交易才能完成。然后这笔交易就会被记录在包括这个区块在内的所有区块上面，且记录不可篡改，不可逆。就算某个区块的记录被篡改，所有区块也不可能全部被篡改(那样困难大到不可能实现)。这样就保证了每笔交易的公开、透明。在这样的模式中，就完全不需要中间机构进行担保、核算之类的工作。所以他是完全去中心化的。

3. A。银行存贷比，即银行贷款总额/存款总额，从银行盈利的角度讲，存贷比越高越好，因为存款是要付息的。从银行抵抗风险的角度讲，存贷比例不宜过高。

4. D。场外交易，指交易双方直接成为交易对手的交易方式。掉期交易和远期交易是具有代表性的柜台交易的衍生产品。

5. B。2016 年 10 月 1 日人民币加入 SDR。此后，SDR 由美元、欧元、人民币、日元和英镑五种货币的当期汇率定值，所占权重分别为 41.73%、30.93%、10.92%、8.33%和 8.09%。

6. A。英国经济学家詹姆斯·米德于 1951 年在其名著《国际收支》中最早提出了固定汇率制下的内外均衡冲突问题。在米德的分析中，内外均衡的冲突一般是指在固定汇率下，失业增加、经常账户逆差或通货膨胀、经常账户盈余这两种特定的内外经济状况组合。

7. D。卖出期权又称看跌期权，指期权的买方具有在约定期限内按协定价格卖出一定数量金融工具的权利。交易者买入看跌期权，是因为他预期该项金融工具的价格在近期内将会下跌。如果判断正确，可从市场上以较低的价格买入该项金融工具，再按协定价卖给期权的卖方，将赚取协定价与市价的差额；如果判断失误，将损失期权费。

8. C。货币政策时滞包括内部时滞和外部时滞。内部时滞指从政策制订到货币当局采取该行动之间的一段时间，一般包括认识时滞和行动时滞。认识时滞指经济金融情况变化需要货币当局采取行动到货币当局认识到这种变化并承认需要调整货币政策间的时间间隔。行动时滞指货币当局认识到需要调整货币政策到实际采取行动之间的时间间隔。外部时滞指从货币当局采取行动直到对政策目标产生影响为止这段过程。

9. A。大公国际是中国信用评级与风险分析研究的专业机构，是面向全球的中国信用信息与决策解决方案的主要服务商。

10. D。选项 D 银行中期债券为资本市场工具，是指期限在一年以上的长期资本借贷或证券发行与交易的市场。

11. C。商业银行为了增加收益，往往会采用表内业务表外化的手段，这种操作透明度很低，不容易监管。

12. B。货币学派认为货币是中性的，通货膨胀产生的根本原因是货币超发。

13. A。NOW 账户亦称附息支票账户。NOW 账户有一个明显优势，就是存款余额可以生息，而商业银行是不能为活期存款支付利息的。同时，NOW 账户是参加存款保险的。

14. C。央行资产负债表中的储备货币，即基础货币，包括货币发行和其他存款性公司存款。其中货币发行由金融机构库存现金和流通中的货币两部分组成。

15. A。费雪方程式强调货币的交易手段职能，认为货币数量决定着物价水平。

二、分析计算题(10 分)

（1）商业银行的存款乘数为：$d=\frac{1}{r_d+e+k}=\frac{1}{20\%+20\%+10\%}=2$

（2）则可以创造的货币总额为：$D=\frac{20000}{\frac{1}{2}}=40000$ 元

【科兴提示】存款乘数是站在商业银行的角度来看待货币创造，货币乘数则是站在中央银行的角度来看待货币创造。二者并不是一回事，区别在于分子。

三、简答题(每题 10 分，共 30 分)

1. 外汇完全可兑换是指一种货币不仅在国际收支经常性往来中可以自由兑换成其他货币，而且在资本项目上也可以自由兑换。外汇完全可兑换一般包括对内完全可兑换和对外完全可兑换。对内可兑换是指居民可以在国内自由持有外币资产，如银行外币存款，并可自由地在国内把本国货币兑换成外币资产。这种对内可兑换不等于允许对国外支付或在国外持有外币资产，也不意味着允许居民持有除外汇以外任何非居民债权的金融资产。对外可兑换是指居民可以在境外自由持有外汇资产和自由对外支付，但并不一定意味着居民可以在境内自由持有外汇资产和兑换外汇。通常所说的可兑换是指对外可兑换。

外汇完全可兑换意味着一国取消对一切外汇收支的管制：居民不仅可以通过经济账户交易，也可自由地通过资本账户交易获得；所获外汇既可在外汇市场上出售，也可自行在国内或国外持有；经常账户的资本账户项下交易所需的外汇可自由在外汇市场上购得；国内外居民也可以将本币换成外币在国内外持有，满足资产需求。目前世界上只有美国、德国等少数国家宣布其货币资本项目可兑换，但实际上仍时常对货币兑换进行干预。

2. 金融抑制是由于政府当局没有能够有效地控制通货膨胀，或者过渡干预金融市场，将利率汇率人为地压低所造成的金融体系与实体经济两方面均呆滞不前的现象。金融抑制是与发展中国家的基本经济状况分不开的，经济发展落后，金融体系不健全的状况是产生金融抑制的根源。具体表现在以下几方面：

首先，很多发展中国家，货币化的程度远远低于发达国家，那么在国民生产总值中，货币交易所占的比值就比较小。而货币是金融发展的重要因素之一，低下的货币交易比值也就决定了本国的金融业处于不发达的地位，所以就更不用说用金融的发展来促进经济的发展。

其次，很多发展中国家的金融部门存在严重的二元结构特征，即存在现代金融部门和传统的金融部门并存的现象，这是和二元经济紧密结合起来的。经济的发展不平衡就有可能导致金融发展的不平衡，所以也很容易产生金融抑制。

再次，在很多发展中国家，政府部门对利率和汇率都实行了不同程度的管制，对金融活动也管制许多，利率和汇率本来就是一过货币市场很重要的指标，他们都是价格的供求的反映，如果人为的管制他们，势必会导致价格的扭曲，完全不能反映货币的供求关系，这样不利于货币当局管理货币，严重的时候甚至会导致通货膨胀现象。

3. 货币外生性，也即货币供给的外生性，是指货币供应量并不是由经济因素，如收入、储蓄、投资、消费等因素决定的，而是由中央银行在经济体系之外独立控制的。中央银行可以通过变动货币供给量来调节物价水平、利率以及实际产出等因素，而不是相反。无论是在以一般均衡论为代表的新古典经济学中，还是在以 IS-LM 模型为代表的凯恩斯主流经济学中，都假定货币供给是外生性的。

与货币外生性相反，货币内生性是指，货币供应量是在一个经济体系内部由多种因素和主体共同决定的，中央银行只是其中一部分。因此，中央银行并不能单独决定货币供应量，起决定作用的是经济体系中实现变量及微观主体的经济行为等因素。它表明：流通中的货币是由经济运行本身的内在要求决定的，中央银行的货币供给并不是一种主动的选择行为，而是一种被动的适应性行为。

四、论述题(20 分)

(1)“灰犀牛”事件主要指明显的、高概率的却又屡屡被人忽视最终有可能酿成大危机的事件。灰犀牛体型笨重、反应迟缓，你能看见它在远处，却毫不在意，一旦它向你狂奔而来，定会让你猝不及防，直接被扑倒在地。“灰犀牛”事件是高可能性事件，在发生前往往有一系列的征兆，但人们没发现，或发现了不重视，或重视却不见行动，“灰犀牛”事件发生后可以给世界和个人生活带来巨大的灾难。

明斯基时刻是指美国经济学家海曼．明斯基所描述的时刻，即资产价值崩溃的时刻。明斯基认为，经济有天生内在的不稳定性，在经济繁荣的时候，因为企业利润增加、现金流充沛，企业有较强的能力及冲动加大投资，投资的增加反过来促进了经济进一步繁荣。在繁荣的表象下，企业越来越倾向于通过借短投长来获得收益，并使得社会融资中投资性融资和庞氏融资的比例上升，后两类融资的泛滥，将引致金融体系的脆弱性，最终导致出现“明斯基时刻”：即资产价格暴跌，随后经济陷入通货紧缩和去杠杆导致的漫长经济萧条。

【科兴提示】“黑天鹅”和“灰犀牛”这两个概念分别来自两本书——《黑天鹅：如何应对不可预知的未来》和《灰犀牛：如何应对大概率危机》，作者分别是美国纳西姆·尼古拉斯·塔勒布和米歇尔·渥克。“黑天鹅”事件指非常难以预测，且不寻常的事件，通常会引起市场连锁负面反应甚至颠覆。黑天鹅事件来源为在发现澳大利亚的黑天鹅之前，17 世纪之前的欧洲人认为天鹅都是白色的。但随着第一只黑天鹅的出现，这个不可动摇的信念崩溃了。黑天鹅的存在寓意着不可预测的重大稀有事件，它在意料之外，却又改变着一切。人类总是过度相信经验，而不知道一只黑天鹅的出现就足以颠覆一切。然而，无论是在对股市的预期，还是政府的决策，或是普通人日常简单的抉择中，黑天鹅都是无法预测的。

（2）我国目前存在灰犀牛和明斯基时刻的领域有：

首先是“僵尸企业”大规模债务违约风险。“僵尸企业”的首要特点是收不抵支，按照法律和市场原则应进行重组或破产清算，然而由于各地方政府考虑到就业、经济指标等政绩需要，要求地方性中小金融机构提供源源不断的资金支持。一旦“僵尸企业”进入全面破产清算阶段，势必爆发大规模债务违约，造成系统性金融风险。

其次是部分地区房地产市场价格的持续下行。房地产市场是中国经济和金融体系的“周期之母”。在本轮房地产上涨与调控周期中，房地产家庭资产配置的金融属性和投机属性，远远超出其居住属性，这才有中央掷地有声的“房住不炒”的定位。特别是在一二线核心城市及其周边地区，在房价快速上涨期，通过首付贷、短期消费贷等高杠杆炒房现象十分普遍，北京、上海等城市非限购的商住房及其周边地区的商品房，成为高杠杆炒房的重灾区。

最后是影子银行等表外业务风险集中爆发。在此次金融监管风暴之前，商业银行表外业务处于监管灰色地带，也是资金空转的主要方式。资产规模的急剧扩张必然伴随着各种不断攀升的金融风险。一旦刚性兑付打破，风险快速蔓延，也将是影子银行及其关联资产的“明斯基时刻”的来临。

除了上述三个领域，最近互联网金融领域热炒的现金贷、地方融资平台的债务风险等，也可能成为引发系统性金融风险。

公司理财(60 分)

一、单项选择题(每题 2 分，共 30 分)

1. A。对于发行优先股的企业，财务杠杆系数为：

$$DFL = \frac{EBIT}{EBIT - I - \dfrac{d}{1 - T}} = \frac{32}{32 - 200 \times 40\% \times 12\% - \dfrac{1.44}{1 - 40\%}} = 1.6$$

2. D。证券承销的信用风险一般是针对发行人而言的。在债券承销业务中，主承销商一般对发行人信用等级设置要求，发行人具有 AAA、AA 信用评级备受承销商青睐。

3. C。内部报酬率是指使项目投资期内净现值为零时的折现率，独立于项目本身的资本成本率。

4. B。K 线理论和其他技术分析方法一样，将收盘价作为最重要的价格，而不理会其他 3 个价格。

5. D。债权人同意债务人延期支付款项不属于债务重组，这种情况债权人并未做出让步，因为债务重组准则不考虑资金的时间价值因素。

6. A。根据行业变动与国民经济总体周期变动之间的关系，可将行业分为三类：增长型行业、周期型行业和防守型行业。计算机业属于增长型行业，食品业和公用事业属于防守型行业，房地产业属于周期性行业。

7. B。该优先股的发行成本是 120×10%＝12(元)，优先股的股利 D＝100×8%＝8（元），所以优先股的融资成本 R＝D/P＝8/(120−12)＝7.41%。

8. C。总资产周转率是反映企业营运能力的指标。

9. D。风险厌恶是投资者对投资风险反感的态度。B 的风险厌恶程度低于 A，则意味着在相同的收益下，B 比 A 能够忍受更高的风险。

10. C。有风险证券组合的方差是其中单个证券方差和它们之间协方差的加权和。

11. B。因为开放基金可以在需要时以净资产价格赎回，所以不可能在低于净资产价格时卖出，但是，费用和佣金使得价格高于净资产价格。

12. D。公司派发股票股利，不会导致股东财富的增加，也不会导致公司资产的流出和引起负债的增加，但会引起所有者权益各项目的结构发生变化。

13. A。现金管理的目的在于加速企业现金周转速度，提高现金的使用率。

14. C。从内容上看，认股权证的持有者可以在规定的期限内以事先确定的价格买入公司发行的股票，相当于股票的长期看涨期权。

15. D。如果债券息票率增加，意味着前期的现金流变大，按照久期的概念可知债券久期缩短，敏感度降低。

二、计算题(每题 15 分，共 30 分)

1. (1) 当期收益率是债券的年息除以债券当前的市场价格所计算出的收益率。

$$y = \frac{C}{P} = \frac{5\% \times 1000}{900} \approx 5.56\%$$

(2) 到期收益率是使得某一债务工具所有未来偿付额的现值等于它今天的价值的价值的利率。则：

$$900 = \frac{50}{1+y} + \frac{50}{(1+y)^2} + \frac{1000}{(1+y)^2} \Rightarrow y \approx 10.95\%$$

【科兴提示】 用的复利计算债券的到期收益率。当然也可采用单利方法进行近似计算。

$$y = \frac{\frac{A - P_0}{T} + C}{P_0} = \frac{利息 + \frac{面值 - 买价}{到期期限}}{当期价格} = \frac{1000 \times 5\% + \frac{1000 - 900}{2}}{900} \approx 11.11\%$$

(3) 持有期收益率是指从购入到卖出这段特有的期限里所能得到的收益率。则：

$$y = \frac{950 - 900 + 50}{900} = 11.11\%$$

2. (1) 根据已知对两个公司的贷款利率情况进行分析：

	固定利率	浮动利率
A 公司	5%	半年期 LIBOR+0.5%
B 公司	6%	半年期 LIBOR+0.8%
绝对优势	A 公司：1%	A 公司：0.3%
相对优势	A 公司	B 公司

从表中数据知，A 的借款利率均比 B 低，即 A 在两个市场都具有绝对优势，但是在固定利率市场上，A 比 B 的绝对优势为 1%，而在浮动利率市场上，A 比 B 的绝对优势为 0.3%，这就是说，A 在固定利率市场上有比较优势，而 B 在浮动利率市场上有比较优势，这样，双方就可以利用各自的比较优势为对方借款，然后互换，从而达到共同降低筹资成本的目的。

通过发挥各自的比较优势，双方总的筹资成本降低了 0.7%(即 6%+半年期 LIBOR+0.5%-5%-半年期 LIBOR-0.8%=0.7%)，这就是互换的利益，互换利益时双方合作的结果，理应由双方分享，具体分享比例由双方谈判决定，我们假定双方各享受一半，则双方都将使筹资成本降低 0.35%。即双方实际筹资成本分别为：A 支付 LIBOR+0.15%浮动利率给 B，B 支付 5.65%固定利率给 A。

(2) 如果中介银行收取 0.1%的中介费，则双方筹资的总成本为 0.7%-0.1%=0.6%。然后平分互换利益，则双方筹资成本各降低 0.3%。即双方实际筹资成本分别为：A 支付 LIBOR+0.2%浮动利率给 B，B 支付 5.7%固定利率给 A。

(3) 在(2)的方案下，公司 A 在这笔贷款中所能节省的利息费用为 1000×0.3%×5=15 万美元。

【科兴点评】 纵览重庆大学 2018 年试题，虽然考试范围仍然是教育部考试中心的参考大纲，但是试题深度却有明显提升。金融学部分有些原创试题与现实情形结合密切，考查了考生的知识面和对教材知识点的理解与运用能力，相比于往年的简单识记，无疑是一个很大的进步。公司财务部分投资学的比重明显提升，值得注意。

东华大学 2018 年金融学综合试题

一、是非判断题(每题 1 分，共 10 分)

1. SDR 是欧洲经济货币联盟创设的货币。

2. 投资银行与商业银行的区别之一在于，其经营不以营利为目的。

3. 按照基金规模是否变动，共同基金可以分为公司型和契约型。

4. 大部分投资者属于风险中立者。

5. 国库券发行方式大多采用的是溢价发行。

6. 由债权人对债务人发出，命令付款人按照指定的日期、金额向债权人或其他受款人无条件支付的凭证，称作本票。

7. 现代货币数量论的提出者是著名经济学家弗里德曼。

8. 欧洲货币市场是指欧洲国家货币市场。

9. 投资回收期方法考虑了货币的时间价值。

10. 直接破产成本往往与公司财务困难有关。

二、选择题(每题 1 分，共 30 分)

1. 根据中国人民银行的规定，居民活期存款属于货币的哪个层次？(　　)

A. 准货币　　B. 狭义货币　　C. 广义货币　　D. 基础货币

2. 布雷顿森林体系瓦解后，主要资本主义国家普遍实行(　　)。

A. 固定汇率制　　B. 浮动汇率制　　C. 钉住汇率制　　D. 联合浮动

3. 我国的人民币属于(　　)货币。

A. 国内有条件可兑换　　B. 国内自由兑换

C. 国际可兑换　　D. 国际有条件可兑换

4. 商业银行最基本的职能是(　　)。

A. 支付中介　　B. 信用创造　　C. 金融服务　　D. 信用中介

5. 政策性金融机构的资金运用以(　　)为主。

A. 中长期贷款　　B. 短期周转贷款　　C. 贴现票据　　D. 证券投资

6. 在中央银行建立和发展的过程中，最早全面发挥中央银行职能的是(　　)。

A. 英格兰银行　　B. 瑞典银行

C. 美国联邦储备体系　　D. 日本银行

7. 金融市场根据(　　)不同，可以分为货币市场和资本市场。

A. 交易的标的物　　B. 交易证券的新旧

C. 金融工具上约定的期限　　D. 成交后交割时间

8. 商业银行为了满足日常交易之需而持有的通货是指(　　)。

A. 托收中的现金　　B. 在中央银行的存款

C. 存放同业存款　　D. 库存现金

9. 历史上第一个国际货币体系是(　　)。

A. 国际金汇兑本位制　　B. 国际金本位制

C. 布雷顿森林体系　　D. 牙买加体系

10. 购买力平价理论是以(　　)为理论基础

A. 一价定律　　B. 凯恩斯货币需求理论

C. 劳动价值论　　D. 期权定价理论

11. 下列最不可能作为货币的是(　　)。

A. 燕麦　　B. 冰激凌　　C. 香烟　　D. 松香

12. 信用卡透支属于很行的何种业务？(　　)

A. 贴现业务　　B. 放款业务　　C. 汇兑业务　　D. 中间业务

13. 国际储备不包括(　　)。

A. 商业银行储备　　B. 外汇储备

C. 在 IMF 的储备头寸　　D. 特别提款权

14. 目前，我国人民币实施的汇率制度是(　　)。

A. 固定汇率制　　B. 弹性汇率制

C. 有管理浮动汇率制　　D. 钉住汇率制

15. *LIBOR* 是指(　　)。

A. 上海银行间同业拆借利率　　B. 本币相对于其他国家货币的价值

C. 银行资产对利率的敏感性　　D. 伦敦同业拆借利率

16. 香港实行的货币制度是(　　)。

A. 联系汇率制度　　B. 人民币制度　　C. 浮动汇率制度　　D. 金本位制度

17. 实际利率为负，则名义利率与通货膨胀率之间的关系是(　　)。

A. 名义利率高于通货膨胀率　　B. 名义利率低于通货膨胀率

C. 名义利率等于通货膨胀率　　D. 名义利率与通货膨胀率无关

18. 执行价值单方向转移的货币职能是(　　)。

A. 价值尺度　　B. 流通手段　　C. 支付手段　　D. 贮藏手段

19. 某企业持有 3 个月后到期的一年期汇票，面额为 2000 元，银行确定该票据的贴现率为 5%，则贴现金额是(　　)。

A. 1975 元　　B. 1950 元　　C. 25 元　　D. 50 元

20. 商业银行面临的最古老、最常见的风险是(　　)。

A. 市场风险　　B. 利率风险　　C. 流动性风险　　D. 信用风险

21. 下列不属于反映企业短期偿债能力的财务指标是(　　)。

A. 流动比率　　B. 速动比率　　C. 产权比率　　D. 现金流量比率

22. 资金时间价值通常(　　)。

A. 包括风险和物价变动因素　　B. 不包括风险和物价变动因素

C. 包括风险因素但不包括物价变动因素　D. 包括物价变动因素但不包括风险因素

23. 证券组合风险的大小不仅与单个证券的风险有关，而且与各个证券收益间的(　　)有关。

A. 协方差　　B. 标准差　　C. 系数　　D. 标准离差率

24. 假设其他因素不变，当平息债券的折现率高于票面利率时，债券的价值与面值的关系是(　　)。

A. 债券价值大于面值　　B. 债券价值小于面值

C. 债券价值等于面值　　D. 无法确定

25. 某企业的流动资产为 360000 元，长期资产为 4800000 元，流动负债为 205000 元，长期负债 780000 元，则资产负债率为(　　)。

A. 15.12%　　B. 19.09%　　C. 16.25%　　D. 20.52%

26. 相关系数衡量的是(　　)。

A. 单项证券收益变动的大小　　B. 两种证券之间收益变动的大小和方向

C. 单项证券收益变动的方向　　D. 股票价格的波动性

27. 那些由影响所有公司的因素而引起的，不能通过多角化投资分散的风险被称为(　　)。

A. 市场风险　　B. 公司特有风险　　C. 经营风险　　D. 财务风险

28. 下列关于杜邦分析体系的说法中，正确的有(　　)。

A. 权益净利率是杜邦分析体系的核心比率

B. 权益净利率＝资产净利率/权益乘数

C. 权益净利率＝销售净利率×权益乘数

D. 权益净利率不受资产负债率高低的影响

29. 甲方案在五年中每年年初付款 2000 元，乙方案在五年中每年年末付款 2000 元，若利率相同，则两者在第五年末的终值(　　)。

A. 相等　　B. 前者大于后者

C. 前者小于后者　　D. 可能会出现上述三种情况中的任何一种

30. 如果流动比率大于 1，则下列结论成立的是(　　)。

A. 速动比率大于 1　　B. 现金比率大于 1

C. 营运资金大于零　　D. 短期偿债能力绝对有保障

三、简答题(每题 8 分，共 40 分)

1. 试述牙买加国际货币体系的主要内容。

2. 简述凯恩斯货币需求理论的主要内容。

3. 简述利率对宏观经济和微观经济的杠杆作用。

4. 中央银行的主要职能有哪些？

5. 普通股筹资的优点有哪些？

四、计算题(每题 10 分，共 30 分)

1. 设伦敦市场上年利率为 12%，纽约市场上年利率为 8%，且伦敦外汇市场的即期汇率为 1 英镑＝1.5435 美元，求 1 年期伦敦市场上英镑对美元的远期汇率？

2. 某公司在 2008 年 1 月 1 日平价发行新债券，每张面值为 1000 元，票面利率为 10%，5 年到期，每年 12 月 31 日付息，计算结果保留小数点后 2 位，(P/A，9%，3)＝2.5313；(P/F，9%，3)＝0.7722。要求：

(1) 持有至 2013 年 1 月 1 日的到期收益率是多少？

(2) 假定 2012 年 1 月 1 日的市场利率下降到 5%，那么此时债券的价值是多少？

(3) 假定 2012 年 1 月 1 日的市价为 800 元，此时购买该债券的到期收益率是多少？

(4) 假定 2010 年 1 月 1 日的市场利率为 9%，债券市价为 1200 元，你是否购买该债券？

3. 某企业长期以来计划收购一家营业成本较低的服务类上市公司 M，M 公司目前股价为 20 元一股，该企业管理层一部分人认为 M 公司当前的股价较低，是收购的好时机，但也有人反对，认为 M 公司当前股价高过了其内在价值，现在收购并不合适。目前与 M 公司类似的企业还有甲、乙、丙、丁四家。这四家公司与 M 公司之间存在重大差异。五家公司的有关资料如下：

项目	M公司	甲公司	乙公司	丙公司	丁公司
普通股股数	750万	600万	800万	800万	900万
每股市价	20元	18元	22元	16元	12元
每股销售收入	18元	22元	20元	16元	10元
每股收益	1元	1元	1.2元	0.8元	0.4元
每股净资产	3元	3.5元	3.3元	2.4元	2.8元
预期增长率	5%	10%	6%	8%	4%

问题：(1)说明应当运用市场法的哪种模型计算M公司的每股股票价值。

(2) 利用修正的平均市价比率法确定M公司的每股股票价值。

(3) 利用股价平均法确定M公司的每股股票价值。

(4) 分析指出当前是否应当收购M公司。

五、论述题(每题20分，共40分)

1. 利率水平的决定有哪些模型？运用其中某一个模型，对我国市场未来的利率进行一下预测。

2. 试分析资本结构将如何影响到公司价值。

东华大学2018年金融学综合试题解析

一、是非判断题(每题1分，共10分)

1. 错误。SDR是国际货币基金组织创设的账面资产。

2. 错误。投资银行和商业银行都是以盈利为目的的，二者的主要区别在于商业银行能够吸收活期存款。

3. 错误。按照基金规模是否变动，共同基金可以分为开放型和封闭型。根据组织形态的不同，可分为公司型基金和契约型基金。

4. 错误。在公司理财中，一般假设大部分投资者都是厌恶风险的。

5. 错误。国库券一般采用贴现方式发行，即票面不记明利率，发行价格低于票面额。

6. 错误。由债权人对债务人发出，命令付款人按照指定的日期、金额向债权人或其他受款人无条件支付的凭证，称作汇票。本票是指发票人自己于到期日无条件支付一定金额给受款人的票据。

7. 正确。传统的货币数量论的代表人物是费雪、庇古和马歇尔等，现代货币数量论的代表人物是弗里德曼。

8. 错误。欧洲货币市场是非居民间以银行为中介在某种货币发行国国境之外从事该种货币借贷的市场。这里的欧洲是“离岸”的意思。

9. 错误。投资回收期法并没有考虑货币的时间价值，折现投资回收期法才考虑了货币的时间价值。

10. 错误。间接破产成本往往与公司财务困难有关。

二、选择题(每题1分，共30分)

1. C。我国划分的货币层次为：M_0=现金；$M_1=M_0$+单位活期存款；$M_2=M_1$+个人储蓄存款+单位定期存款；$M_3=M_2$+商业票据+大额可转让定期存单。需要注意，我国居民活期存款即个人储蓄存款。

【科兴提示】 严格意义上来说，选项A也是正确的，命题不严谨。

2. B。布雷顿森林体系瓦解以后，西方各国普遍实行浮动汇率。汇率的变动由外汇市场的供求情况自行决定涨跌，进而加剧了国际金融市场的动荡与混乱。

3. A。人民币还不是国际货币，只是在经常项目下可自由兑换，资本和金融项目下有条件兑换。

4. D。信用中介是商业银行最基本、最能反映其经营活动特征的职能。这一职能的实质，是通过银行的负债业务，把社会上的各种闲散货币集中到银行里来，再通过资产业务，把它投向经济各部门。

5. A。政策性金融机构资金运用以发放长期贷款为主，贷款利率比同期商业银行贷款利率低。贷款的重点是政府社会经济发展计划中由政府产业政策重点扶持的项目。

6. A。最早全面发挥中央银行职能的是英格兰银行，它是首个获得货币发行独占权的中央银行。

7. C。金融市场根据金融工具上约定的期限不同，可以分为货币市场和资本市场，标的期限在一年以下的是货币市场，一年以上的为资本市场。按照交易标的物的不同，金融市场可分为票据市场、证券市场和黄金市场。

8. D。商业银行的现金资产主要包括库存现金、托收中的现金、在中央银行的存款和存放同业存款。其中库存现金是银行为了满足日常交易之需而持有的通货。

9. B。世界上首次出现的国际货币制度是国际金本位制度，它大约形成于 1880 年末，到 1914 年第一次世界大战爆发时结束。在金本位制度下，黄金具有货币的全部职能，即价值尺度、流通手段、贮藏手段、支付手段和世界货币。

10. A。绝对购买力平价是以著名的国际间的“一价定律”为其理论基础的。该定律是说，在自由贸易条件下，同一种商品在世界各地以同一种货币表示的价格应该是一样的。

11. B。冰激凌不方便保存，本身内含着否定自身成为货币的基因。

12. B。信用卡属于商业银行的信用放款业务，即指单凭借款人的信誉，而不需提供任何抵押品的放款。

13. A。国际储备是指一国货币当局所持可用于国际支付，并能维持本国货币汇价的货币资产。选项 A 中商业银行一般不是一国货币当局。

14. C。我国现行的是以市场供求为基础的、参考一篮子货币进行调节的、有管理的浮动汇率制度。

15. D。Libor(London Interbank Offered Rate)，即伦敦同业拆借利率，是指伦敦的第一流银行之间短期资金借贷的利率，是国际金融市场中大多数浮动利率的基础利率。

16. A。香港的联系汇率制度是一种货币发行局制度。根据货币发行局制度的规定，货币基础的流量和存量都必须得到外汇储备的十足支持。

17. B。根据费雪效应可知名义利率=实际利率+通货膨胀率。若实际利率为负，则名义利率低于通货膨胀率。

18. C。作为支付手段的货币，在购买商品或服务时，可以是分次交付的，在时间和空间上是可以分开的。因此，执行价值单方向转移的货币职能是支付手段。

19. A。贴现金额=面值-利息=2000-2000×5%/4=1975 元。

20. D。信用风险是我国商业银行面临的最古老、最常见的风险。商业银行的信用风险管理水平决定了自身的生存和发展，乃至社会的安定与和谐。

21. C。企业短期偿债能力的四个指标：流动比率(反映企业流动资产偿付流动负债的能力)、速动比率(反映企业即刻偿债能力)、营运资金比率(衡量企业流动资产在短期债务到期以前可以变为现金用于偿还负债的能力)和现金流量比率(反映企业用货币资金偿还流动负债的能力)。而产权比率是负债总额与所有者权益总额的比率，反映的是企业的资产结构构成。

22. B。时间价值是扣除风险补偿和通货膨胀率贴水之后的真实收益率。

23. A。通过证券组合的风险公式 $\sigma_p = \sqrt{\sum_{i=1}^{n}\sum_{j=1}^{n} X_i X_j \sigma_{ij}}$ 可知，证券组合风险的大小不仅与单个证券的风险有关，而且与各个证券收益间的协方差有关。

24. B。平息债券是指利息在到期时间内平均支付的债券。以一年期债券为例，则有债券价格 = $\frac{面值\times 息票率}{1+折现率}+\frac{面值}{1+折现率}$⇒债券价格×(1+折现率) = 面值×(1+息票率)⇒折现率高于息票率⇒债券价格小于面值。

25. B。资产负债率又称举债经营比率，是期末负债总额除以资产总额的百分比，也就是负债总额与资产总额的比例关系，即(205000+780000)/(360000+4800000) = 19.09%。

26. B。相关系数表示两种证券收益变动之间的相关关系，取值范围介于-1 和+1 之间。

27. A。在财务管理中，由那些影响所有公司的因素而引起的，不能通过投资组合分散的风险被称为系统风险。市场风险显然属于系统性风险。

28. A。ROE 是杜邦分析法的核心比率，权益净利率 = 资产净利率×权益乘数 = 资产净利率×权益乘数。

29. B。预付年金与后付年金相差一个$(1+r)$的倍数关系。

30. C。流动比率是流动资产与流动负债的比率。如果该比率大于 1，则流动资金大于流动负债，即营运资金大于零。

三、简答题(每题 8 分，共 40 分)

1. 牙买加体系的主要内容有：

(1) 实行浮动汇率制度的改革。牙买加协议正式确认了浮动汇率制的合法化，承认固定汇率制与浮动汇率制并存的局面，成员国可自由选择汇率制度。同时 IMF 继续对各国货币汇率政策实行严格监督，并协调成员国的经济政策，促进金融稳定，缩小汇率波动范围。

(2) 推行黄金非货币化。协议作出了逐步使黄金退出国际货币的决定。并规定：废除黄金条款，取消黄金官价，成员国中央银行可按市价自由进行黄金交易；取消成员国相互之间以及成员国与 IMF 之间须用黄金清算债权债务的规定，IMF 逐步处理其持有的黄金。

(3) 增强特别提款权的作用。主要是提高特别提款权的国际储备地位，扩大其在 IMF 一般业务中的使用范围，并适时修订特别提款权的有关条款。

(4) 增加成员国基金份额。成员国的基金份额从原来的 292 亿特别提款权增加至 390 亿特别提款权，增幅达 33.6%。

(5) 扩大信贷额度，以增加对发展中国家的融资。

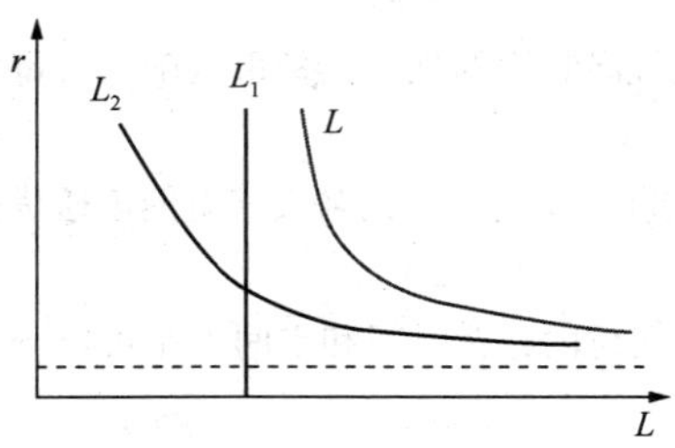

图 1　凯恩斯学派的货币需求

2. 凯恩斯学派认为货币的需求是一个内生变量，取决于人们的流动性偏好，利息是对放弃流动性的补偿，因此利率就是对人们的流动性偏好的衡量指标。所谓的流动性偏好就是指人们持有货币以获得流动性的意愿程度。人们的流动性偏好的动机有三个：交易动机、谨慎动机和投机动机。其中，因交易动机和谨慎动机带来的货币需求与利率没有直接关系，它是收入的函数，并且与收入成正比；而投机带来的货币需求与利率成反比，因为利率越高人们持有货币就行投机的机会成本也就越高。如图 1，用 L_1 表示交易动机和谨慎动机带来的货币需求，$L_1(y)$是收入 y 的增函数；L_2表示投机动机带来的货币需求，$L_2(r)$是利率的减函数；而货币总需求为：$L=L_1(y)+L_2(r)$。

流动性偏好理论中还有一种特殊的极端情况，就是流动性陷阱。流动性陷阱指当一定时期的利率水平降低到不能再低时，货币需求弹性就会变得无限大，即无论增加多少货币，都会被人们储存起来。发生流动性陷阱时，再宽松的货币政策也无法改变市场利率，使得货币政策失效。

3. 在现代经济中，利率的杠杆作用体现在宏观与微观两个层次。

(1) 从宏观角度来看，利率的经济杠杆功能主要表现在以下几个方面：

① 积累资金。利息是使用资金的报酬，通过调整利率，可以吸引社会上的闲散资本投入生产，以满足经济发展的需求。

② 调整信贷规模。当银行体系的贷款利率、贴现利率上升时，有利于缩小信贷规模；反之，当贷款利

率、贴现利率下降时，有利于扩大信贷规模。

③ 调节国民经济结构。通过利率的高低差别与升降，可以直接影响资金的流向，从而有目的地进行产业结构的调整，使国民经济结构更加合理。

④ 合理分配资源。利息作为使用资金的成本，可以通过成本效应使资源在经济各部门间得到合理配置，一定的利率水平，总是促使资源向使用效率高的部门流动，从而改善了资源配置。

⑤ 抑制通货膨胀。通过提高贷款利率，可以收缩信贷规模，减少货币供应量，使社会需求趋于稳定，从而有助于抑制通货膨胀。

⑥ 平衡国际收支。当国际收支发生严重逆差时，可以调高本国的利率水平，从而减少资金外流，吸引资金内流，使国际收支趋于平衡。

（2）从微观的角度看，利率的杠杆功能主要表现在：

① 提高企业资金使用效率。利息是企业使用资金的成本，是利润的抵减因素，为了自身利益，企业必须加强经营管理，提高资金使用效率，以减少利息的支出。

② 影响家庭和个人的金融资产投资。各种金融资产的收益与利率密切相关，通过调整利率，可以影响人们选择不同的金融资产。

③ 作为租金的计算基础。现实生活中，租金的度量受到各种因素的影响，但通常是参照利率来确定的。

4. 中央银行的职能主要表现为发行的银行、政府的银行、银行的银行。

（1）发行的银行。所谓发行的银行是指中央银行垄断货币发行权。在现代中央银行制度下，拥有垄断的货币发行权是中央银行最根本、最重要的标志。中央银行垄断货币发行权是中央银行的基础职能。

（2）国家的银行。国家的银行并不一定是指中央银行的所有权属于国家，而是说中央银行代表政府执行货币政策、为政府提供金融服务。作为国家的银行，中央银行主要职责包括：

① 经理国库及政府债券的发行；

② 代管国家的外汇和黄金管理；

③ 代表政府参加国际金融活动，进行国际金融事务的协调、磋商；

④ 为政府融通资金，提供特定信贷支持；

⑤ 制定与实施货币政策，调节宏观经济运行；

⑥ 组织和实施金融监督管理；

⑦ 为政府提供经济金融情报和决策建议，向社会公众发布经济金融信息。

（3）银行的银行。所谓银行的银行是指中央银行向商业银行和其他金融机构提供的金融服务。具体包括：

① 吸收与保管存款准备金，以确保存款机构的清偿能力。

② 充当最后贷款人，对商业银行提供信贷，这是最能体现中央银行作为“银行的银行”职能的一种功能。

③ 作为全国票据清算中心，组织全国票据清算事宜。

5. 以普通股方式进行筹资是最常见的一种筹资方式，该筹资途径具有以下优点：

（1）与债券相比，不存在固定的股利负担。公司的股利分配政策有多种选择，股利分配较为灵活，可视公司经营状况而定。而债券或借款利息与企业经营状况无关，属于到期必须予以支付。

（2）是公司的“永久性资本”。因为普通股股本没有到期日，无须偿还，只有在公司清算时才予以清偿。这对于保证公司资本的最低需要额、促进公司持续经营具有重要作用。

（3）偿债风险小。与债券相比，普通股股本因没有固定到期日，不用支付固定的股利，所以不存在还本付息的风险。

（4）提升公司信誉。利用普通股筹资，意味着公司拥有较多的股权资本，有利于提高公司的信用价值，也为将来其他更多的筹资方式提供实力保障。

四、计算题(每题 10 分，共 30 分)

1. 在直接标价法下，美元为本币，则根据利率平价公式有：

$$\frac{f}{e}=\frac{1+i_d}{1+i_f}\Rightarrow f=1.5435\times\frac{1+8\%}{1+12\%}\approx1.4884$$

2. (1)债券平价发行，到期收益率与票面利率相等，即为 10%。

(2) 债券的价值=(1000×10%+(1000)/1.05≈1047.62 元。

(3) 设一年期债券的到期收益率为 r，则 $800=\frac{100}{1+r}+\frac{1000}{1+r}\Rightarrow r=37.5\%$。

(4) 债券内在价值为：100×(P/A，9%，3)+1000×(P/F，9%，3)=1025.33 元。

由于债券内在价值小于市场价值，故不应购买。

3. (1)由于目标公司属于营业成本较低的服务类上市公司，应当采用市价/收入比率模型计算目标公司的股票价值。

(2) 应该采用修正平均市销率法评估甲企业每股价值。M 公司的销售净利润率为 1/18=5.56%，甲、乙、丙与丁公司的销售净利润率分别为 4.55%、6%、5%和 4%，可比公司的平均销售净利率为 4.8875%，平均市销率为 1.0295。

修正平均市销率=可比企业平均市销率/(可比企业平均预期销售净利率×100)=21.06%

目标企业每股价值=修正平均市销率×目标企业预期销售净利率×100×目标企业每股收入=21.08 元。

(3) 应该采用修正市净率的股价平均法评估甲企业的每股价值

项　目	甲公司	乙公司	丙公司	丁公司	平均
每股市价	18 元	22 元	16 元	12 元	
每股销售收入	22 元	20 元	16 元	10 元	
收入乘数	0.82	1.10	1.0	1.2	1.03
销售净利率	4.55%	6%	5%	4%	4.89%

平均收入乘数=1.03/(4.89%×100)=0.21，目标公司销售净利率=1/18=5.56%，目标公司每股价值=修正平均收入乘数×目标公司销售净利率×100×目标公司每股收入=0.21×5.56%×100×18=21.02(元/股)。

(4) 由以上计算可知，M 公司的股价是被低估的，所以应该收购 M 公司。

五、论述题(每题 20 分，共 40 分)

1. (1)利率水平的决定理论有古典学派的储蓄-投资理论，凯恩斯学派的流动性偏好理论、新古典学派的可贷资金理论和 IS-LM 模型。

① 古典学派认为，利率由实际因素投资和储蓄决定，投资是对资金的需求，随利率上升而下降；储蓄是对资金的供给，随利率上升而增加，当资金需求与资金供给相等时决定均衡价格。

② 凯恩斯从货币角度提出的利率决定理论。认为，货币需求主要包括交易需求、预防需求和投机性需求。货币供给则为外生变量，主要由货币政策决定。当资金需求等于资金供给时的价格。

③ 可贷资金论：同时考虑了产品市场和货币市场，认为借贷资金的需求和供给均包括两个方面，借贷资金需求来自某期间投资流量和该期间人们希望持有的货币余额；借贷资金供给来自同一期间的储蓄流量和该期间货币供应量的变动。其中货币供给与利率是正相关，货币需求与利率是负相关。

④ IS-LM 模型同时考虑了收入因素和利率水平，并将商品市场和货币市场结合起来共同考虑。在商品市场中，只有当投资等于储蓄的时候，收入水平才是确定的，否则收入必然发生相应的变动。这样，在储蓄等于投资的条件下得到一条利率-收入曲线，这条曲线就是 IS 曲线。在货币市场中，当货币需求和货币供给相等的时候，可以得到 LM 曲线，它表示在货币市场均衡的条件下，收入对利率的决定作用。IS 曲线与 LM 曲线的交点决定了市场的均衡利率水平。

(2) 我国近年来采用了积极的财政政策和稳健的货币政策，而且这种政策还要持续几年。我们可以利

用 *IS-LM* 模型来对未来利率进行预测。如图 2 所示，初始的均衡点在 *A* 点，对应的均衡利率为 r_1，但随着积极财政政策的推行，IS 曲线向右平移。而货币政策为稳健的，故 *LM* 曲线不发生移动。此时均衡 *LM* 曲线和 IS_2 曲线相交于新的均衡点 A^*，对应的均衡利率为 r_2，很明显均衡利率上升。

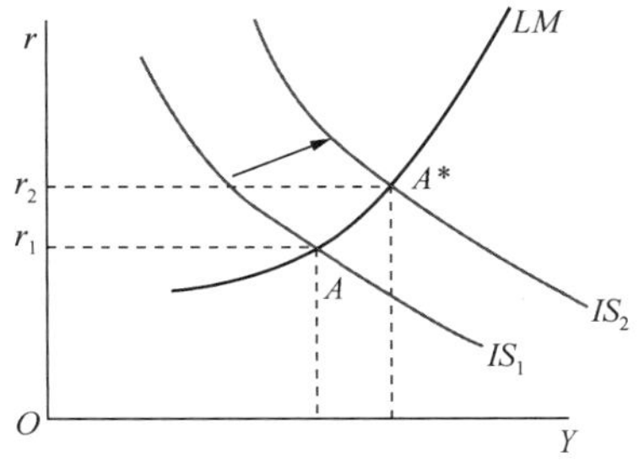

图 2　*IS-LM* 模型

2. 影响公司价值的原因有很多，但是讨论到资本结构的影响，可以发现有几个影响因素，即财务杠杆、债务资本、判断及所传递的信号和资本结构的不同。通过这几个因素来影响公司绩效行为及公司价值。

(1) 通过财务杠杆影响公司市场价值。理论上面通常定义财务杠杆为公司借入资金的影响。其内涵为自有资金的收益率随着息前、税前盈余变动而变动的程度。可用下列公式表示：财务杠杆系数 = 息税前盈余/(息税前盈余-I)。在两者在税前盈余和息前盈余数值相同的条件下，财务杠杆系数越大，其公司的负债比率就会变得越高，预期的筹资风险率也就越大。当公司处于负债经营的时期，这个时候债务的利息处于固定不变的状态。如果公司期望的收益率大于债务成本率，那么股东收益率就相应地提高了，公司可以通过负债经营来获取财务杠杆经营利益。假如公司的未来收益是确定的而不是被动的，运用财务杠杆肯定会增加股东的收益。但如果公司实现的收益是波动的，财务杠杆有可能会增加股东收益，也有可能减少股东收益。当公司资本结构中负债所占比例比较大的时候，如果公司不能实现理想的收益率，就有可能难以按期还本付息，甚至会出现公司生存危机。

(2) 通过债务资本的存在考虑政府税收的因素影响公司市场价值。债务融资能够给企业带来财务杠杆收益和节税收益，当总资产息税前利润率大于债务成本率时，企业进行债务融资，可以获得财务杠杆收益，提高企业价值；企业进行债务融资可以带来节税收益，提高企业价值。但随着债务融资的增长，企业面临的财务风险就会增大，进而使企业陷入财务危机及破产。

(3) 通过市场对公司影响的判断，从而影响公司的市场价值。资本结构向外部投资者传递了有关企业价值的信息，影响外部投资决策，从而影响企业价值，管理者持股和主动回购股权被投资者看作是企业前景良好的一个信号，这是因为管理者承担了风险。

(4) 通过公司剩余控制权的配置，最终影响公司价值。公司资金的资本交易不仅仅会引起剩余控制权的分配问题，还会引起剩余收益权的分配问题，从而导致资本结构的不同，影响到公司价值。公司适度负债对改善治理结构、降低其代理成本方面具有积极作用，在公司正常经营的条件下，公司资产的剩余控制权会分配给其股权投资者。在公司进行融资债权时，假如公司不能按规定期限偿还债务，则公司的剩余控制权会分配给公司内部管理者。所以，通过适度的负债，其剩余控制权会影响到代理成本，也会阻止经营者滥用决定权，使经营者 更加努力工作，为公司谋取最大利益。

【科兴提示】2018 年的试题除了最后一道计算题，其他题目都是很简单的，这样符合东华大学的定位。最后两道论述题由于措辞不规范，容易误导学生答题。第一题很多考生不明白什么是利率水平决定模型，第二题很多考生答成了资本结构对公司价值的影响。

对外经济贸易大学 2018 年金融学综合试题

一、单项选择题(每题 2 分，共 20 分)

1. 国际货币基金(IMF)的准货币相当于各国货币口径的(　　)之差。

A. M1−M2　　B. M3−M2　　C. M2−M1　　D. M3−M1

2. 按照《巴塞尔协议 III》的要求，为了防止银行信贷增长过快并导致系统性风险的积累，要求银行在经济上行期提取一定比例的(　　)，以便经济下行时释放。

A. 流动性资产　　B. 核心资本

C. 逆周期缓冲资本　　D. 净稳定融资额

3. 根据泰勒规则的思想，当出现(　　)时，中央银行应提高短期利率。

A. 产出缺口为负　　B. 产出缺口为正

C. 通货膨胀缺口为零　　D. 通货膨胀缺口为负

4. 利率期限结构理论认为，收益率曲线向上倾斜的原因是(　　)。

A. 存在风险溢价　　B. 存在流动性溢价

C. 未来短期利率都是上升的　　D. 未来长期利率都是上升的

5. 以下选项中，不属于货币政策的中介目标的选择标准的是(　　)。

A. 可测性　　B. 可控性　　C. 相关性　　D. 稳定性

6. 以下选项中，属于自 2011 年 10 月之后被纳入广义货币的是(　　)。

A. 外币存款

B. 信托存款

C. 证券公司存放在金融机构的客户保证金

D. 非存款性金融机构在存款性金融机构中的存款

7. 根据 IMF 公布的第六版国际收支手册，本国居民在外国所持股票获得的红利收入应被计入的账户是(　　)。

A. 资本转移　　B. 证券投资　　C. 初次收入　　D. 二次收入

8. 关于基础货币，以下说法不正确的是(　　)。

A. 能为中央银行所直接控制　　B. 是其他存款性公司的负债

C. 具有放大货币供应的特点　　D. 是其他存款性公司负债产生的基础

9. 发行额外股份的决定与(　　)最相关。

A. 营运资本管理　　B. 资本预算　　C. 管理层的职责　　D. 资本结构

10. 以下均为某项目预计现金流，那么，被包含在项目初始营运资本变动的是(　　)。

Ⅰ　存货减少 5000 元　　Ⅱ　应收账款增加 1500 元

Ⅲ　固定资产增加 7600 元　　Ⅳ　应付账款减少 2100 元

A. 只有Ⅰ和Ⅱ　　B. 只有Ⅰ和Ⅲ　　C. 只有Ⅱ和Ⅳ　　D. 有Ⅰ、Ⅱ和Ⅳ

二、判断题(每题 1 分，共 15 分)

1. 特别提款权是国际货币基金组织创设的一种国际储备资产，随着人民币的加入，特别提款权将由五种货币加权平均定值。

2. 相比固定汇率制度，浮动汇率制度增强了一国货币政策的独立性。

3. 中央银行的金融稳定目标与物价稳定目标不会发生冲突。

4. 罗纳德．麦金农提出以低程度的产品多样化为确定最适度通货区标准。

5. 当人们用存款购买债券时意味着存款转移到债券市场从而导致银行存款同等规模减少。

6. 因为企业在央行没有结算账户，故商业银行不能直接将其超额准备金贷给一般企业。

7. 在利率走廊模式下央行通过设置 M2 的上限和下限给予市场明确预期。

8. 根据持续期缺口管理思想，当银行持续期缺口为正时，市场利率下降将会降低银行的市场价值。

9. 反映通货膨胀率与经济增长率之间的此消彼长关系的曲线通常为“菲利普斯”曲线。

10. 传统货币数量论的现金余额说公式通常表述为$M^d = kPY$。

11. 布雷顿森林体系下汇率波动幅度被限定在黄金输送点的范围内。

12. 当实际利率为负时，今天收到的 1 万元现金流的价值要小于 1 年后收到的 1 万元现金流的价值。

13. 标准差用于测度系统性风险，贝塔用于测度非系统风险。

14. 假定你在年初购买了 M 公司 100 股股票，每股价格为 30 美元。到年末，公司向股东发放每股 2 美元的现金股利，年末股价上升到每股 35 美元。如果你出售股票，你的收益率等于 23.33%；如果你不出售股票，它就是 6.67%。

15. 在进行资本预算时，机会成本应作为增量现金流考虑进来。

三、名词解释(每题 4 分，共 20 分)

1. 影子银行　　2. 久期分析

3. 成本推进型通货膨胀　　4. 优先股

5. 资本预算

四、计算题(每题 10 分，共 20 分)

1. 已知一国经济体中，存款 D = 5000 亿元，现金 C = 1000 亿元，准备金为 700 亿元，法定存款准备金率为 10%，请计算(要求写出详细步骤，保留小数点后两位)：

(1) 计算超额准备金、基础货币和货币乘数。(4 分)

(2) 假定中央银行将法定准备金率调高 25 个基点，在超额准备金率和现金比率不变时，计算新的基础货币和货币乘数。(6 分)

2. 公司经理要求你对即将购买的磨碎机进行评估。这台机器的价格是 600000 元，运输及安装费为 4000 元。为专门的需要，花去调研费 6000 元。这台机器预计使用年限为 10 年，按 10 年直线折旧法计提折旧，账面价值为 0。预计 10 年后该机器可按 50000 元售出。使用该机器在最初需要增加库存零件，价值为 30000 元。使用这台机器后，每年销售收入为 20000 元，减少人工成本 150000 元，另外每年维修费用为 20000 元。如该公司边际税率是 33%，请编制项目净现金流量表，如果此项目的资本成本是 10%，是否购买这台机器？

五、简答题(每题 6 分，共 30 分)

1. 简述通货膨胀目标制的优缺点。

2. 中央银行有哪些业务手段发挥其最终贷款人职能？

3. 请写出 CML 和 SML 各自的方程并绘出图形，说明这两者有何区别？

4. 为什么销售权益的成本比销售债券的成本更高？

5. 为什么有些公司会选择股票回购而不是发放股利呢？请列举至少三个原因。

六、论述题(每小题 15 分，共 45 分)

1. 2008 年全球金融危机使金融系统的传导机制受到破坏，传统货币政策不能修复金融市场的信贷功能，无法阻止金融危机的进一步恶化和蔓延。为此，美国等发达国家以及发展中国家相继启动了非常规货币政策工具，对通货膨胀和失业率等货币政策最终目标进行直接干预。请回答以下问题：

（1）什么是非常规货币政策工具？有哪些主要种类？（9 分）

（2）非常规货币政策工具有何优点和不足？（6 分）

2. 2017 年 5 月 26 日，外汇市场自律机制秘书处宣布，人民币汇率中间价的报价模型由原来的“收盘价+一篮子货币汇率变化”调整为“收盘价+一篮子货币汇率变化+逆周期因子”。自律机制秘书处在答记者问中指出：“当前我国外汇市场可能仍存在一定的顺周期性，容易受到非理性预期的惯性驱使，放大单边市场预期，进而导致市场供求出现一定程度的‘失真’，增大市场汇率超调的风险。”

另据中国人民银行公布的 2017 年第二季度货币政策执行报告：“在计算逆周期因子时，可先从上一日收盘价较中间价的波幅中剔除篮子货币变动的影响，由此得到主要反映市场供求的汇率变化，再通过逆周期系数调整到‘逆周期因子’。逆周期系数由各报价行根据经济基本面变化、外汇市场周期程度等自行设定”。

请回答以下问题：

（1）举例说明，汇率的逆周期性指是什么？（4 分）

（2）为什么说我国外汇市场存在“顺周期性”？（4 分）

（3）材料中所称的“汇率超调”指的是什么？（3 分）

（4）结合所学知识，中央银行可采取哪些措施避免该种“汇率超调”？（4 分）

3. 安德鲁 . 施莱佛教授提出的使市场有效的三个条件是什么？行为金融如何从这三个方面对市场有效性提出挑战？（15 分）

对外经济贸易大学 2018 年金融学综合试题解析

一、单项选择题(每题 2 分，共 20 分)

1. C。根据 IMF 对准货币的定义可知，准货币是潜在购买力，准货币 = M2−M1，即广义货币与狭义货币之差成为准货币。

2. C。逆周期资本缓冲是针对最低资本充足率，在经济繁荣期增加超额资本充足要求——动态调整资本充足率，以备在经济萧条期应对资本充足率下滑的情况，也就是让银行在经济上行周期计提资本缓冲，以满足下行周期吸收损失的需要。

3. B。根据美国经验，联邦基金利率指标 = 通货膨胀率+均衡实际联邦基金利率+1/2×通货膨胀缺口+1/2×产出缺口，可见当产出缺口和通胀缺口为正时，美联储应提高短期利率。

4. B。根据利率期限结构理论中的流动性溢价理论，由于人们更偏好短期债券，所以流动性溢价随着期限的增加而增加。那么即使未来短期利率预期平均值保持不变，由于流动性溢价的存在，长期利率也会高于短期利率，即收益率曲线通常向上倾斜。

5. D。中央银行选择货币政策中介目标的主要标准有可测性、可控性、相关性和抗干扰性。

6. D。中国人民银行 2011 年 11 月 15 日发文明确，央行自 10 月起已经完善和修订了广义货币供应量(M2)的统计口径，将非存款类金融机构在存款类金融机构的存款和住房公积金存款纳入了 M2 的统计范围。

7. C。初次收入，即经常账户下的收入项目，指为生产过程中付出劳务或因提供金融资产和出租自然资源而获得的报酬。二次收入是指居民与非居民之间的经常转移。

8. B。基础货币是其他存款性公司的资产，是其他存款性公司负债产生的基础。

9. D。发行额外股份的决定一般与企业改善资本结构的动机相关。发行额外股份既可能提高加权平均资本成本，也可能降低加权平均资本成本。

10. D。净营运资本等于流动资产减流动负债。由于长期资本投资项目在进行过程中必然涉及短期资产如应收账款、存货的增加，项目结束时占用在这类资产上的投资得以收回。因此在结算每期现金流时，这部分用于新增流动资产的投资必须加以考虑，从而更加客观地反映项目的现金流情况。题目中存货和应收账款属于流动资产，应付账款属于流动负债，应该加以考虑。

二、判断题(每题 1 分，共 15 分)

1. 对。SDR 是由 IMF 创设的国际储备资产，其价值由美元、欧元、日元、英镑和人民币等五种货币加权平均定值。

2. 对。根据三元悖论，资本的自由流动、货币政策的独立性和固定汇率制度只能实现其中两个。如果选择了浮动汇率制度，货币政策的独立性就可以得到增强。

3. 错。长期看，价格稳定与金融稳定是相互促进的。但在短期，当中央银行为防止系统脆弱性引发系统性危机，向有问题金融机构提供流动性援助，相应地扩大了基础货币投放，具有通货膨胀效应，将影响价格稳定和央行货币政策的独立性。

4. 错。罗纳德 . 麦金农则强调以一国的经济开放程度作为最适货币区的确定标准。强调以低程度的产品多样化作为最适货币区标准的理论是由彼得・凯南提出的。

5. 对。如果居民个人用现金或储蓄存款购买一定额数的国债，流通中的货币首先是以相同的数额减少，但是当政府将出售国债所获得的资金全部用于投资和购买支出以后，这些暂时退出流通的货币又重新回到流通领域，货币的供给规模没有发生变化。

6. 错。超额准备金是指在中央银行存款准备金账户中超出了法定存款准备金的那部分存款。银行可以用来进行日常的各种支付和贷放活动，如支票的清算、电子划拨和其他交易。贷款的发放对超额准备金的影响主要取决于贷款使用的范围。如贷款的使用对象是本开户行的企业，则本行在央行的存款不会发生变化；如贷款的使用对象是其他开户行的企业，或者本开户行的企业取得贷款后立即对外支付，则会减少本行在央行的存款，从而使本行的超额准备金下降。

【科兴提示】这道题目是 2017 年选择题的变形，当年很多考生都选错了。

7. 错。利率走廊上限为中央银行对商业银行的贷款利率，下限为中央银行对商业银行的存款利率。商业银行同业拆借利率之所以会被限定在走廊之中，并不是政策强制的结果，而是利率走廊机制本身所具有的“自动稳定器”的功能，这种功能来自金融机构的套利行为。例如当存在套利机会时，商业银行可以从央行贷款，然后放贷，从中套利，而且这种套利没有风险，最终银行间拆借利率会被市场均衡至央行存、贷款利率所形成的利率区间之内，并且央行可以通过预期引导，自动稳定短期利率。可以看出，在利率走廊的上下限的决定上具有直接管制的色彩，而在中间利率的决定上又具有市场机制的色彩，因此利率走廊机制将直接管制与市场机制相结合，使得同业拆借利率被控制在央行的意愿水平之内。

8. 错。存续期缺口对银行净值影响可以用公式表示为：

$$\Delta E=-(D_A A-D_L k)\times A\times\frac{\Delta R}{1+R}$$

其中，D_A为资产的存续期，D_L为负债的存续期，A 为银行规模，k 为杠杆比率，ΔE 为银行净值的变化，ΔR 为利率的变化。根据题意，$D_A A-D_L k>0$ 且$\frac{\Delta R}{1+R}<0$，则 $\Delta E>0$。

【科兴提示】对外经贸大学每年都会考几道商业银行经营管理的题目，建议考生适度阅读庄毓敏《商业银行业务与管理》相关章节进行拓展，或者直接使用桑德斯的《金融机构与风险管理》。

9. 错。菲利普斯曲线反映的是通货膨胀率与失业率之间的关系。

10. 对。剑桥方程式$M^d=kPY$中，M^d为货币需求，P表示价格水平，y表示实际收入，k表示人们持有的现金量占名义收入的比率，因而货币需求是名义收入和人们持有的现金量占名义收入比例的函数。

11. 错。布雷顿森林体系下，实行双挂钩的汇率制度。美元与黄金挂钩，各国货币与美元挂钩。各国货币对美元的波动幅度为上下各1%，各国当局有义务在外汇市场上进行干预以保持汇率的稳定。

12. 错。假设r为名义利率，1年后1万元的现值为$1/(1+r)$万元，只要$r>0$，当前的1万元的价值就会大于1年后1万元的现值。

13. 错。标准差用于测度非系统性风险，贝塔用于测度系统风险。

14. 对。出售股票的话，投资者的收益率为$(2+35-30)/30=23.33\%$；不出售股票的话，投资者的收益率为$2/30=6.67\%$。

15. 对。在投资决策中考虑机会成本，有利于全面分析评价企业所面临的各个投资机会，以便选择经济上最为有利的投资项目。

三、名词解释(每题4分，共20分)

1. 影子银行，是指在金融市场中把银行贷款证券化，通过证券市场获得资金或进行信贷无限扩张的一种融资方式。在中国则表现为银信合作理财、地下钱庄、小额贷款公司、典当行、民间金融、私募投资、对冲基金等非银行金融机构贷款。这种融资方式把传统的银行信贷关系演变为隐藏在证券化中的信贷关系。

2. 久期分析又称持续期分析，是现代资产负债管理方法的重要工具，被用来揭示银行资产和负债的市场价值对利率变动的敏感性。用公式可以表示为：

$$\Delta E=-D\times\frac{\Delta r}{1+r}$$

ΔE表示资产或负债的市场价值的变动，D为资产或负债的久期，r为适用于资产或负债的现金流量的贴现率。

3. 成本推进型通货膨胀是指在没有超额需求的情况下，由生产要素价格上涨引起生产成本上升所导致的物价总水平持续上涨的情况。成本推进型通货膨胀的根源有三种：工资成本的增加、利润的增加、进口原材料成本的增加，它从供给方面解释了通货膨胀的成因。

4. 优先股是相对于普通股而言，主要指在利润分红及剩余财产分配的权利方面优先于普通股。优先股是公司的一种股份权益形式，持有这种股份的股东先于普通股股东享受分配，通常为固定股利。在公司分配盈利时，拥有优先股票的股东比持有普通股票的股东分配在先，而且享受固定数额的股息，即优先股的股息率都是固定的，普通股的红利却不固定。在公司解散，分配剩余财产时，优先股在普通股之前分配。

5. 资本预算是根据已确定的投资方案所编制的分年度的长期资金收支计划。编制资本预算的主要目的是为了预先规定某投资项目所需资金总额及其需要期，预先规定该投资项目的具体内容，如应购置设备的种类、型号，投资规模，资金需要量及其来源等，预先规定该投资项目可容许支付的资金限额。资本预算同企业一定期间(年)的总预算，特别是现金预算和预计资产负债表有密切联系。

四、计算题(每题10分，共20分)

1. (1)法定存款准备金=法定存款准备金率×存款=10%×5000=500亿元

则超额存款准备金=准备金-法定存款准备金=700-500=200亿元

基础货币=准备金+现金=700+1000=1700亿元

现金漏损率$k=C/D=1000/5000=20\%$，超额准备金率$e=$超额准备金/存款=4%

则货币乘数为：

$$m_1=\frac{1+k}{r_d+e+k}=\frac{1+20\%}{10\%+4\%+20\%}=3.53$$

(2) 如果央行将法定存款准备金率上调25个基点，则新的法定存款准备金率$r'_d=10.25\%$，则此时的货币乘数为：

$$m'_1=\frac{1+k}{r'_d+e+k}=\frac{1+20\%}{10.25\%+4\%+20\%}\approx 3.54$$

现金比率和超额准备金率不变，意味着现金、存款和超额准备金不变。此时，新的法定存款准备金 = 10.25%×5000 = 512.5 亿元，则新的基础货币 = 512.5+200+1000 = 1712.5 亿元。

【科兴提示】一个基点(Basis Point)的定义为“百分之零点零一”(0.01%)或“一个百分点的一百分之一”，可用算术符号‱表示。它在计算利率、汇率、股票价格等范畴被广泛应用，因为这些范畴需要牵涉极微小百分数的计算。本题，很多考生都把 25 个基点理解成了 25%。

2. (1)项目的净现金流量表编制如下：

	0 时点	第 1—9 年	第 10 年
购买机器设备	-600000		
运输安装费	-4000		
销售收入		20000	20000
减少的人工成本		150000	150000
维修费用		-20000	-20000
营业利润		150000	150000
税后营业利润		100500	100500
折旧节税		19932	19932
经营性现金流		120432	120432
设备变现收入			33500
净营运资本	-30000		30000
净现金流量	-634000	120432	183932

(2) 若项目的资本成本是 10%，则：

$$NPV=-634000+120432(P/A,\ 10\%,\ 9)+183932(P/F,\ 10\%,\ 10)=130482.67$$

净现值为正值，应该购买这台设备。

五、简答题(每题 6 分，共 30 分)

1. (1)通货膨胀目标制的基本含义是：货币当局明确以物价稳定为首要目标，并将当局在未来一段时间所要达到的目标通货膨胀率向外界公布，同时，通过一定的预测方法对目标期的通货膨胀率进行预测得到目标期通货膨胀率的预测值，然后根据预测结果和目标通货膨胀率之间的差距来决定货币政策的调整和操作，使得实际通货膨胀率接近目标通货膨胀率。

(2) 通货膨胀目标制的优势

① 通货膨胀目标制克服了传统货币政策框架下单纯盯住某种经济、金融变量的弊端，实现了规则性和灵活性的高度统一。

② 通货膨胀目标制提高了货币政策的透明度。

③ 通货膨胀目标制有助于经济的稳定。

(3) 通货膨胀目标制的缺陷

① 实行通货膨胀目标制可能会导致失业的增加。

② 通货膨胀目标制容易导致货币政策工具的过度波动。

2. 最终贷款人，是指在商业银行发生资金困难而无法从其他银行或金融市场筹措时，向中央银行融资是最后的办法，中央银行对其提供资金支持则是承担最后贷款人的角色，否则便是发生困难银行的破产倒闭。中央银行可以通过再贴现、再抵押和直接提供贷款的方式发挥其最终贷款人职能。

(1) 再贴现是商业银行把自己办理贴现业务所买进的未到期票据，再转卖给中央银行。

(2) 再抵押指商业银行需要补充资金时，以工商企业向其借款时提交的抵押品(票据和有价证券)，作为再抵押贷款的抵押品向中央银行借款。

（3）直接贷款指商业银行接受央行的惩罚性利率，直接向央行申请贷款。

3.（1）CML 方程为：

$$R_P = R_f + \frac{R_M - R_f}{\sigma_M}\sigma_P$$

其中，R_P 和 σ_P 分别代表最优投资组合的预期收益率和标准差，R_f 为无风险收益率，R_M 和 σ_M 分别为市场组合的预期收益率和标准差。CML 曲线的形状如图 1 所示。

（2）SML 方程为：

$$R_i = R_f + \beta_{iM}(R_M - R_f)$$

其中，β_{iM} 即为贝塔系数。SML 曲线的形状如图 2 所示。

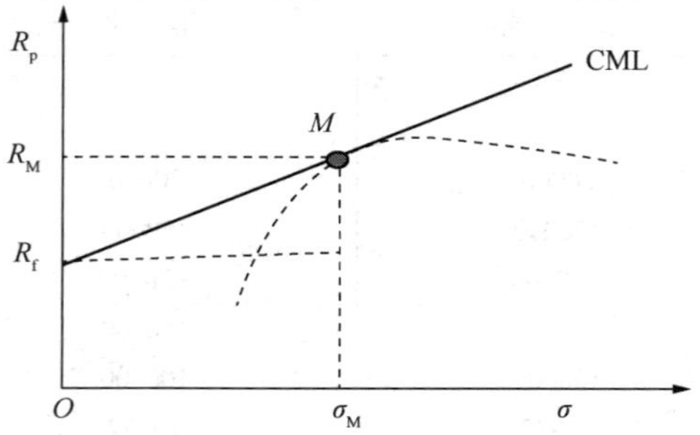

图 1　资本市场

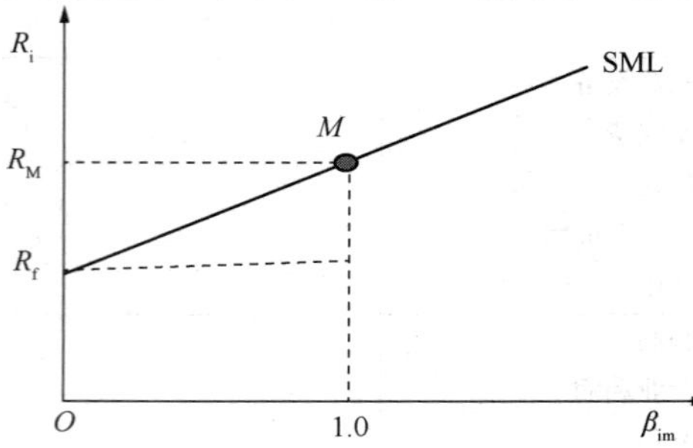

图 2　证券市场线

（3）证券市场线与资本市场线的区别为：CML 反映的是有效资产组合的风险溢价，是该资产组合标准差的函数，标准差测度的是投资者总的资产组合的风险。SML 反映的是单个资产的风险溢价，是该资产风险的函数，测度单个资产风险的工具不再是该资产的方差或标准差，而是该资产对于资产组合方差的影响程度——β。

4. 销售权益的成本比销售债券的成本高的原因有：

（1）债券的销售规模一般比权益的销售规模大，因此边际销售成本降低。

（2）债券的发行更加容易并且风险相对较低，而发行权益失败的风险更大。

（3）债券更容易定价，股票相对不容易定价，证券公司在销售股票的工作中付出更多。

（4）股票发行中还存在绿鞋条款、折价等成本。

5. 相对于发放股利，股票回购的优势有：

（1）公司进行股票回购的目的之一是向市场传递股价被低估的信号。股票回购有着与股票发行相反的作用。股票发行被认为是公司股票被高估的信号，如果公司管理层认为公司的股价被低估，通过股票回购，向市场传递了积极信息。股票回购的市场反应通常是提升了股价，有利于稳定公司股票价格。如果回购以后股票仍被低估，剩余股东也可以从低价回购中获利。

（2）当公司可支配的现金流明显超过投资项目所需的现金流时，可以用自由现金流进行股票回购，有助于增加每股盈利水平。股票回购减少了公司自由现金流，起到了降低管理层代理成本的作用。管理层通过股票回购试图使投资者相信公司的股票是具有投资吸引力的，公司没有把股东的钱浪费在收益不好的投资中。

（3）避免股利波动带来的负面影响。当公司剩余现金是暂时的或者是不稳定的，没有把握能够长期维持高股利政策时，可以在维持一个相对稳定的股利支付率的基础上，通过股票回购发放股利。

（4）发挥财务杠杆的作用。如果公司认为资本结构中权益资本的比例较高，可以通过股票回购提高负债比率，改变公司的资本结构，并有助于降低加权平均资本成本。虽然发放现金股利也可以减少股东权益，增加财务杠杆，但两者在收益相同情形下的每股收益不同。特别是如果是通过发行债券融资回购本公司的股票，可以快速提高负债比率。

（5）通过股票回购，可以减少外部流通股的数量，提高了股票价格，在一定程度上降低了公司被收购的风险。

（6）调节所有权结构。公司拥有回购的股票(库藏股)，可以用来交换被收购或被兼并公司的股票，也可用来满足认股权证持有人认购公司股票或可转换债券持有人转换公司普通股的需要，还可以在执行管理层与员工股票期权时使用，避免发行新股而稀释收益。

六、论述题(每小题 15 分，共 45 分)

1.(1)非常规货币政策是相对常规货币政策而言的。在常规货币政策框架下，中央银行通常以短期政策利率为操作目标，通过宣布政策利率释放信号，并开展流动性管理操作来促使货币市场利率围绕目标运行，从而影响短期利率进而对中长期利率乃至实体经济产生影响，达到稳定物价、促进增长等货币政策目标。但常规货币政策面临诸多约束，其中最重要的是“零利率下限”，即传统经济学理论认为的名义利率不可能为负，否则人们将选择持有现金而不是存款或投资，从而使货币政策失效。同时，常规货币政策的有效性也受到市场利率传导机制的影响。当金融市场或实体经济受到严重冲击，中央银行即使采取零利率政策都不足以应对时，或者由于金融危机导致市场传导机制受损，中央银行仅靠调控短端利率难以有效传导至中长期利率乃至实体经济时，中央银行就不得不采取非常规的货币政策。因此，非常规货币政策的核心目标是要解决传统货币政策面临的零利率下限及市场传导机制受损等问题，以恢复金融市场中介功能，并在零利率下限约束下为经济活动提供更多支持。

根据这一基本含义，非常规货币政策大体上可以分为利率政策、资产负债表政策和政策沟通三种。

① 利率政策方面，即将商业银行在央行的存款利率设定为负值。负利率政策虽然本质上仍属于传统的利率工具，但由于突破了“零利率下限”，通常被视作非常规货币政策的一种。

② 资产负债表政策方面，是指通过增加流动性供给、放松抵押品要求和直接购买资产等调整央行资产负债表的方式，压低债券等市场的收益率水平，达到调节中长期利率的效果。其中，通过扩大央行资产负债表规模的量化宽松政策和调整资产负债表结构的扭曲操作、量化宽松等都属于这一类政策。具体而言，资产负债表工具又可进一步分为三类：一是直接购买工具，如美联储购买抵押贷款支持债券等。二是流动性注入工具，如欧央行的长期再融资操作。三是抵押置换操作，例如英格兰银行的证券借贷便利。

③ 政策沟通方面，主要是前瞻性指引。央行通过与公众沟通未来货币政策走势，向市场传递调控信号，引导预期，进而影响中长期利率。例如，美联储经常在会议公告中明确表明未来特定时期内或条件下降维持货币政策不变。

（2）非常规货币政策有效地平滑了危机对经济金融的短期冲击。宏观调控的本质是逆周期调节经济金融发展，即在微观主体“市场失灵”时进行对冲操作，平滑市场波动，降低经济金融危机带来的冲击。从主要经济体经济金融发展情况看，非常规货币政策在应对本轮金融危机冲击中具有明显的积极意义，不仅通过充足供给流动性，有效地稳定了金融市场、避免了金融机构的大面积破产倒闭，也由于降低了市场利率水平和融资成本，一定程度上有利于经济逐步企稳回升。特别是在应对及时、措施得当的美国，美联储的非常规货币政策取得的效果相对更好，对于促进美国经济在主要经济体中率先企稳回升发挥了重要作用。

对非常规货币政策的评价不能局限于当下，必须放在历史长河中，考察其可能产生的中长期效果。从这个角度看，非常规货币政策的效果仍待观察，但其中至少存在以下两方面风险：

① 刺激金融投机。长时间实施非常规货币政策，过度压低市场利率，很可能产生道德风险，刺激金融市场投机，导致虚拟经济恶性膨胀、资产价格屡创新高、债务率和杠杆率持续攀升、金融风险与日俱增等问题。

② 影响财富分配。货币政策会通过经济、金融等渠道带来分配效应。经济渠道方面，宽松的货币政策对分配产生积极影响，体现在：一方面，有利于减少失业，支持贫困家庭；另一方面，有利于在中期内保持适度的通胀率，避免因通胀低于预期而导致实际利率偏高，进而使财富由作为净债务人的年轻一代，向作为净债权人的年长一代转移。金融渠道方面，宽松的货币政策则会带来不良的分配效应，主要是因为宽松的货币环境会推升资产价格，导致持有资产较多的年长一代财富增加更快，年轻一代则需为获得财富付出更多成本。因此，非常规货币政策是否有利于优化财富分配，取决于上述两个渠道发挥作用的大小对比。

此外，非常规货币政策可能还会带来经济结构调整速度放缓、国际资本无序流动、汇率竞争性贬值等风险，也值得高度关注的。

2. (1)周期性，是描述一个经济量与经济波动之间呈正(负)反馈关系的概念，在经济出现增长或衰退时，强化趋势的经济变量具有顺周期性，反之则是逆周期性。人民币汇率实际上是逆周期变量。人民币汇率应该由基本面决定，反映国内外经济形势，经济数据超出预期，人民币汇率会升值，反之则相反。汇率升值会抑制出口，贬值会促进出口，均与经济周期方向相反，所以汇率本身是逆周期变量。

(2) 近期，全球外汇市场形势和我国宏观经济运行出现了一些新的变化，美元整体走弱，同时我国主要经济指标总体向好，出口同比增速明显加快，经济保持中高速增长态势。汇率根本上应由经济基本面决定，但在美元指数出现较大幅度回落的情况下，人民币对美元市场汇率多数时间都在按照“收盘价+一篮子”机制确定的中间价的贬值方向运行。分析显示，当前我国外汇市场可能仍存在一定的顺周期性，容易受到非理性预期的惯性驱使，放大单边市场预期，进而导致市场供求出现一定程度的“失真”，增大市场汇率超调的风险。

(3) “汇率超调”是由美国经济学家多恩布什于20世纪70年代提出的，该理论认为商品市场价格与资产市场价格的调整速度是不同的，商品市场上的价格水平具有黏性的特点，而资产市场的价格则没有黏性，这就使得购买力平价在短期内不能成立，经济存在着由短期不平衡向长期平衡的过渡过程。

材料中的汇率超调主要指由于汇率存在顺周期性，并且容易受到市场单边情绪的影响，导致汇率变化的幅度大于其原本应该变化的幅度。经济繁荣时汇率过度升值，经济衰退时汇率过度贬值。尽管汇率贬值有助于促进出口，但是过度贬值可能会引发大规模资本外流，不利于经济增长。

(4) 央行避免汇率超调的措施有：

① 通过控制离岸的拆借利率来影响汇率，提高做空成本，降低套利动机；

② 直接提高外汇做空成本，增加外汇衍生交易合约的保证金；

③ 开启或关闭逆周期因子，加强对中间价报价的掌控力，有效管理汇率预期；

④ 主动运用外汇储备来投放或收回美元，管理汇率走势；

⑤ 通过远期合约做空掉期点，管理汇率预期，并根据汇率波动合理展期；

⑥ 央行通过和商业银行进行掉期交易，将美元释放给商业银行，后者在即期市场抛售。

3. (1)美国学者施莱弗(Shleifer)认为，理性、独立的理性偏差和套利是有效市场假说的三个理论基础，它们是市场有效的条件。只要以下三个理论基础中的任何一个站得住脚，有效市场假说就成立。

① 理性是指假设所有投资者都是理性的，当市场发布新信息时，他们会理性地调整对金融资产价格的估值。

② 独立的理性偏差假设理性偏差可能在整个投资者群体中相互抵消，即假设非理性乐观的人和非理性悲观的人在数量上大体相当。市场有效性并不要求所有人都是理性的，但要求各种非理性总是能够互相抵消。

③ 套利假说认为专业投资者的理性可以抵消非专业投资者的非理性。非专业投资者的非理性或投机性可能致使股价被推高或打压，大大偏离有效价格。假如专业投资者客观地评估投资对象，清晰地估计股票价格，并按低买高卖行事或套利，那么，市场将被理性的专业投资者所控制，市场仍将有效。

(2) 市场有效性假说一直备受质疑。追随者们坚决捍卫有效市场假说，但行为金融学一直未停止过质疑之声，并坚持认为，在现实经济中，有效市场假说的三个理论基础是不成立的。

① 对投资者理性的挑战。行为金融学认为，不是所有的投资者都是理性的，至少有相当多的投资者是非理性的。投资者会过分重视小样本的结果，比如20世纪90年代，网络股因出现短期巨大收入增长而被广为追捧，致使股价高企。这是一种过度反应，最终，股价在投资者意识到这种增长难以为继时暴跌。

② 对投资者独立的理性偏差的挑战。行为金融学认为，人们偏离理性具有某种一致性倾向，并不是彼此独立的。理性偏差的完全抵销在现实中是不存在的，至少迅速抵销的假设不成立。

③ 对套利的挑战。行为金融学认为，套利的力量受到各种条件限制，无法纠正非理性行为对定价的长期、实质性影响。现实世界中的套利活动含有大量风险，会抑制套利活动，并造成偏离基本价值的情景长期存在。

【科兴提示】2018年的试题有个明显的特点，就是同一张试卷中出现了知识点重复考查的现象。比如判断题出现了久期分析和资本预算，名词解释中仍然出现了这两个知识点。这在某种程度上说明，对外经贸431采用的是抽题的模式，命题的方式还是相对公正的。但正因缺少人工审核，真题中也经常出现一些不好的题目或者重复的知识点。

复旦大学2018年金融学综合试题

一、单项选择题(每题4分，共40分)

1. 根据中国人民银行对货币的定义口径，个人到银行将现金转为活期存款，直接影响到(　　)。

A. M_0下降，M_1上升　　B. M_1下降，M_2不变

C. M_1不变，M_2不变　　D. M_0下降，M_2下降

2. 在商业银行的业务中，可能会带来或有负债增加的是(　　)。

A. 托收业务　　B. 基金产品销售　　C. 备用信用证　　D. 并购咨询

3. 在外国发行且计价货币是非债券发行交易货币国的债券被称为(　　)。

A. 外国投资　　B. 可转换债券　　C. 外国债券　　D. 欧洲债券

4. 一般而言，由(　　)引起的国际收支失衡是长期且持久的。

A. 经济周期更迭　　B. 货币价值变动　　C. 预期目标的改变　　D. 经济结构滞后

5. 仅限于会员国政府之间和IMF与会员国之间使用的储备资产是(　　)。

A. 黄金储备　　B. 外汇储备　　C. 特别提款权　　D. 普通提款权

6. 两种资产i和j构成的资产组合中，资产组合的标准差可能降到最低的是(　　)。

A. $\rho_{ij}=-1$　　B. $\rho_{ij}=0$　　C. $\rho_{ij}=0.3$　　D. $\rho_{ij}=1$

7. 在Black-Scholes期权定价模型的参数估计中，最难估计的变量是(　　)。

A. 执行价格X　　B. 连续复利的无风险收益率r_f

C. 标的资产波动率σ　　D. 期权的到期时间T

8. 考虑一个双因素套利定价模型，股票A的期望收益率为18%，对因素1的贝塔为1.5，对因素2的贝塔为1.2。因素1的风险溢价为3%，无风险收益率为5%。如果无套利机会，则因素2的风险溢价为(　　)。

A. 6%　　B. 4.75%　　C. 7.75%　　D. 8.75%

9. 下列关于股利分配理论的说法中，错误的是(　　)。

A. 税差理论认为，当股票资本利得税和股票交易成本之和大于股利收益税时，应采用高现金股利分配率政策

B. 客户效应理论认为，对于高收入阶层和风险偏好投资者，应采用高股利分配率政策

C. "一鸟在手"理论认为，由于股东偏好当期股利收益率胜过未来预期资本利得，应采用高股利分配率政策

D. 代理成本理论认为，为解决控股股东和小股东之间的代理冲突，应采用高现金股利分配率政策

10. 估算股利价值时的贴现率，不能使用(　　)。

A. 股票市场的平均收益率　　B. 债券收益率加上适当的风险溢价

C. 国债的利息率　　D. 投资者要求的必要报酬率

二、简答题(每题10分，共30分)

1. 我国持续多年处于国际收支"双顺差"，同时又是资本净流出国。请从国际收支平衡

表的构成角度判断这是否矛盾？为什么？

2. 简述一价定律和购买力平价的区别与联系。

3. 什么是资本市场线和证券市场线？二者有什么区别和联系？

三、计算题(每题 20 分，共 60 分)

1. 假定你正在考虑投资某股票，该股票的永续红利为 6 元/股。根据你的调查，股票的 β 系数为 0.9。当前的无风险收益率为 4.3%，市场期望收益率是 13%。

(1) 如果选择用 CAPM 模型进行估计，计算你对该股票的期望收益率是多少？

(2) 根据期望收益率，你愿意为该股票支付多少钱？

(3) 假设你的调查出了错误，该股票的实际 β 值为 1.3，则如果你以(2)中的价格购买该股票，则你是高估其价格 还是低估其价格？

2. 某一股票价格在期末有两种可能，150 元或 90 元。该股票的卖出期权的执行价格是 110 元，该股票的期初价格为 95 元。

(1) 若投资者用卖出期权对冲，则一股股票需要多少卖出期权？

(2) 购买一股并进行 Puts 期权对冲，则资产组合期末价值为多少？

(3) 当期权价格为多少时组合回报率将为 10%？

3. 某高科技公司 CEO 打算采用股票或者债券筹集 20000 万元资金进行业务扩张。随着业务扩张，预计明年的 EBIT 为 6000 万元。当前市场上流通的股票是 1000 万股，每股价格 90 元。假设资本市场是完美的。

(1) 假设采用股票筹集 20000 万资金，则明年的每股收益预计为多少？

(2) 假设采用 5%的借债筹集 20000 万资金，则明年的每股收益预计为多少？

(3) 采用股票筹集资金时，预测其 P/E 为多少？采用借债筹集资金时，预测其 P/E 为多少？如何解释这两个预测市盈率的不同？

四、分析论述题(20 分)

金融危机以来，我国央行创设了 SLF、MLF 等多种新型货币政策工具。试比较这些新型货币政策工具与传统货币政策工具有什么不同。并就其产生的原因以及作用效果进行分析。

复旦大学 2018 年金融学综合试题解析

一、单项选择题(每题 4 分，共 40 分)

1. B。中国人民银行于 1994 年第三季度开始，正式确定并按季公布货币供应量指标，根据当时的实际情况，货币层次的划分具体如下：

M_0 = 流通中的现金；

M_1 = M_0 + 企业活期存款 + 机关、团体、部队存款 + 农村存款 + 个人持有的信用卡存款；

M_2 = M_1 + 城乡居民储蓄存款 + 企业存款中具有定期性质的存款 + 信托类存款 + 其他存款；

M_3 = M_2 + 金融债券 + 商业票据 + 大额可转让定期存单等。

现金属于 M_0，个人储蓄存款属于 M_2，个人到银行将现金转为活期存款会导致 M_1 下降，M_2 不变。

【科兴提示】2018 年 1 月开始，我国央行把货币市场基金正式纳入 M2 统计口径。

2. C。表外业务是指商业银行从事的不列入资产负债表，但能影响银行当期损益的经营活动。表外业务会带来或有负债。托收业务、基金产品销售和并购咨询都属于商业银行的中间业务。备用信用证 简称 SBLC (standby letters of credit) 又称担保信用证，是指不以清偿商品交易的价款为目的，而以贷款融资，或担保债务偿还为目的所开立的信用证。备用信用证属于商业银行的表外业务，这类业务会增加银行经营的风险。

【科兴提示】备用信用证与一般商业信用证的区别

① 一般商业信用证仅在受益人提交有关单据证明其已履行基础交易义务时，开证行才支付信用证项下的款项；备用信用证则是在受益人提供单据证明债务人未履行基础交易的义务时，开证行才支付信用证项下的款项。

② 一般商业信用证开证行愿意按信用证的规定向受益人开出的汇票及单据付款，因为这表明买卖双方的基础交易关系正常进行；备用信用证的开证行则不希望按信用证的规定向受益人开出的汇票及单据付款，因为这表明买卖双方的交易出现了问题。

③ 一般商业信用证，总是货物的进口方为开证申请人，以出口方为受益人；而备用信用证的开证申请人与受益人既可以是进口方也可以是出口方。

3. D。外国债券，指在另一国的债券市场以该国货币为面值发行的债券，比如扬基债券就是非美国主体在美国市场上发行的以美元计价的债券。

欧洲债券，指在另一国的债券市场上以第三国的货币为面值发行的债券。

【科兴提示】熊猫债券属于外国债券，点心债券有可能属于外国债券，也有可能属于欧洲债券，关键看发行债券时所采用的货币。

4. D。经济周期更迭属于周期性失衡，货币价值变动属于货币性失衡，预期目标的改变属于预期性失衡，经济结构滞后属于结构性失衡。结构性失衡是指国内经济、产业结构不能适应世界市场的变化而发生的国际收支失衡，结构性失衡通常反映在贸易账户或经常账户上。结构性失衡具有长期的性质，扭转起来相当困难。

5. C。狭义的国际储备包括一国的货币用黄金储备、外汇储备、在国际货币基金组织的储备地位，以及在国际货币基金组织的特别提款权余额。其中，特别提款权有以下特征：(1)价值稳定；(2)仅限于会员国政府之间和 IMF 与会员国之间使用；(3)不是一种完全的货币，不能执行货币的流通手段的职能。

6. A。A、B 两种证券组合收益率的方差，用公式表示为：

$$\sigma_P^2 = X_A^2\sigma_A^2 + X_B^2\sigma_B^2 + 2X_AX_B\rho_{AB}\sigma_A\sigma_B$$

如图 1 所示，当$\rho_{AB}=1$时，两种证券 A，B 的组合 P 的风险和收益落在直线 AB 上；

当$\rho_{AB}<1$时，组合 P 的收益和风险是一条向后弯曲的曲线，这表明在同等风险水平下收益更大或者说在同等收益水平下风险更小，而且ρ_{AB}越小，往后弯曲的程度越大；当$\rho_{AB}=-1$时，其实是一条往后弯的折线，此时资产组合的标准差可能会降到 0。

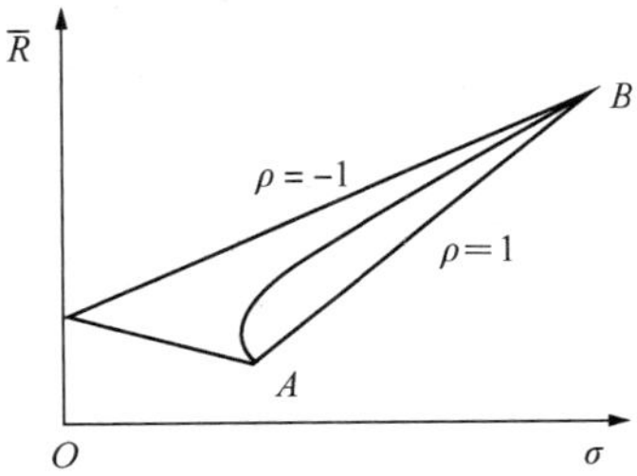

图 1 两种证券组合收益、风险与相关系数的关系

7. C。在 Black-Scholes 期权定价模型中，通常需要估计的变量是标的资产的价格波动率。价格波动率用于度量资产所提供收益的不确定性，可以用资产价格的历史数据来估计。价格波动率是指标的物价格的波动程度，它是期权定价模型中最重要的变量。在其他因素不变的条件下，标的物价格的波动增加了期权向实值方向转化的可能性，权利金也会相应增加。

8. 无正确答案。根据双因素套利定价公式可知：

$$r_s = r_f + b_1(\delta_1 - r_f) + b_2(\delta_2 - r_f)$$

代入公式可知，18%＝5%+1.5×3%+1.2×因素 2 的风险溢价，解得因素 2 的风险溢价＝7.08%。

9. B。股利相关论主要包括税差理论，客户效应理论，“一鸟在手”理论，代理理论和信号理论。

税差理论认为，如果不考虑股票交易成本，分配股利的比率越高，现金股利税负会明显高于资本利得的税负，那么，在公司及投资者看来，支付现金股利就不再是最优的股利分配政策。由此可见，存在税负差别的前提下，公司选择不同的股利支付方式，不仅会对公司的市场价值产生不同的影响，而且也会使公司(及个人投资者)的税收负担出现差异，即使在税率相同的情况下，资本利得只有在实现之时才缴纳资本利得税，相对于现金股利课税而言，仍然具有延迟纳税的好处。因此，企业应当采用低股利政策。如果存在股票的交易成本，甚至当资本利得税与交易成本之和大于股利收益税时，偏好于采用高股利政策。

客户效应理论认为，各种群体客户对现金股利和资本利得有不同偏好和需求，即使是投资者本身，因其所处不同阶级的边际税率，对企业股利政策的偏好也是不同的。收入高的投资者因其拥有较高的税率表现出偏好低股利支付率的股票，希望少分现金股利或不分现金股利，以更多的留存收益进行再投资，从而提高所持有的股票价格。而收入低的投资者以及享有税收优惠的养老基金投资者表现出偏好高股利支付率的股票，希望支付较高且稳定的现金股利。

“一鸟在手”理论基于投资者偏爱即期收入和即期股利能消除不确定性的特点，在投资者眼里股利收益要比留存收益再投资带来的资本利得更为可靠，由于投资者一般为风险厌恶型，宁可现在收到较少的股利，也不愿承担较大的风险等到将来收到更多的股利，故投资者一般偏好现金股利而非资本利得。该理论认为股利政策与股东财富息息相关，股利支付的提高将会增加股东财富。

代理成本理论认为，股利政策有助于减缓管理者与股东之间的代理冲突，股利政策是协调股东与管理者之间代理关系的一种约束机制。高股利政策有助于降低股权代理成本，但同时增加了债权代理成本。因此，最优的股利政策应该是股权代理成本和债权代理成本之和最小。

信号理论认为，由于企业管理者与投资者之间存在信息不对称，企业“提高股利”是企业管理者向市场传递“盈利好”的信号；企业“降低股利”是企业管理者向市场传递“盈利差”的信号。所以，股价升降不是因为投资者对现金股利的偏好，而是由于信息不对称条件下投资者对股利政策含义理解后的反映。因此，公司通过高派现金股利向市场传递较好前景的利好消息，引起股票价格上涨，企业价值增加。

10. C。国债的利息率基本上是无风险的，相当于一个无风险收益率，而股票在投资的时候是由风险的，没有风险溢价报酬，投资者没有理由进行该投资。

【科兴提示】贴现率通常由资本的时间价值和资本的风险溢价报酬构成。我们通常用无风险收益率来表示资本的时间价值。

二、简答题(每题 10 分，共 30 分)

1. (1) 国际收支双顺差是指经常项目顺差和资本和金融项目顺差，在理论上经常项目和资本项目是互补的，所以不可能同时出现顺差。但在我国却出现了双顺差的现象：

① 经常项目顺差，是指国际收支的经常账户的贷方大于借方，说明了我国在贸易出口等经常账户下的收入大于支出。

② 资本和金融项目顺差，是指国际收支的资本账户和金融账户的贷方大于借方，说明了我国在资本和金融账户整体上的收入大于支出。

(2) 从国际收支平衡表的视角来看，资本净流出主要是指资本账户的逆差，资本账户包括资本转移和非金融资产的收买和放弃。资本转移是资本项目的重要组成部分，资本转移主要涉及固定资产所有权的变更以及债权债务的减免。具体指以下几项所有权转移：①固定资产所有权的转移；②同固定资产的收买和放弃相联系的或以其为条件的资产转移；③债权人不索取任何回报而取消的债务；④投资捐赠。非生产、非金融资产的收买或放弃是指各种无形资产如专利、版权、商标、经销权以及租赁和其他可转让合同的交易。

(3) 资本和金融账户的顺差包含了资本和金融两个账户，两者之和的顺差不必然保证内部每一个账户都是顺差的，可能出现资本和金融账户整体顺差，但是资本账户是逆差的情形。这时，我国便会出现国际收支双顺差同时又是资本流出国的现象。

2. 一价定律简而言之就是指在自由贸易条件下，世界上商品无论在什么地方出售，扣除运输费用后，价格都相同。一价定律一开始是通过国内一价定律来体现的，一旦贸易的进行超过了一国的范畴，贸易的主体变成了几个国家，这个时候一价定律就可以表现为绝对购买力平价了。绝对购买力平价说的是某一时点上汇率的决定。应该说，绝对购买力平价就是一价定律的国际表现。绝对购买力平价数学表达式是：$e=p/p^*$。

相对购买力平价指两国货币间汇率在两个时期的变化，反映着两国在两个时期物价指数的变化。相对购买力平价认为各国间存在交易成本，同时各国的贸易商品和不可贸易商品的权重存在差异，因此各国的一般物价水平以同一种货币计算时并不完全相等，而是存在一定的偏离，即：

$$e=\theta p/p^*$$

对上式取变动率，即可得到下式：

$$\Delta e=\Delta p-\Delta p^*$$

上式就是相对购买力平价的公式。从上面的公式可以看出，它与一价定律的关系。如果 $\theta=1$ 的时候，则相对购买力平价就是通过绝对购买力平价推导出来的，因此，相对购买力平价就是一价定律的变形。但是如果 θ 不等于 1 的时候，则此时一价定律与相对购买力平价就没有任何的关系。只能说如果一价定律能够成立的话，相对购买力平价就能成立；相对购买力平价成立的话，则不能保证一价定律是一定成立的。

3.（1）资本市场线(Capital Market Line，简称 CML)是指表明有效组合的期望收益率和标准差之间的一种简单的线性关系的一条射线。它是沿着投资组合的有效边界，由风险资产和无风险资产构成的投资组合。如图 2 所示，任何不利用市场组合以及不进行无风险借贷的所有其他组合都位于资本市场线下方。

CML 线上的任何一个投资组合都满足：

$$R_P=R_f+\frac{R_M-R_f}{\sigma_M}\sigma_P \tag{1}$$

其中，R_P 和 σ_P 分别代表最优投资组合的预期收益率和标准差。从式(1)我们可以看出，证券市场的均衡可以用两个关键数字来衡量：一是无风险收益率 R_f，二是单位风险报酬 $\frac{R_M-R_f}{\sigma_M}\sigma_P$，它们分别表示时间报酬和风险报酬。因此，从本质上来说，证券市场提供了风险和时间的交易场所，其价格由供求双方的力量决定。

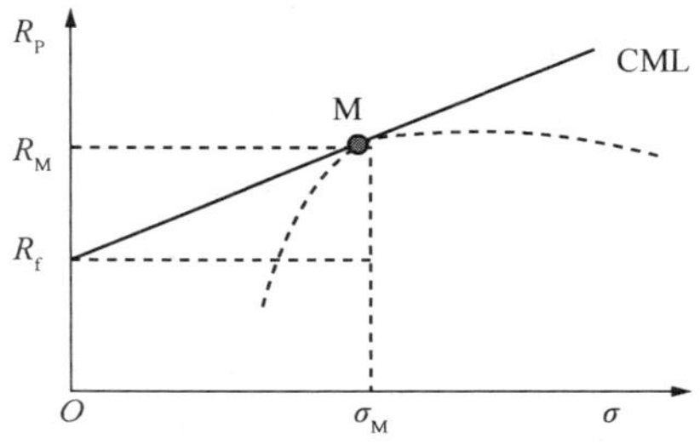

图 2　资本市场线

（2）证券市场线(Securities Market Line，简称 SML)，是说明投资组合报酬率与系统风险 β 系数之间关系的一条射线。SML 揭示了市场上所有风险性资产的均衡期望收益率与风险之间的关系。根据 SML，在均衡状态下，单个证券的风险和收益的关系可以描述为：

$$R_i=R_f+\frac{R_M-R_f}{\sigma_M^2}\sigma_{iM} \tag{2}$$

令 $\beta_{iM}=\frac{\sigma_{iM}}{\sigma_M^2}$，我们可以得到：

$$R_i=R_f+\beta_{iM}(R_M-R_f) \tag{3}$$

由式(3)可知，风险资产的收益由两部分构成：一是无风险资产的收益 R_f；二是市场风险溢价收益 (R_M-R_f)。它表明：①风险资产的收益高于无风险资产的收益率；②只有系统性风险需要补偿，非系统性风险可以通过投资多样化减少甚至消除，因而不需要补偿；③风险资产实际获得的市场风险溢价收益取决于 β_{iM} 的大小，β_{iM} 值越大，则风险贴水 (R_M-R_f) 就越大，反之，β_{iM} 越小，则风险贴水就愈小。式(2)和式(3)对应的 SML 如图 3 所示。

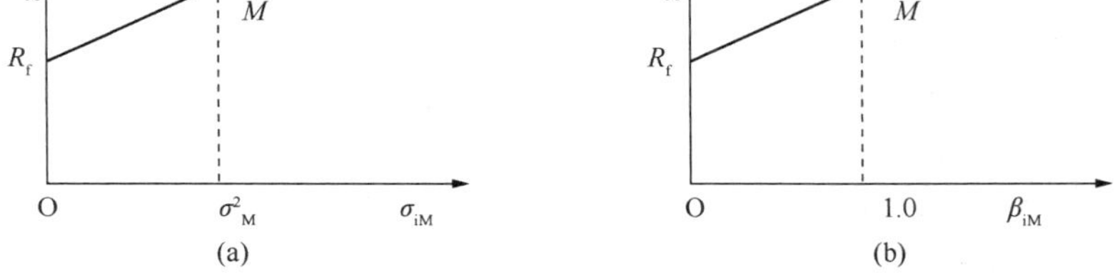

图 3　证券市场线

(3)证券市场线与资本市场线的区别有：

①“证券市场线”的横轴是“贝它系数(只包括系统风险)”；“资本市场线”的横轴是“标准差(既包括系统风险又包括非系统风险)”。

②“证券市场线”揭示的是“证券的本身的风险和报酬”之间的对应关系；“资本市场线”揭示的是“持有不同比例的无风险资产和市场组合情况下”风险和报酬的权衡关系。

③资本市场线中的“风险组合的期望报酬率”与证券市场线中的“平均股票的要求收益率”含义不同；“资本市场线”中的“Q”不是证券市场线中的“贝它系数”。

④证券市场线表示的是“要求收益率”，即投资“前”要求得到的最低收益率；而资本市场线表示的是“期望报酬率”，即投资“后”期望获得的报酬率。

⑤证券市场线的作用在于根据“必要报酬率”，利用股票估价模型，计算股票的内在价值；资本市场线的作用在于确定投资组合的比例。

三、计算题(每题20分，共60分)

1.(1)根据CAPM模型，我们知道：$r_P=r_f+\beta(r_M-r_f)=4.3\%+0.9\times(13\%-4.3\%)=12.13\%$

(2)根据零增长模型，我们可知：$P=\frac{D_0}{r_P}=\frac{6}{12.13\%}\approx49.46$(元)

(3)重新运用CAPM模型对该股票的期望收益率进行估值：

$$r'_P=r_f+\beta'(r_M-r_f)=4.3\%+1.3\times(13\%-4.3\%)=15.61\%$$

$$P'=\frac{D_0}{r'_P}=\frac{6}{15.61\%}\approx38.44\text{(元)}$$

对比可知，以(2)中的价格购买该股票是高估了该股票的价格。因为在同样的风险溢价报酬下，风险却大大增加了。

2.(1)如果期末股价是150元，看跌期权将不会被执行，其价值为0元。如果期末股价是90元，看跌期权将会被执行，该看跌期权的价值为20元。对冲比率等于期权价值之差除以股票价值之差。

$$H=\frac{C_u-C_d}{uS_0-dS_0}=\frac{0-20}{150-90}=-\frac{1}{3}$$

即每股股票需要3份看跌期权来进行对冲。

(2)在两种情况下，投资组合的期末价值都会是150元。

	股价150元时	股价90元时
股票价值	1×150=150元	1×90=90元
看跌期权的价值	0元	3×20元=60元
净报酬	150元	150元

(3)设期权价格为X，则期初投资者需要支付的成本为$95+3X$，期末得到的收入为150元，所以有$(95+3X)\times(1+10\%)=150$，解得$X\approx13.79$元。

3.(1)由于资本市场是完美的，所以信息是完全对称的。此时，股票价格为90元，筹集20000万元资金需要发行新股222.2222万股，此时，公司股票总数为1000+222.2222=1222.2222万股，每股收益为6000/1222.22222≈4.91元。

(2)债务融资会在明年产生的利息为20000×5%=1000万元，所以股东权益此时变为6000−1000=5000万元，则每股收益为5000/1000=5元。

(3)发行新股的话，预测$P/E=90/4.9=18.37$；发行新债的话，预测$P/E=90/5=18$。两种融资方式下P/E的差异主要是由于该公司的总资产息税前收益率为6000/(90000+20000)=5.45%>债务融资成本5%。所以通过债务融资可以降低公司的P/E。

四、分析论述题(20分)

(1)我国传统的货币政策工具包括再贴现政策、存款准备金政策和公开市场操作政策。它们主要是调节货币供应总量、信用量和一般利率水平。因此，又称为数量型货币政策工具。近年来，人民银行着眼于完善流动性供给机制、建立政策利率体系和拓展宏观审慎政策框架，对于货币政策工具中的法定准备金率、公开市场操作、中央银行借贷便利、宏观审慎管理和预期管理等都分别进行了创新。

（2）创新性货币政策工具与法定存款准备金率、再贴现等传统货币政策工具也存在一定的差异，主要表现在：

① 创新工具赋予金融机构更多的自主性。常备借贷便利由金融机构主动发起的，而不像法定存款准备金率等传统货币政策工具由中央银行主动运用，金融机构可以随时根据自身的流动性需求申请贷款额度，及时补充流动性，更具灵活性和针对性。

② 创新工具具有较强的政策倾向性，可以发挥结构性的调控效果。传统的货币政策工具如基准利率、法定存款准备金率的调整产生全局的政策效果，会对所有商业银行的流动性和信贷投放产生影响，政策效果的影响面广、作用强。常备借贷便利一般在金融机构和中央银行之间进行“一对一”交易，主要对操作对象产生影响；中期借贷便利和抵押补充贷款工具的操作对象和贷款发放也具有较强的针对性，具有很强的政策倾向性，主要对操作对象和特定的领域产生影响，可以发挥结构性的调控效果。

③ 创新工具是一种特殊的中央银行贷款(简称再贷款)。货币政策创新工具均是从中央银行获得的贷款，属于再贷款的范畴，但又与再贷款存在一定的差异。我国现有的再贷款包括信用贷款和再贴现贷款两种。与信用贷款不需要担保品不同，货币政策创新工具不属于信用贷款，贷款的获得均需合格的质押品；与再贴现贷款以已贴现的商业汇票作为质押品不同，货币政策创新工具发放贷款的合格质押品一般是高信用评级的债券类资产及优质信贷资产等。

（3）总的来看，上述多种货币政策工具创新取得了较好效果。一是基础货币供给渠道发生了明显变化，外汇占款在新增基础货币中来源的占比下降，中期借贷便利和补充抵押贷款等创新的货币政策工具在新增基础货币来源中的占比上升，保持了银行体系流动性适度，反映央行对基础货币的调控能力显著增强。二是央行的短期和中期操作利率对债券市场利率和贷款利率的传导效应总体趋于上升，说明中央银行政策利率体系发挥了引导市场利率的重要作用。三是信贷结构持续改善，经济结构的转型升级特征明显，创新货币政策工具的结构性功能效果逐渐体现。四是货币信贷平稳增长，主要经济指标企稳向好，创新货币政策工具的逆周期调节作用有效发挥。

然而，我国货币政策创新工具的产生和实施时间不长，仍然处于发展和摸索阶段，在政策定位与作用效果等方面还有待进一步培育和完善。

【科兴点评】2018 年复旦 431 考试取消了指定参考用书，采用了按考试大纲命题的思路。这个情况在试卷上反映的特别明显。首先，题型发生了重大的变化。过去 7 年复旦 431 的题型都以文字表述为主，2018 年的试题竟然出现了 100 分的客观题，这对理工科背景的考生无疑是利好。其次，试题难度达到了历史新低。10 道选择题和 2 道计算题，稍微有点基础的考生都不会出错。也就是计算题第二题有点难度，但这对考复旦的考生来说，也不算什么事。最后，2018 年的试题基本上没有考查最新热点，比如美联储加息、缩表，金融去杠杆，中性货币政策。

华东师范大学 2018 年金融学综合试题

一、单项选择题(每题 1 分，共 20 分)

1. 在我国的货币层次划分中，一般将住房公积金存款划为(　　)。

A. M_0　　B. M_1　　C. M_2　　D. M_3

2. 可以用来当作商业银行二级准备的资产有(　　)。

A. 在中央银行的存款　　B. 国库券

C. 同业拆借资金　　D. 定期存款

3. 下面哪个市场是利率市场化的基础，它有利于形成市场化利率信号？(　　)

A. 一级市场　　B. 二级市场　　C. 资本市场　　D. 货币市场

4. 决定货币 M_1 的数量时，主要由公众控制的因素有(　　)。

A. 法定存款准备金率　　B. 存款与通货的比率

C. 基础货币　　D. 超额准备金率

5. 公司将一张面额为 10000 元，到期期限为 6 个月的商业票据贴现，若银行的年贴现率为 5%，则银行应付金额为(　　)元。

A. 125　　B. 1501　　C. 9750　　D. 10020

6. 下列金融变量中，直接受制于商业银行行为的有(　　)。

A. 定期存款比率　　B. 现金漏损率　　C. 超额存款比率　　D. 财政性存款比率

7. 弗里德曼的研究表明，当预期通货膨胀率与实际通货膨胀率处于什么关系时，失业率等于自然失业率？(　　)

A. 大于　　B. 等于　　C. 小于　　D. 不确定

8. 国内某公司在海外直接投资取得并汇回的利润，应计入国际收支平衡表中经常账户的(　　)项目。

A. 收益　　B. 经常转移　　C. 直接投资　　D. 资本转移

9. 下列关于特别提款权的说法中，不正确的是(　　)。

A. 它具有内在价值

B. 它的价格根据主要发达国家货币汇率加权平均算出

C. 它没有商品贸易及金融交易基础

D. 限定在成员国政府与 IMF 及各成员国之间发挥作用

10. 亚投行的全称是(　　)。

A. 亚洲投资发展银行　　B. 亚洲投资银行

C. 亚洲基础设施投资银行　　D. 亚洲基础设施投资发展银行

11. 公司增发的普通股的市价为 12 元/股，筹资费用率为市价的 6%，本年发放股利每股 0.6 元，已知同类股票的预计收益率为 11%，则维持此股价需要的股利年增长率为(　　)。

A. 5%　　B. 5.39%　　C. 5.68%　　D. 10.34%

12. 某公司 2016 年销售净收入 315000 元，应收账款年末数为 18000 元，年初数为 16000 元，其应收账款周转次数是(　　)次。

A. 10　　B. 15　　C. 18.5　　D. 20

13. 某公司正在开会讨论投产一种新产品，对以下收支发生争论：你认为不应列入该项目评价的现金流量有(　　)。

A. 新产品投产导致流动资金增加 80 万元

B. 该项目利用现有未充分利用的厂房和设备，如将该设备出租可获收益 200 万元，但公司规定不得将生产设备出租，以防对本公司形成竞争

C. 产品销售会使本公司同类产品减少收益 100 万元

D. 产品销售会使本公司同类产品增加收益 200 万元

14. 在进行股票投资时，一位投资者只基于公司披露的年报信息进行分析与选择股票就可以获得超额利润，这与哪种有效市场假说相符？(　　)

A. 弱有效市场　　B. 半强有效市场　　C. 强有效市场　　D. 以上都不对

15. 下列有关"优序融资理论"的理解，不正确的有(　　)。

A. 债务融资优于内部融资　　B. 内部融资优于外部融资

C. 债务融资优于权益融资　　D. 内部融资优于权益融资

16. 在以下关于 β 系数的表述中，错误的是(　　)。

A. β 系数用来度量证券本身在不同时期收益变动的程度

B. β 系数是用来测定一种证券的收益随整个证券市场收益变化程度的指标

C. β 系数代表证券的系统风险

D. β 系数度量证券收益相对于同一时期市场平均收益的变动程度

17. 一对股票 A 和股票 B，A 的期望收益率为 0.12，β 值为 1.2，B 的期望收益率为 0.14，β 值为 1.8，无风险收益率为 0.05，市场期望收益率为 0.09，应该投资的股票及原因是(　　)。

A. 股票 A，因为 A 的超额收益率 2.2%大于股票 B 的超额收益率 1.8%

B. 股票 B，因为 B 的超额收益率 2.2%大于股票 A 的超额收益率 1.8%

C. 股票 A，因为 A 的超额收益率 5%大于股票 B 的超额收益率 3.8%

D. 股票 B，因为 B 的超额收益率 5%大于股票 B 的超额收益率 3.8%

18. 股票公司规定的能获得此次股利分派的最后日期界限是指(　　)。

A. 股利宣告日　　B. 股权登记日　　C. 除息日　　D. 股利发放日

19. 在单一方案决策过程中，与净现值评价结论最可能发生矛盾的评价指标是(　　)。

A. 净现值率　　B. 获利指数　　C. 投资回收期　　D. 内部收益率

20. 财务杠杆反映的是(　　)。

A. 销售量与息税前利润之间的关系　　B. 销售量与每股收益之间的关系

C. 息税前利润与每股收益之间的关系　　D. 息税前利润与股利支付率之间的关系

二、名词解释(每题 4 分，共 24 分)

1. 行为金融学　　2. 投机性货币需求

3. 投资银行　　4. 远期汇率

5. 扬基债券　　6. 增量现金流

三、简答题(每题 8 分，共 48 分)

1. 简述间接金融与直接金融的区别与联系。

2. 简述我国传统货币政策工具及其特点。

3. 简述货币中性的概念，成立条件及其对宏观调控的启示。

4. 简述国际清偿力与国际储备的关系。

5. 简述 MM 定理的主要内容。

6. 简述资本资产定价模型(CAPM)和现金流贴现方法(DDM)之间的区别。

四、计算题(每题 10 分，共 30 分)

1. 某公司正考虑购买一台生产玩具的机器，机器的价格为 530000 元，使用期限为 5 年。该机器将采用直线折旧法完全折旧。该机器每年能够生产 15000 件玩具。第一年每件玩具的售价将为 40 元，而后将以每年 5%的增长率增长。第一年每件玩具的生产成本将为 20 元，而后将以每年 6%的增长率增长。该项目每年的固定成本将为 75000 元，同时需要立即投资 25000 元于净营运资本。公司税率为 34%。如果恰当的折现率为 15%，那么该项投资的净现值是多少?

2. 一家上市公司资产负债表中长期负债账面价值为 3810 万元(每张债券面值为 1000 元)，息票率为 8%，期限为 2 年。假设投资者对公司债券要求得到收益率为 10%，公司所得税率为 40%，税前筹资费率为 3%，请计算该债券的筹资成本。

3. 某公司目前发行在外普通股 1000 万股(每股 1 元)，已发行 10%利率的债券 4000 万元。该公司打算为一个新的投资项目融资 5000 万元，新项目投产后公司每年息税前盈余增加到 2000 万元。现有两个方案可供选择：按 12%的利率发行债券(方案 1)；按每股 200 元发行新股(方案 2)。公司适用所得税税率 40%。请判断哪个方案更好。

五、论述题(每题 14 分，共 28 分)

1. 试述金融科技的内涵，近年来的发展及其影响。

2. 试述近三年来人民币汇率的变动特点及其原因。

华东师范大学 2018 年金融学综合试题解析

一、单项选择题(每题 1 分，共 20 分)

1. C。1994 年 10 月中国人民银行正式编制并向社会公布“货币供应量统计表”，首次将我国的货币供应量划分为以下几个层次：

M_0 = 流通中的现金

$M_1 = M_0$ + 单位活期存款

$M_2 = M_1$ + 储蓄存款 + 单位定期存款 + 单位其他存款

$M_3 = M_2$ + 金融债券 + 商业票据 + 大额可转让定期存单等(2017 年增加)

2001 年 6 月，中国人民银行第一次修订货币供应量口径，将证券公司客户保证金计入 M_2。2002 年初，中国人民银行第二次修订货币供应量口径，将外资、合资金融机构的人民币存款，分别计入不同层次的货币供应量。2006 年，中国人民银行第三次修订货币供应量口径，将信托投资公司和金融租赁公司的存款不计入相应层次的货币供应量。2011 年 10 月，中国人民银行再次修订货币供应量口径，在货币供应量中加入了住房公积金中心存款和非存款类金融机构在存款类金融机构的存款。

2. B。现金具有最强的流动性，能够随时满足流动性需要，因而现金资产又被称作商业银行的第一准备或一级准备。商业银行的现金资产包括库存现金、同业存款(一家商业银行存在别家商业银行的存款)和在中央银行的超额准备金存款。二级准备在收益性，流动性方面介于贷款资产和现金资产之间，其组成构筑了银行证券投资流动性准备方法的核心，它强调短期证券在作为一级准备的补充，满足流动性需要的同时，还要为银行带来一定利息收入。可以用来充当商业银行二级准备的资产有 CDS 和国库券。

3. D。A 项一级市场是有价证券发行的市场；B 项二级市场是有价证券的交易市场；C 项资本市场是指期限在一年以上各种资金借贷和证券交易的场所；D 项货币市场指期限在一年以内的短期债务工具市场，它是利率市场化的基础。

4. B。通货比率是指流通中的现金与商业银行活期存款的比率。这一比率的高低反映了居民和企业等部门的持币行为。通货-存款比率越高，表明居民和企业等部门持有的现金越多，商业银行创造存款货币的能力就越弱。影响通货比例的因素主要有：(1)社会公众的流动性偏好。(2)其他金融资产的收益率。(3)银行体系活期存款的增减变化。(4)收入或财富的变动。(5)其他因素，如信用发达程度、人们的心理预期、各种突发事件及季节性因素。

5. C。票据贴现利息=票据票面金额×贴现率×$\frac{\text{未到期天数}}{360}$=10000×5%×$\frac{180}{360}$=25。

则银行应付金额=10000-25=9750 元。

6. C。超额存款比率是由商业银行根据自身经营状况决定的。

7. B。现代菲利普斯曲线或附加预期的菲利普斯曲线方程为：

$$\pi=\pi_e-\varepsilon(u-u^*)$$

其中 π 表示实际通货膨胀率，π_e表示预期通货膨胀率，ε 表示通胀率对失业率的敏感度，u 表示失业率，u^* 表示自然失业率。根据公式可知，要使 $u-u^*=0$，则 $\pi=\pi_e$。

8. A。经常账户的收益项目，包括职工报酬和投资收益两类，职工报酬是指本国居民在国外工作(一年以下)而得到并汇回的收入以及支付外籍员工(一年以下)的工资福利，投资收益包括直接投资项下的利润利息收支和再投资收益、证券投资收益(股息、利息等)和其他投资收益(利息)。

【科兴提示】将收益作为经常账户的独立组成部分，这种处理方法加强了收入与金融账户流量、收入与国际收支和国际投资头寸之间的联系，提高了国际收支账户的分析价值。

9. A。SDR 是一种信用发行的账面资产，本身并无内在价值，但能作为国际清算的合法手段。

10. C。亚洲基础设施投资银行(Asian Infrastructure Investment Bank，简称亚投行，AIIB)是一个政府间性质的亚洲区域多边开发机构。重点支持基础设施建设，成立宗旨是为了促进亚洲区域的建设互联互通化和经济一体化的进程，并且加强中国及其他亚洲国家和地区的合作，是首个由中国倡议设立的多边金融机构，总部设在北京，法定资本 1000 亿美元。截至 2017 年 5 月 13 日，亚投行有 77 个正式成员国。

【科兴提示】亚投行的成员国也是一个很容易考查的点，要注意。

11. B。股利年增长率=普通股资本成本-预期年股利额/[普通股市价×(1-普通股筹资费用率)]=11%-[0.6×(1+股利年增长率)]/[12×(1-6%)]，解得股利增长率=5.39%。

【科兴提示】许多考生在计算本题时均未考虑计算预期年股利额，仅以上年发放的股利为基础计算股利年增长率为 5.68%，而造成了错误。这说明了这部分考生在复习时不够细致，未能全面理解与掌握资本成本计算的关键要点。

12. C。应收账款周转率=315000/[(18000+16000)/2]=18.5。

13. B。计算投资项目现金流量时，要充分关注机会成本。不过对于选项 B，由于企业不允许将设备出租，所以不会形成机会成本，因此，不应列入该项目评价的现金流量。

14. A。市场有效性与投资分析的关系表：

市场类型	技术分析	基本分析	组合管理
无效市场	有效	有效	积极进取
弱式有效	无效	有效	积极进取
半强式有效	无效	无效	积极进取
强式有效	无效	无效	消极保守

15. A。优序融资理论(Pecking Order Theory) 是指放宽 MM 理论完全信息的假定，以不对称信息理论为基础，并考虑交易成本的存在，认为权益融资会传递企业经营的负面信息，而且外部融资要多支付各种成本，因而企业融资一般会遵循内源融资、债务融资、权益融资这样的先后顺序。1989 年 Baskin 以交易成本、个人所得税和控制权的研究角度对优序融资理论作出了解释，指出由于留存收益提供的内部资金不必承担发行成本，也避免了个人所得税，因此内部资金要优于外部资金。与权益性资金相比较，负债融资由于具有节税效应，发行成本低，又不会稀释公司的控制权，所以对外融资来说负债融资又优于权益性融资。

16. A。β 系数也称为贝塔系数，是一种风险指数，用来衡量个别股票或股票基金相对于整个股市的价格波动情况。β 系数是一种评估证券系统性风险的工具，用以度量一种证券或一个投资证券组合相对总体市场的波动性，在股票、基金等投资术语中常见。

17. A。计算两只股票的超额收益率：

A 股票：$12\%-[5\%+1.2\times(9\%-5\%)]=2.2\%$

B 股票：$14\%-[5\%+1.8\times(9\%-5\%)]=1.8\%$

对比可得 A 股票的超额收益率更高。

18. B。股利支付的程序是：

(1) 股利宣告日，即董事会宣布发放股利的日期。公司董事会一般是根据股东大会关于股利发放的决议，研究决定股利发放具体政策及有关事宜。

(2) 股权登记日，即指公司规定的能获得此项股利分派的最后股权登记日期，这是决定股东能否取得此项股利的期限。一般公司宣布股利后，便可规定一段时期供股东过户登记，只有登记在册的股东，才有权领取股利。

(3) 除权除息日 即指领取股利的权利与股票相互分离的日期。除息日开始，股利权与股票相分离，新购入股票的人不能分享股利。

(4) 股利发放日 即将股利实际支付给股东的日期，也称为付息日。以登记在册的股东为准，即使股东在股利发放日前已经将其股票出售，他仍有权获得股利。

19. C。净现值法，内含报酬率法和获利指数法均属于折现现金流量法，在进行独立方案决策时，得出的结论往往是一致的。而投资回收期法只考虑了回收期之前的现金流量对投资收益的贡献，未能考虑回收期标准之后产生的现金流量。这样，在回收期后仍有现金流量的项目可能被拒绝，而现金流量集中在前几年并未达到回收期标准年限的方案可能被采纳。

20. C。财务杠杆是指由于债务的存在而导致普通股每股利润变动大于息税前利润变动的杠杆效应。

二、名词解释(每题 4 分，共 24 分)

1. 行为金融学是金融学、心理学、行为学、社会学等学科相交叉的边缘学科，力图揭示金融市场的非理性行为和决策规律。行为金融理论认为，证券的市场价格并不只由证券内在价值所决定，还在很大程度上受到投资者主体行为的影响，即投资者心理与行为对证券市场的价格决定及其变动具有重大影响。它是和有效市场假说相对应的一种学说，主要内容可分为套利限制和心理学两部分。

【科兴提示】随着芝加哥大学教授理查德．塞勒获得诺贝尔经济学奖，行为金融学成了各大高校 431 命题的热点。

2. 投机性货币需求是指人们为了避免由于未来利息率的不确定性而带来的资产损失或增加资本利息，及时调整资产结构而形成的对货币的需求。当现行利率过高时，人们预期利率会下跌，便放弃货币而持有债券，即减少货币需求，这样不仅可以获得较高的债券收益，而且当以后利率下跌时还会因债券升值获得额外的资本盈溢。当现行利率过低时，人们预期利率会反弹，便放弃债券而持有货币，即增加货币需要量，这样可使收益损失和风险降至最低。因此，投机性货币需求是利率的反函数，同利率的高低呈反方向变动。

3. 投资银行是最典型的投资性金融机构，一般认为，投资银行是在资本市场上为企业发行债券、股票，筹集长期资金提供中介服务的金融机构，主要从事证券承销、公司购并与资产重组、公司理财、基金管理等业务。其基本特征是综合经营资本市场业务。

4. 远期汇率也称期汇汇率，是交易双方达成外汇买卖协议，约定在未来某一时间进行外汇实际交割所使用的汇率。远期汇率到了交割日期，由协议双方按预订的汇率、金额进行交割。远期外汇买卖是一种预约性交易，是由于外汇购买者对外汇资金需求的时间不同，以及为了避免外汇风险而引进的。

5. 扬基债券是在美国债券市场上发行的外国债券，即美国以外的政府、金融机构、工商企业和国际组织在美国国内市场发行的、以美元为计值货币的债券。“扬基”一词英文为“Yankee”，意为美利坚合众国（“美国佬”）。由于在美国发行和交易的外国债券都是同“美国佬”打交道，故名扬基债券。

【科兴提示】扬基债券属于外国债券，考生务必要搞清楚外国债券和欧洲债券的区别。

6. 增量现金流也称为相关现金流量，是指公司有无被决策项目时未来现金流量的差值，也就是由决策引起的公司总未来现金流量的变化。增量现金流在确定投资项目相关的现金流量时，应遵循的最基本的原则是：只有增量现金流量才是与项目相关的现金流量。

三、简答题(每题8分，共48分)

1.（1）定义：直接融资，也称“直接金融”，是指拥有暂时闲置资金的单位(包括企业、机构和个人)与资金短缺单位，相互之间直接进行协议，或者在金融市场上前者购买后者发行的有价证券，将货币资金提供给资金需求单位，从而完成资金融通的过程。间接融资，也称“间接金融”，是指拥有暂时闲置货币资金的单位通过存款的形式，或者购买银行、信托、保险等金融机构发行的有价证券，将其暂时闲置的资金先行提供给这些金融中介机构，然后再由这些金融机构以贷款、贴现等形式，或通过购买需要资金的单位发行的有价证券，把资金提供给这些单位使用，从而实现资金融通的过程。其基本特点是资金融通通过金融中介机构来进行，它由金融机构筹集资金和运用资金两个环节构成。

（2）直接融资与间接融资的相同点：①都是资金的融通活动。它们都是金融市场上资金融通方式，共同构成了完整的资金融通活动。②相互渗透、相互支持。它们通过资金融通活动，使资金从储蓄向投资转化，从而促进社会经济的发展。

（3）直接融资与间接融资的不同点：

① 融资工具不同。直接融资是通过资金需求者发行有价证券，如股票、债券等，由资金盈余者购买有价证券，以此来融通资金。间接融资是通过金融机构发行间接凭证，如银行存款凭证、保险凭证等筹集资金，然后再将资金贷放给资金需求者的一种融资方式。

② 融资工具特点不同。间接融资具有比直接融资的风险小、成本低、流动性好等优点。

③ 金融中介机构的功能不同：直接融资也需要借助于金融中介机构的服务，如证券公司、投资银行、会计师事务所等。但他们的作用主要是牵线搭桥并以此收取佣金。间接融资中的中介机构主要是商业银行，商业银行主要以储蓄的形式筹集资金，然后再将其贷放给资金需求者，并以此赚取存贷利差。

2. 一般性货币政策工具主要包括存款准备金制度、再贴现政策和公开市场业务三大工具，即所谓的“三大法宝”。

（1）存款准备金政策，是指在国家法律所给予的权利范围内，通过规定和调整商业银行交存中央银行的存款准备金率，控制商业银行的信用创造能力，间接地调节社会货币供应量的政策工具。法定存款准备金率，被认为是货币政策中最猛烈的工具之一，其特点表现在：

① 法定准备金率是通过货币乘数来影响货币供给量的，因此，即使法定准备率调整幅度很小，也会引起货币供应量的巨大波动。

② 即使法定准备率不变，它也在很大程度上限制了存款机构创造派生存款的能力。

③ 即使商业银行等存款机构由于种种原因持有超额准备金，法定准备率的调整也会产生效果，如提高法定准备率将冻结一部分超额准备金。

（2）再贴现政策，是指中央银行通过制定或调整再贴现利率和条件来干预和影响市场利率及货币供应量，从而调节宏观经济的一种金融手段。再贴现政策的特点表现为：

① 它是通过影响商业银行的资金成本和超额储备来影响商业银行的融资决策的。

② 再贴现率的变动，在一定程度上反映了中央银行的政策意向，具有一种告示效应。

(3) 公开市场业务，是指中央银行在公开市场上买进卖出有价证券(主要是政府债券)借以调控货币供应量的一种政策手段，是中央银行的三大传统法宝之一。公开市场业务的特点表现为：

① 传递过程的直接性。中央银行通过公开市场业务可以直接调控银行系统的准备金总量，进而直接影响货币供应量。

② 操作的主动性。通过公开市场业务，中央银行可以“主动出击”，避免了贴现政策的“被动等待”。

③ 可以进行微调。由于公开市场操作的规模和方向可以灵活安排，中央银行有可能对货币供应量进行微调，从而避免法定存款准备金政策的震动效应。

④ 可进行频繁操作。中央银行可以在公开市场上进行联系性、经常性及试探性操作，也可以进行逆向操作，以灵活调节货币供应量。

3. 货币中性是指货币供给的增长将导致价格水平的相同比例增长，对于实际产出水平没有产生影响。货币中性成立有一个理论前提，即市场机制使资源配置达到瓦尔拉斯均衡状态。在这样的状态下，一切市场都是完全竞争的；一切资源都是完全流动的；一切行为主体都掌握充分的信息，他们的预期都是完全理性的；价格、工资等名义变量的变动都不存在任何的刚性；也不存在“货币幻觉”等等。

关于货币中性，一般的结论是：货币短期非均衡，但长期是中性的。对应于货币中性，应当有中性的货币政策。中性货币政策指的是使货币利率与自然利率完全相等的货币政策。换句话说，货币政策作为宏观调控的职能在减弱，减少以通货膨胀为代价刺激经济的增长，从而保证了市场机制可以不受干扰的发挥资源配置的作用，减少了经济中的“扭曲”现象，最终实现经济更高质量增长。对应于货币短期非中性和长期中性，短期内货币政策应以消除资源配置的非均衡，如果过高的物价上涨率、过高的失业率等为目标；而长期内应以保持资源配置均衡，如稳定物价、充分就业等为目标。

2017 年我国政府报告明确提出货币政策“稳健中性”，反映了央行指导思想乃至政府宏观调控手段的重大变化：货币政策的调控更多地配合经济增长的节奏而不是强加干扰，宏观调控手段上，不再过多倚重货币政策。但是，在实践中，实施中性货币政策存在很多条件限制，包括央行的指导思想、信誉基础、信息环境等。然而由于我们的社会时刻处于人口、技术等因素不断变化的过程中，因此中性货币政策难以把握，而且由于我国目前的货币政策主要还是执行宏观调控为主旨，它往往只是政策管理者所追求的目标，中性货币政策还没有发挥出它的作用。

4. 国际储备是一国货币当局者为弥补国际收支逆差、维持本国货币汇率的稳定以及应付各种紧急支付而持有的、为世界各国所普遍接受的资产。一个国家的国际清偿力是指该国无须采取任何影响本国经济正常运行的特别调节措施即能平衡国际收支逆差和维护其汇率的总体能力。它们的区别是：

(1) 从内容上看，国际清偿力除了包括该国货币当局直接掌握的国际储备资产外，还包括国际金融机构向该国提供的国际信贷以及该国商业银行和个人所持有的外汇和借款能力。因此，国际清偿力的范围要比国际储备大。

(2) 从性质上看，国际储备是一个国家货币当局直接掌握持有的，其使用是无条件的。而对于其他的国际清偿力的构成部分的使用，通常是有条件的。因此，从总体来讲，可以认为一个国家国际清偿力的使用是有条件的。

(3) 从两者数量关系上看，一个国家的国际清偿力是该国政府在国际经济活动中能动用的一切外汇资源和总和，而国际储备只是其中的一部分。

5. MM 定理包含无税 MM 定理和有税 MM 定理。

(1) 无税 MM 定理存在完美资本市场：

① 投资者和公司能够以竞争性的市场价格买卖同一集合的证券，竞争性的市价等于证券产生的未来现金流的现值。

② 没有税负、交易成本和证券交易相关的发行成本。

③ 公司的融资决策不改变其投资所产生的现金流，也不会揭示有关投资的新信息。

无税 MM 定理 1 认为，在完美资本市场中，且企业经营风险相同而只有资本结构不同时，公司的市场价值与公司的资本结构无关。或者说，当公司的债务比率由零增加到 100%时，企业的资本总成本及总价值不会发生任何变动，即企业价值与企业是否负债无关，不存在最佳资本结构问题。

无税 MM 定理 2 认为，在完美资本市场中，有负债企业的权益资本成本随着财务杠杆的提高而增加。权益资本成本等于无负债企业的权益资本成本加上风险溢价，而风险溢价与以市值计算的财务杠杆成正比。

（2）有税 MM 定理放宽了公司税的假设。

有税 MM 定理 1 认为，有负债企业的价值等于具有相同风险等级的无负债企业的价值加上利息抵税收益的现值。由于负债的利息是免税支出，可以降低综合资本成本，增加企业的价值。因此，公司只要通过财务杠杆利益的不断增加，而不断降低其资本成本，负债越多，杠杆作用越明显，公司价值越大。当债务资本在资本结构中趋近 100%时，才是最佳的资本结构，此时企业价值达到最大。

有税 MM 定理 2 认为，有负债企业的权益资本成本随着财务杠杆的提高而增加。权益资本成本等于无负债企业的权益资本成本加上与市值计算的资本结构成比例的风险报酬，且风险报酬取决于企业的债务比例以及所得税率。

【科兴提示】这是华东师大 2011 年试题的重复考查。MM 定理一直都是公司财务的核心知识点，只是判新的教材语焉不详，可以参考罗斯《公司理财》。

6.（1）股利贴现模型（DDM）是贴现现金流量法评估股权资本价值的一个特例。该模型认为，股票的价值是预期未来全部红利现值的总和。用公式可以表示为：

$$V = \sum_{t=1}^{\infty} \frac{D_t}{(1+r)^t}$$

其中，V 代表普通股的内在价值；D_t 代表普通股第 t 期支付的股息或红利；r 是贴现率，又称资本化率。DDM 模型说明了股票价格最终决定于持有者们不断增加的现金流入，即股利。这一公式默认的条件是投资者长期持有该股票。

如果预期公司股利以固定速率 g 增长，可以用如下公式来表示一只股票的年收益率。

$$r=\frac{Div}{P}+g$$

其中，Div 是明年收到的每股股利；r 是折现率。

（2）资本资产定价模型（CAPM）是现代金融市场价格理论的支柱，主要研究证券市场中资产的预期收益率和风险资产之间的关系。理论的主要前提是资本运作的市场是完全有效地，投资者都是理智的。理论可以概括为：

$$E(R_i)=R_f+\beta_{im}[E(R_m)-R_f]$$

其中，$E(R_i)$ 是资产的预期收益率，R_f 是无风险收益率，β_{im} 是 β 系数，$E(R_m)$ 是市场的预期收益率，$[E(R_m)-R_f]$ 是市场溢价。

（3）相比而言，DDM 模型的优点在于其简单性。CAPM 的优点则有以下几点：

① DDM 模型只对稳定支付股利的公司有效，CAPM 模型则对不分红或者增长很难估计的公司也是有效的。

② DDM 模型没有明确地将风险纳入考虑，CAPM 模型则对风险进行了调整。

③ DDM 对单个公司的增长率进行估计存在的误差明显大于 CAPM 模型对贝塔的计算。

【科兴提示】罗斯《公司理财》（第 11 版）里面特有的知识点，考生应使用最新版教材。

四、计算题（每题 10 分，共 30 分）

1. 计算每年的销售价格以及单位可变成本：

单位：元

	第 1 年	第 2 年	第 3 年	第 4 年	第 5 年
售价	40.00	42.00	4410	46.31	48.62
单位成本	20.00	21.20	22.47	23.82	25.25

预期利润表及每年的现金流：

单位：元

	第0年	第1年	第2年	第3年	第4年	第5年
收入		600000	630000	661500.00	694575.00	729303.75
固定成本		75000	75000	75000	75000	75000
可变成本		300000	318000	337080	357304.80	378743.09
折旧		106000	106000	106000	106000	106000
税前利润		119000	131000	143420	156270.20	169560.66
税收		40460	44540	48762.80	53131.87	57650.63
净利润		78540	86460	94657.20	103138.33	111910.04
营运现金流		184540	192460	200657.20	209138.33	217910.04
资本性支出	-530000					
净营运资本	-25000					25000
总的现金流	-555000	184540	192460	200657.2	209138.33	242910.04

该项目的净现值为：

$$NPV=-555000+\frac{184540}{1.15}+\frac{192460}{1.15^2}+\frac{100657.20}{1.15^3}+\frac{209138.33}{1.15^4}+\frac{242910.04}{1.15^5}=123277.08\text{ 元}$$

【科兴提示】源于罗斯《公司理财》(第九版)第六章的课后习题。

2. 根据投资者要求的收益率确定债券的发行价格 P_b：

$$P_b = \sum_{t=1}^{2}\frac{1000\times 8\%}{(1+10\%)^2}+\frac{1000}{(1+10\%)^2}\approx 965.29\text{ 元}$$

将投资者要求的收益率转化为债券资本成本 r_b：

$$965.29\times(1-3\%) = \sum_{t=1}^{2}\frac{1000\times 8\%\times(1-40\%)}{(1+r_b)^t}+\frac{1000}{(1+r_b)^2}$$

插值法求得 $r_b\approx 8.5\%$。

【科兴提示】题干中的长期负债账面价值3810万元属于干扰数据，不予理睬。

3. 根据每股净收益公式可知：

$$EPS=\frac{(EBIT-I)(1-T)}{N}$$

代入数据可得：

$$EPS_1=\frac{(2000-4000\times 10\%-5000\times 12\%)(1-25\%)}{1000}=0.75\text{ 元}$$

$$EPS_2=\frac{(2000-4000\times 10\%)(1-25\%)}{1000+\frac{5000}{200}}=0.96\text{ 元}$$

对比可知方案2更好。

五、论述题(每题14分，共28分)

1.(1) 按照国际权威机构金融稳定理事会的定义，金融科技是指技术带来的金融创新，它能创造新的模式、业务、流程与产品，既可以包括前端产业也包含后台技术。与金融科技相关的关键技术，主要包含大数据(Big data)、人工智能(AI)、区块链(Blockchain)、云计算(Cloud)，这几种技术的发展同生同涨、相互促进。

近年来，随着互联网技术的普及，科技开始高度参与金融行业的创新与发展。尤其是随着移动互联网及电商平台的迅速发展，金融科技也进入了快速发展期。它改善了金融供需双方信息不对称问题，有效提高交易双方的撮合度，扩大交易范围，创新金融工具与产品，提升服务效率，带给人们更便捷、更安全的金融服务，也使得金融服务的成本不断降低、效率有效提升、服务范围更加广泛。

（2）金融科技的发展及影响

① 科技改变支付手段

支付技术使金融功能直达消费者活动的终端，深入到工作场景和商业场景。完善的移动互联网及电子商务生态系统使得我国的支付业务从现金支付为主迈向网络支付。

网络支付包括互联网支付、移动支付等，它能有效消除时间和空间的限制，并兼具了支付中介、技术服务、信用增信、个性化等增值服务功能，解决了网络时代物流与资金流在时间和空间上的错配问题，节约成本，缩短交易周期，提高交易双方的效率。

② 科技改变信用征集方式

传统金融信用的理论基础是大数定理和抽样调查，具体要通过事前尽调、贷前抵押、客户维护和贷后管理实现。而以大数据、区块链技术为核心的信用技术将改变信用征集方式。

大数据不仅包括财务、资产类信息，还有非财务类的，例如社交行为、文字言论、谈话语音、图片等各种社会性信息。运用这些信息锁定信用轨迹，描述综合信用，进而可以说明信用行为状况，评估信用交易风险和偿还风险。

区块链技术通过去中心化的方式集体维护一个可靠数据库，通过密码学算法将信息计算和记录到一个数据块，生成该数据块的数字签名以验证信息的有效性并链接到下一个数据块，系统所有结点共同来认定数据块中记录的真实性，实现了“去中心化的信任”。

③ 科技促进普惠金融、共享金融的发展

普惠金融、共享金融的全面发展是金融科技带来的重要变化，它让更多的群体更直接、更便捷地享受到全方位的金融服务，而不受地域、空间的限制，尤其是在金融基础相对薄弱的农村地区。同时，基于互联网的交易数据和信息可以作为金融消费者的信用证明，使得一些小额融资的可得性增强，为弱势群体提供了更多的创业与发展的机会；也让中等收入群体可以便捷地进行财富管理，让资产得到保值和增值，这些都可以间接地促进社会的稳定与发展。

④ 科技发展催生数字货币

数字货币是电子货币形式的替代货币。目前全世界发行有数千种数字货币。2017 年 1 月 25 日，人民银行推动的基于区块链的数字票据交易平台已测试成功，由央行发行的法定数字货币也在该平台试运行。这标志着我国在区块链技术的应用上已步入世界领先行列。数字货币的发行将解决货币在成本、监管、安全性等方面的属性困扰。

⑤ 金融科技衍生出金融新业态

伴随金融科技的发展，出现了一些金融新业态，大致有以下几种典型模式：

第一种，互联网企业应用技术的独立性，在线上建立银行，没有营业网点，没有分行，没有柜台，没有信贷员，没有现金业务，只有个性化的 APP；以互联网方式经营，让真实的数据决定企业是否满足借款的条件，让设备准确无误地执行，尽显“互联网+”技术的巨大魅力。例如，由蚂蚁金服作为大股东发起设立的浙江网商银行，以及腾讯设立的前海微众银行。

第二种，传统商业银行顺应金融科技发展，建立直销银行。这一经营模式下，银行没有营业网点，不发放实体银行卡，客户主要通过电脑、邮件、手机等远程渠道获取银行产品和服务，降低了网点经营费用和管理费用，可以为客户提供更有竞争力的存贷款价格及更低的手续费率。例如，民生银行、中信银行等多家商业银行都开展了直销银行业务或建立了独立法人的直销银行。

第三种，互联网企业与实体金融机构在核心优势上深层对接与互补。互联网企业的技术、客户流量与范围、信息传输速度与准确性等优势，与实体银行线下服务的标准化、高质量、产品设计和客户的个性化需求等优势密切配合，显著提升客户体验，提高风险防范能力。在支付系统协调、金融生态圈建设、理财产品设计、网络征信、云计算大数据、风险控制与管理等方面开展深层次合作，共同促进金融发展。

当然，金融科技也带来了风险的挑战：一是新技术及外包服务易带来信息泄露的声誉风险及科技操作风险；二是降低客户准入门槛且缺乏周期检验所带来的信用风险和流动性风险；三是全天候、跨地域、线上化的服务特征增加突发事件概率。

2.2015 年 8 月 11 日人民币汇率改革是中国汇率市场化改革的延续，在此之前，由于人民币汇率中间价形成透明度不高、供求信息反映不全面、加上中间价波动率较低，导致银行间市场交易价与中间价长期背离。这种长期大幅度的偏离，影响了中间价的市场基准地位和权威性。“8.11 汇改”实施以后，人民币汇率双向浮动特征明显，汇率弹性增强，汇率预期总体平稳；同时，市场情绪趋向稳定和理性，人民币汇率贬值预期减弱，跨境资金流出压力逐步缓解；初步形成了“收盘汇率+一篮子货币汇率变化”的人民币对美元汇率中间价形成机制，以市场供求为基础、参考一篮子货币进行调节的特征更加清晰。这有助于保持人民币实际有效汇率的相对稳定，并稳定市场预期，为宏观经济创造较为稳定的外部条件。

（1）“2015.8.11 汇改”以来人民币汇率走势特点

① 受人民币贬值预期影响，人民币升值幅度仍低于美元贬值幅度。

② 人民币汇率参考一篮子货币后，与美元指数的相关度并不明显。

③ 在美元兑人民币汇率下跌(人民币升值)的过程中，人民币兑一篮子货币汇率保持稳定，大多数货币较人民币微升值。

④ 人民币实际有效汇率指数不断下降。

（2）近年来影响人民币汇率变化的主要因素(外部和内部)

① 直接原因(外部因素)：美元影响

汇率的基础是国家间的经济力量对比与货币政策对比，美元兑人民币汇率是一种货币的相互关系。因此美元兑人民币汇率强弱即受中国宏观经济因素和货币政策因素的影响，也受美元强弱的影响。从现行人民币汇率运行机制角度看，结合美元兑人民币汇率中间价与美元指数实际走势的表现，可以看出美元兑人民币汇率大致与美元指数同向运动。

② 根本原因(内部因素)：中国经济增速预期变化的影响

(Ⅰ)2017 年美元兑人民币汇率阶段性贬值预期的由来

第一，预期美国财政与货币政策联袂刺激美元走强

2017 年初，美国总统特朗普新政及市场预期美联储全年 3—4 次加息，给予了市场看涨美国经济的信心，并导致美元指数阶段走强。在上述美元指数与美元兑人民币汇率的关系描述中，美元指数的走强令市场看贬人民币的预期较强烈。而实际情况并非如此，随着 2017 年时间流逝，特朗普新政中基建、医改均未获支持，财政预算、税改进度缓慢；与此同时美联储加息的节奏虽无太大变化，中间的预期过程太曲折，这些因素均使得美元指数下跌超过 10%，人民币汇率大跌市场的眼镜，从贬值预期扭转为阶段大幅升值。

第二，预期中国经济复苏周期较长

中国经济增速从两位数下滑至个位数，引发了市场对中国经济未来格局的担忧，既有认为将出现 U 型的，也有认为将长期出现 L 型。随着一轮供给侧改革的启动，中国经济增长显著超预期。

第三，预期欧洲经济受地缘政治事件冲击较大

2017 年初，市场担忧英国退欧进程影响欧洲经济的发展，同时也担忧陷入民粹主义浪潮的欧洲各国选举产生风险因素，市场普遍预期欧元将保持弱势。实际情况却完全不同，2017 年欧洲经济在宽松货币政策的刺激下表现强劲，法国选举与德国议会选举波澜不惊。随着欧洲经济的强劲复苏，欧央行甚至开始准备 2018 年初缩减量化宽松的行动，促使欧元表现强势，美元回落，人民币相对美元升值。

总体而言，无论是大多数经济学家还是研究机构，多方位的市场普遍预期均与 2017 年实际情况相左，市场普遍看空人民币的预期也落空。

(Ⅱ)中国经济企稳向好态势明显

经济基本面决定长期汇率中枢水平，货币政策决定中短期汇率的阶段表现，随着高瞻远瞩的供给侧改

革持续推进，中国经济一举走出了市场预期的底部，开始超预期增长，人民币阶段升值的基础被夯实。

第一，中国 GDP 增速的企稳及制造业指数的复苏。

第二，工业生产、固定资产投资、消费数据、通胀数据表现良好。

第三，进出口数据、国际收支数据表现较好。

第四，人民币资产系统性风险下降。

（Ⅲ）国内政策与国际经济政治环境变化

① "8.11 汇改"以来，人民币汇率在岸与离岸价差大幅收缩。

② 人民银行开始采用宏观审慎管理的政策框架。

③ 人民币国际化战略的实施。

总体而言，在经济供给侧改革的推动下，中国经济内生性的增长提振了人民币的中枢与价值，汇率改革后新时期的人民币汇率运行状态，"基本稳定""双向波动""增强灵活性"是政策的关键词，看空人民币的预期不可取，市场化波动将成为新常态。

【科兴提示】题干明确要求是近三年来人民币汇率的变动，明摆着是想问 811 汇改以来的情况，答题的时候可以适度切入。

【科兴点评】2018 年华东师范大学 431 的试题难度有史以来最高。这主要体现在简答题、计算题和论述题上。首先，简答题不像过去一样只是简单的知识点识记，而是考查各种区别与联系，而且有些题目课本上根本就没有明确答案。其次，计算题三道题目也不像往常一样将数据代入公式即可。今年的计算题计算量加大了，而且有了明显的难度提升。最后，论述题第一题如果考前没有准备到，那考生就只能随意发挥了。第二道题目涉及的时间太长，近三年来人民币汇率的变动不是那么好描述的。当然，今年的试题老师批阅主观题的时候尺度肯定会很宽。但无论如何，这张试卷能考到 120 分还是不容易的。

江西财经大学 2018 年金融学综合试题

一、名词解释(每题 4 分，共 32 分)

1. 留存比率
2. 支付中介
3. 货币局制度
4. 银行的银行
5. 外汇掉期交易
6. 弱式有效市场
7. 货币均衡
8. 有效汇率

二、判断题(每题 2 分，共 20 分)

1. 短期资金融通市场又称为资本市场。(　　)

2. 蒙代尔主张采用经济开放程度作为确定最适通货区的标准。(　　)

3. 假设市场上有甲乙两种债券，甲债券目前距到期日还有 3 年，乙债券目前距到期日还有 5 年。两种债券除到期日不同外，其他方面均无差异。如果市场利率出现了急剧下降，甲债券的价值上升得越多。(　　)

4. 惠伦理论是对凯恩斯的预防动机的货币需求理论的重大发展。(　　)

5. 根据弹性价格货币理论，本国相对于外国的实际利率上升将可能导致本币汇率下降。(　　)

6. 按照蒙代尔-弗莱明模型分析，在固定汇率制度下，如果资本不完全流动，则货币政策和财政政策都无效。(　　)

7. 累积股利的优先股股票收益率大于非累积股利的优先股股票。(　　)

8. 利率明显下降是在经济运行周期的危机阶段。(　　)

9. 平均会计收益率法等于不同期间会计利润率的平均值。(　　)

10. 投资收益在国际收支平衡表中应当记入金融账户。(　　)

三、简答题(每题 6 分，共 36 分)

1. 简述汇率目标区制度的内容及其与管理浮动汇率制度的主要区别。

2. 何为货币乘数？货币乘数的变化受哪些因素影响？其作用方向如何？

3. 画图并简述国际收支调整的 J 曲线效应及其形成原因。

4. 简述证券市场线，并说明如何进行投资决策分析。

5. 简析金融市场的主要功能。

6. 简述现行国际货币体系的主要特征及其缺陷。

四、论述题(每题 10 分，共 20 分)

1. 解释商业银行业务经营中的“三性原则”？结合 2008 年美国金融危机产生的原因，阐述商业银行如何协调好“三性原则”之间的关系？

2. 如何确定一国国际储备的适度规模？

五、计算题(5 题，共 42 分)

1. (8 分)已知即期汇率为 1 欧元 = 1.1850 美元，6 个月的美元年利率为 3%，6 个月的欧元年利率为 1.5%。

(1) 计算正常情况下欧元兑美元的 6 个月远期汇率。

（2）若银行报出的 6 个月远期汇率为 1 欧元 = 1. 1915/25 美元，试以 100 万欧元进行套利投资，计算套利收益。

2.（8 分）假设 A 证券的预期报酬率为 10%，标准差是 12%。B 证券的预期报酬率是 18%，标准差是 20%。假设等比例投资于两种证券，即各占 50%，且两种证券的相关系数为 −1。要求：

（1）计算该组合的预期报酬率和标准差。

（2）计算可以任意改变投资权重时可以达到的最小方差组合对应的标准差和预期报酬率，以及为最小方差组合时两类证券分别的投资权重为多少？

3.（8 分）某年 11 月初，一美国出口商在 1 个月后将收到出口货款 200 万欧元，当时现汇汇率为 1 欧元 = 1. 1855/65 美元，当年 12 月份交割的欧元期货价格为 1 欧元 = 1. 1870 美元。该出口商为避免 1 个月后欧元贬值而遭受损失，决定采用外汇期货交易进行保值。若 1 个月后现汇汇率和 12 月份交割的欧元期货价格分别变为 1. 1810/20 和 1. 1830，试分析计算：

（1）该出口商如何利用外汇期货进行保值？

（2）进行保值后该出口商出售 200 万欧元的实际美元收入。

4.（10 分）已知 ABC 公司 2017 年销售收入为 40000 万元，税后净利 2000 万元，发放了股利 1000 万元，2017 年 12 月 31 日的资产负债表（简表）如下（单位：万元），*n/a* 代表和销售收入无关：

资　产	期末余额	占销售额的百分比	负债及权益	期末余额	占销售额的百分比
现金	1000		应付账款	3000	
交易性金融资产	1000	*n/a*	短期借款	1000	*n/a*
应收账款	3000		长期借款	9000	*n/a*
存货	7000		普通股股本	1000	*n/a*
固定资产	7000		资本公积	5500	*n/a*
可供出售金融资产	1000	*n/a*	留存收益	500	*n/a*
资产总计	20000		负债与权益合计	20000	

预计该公司 2018 年销售增长 30%，销售净利率提高 10%，股利支付率保持不变。要求：预测该公司在不保留金融资产的情况下的外部融资需求额。

5.（本题 8 分）国内某进口商从美国进口了一批机器设备，3 个月后须交付 200 万美元，当前市场行情为：即期美元/人民币 6. 5750/6. 6020；协定价格为 6. 6350 的 3 个月欧式美元看涨期权报价 1 美元 = 0. 0250/0. 0260 人民币元。为防范汇率风险，该进口商决定采用外汇期权进行保值。试计算：

（1）该进口商支付的期权费总额；

（2）该期权交易的盈亏平衡点；

（3）假设 3 个月后即期美元人民币变为 6. 6250/6. 6530，该进口商是否行权？其购买 200 万美元的实际成本是多少？

江西财经大学 2018 年金融学综合试题解析

一、名词解释(每题 4 分，共 32 分)

1. 留存比率指公司用于支付股利以外的留存收益在净利润中的百分比，等于 1 减去股利支付率。留存比率用于衡量当期净利润总额中有多大的比例留存在企业用于发展，它体现了企业的经营方针。从长远利益考虑，为积累资金扩大经营规模，留存比率应该大些；如果认为可以通过其他方式筹集资金，那么为了不影响投资人的当前收益，留存比率应该小些。

2. 支付中介是指商业银行借助支票这种信用流通工具，通过客户活期存款账户的资金转移为客户办理货币结算、货币收付、货币兑换和存款转移等业务活动。支付中介是商业银行的传统功能，借助于这一功能，商业银行成了工商企业、政府、家庭的货币保管人、出纳人和支付代理人，这使商业银行成为社会经济活动的出纳中心和支付中心，并成为整个社会信用链的枢纽。

3. 货币局制度是指政府以立法形式明确规定，承诺本币与某一确定的外国货币之间可以以固定比率进行无限制兑换，并要求货币当局确保这一兑换义务的实现的汇率制度。它有两项基本原则，一是本国货币钉住一种强势货币，与之建立货币联系，此货币成为锚货币，二是本国通货发行以外汇储备，特别是锚货币的外汇储备为发行保证，保证本国货币与外币随时可按固定汇率兑汇。

4. 银行的银行是指中央银行向商业银行和其他金融机构提供的金融服务。具体包括：①吸收与保管存款准备金，以确保存款机构的清偿能力。②充当最后贷款人，对商业银行提供信贷，这是最能体现中央银行作为"银行的银行"职能的一种功能。③作为全国票据清算中心，组织全国票据清算事宜。

5. 外汇掉期交易指外汇交易者在买进或卖出一种期限、一定数额的某种货币的同时，卖出或买进另一种期限、相同数额的同种货币的外汇交易。外汇掉期交易具有调整起息日和防范风险两种职能。

6. 弱式有效市场是有效市场的一种。在弱式有效的情况下，市场价格已充分反映出所有过去历史的证券价格信息，包括股票的成交价、成交量，卖空金额、融资金额等。在弱式有效市场上，股票价格的技术分析失去作用，基本分析还可能帮助投资者获得超额利润。

7. 货币均衡是货币供应量与国民经济正常发展所必需的货币量间保持基本平衡。公式表示为 $M_s=M_d$，其中，M_s表示货币供应量，M_d表示货币必需量，一般来说货币供应量可由政府金融机构外生决定，而货币必需量则由商品和劳务交易所产生的对货币的客观需求内生地决定。货币均衡只能是大体上的均衡，是在一定幅度内 M_s与 M_d相偏离的均衡，经济运行本身决定这种偏离的方向和大小。

8. 有效汇率是某种加权平均的汇率，最常用的是以一国对某国的贸易在其全部对外贸易中的比重为权重。有效汇率不是反应两种货币之间的汇率，而是综合反映一种货币兑多种货币的多边汇率平均值，利用有效汇率指数，即不同时期的有效汇率比值，还可以考察一国货币在不同时期地变动幅度。

【科兴提示】常见的有效汇率有美元汇率和人民币汇率，汇率大小与本币币值成正比。

二、判断题(每题 2 分，共 20 分)

1. 错误。短期资金融通市场一般称为货币市场；长期资金融通市场一般称为资本市场。

2. 错误。蒙代尔主张以生产要素的高度流动性作为标准，麦金农主张以经济开放程度作为标准。

3. 错误。市场利率上涨，债券价值下降，距到期日越近受利率影响越小，债券距离到期日的时间越长，利率变化对价格的影响就越大，所以甲债券价值上升得少。

4. 正确。惠伦模型认为，预防性动机的货币需求是利率的递减函数。

5. 正确。根据弹性价格货币分析法可知，在间接标价法下：

$$e=(m_d^s-m_f^s)-\alpha(y_d-y_f)+\beta(i_d-i_f)$$

通过观察可知，外汇汇率变动与本国货币供应量呈正相关，与外国货币供应量呈负相关；外汇汇率与本国国民收入呈反方向变动，与外国国民收入呈同方向变动；与本国利率呈同方向变动，与外国利率呈反方向变动。因此，可能导致本币汇率下降(外币汇率上升)的因素包括：本国相对于外国的名义货币供应量增加；本国相对于外国的实际国民收入减少；本国相对于外国的实际利率上升。本币汇率的变动与本国相对于外国的预期通胀率无关。

6. 错误。固定汇率制下，资本市场越开放(资本越自由流动)，财政政策越有效，完全封闭财政政策无效，而不管资本市场开放与否，货币政策都无效；浮动汇率制下，资本市场越封闭，财政政策越有效，完全开放财政政策无效，而不管资本市场开放与否，货币政策都有效。

7. 错误。累积优先股指在上市公司利润不足的情况下，公司用下一年度的利润来支付当年优先股股东的股利。与累积优先股不同，非累积优先股股东的股息如果当年得不到支付，是不会用下一年度公司利润进行优先支付的。从而可以看出，在股东分红权的稳定性上，累积优先股比非累积优先股更加稳定。因此，从风险补偿的角度来看，非累积优先股的收益率更高。

8. 错误。在宏观经济周期的危机阶段，工商企业由于商品销售困难导致库存增加、资金紧张的局面，严重时会导致无法按期偿还债务，甚至会造成支付关系紧张并引起货币信用危机。此时企业以赊销方式出售商品的意愿大幅降低，要求现款支付的比率大幅提高，从而导致资金需求急剧增加、借贷资金供不应求、利率节节走高的局面。进入萧条阶段，物价已跌到最低点，整个社会生产处于停滞状态。与此相适应，借贷资本的需求减少，市场上游资充斥，利率会不断降低。

9. 错误。会计收益率和平均报酬率不一样。平均报酬率是投资项目寿命周期内平均的年投资报酬率，平均报酬率是用投资项目寿命周期内的年平均现金流入量取代年平均会计利润，用初始投资额取代平均投资额。

10. 错误。投资收入指居民与非居民之间投资与借贷所引起的报酬(利润、利息、股息与红利等)的收入与支出。它属于国际收支平衡表经常账户子项目收入的组成部分。

三、简答题(每题 6 分，共 36 分)

1. 汇率目标区是通过协调，规定主要储备货币之间汇率波动的幅度或区域。汇率波动超出这个幅度，有关国家就采取相应措施干预外汇市场，使汇率在目标区内浮动。汇率目标区要能准确反映实际均衡汇率，其他货币则钉住目标区或随着目标区浮动，形成一个平价网系统。

有管理的浮动汇率制是指一国货币当局按照本国经济利益的需要，不时地干预外汇市场，以使本国货币汇率升降朝有利于本国的方向发展的汇率制度。在有管理的浮动汇率制下，汇率在货币当局确定的区间内波动。

这两个汇率制度的主要区别是汇率的波动范围不同，汇率目标区是在一个明确的汇率区间内波动，而有管理的浮动汇率，虽然有管理，但其实质仍是浮动汇率。

2. 货币乘数也称货币扩张系数或货币扩张乘数，是指在基础货币(高能货币)基础上货币供给量通过商业银行的创造存款货币功能产生派生存款的作用产生的信用扩张倍数，是货币供给扩张的倍数。

狭义货币乘数的计算公式为：

$$m_1=\frac{k+1}{k+r_d+r_t\cdot t+e}$$

通过上式可以发现，货币乘数由五个变量决定：通货比率(k)、定期存款与活期存款比例(t)、活期存款法定准备金率(r_d)、定期存款法定准备金率(r_t)和超额准备金率(e)。分别对上面公式的各变量求一阶偏导可知，这五个因素均与狭义货币乘数呈反向关系。

3. J 曲线效应是指当一国货币贬值时，起初会使其贸易收支状况进一步恶化而不是改善，只有经过一段时间以后贸易收支状况的恶化才会得到控制并开始好转。如图 1 所示，本币贬值对国际收支产生影响可以分为三个阶段：货币合同阶段、传导阶段和数量调整阶段。

① 货币合同阶段

由于进出口合同都是事先签订好的，进出口商品的价格和数量不会因为贬值而立即发生调整。因此，以本币表示的国际收支差额就取决于进出口合同所使用的计价货币。如果进口合同以外币计价，出口合同以本币计价，则贬值使进口支出相对增加，而出口收入相对下降，那么本币贬值会加剧国际收支逆差。

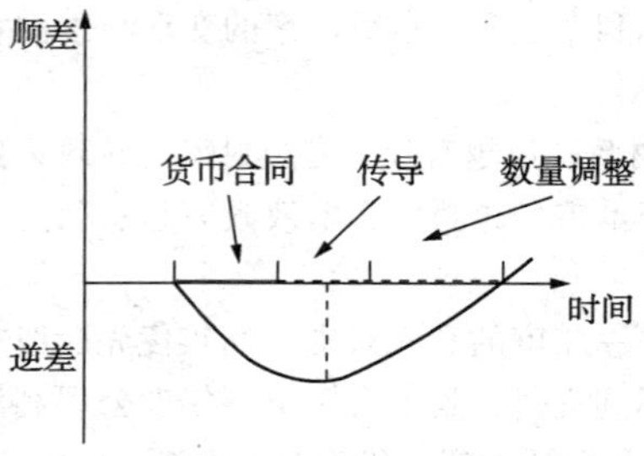

图 1　本币贬值的 J 曲线效应

② 传导阶段

在传导阶段，进出口商品的价格在签订合同时已经开始改变，但是数量调节还未立即到位，存在一定程度的时滞。从生产方面来看，出口商品制造商需要扩大生产规模，如扩建厂房、雇用新的员工，而这些调整都需要一定时间才能完成的。在消费方面也同样存在时滞。例如，要扩大国外对本国产品的消费，需要在国外建立新的销售网点，这也需要花费一定时间。总之，由于上述种种时滞的存在，导致短期内进出口量保持稳定，即使可能发生变化，其变化幅度也小于价格变化的幅度，从而使一国国际收支状况继续恶化。

③ 数量调整阶段

在数量调整阶段，进出口数量不仅能够变动，而且其变动的幅度将逐渐增大并超过价格变化的幅度。此时本币贬值对改善一国国际收支的效应将逐渐开始发挥。

4. 证券市场线是资本资产定价模型的图示形式，反映投资组合报酬率与系统风险程度系数之间的关系以及市场上所有风险性资产的均衡期望收益率与风险之间的关系。证券市场线方程对任意证券或组合的期望收益率和风险之间的关系提供了十分完整的阐述。任意证券或组合的期望收益率由两部分构成：一部分是无风险利率，它是由时间创造的，是对放弃即期消费的补偿；另一部分是对承担风险的补偿，称为“风险溢价”，它与承担风险的大小成正比。

在风险收益坐标系中，我们可以根据证券或组合和 SML 曲线的位置关系进行投资决策分析。当证券或组合的点位于 SML 曲线上方，说明该证券或组合被低估，应买入；当证券或组合的点位于 SML 曲线上，说明该证券或组合被合理估值，不买不卖；当证券或组合的点位于 SML 曲线下方，说明该证券或组合被高估，应卖出。

5. 金融市场主要有以下几个功能：

（1）资本积累功能。金融市场创造了多样的金融工具并赋予金融资产以流动性，借助于金融市场，可达到社会储蓄向社会投资转化的目的。

（2）资源配置功能。金融工具价格的起落，引导人们放弃一些金融资产而追求另一些金融资产，使资源通过金融市场不断进行新的配置。

（3）调节经济的功能。在经济结构方面，人们对金融工具的选择，实际上是对投融资方向的选择，这种选择的结果，必然发生优胜劣汰的效应，从而达到调节经济结构的目的；在宏观调控方面，政府通过金融市场实施货币政策和财政政策，从而进行宏观调控。

（4）反映经济的功能。金融市场是国民经济的信号系统。首先，在证券市场，个股价格的升降变化，反映了该公司经营管理和经济效益的状况，金融市场反映了微观经济运行状况。其次，金融市场也反映着宏观经济运行状况。国家的经济政策，尤其是货币政策的实施情况、银根的松紧、通胀的程度以及货币供应量的变化，均会反映在金融市场之中。最后，由于金融机构有着广泛而及时的信息收集、传播网络，国内金融市场同国际金融市场连为一体，可以通过它及时了解世界经济发展的动向。

6. 现有的国际货币体系称作牙买加体系，其特点是：黄金非货币化、储备货币多样化、汇率制度多样化。在牙买加体系下，美元不再是单一的、公认的储备货币，也不再承诺与黄金的可兑换性，各国的外汇储备仅仅是他国中央银行发行的债务，其价值（购买力）受到他国物价水平、汇率政策和货币政策的影响。牙买加体系是松散的，不存在会崩溃的问题，但仍然存在种种缺陷，储备货币国之间、储备货币国和非储备货币国之间的协调仍然有较多困难。

首先，多种储备货币和浮动汇率制加大了非储备货币国的汇率风险。由于实行了浮动汇率制，主要的储备货币（不论是美元、欧元还是日元）之间的汇率经常波动，其幅度远远大于经济基本因素的波动，致使短期资金移动频繁，增加了各国储备资产管理的复杂性。对非储备货币国家而言，如果其汇率和某种储备货币挂钩，则与其他储备货币之间的汇率就会随挂钩的货币变动而变动，这些交叉变化大大增加了非储备货币国和世界其他国家进行经济交流的不确定性和汇率风险。

其次，多种储备货币并没有从本质上解决储备货币的两难。在多种储备货币体系下，储备货币仍然既是主权国家(或国家集团)的货币，又是被世界接受的货币，储备货币的发行国也仍然面临两难：维护世界金融秩序与维护国内经济平衡的冲突。由于储备货币不再要求和黄金兑换，储备货币发行国必然侧重于后者的实现，这将对别国乃至世界经济带来负面影响。

最后，现有的储备货币体系仍然是有利于发达国家的安排。由于成为储备货币需要较为严格的条件，所以具有储备货币国地位的都是发达国家(或货币区)，只有它们能享受包括铸币税和非对称货币政策在内的发行国特权；而大多数的非储备货币发行国，尤其是其中的发展中国家，其对外经济交流的基本形式是输出较低级产品，用实际资源换取储备货币国无成本发行的货币。在发达国家的货币纪律和财政纪律缺乏国际约束的情况下，这样的制度安排明显有利于发达国家而不利于发展中国家。

四、论述题(每题 10 分，共 20 分)

1.(1)商业银行经营管理的目标就是保证资金的安全，保持资产的流动性，争取最大的盈利。安全性、流动性和盈利性称为商业银行经营“三性原则”，是由商业银行经营的特殊性和商业银行在社会经济活动中的特殊地位所决定的。

安全性是指商业银行在经营活动中，必须保持足够的清偿力，经得起重大风险和损失，能随时应付客户提存，使客户对商业银行保持坚定的信任。商业银行是高负债经营，因此，在经营管理的过程中，首先要保证本金的安全性。安全性在很大程度上取决于商业银行资产安排规模和资产结构。这就要求商业银行合理安排资产规模和结构，注重资产质量，提高自有资本在全部负债中的比重。

流动性是指商业银行保持随时以适当的价格取得可用资金的能力，以便随时应对客户提存及银行支付的需要。商业银行必须保持借贷资本运用所形成的资产有足够的流动性，即当银行需要清偿力时，能迅速将资产变现，或从其他途径获得资金来源。衡量商业银行流动性包括两个标准：一是资产变现的成本，资产变现成本越低，该项资产流动性就越强；二是资产变现的速度，资产变现速度越快，该项资产的流动性就越强。

盈利性是商业银行经营管理的最终目标，这一目标要求商业银行的经营管理者在可能的情况下，尽可能地追求利润最大化。这既是商业银行充实资本、加强实力、巩固信用、提高竞争能力的基础，也是股东利益所在，是商业银行开拓进取、积极发展业务、提高服务质量的内在动力。

(2) 2008 年美国金融危机起步于次级贷款市场，强化到资产证券化债券市场，分散传染到投资次级贷款债券市场的对冲基金、投资银行，通过债权杠杆机制感染了其他大型金融机构，汇总成金融机构“惜贷”的乘数效应，紧缩了市场流动性，由市场恐慌和利率上升扩大为市场缩水，延伸波及整个市场信心和全球经济增长。关于这场危机的成因，可以归纳为银行的过度放贷和金融监管的缺失。

① 银行的过度放贷。在 2000—2006 年，美国的房地产市场一片繁荣，房价节节攀升，形势一片大好，这造成了人们旺盛的贷款购房需求。银行面对这种旺盛的借款需求，没有考虑经营的安全性和流动性，而是不顾自身资本金的约束，超额放贷。超额放贷又进一步提高房价，房价上升又进一步刺激了贷款需求，陷入了恶性循环。银行贷款规模放大的同时潜在风险也被放大了。

② 金融监管的缺失。在银行超额放贷的过程中，金融创新的滥用和金融监管的缺失起到了推波助澜的作用。美国监管当局在自由主义思潮支配下过分相信市场的力量，对银行过度放贷和金融创新的滥用听之任之，使风险不断积累，最终引发金融机构流动性危机。

2008 年金融危机暴露了商业银行经营管理中存在的一些问题，其中最主要的是片面追求盈利性而忽视安全性和流动性。为了不重蹈覆辙，商业银行在经营管理中应处理好“三性”之间的关系。安全性是商业银行第一经营原则，流动性既是实现安全性的必要手段，又是盈利性和安全性之间的平衡杠杆，安全性是盈利性的基础，而盈利性也保证了安全性和流动性。因此，商业银行总是在保证安全性、流动性前提下，追求最大限度的盈利，实现“三性原则”的均衡。

2. 一般来说，适度的国际储备量是一国政府为平衡国际收支和维持货币汇率稳定所持有的黄金和外汇的需求量。影响一国适度国际储备量的因素主要有以下几个方面：

(1) 对外贸易状况。贸易收支往往是决定国际收支的重要因素，而国际储备的最基本作用也是弥补国际收支逆差，因此，对外贸易状况是决定一国国际储备需求量的重要因素。对外贸易状况主要包括对外贸易规模、对外贸易条件以及商品的国际竞争力。对外贸易规模大，对外贸依存度高的国家，对外贸易在国民经济中所处的地位和发挥的作用大，就需要较多的国际储备；相反，较少的国际储备就可以满足需求。

（2）汇率制度。储备需求与汇率制度有着密切的关系。如果一国实行的是固定汇率制度，并且政府不愿意经常性地改变汇率水平，则该国的储备规模就应该相对高些，以应付国际收支可能产生的突发性巨额逆差或外汇市场突然爆发的大规模投机。如果该国实行的是浮动汇率制度，对国际储备需求的大小取决于政府对汇率波动幅度大小的规定，即政府为本国货币汇率波动制定一个范围，汇率在这个范围之内波动，政府不予干预；如果超出这个范围，政府才进行干预，使汇率重新回到规定的范围之内。如果一国汇率波动幅度规定得大，对国际储备的需求就较少，反之则多一些。

（3）外汇管制程度。实行管制的国家，在发生国际收支逆差时，可以既不通过经济政策来调整，也不通过汇率来调整，而是通过对外汇的直接管制来扩大外汇收入和限制外汇支出，从而实现国际收支平衡。管制越严，需要的储备就越少；反之，需要的储备就越多。

（4）货币的国际地位。一国货币如果处于储备货币的地位，那么它可以通过输出本国货币的办法来弥补国际收支逆差，不需要较多的国际储备；相反，则需要较多的国际储备。本国货币在国际储备体系中的地位较强，本国货币的输出规模可以大一些，对国际储备的需求就少一些；相反，就多一些。

（5）持有储备货币的机会成本。国际储备实际上是对国外实际资源的购买力。若利用得好，就可以增加国内投资和加快经济发展。它表明持有国际储备所付出的代价。同时，由于储备资产中在国外的银行存款和外国政府债券有一定利息，因而，一国持有国际储备的成本等于投资收益率与利息率之差。这一差额越大，表明持有国际储备的成本越高；反之，则表明持有国际储备的成本越低。

（6）金融市场的发育程度。一国的金融市场发达程度越高，其国际储备水平就可以低一些，因为发达的金融市场能够提供较多的诱导性储备，这些储备对利率和汇率等调节政策的反应比较灵敏；相反，则需要较高的国际储备规模。

五、计算题（5 题，共 42 分）

1.（1）在直接标价法下，美元是本币，欧元是外币，则假定即期汇率为 e，远期汇率为 f，根据利率平价理论有：

$$\frac{f}{e}=\frac{1+i_{\mathrm{d}}}{1+i_{\mathrm{f}}}$$

变形可得 $f=e\cdot\frac{1+i_{\mathrm{d}}}{1+i_{\mathrm{f}}}$，代入数据可得：$f=1.1850\times\frac{1+3\%\times0.5}{1+1.5\%\times0.5}\approx1.1938$

（2）将当前的 100 万欧元兑换为 118.5 万美元，然后用这笔钱在美国金融市场进行投资，则 6 个月收益为 118.5×(1+3%×0.5)= 120.2775 万美元。同时，签订 6 个月远期协议卖出 120.2775 万美元，可获得 100.8616 万欧元，从而套汇收益 0.8616 万欧元。

【科兴提示】实际上本题的(1)和(2)两问没有什么关系，(1)问的是理论上的远期汇率，(2)问的是在实际给定远期汇率后如何套汇。

2.（1）由于两种证券的投资比例相等，该组合的预期报酬率：50%×10%+10%×18%=14%。

由于相关系数 $\rho_{AB}=-1$，该组合的标准差 $\sigma_P=\sqrt{\omega_A{}^2\sigma_A{}^2+\omega_B{}^2\sigma_B{}^2+2\,\omega_A\omega_B\rho_{AB}\sigma_A\sigma_B}=|\omega_A\sigma_A-\omega_B\sigma_B|=|0.5\times0.12-0.5\times0.18|=4\%$。

（2）该组合的标准差 $\sigma_P{}^2=\omega_A{}^2\sigma_A{}^2+\omega_B{}^2\sigma_B{}^2+2\,\omega_A\omega_B\rho_{AB}\sigma_A\sigma_B$，在约束条件为 $\omega_A+\omega_B=1$ 的情况下，通过将目标函数对 ω_A 求一阶偏导并令偏导等于 0 可得：

$$\omega_A=\frac{\sigma_B^2-\rho_{AB}\sigma_A\sigma_B}{\sigma_A^2+\sigma_B^2-2\,\rho_{AB}\sigma_A\sigma_B}=\frac{0.2^2+0.2\times0.12}{(0.2+0.12)^2}=62.5\%$$

则 $\omega_B=1-62.5\%=37.5\%$，此时组合的标准差为：$\sigma_P=\sqrt{\omega_A{}^2\sigma_A{}^2+\omega_B{}^2\sigma_B{}^2+2\,\omega_A\omega_B\rho_{AB}\sigma_A\sigma_B}=0$

组合的预期报酬率为：$E(R_P)=62.5\%\times10\%+37.5\%\times18\%=13\%$

【科兴提示】关于最小方差组合的权重公式$\omega_A=\frac{\sigma_B^2-\rho_{AB}\sigma_A\sigma_B}{\sigma_A^2+\sigma_B^2-2\rho_{AB}\sigma_A\sigma_B}$，考生理应熟练背诵，考场上临时推导耗费时间不说，还容易出错。

3.(1)11月，该出口商应与银行签订1个月期货协议，约定12月份以1欧元=1.1870美元卖出200万欧元，以避免1月后欧元贬值而遭受损失。12月，该出口商买进以1欧元=1.1830美元期货。

(2)在期汇市场上损益为200×(1.1870−1.1830)=0.8万美元。但是在现汇市场上，11月预收200万欧元，折合美元为200×1.1855万；12月卖出200万欧元，折合美元为200×1.1810，则现汇市场损益为：200×(1.1810−1.1855)=−0.9万美元。则总的套期保值收入为−0.9+0.8=−0.1万美元，净损失降低0.8万美元，基本实现套期保值目的。

4. 经营资产销售百分比=(20000−2000)/40000=45%

经营负债销售百分比=3000/40000=7.5%

销售额增加=40000×30%=12000(万元)

融资总需求=(45%−7.5%)×12000=4500(万元)

可动用金融资产=20×1年金融资产=1000+1000=2000(万元)

2017年股利支付率=1000/2000=50%

2017年销售净利率=2000/40000=5%

2018年预计销售净利率=5%×(1+10%)=5.5%

留存收益增加=40000×(1+30%)×5.5%×(1−50%)=1430(万元)

外部融资额=4500−2000−1430=1070(万元)

【科兴提示】这道题目也可以用另外一种解法。

基期净经营资产=(20000−1000−1000)−3000=15000(万元)

融资总需求=净经营资产增加=15000×30%=4500(万元)

可动用金融资产=20×1年金融资产=1000+1000=2000(万元)

2017年股利支付率=1000/2000=50%

2017年销售净利率=2000/40000=5%

2018年预计销售净利率=5%×(1+10%)=5.5%

留存收益增加=40000×(1+30%)×5.5%×(1−50%)=1430(万元)

外部融资额=4500−2000−1430=1070(万元)

5.(1)期权费总额=200万×0.0260=5.2万元人民币。

(2)不考虑货币的时间价值，即期权执行时获利5.2万元人民币，才恰好弥补之前的期权费。期权交易的盈亏平衡点=执行价(K)+期权费(P)=6.6020+0.0260=6.6280，即期权交易的盈亏平衡点为美元/人民币6.6280。

(3)由于6.6530>6.6350，所以该进口商会行权。3月后支付人民币=200×6.6350=1327万元，故该进口商购买200万美元的实际成本=1327+5.2=1332.2万元人民币。

【科兴提示】相对于2017年，2018年的试题变化非常大。从题型上看，2018年的试题增加了判断题，删除了单选题；从内容上看，2018年的试题明显增加了投资学的内容，当然两道套期保值的题目也可以看成是杨玉凤老师《国际金融实务》里的内容；从难度上看，2018年的试题加大了难度，尤其是计算题，很容易失分。

南京航空航天大学2018年金融学综合试题

一、单项选择题(每题1分，共10分)

1. 某公司以延期付款的方式销售给某商场一批商品，则该商场到期偿还欠款时，货币执行的是(　　)职能。

A. 购买手段　　B. 流通手段　　C. 支付手段　　D. 世界货币

2. 关于利息的本质，近代西方学者欧文·费雪的理论是(　　)。

A. 节欲论　　B. 人性不耐说　　C. 边际生产力说　　D. 流动性偏好说

3. 剑桥方程式中的M研究的是(　　)。

A. 执行价值尺度职能的货币　　B. 执行流通手段职能的货币

C. 执行支付手段职能的货币　　D. 执行价值贮藏职能的货币

4. 标志着现代中央银行制度产生的重要事件是(　　)。

A. 1587年威尼斯银行的产生　　B. 1656年瑞典国家银行的产生

C. 1694年英格兰银行的产生　　D. 1791年美国第一国民银行成立

5. 下列属于存款机构的是(　　)。

A. 信用社　　B. 人寿保险公司　　C. 财务公司　　D. 养老基金

6. 以金币为本位币，不铸造、不流通金币，银行券可兑换外币汇票是(　　)。

A. 金块本位制　　B. 金本位制　　C. 银行券制　　D. 金汇兑本位制

7. 资本资产定价模型的核心思想是将(　　)引入到对风险资产的定价中来。

A. 无风险报酬率　　B. 风险资产报酬率　　C. 投资组合　　D. 市场组合

8. 每年年末存款1000元，复利计息，求存款第五年末的价值，应用(　　)来计算。

A. $(1+i)^{-n}$　　B. $(1+i)^{n}$　　C. $\frac{1-(1+i)^{-n}}{i}$　　D. $\frac{(1+i)^{n}-1}{i}$

9. 某公司本期息税前利润2000万元，固定成本为500万元，则该公司的经营杠杆系数为(　　)。

A. 4　　B. 1.25　　C. 0.25　　D. 1.5

10. 与普通年金终值系数互为倒数的是(　　)。

A. 年金现值系数　　B. 年资本回收系数　　C. 复利现值系数　　D. 年偿债基金系数

二、简答题(每题10分，共40分)

1. 如何理解中央银行是“银行的银行”?

2. 简述远期与期货的主要区别有哪些?

3. 简述商业银行中间业务的含义及其主要类型?

4. 简述净现值的内涵及其项目决策规则?为什么在没有资本限量的情况下，净现值法决策总是正确?

三、计算分析题(每题10分，共40分)

1. 一票面金额1000元，两年到期，第一年支付60元利息，第二年支付50元利息，现市场价格为950元，计算其到期收益率。

2. 某投资者平价购入面额总计为10000元，期限为2年，年利率为10%(单利)，到期一次性还本付息的债券，离到期日还有整两个月时向银行贴现，那么：

（1）该债券到期的本利和为多少？

（2）若年贴现率为8%，银行贴现付款额为多少？

（3）若银行贴现后持有这张债券至到期日，则银行实现了多高的年收入？

3. 某公司正在考虑增加一项投资，首期投资需要100000元，如果以直线法折旧，5年后预计残值为5000元。在其5年的使用年限中，将使年收入增加45000元，但同时年支出增加15000元，营运资金增加8000元。假设所得税率为35%，资金成本为12%。要求：计算该项目的净现值，并对该项目投资与否做出决策。(P/A，12%，5=3.6048)

4. 某公司拥有长期资金800万元，其中长期借款200万元，普通股600万元。该资本结构为公司理想的目标结构。公司拟筹集新的资金200万元，并维持目前的资本结构。随筹资额增加，各种资金成本的变化如下表：

资金种类	新筹资额(万元)	资金成本
长期借款	40及以下	4%
	40以上	8%
普通股	75及以下	10%
	75以上	12%

要求：计算各筹资突破点及相应各筹资范围的边际资本成本。

四、论述题(每题15分，共60分)

1. 影响公司经营风险的因素有哪些？请论述各影响因素如何导致公司经营风险的产生。

2. 如何运用现金流量表对公司的偿债能力进行分析？

3. 2017年11月2日美国总统特朗普宣布提名美联储理事杰罗姆·鲍威尔(Jerome Powell)取代珍妮特·耶伦(Janet Yellen)出任新一任美联储主席。鲍威尔支持逐步缩减4.5万亿美元的资产负债表，称其为"适当的"。鲍威尔和几位美联储同事警告，不要过分依赖像所谓的"泰勒规则"这样的数学规则来引导货币政策。针对美联储新主席鲍威尔的讲话，试分析泰勒规则的基本内容及其应用意义。

4. 材料：南部非洲国家津巴布韦1980年独立之时，本国货币津元对美元1∶1.25，比美元还值钱。但自20世纪90年代津巴布韦在西方国家“说教”下走上新自由主义经济的道路开始，津元走上了高通货膨胀的“不归路”。20世纪90年代末，津政府的货币政策出现严重错误，央行行长开动印钞机疯狂印钱，再加上西方制裁，津巴布韦经济完全失控，货币一贬再贬。2009年1月，津央行发行了世界上面值第二大、在一张纸币上含零最多的纸币——一百万亿津元。无奈万亿元大钞也没顶住通胀压力，每隔几个小时价值就掉一些，以至三个月后(2009年4月)津政府宣布不再发行本国货币。在津元退市以后，美元、欧元、英镑、南非兰特、博兹瓦纳普拉、人民币、日本日元、印度卢比等9种外国货币被允许在津境内合法流通，津巴布韦也成为世界上官方允许流通货币币种最多的国家。请阐明西方经济学派关于通货膨胀的三种观点，并结合津巴布韦通货膨胀的事实，论述从宏观上加强通货膨胀治理的措施。

南京航空航天大学2018年金融学综合试题解析

一、单项选择题(每题1分，共10分)

1. C。作为流通手段的货币，在购买商品是，一般都是一次性交付，即“一手交钱，一手交货。”作为支付手段的货币，在购买商品或服务时，可以是分次交付的，在时间和空间上是可以分开的。

2. B。关于利息的本质，费雪的理论是人性不耐说，他认为人们宁愿现在获得而不愿将来获得财富的不耐心情，或时间偏好是利息理论的基础。利息是“人性不耐”的结果，与生产完全无关。节欲论是西尼尔的观点，边际生产力说是克拉克的观点，流动性偏好理论是由凯恩斯提出的。

3. D。现金余额论认为，货币流通速度决定于人们的持币时间和持币量，而人们的持币时间和持币量又决定于人们的财产和收入中有多少部分以货币形态贮存起来。人们以货币形态贮存起来的财产和收入是“人们愿意保持的备用购买力”，这部分购买力的高低决定于以货币形态保存的实物价值。

4. C。1694年，在当时英国政府的支持下，由私人发起创办了世界上第一家股份制的银行——英格兰银行。英格兰银行的诞生，标志着现代商业银行制度的建立，同时，也标志着现代中央银行制度的产生。

5. A。人寿保险公司属于契约型机构，财务公司和养老基金均属于投资型金融机构。

6. D。金汇兑制度，又称虚金本位制，以金币为本位币，但不铸造、不流通金币，银行券可兑外币汇票。

7. D。资本资产定价模型的核心思想是将市场组合引入到兑风险资产的定价中来，其主要思想是：如果资本市场是均衡的，这意味着资本市场上的资本总供给等于总需求，且每一种资产都有一个均衡价格。其他几个选项都与现代投资组合理论有关。

8. D。根据年金终值计算公式可得：$FV=\frac{(1+i)^n-1}{i}$。考生应注意区分年金终值和复利终值的区别。复利终值，是一次性收付款的最终价值。年金终值，是每期期初或期末收付相同金额的款项，计算到最后一期的最终价值。

9. B。经营杠杆系数(DOL)=(息税前利润EBIT+固定成本)/息税前利，即：$DOL=\frac{EBIT+FC}{EBIT}=\frac{2000+500}{2000}=$ 1.25。

10. D。复利现值系数与终值系数互为倒数，年金现金系数与投资回收互为倒数，年金终值系数与偿债基金系数互为倒数。

二、简答题(每题10分，共40分)

1. 所谓银行的银行是指中央银行向商业银行和其他金融机构提供的金融服务。具体包括：

① 吸收与保管存款准备金，以确保存款机构的清偿能力。商业银行将准备金存放在中央银行，需要提取现金时，中央银行就会派一辆运钞车将现金送到商业银行营业网点，同时借记准备金账户，反过来商业银行也可以将现金存入中央银行，同时中央银行贷记准备金账户。这样，正如社会公众去商业银行存提款一样，商业银行可以去中央银行存提款，因此中央银行被称为银行的银行。中央银行可通过存款准备金率的变动来调节一国的货币供应量。

② 充当最后贷款人，对商业银行提供信贷，这是最能体现中央银行作为“银行的银行”职能的一种功能。当商业银行和其他金融机构发生资金短缺或周转不灵时，可以向中央银行要求资金融通。中央银行一般通过票据的再贴现向商业银行提供抵押贷款，而贴现率的高低也就成了中央银行调控货币供应量的重要杠杆。

③ 作为全国票据清算中心，组织全国票据清算事宜。中央银行作为清算银行可为各商业银行和其他金融机构间货币的收付转账提供快捷便利的服务，解决单个银行清算的困难。

2. 期货合约与远期合约虽然都是在交易时约定在将来某一时间按约定的条件买卖一定数量的某种标的物的合约，但它们存在诸多区别。

区　　别	远 期 合 约	期 货 合 约
标准化程度不同	遵循“契约自由原则”，具有很大的灵活性；但流动性较差，二级市场不发达	标准化合约，流动性强
交易场所不同	没有固定的场所，是一个效率极低的无组织分散市场	在交易所内交易，一般不允许场外交易。期货市场是一个有组织、有秩序、统一的市场
违约风险不同	合约的履行仅以签约双方的信誉为担保，违约风险很高	合约的履行由交易所或清算公司提供担保，违约风险几乎为零
价格确定方式不同	交易双方直接谈判并私下确定，存在信息不对称，定价效率很低	在交易所内通过公开竞价确定，信息较为对称、充分，定价效率较高
履约方式不同	绝大多数只能通过到期实物来交割	绝大多数都是通过平仓来了结
合约双方关系不同	必须对对方的信誉和实力等方面作充分的了解	可以对对方完全不了解
结算方式不同	到期才进行交割清算，期间均不进行结算	每天结算，浮动盈利或浮动亏损通过保证金账户体现

3. 中间业务指商业银行以中间人的身份，不运用或较少运用自己的资金，替客户承办收付和其他委托事项，从中收取手续费的业务。包括以下几类：

① 转账结算业务。转账结算业务指不使用现金，通过银行将款项从付款单位(或个人)的银行账户直接划转到收款单位(或个人)的银行账户的货币资金结算方式。由于转账结算不动用现金，所以又称为非现金结算或划拨结算。

② 代理业务。代理业务指商业银行接受客户的委托、代为办理客户指定的经济事务、提供金融服务并收取一定费用的业务，包括代理证券业务、代理保险业务、代理商业银行业务、代理中央银行业务和其他代理业务。代理业务是典型的中间业务。银行充分利用自身的信誉、技能、信息等资源代客户行驶监督管理权、提供各项金融服务。

③ 信托业务。信托业务是指商业银行接受个人、机构或政府的委托，代为管理、运用和处理所托管的资金或资产并为受益人谋利的活动。

④ 租赁业务。租赁业务指商业银行作为出租人，向客户提供租赁形式的融资业务，包括融资性和经营性租赁。

⑤ 财务顾问业务。财务顾问业务指商业银行根据客户的需求，利用自身的产品和服务及其他社会资源，为客户的财务管理、投融资、兼并与收购、资产重组及债务重组等活动提供的咨询、分析、方案设计等。

4. (1)净现值是指投资项目寿命期内各年的预期现金流量、按一定的折现率折现成现值后与原始投资额的差价。用公式表示为：

$$NPV = \sum_{t=1}^{N} \frac{C_t}{(1+R)^t} - C_0$$

式中，C_t为现金流量，C_0为初始投资额，R为折现率，N为项目寿命期。

(2) 净现值法决策准则：

① 投资决策：如果按照投资者要求的收益率R折现，$NPV \geq 0$，项目是可行的；$NPV<0$，项目是不可行的。

② 融资决策：如果按照投资者要求的收益率R折现，$NPV \leq 0$，项目是可行的；$NPV>0$，项目是不可行的。

(3) 在没有资本限额下，净现值决策法相对于其他决策方法来说具有以下优点：①考虑了资金时间价值，增强了投资经济性的评价；②考虑了全过程的净现金流量，体现了流动性与收益性的统一；③考虑了投资风险，风险大则采用高折现率，风险小则采用低折现率。

三、计算分析题(每题10分，共40分)

1. 到期收益率是使得某一债务工具所有未来偿付额的现值等于它今天的价值的价值的利率，是最精确地利率计量指标。根据到期收益率的定义，我们发现，债券价格与债券本身承诺的到期收益率之间存在如下关系：

$$P=\frac{C}{1+r}+\frac{C}{(1+r)^{2}}+\cdots+\frac{C}{(1+r)^{T}}+\frac{A}{(1+r)^{T}}$$

代入数据可得：

$$\frac{60}{1+r}+\frac{50}{(1+r)^{2}}+\frac{1000}{(1+r)^{2}}=950\Rightarrow r=7.84\%$$

2. (1)债券到期的本利和=10000×(1+2×10%)=12000元

(2) 银行贴现付款额=12000-12000×8%×2/12=11840元

(3) 银行实现的年收益率=(12000-11840)/11840×12/2×100%=8.62%

3. 期初现金流出=100000+8000=108000元

每年收益=(45000-15000)×(1-35%)+(100000-5000)/5=38500元

5年期的现值=38500×$\left(\frac{P}{A}, 12\%, 5\right)$=38500×3.6084=138784.8元

最后一期现金流入的现值=(8000+5000)×$\left(\frac{P}{F}, 12\%, 5\right)$=13000×0.5674=7376.2

净现值=138784.8+73376.2-108000=138161元

因为净现值大于零，所以可以投资该项目。

4. 筹资突破点=可用某特定成本筹集到的某种资金额/该种资金在资本结构中所占的比重。根据概念可得：

筹资总额突破点(1)为：40÷(200÷800)=160万元

筹资总额突破点(2)为：75÷(600÷800)=100万元

则边际资金成本(0~100万元)= 25%×4%+75%×10%=8.5%

边际资金成本(100~160万元)=25%×4%+75%×12%=10%

边际资金成本(160万以上)=25%×8%+ 75%×12%=11%

四、论述题(每题15分，共60分)

1. 企业的生产经营受外部和内部的诸多因素的影响，这些因素具有很大的不确定性。因此，企业应加强对风险影响因素的分析，以避免经营风险带来的损失。影响企业经营风险的主要因素有：

(1) 产品销售数量。在其他因素不变的情况下，市场对企业的产品需求越稳定，企业未来的经营收益就越稳定，经营风险就越小；反之，企业经营风险就越大。稳定的产品销售会减少企业的经营风险。

(2) 产品销售价格。企业的产品销售价格稳定，销售收入就越稳定，企业未来的经营收益就越稳定。产品价格受市场供需、产品的质量、技术含量等诸多因素的影响。稳定的销售价格会减少企业的经营风险。

(3) 单位产品变动成本。单位变动成本越不稳定，经营风险就越大。单位变动成本的稳定性决定产品成本的稳定性，从而影响着企业未来经营收益的稳定性。

(4) 固定成本总额。当产品销售量发生变动时，固定成本总额占成本的比重越大，单位产品分摊的固定成本就越大，企业未来的经营收益就越少，经营风险就越大。反之，固定成本总额占成本的比重越小，经营风险就越小。

2. 偿债能力是指企业清偿到期债务的能力，关系到企业的生存和发展。分析企业的偿债能力，首先应看企业当期取得的现金在满足生产经营的需要后，是否能支付到期的债务，分析企业偿债能力主要有以下几个指标：

（1）到期债务偿付率

到期债务偿付率是经营活动现金流量净额与当年到期的债务总额之比，说明企业偿债能力的大小。计算公式为：到期债务偿付率＝经营活动现金流量净额÷当年到期的债务总额。

该指标能够反映企业在某一会计期间每1元到期的负债有多少经营现金流量净额来补充。经营现金流量是偿还企业债务的真正来源，因此，该指标越高，说明企业偿还到期债务的能力越强。该指标克服了流动比率和速动比率只能反映企业在某一时点上的偿债能力的缺陷，因此具有广泛的适用性。

（2）现金比率

现金比率是现金及现金等价物的期末余额与流动负债之比，反映企业的偿债能力大小。计算公式为：现金比率＝现金及现金等价物期末余额÷流动负债。现金比率是所有偿还指标，如资产负债率、流动比率、速动比率中最直接、最现实的指标，它能准确真实地反映出现金及现金等价物对流动资产的担保程度。当指标大于或高于1时，说明企业即期债务可以得到顺利偿还，比率越高担保程度越高。反之，则说明偿债能力较弱。

（3）现金负债总额比率

现金负债总额比率是经营活动现金流量净额与全部负债之比，说明企业的偿还能力大小。计算公式为：现金负债总额比率＝经营活动现金流量净额÷全部负债。这一指标反映企业在某一会计期间每1元负债由多少经营活动现金流量净额来偿还，它说明企业的偿债能力。比率越高，说明偿还债务的能力越强；反之，偿还能力越差。

3.（1）泰勒(*Taylor*)规则是常用的简单货币政策规则之一，由泰勒于1993年针对美国的实际数据提出。泰勒规则描述了短期利率如何针对通胀率和产出变化进行调整的准则，其从形式上看来非常简单，但对后来的货币政策规则研究具有深远的影响。泰勒规则启发了货币政策的前瞻性。如果中央银行采用泰勒规则，货币政策的抉择实际上就具有了一种预承诺机制，从而可以解决货币政策决策的时间不一致问题。只有在利率完全市场化的国家才有条件采用泰勒规则。

“泰勒规则”论证了美联储联邦基金利率的确定应取决于四个因素：一是当前的通货膨胀率；二是均衡实际利率；三是现实的通货膨胀率与目标通货膨胀率之差；四是现实的GDP产出与潜在GDP产出之差。一般方程是：

$$r=\pi+r^*+\alpha(\pi-\pi^*)+\beta y$$

式中，r为联邦基金利率；π为通货膨胀率；r^*为均衡的实际联邦基金利率；$(\pi-\pi^*)$为通货膨胀缺口；y为产出缺口；α和β分别为通货膨胀缺口和产出缺口的权重(一般均规定为1/2)。

泰勒规则的大致思路是：①存在通货膨胀，则联邦基金利率的基准利率应是均衡利率加上通货膨胀率。②如果现实的通货膨胀率高于目标通货膨胀率，那么联邦基金利率应从基准利率相应调高，以抑制通货膨胀；反之，则应从基准利率相应调减。③现实产出高于潜在产出，说明经济偏热，联邦基金利率应从基准利率相应调高，以抑制过热；反之，则应从基准利率相应调整，以促成可能的潜在产出得以实现。

（2）泰勒规则描述了短期利率如何针对通胀率和产出变化调整的准则，其从形式上看来非常简单，但对后来的货币政策规则研究具有深远的影响。泰勒规则启发了货币政策的前瞻性。如果中央银行采用泰勒规则，货币政策的抉择实际上就具有了一种预承诺机制，从而可以解决货币政策决策的时间不一致问题。

4.(1)通货膨胀是指在纸币流通条件下，因货币供给大于货币实际需求，也即现实购买力大于产出供给，导致货币贬值，而引起的一段时间内物价持续而普遍地上涨现象。通货膨胀对经济的影响，西方经济学界在60年代曾有过激烈争论。主要观点有：①促进论，即认为通货膨胀可以促进经济增长；②促退论，认为通货膨胀损害经济增长；③中性论，认为通货膨胀对经济增长既有正效应也有负效应。

（2）津巴布韦发生的通货膨胀，从程度上可以定义为恶性通货膨胀，货币急剧大幅贬值，完全丧失了价值贮藏的功能，也在很大程度上失去了作为交换媒介的功能。从宏观角度，恶性通货膨胀的治理措施有：

① 紧缩性财政政策。紧缩性的财政政策直接从限制支出、减少需求等方面来减轻通货膨胀压力，一般包括以下措施：减少政府支出，增加税收和发行公债。

② 紧缩性货币政策。紧缩性的货币政策主要有以下措施：提高法定存款准备率，提高再贴现率，公开

市场卖出业务和直接提高利率。

③ 紧缩性收入政策。从发达国家的经历来看，紧缩性收入政策主要采取了以下几种措施：自愿工资-物价指导线，以税收为基础的收入政策和工资-价格管制及冻结。

④ 收入指数化政策。收入指数化政策是指将工资、利息等的各种名义收入部分地或全部地与物价指数相联系，使其自动随物价指数的升降而升降，从而避免通货膨胀所带来的损失，并减弱由通货膨胀带来的分配不均问题。显然，收入指数化政策只能减轻通货膨胀给收入阶层带来的损失，但不能消除通货膨胀本身。

⑤ 改善供给政策。这是一种增加供给的一种积极的治理通货膨胀的措施，主要有：减税，削减社会福利开支，适当增加货币供给和精简规章制度。

【科兴提示】相比 2017 年的试题，2018 年的命题知识点相对更合理。稍微生僻的几个题目，2017 年也都原题考查过。

清华大学 2018 年金融学综合试题

一、单项选择题(每题 3 分，共 90 分)

1. 如果存款准备金率增加，货币乘数将会(　　)。

A. 增加　　B. 减少　　C. 不变　　D. 不确定

2. 货币主义者通常认为(　　)。

A. 通货膨胀会导致货币超发　　B. 改变货币供应的增长率能影响通货膨胀

C. 金融创新能够提升货币政策有效性　　D. 以上说法都不对

3. 真实利率是相对稳定的，是以下哪种理论的观点？(　　)

A. 费雪效应　　B. 货币中性理论　　C. 货币数量论　　D. 购买力平价理论

4. 中央银行如果希望企业和家庭借钱消费和投资，则最不可能采取以下哪些措施？(　　)

A. 卖出长期政府债券　　B. 购买长期政府债券

C. 购买 MBS 或其他证券　　D. 以上措施都不能采取

5. 长期的零基准利率并未导致经济增长，很可能表明(　　)。

A. 量化宽松货币政策有一定效果　　B. 货币政策并非总能奏效

C. 利率目标应该比货币供应目标更要好　　D. 只有财政政策能促进经济增长

6. 最近一个季度里，一家日本钢铁企业发生了如下交易：

企业从澳洲进口了一亿澳元的铁矿石；企业向美国出口了 1.3 亿美元钢铁；企业向一家澳洲银行贷款一亿澳元；企业收到其美国公司的一千万美元红利；企业向日本运输企业支付了 10 亿日元运输费用。请问下面哪一项会出现在这个季度的日本经常账户中？(　　)

A. 贷款　　B. 运费　　C. 红利　　D. 以上都不是

7. 下面哪一项最有可能导致经常项目赤字？(　　)

A. 高税收　　B. 低私人部门储蓄　　C. 低私人部门投资　　D. 高财政盈余

8. 下面哪个组织致力于通过避免类似 2010 年希腊主权债务危机的发生，而使得全球系统风险可控？(　　)

A. 世界银行　　B. 世界贸易组织　　C. 亚洲开发银行　　D. 国际货币基金组织

9. 假如你是一名外汇分析师，考察一个发达国家的货币，该国资本可自由流动，采取浮动汇率制度，并且公共部门和私人部门负债率都很低。以 *Mundell-Fleming* 模型作为分析的出发点，如果该发达国家放松银根，则该国货币很可能(　　)。

A. 升值　　B. 贬值　　C. 没有影响　　D. 不能确定

10. 投资收益在国际收支结算中应当计入(　　)。

A. 经常账户　　B. 金融账户　　C. 资本账户　　D. 储蓄和其他账户

11. 一国国际收入顺差会使得(　　)。

A. 外国对该国货币需求减少，该国货币汇率下跌

B. 外国对该国货币需求增加，该国货币汇率上升

C. 外国对该国货币需求增加，该国货币汇率下跌

D. 外国对该国货币需求减少，该国货币汇率上升

12. 购买力平价理论表明，决定两国货币汇率的因素是(　　)。

A. 含金量　　B. 价值量　　C. 购买力　　D. 物价水平

13. 与一国国际储备需求正相关的因素是(　　)。

A. 持有国际储备的成本　　B. 一国经济的对外开放程度

C. 货币的国际地位　　D. 外汇管制的程度

14. 有一个永续年金，明年支付 60 元，并以每年 4%增长，利率为 9%，问该永续年金的现值是多少？(　　)

A. 667　　B. 693　　C. 1200　　D. 1248

15. 某公司发行 8 年期 1000 元面值零息债券，折现率为 4%。问以下哪个答案最接近该债券的价格？(　　)

A. 730. 69　　B. 968　　C. 1000　　D. 1032

16. 投资 10000 元，投资期为 18 个月，年利率为 12%，季度计息，问投资期满连本带息是多少？(　　)

A. 11800　　B. 11852　　C. 11940　　D. 11961

17. 一个债券标明利率为 10%，问哪种复利计息方式能带来最大的实际利率？(　　)

A. 年计息　　B. 月计息　　C. 日计息　　D. 连续计息

18. 在下面哪种情况下，资本配置线不再是直线？(　　)

A. 风险回报率上升　　B. 借款利率高于贷款利率

C. 投资者风险承受力下降　　D. 无风险资产的比例上升

19. 测度分散化资产组合中某一证券的风险用的是(　　)。

A. 特有风险　　B. 收益的标准差　　C. 再投资风险　　D. 贝塔值

20. 根据套利定价理论(　　)。

A. 高贝塔值的股票都属于高估定价

B. 低贝塔值的股票都属于低估定价

C. 正阿尔法值的股票会很快消失

D. 理性的投资者将会从事与其风险承受力相一致的套利活动

21. 根据看跌期权与看涨期权理论，一张无红利分派股票的欧式看跌期权的价值等于(　　)。

A. 看涨期权价格加上当前的执行价格加上股价

B. 看涨期权价格加上当前的执行价格减去股价

C. 当前股价减去执行价格减去看涨期权价格

D. 当前股价加上执行价格减去看涨期权价格

22. 某上市公司今天股票价格为 25 元，该公司预期一年后对每股支付 0. 75 元现金股息，到时除息后股票价格为 26. 75 元，该公司的股息收益率和股权成本为(　　)。

A. 3. 0%和 7. 0%　　B. 2. 8%和 10%　　C. 2. 8%和 7. 0%　　D. 3. 0%和 10%

23. 在计算一个项目的增量现金流时应该考虑的是(　　)。

A. 该项目折旧带来的税盾

B. 为评估该项目已经付出的市场调研费用

C. 为该项目提供融资的债务的财务利息费用

D. 该项目前期开发已经产生的研发费用

24. 某公司考虑如下一个资源开采项目：该项目在初期需要一亿元支出来购买设备，在未来 10 年，该项目会带来每年 1600 万元收益，在第 10 年年末，该项目需要终止，终止后，公司要支出 2000 万元来复原自然生态。这个项目的内部收益率存在(　　)个。

A. 0 个　　B. 1 个　　C. 2 个　　D. 10 个

25. 如果你要计算筹资活动产生的现金流，那么下面哪项不应该被考虑(　　)。

A. 现金股息的支付　　B. 长期负债的增加

C. 短期负债的减少　　D. 新股发行带来的资金

26. 关于财务杠杆和资本结构，下列哪个说法不正确？(　　)

A. 公司是否违约取决于现金流是否充足，与公司资产价值相对于债务价值的大小无关

B. 即使存在破产和债务违约风险，MM(Modigliani 和 Miller)定理在完美资本市场条件下仍然成立

C. 破产的成本由股权所有者和债权所有者共同承担

D. 一个公司举债融资，即使该债务没有任何违约风险，该公司的股权风险也会提高

27. 以下关于优先股的说法中错误的是(　　)。

A. 公司破产清算时，优先股的清偿顺序低于公司债务

B. 发行优先股可以降低公司资产负债率

C. 优先股股东可以参与股东大会投票

D. 优先股是一种永续的证券

28. 以下关于公司债券说法中正确的是 (　　)。

A. 垃圾债券是危险品和废品处理企业发行的债券

B. 票息，面值，期限相同的可转换公司债券和普通公司债券，普通公司债券的价值较高

C. 可转换公司债券由上市公司面向普通投资者发行

D. 中期票据是在银行间市场发行的公司债券

29. X 公司的资本全部为股权，*ROE* 为 12%。公司管理层现在决定通过发行债券融资，回购 25%的已发行股票。假设债券成本为 6%，回购完成之后，公司的 *ROA* 和 *ROE* 分别是(　　)。

A. 12%和 14%　　B. 9%和 14%　　C. 14%和 12%　　D. 9%和 12%

30. Y 公司现在股价是 20 元，公司计划每股分红 2 元。假设股利税税率为 40%，资本利得税税率为 20%，分红后公司的股价是(　　)。

A. 18. 5 元　　B. 18 元　　C. 17. 5 元　　D. 17 元

二、计算题(每题 15 分，共 45 分)

1. (15 分)考虑标准普尔 500 指期合约，6 个月后到期。利率为每 6 个月 3%，红利在未来六个月后，价值预期为 10 美元。指数现行水平为 950 点，假定可以卖空标准普尔指数。

(1) 假定市场的期望收益率为每 6 个月 6%，六个月后预期的指数水平是多少？

(2) 理论上标准普尔 500 六个月期货合约的无套利定价是多少？

(3) 假定期货价格为 948 点，是否有套利机会？如果有，怎样套利？

2. (15 分)某公司目前有 1000 万股股票，每股 75 元，同时有 1 亿元的债务。该公司今天宣布未来发行 3. 5 亿元的新债，3. 5 亿元一部分用来偿还目前所有债务，一部分用于发放现金股息，在发新债之前的股权成本为 8. 5%，债权的成本为 4. 25%，新债的成本为 5%。

假设该公司在完美资本市场中运行，估算在新债资金使用完之后股权的成本。

3.(15 分)假设你要构建国内资产 a 和外国资产 b 的投资组合，并希望一年后到期时组合的本币价值收益率波动最小。已知国内资产 a 的收益率年化波动率是 15%，预期收益率为 10%，外国资产 b 的收益率年化波动率是 20%，预期收益率为 8%，a 和 b 的收益率相关性是 0.5，当前 1 外币等于 1 本币，预计一年后的 1 外币的本币价值为 x，其波动独立于两项资产，且预期均值为 1.05，波动率为 10%。请问该投资组合应当如何构建？

三、时事题(15 分，以下两题任选一题作答)

1. 美国国会众议院 2017 年 11 月 6 日投票通过减税法案，迈出了美国 30 年来最大规模减税计划的第一步。美国企业和多数家庭税负将有所降低，但同时联邦财政赤字将大幅攀升。当天共和党控制的众议院以 227 票赞成，205 票反对的结果，通过了《减税和就业法案》。按照这份法案，联邦企业所得税将从目前的 35%大幅降至 20%。同时，联邦个人所得税率也将从七挡简化为四挡，多数家庭将获得减税。这是美国自 1986 年以来最大规模的减税法案。试分析，如果最终该方案实施，可能会对中美的汇率产生何种影响？

2. 2017 年人民币对美元汇率中间价报价模型中引入逆周期因子。什么是逆周期因子？为什么要引入逆周期因子？逆周期因子的引入对外汇市场和人民币汇率的形成有什么影响？

清华大学 2018 年金融学综合试题解析

一、单项选择题(每题 3 分，共 90 分)

1. B。狭义货币乘数公式为：

$$m_1 = \frac{k+1}{k+r_d+r_t \cdot t+e}$$

分别对上式的r_d和 e 求一阶偏导可知，货币乘数与这两个变量均呈反向关系。如果存款准备金率上升，则货币乘数减少。

2. B。根据货币主义理论，货币供应量的变动是导致物价水平和经济活动变动的最根本原因，货币供给过多才是造成通货膨胀的唯一原因。选项 A 弄反了通货膨胀与货币超发之间的因果关系。货币主义认为货币供给是外生的，金融创新会减弱货币政策的有效性，C 选项错误。

3. A。费雪效应认为，在货币是中性的长期中，货币增长的变动并不会影响真实利率。由于真实利率不受影响，所以名义利率必然根据通货膨胀率的变动进行一对一的调整。货币中性理论中的主要观点是货币供给的增长将导致价格水平的相同比例增长，对于实际产出水平没有产生影响，并没有对真实利率的阐述。

4. A。央行为了刺激经济，拉动消费，一般会向市场注入流动性，降低资金的使用成本。选项 A 明显是资金回笼的操作。

5. B。货币政策并非总能奏效，影响货币政策效力的因素有：(1)货币政策时滞；(2)合理预期因素的影响；(3)其他因素的影响：客观经济条件、政治因素等。

6. C。贷款应记在国际收支平衡表的资本与金融账户下，运费是国内企业间的行为，不应计入国际收支平衡。红利应计入经常账户的收入项目。

7. B。在开放经济中，国民收入 Y=C+I+G+NX，由于 Y−C−G=国民储蓄 S，所以 S−I=NX。从资金流的角度来看，国内储蓄与国内投资之差等于国际贸易余额。

8. D。在今天的世界上，IMF 发挥着最后贷款人的作用，对于缓解各国的国际支付危机至关重要，是当前国际上不可或缺的多边安排。在欧洲主权债务危机爆发后，IMF 适时介入欧洲，希腊成为历史上第一个正式接受 IMF 救援的欧元区成员国。

【科兴提示】IMF 与世界银行在职能上有明显的区别和分工。IMF 的工作主要是解决成员国的国际收支问题，包括国际收支(特别是经常账户下的收支)行为准则的制定、监督及为国际收支不平衡提供融资。而世界银行的主要任务是为发展中国家提供援助。在贷款问题上，IMF 提供的贷款期限较短，往往要求受贷国家进行国际收支调节，而世界银行提供的贷款期限较长，往往针对特定部门、特定项目提供，并要求受贷国采取相应措施以确保贷款资金的使用效率。

9. B。根据 M-F 模型，在浮动汇率制下，采用扩张性货币政策会导致 LM 曲线右移，本国利率下降随之产生本币贬值压力。

10. A。经常账户记录实质资源的流动，包括进出口货物、输入输出的服务、对外应收及应付的收益，以及在无同等回报的情况下，与其他国家或地区之间发生的提供或接受经济价值的经常转移。

11. B。由于任何一国的货币管制当局都不会允许大量外汇在本国流动，因此流入的外币需在外汇市场兑换成本币，同样流出的本币也需要在外汇市场兑换成外币。一国国际收支顺差，说明该国有外汇的净流入，这就使得外汇市场上需要额外的本币来兑换外币，从而造成外汇市场本币需求量增加。外汇市场同样遵循供求关系原理，当本币需求量上升时，本币的价格也就是汇率自然随之上升。

12. C。购买力平价理论认为，两种货币的汇率应由两国的货币购买力之比决定。货币购买力实际上是一般物价水平的倒数。汇率实际是由两国物价水平之比决定，这个比被称为购买力平价。

13. B。一国经济的对外开放程度越高，对外贸易数量也越大，从而需要的国际储备也就越多。

14. C。永续年金现值的计算公式 $PV=\frac{C}{r-g}=\frac{60}{9\%-4\%}=1200$ 元。

15. A。零息债券是指以贴现方式发行，不附息票，而于到期日时按面值一次性支付本利的债券。零息债券价格的计算公式为：$V=\frac{A}{(1+r)^{T}}=\frac{1000}{1.04^{8}}\approx 730.69$ 元。

16. C。由于复利间隔和偿付间隔不一致，需要对偿付间隔进行处理。有两种不同的方法：

① 每季度的折现率为 12%/4=3%，然后转换为 1 个月的折现率$r_{月}=1.03^{1/3}-1=0.99\%$。

② 将 APR 转化为 EAR：$1+EAR=\left(1+\frac{12\%}{4}\right)^{4}=1.1255$，将 EAR 转化为月利率：$1.1255^{1/12}-1=0.99\%$。

给定这一折现率，可得复利终值为：$10000\times(1+0.99\%)^{18}=11940$ 元。

17. D。接上题解析：当 m 趋于无穷大时，就称为连续复利，此时的终值为：$\lim\limits_{n\to\infty}A\left(1+\frac{r}{m}\right)^{mn}=Ae^{rn}$。从实用目的来看，通常可以认为连续复利与每天计复利等价。

【科兴提示】清华 431 试题 2014 年原题。

18. B。当借贷款利率不相等时，资本配置线将发生弯折。

19. D。系统风险是不可分散的风险，用贝塔值来衡量。

【科兴提示】清华 431 试题 2017 年原题。

20. C。由于正阿尔法值的股票存在超额收益，会引起套利活动，导致对其需求增加，价格上升，收益率下降，故正的阿尔法值股票会消失。

21. B。考虑两个组合：组合 A 和组合 B。

组合 A：一份欧式看涨期权加上面值为期权执行价格 X 的零息票债券(现在价值为 $X e^{-r(T-t)}$)。

组合 B：一份有效期和协议价格与组合中的看涨期权相同的欧式看跌期权加上一单位标的资产。

在期权到期时，组合 A 的回报为 $X+\max(S_T-X,\ 0)=\max(S_T,\ X)$；组合 B 的回报为 $\max(X-S_T,\ 0)+S_T=\max(X,\ S_T)$。两个组合的价值均为 $\max(S_T,\ X)$。由于欧式期权不能提前执行，因此根据无套利原理，量组合在时刻 t 具有相等的价值，即：

$$C+X e^{-r(T-t)}=P+S$$

其中，C 表示欧式看涨期权的价格，P 表示欧式看跌期权的价格，S 表示标的资产的价格。变换公式可得 $P=C+X e^{-r(T-t)}-S$。

22. D。计算可知股息收益率=0.75/25=3.0%，股权成本=股息收益率+股息增长率=3.0%+$\frac{26.75-25}{25}$=10%。

23. A。在确定投资方案相关的现金流量时，应遵循的最基本的原则是：只有增量现金流量才是与项目相关的现金流量。所谓增量现金流量，是指接受或拒绝某个投资方案后，企业总现金流量因此发生的变动。每年的折旧费用，在计算相关的特定项目的现金流量必须予以考虑。虽然折旧没有直接影响到现金流的现金支出，但是它减少了企业的净收入，因此，降低了全年的税额。由于这种折旧的税盾，在年底时，相比没有折旧支出而言，公司将有更多的现金在手头上。

【科兴提示】相关成本是指与特定决策有关的、在分析评价时必须加以考虑的成本。例如，差额成本、未来成本、重置成本、机会成本都属于相关成本。沉没成本、过去成本、账面成本等往往是非相关成本。

24. C。该项目的现金流符号共发生了两次变动，因此最终会出现两个内部收益率。

25. C。从营运资金的概念可知，短期负债的减少，属于经营活动产生的现金流。

26. A。企业是否违约，取决于企业的资产价值与其债务的比较。从动态而言，企业资产的价值就是企业从事的各种商业交易的市场价值，各种商业交易的前景、盈利能力、面临的风险以及与经济中存在的其他投资机会的比较等因素都会影响企业资产的市场价值，加总各种商业交易未来收益的现值就等于企业资产的当期价值。当企业的市场价值小于其债务的合同值时，企业资产的变现不足以偿还其债务，企业就存在着违约的动机。

27. C。优先股股东不参加公司的红利分配，无表决权和参与公司经营管理权。

28. C。垃圾债券是评信级别在标准普尔公司 BBB 级或穆迪公司 Baa 级以下的公司发行的债券。选项 A 错误；在票息，面值和期限相同的情况下，肯定是可转化公司债券价值更高，因为可转债本质上属于附带上市公司股票看涨期权的公司债券，B 选项错误；中期票据是指具有法人资格的非金融企业在银行间债券市场按照计划分期发行的，约定在一定期限还本付息的债务融资工具。D 选项错误；可转债的发行主体是上市公司，经过证监会的批准后在交易所公开发行及上市交易，C 选项正确。

29. A。发行债券回购股票不影响 ROA，所以 ROA 还是 12%；发行债券会后股票后负债权益比上升，ROE 会上升。计算如下：

$$ROE=(1-t)\left[ROA+(ROA-r)\frac{B}{S}\right]=12\%+(12\%-6\%)\times\frac{1}{3}=14\%$$

30. B。除权后参考价格=$\frac{\text{股权登记日收盘价}-\text{每股现金股利}}{1+\text{送股率}+\text{转增率}}=\frac{20-2}{1}$=18 元。

二、计算题(每题 15 分，共 45 分)

1. (1)标准普尔 500 指数期货合约的最小变动价位是 0.05 个指数点，每个指数点的价值为 500 美元，最小变动价位是 25 美元。

根据期货-现货平价关系 $F=S_0(1+r_f-d)=S_0(1+r_f)-D$

$$F=950\times(1+6\%)-10=997 \text{ 美元}$$

(2) $F=950\times(1+3\%)-10=968.5$ 美元

(3) 期货价格太低，应买入期货，卖空指数，将卖空收入投资于国库券。

	现在的 CF	6 个月后 CF
买入期货	0	S−948
卖空指数	950	−S−10
买入国库券	−950	968.5+10
合　计	0	20.50

套利利润等于合约错误定价的差。

2. 在完美资本市场中，税前 WACC=无杠杆资本成本，则：

$$r_{WACC}=\frac{7.5}{8.5}\times 8.5\%+\frac{1}{8.5}\times 4.25\%=8\%$$

资本重组后，公司资产=7.5+3.5=11 亿元，其中，债务为 3.5 亿元，超额现金为 2.5 亿元，股权为 5 亿元，则：

$$8\%=\frac{3.5}{8.5}\times 5\%+\frac{5}{8.5}r_S\Rightarrow r_S=10.1\%$$

3. 根据题意可得：

$$D(xR_b)=E(x^2R_b^2)-E^2(xR_b)=E(x^2)E(R_b^2)-E^2(x)E^2(R_b)$$
$$=(0.1^2+1.05^2)\times(0.2^2+0.08^2)-1.05^2\times 0.08^2=0.0044564$$
$$cov(R_a,\ xR_b)=\rho\sigma_a\sqrt{D(R_b)}=0.5\times 0.15\times\sqrt{0.044564}\approx 0.01583$$

所以：

$$w_a=\frac{D(xR_b)-\mathrm{cov}(R_a,\ xR_b)}{D(R_a)+D(xR_b)-2\mathrm{cov}(R_a,\ xR_b)}=\frac{0.044564-0.01583}{0.15^2+0.044564-2\times 0.01583}\approx 0.8116$$

则$w_b=1-w_a=0.1884$

三、时事题（15 分，以下两题任选一题作答）

1.（1）人民币汇率在短期更容易受市场预期和突发事件冲击，因此，在特朗普税改取得突破性进展和正式公布前后，市场会对税改效果寄予较高期望，投机性的跨境资本会先于长期产业资本行动，会对人民币汇率带来短期压力。

（2）但在结售汇市场恢复平衡、人民币汇率预期分化及逆周期因子等因素作用下，预计人民币对美元汇率贬值幅度较为有限。

① 经济稳是构成汇率稳的根本条件。汇率波动最终还是基本面相对变化的反映。今年以来，中国经济稳步复苏，当前融资需求不弱预示经济增长韧性仍足，中美经济运行在方向上趋同，而去年面临的是中国经济走弱、美国率先复苏的环境。

② 利差高构筑安全边际。今年以来海外债市收益率变化不大，目前 10 年期美债收益率在 2.4%左右，与 2016 年末水平相当。中国 10 年期国债收益率则从 3.01%涨至 3.9%左右，中美利差处在历史高位，为人民币汇率抵御外部扰动提供了较宽的"护城河"。

③ 预期分化降低单边波动风险。今年以来，随着内外经济形势变化，资本流动趋于平衡，人民币汇率对美元逆预期升值，打破了此前的单边贬值预期。汇率预期分化，降低了人民币单边贬值或升值的风险，为汇率大致持稳，展开双向波动创造条件。

④ "逆周期因子"提供政策保障。今年二季度，人民币中间价报价模型引入"逆周期因子"，有助于平抑人民币汇率的非理性波动，降低汇率单边超调的风险。

2.（1）2017 年 5 月 26 日，央行正式宣布在上述模型中引入"逆周期因子"。根据央行说明，报价行在计算逆周期因子时，可先从上一日收盘价较中间价的波幅中剔除篮子货币变动的影响，由此得到主要反映市场供求的汇率变化，再通过逆周期系数调整得到'逆周期因子'，逆周期系数由各报价行根据经济基本面变化、外汇市场顺周期程度等自行设定。用公式来表示：逆周期因子=市场供求因素/逆周期系数=（上日收盘价-上日中间价-一篮子货币日间汇率变化＊调整系数）/逆周期系数。

（2）对于引用"逆周期因子"的原因，央行在 2017 年二季度货币政策执行报告中指出：一是对冲外汇市场的顺周期波动，使中间价更加充分地反映市场供求的合理变化；二是使中间价更好反映宏观经济基本面。

（3）在中间价报价模型中引入"逆周期因子"，对于人民币汇率市场化形成机制的进一步优化和完善具有重要意义。

一是有助于中间价更好地反映宏观经济基本面。前期人民币兑美元汇率走势与经济基本面和国际汇市变化明显不符，表明在市场单边预期的背景下，简单的“收盘价+一篮子货币汇率变化”可能会导致中间价比较多地反映与预期方向一致的变化，少反映或不反映与预期方向不一致的基本面变化，呈现出一定的非对称性，在中间价报价模型中引入“逆周期因子”有助于校正这种非对称性。不少市场人士也认为，引入“逆周期因子”是解决“非对称贬值”问题很好的数学方式。

二是有助于对冲外汇市场的顺周期波动，使中间价更加充分地反映市场供求的合理变化。汇率作为本外币的比价，具有商品和资产的双重属性，后者意味着汇率波动可能触发投资者“追涨杀跌”的心理，导致外汇市场出现顺周期波动，进而扭曲与基本面相一致的合理市场供求，放大供求缺口。在中间价报价模型中引入“逆周期因子”，可通过校正外汇市场的顺周期性，在一定程度上将市场供求还原至与经济基本面相符的合理水平，从而更加充分地发挥市场供求在汇率形成中的决定性作用，防止人民币汇率单方面出现超调。事实上，引入“逆周期因子”不会改变外汇供求的趋势和方向，只是适当过滤了外汇市场的“羊群效应”，并非逆市场而行，而是在尊重市场的前提下促进市场行为更加理性。由于适当对冲了外汇供求中的非理性因素，引入“逆周期因子”的中间价报价模型适当加大了参考篮子的权重，有助于保持人民币对一篮子货币汇率基本稳定，也能够更好地防止预期发散。当然，加大参考篮子的权重并不是盯住篮子，市场供求仍是汇率变动的决定性作用。

三是完善后的中间价报价机制保持了较高的规则性和透明度。基准价格报价机制的规则性和透明度，取决于其规则、制度是否明确以及报价机构能否自行对机制的规则性进行验证。

【科兴提示】清华大学的431试题是比较客观的，在这一点上和上海经财是比较接近的。因此，上海财经的历年真题，尤其是单选题对清华大学431的备考是很有参考价值的。

上海财经大学 2018 年金融学综合试题

一、单项选择题(每题 2 分，共 60 分)

1. 在现代货币制度下，纸币的职能是来自于(　　)。

A. 纸币可以和任何商品兑换　　B. 信用货币的代表

C. 经济主体对发行货币的信任　　D. 货币的无限法偿

2. 我国清朝的货币制度为(　　)。

A. 金本位制度　B. 银本位制度　C. 金银复本位制度　D. 铜本位制度

3. 现代投资组合理论创始人是(　　)。

A. 史蒂芬·罗斯　B. 尤金·法玛　C. 马科维茨　D. 詹森

4. 资产管理规模(AUM)是指衡量金融机构资产管理业务规模的指标，是该机构当前管理客户资产的总市值。AUM 越大，说明其行业地位越强。下面哪个资产规模最能反映其经营业绩？(　　)

A. 投资银行　B. 对冲基金　C. 私募股权基金　D. 共同基金

5. 通常来说，认为长期利率不是由短期利率决定的理论是(　　)。

A. 预期假说　B. 市场分割理论　C. 流动性报酬理论　D. 古典利率理论

6. 下列哪个不是商业银行的表外业务？(　　)

A. 贷款承诺　B. 备用信用证　C. 票据发行便利　D. 保本理财

7. 下列哪项会使商业银行的准备金减少？(　　)

A. 中央银行在国外的资产增加　　B. 政府对中央银行债权增加

C. 金融机构对中央银行的债务增加　　D. 中央银行的政府存款减少

8. 托宾 q 理论是影响下列哪一个中间变量而作用于实体经济？(　　)

A. 股票价格　B. 利率　C. 货币供应　D. 房地产价格

9. 2017 年 10 月央行对普惠金融、小微小农等中小企业进行定向降准，该政策的影响有(　　)。

A. 影响货币乘数　　B. 是结构性政策，不影响总量

C. 影响基础货币　　D. 不是货币政策，是扶助政策

10. 日本购买美国 10 年期债券，从美国的国际收支表来看，在贷方项目上下列说法正确的是(　　)。

A. 长期资本美国对日本的债权增加　　B. 短期资本美国对日本的债权增加

C. 长期资本美国对日本的债务增加　　D. 短期资本美国对日本的债务增加

11. 下列不属于欧元区的国家是(　　)。

A. 马耳他　B. 爱沙尼亚　C. 立陶宛　D. 格鲁吉亚

12. 一般来说，若某国货币疲软会导致国内通胀率(　　)，进而导致该国汇率与其他国家汇率相比(　　)。

A. 上升；上升　B. 上升；下降　C. 下降；上升　D. 下降；下降

13. 对于一家某上海出口企业，下列哪个汇率指标最具参考？(　　)

A. 有效汇率　B. 实际汇率　C. 实际有效汇率　D. 名义汇率

14. 根据国际费雪效应，若英国利息高于美国利息，那么英镑汇率相比美元汇率的波动(   )。

A. 英镑和美元价值一样　　B. 英镑较美元远期贴水

C. 英镑较美元即期贬值　　D. 英镑较美元远期升水

15. 假设在加拿大和美国之间，利率平价是成立的，则(   )。

A. 加拿大企业在美国买国债与美国企业在加拿大买国债投资回报是相同的

B. 加拿大企业在加拿大买国债与美国企业在加拿大买国债投资回报是相同的

C. 加拿大企业在美国买国债与加拿大企业在加拿大买国债投资回报是相同的

D. 加拿大企业在加拿大买国债与美国企业在美国买国债投资回报是相同的

16. 有效市场学说主张以下哪项策略？(   )

A. 投资对冲基金　　B. 买一份股票，但交易不频繁

C. 采用被动策略　　D. 交易频繁

17. 下列哪项是金融市场可以做到的？(   )

A. 选择投资收益更高的股票　　B. 帮助发展前景更好的企业

C. 所有权与经营权分离　　D. 以上皆正确

18. 考虑一个无风险资产和风险资产的组合，无风险资产的权重为 x，风险资产权重为 $1-x$，x 的取值为(   )。

A. [0，1]　　B. [-1，0]　　C. [-1，1]　　D. 以上皆不正确

19. 下列选项不正确的是(   )。

A. 债券价格和到期收益率并不是线性关系

B. 比起短期债券，长期债券的价格变动幅度更大

C. 比起零息票据，付息票据的价格变动幅度更大

D. 收益率上升，债券价格下降

20. 下列哪一个可以衡量基金经理的能力？(   )

A. alpha　　B. beta　　C. 波动率　　D. 费用

21. 空头对敲是同时售出一只股票的看涨期权和看跌期权，它们的执行价格、到期日都相同。则在(   )情况下空头对敲收益最大。

A. 大幅上涨　　B. 大幅下跌　　C. 大幅波动　　D. 小幅波动

22. 两个风险资产组合相关系数为 0，则在均值方差模型中的可行集形状为(   )。

A. 直线　　B. 折线　　C. 曲线　　D. 线段

23. 若收益率曲线水平，票面价值 1000 元的一年期零息债券收益率 10%，那么票面利率 10%的 1000 元，1 年期付息的两年期国债价格(   )。

A. 909.09　　B. 1000　　C. 826.45　　D. 1090.91

24. 如果初始投资和现金流均增长一倍，其余情况不变，则 IRR 和 NPV 会发生什么变化( )。

A. IRR 不变，NPV 增加　　B. IRR 增加，NPV 不变

C. IRR 和 NPV 均增加　　D. IRR 和 NPV 均不变

25. 假设年利率为 5%，某公司的现金流为 1000，1000，500，1000，1000，500 如此循环，则该公司的 NPV 为(   )。

A. 17683.33　　B. 16827.91　　C. 1666.67　　D. 15860.43

26. 某公司为 2018 年的新项目筹资，预期回报率为 13.5%，税率为 35%，目前测得负债比率为 50%，70%，90%的情况下，负债的成本分别为 6%，8%，9%，则最佳负债比为(　　)。

A. 50%　　B. 70%　　C. 90%　　D. 没有负债

27. 甲公司只生产一种产品，产品单价为 6 元，单位变动成本为 4 元，产品销量为 10 万件/年，固定成本为 5 万元/年，利息支出为 3 万元/年。则甲公司的财务杠杆为(　　)。

A. 1.18　　B. 1.25　　C. 1.33　　D. 1.66

28. 某公司借款 100 万元，年利率为 8%，银行要求维持贷款限额 20%的补偿性余额，那么公司实际承担的贷款成本为(　　)。

A. 6.67%　　B. 8%　　C. 10%　　D. 11.67%

29. 中国政府在日本发行的美元面值的债券被称为(　　)。

A. 欧洲债券　　B. 武士债券　　C. 中国债券　　D. 扬基债券

30. 顶点仓储公司的股权市值为 10000 万美元，未偿付职务的价值为 4000 万美元。公司计划今后维持与此相同的债务股权比率。公司支付的债务利率为 7.5%，公司税率为 35%。如果预计明年的自由现金流为 700 万美元，并且每年按 3%的比率增长，则利息税盾的价值为(　　)百万美元。

A. 16　　B. 17　　C. 18　　D. 19

二、计算与分析(每题 10 分，共 60 分)

1. 某商业银行资产负债表如下表：

单位：百万元

资产		负债	
库存现金	500	活期存款	9400
央行准备金	900		
贷款	8000		

若活期存款法定准备金率 10%，求：

(1) 该商业银行超额准备金率为多少?

(2) 若活期存款流失 1000 百万元，则该银行是否存在准备金不足的情况?

(3) 若准备金不足时，银行应采取什么措施?

2. 某银行发放一笔贷款 1000 万元，违约损失率为 75%，银行通过进行国债抵押缓冲，稀释后使得风险资产暴露值变为 850 万元，求该银行有效违约损失率。

3. 加拿大公民 A 持有加拿大元 10000，已知美元与加拿大元的即期汇率为 1.1800—1.1823，6 个月远期汇率为 1.2000—1.2023，加拿大的年利率为 6%，美国的年利率为 4%，在加拿大投资还是在美国投资更好? 计算加拿大人的净收益? 请详细写出过程并给予必要说明。

4. A 公司刚刚发放了 0.5 元的股票红利，预计接下来四年红利的增长率为 5%，股东的预计投资回报率为 15%，每年年末发放红利，第四年末发放红利后的预计股价 10 元(分红后)，四年后红利的增长率为 g_2，求：

(1) 求 g_2。

(2) 求第五年末(发放红利后)的预计股票价格。

(3) 求现在的股票价格。

5. B公司经营赌场和餐饮业务，赌场的市场价值为5亿元，餐饮业务的市场价值为5亿元，已知B公司的股票价格为10元，共有6000万股，未归还的债务价值为4亿元。假设公司的税率为40%，公司债务为无风险债务。

（1）经过对B公司股票线性回归分析得知B公司权益贝塔值为1.2，求B公司的无杠杆贝塔值。

（2）若赌场和餐饮业务的权重始终保持不变，已知无杠杆贝塔值为1.4，求餐饮业务的无杠杆贝塔值。

（3）若B公司打算出售50%的餐饮业务，将出售所得用于归还债务，请计算B公司业务重组后的权益贝塔。

6. 假设CAPM成立，一年后有两个可能的情景，具体预期列于下表。

情形	A股票价格	B股票价格	市场收益率	概率
1	5	4	20%	60%
2	4	5	5%	40%

假设A股票现在的价格为3.96元。

（1）求A股票的β系数；

（2）求无风险利率；

（3）求B股票现在的价格。

三、论述与分析(3题，共30分)

1. 请简述动量效应，并说明是否违背了有效市场？请解释。(5分)

2. 简述政府实施新一轮债转股政策对企业的影响。(10分)

3. 2009年至今，先后有五个经济体实施了负利率政策，分别是瑞典、丹麦、瑞士、欧元区和日本。所谓负利率政策，并不是说银行对普通储户会收取利息费用，而是指央行对银行存放在央行的准备金征收负利率。例如，丹麦对金融机构在丹麦央行的7天存单征收负利率。欧央行是对商业银行的超额准备金征收负利率，日本采用三级利率体系，对金融机构未来新增的超额准备金征收负利率。从政策力度来看，欧央行的负利率政策力度最大，直接影响银行短期资金调配成本，日本央行的负利率政策相对保守，尚处于货币政策信号阶段。(15分)

（1）简述各国政府实施该政策的意图。

（2）简述负利率政策的作用和可能的传导机制。

（3）简述负利率政策可能带来的负面影响。

上海财经大学2018年金融学综合试题解析

一、单项选择题(每题2分，共60分)

1. C。在现代货币制度下，纸币是由国家发行的，强制流通的货币符号。由此可见纸币的职能的行使主要源于公众对发行主体的信用认可。

2. B。春秋战国时期，白银铸币已经出现。两宋时期，白银的货币性质进一步增强，政府正式规定白银为租税和官俸的法定货币。元代以后，白银已成为流通中的主要货币。虽然元、明两朝建国初期都曾经明令民间交易禁止使用白银，而推行纸币。但这种禁令收效甚微，未能阻止白银的流通。白银已成为日常生活中的价值尺度。在清代，政府明确规定："以银为本，以钱为末"，政府财政收支一律以银为准，白银成为流通中最主要的货币。

【科兴提示】对比上财2017年和2018年的431真题，我们发现我国货币制度的演变已经成为一个考查的知识点，考生务必课外拓展一下。

3. C。1952年3月马柯维茨在《金融杂志》发表了题为《资产组合的选择》的论文，将概率论和线性代数的方法应用于证券投资组合的研究，探讨了不同类别的、运动方向各异的证券之间的内在相关性，并于1959年出版了《证券组合选择》一书，详细论述了证券组合的基本原理，从而为现代西方证券投资理论奠定了基础。

4. D。A、B和C三个选项主要都是看经营业绩就是看利润，共同基金因为不分客户收益的，就拿管理费，所以资产规模越大管理费越高。

5. B。市场分割假说的基本命题是：债券市场可以区分为短期市场、中期市场和长期市场，不同期限的债券市场是相对分割的，某种期限的债券市场很少受到其他期限债券市场的影响。各市场供求力量决定该市场上债券即期利率，短期利率是由短期债券市场的供求关系决定的，中期利率是由中期债券市场的供求关系决定的，长期利率是由长期债券市场的供求关系决定的。按照市场分割假说的解释，收益率曲线之所以不同，是由于对不同期限债券的供给和需求不同。

6. D。通常的表外业务(狭义的表外业务)包括以下五种：担保业务、票据发行便利、金融衍生工具交易、贷款承诺、贷款出售。

【科兴提示】商业银行中间业务与表外业务的区别与联系

它们的联系主要有两点：

① 两者都不在商业银行的资产负债表中反映，两者的业务也大多不占用银行的资金，银行在当中充当代理人、客户委托人的身份；

② 收入来源主要是服务费、手续费、管理费等。

它们的区别主要也有两点：

① 中间业务更多地表现为传统业务，而且风险较小；表外业务则更多地表现为创新的业务，风险较大，这些业务与表内的业务一般有密切的联系，在一定的条件下还可以转化表内的业务，所以也称或有资产、或有负债。表外业务有时也会占用银行的资金，其最大的特点是该业务的收益可能很大，而风险也可能很大。

② 银行对两者所承担的风险不同。在中间业务中，银行一般仅处在中间人或服务者的地位，不承担任何产负债方面的风险；而表外业务虽然不直接反映在资产、负债各方，即不直接形成资产或负债，但却是一种潜在的资产或负债，在一定条件下，表外业务可以转化为表内业务，因此，银行要承担一定的风险。

7. B。存款机构准备金存款=资产总额-(其他负债+资本)，根据等式可知：中央银行资产项目的增加是导致商业银行准备金增加的基本因素；中央银行负债项目的任何增加，都将导致银行准备金的减少。

8. A。托宾的Q理论提供了一种有关股票价格和投资支出相互关联的理论。如果Q高，那么企业的市场价值要高于资本的重置成本，新厂房设备的资本要低于企业的市场价值。这种情况下，公司可发行较少的股票而买到较多的投资品，投资支出便会增加。如果Q低，即公司市场价值低于资本的重置成本，厂商将不会购买新的投资品。如果公司想获得资本，它将购买其他较便宜的企业而获得旧的资本品，这样投资支出将会降低。反映在货币政策上的影响就是：当货币供应量上升，股票价格上升，托宾的Q上升，企业投资扩张，从而国民收入也扩张。根据托宾Q理论的货币政策传导机制为：货币供应↑ → 股票价格↑→Q↑→投资支出↑→总产出↑。

9. B。定向降准是结构性货币政策，商业银行用降准释放的资金偿还其所借央行的MLF，基础货币投放总量不变。

10. C。在国际收支复式记账法中，记入借方的项目包括：反映进口实际资源的经常项目和反映资产增加或负债减少的金融项目。记入贷方的项目包括：反映出口实际资源的经常项目和反映资产减少或负债增加的金融项目。

【科兴提示】2017 年上财 431 原题重新考查。

11. D。格鲁吉亚地处高加索地区，民族矛盾和宗教矛盾丛生，地缘政治敏感，目前没有加入欧元区。苏联加盟共和国中只有波罗的海三国(立陶宛、拉脱维亚和爱沙尼亚)加入欧元区。

【科兴提示】欧元区是上财 431 命题的热门知识点，2012 年和 2017 年都考查过类似的选择题，考生务必加以注意。

12. B。一般情况下，一国货币对内贬值，对外也意味着贬值。货币贬值可以从不同角度来理解。从国内角度看，货币贬值在现代纸币制度下是指流通中的纸币数量超过所需要的货币需求量(即货币膨胀)时，纸币价值下降。从国际角度看，货币价值表示为与外国货币的兑换能力，它具体反映在汇率的变动上，这时货币贬值就是指一单位本国货币兑换外国货币能力的降低，而本国货币对外汇价的下降。

【科兴提示】本币汇率与外币汇率的区别

(1) 本币汇率相当于是汇率标价法中的“间接标价法”。即固定本国货币数量，以外国货币表示这一固定数量的本国货币的价格。

(2) 外汇汇率相当于是汇率标价法中的“直接标价法”。即外国货币的数额保持不变，本国货币的数额随着外国货币币值的变化而变化。现在世界上的大多数国家的汇率采用直接标价法，我国也在其列。

13. C。有效汇率是某种加权平均的汇率，最常用的是以一国对某国的贸易在其全部对外贸易中的比重为权数。以贸易比重为权数的有效汇率反映的是一国货币汇率在国际贸易中的总体竞争力和总体波动幅度，其汇率的公式为：

$$A\text{国的有效汇率} = \sum_{i=1}^{N}\left(A\text{国货币对 } i \text{ 国货币的汇率} \times \frac{A\text{国同 } i \text{ 国的贸易值}}{A\text{国的全部对外贸易值}}\right)$$

有效汇率的关键特点在于加权，它既可以是对名义汇率加权，也可以对实际汇率加权，分别得到名义有效汇率和实际有效汇率。一国的名义有效汇率等于其货币与所有贸易伙伴国货币双边名义汇率的加权平均数，如果剔除通货膨胀对各国货币购买力的影响，就可以得到实际有效汇率。实际有效汇率不仅考虑了所有双边名义汇率的相对变动情况，而且还剔除了通货膨胀对货币本身价值变动的影响，能够综合地反映本国货币的对外价值和相对购买力。

14. C。国际费雪效应认为，即期汇率的变动幅度与两国利率之差相等，但方向相反。英国利率高于美国利率，则意味着英镑即期汇率相对于美元将会贬值。选项 B 是利率平价理论的观点。只有在无偏预期理论下，远期利率才能等价于未来即期利率。

15. C。用相同货币衡量的任意两种货币存款的预期收益率相等的条件，被称为利率平价条件。

【科兴提示】2015 年上财 431 原题重新考查。

16. C。如果市场是有效的，人们获取内部资料并按照它行动，这时任何新信息(包括公开的和内部的)将迅速在市场中得到反映。所以在这种市场中，任何企图寻找内部资料信息来打击市场的做法都是不明智的。这种有效市场假设下，任何专业投资者的边际市场价值为零，因为没有任何资料来源和加工方式能够稳定地增加收益。对于证券组合理论来说，其组合构建的条件之一即是假设证券市场是充分有效的，所有市场参与者都能同等地得到充分的投资信息，如各种证券收益和风险的变动及其影响因素，同时不考虑交易费用。但对于证券组合的管理来说，如果市场是有效的，组合管理者会选择消极保守型的态度，只求获得市场平均的收益率水平，因为区别将来某段时期的有利和无利的投资不可能以现阶段已知的这些投资的任何特征为依据，进而进行组合调整。因此在这样一个市场中，管理者一般模拟某一种主要的市场指数进行投资。

【科兴提示】市场有效性与投资分析的关系图

	技术分析	基本分析	内幕消息	组合管理
无效市场	有效	有效	有效	积极进取
弱式有效	无效	有效	有效	积极进取
半强式有效	无效	无效	有效	积极进取
强式有效	无效	无效	无效	消极保守

17. D。金融市场有资本积累、资源配置、调节经济和反映经济等四大功能。

18. D。在允许无风险借贷的前提下，无风险资产的权重可以为负数，其取值范围为$[-\infty,1]$。

19. C。在现实生活中，债券价格和到期收益率之间并不是线性关系，当收益率变动幅度较大时，用久期近似计算的价格变动率就不准确，需要考虑凸度调整。A 选项正确。根据马尔基尔债券定价原理一可知，债券的价格与债券的收益率成反比的关系，D 选项正确。马尔基尔债券定价原理二告诉我们当市场预期收益率变动时，债券的到期时间与债券价格的波动幅度之间存在正比关系。B 选项正确。定理五告诉我们：对于给定的收益率变动幅度，债券的息票率与债券价格的波动幅度成反比关系。C 选项不正确。

20. A。α 系数是一投资或基金的绝对回报(Absolute Return) 和按照 β 系数计算的预期风险回报之间的差额。绝对回报或额外回报是基金/投资的实际回报减去无风险投资收益(在中国为 1 年期银行定期存款回报)。绝对回报是用来测量一投资者或基金经理的投资技术。

【科兴提示】α 系数

α 系数计算公式为：$\alpha=(R_i-r_f)-\beta(r_M-r_f)$

$\alpha>0$，表示一基金或股票的价格可能被低估，建议买入。亦即表示该基金或股票以投资技术获得比平均预期回报大的实际回报。

$\alpha<0$，表示一基金或股票的价格可能被高估，建议卖空。亦即表示该基金或股票以投资技术获得比平均预期回报小的实际回报。

$\alpha=0$，表示一基金或股票的价格准确反映其内在价值，未被高估也未被低估。亦即表示该基金或股票以投资技术获得平均与预期回报相等的实际回报。

21. D。空头对敲净损益=－｜执行价格－股票市价｜+期权出售收入，由公式可知，小幅波动时，空头对敲收益最大。

【补充训练】同时售出甲股票的 1 股看涨期权和 1 股看跌期权，执行价格均为 50 元，到期日相同，看涨期权的价格为 5 元，看跌期权的价格为 4 元。如果到期日的股票价格为 48 元，该投资组合的净收益是(　　)元。

A. 5　　B. 7　　C. 9　　D. 11

【参考答案】B。该投资组合的净损益=空头看涨期权净损益+空头看跌期权净损益=－max(股票市价－执行价格，0)+看涨期权价格+[－max(执行价格－股票市价，0)+看跌期权价格]，由于到期日股票价格为 48 元，执行价格为 50 元，看涨期权的价格为 5 元，看跌期权的价格为 4 元，所以，该投资组合的净损益=0+5+(－2+4)=7(元)，即该投资组合的净收益为 7 元。

22. C。A、B 两种证券组合收益率的方差，用公式表示为：

$$\sigma_P^2=X_A^2\sigma_A^2+X_B^2\sigma_B^2+2X_AX_B\rho_{AB}\sigma_A\sigma_B$$

如图 1 所示，当$\rho_{AB}=1$时，两种证券 A，B 的组合 P 的风险和收益落在直线 AB 上。

当$\rho_{AB}<1$时，组合 P 的收益和风险是一条向后弯曲的曲线，这表明在同等风险水平下收益更大或者说在同等收益水平下风险更小，而且ρ_{AB}越小，往后弯曲的程度越大；当$\rho_{AB}=-1$时，其实是一条往后弯的折线，此时资产组合的标准差可能会降到 0。

23. B。息票率等于到期收益率的债券为平价债券，债券价格等于面值。

【科兴提示】折(溢)价债券的价格变动

如图2所示，随着时间的推移，债券的价值在周期性的波动中总体上向面值回归。如果是溢价购入的债券，从总体来看债券价值逐渐下降，在到期日价值等于面值；如果是折价购入的债券，从总体来看债券价值逐渐升高，在到期日价值等于面值；平价债券价值从总体来看始终等于面值。

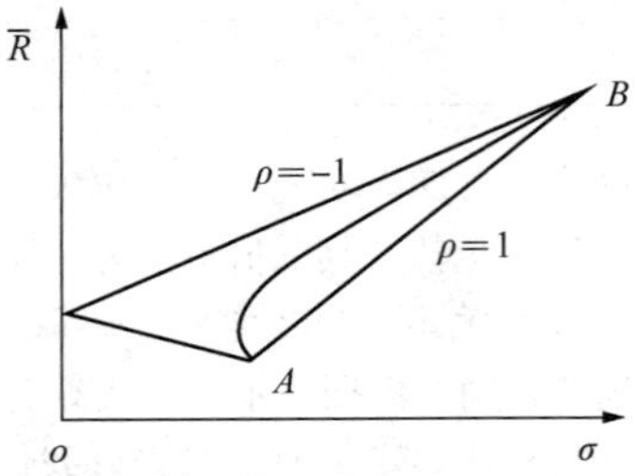

图1 两种证券组合收益、风险与相关系数的关系

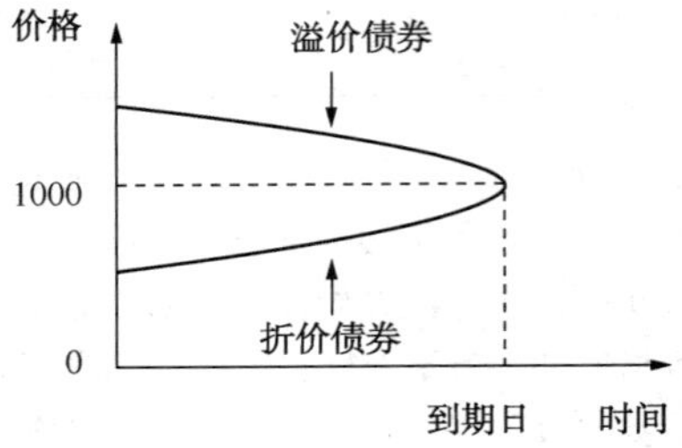

图2 折(溢)价债券的价格变动

24. A。由NPV法则和IRR法则的定义可知，NPV公式中分子变大，分母不变，所以NPV增加；对于IRR法则来说，意味着等式两边同时乘以2，所以IRR不变。

【科兴提示】2017年上财431原题重新考查。

25. B。把前三年的现金流打包可得：$A = \frac{1000}{1.05} + \frac{1000}{1.05^2} + \frac{500}{1.05^3} \approx 2291.33$

折现因子为 $q = 1/1.05^3$，则根据等比数列求和公式可得：

$$S = \frac{A(1-q^n)}{1-q} = 2291.33 \times \frac{1}{1-0.87} \approx 16827.91$$

26. C。所谓最佳负债比率就是使WACC最小的比率，则：$WACC_1 = \frac{1}{2} \times 6\% \times 65\% + \frac{1}{2} \times 13.5\% = 8.7\%$；

$WACC_2 = \frac{7}{10} \times 8\% \times 65\% + \frac{3}{10} \times 13.5\% = 7.69\%$；$WACC_3 = \frac{9}{10} \times 9\% \times 65\% + \frac{1}{10} \times 13.5\% = 6.615\%$。

【科兴提示】2017年上财431原题重新考查。

27. B。根据题意可知：

$$DFL = \frac{EBIT}{EBIT-I} = \frac{(6-4)\times10-5}{(6-4)\times10-5-3} = 1.25$$

【科兴提示】边际贡献，国际会计英语中称为contribution margin。边际贡献是管理会计中一个经常使用的十分重要的概念，它是指销售收入减去变动成本后的余额，边际贡献是运用盈亏分析原理，进行产品生产决策的一个十分重要的指标。通常，边际贡献又称为“边际利润”或“贡献毛益”等。其计算方法为：单位产品边际贡献=销售单价-单位变动成本。

28. C。有补偿性余额的实际利率的计算公式为：

$$r_{实际} = \frac{名义利率}{1-补偿性余额比例} = \frac{利息支出}{借款金额-补偿性余额} = \frac{8\%}{1-20\%} = 10\%$$

【科兴提示】若借款期限在1年以下，实际利率为：

$$r_{实际} = \left(1+\frac{利息支出}{借款金额-补偿性余额}\right)^m - 1$$

29. A。欧洲债券，指在另一国的债券市场上以第三国的货币为面值发行的债券。

【科兴提示】我们要注意欧洲债券和外国债券的区别。外国债券，指在另一国的债券市场以该国货币为面值发行的债券，比如扬基债券就是非美国主体在美国市场上发行的以美元计价的债券。

30. C。先计算出税后 WACC：$V^L = B+S = 140 = \frac{FCF}{WACC-g} = \frac{7}{WACC-3\%} \Rightarrow WACC = 8\%$

然后求税前 $WACC$：税前 $WACC = WACC + \frac{B}{B+S} \times r_B \times T_C = 8\% + \frac{40}{140} \times 7.5\% \times 0.35 = 8.75\%$

则无杠杆公司的价值为：$V^U = \frac{FCF}{\text{税前 } WACC-g} = \frac{7}{0.0875-0.03} = 122$ 百万美元

则税盾节税效应为：$PV = 140-122 = 18$ 百万美元

二、计算与分析(每题 10 分，共 60 分)

1.（1）法定存款准备金＝活期存款×活期存款法定准备金率＝9400×10%＝940 百万元

超额资本金包括银行自有库存现金和存在银行的超额资本金，则超额准备金为 900－940+500＝460 百万元。如此可以计算出超额准备金率为 460/9400＝4.89%。

（2）储存流动性管理是指银行可以通过出售部分资产，以利用自己储存的流动性。活期存款减少 1000 百万元，则法定存款准备金相应减少 100 百万元，商业银行需动用超额存款准备金熨平 900 百万元的流动性缺口。此时的准备金缺口为 900－460＝440 百万元。

（3）当出现准备金不足的状况时，商业银行一般采用同业拆借、发行大额定期存单、出售一些票据或债券来运作。

【科兴提示】关于银行管理存款外流的方法有两种：一是储存流动性管理，题目中第二问；二是购买流动性管理，题目中第三问。这道题目考查的知识点源于陈选娟的《金融机构与风险管理》。

2. 违约损失率 LGD 是指债务人一旦违约将给债权人造成的损失数额，即损失的严重程度。PD 是指债务人违约的可能性。有效违约损失率 EL 是反映信用风险的一个指标，它是 LGD 和 PD 的乘积：

$$EL = LGD \times PD = 75\% \times \frac{850}{1000} = 63.75\%$$

【科兴提示】类似的题目 2013 年考查过计算题。

3.（1）在加拿大投资收益：将 10000 加元在加拿大进行投资，其收益为 10000×6%/2＝300 加元。

（2）在美国投资收益：先将 10000 加元换算成 10000/1.1823＝8458.09 美元，进行投资后 6 个月后连本带利收益为＝8458.09×(1+4%/2)＝8627.25 美元，将其换算成加元＝8627.25×1.200＝10352.70 加元，即在美国投资收益为 10352.70－10000＝352.70 加元。

（3）对比可知在美国投资更划算，可以多获得 52.70 加元的收益。

4.（1）第 5 年的股利为：$D_5 = 0.5 \times (1+5\%)^4 \times (1+g_2)$，而第四年末的股价为 10 元，则：$P_4 = \frac{D_5}{r-g_2} = 10$，计算可得$g_2 = 8.4\%$。

（2）$P_5 = P_4 \times (1+g_2) = 10 \times (1+8.4\%) = 10.84$ 元。

（3）根据股利折现模型可知：

$$P = \frac{0.5 \times 1.05}{1.15} + \frac{0.5 \times 1.05^2}{1.15^2} + \frac{0.5 \times 1.05^3}{1.15^3} + \frac{0.5 \times 1.05^4}{1.15^4} + \frac{10}{1.15^4} \approx 7.32 \text{ 元}$$

5.（1）B 公司的无杠杆贝塔为：

$$\beta_U = \beta_S / \left[1 + \frac{B}{S} \times (1-T_C)\right] = 1.2 / \left[1 + \frac{4}{0.6 \times 10} \times 0.6\right] \approx 0.86$$

（2）由于$\beta_{U赌场}\times0.5+\beta_{U餐饮}\times0.5=0.86$，将$\beta_{U赌场}=1.4$代入上式，可得$\beta_{U餐饮}=0.32$。

（3）出售餐饮业务50%后，餐饮的价值变为2.5亿元。由于公司的经营业务发生变化，因此需要重新求出无杠杆贝塔。

$$\beta_U^*=\frac{5}{7.5}\times1.4+\frac{2.5}{7.5}\times0.32\approx1.04$$

出售后债务$B=4-2.5=1.5$亿元，此时公司价值为7.5亿元，则新的权益价值$=7.5-1.5=6$亿元。为什么不减去利息税盾$2.5\times40\%$，因为利息税盾属于公司的资产，位于资产负债表的左端，而经常所算的资本结构都是特指右端所有者权益和债务的构成。则业务重组后的权益贝塔为：

$$\beta_S^*=\beta_U^*\left[1+\frac{B'}{S'}\times(1-T_C)\right]=1.04\times\left[1+\frac{1.5}{6}\times(1-40\%)\right]\approx1.2$$

6.（1）根据题意可得股票A在情形1和2时的期望收益率：

$$R_{A1}=\frac{5-3.96}{3.96}=26.26\%$$

$$R_{A2}=\frac{4-3.96}{3.96}=1.01\%$$

则股票A的期望收益率为：$R_A=26.26\%\times60\%+1.01\%\times40\%=16.16\%$

市场组合的期望收益率为：$R_M=20\%\times60\%+5\%\times40\%=14\%$

市场组合的方差是：$\sigma_M^2=(20\%-14\%)^2\times60\%+(5\%-14\%)^2\times40\%=0.0054$

此时，我们计算出股票A与市场收益率的协方差：

$\text{cov}(R_A,R_M)=(26.26\%-16.16\%)(20\%-14\%)\times60\%+(1.01\%-16.16\%)(5\%-14\%)\times40\%=0.00909$

则根据贝塔系数的定义可得：

$$\beta_A=\frac{\text{cov}(R_A,R_M)}{\sigma_M^2}=\frac{0.00909}{0.0054}\approx1.6833$$

（2）根据CAPM可得：

$$R_A=R_f+(R_M-R_f)\beta_A\Rightarrow R_f=10.84\%$$

（3）由于两种情形下，股票A和B的价格和均为9元，即组合(A+B)的贝塔值为零，可以视作无风险，则该组合一年后的价格为$9/(1+10.84\%)=8.12$元。根据一价定律可得证券B的价格为$8.12-3.96=4.16$元。

三、分析与论述(3题，共30分)

1. 动量效应一般又称“惯性效应”，是指股票的收益率有延续原来的运动方向的趋势，即过去一段时间收益率较高的股票在未来获得的收益率仍会高于过去收益率较低的股票。基于股票动量效应，投资者可以通过买入过去收益率高的股票、卖出过去收益率低的股票获利，这种利用股价动量效应构造的投资策略称为动量投资策略。

如果市场是有效的，人们获取内部资料并按照它行动，这时任何新信息(包括公开的和内部的)将迅速在市场中得到反映。所以在这种市场中，任何企图寻找内部资料信息来打击市场的做法都是不明智的。这种有效市场假设下，任何专业投资者的边际市场价值为零，因为没有任何资料来源和加工方式能够稳定地增加收益。

显然，动量效应违背了有效市场。

【科兴提示】芝加哥大学的理查德．塞勒获得了今年的诺贝尔经济学奖，这让行为金融成为各大高校命题的热点。只是这个动量效应，估计很少有考生了解。

2.（1）所谓“债转股”，通俗的理解是债权转化为股权，即债权债务关系变为股权关系，整合后的股权投资现值不低于当前债务价值。转股企业往往是一些占据较大市场份额和产品竞争力，但资产负债率却很高的企业，因为经济下行的缘故，出现严重的财务问题，从而无法按时清偿债务。

（2）债转股对企业的影响

① 优化资产负债结构。根据资产负债率＝负债总额/资产总额，当债权人选择“债转股”方式时，对债务人一方意味着负债的减少、所有者权益的增加。资产增加，因此企业资产负债率下降，有利于企业去杠杆。

② 拓宽潜在的发展空间。债务转增资本，意味着企业重新获得了一笔无限期不用还本付息的贷款资金，不仅降低了自身负债，还增强企业营运资本，提高资金周转的灵活度。当企业完成“债转股”时，一方面负债能力能够得到提升，另一方面，提高了转股企业信誉，从而有助于企业获得更多的融资。

（3）当前实施的政策性债转股，其内涵和整个模式已经从改革和发展两方面扩展了。从改革意义来说，债转股的内在含义实际上与十五大所规定的推进现代企业制度、发展多元化产权结构和国有资本实施战略性重组这些改革目标密切联系在一起，为这些改革提供了一个好的契因和条件。从发展方面看，与解决我们当前国有企业面临的许多重大难题有密切关系。债转股不意味着国家或有国家背景的金融机构把企业的烂账认下来，而是淘汰旧的生产能力、调整产权结构、促进技术设备更新，以及在全社会的空间实现资源优化配置等。

3.（1）从政策目的来看，一般分为汇率目标和政策目标两种。丹麦和瑞士实施负利率政策的目的在于狙击海外资本流入，降低本币升值压力。日本、瑞典和欧元区实施负利率政策的目的在于通过宽松的货币政策，增加银行信贷，推动经济增长，提高通货膨胀预期。

（2）从政策效果来看，负利率政策对于稳定汇率、增加银行信贷相对有效，但是对于促进经济增长，提高通胀预期的作用并不显著。

其实，负利率政策与传统的利率政策传导渠道其实很相似。

① 利率渠道：利率政策主要是通过改变实际利率刺激实体经济。降息一方面通过降低实际利率刺激投资和耐用消费品，增加信贷需求；银行放松信贷约束，增加信贷供给。另一方面促进抵押资产的价值上涨，让企业更容易获得信贷，产生金融加速器效果，增加信贷需求和供给。

② 银行信贷渠道：负利率政策让短期贷款利率迅速下降，侵蚀了银行利润，导致了银行不得不配置收益率较高的中长期信贷资产。

（3）负利率有着明显的负面作用：

一是对货币拥有者的剥夺。央行对商业银行的存款准备金实施负利率后，商业银行有可能向存款人转嫁成本，对存款人收取负利率。这直接侵蚀了存款人财富，伤害了依靠利息收入群体的利益。财富的缩减有可能导致居民消费需求下降，反而会抵消负利率政策扩大总需求的初衷。

二是伤害商业银行的资产负债表。如果商业银行选择将负利率转嫁给存款人，那么会面临损失存款客户的风险。如果商业银行无法将负利率转嫁给存款人，那么就需要通过调整资产的结构和期限来消化。因为要覆盖掉向央行支付的利息，商业银行可能提高贷款利率来转嫁成本，也有可能去配置高风险资产来弥补被侵蚀的利润，增加投资资本的套利行为，而这不利于金融稳定。

三是不利于存款创造和实体经济融资。如果对居民存款也实施负利率的话，居民会大量持有现金，导致货币乘数下降，理论上可能降为零。

四是切换了交易规则和估值体系，可能造成金融交易的额外成本。负利率切换了金融交易的“坐标体系”。金融机构需要改变交易习惯，重新构建对应负利率的模型，调整金融产品估值体系。在操作层面上，原来的一部分交易系统只设置了零利率下限，因为负利率的出现需要重新设置参数、修改交易编码等，给金融交易额外增加了成本。在法律层面上，负利率使得债券作为抵押品的质量下降，容易引发违约风险，产生法律摩擦。

【科兴点评】2018 年上财 431 试题的难度基本与 2017 年持平，选择题一如既往的难，尤其是公司理财部分。计算题部分除了最后一道计算题计算量比较大外，其他题目都是中等偏下难度的试题，只要基础知识扎实，是很难出错的。论述题中债转股和负利率实际上是 2016 年的热点，即使很多考生没有针对复习，也不至于无话可说，因为这些话题平时金融课堂上老师肯定都讲过。

上海理工大学 2018 年金融学综合试题

一、单项选择题(每题 3 分，共 60 分)

1. 按资金的偿还期限分，金融市场可分为(　　)。

A. 一级市场和二级市场　　B. 同业拆借市场和长期债券市场

C. 货币市场和资本市场　　D. 股票市场和债券市场

2. 投资者把他的财富的 30%投资于一项预期效益为 0.15，方差为 0.04 的风险资产，70%投资于效益为 6%的国库券，他的资产组合的预期效益和标准差分别为(　　)。

A. 0.114；0.12　　B. 0.087；0.06

C. 0.295；0.12　　D. 0.087；0.12

3. 某公司去年支付现金股利 300 万元。留存比率为 1/4，去年的销售收入为 12000 万元。总资产平均余额为 10000 万元。该公司去年的总资产收益率(ROA)是(　　)。

A. 6%　　B. 5%　　C. 4%　　D. 以上都不是

4. 如果市场利率低于债券票面利率，则债券价格(　　)债券面值。

A. 等于　　B. 低于　　C. 高于　　D. 无法判断

5. 股票回报率由(　　)组成。

A. 票面利息与资本利得　　B. 利息与到期效益率

C. 股利收益率和资本利得　　D. 股利收益率与到期收益率

6. 某股票β值为 0.6，无风险利率为 6%，如果市场的平均收益率为 9%，则该股票的期望收益率为(　　)。

A. 10%　　B. 7.8%　　C. 6%　　D. 8%

7. 银行间同业拆借市场的交易目的主要是为了(　　)。

A. 满足金融机构的长期投资需求　　B. 满足金融机构筹集货本金的需求

C. 弥补金融机构准备金头寸的缺口　　D. 为投资者提供衍生产品

8. 某公司获得银行贷款 100 万元，年利率 6%，期限三年，按年计息，复利计算，则到期后应偿还银行本息共为(　　)。

A. 120 万　　B. 119.1 万　　C. 118 万　　D. 117.5 万

9. 以下哪个久期最长？(　　)。

A. 9 年期 8%息票利率　　B. 8 年期零息票利率

C. 9 年期零息票利率　　D. 9 年期 10%息票利率

10. 菲利普斯、弗里德曼研究表明，当预期通胀率(　　)实际通胀率时，失业率处于自然失业率。

A. 等于　　B. 高于　　C. 低于　　D. 不一定

11. 在资金成本的计算中，不必考虑筹资费用影响因素的是(　　)。

A. 长期借款成本　　B. 债券成本　　C. 留存效益成本　　D. 普通股成本

12. 在我国出借资金供其买入上市证券或出借上市证券供其卖出，并收取担保物的经营活动为(　　)。

A. 资产管理业务　　B. 证券经纪业务　　C. 公司自营业务　　D. 融资融券业务

13. 如果公司每年支付的股利是 7 元，折价率为 6%，则该股票的内在价值为(　　)元。

A. 116. 66　　B. 40　　C. 41. 66　　D. 41. 46

14. 财务盈亏分析关注的是(　　)。

A. 当利润为零时的销售额水平　　B. 利润为零时的销售量

C. 使净现值为零时的销售量　　D. 使净现值为零时的销售额水平

15. 持有货币的机会成本是(　　)。

A. 汇率　　B. 流通速度　　C. 名义利率　　D. 实际利率

16. 一个国家的货币贬值，(　　)。

A. 降低了该国出口品的相对价格，同时也降低了进口品的相对价格

B. 提高了该国出口品的相对价格，同时也提高了进口品的相对价格

C. 提高了该国出口品的相对价格，同时也降低了进口品的相对价格

D. 降低了该国出口品的相对价格，同时也提高了进口品的相对价格

17. 下列货币政策操作中，可以增加货币供给的是(　　)。

A. 增加法定存款准备金率　　B. 提高再贴现率

C. 央票回购　　D. 提高超额存款准备金率

18. 假定甲公司向乙公司赊销产品，并持有丙公司债券和丁公司的股票。且向戊公司支付公司债利息。在不考虑其他条件的情况下，从甲公司的角度看，下列各项中属于本企业与债权人之间财务关系的是(　　)。

A. 甲公司与乙公司之间的关系　　B. 甲公司与丙公司之间的关系

C. 甲公司与丁公司之间的关系　　D. 甲公司与戊公司之间的关系

19. 一张差半年到期的面额为 2500 元的票据，到银行得到 2300 元的贴现金额，则年贴现率为(　　)。

A. 0. 16　　B. 0. 1　　C. 0. 0256　　D. 0. 0512

20. 在证券市场上，系统风险和非系统风险的本质区别是(　　)。

A. 投资者对风险的偏好　　B. 证券组合中证券数量的多少

C. 是否受宏观政策影响　　D. 风险度量值不同

二、计算题(共 30 分)

1. 纽约外汇市场 1 英镑 = 2. 2010/2. 2015 美元，伦敦外汇市场 1 英镑 = 2. 2020/2. 2025 美元，100 万英镑的套汇利润是多少？(5 分)

2. 某公司拟投资一个项目，假设该项目的存续期为 3 年，期初投资为 1800 万元，第 1 年的现金流入为 700 万元，第二年的现金流入为 800 万元，第 3 年的现金流入为 900 万元，该公司的资本成本为 10%，则该项目是否值得投资？(5 分)

3. 公司债务对股权的比例为 1. 5，债务成本是 8%，平均资本成本是 9%，在不考虑税收和其他因素的情况下，计算该公司股权资本成本。(5 分)

4. 某公司拥有当前市值为 3000 万的证券 A，拥有当前市值为 5000 万的证券 B，证券 A 的标准差是 0. 20，证券 B 的标准差是 0. 21；市场证券组合的预期回报为 11%，无风险利率为 4%，市场证券组合的标准差为 0. 11，证券 A 与市场组合回报的相关系数是 0. 50，证券 B 与市场组合回报的相关系数是 0. 40。

(1) 计算由 A、B 构成的投资组合的 β 值。(5 分)

(2) 根据 CAPM 模型，计算该投资组合的预期效益率。(5 分)

（3）计算这一资产组合的风险溢价。（5 分）

三、简答题（每题 5 分，共 30 分）

1. 杜邦分析法的基本内容。
2. 影响汇率变动的主要因素。
3. 商业银行如何创造派生存款。
4.《新巴塞尔资本协议》三大支柱的内容。
5. 最适货币区理论。
6. 金融深化与金融抑制。

四、论述题（每题 15 分，共 30 分）

1. 论述三大传统货币政策工具，你如何看待我国央行的新型货币政策工具？
2. 下面两题，任选其一

（1）比较短线投资和长线投资，有人说股票长线投资的风险比短线投资低，你同意吗？

（2）比较公司的不同融资方法，公司决策者选择时需要考虑哪些因素？

上海理工大学 2018 年金融学综合试题解析

一、单项选择题（每题 3 分，共 60 分）

1. C。金融市场按交易性质划分为一级市场和二级市场，按资金的偿还期限分货币市场和资本市场。货币市场是以期限在 1 年以内的金融资产交易的市场，而资本市场是以期限在 1 年以上的金融资产交易的市场。

2. B。资产组合的预期收益为 30%×0. 15+70%×6% = 0. 087。由于无风险资产的方差为零，所以资产组合的标准差为 $\sqrt{30\%^2 \times 0.4}=0.06$。

3. C。资产收益率 $ROA=\frac{净利润}{平均资产余额}=\frac{300/(1-1/4)}{10000}=4\%$。

4. C。以一年期附息债券为例，债券价格 $=\frac{面值\times息票率}{1+折现率}+\frac{面值}{1+折现率}$ ⇒债券价格×（1+折现率）= 面值×（1+息票率）⇒折现率低于息票率⇒债券价格高于面值。

5. C。股票的持有期收益率为：$\frac{P_1-P_0+D_1}{P_0}=\frac{P_1-P_0}{P_0}+\frac{D_1}{P_0}$ = 股利收益率+资本利得。

6. B。根据 CAPM 可知股票的收益率为：6%+0. 6×（9%−6%）= 7. 8%。

7. C。同业拆借市场，是指金融机构之间以货币借贷方式进行短期资金融通活动的市场。同业拆借的资金主要用于弥补银行短期资金的不足，票据清算的差额以及解决临时性资金短缺需要。

8. B。$FV=100\times(1+6\%)^3=119.1$ 万元。

9. C。零息票的债券久期等于其期限，则选项 B 的久期为 8 年，选项 C 的久期为 9 年。附息债券的久期小于或等于其到期期限，则选项 A 的久期≤9 年，选项 D 的久期≤9 年。息票率越高，早期支付的现金流就越多，久期就越短，故选项 A 的久期小于选项 D 的久期。

10. A。现代菲利普斯曲线或附加预期的菲利普斯曲线方程为：

$$\pi=\pi_e-\varepsilon(u-u^*)$$

其中 π 表示实际通货膨胀率，π_e 表示预期通货膨胀率，ε 表示通胀率对失业率的敏感度，u 表示失业率，u^* 表示自然失业率。根据公式可知，要使 $u-u^*=0$，则 $\pi=\pi_e$。

11. C。保留盈余的资金来源于企业内部，不需要考虑筹资费用。

12. D。融资融券交易又称“证券信用交易”或保证金交易，是指投资者向具有融资融券业务资格的证券公司提供担保物，借入资金买入证券(融资交易)或借入证券并卖出(融券交易)的行为。包括券商对投资者的融资、融券和金融机构对券商的融资、融券。

13. A。根据股利零增长模型可知该股票的内在价值等于$\frac{D_0}{k}=\frac{7}{6\%}\approx 116.66$元。

14. B。财务盈亏平衡分析是确定某一产品或公司的销售量，在该销售量上收入正好弥补成本，该产品或公司的净收益为零。

15. C。持有货币的损失是该货币所能获得的利息。假设某人持有 100 元人民币，假设银行年利率为 10%，通货膨胀率为 4%，则实际利率为 6%。如果他将款存入银行，一年后将持有 110 元，如果不存，则一年后仍为 100 元。不存款的损失是 110−100=10(元)，损失量为名义利息。

16. D。一国货币贬值，意味着 1 单位外币可以兑换更多的本币。这样出口外汇能够兑换的本币减少，变相降低了该国出口品的相对价格；同理，提高了进口品的相对价格。

17. C。根据货币乘数公式可知，法定存款准备金率和超额存款准备金率与货币乘数呈反比例关系。再贴现率实质上就是中央银行向商业银行的放款利率。提高再贴现率，会增加商业银行的申请贴现时的成本，所以会减少货币供给。央票回购是央行公开市场操作的常用手段，用来增加市场上的流动性。

18. D。甲公司与乙公司是商业信用关系，丙公司为甲公司的债务人，甲公司是丁公司的股东，即戊公司是甲公司的债权人。

19. A。票据贴现用单利计算，设年贴现率为 r，则 $2300=2500\times\left(1-\frac{1}{2}r\right)\Rightarrow r=16\%$。

20. C。系统性风险影响资本市场上的所有证券，无法通过投资多元化的组合而加以避免，也称为不可分散风险。非系统性风险是由于特定经营环境或特定事件变化引起的不确定性，从而对个别证券资产产生影响的特有性风险。非系统性风险可以通过持有证券资产的多元化来抵消，也称为可分散风险。二者的主要区别在于是否受宏观层面因素的影响。

【科兴提示】题目出得不好，选项 D 也不能说错。

二、计算题(共 30 分)

1. 在伦敦市场上卖出英镑买入美元，再到纽约市场上卖出美元买入英镑即可，100 万英镑可得到套汇利润：100×2.2020/2.2015−100=0.0227 万英镑。

2. 该投资项目的 NPV 为：

$$NPV=-1800+\frac{700}{1.1}+\frac{800}{1.1^2}+\frac{900}{1.1^3}\approx 173.70>0$$

由于 $NPV>0$，所以该项目值得投资。

3. 由于 $B/S=3/2$，则：

$$9\%=\frac{3}{5}\times 8\%+\frac{2}{5}\times r_s\Rightarrow r_s=10.5\%$$

4. (1)由公式$\beta_i=\rho_{i,M}\times\frac{\sigma_i}{\sigma_M}$得$\beta_A=0.5\times\frac{0.2}{0.11}\approx 0.91$，$\beta_B=0.4\times\frac{0.21}{0.11}\approx 0.76$

故$\beta_P=\frac{3}{8}\beta_A+\frac{5}{8}\beta_B\approx 0.82$

(2) $r_P=r_f+\beta_p\times(r_M-r_f)=4\%+0.82\times(11\%-4\%)=9.74\%$

(3) 风险溢价$=r_P-r_f=9.74\%-4\%=5.74\%$

三、简答题(每题 5 分，共 30 分)

1. 杜邦分析法，又称杜邦财务分析体系，简称杜邦体系，是利用各主要财务比率指标间的内在联系，对企业财务状况及经济效益进行综合系统分析评价的方法。该体系是以净资产收益率为龙头，以资产净利率和权益乘数为核心，重点揭示企业获利能力及权益乘数对净资产收益率的影响，以及各相关指标间的相互影响作用关系。

杜邦系统主要反映了以下几种主要的财务比率关系：①股东权益报酬率与资产报酬率及权益乘数之间的关系：股东权益报酬率=资产净利率×平均权益乘数。②资产净利率与销售净利率及总资产周转率之间的关系：资产净利率=销售净利率×总资产周转率。③销售净利率与净利润及销售收入之间的关系：销售净利率=净利润÷销售收入。④总资产周转率与销售收入及资产总额之间的关系：总资产周转率=销售收入÷资产平均总额。其中，“资产净利率=销售净利率×总资产周转率”称为杜邦等式。即杜邦分析法主要的财务指标包括股东权益报酬率、资产净利率、销售净利率、总资产周转率和权益乘数等。

2. 影响汇率变动的主要因素有：

(1) 国际收支。当一国的国际收入大于支出即国际收支顺差时，本国货币升值，外国货币贬值；反之则本国货币贬值，外国货币升值。

(2) 相对通货膨胀率。相对通货膨胀率持续较高的国家，由于其货币的国内价值和购买力下降相对较快，则其货币相对于外国货币也会贬值。

(3) 相对利率。本国利率相对于外国利率较高时，投资者愿意持有本币资产，进而本币需求上升，本币升值。反之则本币贬值。

(4) 总需求与总供给。一般，当总需求增长快于总供给时，本国货币一般呈贬值趋势。

(5) 预期。预期一方面会改变利率、国际收支等宏观经济变量以间接影响汇率，另一方面还会在外汇市场上直接影响汇率，譬如集体性的贬值预期可能会推动货币的贬值。

(6) 财政赤字。财政赤字往往导致货币供应增加(政府融资)和需求增加，因此，赤字的增加将导致本国货币贬值。但如果赤字增加同时伴随着利率上升(譬如政府支出的挤出效应)，那么它对汇率的影响就不确定了。

(7) 国际储备。储备增加能加强外汇市场对本国货币的信心，因而有助于本国货币升值。反之，储备下降则会引诱本国货币贬值。

(8) 劳动生产率。在工资水平稳定的前提下，劳动生产率的相对快速增长，使单位货币代表的价值相对增加，从而使本国货币的对外价值相应上升。

3. 派生存款是指商业银行通过发放贷款、购买有价证券等方式创造的存款。商业银行吸收到原始存款后，只按规定留一部分作现金准备应付提存，其余部分可用于放款和投资。在广泛使用非现金结算的条件下，取得银行贷款或投资款项的客户并不(或不全部)支取现金，而是转入其银行存款账户。这样就在原始存款的基础上，形成了一笔新的存款。接受这笔新存款的商业银行，除保留一部分作准备金外，其余部分又可用于放款和投资，从而又派生出存款。这个过程继续下去，就可以创造出大量的派生存款。

4. 新巴塞尔协议三大支柱为：

(1) 最低资本要求：即最低资本充足率达到8%，而银行的核心资本的充足率应为4%。目的是使银行对风险更敏感，使其运作更有效。在测算银行风险资产状况时，新协议提供了两种可供选择的方案，即标准法和内部评级法。标准法是指银行根据外部评级结果，以标准化处理方式计量信用风险。内部评级法是银行采用自身开发的信用风险内部评级体系，但必须通过银行监管当局的明确批准。

(2) 监察审理程序：监管者通过监测决定银行内部能否合理运行，并对其提出改进的方案。其中包括如何处理银行账户的利率风险、信用风险、操作风险，如何加强跨境交流与合作及资产证券化等方向的指引。这样做的目的是鼓励银行开发并使用更好的风险管理技术来检测和管理风险。

(3) 市场制约机能，即市场自律：要求银行提高信息的透明度，使外界对它的财务、管理等有更好的了解。巴塞尔银行监管委员会希望通过建立一套披露要求以达到促进市场纪律的目的，披露要求应便于市场参与者评价有关适用范围、资本、风险、风险评估程序以及银行资本充足率等重要信息。

5. 最适度货币区理论是20世纪60年代兴起的关于汇率机制和货币一体化的理论，该理论着重要解决的是在什么情况下实行固定汇率和货币同盟或货币一体化最佳。而最适度货币区理论对货币流通的意义在于它指出了货币的适度流通范围对经济增长的意义。首先提出最适度货币区理论的是罗伯特·蒙代尔，他提出用生产要素的高度流动作为确定最适度货币区的标准。蒙代尔的最适度货币区理论提出后，在选择划分区域的标准上引出了许多争论，主要有：经济高度开放、低程度的产品多样化、国际金融高度一体化、政策一体化、相似通货膨胀率等。

6. 金融抑制，是指政府通过对金融活动和金融体系的过多干预抑制了金融体系的发展，而金融体系的发展滞后又阻碍了经济的发展，从而造成了金融抑制和经济落后的恶性循环。这些手段包括政府管制利率和汇率，使金融价格发生扭曲，金融政策工具失去作用。

金融深化是相对金融抑制而言的。金融深化主张改革金融制度，改革政府对金融的过度干预，放松对金融机构和金融市场的限制，增强国内的筹资功能以改变对外资的过度依赖，放松对利率和汇率的管制使之市场化，从而使利率能反映资金供求，汇率能反映外汇供求。

四、论述题(每题 15 分，共 30 分)

1. (1)我国传统的货币政策工具包括再贴现政策、存款准备金政策和公开市场操作政策。它们主要是调节货币供应总量、信用量和一般利率水平。

① 存款准备金政策，是指在国家法律所给予的权利范围内，通过规定和调整商业银行交存中央银行的存款准备金率，控制商业银行的信用创造能力，间接地调节社会货币供应量的政策工具。但是，由于法定存款准备率的政策效果过于强烈，不宜作为中央银行日常调控货币供给的工具。

② 再贴现政策，是指中央银行通过制定或调整再贴现利率和条件来干预和影响市场利率及货币供应量，从而调节宏观经济的一种金融手段。再贴现率是指，商业银行将未到期票据出售给中央银行融通资金时，中央银行所扣除金额占票据面额的比率，也就是商业银行再贴现资金时的所支付的利息率。但由于贴现政策使央行处于被动的地位，一定程度上影响了该工具的政策效果。

③ 公开市场业务，是指中央银行在公开市场上买进卖出有价证券(主要是政府债券)借以调控货币供应量的一种政策手段，是中央银行的三大传统法宝之一。当经济出现泡沫时，中央银行就在公开市场上出售债券，回笼资金；反之，当经济萧条时，中央银行就在公开市场上买进债券，投放货币。作为一种优良的政策工具，公开市场业务是中央银行最经常使用的政策工具。

(2) 进入后危机时代，我国银行体系短期流动性供求的波动性有所加大，尤其是当多个因素相互叠加或市场预期发生变化时，极易出现市场短期资金供求缺口，这不仅加大了金融机构流动性管理的难度，也不利于中央银行调节流动性总量。为提高货币调控效果，增强对货币市场利率的调控效力，中国人民银行推出了常备借贷便利(SLF)、中期借贷便利(MLF)、抵押补充贷款(PSL)等新型货币政策工具。创新性货币政策工具与法定存款准备金率、再贴现等传统货币政策工具也存在一定的差异，主要表现在：

① 创新工具赋予金融机构更多的自主性。常备借贷便利由金融机构主动发起的，而不像法定存款准备金率等传统货币政策工具由中央银行主动运用，金融机构可以随时根据自身的流动性需求申请贷款额度，及时补充流动性，更具灵活性和针对性。

② 创新工具具有较强的政策倾向性，可以发挥结构性的调控效果。传统的货币政策工具如基准利率、法定存款准备金率的调整产生全局的政策效果，会对所有商业银行的流动性和信贷投放产生影响，政策效果的影响面广、作用强。常备借贷便利一般在金融机构和中央银行之间进行“一对一”交易，主要对操作对象产生影响；中期借贷便利和抵押补充贷款工具的操作对象和贷款发放也具有较强的针对性，具有很强的政策倾向性，主要对操作对象和特定的领域产生影响，可以发挥结构性的调控效果。

③ 创新工具是一种特殊的中央银行贷款(简称再贷款)。货币政策创新工具均是从中央银行获得的贷款，属于再贷款的范畴，但又与再贷款存在一定的差异。我国现有的再贷款包括信用贷款和再贴现贷款两种。与信用贷款不需要担保品不同，货币政策创新工具不属于信用贷款，贷款的获得均需合格的质押品；与再贴现贷款以已贴现的商业汇票作为质押品不同，货币政策创新工具发放贷款的合格质押品一般是高信用评级的债券类资产及优质信贷资产等。

(3) 总的来看，上述多种货币政策工具创新取得了较好效果。一是基础货币供给渠道发生了明显变化，外汇占款在新增基础货币中来源的占比下降，中期借贷便利和补充抵押贷款等创新的货币政策工具在新增基础货币来源中的占比上升，保持了银行体系流动性适度，反映央行对基础货币的调控能力显著增强。二是央行的短期和中期操作利率对债券市场利率和贷款利率的传导效应总体趋于上升，说明中央银行政策利率体系发挥了引导市场利率的重要作用。三是信贷结构持续改善，经济结构的转型升级特征明显，创新货币政策工具的结构性功能效果逐渐体现。四是货币信贷平稳增长，主要经济指标企稳向好，创新货币政策工具的逆周期调节作用有效发挥。然而，我国货币政策创新工具的产生和实施时间不长，仍然处于发展和摸索阶段，在政策定位与作用效果等方面还有待进一步培育和完善。

2. (1) 短线投资指在短期内谋取股票差价收益的投资行为，本质上是一种投机。从事短线投资一般是这笔资金盈利大小和损失与否对投资者来说无关紧要，不妨大胆"搏一记"。对短线投资者来说，公司业绩好坏，股息高低无关紧要，他们注重的主要是价位起落中是否有利可图。长线投资指购买者以公司基本面为依据购买股票，且持有股票三年以上。投资者不会在短期波动或短期波动亏损内卖掉持有的股票及股份，他们更注重长期的收益。二者的主要区别为：

① 持股时间。短线持股最短可以一两天或者一两周，长线最长可以做到股东。

② 操作级别。短线一般做分钟级别和小时级别或者做日线级别，但是长线一般根据日线级别到周线甚至月线来操作。

③ 资金体量。短线的资金体量一般不大，如果体量过大，小资金和大资金的同等仓位对市场的冲击是不同的。长线资金体量一般要稍大一些，并且要考虑资金的时间成本。

④ 风险控制。短线的止损次数很多，通过不停地止损来控制风险，防止出现较大的资金回撤。一般情况下不用考虑基本面情况。长线要考虑基本面，毕竟要在相当一部分时间投入相当一部分钱，遇到黑天鹅的时候也是要坚决止损。

有人说股票长线投资的风险比短线投资低。但实际上短线与长线本无优劣之分，只要适应就行，只要擅长就是。在有风险控制手段的前提下，短线的积少成多，在一轮行情中也能取得超额收益。在选对股票的前提下，长线更能取得非常稳健的高收益。

(2) 按大类来分，企业的融资方式有两类，债权融资和股权融资。债权融资是指企业通过举债的方式进行融资，债权融资所获得的资金，企业需要支付利息，并在借款到期后向债权人偿还本金。股权融资则指企业通过出让部分企业所有权，通过企业增资的方式引进新的股东的融资方式。它们之间的区别有以下几点：

① 风险不同。对企业而言，股权融资的风险通常小于债权融资的风险，股票投资者对股息的收益通常是由企业的盈利水平和发展的需要而定，与发展公司债券相比，公司没有固定的付息压力，且普通股也没有固定的到期期日，因而也不存在还本付息的融资风险，而企业发行债券，则必须承担按期付息和到期还本的义务，此种义务是公司必须承担的，与公司的经营状况和盈利水平无关，当公司经营不善时，有可能面临巨大的付息和还债压力导致资金链破裂而破产，因此，企业发行债券面临的财务风险高。

② 融资成本不同。从理论上讲，股权融资的成本高于负债融资，这是因为：一方面，从投资者的角度讲，投资于普通股的风险较高，要求的投资报酬率也会较高；另一方面，对于筹资公司来讲，股利从税后利润中支付，不具备抵税作用，而且股票的发行费用一般也高于其他证券，而债务性资金的利息费用在税前列支，具有抵税的作用。因此，股权融资的成本一般要高于债务融资成本。

③ 对控制权的影响不同。债券融资虽然会增加企业的财务风险能力，但它不会削减股东对企业的控制权力，如果选择增募股本的方式进行融资，现有的股东对企业的控制权就会被稀释，因此，企业一般不愿意进行发行新股融资，而且，随着新股的发行，流通在外面的普通股数目必将增加，从而导致每股收益和股价下跌，进而对现有股东产生不利的影响。

④ 对企业的作用不同。发行普通股是公司的永久性资本，是公司正常经营和抵御风险的基础，主权资本增多有利于增加公司的信用价值，增强公司的信誉，可以为企业发行更多的债务融资提供强有力的支持，企业发行债券可以获得资金的杠杆收益，无论企业盈利多少，企业只需要支付给债权人事先约好的利息和到期还本的义务，而且利息可以作为成本费用在税前列支，具有抵税作用，当企业盈利增加时，企业发行债券可以获得更大的资本杠杆收益，而且企业还可以发行可转换债券和可赎回债券，以便更加灵活主动的调整公司的资本结构，是其资本结构趋向合理。

企业应根据自身的经营及财务状况，并考虑宏观经济政策的变化等情况，选择较为合适的融资方式。

① 考虑经济环境的影响。经济环境是指企业进行财务活动的宏观经济状况，在经济增速较快时期，企业为了跟上经济增长的速度，需要筹集资金用于增加固定资产、存货、人员等，企业一般可通过增发股票、发行债券或向银行借款等融资方式获得所需资金，在经济增速开始出现放缓时，企业对资金的需求降低，一般应逐渐收缩债务融资规模，尽量少用债务融资方式。

② 考虑融资方式的资金成本。资金成本是指企业为筹集和使用资金而发生的代价。融资成本越低，融资收益越好。由于不同融资方式具有不同的资金成本，为了以较低的融资成本取得所需资金，企业自然应分析和比较各种筹资方式的资金成本的高低，尽量选择资金成本低的融资方式及融资组合。

③ 考虑融资方式的风险。企业若采用了债务筹资方式，由于财务杠杆的作用，一旦当企业的息税前利润下降时，税后利润及每股收益下降得更快，从而给企业带来财务风险，甚至可能导致企业破产的风险。

④ 考虑企业的盈利能力及发展前景。当企业正处盈利能力不断上升，发展前景良好时期，债务筹资是一种不错的选择。而当企业盈利能力不断下降，财务状况每况愈下，发展前景欠佳时期，企业应尽量少用债务融资方式，以规避财务风险。当然，盈利能力较强且具有股本扩张能力的企业，若有条件通过新发或增发股票方式筹集资金，则可用股权融资或股权融资与债务融资两者兼而有之的融资方式筹集资金。

⑤ 考虑企业所处行业的竞争程度。企业所处行业的竞争激烈，进出行业也比较容易，且整个行业的获利能力呈下降趋势时，则应考虑用股权融资，慎用债务融资。企业所处行业的竞争程度较低，进出行业也较困难，且企业的销售利润在未来几年能快速增长时，则可考虑增加负债比例，获得财务杠杆利益。

⑥ 考虑企业的控制权。中小企业融资中常会使企业所有权、控制权有所丧失，而引起利润分流，使企业利益受损。发行普通股会稀释企业的控制权，可能使控制权旁落他人，而债务筹资一般不影响或很少影响控制权的问题。

【科兴提示】上海理工大学的试题历年重复率比较高，2018年的试题也不例外，至少有50%的题目源于前几年的真题。其他50%的题目则是参考了对外经贸大学、上海财经大学和中国人民大学等高校的试题。也就是说，2018年的试题，基本上没有原创的题目。其实或受限于命题机制，或受限于工作态度、或受限于学术水平，大多数学校都是这样。

西南财经大学 2018 年金融学综合试题

货币金融学部分(90 分)

一、简答题(6 题，每题 8 分，共 48 分)

1. 为什么商业银行会大量持有国库券?
2. 根据流动性偏好理论，解释利率和货币流通速度之间有何联系?
3. 运用债券的供求分析解释预期通货膨胀率上升导致利率的变动。
4. 公开市场操作是如何影响利率和基础货币的?
5. 分析存款保险制度发挥的作用及引发的问题?
6. 信贷配给的含义及目的? 其具体形式有哪些?

二、计算题(15 分)

假定某商业银行的资产负债表如下：(单位：万元)

资　产		负　债	
可变利率贷款	600	可变利率存单	3200
短期贷款	800	货币市场存款账户	1800
短期证券	1100	支票存款	1100
准备金	1500	储蓄存款	800
长期贷款	3500	长期存单	2100
长期证券	2500	股权资本	1000

请回答以下问题：

(1) 该银行的利率敏感性资产和利率敏感性负债的数额分别是多少? 使用基本缺口分析法，确定该银行的“缺口”，并计算利率上升 3 个百分点对银行利润的影响? (8 分)

(2) 假定该银行资产的平均久期 4 年，负债的平均久期 3 年，使用久期分析法计算利率下跌 2 个百分点时银行净值的变动量? (7 分)

三、论述题(15 分)

简要评价几种利率期限结构理论。

四、材料分析题(12 分)

为推进利率市场化改革，健全市场化利率形成和传导机制，培育货币市场基准利率，中国人民银行于 2007 年正式推出了上海银行间同业拆借利率(Shibor)。十年来，在有关各方的共同努力下，Shibor 已经成长为我国认可度较高、应用较广泛的货币市场基准利率之一。首先，Shibor 基准性明显提升，比较有效地反映了市场流动性松紧。短端 Shibor 与拆借、回购交易利率的相关性均在 80%以上，并维持较窄价差，其中隔夜 Shibor 与隔夜拆借、回购交易利率的相关性高达 98%；中长端 Shibor 得益于同业存单市场的发展壮大，基准性也有显著增加，Shibor 3M 与 3 个月同业存单发行利率的相关系数高达 95%。其次，Shibor 产品创新取得进展，应用范围不断扩大。目前 Shibor 已被应用于货币、债券、衍生品等各个层次的金融产品定价，部分商业银行也依托 Shibor 建立了较完善的内部转移定价（FTP）机制，金融体系内以 Shibor 为基准的定价模式已较为普遍。再次，Shibor 与实体经济联系日趋紧密，越来越多地发挥了传导货币政策和优化资源配置的作用。通过 Shibor 挂钩理财产品、Shibor 浮息债、非金融企业参与的 Shibor 利率互换交易等渠道，Shibor 较好地将货币政策信号传导至实体经济，并随着直接融资比重提升和多层次资本市场建立完善，进一步发挥优化资源配置的作用。（资料来源于《2017 年第三季度中国货币政策执行报告》）

请结合以上材料回答以下问题：

（1）同业拆借利率的变化反映了信贷市场的什么信息？（4 分）

（2）简要分析中央银行选择利率工具作为调控目标的优点。（4 分）

（3）Shibor 作为市场利率是受市场资金供求关系影响波动的，央行如何对其进行引导？（4 分）

公司财务部分（60 分）

五、简答题（4 题，每题 6 分，共 24 分）

1. 杜邦恒等式的具体内容是什么？分别代表什么含义？

2. 长期偿债比率有哪些？如何计算？

3. 有效市场的三个层次是哪些？各自有什么内容？如果技术分析能够获得超额收益，意味着什么？

4. 股票回购有哪些方式？请列举，并试着预测对股票市场的影响。

六、计算题（2 题，每题 8 分，共 16 分）

1. 某公司正对一项投资项目进行评估，该项目的周期为 5 年，每年年末的预期现金流量为 4000 万元，项目期初的一次性投资支出为 1.3 亿元。当前市场的无风险利率为 2%，市场溢价为 4%，项目的贝塔系数为 1.5，请分析该公司是否应该接受该项目。

2. 光华公司是一家刚成立的公司，由于公司准备把盈余用于投资以获得增长，在接下来的 9 年中将不支付股利，第 10 年准备支付每股股利 8 元，之后股利以每年 6%的速度增长。如果股票的必要报酬率为 16%，那么公司目前每股股票价格应该是多少？

七、材料分析题（20 分）

K 公司正在比较两种不同的资本结构。计划 A 是发行 1100 股股票和负债 16500 元，计划 B 是发行 900 股股票和负债 27500 元。负债的利率是 10%。

（1）公司在全权益的情况下，将在外发行 1400 股股票。假设公司的 EBIT 将为 10000 元，在不考虑税收的情况下，比较在全权益、计划 A 和计划 B 这三种情况下公司的每股收益。（6 分）

（2）盈亏平衡点时的 EBIT 是指资本重组后的 EPS 是相等的，按照（1）的假设，与全权益的情况相比，这两种计划的盈亏平衡点的 EBIT 分别是多少？（6 分）

（3）在税率为 40%的情况下，重新考虑问题（2）。此时公司的盈亏平衡点 EBIT 是否与前面有所不同？为什么？（8 分）

西南财经大学 2018 年金融学综合试题解析

货币金融学部分(90 分)

一、简答题(6 题，每题 8 分，共 48 分)

1. 国库券是指由政府发行的期限在 1 年以下的短期债券。商业银行大量持有国库券的原因是：

(1) 国库券的高流动性可以有效减少商业银行经营风险。流动性是指商业银行能够随时满足客户提取存款要求的能力。国库券有广大的二级市场，易手方便，随时可以变现。

(2) 国库券是一个理想的套期保值工具。国库券利率与商业票据、存款证等有密切的关系，国库券期货可为其他凭证在收益波动时提供套期保值。经济疲软的时候，利率低，持有货币及其他金融资产的收益率下降，此时选择持有国库券能保持较高收益；利率上升，持有其他金融资产的收益率上升，银行卖出国库券买入其他高收益资产。

(3) 国库券是整个货币市场上最重要的信用工具。商业银行大量持有国库券可以积极参与中央银行的公开市场操作。

(4) 国库券发行免税，到期收益比较可观，满足了商业银行经营的盈利性要求。

2. 凯恩斯流动性偏好理论认为，人们对货币存在交易性、预防性和投机性三种动机。在货币需求的三种动机中，由交易动机和谨慎动机而产生的货币需求均与商品和劳务交易有关，故而称为交易性货币需求。而由投机动机而产生的货币需求主要用于金融市场的投机，故称为投机性货币需求。其中，交易性货币需求与收入成正比，投机性动机与利率成反比。其线性表达式是：$M=ky-hr$，其中，M 为货币需求，y 为国民收入，k 为交易性货币需求对收入变化的敏感度系数，r 是利率，h 是投机性货币需求对利率变化的敏感度系数。

而根据费雪方程式我们知道：$MV=PT$，式中，M 是货币需求，V 为货币流通速度，P 是价格水平，T 是经济体的交易总量。由于 PT = 国民收入 y，因此凯恩斯货币需求理论的线性表达式可以改写为：$V=y/(ky-hr)$。很明显，利率 r 与货币流通速度 V 成正比。

3. 费雪效应揭示：预期通胀率的上升会引起利率的上升。我们用下图进行说明：

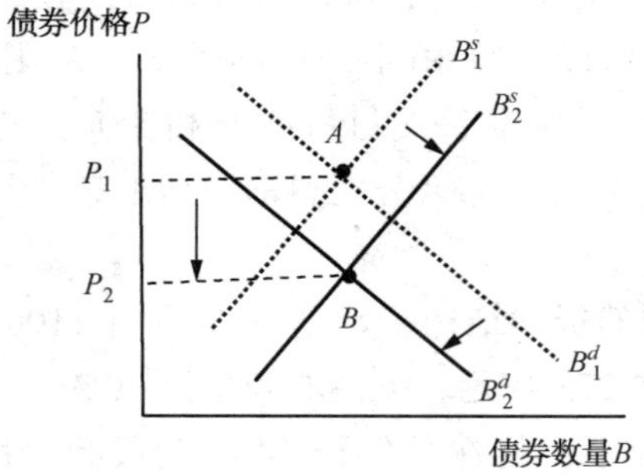

假定初始的通货膨胀率比较低，债券的初始供给曲线和需求曲线相交于 A 点，此时债券的均衡价格为 P_1。如果通货膨胀率上升，那么，对应于任一给定的债券价格和利率，债券相对于实物资产的预期回报率下降。结果是，债券的需求量下降，需求曲线从B_1^d左移至B_2^d。预期通胀率的变化同样引起了供给曲线的位移。对应于任一给定的债券价格和利率，真实借款成本的下降导致债券供给增加，供给曲线从B_1^s右移至B_2^s。此时，债券的均衡状态从 A 点运动到 B 点，均衡价格从 P_1 下降到 P_2。由于债券的价格与利率是呈负相关的，这意味着均衡利率的上升。

4. 公开市场操作是三大基础货币政策之一，它是中央银行为了影响货币供给量和市场利率，而在金融市场上公开买卖有价证券的行为。

（1）对利率的影响：①直接影响利率水平的高低：在市场上买进有价证券，推动有价证券价格上涨，利率降低，对经济扩张产生影响；②影响利率结构：在公开市场上买卖不同期限的有价证券，如“买短卖长”以调整利率结构，进而影响对不同利率有不同敏感性的贷款和投资。

（2）对基础货币的影响：①向银行等金融机构进行公开市场购买，导致准备金增加，流通中的现金不变，基础货币增加；②向非银行公众进行公开市场购买，若出售债券的个人或企业将支票存入银行，则准备金增加，流通中的现金不变，从而基础货币增加；若出售债券的企业或个人将支票兑换为现金，则准备金不变，流通中的现金增加，从而基础货币增加。综上，公开市场买卖会增加基础货币的数量，相反，公开市场出售会减少基础货币的数量。

5.（1）存款保险制度的作用

① 保护储户的利益，提高社会公众对银行体系的信心。存款保险制度使得投保银行在发生资金周转不灵或破产倒闭时，能够从保险公司获得一定金额的保险赔偿，从而最大程度降低储户的风险。同时，存款保险制度也从心理上给了储户以安全感，从而可有效降低那种极富传染性的恐慌感，进而减少了对银行体系的挤兑。

② 可有效提高金融体系的稳定性，维持正常的金融秩序。由于这一制度对公众心理所产生的积极作用，也可有效防止银行挤兑风潮的发生和蔓延，从而促进了金融体系的稳定。

③ 促进银行业适度竞争，为公众提供质优价廉的服务。它可使存款者形成一种共识，将存款无论存入大银行还是小银行，该制度对其保护程度都是相同的，因此提供服务的优劣，将成为客户选择存款银行的主要因素。

④ 存款保险机构可通过对有问题银行提供担保，补贴或融资支持等方式对其进行挽救，或促使其被实力较强的银行兼并，减少社会震荡，有助于社会的安定。

（2）存款保险制度的弊端

由于信息不对称，存款保险制度也会引发以下几种不良现象：

① 引发道德风险现象。参加存款保险的银行可能会过度冒险经营。

② 引发逆向选择现象。存款保险制度吸引了偏好风险的企业家进入银行业。

③ 引发搭便车现象。存款保险制度削弱了储户监督其银行资产组合风险程度的动力。

6. 所谓信贷配给，是指在固定利率条件下，面对超额的资金需求，银行因无法或不愿提高利率，而采取一些非利率的贷款条件，使部分资金需求者退出银行借款市场，以消除超额需求以达到平衡。具体来说就是，并非只要借款人支付一个足够高的利率，便可以获得所需的贷款，而是在一个特定的利率水平上，有些企业和个人可以获得贷款，另一些企业和个人即使愿意支付更高的利率，银行也不会给予贷款。

非利率贷款条件可分为三类：

（1）借款者的特性，如经营规模、财务结构、过去的信用记录；

（2）银行对借款者就借款活动所做的特别要求，如：回存要求、担保或抵押条件、贷款期限长短等；

（3）其他因素，如：企业与银行和银行个别职员的关系、借款者的身份、借贷员的个人好恶、回扣的有无和多少等。

二、计算题（15分）

（1）利率敏感性资产 RSA = 可变利率贷款+短期贷款+短期证券 = 600+800+1100 = 2500 万元；利率敏感性负债 RSL = 可变利率存单+货币市场存款账户 = 3200+1800 = 5000 万元。则利率敏感性缺口 $C_{GAP}=RSA-RSL=2500-5000=-2500$ 万。如果银行利率上升 3%，则银行利润变化为：$\Delta NII=3\%\times(-2500)=-75$ 万元，即银行利润减少 75 万元。

（2）本题中总负债与总资产的比例 $k=L/A=9000/10000=0.9$，则久期的缺口 $D_{GAP}=D_A-kD_L=4-0.9\times3=1.3$。如果利率下降 2%，则：$\Delta E=-D_{GAP}\times A\times\frac{\Delta R}{1+R}=-1.3\times10000\times(-2\%)=260$ 万元，即银行净值增加 260 万元。

三、论述题（15分）

利率期限结构是指某个时点不同期限的即期利率与到期期限的关系及变化规律。常见的利率期限结构的理论有预期理论、分割市场理论和流动性溢价理论。

（1）预期理论

期限结构的预期理论认为：长期债券的利率等于在其有效期内人们所预期的短期利率的平均值。这一理论的关键假设是，投资者对于到期期限不同的债券没有特别的偏好，因此如果某债券的预期回报率低于到期期限不同的其他债券，投资者就不会持有该种债券。具有这种特点的债券被称为完全替代品。在实践中，这意味着如果期限不同的债券是完全替代品，这些债券的预期回报率必须相等。

预期理论为期限结构的行为提供了简明的解释，是一种十分具有吸引力的理论。然而遗憾的是，预期理论有着致命的缺陷：它无法解释后一个特点，即收益率曲线通常是向上倾斜的。典型的向上倾斜的收益率曲线意味着预期未来短期利率将上升。事实上，未来短期利率可能上升，也可能下降，因此根据预期理论，典型的收益率曲线应当是平坦的，而非向上倾斜的。

（2）分割市场理论

期限结构的分割市场理论将到期期限不同的债券市场看作完全独立和相互分割的。到期期限不同的每种债券的利率取决于该债券的供给和需求，具有其他到期期限的债券的预期回报率对此毫无影响。分割市场理论关键性的假设条件是，到期期限不同的债券根本无法相互替代，因此，持有某一到期期限的债券的预期回报率对于具有其他到期期限的债券需求不产生任何影响。

虽然分割市场理论可以解释为什么收益率曲线通常向上倾斜，但它却无法解释收益率曲线的前两个特点。首先，该理论将到期期限不同的债券市场看作是完全分割的，那么某一到期期限债券的利率上升也就没理由影响其他到期期限债券的利率。因此，它无法解释到期期限不同的债券倾向于同向运动的原因。其次，由于该理论并不清楚短期利率水平的变化会对短期债券和长期债券的供求产生什么影响，它也就无法解释为什么短期利率较低时，收益率曲线倾向于向上倾斜，而短期利率较高时，收益率曲线又会变成翻转的形状。

（3）流动性溢价理论

期限结构的流动性溢价理论认为，长期债券的利率应当等于两项之和，第一项是长期债券到期之前预期短期利率的平均值；第二项是随债券供求变动而变动的流动性溢价。流动性溢价理论的关键假设是，到期期限不同的债券是可以相互替代的，这意味着某一债券的预期回报率的确会影响其他到期期限债券的预期回报率，但是，该理论承认投资者对不同期限债券的偏好。换句话讲，到期期限不同的债券可以相互替代，但并非完全替代品。投资者倾向于偏好期限较短的债券，因为这些债券的利率风险较小。所以，只有当正的流动性溢价存在时，投资者才愿意持有期限较长的债券。

流动性溢价理论很好地解释了有关期限结构的主要经验事实，因此成为被最广泛接受的利率期限结构理论。

四、材料分析题(12 分)

（1）同业拆借利率是拆借市场的资金价格，是货币市场的核心利率，也是整个金融市场上具有代表性的利率，它能够及时、灵敏、准确地反映货币市场乃至整个金融市场短期资金供求关系；当同业拆借利率持续上升时，反映资金需求大于供给，预示市场流动性可能下降；当同业拆借利率下降时，情况相反。

（2）中央银行选择利率工具作为调控目标的优点：①相关性强。利率不但能够反映货币与信用的供给状态，而且能够表现供给与需求的相对变化。利率水平趋高被认为是银根紧缩，利率水平趋低则被认为是银根松弛。②可控性强。利率属于中央银行影响可及的范围，中央银行能够运用政策工具设法提高或降低利率。

(3)央行主要是通过利率走廊来对 Shibor 进行引导。利率走廊的上限是中央银行对商业银行发放贷款的利率，下限为商业银行在中央银行存款的利率，中间为中央银行调控的目标，即 Shibor。Shibor 会在中央银行确定的存贷款利率之间浮动，由这一上下限所确定的利率浮动空间便是利率走廊。当中央银行存贷款利率提高时，Shibor 也会随之升高；反之，Shibor 下降。通过这种方法将直接管制与市场机制相结合的方法，中央银行可以有效地将市场利率水平控制在自己的期望水平之内。

公司财务部分(60 分)

五、简答题(4 题，每题 6 分，共 24 分)

1. ROE 是股东最关注的财务指标之一，其表达式为：

$$ROE=\frac{净利润}{总权益}=\frac{净利润}{销售收入}\times\frac{销售收入}{总资产}\times\frac{总资产}{总权益}$$

其中，净利润/销售收入是销售利润率，反映了销售的获利能力；销售收入/总资产是资产周转率，反映了资产的管理能力；总资产/总权益即权益乘数，反映了负债能力。通过杜邦恒等式，我们可以看到一家企业的盈利能力综合取决于企业的销售利润率、使用资产的效率和企业的财务杠杆。

2. 企业长期偿债能力是指企业偿还长期债务的能力。分析长期偿债能力的主要指标有：资产负债率、权益乘数、产权比率、利息保障倍数。

资产负债率=负债总额/资产总额

权益乘数=资产总额/股东权益总额

产权比率=负债总额/股东权益总额

利息保障倍数=(税前利润+利息费用)/利息费用

3. 有效市场假说有三个层次：

① 弱式有效市场：市场价格已充分反映出所有过去历史的证券价格信息，如果弱式有效市场假说成立，则股票价格的技术分析失去作用，基本分析还可能帮助投资者获得超额利润。

② 半强式有效市场：价格已充分反映出所有已公开的有关公司营运前景的信息。如果半强式有效假说成立，则在市场中利用技术分析和基本分析都失去作用，内幕消息可能获得超额利润。

③ 强式有效市场：价格已充分地反映了所有关于公司营运的信息，这些信息包括已公开的或内部未公开的信息。在强式有效市场中，没有任何方法能帮助投资者获得超额利润。

如果技术分析能够获得超额收益，意味着市场是无效的。

4. 股票回购的方式包括公开市场回购、要约回购和协议回购。

(1) 公开市场回购是指公司在公开交易市场上以当前市价回购股票。在完美资本市场中，公开市场股票回购对股价没有影响。因为，资产市值的下跌与流通股股数的减少相互抵消，股价维持不变。

(2) 要约回购是指公司在特定期间向股东发出的以高出当前市价回购股票。在完美资本市场中，要约回购完成后股价会下跌。

(3) 协议回购则是指公司以协议价格直接向一个或几个主要股东回购股票。协议回购方式回购股票的价格通常低于当前市场价格，因此回购完成后股价会上升。

六、计算题(2 题，每题 8 分，共 16 分)

1. 根据 CAPM 可知权益资本成本为：

$$r_s=r_f+\beta(r_M-r_f)=2\%+1.5\times4\%=8\%$$

我们以 8%为折现率求 NPV：

$$NPV=-1.3+\frac{0.4}{1+8\%}+\frac{0.4}{(1+8\%)^2}+\frac{0.4}{(1+8\%)^3}+\frac{0.4}{(1+8\%)^4}+\frac{0.4}{(1+8\%)^5}=0.297\text{ 亿元}$$

由于 $NPV>0$，所以应接受该投资项目。

2. 根据不变增长模型，可以求出第 9 年年底的股价：

$$P_9=\frac{D_{10}}{r-g}=\frac{8}{16\%-6\%}=80\text{ 元}$$

将 9 年后的 80 元折现到现在，则：

$$P_0=\frac{80}{1.16^9}\approx21.04\text{ 元}$$

七、材料分析题(20 分)

(1) 在每种计划下的利润表如下：

	计划 A	计划 B	全权益
EBIT	10000	10000	10000
利息	1650	2750	0
净利润	8350	7250	10000
每股收益	7.59	8.06	7.14

(2) 全权益计划与计划 A 的盈亏平衡点的 *EBIT* 为：

$$\frac{EBIT_1}{1400}=\frac{EBIT_1-16500\times10\%}{1100}\Rightarrow EBIT_1=7700\text{ 元}$$

全权益计划与计划 B 的盈亏平衡点的 *EBIT* 为：

$$\frac{EBIT_2}{1400}=\frac{EBIT_2-27500\times10\%}{900}\Rightarrow EBIT_2=7700\text{ 元}$$

该结果符合无税 MM 定理 1：公司价值与资本结构无关。

(3) 全权益计划与计划 A 的盈亏平衡点的 *EBIT* 为：

$$\frac{EBIT_1(1-40\%)}{1400}=\frac{(EBIT_1-16500\times10\%)(1-40\%)}{1100}\Rightarrow EBIT_1=7700\text{ 元}$$

全权益计划与计划 B 的盈亏平衡点的 *EBIT* 为：

$$\frac{EBIT_2(1-40\%)}{1400}=\frac{(EBIT_2-27500\times10\%)(1-40\%)}{900}\Rightarrow EBIT_2=7700\text{ 元}$$

盈亏平衡点的 *EBIT* 没有变化，这是因为这三种情况下的净收入因税收而同比例减少，因此相应地没有变化。

【科兴点评】这是我们这本书第一次收录西南财经大学的真题，因为这个学校的完整版真题并不好收集。西南财经大学也属于比较好的财经类高校，想去西南地区发展的同学也是可以考虑的。根据历年真题，我们建议考生使用如下参考书目：殷梦波的《货币金融学》、米什金《货币金融学》、罗斯《公司理财》、邹宏元《金融风险管理》。其中，金融学部分，米什金的教材是重点，邹宏元的教材偶尔考查计算题。公司部分，罗斯的教材财务管理相关知识点相对更重要，材料分析题就是改编于教材的课后习题。

中山大学2018年金融学综合试题

一、单项选择题(每小题2分，共计40分)

1. 一家公司有负的净营运资本(net working capital)，那么这家公司(　　)。

A. 流动负债比流动资产多　　B. 已陷入破产

C. 手上没有现金　　D. 需要卖出一些存货来纠正这个问题

2. 当总资产周转率是3时，下面哪个陈述是正确的？(　　)

A. 公司每产生1元销售收入，需要在总资产上投入3元

B. 公司每拥有1元总资产，可以产生3元的销售收入

C. 每3元的销售收入，公司可以获得税后利润1元

D. 公司可以每年更新总资产3次

3. 福利公司现在的股价是每股40元。预计下一年的分红是每股2元，要求的回报率是13%。假设股利未来是按固定增长率来增长，那么这一增长率是多少？(　　)

A. 8%　　B. 9%　　C. 10%　　D. 11%

4. 下面哪个等式是正确的？(　　)

A. 总风险=市场风险+公司特有风险

B. 总风险=系统风险+不可分散的风险

C. 市场风险=不可分散的风险+资产特有的风险

D. 总收益=资产特有的收益+没有预期到的收益

5. 不考虑税收的情况下，如果一个公司按平价发行债券，则下列说法(　　)。

(1) 债务成本等于息票利息(coupon rate)

(2) 债务成本等于到期收益率(yield to maturity)

(3) 债务成本等于当期收益率(current yield)

A. 只有(1)是正确的　　B. 只有(1)和(2)是正确的

C. 只有(1)和(3)是正确的　　D. (1)(2)(3)都是正确的

6. 如果一家公司有超额现金，管理层相信公司的股份被市场参与者低估了，那么公司应该采用什么股利政策？(　　)

A. 股票拆分　　B. 常规的现金分红

C. 股票回购　　D. 股票股利

7. 公司债券比相同期限政府债券的利率高，这是对(　　)的补偿。

A. 信用风险　　B. 利率风险　　C. 政策风险　　D. 通货膨胀风险

8. 关于债券与股票的区别，论述错误的是(　　)。

A. 债券是债权凭证，股票是所有权凭证

B. 发行债券是公司追加资金的需要，发行股票则是股份公司创立和增加资本的需要

C. 债券一般有规定的偿还期，股票是一种无期投资

D. 因为股票风险较大，债券风险相对较小，所以股票的收益必然高于债券

9. 设有两种证券A和B，某投资者将一笔资金中的40%购买了证券A，60%的资金购买了证券B，到期时，证券A的收益率为5%，证券B的收益率为10%，则证券组合P的收益

率为(　　)。

A. 10%　　B. 8%　　C. 9%　　D. 11%

10. 假设投资者买入证券A股价9元，之后卖出每股10元，期间获得税后红利0.5元，不计其他费用，则投资者投资收益为(　　)。

A. 15%　　B. 15.57%　　C. 16%　　D. 16.67%

11. 证券之间风险联动的指标是(　　)。

A. 相关系数　　B. 方差　　C. 预期收益率　　D. 实际收益率

12. 完全正相关的证券A和证券B，其中证券A标准差为60%，期望收益率为15%，证券B的标准差为40%，期望收益率为12%，那么由25%证券A和75%证券B构成的证券组合的标准差为(　　)。

A. 40%　　B. 55%　　C. 50%　　D. 45%

13. 根据套利定价理论，下列买入一个套利组合的方式正确的是(　　)。

A. 卖出该套利组合中投资比重为负值的成员证券，并用所得资金购买该套利组合中投资比重为正值的证券

B. 卖出该套利组合中投资比重为正值的成员证券，并用所得资金购买该套利组合中投资比重为负值的证券

C. 从银行借入资金用于购买该套利组合中投资比重为负值的成员证券

D. 从银行借入资金用于购买该套利组合中投资比重为正值的成员证券

14. 如果中国的通货膨胀率高于日本，那么可能出现下述哪种情况？(　　)

A. 中国的总产出高于日本　　B. 中国的货币供给增速高于日本

C. 日本的财政赤字更高　　D. 日本的利率更高

15. 下列有关货币总量的表述中，哪个是正确的？(　　)

A. M1大于M2

B. M1与M2增长率的运动轨迹非常相近

C. 美联储更关注货币总量的长期运动，而非短期运动

D. 美联储很少修正它之前对货币总量的预测

16. 下列哪种表述是错误的？(　　)

A. 不同到期期限的债券的利率随时间一起波动

B. 收益率曲线通常向上倾斜

C. 如果短期利率较高，收益率曲线通常向下倾斜

D. 如果短期利率较低，收益率曲线通常是翻转的

17. 下列哪个案例属于债务紧缩？(　　)

A. 信贷繁荣演变为信贷崩溃　　B. 物价水平的意外下跌会加剧债务负担

C. 资产价值的冲销　　D. 资产价格泡沫的崩溃

18. 如果美联储遵循的是泰勒定理，它就会(　　)。

A. 提高名义利率的幅度小于通货膨胀率的上升幅度

B. 提高名义利率的幅度大于通货膨胀率的上升幅度

C. 当通货膨胀率低于名义利率时，实施泰勒规则

D. 当通货膨胀率高于名义利率时，实施泰勒规则

19. 卖出本币，买入外国资产的冲销性外汇干预会导致(　　)。

A. 国际储备减少，本币贬值　　B. 国际储备增加，本币贬值

C. 国际储备减少，本币不变　　D. 国际储备增加，本币不变

20. 购买力平价理论无法充分解释汇率变动的原因是(　　)。

A. 不同国家的货币政策存在差异

B. 无法在国际间交易的商品和服务的价格也会发生变化

C. 本国物价水平的变动超过了外国物价水平的变动

D. 外国物价水平的变动超过了本国物价水平的变动

二、名词解释(每小题 5 分，共计 20 分)

1. 可交换债券

2. 套利定价原理

3. 差别准备金率制度

4. 量化宽松

三、计算题(5 小题，共计 50 分)

1. 运用以下所示 NORTADA 公司最新的财务报表解答：

利润表　　单位：千美元

销售额	6130
销售成本	5330
税(34%)	272
净利润	528
股利	0

资产负债表　　单位：千美元

净运营资本	2590	长期负债	3530
固定资产	8000	权益	7060
总计	10590		10590

(1) 假定销售增长率为 20%，请为 NORTADA 公司编制预测利润表、预测资产负债表、资金来源表及资金用途表，新增长期负债作为调节变量。折旧(被包括在利润表的成本中)是初始固定资产的 10%。(4 分)

(2) 假设 NORTADA 公司目前的厂房和设备只使用了 70%的产能，但长期债务不变。运用新增权益作为调节变量，按第(1)题的要求重新进行计算，请写出计算过程。(4 分)

(3) 假设 NORTADA 公司开动全部产能，不支付股利，同时不新增权益，负债权益比保持不变。该公司所能达到的最大的可持续增长率是多少？(2 分)

2. NIU 公司决定开始销售一种新型的自由式滑雪板。公司董事会主席更为关注毛利(收入–可变成本)以及下表所示的其他成本。新的生产线将会侵蚀公司现有的高价的常规滑雪板的销售，但能提高公司靴子的销售。新的生产设备将耗费 1230 万美元，同时在 3 年后可售得 2000 万美元(税后)。净营运资本将一次性地增加 750000 美元，且在第 3 年恢复为原值。该公司相应的所得税税率为 40%，同时采用直线折旧法计提折旧。

单位：千美元

	0	1	2	3
初始投资	-12300			
资产变卖(税后)				2000
折旧		4100	4100	4100
净营运资本	750	750	750	0
新型自由式滑雪板毛利		18000	20000	25200
现有常规滑雪板毛利损失		6000	8000	10000
现有靴子毛利增加		5000	6000	7000
固定成本		8000	8000	8000

复利现值系数表

	1	2	3	4	5	6	7	8	9	10
10%	0.909	0.826	0.751	0.683	0.621	0.564	0.513	0.467	0.424	0.386
12%	0.893	0.797	0.712	0.636	0.567	0.507	0.452	0.404	0.361	0.322

年金现值系数表

	1	2	3	4	5	6	7	8	9	10
10%	0.909	1.736	2.487	3.170	3.791	4.355	4.868	5.335	5.759	6.145
12%	0.893	1.690	2.402	3.037	3.605	4.111	4.564	4.968	5.328	5.650

(1) 请计算项目每年的净现金流。(5 分)

(2) 计算该项目的净现值和内部收益率。资本成本为 12%。(5 分)

3. 假设你根据市场上的信息获得了关于证券市场和其中 3 家公司股票的如下信息：

证券名称	期望收益	收益的标准差	与市场组合的相关系数	贝塔系数
市场组合	0.15	0.10		
无风险资产	0.05			
股票 A	0.13	0.12	(Ⅰ)	0.90
股票 B	0.16	(Ⅱ)	0.40	1.10
股票 C	0.25	0.24	0.75	(Ⅲ)

如果资本资产定价模型成立，请计算：

(1) 求出表中(Ⅰ)、(Ⅱ)、(Ⅲ)处的未知数字。(3 分)

(2) 在期望收益-贝塔系数平面内标出股票 A、股票 B 和股票 C 的位置，并简要评价此三家公司股票的投资价值，并简单阐述你的投资策略。(7 分)

4. D 公司是一家上市公司，其股票于 2017 年 8 月 1 日的收盘价为每股 40 元。某券商以该股票为标的资产的发行看涨期权，执行价格为 42 元，到期时间是 3 个月。3 个月以内公司不会派发股利，3 个月以后股价有 2 种变动的可能：上升到 46 元或者下降到 30 元。3 个月到期的国库券利率为 4%(年名义利率)。

(1) 利用风险中性原理，计算 D 公司股价的上行概率和下行概率，以及看涨期权的价

值。(3 分)

(2) 如果该看涨期权的现行价格为 2.5 元，请根据套利原理，构建一个投资组合进行套利。(7 分)

5. 货币供给量可分为广义货币供给量 M_2 和狭义货币供给量 M_1。具体包含内容如下：M_0 = 流通中的货币(C)；$M_1 = M_0$ + 活期存款(D_1)；$M_2 = M_1$ + 定期存款(D_2)。基础货币定义为 $B = M_0 + R$，其中 R 为商业银行的准备金，包括法定准备金和超额准备金。类似于货币供应量，货币乘数也有广义和狭义之分。(提示：计算过程中可以使用如下符号：$c = C/D_1 = M_0/D_1$；$r = R/(D_1 + D_2)$；$s = D_2/D_1$。

(1) 请分别推导出狭义货币乘数 $k_1 = M_1/B$ 和广义货币乘数 $k_2 = M_2/B$。(4 分)

(2) 互联网理财产品(如余额宝、微信理财通等)提供了类似定期存款的利率，但却具有活期存款的流动性。请问，随着这些理财产品的普及，k_1 和 k_2 将如何变化？(6 分)

四、分析与论述(3 小题，共计 40 分)

1. 你认为中国现在的股票市场是有效的吗？请用相关理论进行分析和论述。(15 分)

2. 简述马克维茨假设条件，并且进行简单的评价。(10 分)

3.【财新网】2017 年 2 月 3 日报道称：央行全面上调 1 天、14 天和 28 天逆回购中标利率 10 个基点，分别至 2.35%、2.50% 和 2.65%。同时，央行还上调常备借贷便利(SLF)利率，隔夜品种上调 35 个基点至 3.10%，7 天和 1 个月品种均上调 10 个基点分别至 3.35% 和 3.70%，对不符合宏观审慎要求的地方法人金融机构，SLF 利率在上述利率基础上加 100 个基点，即隔夜、7 天、1 个月 SLF 利率分别为 4.10%、4.35%、4.70%。

请根据上述材料，回答如下问题：

(1) 以上财经新闻中提及了央行的使用的几种货币政策工具？它们的作用分别是什么？(5 分)

(2) 央行这种利率调整行为是在加息吗？请给出你的解释。(5 分)

(3) 中国央行的“加息”和美联储的“加息”有何不同？(5 分)

中山大学 2018 年金融学综合试题解析

一、单项选择题(每小题 2 分，共计 40 分)

1. A。净营运资本是企业流动资产减去流动负债，净营运资本为负意味着流动负债大于流动资产。但这不意味公司已陷入破产，如果企业融资能力强，也可以偿还其流动负债，B 选项错误；净营运资本为负，只是意味着流动资产少于流动负债，并不意味着公司手上没有现金，C 选项错误；卖出存货只能增加速动资产，并不能增加流动资产，D 选项错误。

2. B。总资产周转率也叫总资产周转次数，是企业一定时期的销售收入净额与平均资产总额的比值，体现了企业经营期间全部资产从投入到产出的流转速度，反映了企业全部资产的管理质量和利用效率。

3. A。股利增长模型中的股票估值公式可得，$P_0 = D_1/(r - g) \Rightarrow 40 = 2/(13\% - g) \Rightarrow g = 8\%$。

4. A。企业的总风险 = 系统风险(市场风险或不可分散风险) + 非系统风险(公司特定风险或可分散风险)，故选项 B 与 C 均错误；总收益 = 资产平均收益(可预期收益) + 资产特有收益(不可预期收益)，故选项 D 错误。

5. D。债券平价发行，则市场利率 = 票面利率 = 到期收益率。当期收益率是债券的年息除以债券当前的市场价格所计算出的收益率，很明显当期收益率也等于市场利率。

6. C。信息内涵效应：由于存在信息不对称，上市公司经理相对于普通投资者更加了解公司情况，因此他们会在公司股价被低估时回购股票，在公司股价被高估时，发行新股。故选项 C 正确。题目核心是股价被低估后的应付，其他选项与此无关。

7. A。公司债券与同时期的政府债券相比，有更大的违约可能性，因此公司债券的利率高出政府债券的部分是对于信用风险的补偿。

8. D。股票与债券的区分，从契约来看，债券是债权关系，股票是所有权关系，故选项 A 正确；从目的看，债券的发行是增加资金，股票则是为了创立公司和增加资本，故选项 B 正确，从期限看，债券一般都标明还款期限，而股票则无须还本为无限投资，故选项 C 正确；从风险看，股票的风险大于债券，但不意味着股票的收益率一定大于债券，只能说期望回报率大于债券，故选项 D 错误。

【科兴提示】鉴于股票和债券的特性，债转股可以有效降低企业杠杆率。

9. B。资产组合收益率 = ∑各资产权重×各资产收益率，故本题的资产组合收益率 = 40%×5% + 60%×10% = 8%。

10. D。股票的持有期收益率 = (资本利得 + 股息收益)/买入价 = (1 + 0.5)/9 = 16.67%。

11. A。证券资产风险之间联动的指标是相关系数。股票 I 和市场组合 M 的协方差计算公式为 $\mathrm{cov}(\sigma_i, \sigma_m) = \rho \times \sigma_i \times \sigma_m$，观察可知选项 A 正确。

12. D。完全正相关意味着 $\rho_{AB} = 1$，则 $\sigma_{AB} = 60\% \times 25\% + 40\% \times 75\% = 45\%$。

13. A。构造套利组合的核心思想在于买入价格被低估的证券，卖出价格被高估的证券，证券在套利组合中投资比重为负值说明该证券投资价值不高，即该证券价格被高估；相反，正值说明价格被低估，买入一个套利组合，应该将被高估的证券卖出，并将卖出的资金用于购入价格被低估的证券。

14. B。货币供应量的增长和通货膨胀率通常是同向变动的。

15. C。M2 是广义货币，M1 是狭义货币，显然 M2 大于 M1，选项 A 错误；M1 和 M2 的轨迹并不是很接近，反而常常偏离，出现剪刀差，选项 B 错误；美联储相比于货币总量短期运动更关注长期运动，对于其短期运动一般运用泰勒规则进行修正，故选项 C 正确，D 错误。

16. D。选项 D 明显是错误的，由于流动性溢价的存在，一般长期利率高于短期利率，即收益率曲线向右上方倾斜。如果出现短期利率高于长期利率的情况，就会出现倒挂的收益率曲线。

17. B。通货紧缩最明显的特征就是物价水平下跌，故选项 B 正确。

18. B。将两期泰勒规则公式相减可得：

$$\Delta i = (\pi_2 - \pi_1) + \alpha(\pi_2 - \pi_1) = (1 + \alpha)\Delta\pi$$

由于 $0 \leqslant \alpha \leqslant 1$，所以 $\Delta i \geqslant \Delta\pi$，即名义利率上升的幅度大于通货膨胀的上升幅度。

19. D。冲销式干预不影响货币供给，因此不会直接影响利率，这也意味着汇率也不会受影响。当然，买入外国资产，会导致国际储备的增加。我国的巨额外汇储备就是这么来的。

20. B。购买力平价忽视了非贸易品价格经常发生变动的现实，而且这种变动不能及时调整。

二、名词解释(每小题 5 分，共计 20 分)

1. 可交换债券全称为“可交换他公司股票的债券”，是指上市公司股份的持有者通过抵押其持有的股票给托管机构进而发行的公司债券，该债券的持有人在将来的某个时期内，能按照债券发行时约定的条件用持有的债券换取发债人抵押的上市公司股权。可交换债券是一种内嵌期权的金融衍生品，严格地可以说是可转换债券的一种。

【科兴提示】可交换债券和可转换债券不是一回事，很多考生答成了可转换债券。

2. 套利定价理论理论表明资本资产的收益率是各种因素综合作用的结果，比如 GDP 的增长通货膨胀率水平等因素的影响，并不仅仅只是受到了证券组内部的风险因素的影响。套利定价理论认为套利行为是现代有效率市场形成的一个决定因素，如果市场没有达到平衡的状态，市场上就会承载着无风险套利的机会，并且使用多个因素来解释风险资产的收益，而且根据无套利原则得到的风险资产均衡收益和多个因素之间存在的线性关系。

3. 差别存款准备金率制度的主要内容是，金融机构适用的存款准备金率与其资本充足率、资产质量状况等指标挂钩。金融机构资本充足率越低、不良贷款比率越高，适用的存款准备金率就越高；反之，金融机构资本充足率越高、不良贷款比率越低，适用的存款准备金率就越低。

4. 量化宽松主要是指中央银行在实行零利率或近似零利率政策后，通过购买国债等中长期债券，增加基础货币供给，向市场注入大量流动性资金的干预方式，以鼓励开支和借贷，也被简化地形容为间接增印钞票。

三、计算题(每小题10分，共计60分)

1. (1)假设所有项目都与销售额同比例增长。预测利润表和预测资产负债表如下所示：

① 预测利润表(单位：千美元)

销售额	6130×1.2=7356
销售成本	5330×1.2=6396
税(34%)	(7356−6396)×34%=326.4
净利润	7356−6396−326.4=633.6
股利	0

② 预测资产负债表(单位：千美元)

净运营资产	2590×1.2=3108	长期负债	12708−7693.6=5014.4
固定资产	8000×1.2=9600	所有者权益	7060+633.6=7693.6
总计	12708		12708

③ 资金来源和去向表(单位：千美元)

资金来源		资金去向	
净利润	633.6	净营运资本增加	3108−2590=518
折旧	8000×0.1=800	资本支出	9600−8000+800=2400
净营运现金流	1433.6	支付股利	0
借债	1433.6		
发行新股	0		
融资现金流	5014.4−3530=1484.4		
资金流入合计	2918	资金流出合计	2918

(2) 如果产能只使用了70%时，销售额为6130千美元，因此可得6130千美元=0.7×产能没有剩余时的销售额。产能没有剩余时的销售额即为8757千美元。如果销售量增长了20%，不需要新增固定资产。预测利润表与(1)相同。

① 预测资产负债表(单位：千美元)

净运营资产	2590×1. 2=3108	长期负债	3530
固定资产	8000−8000×0. 1=7200	所有者权益	10308−3530=6778
总计	10308		10308

② 资金来源和去向表(单位：千美元)

资金来源		资金去向	
净利润	633. 6	净营运资本增加	3108−2590=518
折旧	8000×0. 1=800	资本支出	0
净营运现金流	1433. 6	支付股利	0
借债	1433. 6		
发行新股	−(7693. 6−6778)=−915. 6		
融资现金流	−915. 6		
资金流入合计	518	资金流出合计	518

(3) 由题意可知，ROE = 净利润/权益 = 528/7060 = 7. 48%，当 $b=1$ 时，可持续增长率为 $ROE \times b/(1-ROE \times b)$ = 8. 08%。

2. (1) 下表中列示了 NIU 公司滑雪板项目的现金流：

单位：千美元

	0	1	2	3
(1) 初始投资	−12300			
(2) 资产变卖(税后)				2000
(3) 折旧		4100	4100	4100
(4) 净营运资本	750	750	750	0
(5) 净营运资本变动	−750	0	0	750
(6) 新型自由式滑雪板毛利		18000	20000	25200
(7) 现有常规滑雪板毛利损失		6000	8000	10000
(8) 现有靴子毛利增加		5000	6000	7000
(9) 固定成本		8000	8000	8000
(10) 税(40%)		1960	2360	4040
(11) 净利润增加(6)−(7)+(8)−(9)−(3)−(10)		2940	3540	6060
(12) 与投资有关的现金流(1)+(2)+(5)	−13050	0	0	2750
(13) 净现金流(11)+(3)+(12)	−13050	7040	7640	12910

(2) 运用(1)的现金流，可得项目的净现值为：

$$NPV = -13050 + \frac{7040}{1.12} + \frac{7640}{1.12^2} + \frac{12910}{1.12^3} = 8515.36 \text{ 千美元}$$

求 IRR，令净现值为 0，

$$NPV = -13050 + \frac{7040}{1 + IRR} + \frac{7640}{(1 + IRR)^2} + \frac{12910}{(1 + IRR)^3} = 0$$

利用内插法可求得，$IRR=43.14\%$。

【科兴提示】这两道计算题都比较繁琐，想拿全分比较困难。这两道题目都源于罗斯《公司理财》习题集，备考中山大学的同学可以适度关注这本书。

3.（1）根据$\beta = \frac{\rho_i \times \sigma_i}{\sigma_m}$可得：

$$\rho_A = 0.90 \times \frac{0.10}{0.12} = 0.75$$

$$\sigma_B = 1.10 \times \frac{0.10}{0.40} = 0.28$$

$$\beta_C = 0.24 \times \frac{0.75}{0.10} = 0.75$$

（2）根据 CAPM 模型可知：

$$E(R_A) = 5\% + 0.9 \times (15\% - 5\%) = 14\% > 13\%$$

$$E(R_B) = 5\% + 1.1 \times (15\% - 5\%) = 16\% = 16\%$$

$$E(R_C) = 5\% + 1.8 \times (15\% - 5\%) = 23\% < 25\%$$

各证券在 *SML* 曲线上的位置如图 1 所示。股票 A 在 *SML* 的下方，股票 B 在 *SML* 上，股票 C 在 *SNL* 上方。所以股票 A 被高估，应该卖出；股票 B 合理估值，不操作；股票 C 被低估，应该买入。

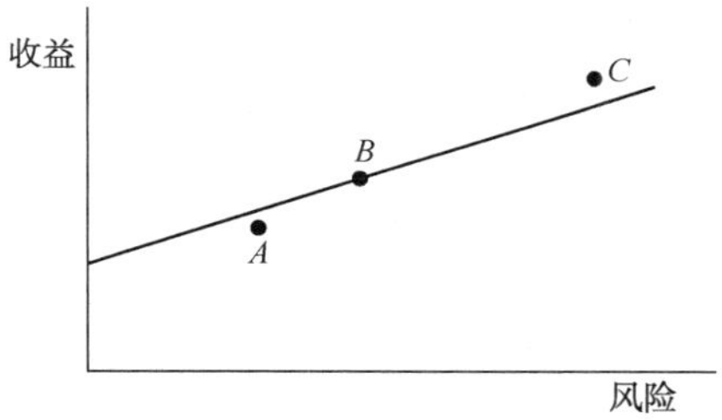

图 1　*SML* 曲线

4.（1）设股权上行的概率为 x，则股价下行的概率为$(1-x)$。

3 个月后，股价上行幅度=(46−40)÷40=15%，下行幅度=(40−30)÷40=25%

根据风险中性原理，$x\times15\%+(1-x)\times(-25\%)=4\%\times3/12$

解得 $x=0.65$，所以股价上行的 概率为 65%，下行的概率为 35%。

而 $C_u = 46 - 42 = 4$ 元，$C_d = 0$ 元 。则看涨期权现值为：

$$C_0 = \frac{0.65 \times 4 + 0.35 \times 0}{1 + 4\% \times 3/12} = 2.57 \text{ 元}$$

（2）套期保值比率为：

$$H = \frac{4 - 0}{46 - 30} \approx 0.25$$

借款=30×0.25/(1+1%)=7.43(元)

由于期权价格低于期权价值，因此套利过程如下：

卖出 0.25 股股票，借出款项 7.43 元，此时获得 0.25×40−7.43=2.57(元)，同时买入 1 股看涨期权，支付 2.5 元期权费用，获利 2.57−2.5=0.07(元)。

5.(1)货币乘数的公式推导如下：

$$k_1=\frac{M_1}{B}=\frac{M_0+D_1}{M_0+R}=\frac{\frac{M_0}{D_1}+\frac{D_1}{D_1}}{\frac{M_0}{D_1}+\frac{R}{D_1}}=\frac{1+c}{c+\frac{r(D_1+D_2)}{D_1}}=\frac{1+c}{c+r+r\times s}$$

$$k_2=\frac{M_2}{B}=\frac{M_0+D_1+D_2}{M_0+R}=\frac{\frac{M_0}{D_1}+\frac{D_2}{D_1}+\frac{D_1}{D_1}}{\frac{M_0}{D_1}+\frac{R}{D_1}}=\frac{1+c+s}{c+\frac{r(D_1+D_2)}{D_1}}=\frac{1+c+s}{c+r+r\times s}$$

(2) 随着互联网理财产品的普及，D_1在扩张，相应 D_2在减少，但是存款总量(D_1+D_2)是不变的，即 r 是不变的。所以对于狭义货币乘数，k_1的变化取决于 s 的大小。只有当分子大于分母的时候，k_1 才会变大，此时 $s<\frac{1-r}{r}$；只有当分子等于分母的时候，k_1 才会不变，此时 $s=\frac{1-r}{r}$；只有当分子小于分母的时候，k_1 才会变小，此时 $s>\frac{1-r}{r}$。

同理，对于广义货币乘数公式，我们也可以得出：当 $r<1$ 时，k_2在变大；当 $r=1$ 时，k_2不变；当 $r>1$ 时，k_2在变小。但是，现实中采用的是部分存款准备金率，所以后面两种基本不会发生，即 k_2肯定在扩大。

四、论述题(共计 40 分)

1. 有效市场假说(Efficient Markets Hypothesis，简称 EMH)是由尤金·法玛(Eugene Fama)在总结了前人的理论和实证的基础上，并借助 Samuelson 的分析方法和 Roberts 提出的三种有效形式，Fama(1970)提出了有效市场假说。

“有效市场假说”包含以下几个要点：第一，在市场上的每个人都是理性的经济人，金融市场上每只股票所代表的各家公司都处于这些理性人的严格监视之下，他们每天都在进行基本分析，以公司未来的获利性来评价公司的股票价格，把未来价值折算成今天的现值，并谨慎地在风险与收益之间进行权衡取舍。第二，股票的价格反映了这些理性人的供求的平衡，想买的人正好等于想卖的人，即，认为股价被高估的人与认为股价被低估的人正好相等，假如有人发现这两者不等，即存在套利的可能性的话，他们立即会用买进或卖出股票的办法使股价迅速变动到能够使二者相等为止。第三，股票的价格也能充分反映该资产的所有可获得的信息，即"信息有效"，当信息变动时，股票的价格就一定会随之变动。一个利好消息或利空消息刚刚传出时，股票的价格就开始异动，当它已经路人皆知时，股票的价格也已经涨或跌到适当的价位了。

中国的股票市场是弱式有效的表现如下：①实证表明，中国股票市场股票收益率序列相关性接近于 0，是随机游走的，符合弱式有效的特征。②利用技术分析进行交易不能获得超过市场平均的收益率。③当市场出现新心里是，股票价格会迅速调整到位，股价对信息反应迅速。另外中国股票市场未达到半强式有效市场或强式有效市场，理由如下：①利用基本面分析进行交易，可以获得超额收益。②利用内幕消息进行交易，可以获得超额收益。

目前中国的股票市场处于弱势有效市场的原因有以下几点：

① 监管体系不健全，集中统一型监管模式不够健全，证监会决定股票的发行、上市资源的分配，而且对于上市公司的各种运作均有最终审批权，但其更多是对政府负责，而非对投资者负责，另外现行的法律体系不够完善，缺乏配套的法律法规。

② 市场发展尚未成熟，我国对于公司信息披露的规定仍在完善过程中，目前对于市场披露的充分性、及时性和真实性远远不够，虚假信息经常、误导性信息时常出现。

③ 投资者不够理性，投资者的投资结构不够合理，在成熟的股票市场中，机构投资者占据主导地位，但我国股票市场中以散户为主，机构投资者占比较低。另外我国投资者的行为不够理性，在有效市场中假设投资者是完全理性的，我国投资者均热衷短期交易，与价值投资的理念不符。

2. (1) 马科维茨假设条件有：

① 投资者期望获得最大收益，并且都是风险厌恶者。

② 证券收益率是满足正态分布的随机变量，并且投资者的效用函数是二次函数。

③ 可以利用预期收益率来衡量投资者的效用大小，利用方差(或标准差)来衡量证券的风险。

④ 投资者建立证券组合的依据是：在既定的收益水平下使风险最小；或者，在既定的风险水平下使收益最大。

⑤ 风险与收益相伴而生。投资者在选择收益最高的证券时，可能会面临最大的风险；投资者大多把资金分散在几种证券上，建立一个证券组合，以便降低风险。但是，通过分散化投资降低风险的同时，收益也可能被降低。

(2) 假设的合理性：

马科维茨首次对风险和收益这两个投资管理中的基础性概念进行了准确的定义，从此，同时考虑风险和收益就作为描述合理投资目标缺一不可的两个要件。在马科维茨之前，投资顾问和基金经理尽管也会顾及风险因素，但由于不能对风险加以有效的衡量，也就只能将注意力放在投资的收益方面。马科维茨用投资回报的期望值(均值)表示投资收益(率)，用方差(或标准差)表示收益的风险，解决了对资产的风险衡量问题，并认为典型的投资者是风险回避者，他们在追求高预期收益的同时会尽量回避风险。据此马科维茨提供了以均值-方差分析为基础的最大化效用的一整套组合投资理论。

同时，马科维茨关于分散投资的合理性的阐述为基金管理业的存在提供了重要的理论依据。在马科维茨之前，尽管人们很早就对分散投资能够降低风险有一定的认识，但从未在理论上形成系统化的认识。

(3) 假设的不合理性

① 按马科维茨的理论设想，预期收益和风险的估计是一个组合及其所包括证券的实际收益和风险的正确度量，但是对于方差作为衡量指标的有效性难以让人信服。

第一，历史的数字资料不大可能重复出现；

第二，由于一种证券的各种变量随着时间的推移而经常变化，因此证券问的相互关系不可能一成不变。

第三，理论上，按照马科维茨的理论，应用价格的短期波动去决定一种证券的预期收益，应有一个高的或者一个低的预期方差。可是，在实践中，如果投资者受了有限流动性的约束，或者他们确实是一些证券的保存者，那么，短期价格的波动本身并不对他们产生什么实际意义的风险。

② 在理论方面，马科维茨认为大多数有理性的投资者都是风险的厌恶者这一论点，其真实性值得怀疑。例如，投资者在遇到一种证券能得到7%～23%的收益，和另一种证券的收益为9%～21%时，他愿意接受前者而放弃后者显然是不理智的，因为两种证券的平均收益都是15%。

3. (1)新闻中提到了公开市场业务，常备借贷便利(SLF)两种货币政策工具。

公开市场业务是指中央银行通过买进或卖出有价证券，吞吐基础货币，调节货币供应量的活动。与一般金融机构所从事的证券买卖不同，中央银行买卖证券的目的不是为了盈利，而是为了调节货币供应量。根据经济形势的发展，当中央银行认为需要收缩银根时，便卖出证券，相应地收回一部分基础货币，减少金融机构可用资金的数量；相反，当中央银行认为需要放松银根时，便买入证券，扩大基础货币供应，直接增加金融机构可用资金的数量。

常备借贷便利(SLF)，是中国人民银行正常的流动性供给渠道，主要功能是满足金融机构期限较长的大额流动性需求。对象主要为政策性银行和全国性商业银行。期限为1～3个月。利率水平根据货币政策调控、引导市场利率的需要等综合确定。常备借贷便利以抵押方式发放，合格抵押品包括高信用评级的债券类资产及优质信贷资产等。其特点有：①由金融机构主动发起，金融机构可根据自身流动性需求申请常备借贷便利；②常备借贷便利是中央银行与金融机构“一对一”交易，针对性强；③常备借贷便利的交易对手覆盖面广，通常覆盖存款金融机构。

(2) 央行这种利率调整行为不是在加息，原因有以下几点：

① 此次央行调整的是逆回购利率，逆回购的微调在历史上并不少见，逆回购的微调方向和紧随其后的货币政策走向并非完全一致。

② 上调SLF与存贷款利率没有极为紧密的关系，有时会逐渐传导，有时会由金融机构自行承担消化，所以这次上调不等于加息。

③ 春节前央行通过公开市场操作释放大量流动性应对春节资金需求，节后上调逆回购利率和 SLF 利率，其目的可能在于提高吉荣机构获取资金的成本，管控好货币闸门，压制机构加杠杆的意图。

（3）中国央行“加息”和美联储的“加息”有以下不同：

① 加息意图不同。央行加息是为了保持稳健中性的货币政策，调节好货币闸门，着力防控资产泡沫，所以加息目的是为了调节社会信贷总量，实现去杠杆。美联储加息是为了退出量化宽松，回归常规的货币政策。金融危机后美联储通过量化宽松、扩大资产负债表等政策调节利率，目前美国经济正处于上市时期，加息有利于货币政策回归中性。

② 加息方式不同。央行通过调整公开市场操作利率，SLF 利率等方式对市场利率进行微调，并未改变存贷款基准利率，美联储通过上调联邦基金利率进行加息。相比之下，美联储加息操作对于市场影响更加强烈，是全面的利率调节政策。

③ 加息影响不同。央行加息是为了控制市场货币总量，实现去杠杆的目的，避免市场出现系统性金融风险，进行市场货币结构性调整，美联储加息为导致市场利率全面上升，吸引外币流入美国，对其他国家产生很大影响。

【科兴点评】2018 年很多试题的表述风格接近米什金的《货币金融学》和罗斯的《公司理财》，其实中山大学本科生阶段经管专业的主流用书也是这几本教材。博迪的《投资学》也是很重要的，但 2018 年的试题中投资学部分比较简单，没有博迪教材的明显痕迹。

中央财经大学2018年金融学综合试题

一、单项选择题(每题1分，共30分)

1. 关于货币形式的阐述正确的是(　　)。
   A. 与实物货币相比，金属货币具有易于保存的优点
   B. 金属货币的价值随着金银开采量的增减而频繁变动，因此被纸币所取代
   C. 纸币和存款货币都是中央银行产生后创造的货币形式
   D. 存款货币都是由商业银行业务派生出来的
2. 关于目前的国际货币制度的阐述正确的是(　　)。
   A. 由于国际储备多元化，会产生“劣币驱逐良币”现象
   B. 美元与黄金保持固定比价，因此产生了“特里芬难题”
   C. 从汇率制度角度看，欧元区属于固定汇率制
   D. 目前人民币汇率制度属于有管理的独立浮动汇率制
3. 汇率变化对证券市场影响的说法正确的是(　　)。
   A. 本币升值，国际资金流出，股票价格上升
   B. 本币升值，出口企业业绩下滑，引起股票价格下降
   C. 本币贬值，使得本国企业的国际竞争力下降，引起股票价格下降
   D. 本币贬值，吸引本国投资资金流入，引起证券价格上升
4. 与古典利率理论的观点相吻合的是(　　)。
   A. 货币需求增加会引起利率上升　　B. 利息是剩余价值的一部分
   C. 利率不会高于平均利润率　　D. 边际储蓄倾向提高会引起利率下降
5. 远期合约的主要优点是(　　)。
   A. 可以灵活的依据交易双方的需要订立　　B. 标准化合约，可以减少交易成本
   C. 不受金融机构监管　　D. 没有违约风险
6. 关于金融市场的阐述正确的是(　　)。
   A. 期货市场属于场外交易　　B. 黄金市场属于离岸金融市场
   C. 外汇市场是外汇买卖和借贷的市场　　D. 中央银行参与资本市场交易活动
7. 与同类企业相比，如果某上市公司市盈率偏低则意味着(　　)。
   A. 其企业价值被低估　　B. 其企业价值被高估
   C. 股票市场泡沫过大　　D. 股票市场交易低迷
8. 在我国不能创造派生存款的金融机构是(　　)。
   A. 财务公司　　B. 商业银行　　C. 信用社　　D. 信托公司
9. 组织签署《巴塞尔协议》的国际金融机构是(　　)。
   A. 国际货币基金组织　　B. 世界银行
   C. 国际清算银行　　D. 亚洲开发银行
10. 关于利率类型的阐述正确的是(　　)。
    A. 我国商业银行公布的存贷款利率都是名义利率
    B. 长期利率都是浮动利率，短期利率都是固定利率

C. 市场利率都是浮动利率，官定利率都是固定利率

D. 基准利率是在短期借贷活动中产生的实际利率

11. 关于商业银行的阐述正确的是(　　)。

A. 商业银行经营原则是安全性、流动性和盈利性，其中盈利性是前提

B. 商业银行中间业务与创新的表外业务都是无风险业务

C. 商业银行资本充足率越高，其抵御风险的能力越强

D. 单个银行盈利性要求越高，整个银行部门越稳健

12. 我国央行发行债券的目的主要是(　　)。

A. 调控基础货币量　　B. 筹集长期资本

C. 主动进行负债管理　　D. 降低融资成本

13. 关于信用货币供给机制的阐述正确的是(　　)。

A. 其他条件不变，法定存款准备金率提高，商业银行派生存款增加

B. 其他条件不变，超额存款准备金率提高，商业银行派生存款减少

C. 其他条件不变，通货-存款比提高，货币乘数不变

D. 其他条件不变，准备-存款比降低，货币乘数减小

14. 凯恩斯的货币需求理论认为(　　)。

A. 市场利率越低，交易动机的货币需求越大

B. 市场利率越低，投机动机的货币需求越大

C. 收入水平越低，交易动机的货币需求越大

D. 市场利率越低，预防动机的货币需求越大

15. 中央银行资产负债业务对基础货币的影响是(　　)。

A. 其他存款性公司存款增加，基础货币减少

B. 国外资产减少，基础货币增加

C. 对政府债权增加，基础货币增加

D. 再贷款减少，基础货币增加

16. 属于国际收支平衡表资本与金融账户的子项目是(　　)。

A. 金融服务　　B. 投资捐赠　　C. 二次收入　　D. 投资收益

17. 国际收支平衡表借方项目记录的交易是(　　)。

A. 货物的出口　　B. 本国在国外的直接投资

C. 外国在本国的直接投资　　D. 外国支付给居民的报酬

18. 再贴现政策的优点是(　　)。

A. 中央银行主动性强，不受其他因素干扰

B. 直接影响货币乘数，调控效果猛烈

C. 调控的灵活性强，可用于日常的微调

D. 具有告示效应，引导市场利率变化

19. 某可转换债券的面值为 1000 元，发行价格为 1100 元，转换比率为 20，发行时对应的股票价格为每股 52 元，则该可转换债券的价格为(　　)元。

A. 50　　B. 52　　C. 55　　D. 60

20. 采用销售百分比法预测资金需求量时，下列项目中被视为不随销售收入的变动而变动的是(　　)。

A. 现金　　B. 存货　　C. 应收账款　　D. 公司债券

21. 某投资项目，当贴现率为12%时，其净现值为478；当贴现率为14%时，净现值为-22，利用插值法，该项目的内部收益率为(　　)。

A. 12.91%　　B. 13.59%　　C. 13.91%　　D. 14.29%

22. 某投资项目的年营业收入为100000元，年营业成本(含折旧)为60000元，其中折旧额10000元，所得税率为33%，该方案的每年营业现金净流量为(　　)。

A. 26800元　　B. 36800元　　C. 16800元　　D. 43200元

23. 在其他条件不变的情况下，若企业提高折现率，数值大小不会因此受到影响的指标是(　　)。

A. 净现值　　B. 现值指数　　C. 修正的内部收益率　　D. 内部收益率

24. 比较X和Y两个储蓄方案，X方案在未来3年中每年年初存入1000元，Y方案在未来3年中每年年末存入1000元。假设利率为10%，则X和Y方案在第三年年末时的终值之差为(　　)。

A. 331元　　B. 313元　　C. 133元　　D. 1331元

25. 在个别资金成本的计算中，不必考虑筹集费用影响因素的是(　　)。

A. 长期借款成本　　B. 债券成本　　C. 留存收益成本　　D. 普通股成本

26. 某公司的经营杠杆系数为1.8，财务杠杆系数为1.5，则该公司销售额每年增长1倍，就会造成每股利润增加(　　)。

A. 1.2倍　　B. 1.5倍　　C. 1.3倍　　D. 2.7倍

27. 某公司2017年的税后利润为2000万元，年末的普通股股份数为1000万股，2018年的计划投资需要资金2200万元，公司的目标负债权益比为2∶3。如果该公司实行剩余股利政策，那么2017年的每股股利为(　　)。

A. 0.80元　　B. 0.75元　　C. 0.68元　　D. 0.37元

28. 下列关于股票分割的表述中，正确的是(　　)。

A. 股票分割不影响股票面值

B. 股票分割的结果会使负债比重下降

C. 股票分割会使每股收益和每股市价下降

D. 股票分割的结果会使股数增加，股东权益增加

29. 从看涨期权的角度看，下列对股权和债权的分析正确的是(　　)。

A. 公司的股东拥有公司，并卖出一个公司市场价值为标的资产、以债务偿还额为执行价格的看涨期权

B. 公司股东持有以公司市场价值为标的资产，以债务偿还额为执行价格的看涨期权

C. 公司的债权人拥有公司，并持有一个公司市场价值为标的资产、以债务偿还额为执行价格的看涨期权

D. 公司债权人卖出一个以公司市场价值为标的资产，以债务偿还额为执行价格的看涨期权

30. 在CAPM的框架下，考虑一个有效组合j，给定如下条件：

$$E(R_j)=20\%;\ E(R_m)=15\%;\ R_f=5\%;\ \sigma_m=20\%$$

则该投资组合的回报率标准差为(　　)。

A. 20%　　B. 30%　　C. 40%　　D. 50%

二、多项选择题(每题 2 分，共 10 分)

1、外汇的基本特征有(　　)。

A. 以外币表示的金融资产　　B. 国际间的结算支付手段

C. 充分的可兑换性　　D. 政府发行的货币

E. 必须有黄金做准备

2. 属于金融市场非系统性风险的是(　　)。

A. 某公司没有按要求披露信息　　B. 单只股票出现跌停板

C. 股票指数触及熔断机制暂停交易　　D. 中央银行加息导致股指下跌

E. 交易者报价失误导致投资亏损

3. 关于利率期限结构的阐述正确的是(　　)。

A. 预期理论可以解释收益率曲线一般向上倾斜

B. 市场分割理论主要解释了收益率曲线的同向波动特征

C. 预期理论和市场分割理论的主要不同之处在于它们对不同期限债券的替代弹性有着决然不同的假设

D. 流动性溢价和期限选择理论综合了预期理论和市场分割理论，能很好地解释收益率曲线的三个典型特征

E. 收益率曲线向下倾斜往往意味着公众对未来经济的预期较为悲观

4. 在其他条件不变的情况下，会引起总资产周转率指标上升的业务是(　　)。

A. 用现金偿还负债　　B. 借入一笔短期贷款

C. 用银行存款购入一台设备　　D. 用银行存款支付一年的电话费

E. 用现金买入有价证券

5. 关于资本结构和资本成本的说法正确的是(　　)。

A. 在无税收的 MM 定理中，由于负债总是无风险，所以，负债公司的股东所要求的回报率与无负债公司相同

B. 在无税收的 MM 定理中，如果公司负债，那么由于股东仅享有剩余索取权，其收益的波动性要大于无负债公司，所以负债公司的股东所要求回报率大于无负债公司

C. 在有公司所得税的 MM 定理中，负债公司股东所要求回报率随着资本结构中负债的增加而上升，但公司的加权平均资本成本保持不变

D. 在有公司所得税的 MM 定理中，负债公司股东所要求回报率随着资本结构中负债的增加而上升，但公司的加权平均资本成本却随着公司杠杆比例上升而下降

E. 不管是否存在公司所得税，由于负债会导致股东承担财务风险，因此股东预期更高的回报

三、计算题(每题 10 分，共 30 分)

1. 某企业计划用新设备替换旧设备，旧设备账面折余价值为 60000 元，税法规定的使用年限 10 年，该设备已经使用 5 年，预计还可以使用 5 年，目前变现收入 60000 元。新设备投资额为 150000 元，预计使用 5 年。第五年末，新、旧设备的预计残值相等。使用新设备可使企业在未来 5 年内每年增加营业收入 16000 元，降低营业成本 9000 元。该企业直线法计提折旧，适用的所得税税率 33%。要求：

(1) 计算使用新设备比旧设备增加的净现金流量；

（2）若投资人要求的必要报酬率为 8%，确定是否采用新设备替换旧设备。

利率为 8%时的复利现值系数和年金现值系数

T	1	2	3	4	5	6	7	8
复利现值系数	0. 9259	0. 8573	0. 7938	0. 7350	0. 6806	0. 6302	0. 5835	0. 5403
年金现值系数	0. 9259	1. 7833	2. 5771	3. 3121	3. 9927	4. 6229	5. 2064	5. 7466

2. 已知某无负债公司的总资产价值为 10000 元，发行在外的普通股股票 500 股，息税前收益 EBIT 为 2000 元，公司所得税率为 40%，股权资本成本为 12%。该公司决定发行价值 5000 元，年息税率 8%的公司债赎回同等价值的公司股票。计算股票的赎回价格和赎回后公司的价值以及资本成本（杠杆公司的股权资本成本和加权平均资本成本）。

3. C 公司年终利润分配前的股东权益项目资料如下：

股本—普通股（每股面值 2 元，2000 万股）	4000 万元
资本公积	1600 万元
未分配利润	14400 万元
所有者权益合计	20000 万元

公司股票的每股现行市价为 22 元。回答下列互不相关的问题：

（1）计划按每 10 股送 1 股的方案发放股票股利，并按发放股票股利后的股数派发每股现金股利 0. 5 元，股票股利的金额按现行市价计算。计算完成这一分配方案后的股东权益各项目数额；

（2）如若按 1 股换 2 股的比例进行股票分割，计算股东权益各项目数额、普通股股数。

（3）假设利润分配不改变市净率（每股市价/每股净资产），公司按每股 10 股送 1 股的方案发放股票股利，股票股利按现行市价计算，并按新股数发放现金股利，且希望普通股市价达到每股 19. 8 元，计算每股现金股利。

四、名词解释（每题 4 分，共 20 分）

1. 直接融资
2. 政策性金融机构
3. 功能监管
4. 财务危机成本
5. 认股权证

五、简答题（每题 8 分，共 32 分）

1. 从市场功能上看，金融市场中的一级市场与二级市场有何不同？
2. 简述信用消费的内涵、形式与作用。
3. 中央银行的产生与商业银行有哪些联系？
4. 简述融资优序顺序理论的主要内容及其推论。

六、论述题（每题 14 分，共 28 分）

1. 2001—2016 年间，我国国际收支经历了两个不同的阶段：先是国际收支持续双顺差，国际储备大幅增长；以后是非储备性质的金融账户逆差，导致国际收支中逆差，国际储备大幅减少。请阐述在国际收支顺差、国际储备增长和国际收支逆差、国际储备减少的两种情景下，我国中央银行基础货币投放方式有何不同？为实现货币政策目标而进行的货币政策操作有何不同？

2. 2017 年我国金融监管部门针对资管市场发展中的问题出台了一系列监管新政，运用金融创新与金融监管的关系原理，梳理监管政策并分析构建有效的金融风险监管体系的路径。

中央财经大学 2018 年金融学综合试题解析

一、单项选择题(每题 1 分，共 30 分)

1. A。与实物货币相比，金属货币易于保存，A 选项正确；金属货币的价值相对于纸币价值还是稳定的，其被纸币取代，更多在于其供给量跟不上经济的发展，B 选项错误；纸币是代替金属货币执行流通手段的由国家(或某些地区)发行的强制使用的价值符号，它在中央银行产生之前就出现了，如我国北宋出现的交子，C 选项错误；存款货币包括原始货币和派生货币，并不是都由商业银行业务派生出来的，D 选项错误。

2. D。在国际储备货币多元的牙买加体系下，会产生货币替代现象，即所谓“良币替代劣币”，A 选项错误；美元与黄金保持固定比价，其他货币与美元保持固定比价的双挂钩机制，产生了特里芬难题，B 选项错误；欧元区对外采用联合浮动汇率制度，C 选项错误。

3. B。本币升值，会引起国际资金流入，A 选项错误；本币贬值，国际资金外流，但有利于出口，C 选项和 D 选项错误。

4. D。古典利率理论着眼于实物领域，A 选项属于凯恩斯流动性偏好理论；B 选项和 C 选项是马克思的利率决定观点；根据古典利率决定理论，在边际投资储蓄倾向不变的前提下，边际储蓄倾向的提高会引起利率的下降。

5. A。远期合约是交易双方约定在未来的某一确定时间，以确定的价格买卖一定数量的某种金融资产的合约。其优点则是灵活性较大，可根据双方需求确定，但违约风险较大，并且不是标准化合约。

6. C。期货交易属于场内交易，A 选项正确；黄金市场属于在岸金融市场，B 选项错误；中央银行不能参与资本市场交易活动，D 选项错误。

7. A。市盈率=每股价格/每股盈利，市盈率偏低意味着每股价格相对每股盈利偏小，即该公司市场价值被低估。

8. A。我国的财务公司是由企业集团组建的，主要特点就是为集团内部成员提供金融服务，其业务范围、主要资金来源和资金运用都限定在企业内部，而不能像其他金融机构一样到社会上去开拓生存空间。这和西方的金融公司很不一样。

9. C。《巴塞尔协议》是巴塞尔委员会制定的在全球范围内主要的银行资本和风险监管标准。巴塞尔委员会由来自 13 个国家的银行监管当局组成，是国际清算银行的四个常务委员会之一。

10. A。我国商业银行公布的存贷款利率都是名义利率，包含了通货膨胀率，A 选项正确；长期利率和短期利率，浮动利率和固定利率，市场利率和官定利率，它们各自划分的标准不同，所属关系并不明确，B 和 C 选项错误；基准利率是指在多种利率并存的条件下起决定性作用的利率，D 选项错误。

11. C。商业银行经营原则是安全性、流动性和盈利性，其中安全性是前提，A 选项错误；商业银行创新的表外业务都是有风险的，B 选项错误；单个银行安全性要求越高，整个银行部门越稳健，D 选项错误。

12. A。央行票据即中央银行票据，是中央银行为调节商业银行超额准备金而向商业银行发行的短期债务凭证，其实质是中央银行债券。但央行票据与金融市场各发债主体发行的债券具有根本的区别：各发债主体发行的债券是一种筹集资金的手段，其目的是为了筹集资金，即增加可用资金；而中央银行发行的央行票据是中央银行调节基础货币的一项货币政策工具，目的是减少商业银行可贷资金量。

13. B。狭义货币乘数由法定存款准备金率，超额准备金率，通货比率，定期存款与活期存款的比率等四个因素决定，通过对各因素求一阶偏导可得这些因素均与货币乘数呈反向关系。

14. B。凯恩斯的货币需求函数为：$L=L_1(y)+L_2(r)$，交易性货币需求和预防性货币需求L_1与收入水平y呈正比，投机性货币需求L_2与利率r呈反比。

15. C。中央银行资产负债表的基本关系式：资产=负债+自有资本。A 选项，负债增加，对应的央行资产也会增加，基础货币增加；B 选项，国外资产减少，意味着对应的央行负债的减少，基础货币减少；C 选项，对政府债权增加，意味着对应的央行负债的增加，基础货币增加；D 选项，再贷款减少，意味着央行负债的减少，基础货币减少。

16. B。选项 A、C、D 都属于经常账户项目。二次收入是指商品、劳务或金融资产在居民与非居民之间转移后，未得到补偿与回报的转移，也称“无偿转移、单方面转移”，就是所谓的经常转移。转移还包括资本转移，但资本转移包括在资本和金融账户。

17. B。国际收支平衡表基本记录规则是：贷方记录对外获得收入的项目，借方记录对外发生支付的项目。

18. D。再贴现政策的优点是具有告示效应，引导市场利率变化；缺点是央行主动性差。选项 B 是法定存款准备金率政策的优点，选项 C 是公开市场操作的优点。

19. A。转换价格=面值/转换比率=1000/20=50 元。

20. D。公司债券作为长期负债一般为非敏感项目。

21. C。内部报酬率是指使项目 *NPV* 为零时的折现率，则根据插值法有：$(IRR-12\%)/(14\%-12\%)=(0-478)/(-22-478)$，计算可得 $IRR=13.912\%$。

22. B。现金净流量=息税前利润+折旧摊销额=(100000-60000)×(1-33%)+10000=36800 元。

23. D。内含报酬率指标是方案本身的报酬率，其指标大小不受折现率高低的影响。

24. A。A 方案在第三年年末时的终值$=1000\times(1+10\%)[(1+10\%)^3-1]/10\%=3641$(元)；B 方案在第三年年末时的终值$=1000\times[(1+10\%)^3-1]/10\%=3310$(元)。二者在第三年年末时的终值相差 3641-3310=331(元)。

25. C。在个别资金成本的计算中，由于保留盈余是从企业税后净利中形成的，所以，不必考虑筹资费用因素的影响。

26. D。因为 $DTL=DOL\times DFL=1.8\times1.5=2.7$，公司销售额每增长 1 倍，就会造成每股收益增加 2.7 倍。

27. C。公司计划需要资金 2200 万，负债权益比为 2/3，因此公司 2018 年需要权益资本 1320 万。公司采取剩余股利政策，则税后利润应该首先满足下一年度的资金需求，剩余资金为 2000-1320=680 万，因此 2017 年的每股股利为 680/1000=0.68 元。

28. C。股票分割是将一股拆分为多股。会使股票数量增加，每股面值也会下降，但是不会引起所有者权益总额的变化，也不会改变资本结构。

29. D。当公司运用债务资本时，股票可以被看作公司的看涨期权，持股人被看作对公司持有看涨期权，债权人被视为拥有公司但向股东出售了看涨期权。这里，期权交易的标的资产就是公司整个资产，执行价格即为公司负债的本金与利息之和，期权的有效期即为债务资本的期限。因此，在债务到期日或到期日之前，如果公司的价值超过负债的本利和，持股人为了获得公司，可以执行看涨期权，把公司从债权人手中买回；如果公司的价值小于公司负债的本利和，持股人就不会行权。另一方面，债权人作为看涨期权的出售者，他们只有被动地接受持股人的决定。

【科兴提示】中央财大 2015 年考查过类似的选择题，只是从看跌期权的视角来看公司股权和债权。

30. B。资本市场线的公式：$R=R_f+\frac{(R_M-R_f)\sigma_p}{\sigma_M}$，根据已知条件可得方程：$20\%=5\%+\frac{15\%-5\%}{20\%}\sigma_p$，解得：$\sigma_p=30\%$。

【科兴提示】改编自中央财经大学 2011 年计算题第 3 题。

二、多项选择题(每题 2 分，共 10 分)

1. ABC。外汇并不要求一定是外币，也可以是外币表示的各种有价证券，D 选项错误；在信用货币时代，外汇的发行一般以政府信用作为保证，E 选项错误。

2. ABE。非系统性风险是个体的风险，可以通过投资组合进行分散。

3. CDE。预期理论认为收益率曲线是平行的，A 选项错误；市场分割理论认为长期债券市场和短期债券市场是相互独立的，因此不能解释收益率曲线的同向波动特征，B 选项错误。

4. AD。总资产周转率是企业一定时期的营业收入与平均资产总额的比率，它可用来反映企业全部资产的利用效率。

5. BDE。不管是否存在公司所得税，由于负债会导致股东承担财务风险，因此股东预期更高的回报，A 选项错误；在有公司所得税的 MM 定理中，负债公司股东所要求回报率随着资本结构中负债的增加而上升，但公司的加权平均资本成本却随着公司杠杆比例上升而下降，C 选项错误。

三、计算题(每题 10 分，共 30 分)

1. (1)初始新增投资 = 150000-(-60000) = -90000(元)

每年新增折旧 = 150000/5-60000/5 = 18000(元)

每年新增利润 = [16000-(-9000+18000)]×(1-25%) = 5250(元)

每年新增净现金流量 = 5250+18000 = 23250(元)

(2) 23250×(P/A，ΔIRR，5)-90000 = 0

利用插值法得：ΔIRR = 9.19%

因为 ΔIRR = 9.19%>8%，所以应该用新设备代替旧设备。

2. 无杠杆资本成本 = 12%，则根据 MM 定理可得回购后的权益资本成本：

$$R_S = R_U + \frac{B}{S}(R_U - R_B)(1-T_C) = 12\% + 1\times(12\%-8\%)\times 0.6 = 14.4\%$$

则根据 WACC 公式可得：

$$R_{WACC} = 14.4\%\times 0.5 + 8\%\times 0.5\times 0.6 = 9.6\%$$

本题目还有另外一种解法求 WACC：

$$R_{WACC} = \frac{EBIT(1-T_C)}{V_L} = \frac{1200}{12000} = 10\%$$

与上面的答案不一致，条件给多了，前后产生了矛盾。

3. (1)发放股票股利后的普通股数 = 2000×(1+10%) = 2200(万股)

发放股票股利后的普通股本 = 2×2200 = 4400(万元)

发放股票股利后的资本公积 = 1600+(22-2)×200 = 5600(万元)

现金股利 = 0.5×2200 = 1100(万元)

利润分配后的未分配利润 = 14400-22×200-1100 = 8900(万元)

(2) 股票分割后的普通股数 = 2000×2 = 4000(万股)

股票分割后的普通股本 = 1×4000 = 4000(万元)

股票分割后的资本公积 = 1600(万元)

股票分割后的未分配利润 = 14400(万元)

(3) 分配前市净率 = 22/(14400/2000) = 3.06(元)

每股市价 19.8 元时的每股净资产 = 19.8/3.06 = 6.47(元)

每股市价 19.8 元时的全部净资产 = 6.47×2200 = 14235.29(万元)

每股市价 19.8 元时的每股现金股利 = (14400-14235.29)/2200 = 0.075(元)

四、名词解释(每题 4 分，共 20 分)

1. 直接融资是指没有金融中介机构介入的资金融通方式。在这种融资方式下，在一定时期内，资金盈余单位通过直接与资金需求单位协议，或在金融市场上购买资金需求单位所发行的有价证券，将货币资金提供给需求单位使用。商业信用、企业发行股票和债券，以及企业之间、个人之间的直接借贷，均属于直接融资。

2. 政策性金融机构是由政府或政府机构发起或出资，以某种特定政策性金融业务为其基本业务活动的金融机构。包括政策性银行机构和政策性非银行金融机构。更确切地说，它是指那些由一国政府或政府机构发起、出资创立、参股、保证或扶植的，不以利润最大化为其经营目标，专门为贯彻配合政府特定的社会经济政策和意图，在法律限定的业务领域内，直接或间接地从事某种特殊政策性融资活动，从而充当政府发展经济、促进社会发展稳定、进行宏观经济调节管理工具的金融机构。

3. 功能监管是按照经营业务的性质来划分监管对象的金融监管模式，如将金融业务划分为银行业务、证券业务和保险业务，监管机构针对业务进行监管，而不管从事这些业务经营的机构性质如何。其优势在于：监管的协调性高，监管中发现的问题能够得到及时处理和解决；金融机构资产组合总体风险容易判断；可以避免重复和交叉监管现象的出现，为金融机构创造公平竞争的市场环境。

4. 财务危机成本是在财务管理出现技术上或者企业破产的情况下所形成的直接成本和间接成本。其中，直接成本包括履行破产程序及开展破产工作的费用以及因破产所导致的企业无形资产的损失；间接成本则包括发生财务危机但尚未达到破产地步时的经营管理所遇到的工作障碍对企业价值的贬值，以及企业债权与企业决策者之间的矛盾与斗争所影响的企业价值的贬值。

5. 认股权证是由股份有限公司发行的可认购其股票的一种买入期权。它赋予持有者在一定期限内以事先约定的价格购买发行公司一定股份的权利。对于筹资公司而言，发行认股权证是一种特殊的筹资手段。认股权证本身含有期权条款，其持有者在认购股份之前，对发行公司既不拥有债权也不拥有股权，而只是拥有股票认购权。尽管如此，发行公司可以通过发行认股权证筹得现金，还可用于公司成立时对承销商的一种补偿。

五、简答题(每题 8 分，共 32 分)

1. 一级市场，也称发行市场或初级市场，是资本需求者将证券首次出售给公众时形成的市场。其主要功能有：为资金需求者提供筹措资金的渠道；为资金供应者提供投资机会，实现储蓄向投资的转化；形成资金流动的收益导向机制，促进资源配置的不断优化。

二级市场是指在证券发行后各种证券在不同的投资者之间买卖流通所形成的市场，又称流通市场或次级市场。其主要功能有：促进短期闲散资金转化为长期建设资金；调节资金供求，引导资金流向，为商业的直接融资提供渠道；二级市场的股价变动能反映出整个社会的经济情况；维持股票的合理价格，交易自由、信息灵通、管理缜密，保证买卖双方的利益都受到严密的保护。

2. (1)消费信用是由商业企业、商业银行以及其他信用机构以商品形态向消费者个人提供的信用。它旨在解决消费者支付能力不足的问题，通过提供消费信用使消费者提前实现需求，达到推销商品的目的。

(2) 消费信用的方式有：

① 赊销。工商企业对消费者提供的短期信用，即延期付款方式销售，到期一次付清货款。

② 分期付款。购买消费品或取得劳务时，消费者只支付一部分贷款，然后按合同分期加息支付其余货款，多用于购买高档耐用消费品或房屋、汽车等，属中长期消费信用。

③ 消费贷款。银行及其他金融机构采用信用放款或抵押放款方式，对消费者发放贷款，按规定期限偿还本息，有的时间可长达 20~30 年，属长期消费信用。

(3) 消费信用的作用

(Ⅰ) 积极作用

① 解决消费和购买力特别是耐用消费品购买力和消费品供给之间的不平衡；

② 促进耐用消费品生产的发展和提前实现居民生活水平的提高；

③ 促进现代科学技术的发展和生产力水平的提高，促进产品更新换代。

(Ⅱ)消极作用

① 消费信用过分发展，掩盖消费品供求之间的矛盾，造成一时的虚假需求，给生产传递错误信息，使一些消费品生产盲目发展；

② 过量发展消费信用会导致信用膨胀；

③ 由于消费信用是对未来购买力的预支，在延期付款的诱惑下，对未来收入预算过大使消费者债务负担过重，最终迫使生活水平下降，增加社会不稳定因素。

3. 中央银行是在商业银行的基础上，经过长期发展逐步形成的。从 17 世纪初到 19 世纪末，商业银行制度在欧洲逐步形成。随着银行数量的迅速增加以及资本主义经济的迅速发展，凸显出一些问题，这些问题为中央银行的产生提出了客观要求。问题集中体现在以下五个方面：

(1) 银行券的发行问题。中央银行形成以前，没有专门的发行银行，各商业银行都有发行银行券的权力。随着资本主义经济和银行业的快速发展，分散发行制度的缺陷逐渐暴露。银行发行的银行券往往不能兑现，加剧了货币流通的混乱与危机。同时，银行发行的银行券只能在很小的范围内流通，给生产和流通造成很多困难。客观上要求在全国范围内由享有较大信誉的大银行来集中发行货币，以克服分散发行造成的混乱。

(2) 票据交换和清算问题。随着银行业务的不断扩展，债权债务关系错综复杂，银行每天收受票据的数量也日益增多，由各家银行自行轧差进行当日结算便发生困难。不仅异地如此，同城亦然。这就在客观上要求建立一个全国统一的、权威的、公正的清算机构为之服务。

(3) 银行的支付保证能力。单个银行由于资金实力的局限难以独立保证自身的安全。而个别银行的支付风险又常常引发整个银行体系的信用危机，形成银行业的系统性风险。因此，客观上要求有一家权威性的银行机构，能够在商业银行发生资金困难时，发挥“最后贷款人”功能。

(4) 金融监管问题。与一般企业不同，由于金融企业联系着千家万户，因此它在竞争中的破产、倒闭给经济造成的震荡要比普通企业大得多。因此，客观上需要有一个代表政府意志的超然于所有金融企业之上的专门机构专事对金融业的监督和管理，以保证金融业的安全与规范化经营。

(5) 政府融资问题。在人类社会的发展过程中，政府的职责不断扩大。政府职责的强化增加了开支，政府融资便成为一个重要问题。为保证和方便政府融资，发展建立一个与政府有密切联系、能够直接或变相为政府筹资或融资的银行机构，也是中央银行产生的客观要求之一。

4. 优序融资理论放宽 MM 理论完全信息的假定，以不对称信息理论为基础，并考虑交易成本的存在，认为权益融资会传递企业经营的负面信息，而且外部融资要多支付各种成本，因而企业融资一般会遵循内源融资、债务融资、权益融资这样的先后顺序。

优序融资理论的推论有：

(1) 公司发行信息敏感工具会导致其股价下跌，并且，发行的金融工具对信息越敏感，其价格下跌幅度就越快。

(2) 公司的财务灵活性具有价值。财务灵活性是指公司动用富余资金和剩余负债的能力。公司的财务灵活性可以使其减少甚至避免使用昂贵的外部资金，避免投资不足的现象，因而是有价值的。

(3) 公司的盈利能力越强，其杠杆比例越低。

(4) 由于信息披露有助于缓解信息不对称问题，公司倾向于紧接在披露盈利信息公告之后发布权益证券，这样做有助于缩小发行公告导致的股价下跌的幅度。

(5) 公司根据投资机会确定其现金股利分配比率，如果内部现金流量不能满足投资需求，公司可能少股利分配。

(6) 公司不存在最优目标杠杆比例和目标杠杆比例。公司根据其财务灵活性和信息不对称程度选择是否进行外部融资、发行债务工具还是权益工具，因此，公司没有最优目标杠杆比例和目标杠杆比例。

六、论述题(每题 14 分，共 28 分)

1. (1) 中央银行基础货币投放方式

① 在国际收支顺差、国际储备增长时

外汇储备是中国人民银行投放基础货币的主要渠道。1994 年外汇管理体制改革后，我国实行强制的银行结售汇制度，所有的外汇必须卖给银行，不允许保留外汇。但是，由于我国鼓励出口和优惠外资的政策所形成的经常账户顺差以及人民币升值引起的资本和金融账户顺差，使得大量的外资涌入，外汇供大于求，而我国又实行有管理的浮动汇率制度，为了维持汇率的稳定，央行不得不被动的进入外汇市场购买这部分多余的外汇，形成外汇占款。央行吸收外汇的同时也就将基础货币释放了出来。

② 在国际收支逆差、国际储备减少时

2008 年，强制的结售汇制度正式退出历史的舞台。公开市场操作成了中国人民银行调控基础货币的一个重要渠道。中央银行如果增加持有对政府和其他存款性金融机构的债权，就意味着投放了相应的基础货币；中央银行减少对政府和其他存款性金融机构的债权，意味着其收回了相应的基础货币。在我国，中国人民银行的公开市场业务债券交易有现券交易、回购交易和发行中央银行票据三种。

（2）货币政策操作

① 当国际收支连年双顺差，外汇储备不断增长的时候，货币政策的主要目标是稳定好人民币汇率，因此留给央行调整货币政策的空间较小，因为基础货币已经以外汇占款的形式大幅增加，为了维持国内外均衡，央行只能被动的吸收不断涌入的外汇而无法主动去调节市场流动性。

② 当国际收支出现逆差，外汇储备下降时，央行便有了较大的货币政策自主权与控制能力，可选择多种货币政策操作以灵活的控制基础货币供给，此时的基础货币已不是由于大量的外汇占款而被迫投放了。比如近两年为了拉动国内需求、刺激经济增长，央行开发出许多新型货币政策工具如 SLF、MLF、TLF 等，这些工具期限灵活、方向精准，能够更加高效地实现货币政策目标。

2.（1）金融创新，是指金融业现有各种要素的重新组合，具体是指金融机构和金融管理当局出于对微观利益和宏观效益的考虑而对机构设置、业务品种、金融工具及制度安排所进行的金融业创造性变革和开发活动。金融监管是指金融主管当局依法对金融机构及其经营活动实施的领导、组织、协调和控制等一系列的活动。二者的关系表现如下：

① 金融管制诱发了金融创新。金融监管之所以成为诱发金融创新的重要原因，是因为，管制实际上是对金融企业的一种成本追加，或称隐含的税收，金融监管增加了金融机构潜在的经营成本，限制了金融业的赢利能力，导致这些金融企业"发掘"金融监管的"漏洞"，以回避它们。当金融法规的约束大到回避它们便可以增加经营利润时，"发掘漏洞"和金融创新就自然产生了。

② 金融创新也促进了金融管制的完善。因为，金融创新使西方各国的原有金融管制失去了效力，并推动了 20 世纪 80 年代的金融自由化，但金融自由化和金融创新同时也增大了金融风险，使金融体系出现新的不稳定因素。在此背景下，各国政府必然要求进一步完善金融管制，以维持金融秩序的持续稳定。

（2）近 40 年来，我国金融监管政策主要经历了 1986—1991 年的混业监管时代和 1992—2017 年的分业监管时代。一行三会模式的分业监管，由于其职责明确，监管效率高客观上对我国金融业的发展产生了巨大的推动作用。但是，近年来，由于金融创新的过度表外化和融资业务的过度同业化，金融业的交叉风险一步步加剧，资管通道业务急增、资金过度运用杠杆，增加了整个金融系统性风险。因此，混业监管的呼声又高起来。

（3）金融监管应与行业发展相适应，鉴于金融创新的不断发展，下一步金融监管体制改革应着手于以下几个方面：

① 建立统一、协调、高效的金融监管体系。对中央而言，要健全风险监测预警和早期干预机制，加强对金融机构和金融活动的全流程全链条动态监测预警，及时有效识别重大风险隐患，完善金融风险应急处置和问题机构退出机制。

② 进一步完善宏观审慎管理框架。金融工作会议和十九大报告均指出了下一步需要完善货币政策与宏观审慎政策相配合的"双支柱"金融调控政策框架，着眼于物价稳定和金融体系稳定，两者互相补充和强化。

③ 加强系统性风险的评估与监管。我国应加强系统性风险的评估与监管，借鉴国外先进经验，探索构建系统性风险防范长效机制，不断建立完善系统性风险的管理的法律制度、机构安排、技术工具等。

④ 加强监管信息平台建设和国际监管合作。当前监管机构之间信息共享机制的不健全，导致监管机构之间难以有效地进行协调与合作，对系统性金融风险缺乏足够的了解，影响决策的有效性和及时性。因此，应当建立监管机构的信息共享机制，加强各机构的协调，避免重复监管和监管空白，节省监管成本，提高监管的有效性。

【科兴提示】和往年相比，2018 年的试题无论是风格，还是难度都没有变化。也就是多了多选题，少了判断题。这个细小的变化也可以客观上降低该科目的平均得分。毕竟判断题肯定比多选题更容易得分。

对外经济贸易大学2019年金融学综合试题

一、单项选择题(10题，每题2分，共20分)

1. 下列哪个因素是布雷顿森林货币制度的弊端之一？(　　)

A. 特里芬难题　B. 格雷欣法则　C. 凯恩斯陷阱　D. 费雪效应

2. 由于不对称信息，交易发生前存在的(　　)将会使直接融资成本提高。

A. 道德风险　B. 代理问题　C. 逆向选择　D. 搭便车问题

3. 经济学家(　　)在1933年提出了债务-通货紧缩理论，他认为经济主体的过度负债是导致通货紧缩的重要原因。

A. 丁伯根　B. 多恩布什　C. 保罗·克鲁格曼　D. 欧文·费雪

4. 从2018年6月开始，中国A股被纳入(　　)，这是中国股市对外开放的里程碑事件。

A. 伦敦金融时报指数　B. MSCI指数

C. 道琼斯指数　D. 香港恒生指数

5. 下列属于我国中央银行近年来经常使用的货币政策工具是(　　)。

A. 法定存款准备金率　B. 中期借贷便利(MLF)

C. 调整存、贷利率　D. 窗口指导

6. 如美元兑日元的汇率为USD/JPY＝100，根据购买力平价，如果美国的一般物价水平上涨5%，日本的一般物价水平上涨15%，则USD/JPY将变为(　　)。

A. 72　B. 91　C. 115　D. 110

7. 以下与债券相关的叙述中，哪些是正确的？(　　)

(1) 债券让发行方在税务上受益；

(2) 当公司发行债券时，其财务困境的风险增高；

(3) 大部分的长期债券指的是非抵押债券；

(4) 在破产程序中，所有的债券都受到相同对待。

A. (1)和(3)　B. (1)和(2)　C. (3)和(4)　D. (2)和(4)

8. 你正在比较两个现值相等的年金。一个年金在每年年初支付5000元需支付10年；第二个年金在每年年底付款，也是需要支付10年，适用的贴现率是7.5%，请问每年需要支付(　　)元。

A. 4651　B. 5075　C. 5000　D. 5375

9. 按照马科维茨的描述，下列资产组合中不会落在有效边界上的是(　　)。

资产组合	期望收益率(%)	标准差(%)
W	9	21
X	5	7
Y	15	36
Z	12	15

A. W　B. X　C. Y　D. Z

10. 年末某公司正考虑卖掉现有的一台闲置设备。该设备于 8 年前以 40000 元购入，税法规定的折旧年限为 10 年，按直线法计提折旧，预计残值为 10%，已计提折旧 28800 元。目前，可以按 10000 元价格卖出，假设卖出所得税率为 30%，卖出现有设备对本期现金流量的影响是(　　)。

A. 减少 360 元　　B. 减少 1200 元　　C. 增加 9640 元　　D. 增加 10360 元

二、判断题(15 题，每题 1 分，共 15 分)

1. 金融工具与金融资产是对同一事物的两个不同性质的表述。(　　)

2. 远期利率协议(FRA)并不涉及交易双方一笔本金的实际交易。(　　)

3. 在金融市场发达的国家，以股票融资为代表的直接融资是企业融资的主要渠道。(　　)

4. 在市场利率处于上升期时商业银行应该实施缺口率大于 1 的战略。(　　)

5. 货币市场流动性不足的主要表现是货币乘数缩小。(　　)

6. 中央银行公开市场操作将导致非借入准备金的等额变动。(　　)

7. 我国《商业银行资本管理办法》要求非系统性重要银行的附加资本为 1%。(　　)

8. 根据第六版国际收支手册，非居民向本国居民支付的投资利息、股息或红利，应记入本国国际收支平衡表中的投资收益项的贷方。(　　)

9. 根据巴拉萨-萨缪尔森效应，如果一国贸易部门的生产率提高，就会引起不可贸易品价格上涨和本币的长期实际贬值。(　　)

10. 阿尔法为正的股票属于定价偏高。(　　)

11. 在均值-标准差坐标系中，风险厌恶者的无差异曲线是具有相同预期收益率和不同标准差的投资组合轨迹。(　　)

12. 在投资组合理论中，市场组合是资本市场线与无差异曲线的切点。(　　)

13. 迈尔斯提出了在信息不对称条件下公司融资的顺序应当是内部融资、股票融资、负债融资。(　　)

14. 考虑所得税影响时，项目采用加速折旧法计提折旧计算出来的净现值比采用直线折旧法计提折旧计算出来的净现值大。(　　)

15. 采取剩余股利政策可以保证公司各年的股利水平比较平均。(　　)

三、名词解释(5 题，每题 4 分，共 20 分)

1. 信用货币制度　　2. 资本性债券　　3. 信用违约互换(CDS)

4. 前瞻性指引　　5. 可持续增长率

四、计算题(2 题，每题 10 分，共 20 分)

1. 假设某公司债券面额为 100 元，票面利率为 5%，期限为 4 年，发行价格为 96 元，如果你购买了该债券，请回答以下问题：(保留小数后一位数)

(1) 当期收益率是多少？

(2) 假设你持有 2 年后以 106 元的价格卖出，实际收益率是多少？

(3) 假设你持有到期，到期收益率是多少？(按单利计算)

2. Pilsudshi 煤炭公司正考虑用一种新的、更有效的机器替换两台已经使用了 3 年的旧机器。这两台旧机器能够在当前的二手市场上以 7 万美元的价格出售，但如果保持它们到使用期末，将没有任何最终残值。它们的原始折旧基数总共为 30 万美元，还剩 8 年使用时间，税法确认的折余残值总共为 8.64 万美元。这些机器适用改进的加速折旧系统折旧，它们是 5 年期财产类型的资产(各年折旧率分别为：20%，32%，19.2%，11.52%，11.52%，5.76%)。

新机器的购买和安装需要资金 48 万美元，有 8 年的使用期，使用期期末预期有 4 万美元的残值。为了加速成本回收，该机器也被划归 5 年期资产类型的资产，由于很有效率，新机器预期每年能为公司节约增量运营费用 10 万美元。公司所得税税率为 40%，并且假定该项目在任何年份发生的损失，都可以抵免公司别的应税收入。

请根据上述材料，列表计算：机器更换后 8 年中第 1 年、第 4 年、第 8 年的增量现金流入量分别是多少？第 0 年的现金流出量又是多少？

五、简答题(5 题，每题 6 分，30 分)

1. 画图并描述看跌期权的特点及盈亏平衡点。

2. 简述利率的风险结构的主要种类，并画图描述风险溢价的形成过程。

3. 简述资产证券化对商业银行的作用。

4. 对于一个实施固定汇率制的开放经济体，在允许资本完全流动的情况下，当该经济体处于衰退期时，你认为政府应该采取扩张性的货币政策还是扩张性的财政政策？请用 IS-LM-BP 模型阐述原因。

5. 如果你的一个同事告诉你，按照 MM 理论的公司税模型，当一个公司资产负债率增加时公司的价值就会增长，这是由于杠杆作用使 ROE 增加的缘故，你同意他的观点吗？请给出你的解释。

六、论述题(3 题，每题 15 分，共 45 分)

1. 根据下表中提供的数据回答问题。2013 年之后，中国人民银行资产负债表的资产方结构发生了明显变化：包括外汇占款在内的国外资产占总资产的比重下降，对其他存款性公司债权占总资产的比重上升。在这一背景下，中国人民银行建立了数量型工具和价格型工具共同发挥作用的货币政策调控框架。

中国人民银行资产负债表资产方结构变化(%)

项　　目	2013 年	2017 年
国外资产	85. 80	60. 94
外汇	83. 29	59. 18
对政府债权	4. 83	4. 21
对其他存款性公司债权	4. 14	28. 17
对其他金融性公司债权	2. 81	1. 65
资产	100. 00	100. 00

说明：加总不足 100%的其余部分为其他项目，此处略。数据来源：中国人民银行网站。

请回答下列问题：

(1) 中央银行投放基础货币的渠道发生了什么变化？为什么说这种变化为价格型工具提供了发挥作用的空间？

(2) 中国人民银行目前有哪些数量型工具和价格型工具？

(3) 比较数量型工具和价格型工具的传导渠道有何不同？各自的局限性是什么？

(4) 为了克服货币政策的局限性，中国人民银行还采取了哪些措施防范系统性金融风险以及更好地服务实体经济？

2. 请观察下图并回答问题。

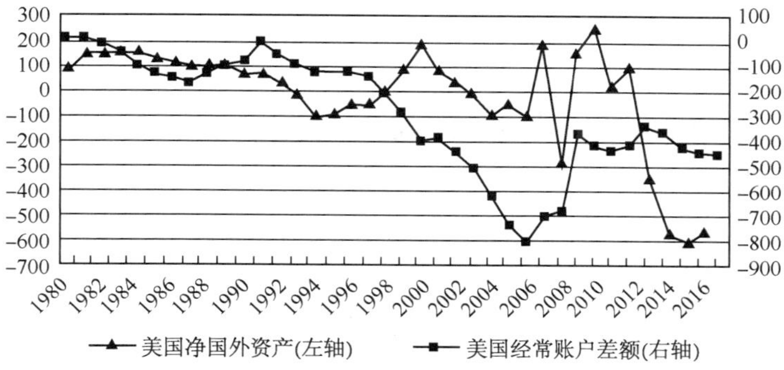

美国的经常账户差额与美国净国外资产(10亿美元)

在过去的20多年里，美国经常账户出现了持续的逆差，但是从图中美国对外净资产的变动来看，美国巨额的经常账户逆差并没有导致同等程度的对外净资产的下降，甚至在某些年份经常账户逆差的扩大还对应着国外净资产的增加。请回答以下问题：

（1）国际收支平衡表与国际收支头寸表的关系是什么？影响一国国际收支头寸变动的因素有哪些？

（2）为何美国的经常账户逆差没有带来同等程度的对外净资产的下降？

（3）一些经济学家并不担心美国的贸易逆差。如Cooper(2001)甚至认为："事实上贸易逆差体现了世界其他国家对美国的信心，或者至少体现了对美国资产求偿权的信心"，请解释为什么美国的贸易逆差体现了"世界其他国家对美国的信心"？

（4）2018年3月2日，特朗普在其推特上表示："当美国与其他国家的贸易造成上万亿亏损时，贸易战是合适的。如果我们与一个国家贸易往来亏损1000亿美元，不与他们再进行贸易往来，我们就赢了，就这么简单。"导致美国巨额贸易逆差的根源是什么？你认为贸易战可以解决美国的贸易逆差吗？为什么？

3. 当公司拥有债务时，股东和债权人就产生了利益冲突，股东往往会选择利己的策略。当公司出现财务困境或者破产可能时，利益冲突扩大，请论述股东可能采取哪些损害债权人的利己策略，以及你如何评价股东的利己策略？

对外经济贸易大学2019年金融学综合试题解析

一、单项选择题(10题，每题2分，共20分)

1. A。特里芬难题是指以单一国别货币(如美元)充当世界货币时，该种货币将面临的保持币值稳定和提供充分的国际清偿力之间的矛盾。特里芬难题表明了布雷顿森林体系崩溃的必然性。

2. C。当存在信息不对称时，买方会认为卖方出售的是劣质品，因而只愿意支付较低的价格，这一结论被称为逆向选择。

3. D。1932年欧文·费雪在《繁荣与萧条》一书中，提出了"债务-通货紧缩"理论来解释大萧条，认为大萧条是由企业过度负债所导致的。该理论认为经济主体的过度负债和通货紧缩这两个因素会相互作用、相互增强，从而导致经济衰退甚至引起严重的萧条。

4. B。这是2018年的热点金融时事，现在中国A股也被纳入道琼斯指数和伦敦金融时报指数了，资本市场进一步开放。

5. C。中期借贷便利体现了我国货币政策基本方针的调整，即有保有压，定向调控，调整结构，而且是预调、微调。选项 A、C 对经济的冲击较大，不宜经常使用。

6. D。按照直接标价法，日元是本币，则：$e_t=\dfrac{1+\pi_d}{1+\pi_f}\times e_0=\dfrac{1.15}{1.05}\times 100=109.5$。

【科兴提示】这道题目近似计算也可得出答案是 D。但是，当通货膨胀率大于 10%的时候，这种算法误差较大。

7. B。债务利息具有税盾效应，使公司受益，但是债务股权比的增加也会使财务风险增大。

8. D。先算第一个年金的现值：$PV=5000+5000\times\left(\dfrac{1}{7.5\%}-\dfrac{1}{7.5\%\times(1+7.5\%)^9}\right)=36894.44$ 元；则第二个年金满足：$C\times\left(\dfrac{1}{7.5\%}-\dfrac{1}{7.5\%\times(1+7.5\%)^{10}}\right)=36894.44\Rightarrow C=5375$ 元。

9. A。落在有效边界上的组合满足相同收益下风险最小或相同风险下收益最大，组合 W 的风险比组合 Z 的大，但是收益更小，所以组合 W 肯定不会落在有效边界上。

10. D。账面净值 = 40000−28800 = 11200 元；变现损失 = 11200−10000 = 1200 元；变现损失抵税 = 1200×30% = 360 元；现金净流量 = 10000+360 = 10360 元。

二、判断题(15 题，每题 1 分，共 15 分)

1. 对。金融工具是指在金融市场中可交易的金融资产；金融资产是一切可以在有组织的金融市场上进行交易、具有现实价格和未来估价的金融工具的总称。

2. 对。远期利率协议不涉及本金的交换，交易中的本金是名义上的本金。

3. 错。即使在金融市场发达的国家，以银行借款为代表的间接融资仍是企业融资的主要渠道。

4. 对。缺口率 = 利率敏感性资产/利率敏感性负债。根据利率缺口的管理原则，当缺口率大于 1，利率敏感性资产大于利率敏感性负债(缺口为正)，利率上升时收入上升的幅度大于成本，利润上升。

5. 错。货币市场流动性不足的主要表现是 M_2/M_1 过高。

6. 对。公开市场业务的直接操作对象是非借入准备金，通过非借入准备金的变动来影响准备金水平，进而改变基础货币和货币供应量。

7. 错。系统性重要银行的附加资本要求为 1%。

8. 对。投资收益应计入经常账户的初次收入项目。

9. 错。巴拉萨−萨缪尔森效应是指在经济增长率越高的国家，工资实际增长率也越高，实际汇率的上升也越快的现象。

10. 错。阿尔法为正的股票能提供超额收益，价格应是被低估。

11. 错。风险厌恶者在承受较大的风险时要求更多的回报，题中所描述的是风险中性者。

12. 错。市场组合是资本市场线和有效边界的切点对应的投资组合。

13. 错。优序融资理论认为融资顺序为：内部融资、债务融资和股权融资。

14. 对。加速折旧法产生折旧收益的时间早于直线折旧法，因此净现值更大。

15. 错。剩余股利政策是指公司利润先用于满足有利可图的投资项目的资金需求，当有剩余利润时，再用于发放现金股利，这一政策会导致每年的股利分配额波动较大。

三、名词解释(5 题，每题 4 分，共 20 分)

1. 信用货币制度是以中央银行或国家指定机构发行的信用货币作为本位币的货币制度。流通中的信用货币主要由现金和银行存款构成，并通过金融机构的业务投入到流通中去，国家通过种种方式对信用货币进行管理调控。

2. 资本性债券是指银行等金融机构作为筹资主体而面向社会发行的定期付息、到期还本的债务凭证。发行金融债券是商业银行筹集长期资金来源的重要途径。由于它可部分替代资本的职能，如为固定资产筹集资金，承担一定程度的风险损失，因而被视为银行资本的一部分；又由于它对银行收益和资产分配的要求权先于普通股与优先股，次于银行吸收的存款及其他负债，是一种介于存款负债与股权资本之间的债务，因而被称为附属资本。

3. 信用违约互换是国外债券市场中最常见的信用衍生产品。在信用违约互换交易中，违约互换购买者将定期向违约互换出售者支付一定费用(称为信用违约互换点差)，而一旦出现信用类事件(主要指债券主体无法偿付)，违约互换购买者有权利将债券以面值递送给违约互换出售者，从而有效规避信用风险。

4. 前瞻性指引是各国央行通过引导市场对未来利率的预期，使市场预期与央行目标预期靠拢的现代货币政策工具。前瞻性指引的实质是通过公开承诺来向民众提供稳定的政策预期，使得市场更好地理解央行的政策取向。公开承诺表明央行愿意接受民众监督，这在引入行为约束的同时可以避免央行的道德风险。同时，公开承诺也可以理解为央行利用其信誉为其行为进行背书，来保证其政策的稳定性和持续性，避免出现欺骗公众的现象。

5. 可持续增长率是指不发行新股、不改变经营效率(不改变销售净利率和资产周转率)和财务政策(不改变权益乘数和利润留存率)时，其销售所能达到的增长率。可持续增长率的基本公式为：可持续增长率=权益报酬率×留存收益率。

四、计算题(2题，每题10分，共20分)

1. (1)当期收益率是债券的年息除以债券当前的市场价格所计算出的收益率，其计算公式为：

$$y=\frac{C}{P_b}=\frac{100\times5\%}{96}\approx5.2\%$$

(2) 实际收益率，即持有期收益率，是指从购入到卖出这段特有的期限里所能得到的收益率，其计算公式为：

$$y=\frac{\frac{P_n-P_0}{T}+C}{P_0}=\frac{\frac{106-96}{2}+5}{96}\approx10.4\%$$

(3) 到期收益率是使得某一债务工具所有未来偿付额的现值等于它今天价值的利率，其单利计算公式为：

$$y=\frac{\frac{A-P_0}{T}+C}{P_0}=\frac{\frac{100-96}{4}+5}{96}\approx6.3\%$$

2. 使用新设备相较于旧设备的现金流分布，旧设备零时点卖出有现金流入，期间的折旧税盾享受不到，是一笔现金流出，新设备照常分析：

由于旧设备的出售价值小于残值，因此需要计算残值节税收益，则旧设备零时点的变现收入=7+(8.64-7)×0.4=7.656万美元。

卖掉旧设备，旧设备折旧的税盾享受不到，是一笔机会成本，算现金支出。旧设备接下来3年的折旧额的机会成本为：30×11.52%=3.456万美元，30×11.52%=3.456万美元，30×5.76%=1.728万美元。

新设备期末的残值为：新设备期末的残值=4×0.6=2.4万美元。

新设备接下来6年的折旧额为：48×20%=9.6万美元，48×32%=15.36万美元，48×19.2%=9.216万美元，48×11.52%=5.5296万美元，48×11.52%=5.5296万美元，48×5.76%=2.7648万美元。

我们使用新设备相较于旧设备的现金流分布，则：

$OCF_1=10\times0.6+(9.6-3.456)\times0.4=8.4576$ 万美元

$OCF_2=10\times0.6+(15.36-3.456)\times0.4=10.7616$ 万美元

$OCF_3=10\times0.6+(9.216-1.728)\times0.4=8.9952$ 万美元

$OCF_{4\sim5}=10\times0.6+5.5296\times0.4=8.21184$ 万美元

$OCF_6=10\times0.6+2.7648\times0.4=7.10592$ 万美元

$OCF_{7\sim8}=10\times0.6=6$ 万美元

则各期的现金流量如下：(单位：万美元)

	0	1	2	3	4	5	6	7	8
旧设备	7.656								2.4
新设备	-48								
OCF		8.4576	10.7616	8.9952	8.21184	8.21184	7.10592	6	6

可见，第 1 期的现金流量为 8.4576 万美元，第 4 期的现金流量为 8.21184 万美元，第 8 期的现金流量为 6 万美元，第 0 期的现金流量为 7.656-48=-40.344 万美元。

五、简答题(5 题，每题 6 分，30 分)

1. (1) 多头看跌期权的买方拥有以执行价格出售股票的权利。

如图 1 所示，到期日看跌期权的买方损益可以表述为：

多头看跌期权到期日价值=max(执行价格-股票市价，0)

多头看跌期权净损益=多头期权到期日价值-期权价格

如图 2 所示，到期日看跌期权的卖方损益可以表述为：

空头看跌期权到期日价值=-max(执行价格-股票市价，0)

空头看跌期权净损益=多头期权到期日价值+期权价格

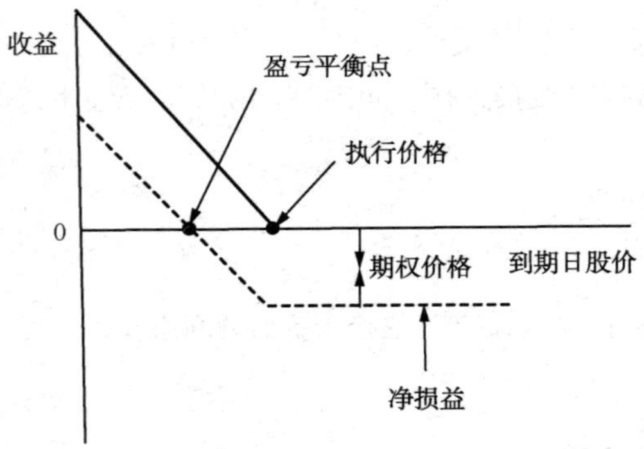

图 1　多头看跌期权

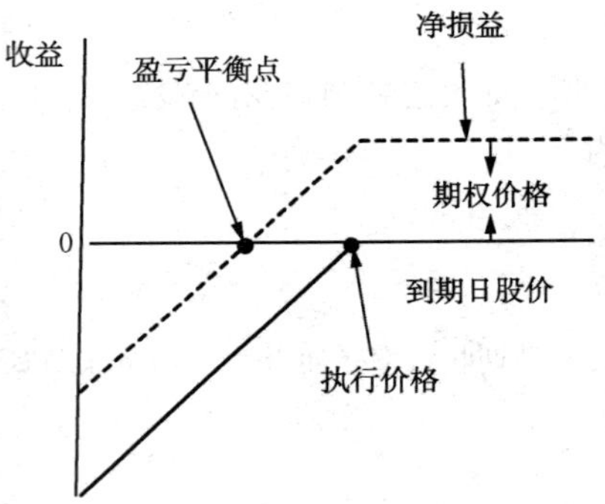

图 2　空头看跌期权

2. 利率的风险结构是指相同期限的债券具有不同的利率，反映债券所承担的风险大小对其收益率的影响。利率的风险结构受违约风险、流动性和税收差别的影响。

(1) 违约风险是指债券发行人无法或不愿履行其之前承诺的支付利息或债券到期时偿付面值的义务。要考察违约风险对利率的影响，我们需要观察图 3 中无风险债券(国债)与长期企业债券市场的供求。

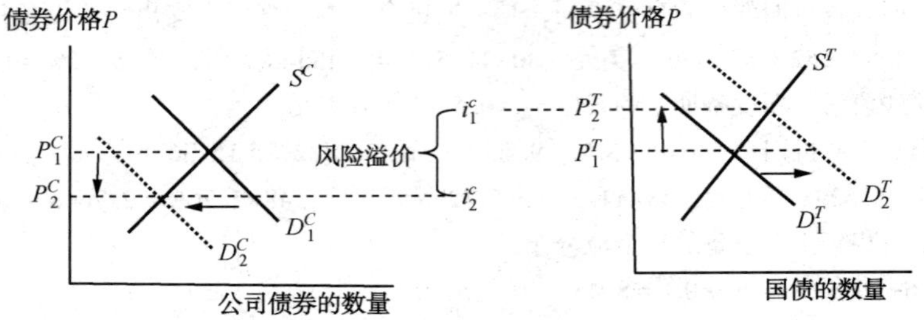

图 3　企业债券违约风险增大的影响

最初，$P_1^C=P_1^T$，$i_1^C=i_1^T$，风险溢价为零。企业债券违约风险增大推动需求曲线从D_1^C位移至D_2^C。同时，国债的需求曲线从D_1^T位移至D_2^T。债券的均衡价格从P_1^C下跌至P_2^C，企业债券的均衡利率上升到i_2^C。在国债市场上，均衡债券价格从P_1^T上升至P_2^T，均衡利率下跌至i_2^T。

(2) 流动性是指资产在必要的时候迅速转换为现金的能力。资产的流动性越强，在市场上就越受欢迎。

我们可以用图3来说明企业债券较差的流动性扩大了其与国债的利差的原因。假设最初企业债券与国债具有相同的流动性且其他特征也完全相同。如图3所示，两种债券初始的均衡价格与均衡利率完全相等（$P_1^C = P_1^T$，$i_1^C = i_1^T$）。如果由于企业债券的交易范围较小，其流动性比国债差，那么根据投资组合选择理论，对它的需求就会减少。即图3中在企业债券市场上，企业债券需求曲线从D_1^C位移至D_2^C。现在，国债相对于企业债券而言，流动性更强。按照图3国债市场所示，其需求曲线会从D_1^T位移至D_2^T。曲线的位移表明，流动性较差的企业债券的价格下降，利率上升；流动性较强的国债的价格上升，利率下降。

（3）所得税差也是影响债券收益的一个因素。我们用图4来解释为什么市政债券的利率低于国债。

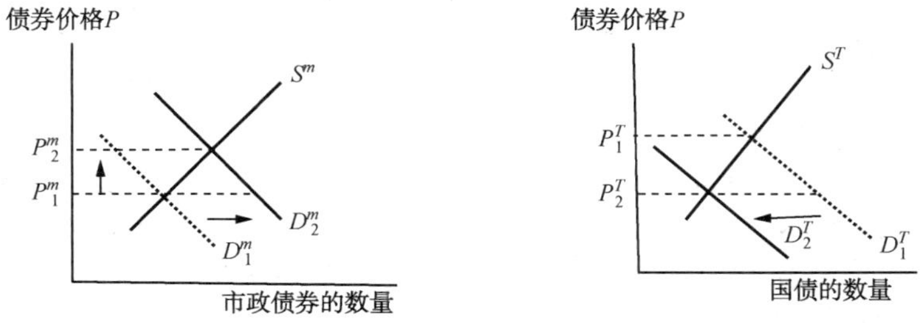

图4　市政债券和国债的利率

市政债券被赋予免税特征后，其需求曲线从D_1^m向右位移至D_2^m，而国债的需求曲线从D_1^T向左位移至D_2^T。市政债券的均衡价格从P_1^m上升至P_2^m，因此其利率下跌，而国债的均衡价格从P_1^T下跌至P_2^T，利率上升。结果是市政债券的利率低于国债的利率。

3. 资产证券化对商业银行的作用是：

（1）防范、分散和转移银行风险。首先，资产证券化将期限较长的银行贷款证券化后，收回的资金可用于发放更多的贷款，从而提高资金的流动性和利用率，防范因"短存长贷"而造成资金流动性风险；其次，证券化后，银行将证券化资产服务以外的收益转让给投资人，在让社会公众有机会投资银行资产的同时，也将银行承受的信用风险、利率风险、提前还款风险，通过结构性安排，部分转移、分散给资本市场上不同风险偏好的投资者，实现银行资产风险和收益的社会化。

（2）拓宽银行融资渠道，降低银行融资成本。发行资产支持债券在资本市场上直接融资，为银行提供了长期稳定的资金来源。同时，通过信用增级措施和交易结构设计，资产证券化发起机构可发行比自身债信等级更高的债券，从而降低融资成本。

（3）提供介入资本市场的平台，是商业银行盈利的新增长点。以利差收入为主的传统商业银行业务将随着资本市场的发展和利率市场化的冲击而逐渐萎缩，利用银行的专业化优势发展中间业务和表外业务将是银行今后新的盈利增长点。证券化业务通过为证券化资产继续提供管理和服务、开拓证券化操作的投资银行业务等方式实现银行与证券功能的融合，为银行发展中间业务提供介入资本市场的良好平台。

（4）提高商业银行的综合经营管理水平。资产证券化提高银行的经营管理水平体现在：①为资产负债管理提供现代化的管理方法和技术手段，使银行在调整资债结构方面具有更大的灵活性和应变力，从而增强银行抵御风险的能力；②证券化需要对基础资产现金流进行定量分析和预测，对资产及其相配套管理服务进行信息披露，使得银行的贷款管理，包括经营模式、操作流程、规章制度、产品服务、信息系统等更加标准化、规范化、透明化，从而提高银行贷款管理水平；③资产证券化运用金融工程技术，在定量财务分析模型和风险预警模型的基础上开发产品，有利于科学决策和产品的高效管理。

（5）使得商业银行贷款操作流程更趋于专业化。通过资产证券化，现在全部由商业银行独家承担贷款的发放、服务、信用风险控制和贷款投资功能可分解由不同的机构完成，银行则可发挥专业优势，主营贷款发放和贷后服务，将集中于其一身的贷款投资风险和收益分散给社会上不同风险偏好的投资者，在提高银行经营效率的同时，也增强了金融系统的稳定性。

4. 在资本完全自由流动的情况下，BP曲线是一条水平直线，对应的是国际利率水平i^*。则在固定汇

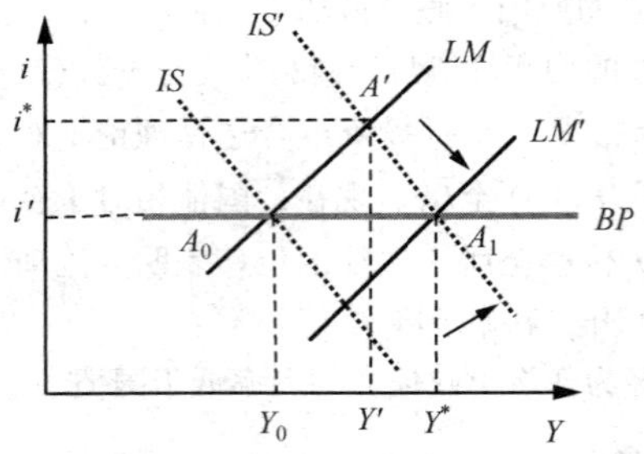

图 5　固定汇率制度下的财政政策

率制度下：

（1）扩张性财政政策

如图 5 所示，假设经济原先在点 A_0处达到均衡，国内利率等于国际利率 i^*。现在政府为了提振经济采取扩张性的财政政策，IS 曲线右移至IS'，产出增加到Y'。在货币供应量不增加而产出增加的情况下，为了使货币市场平衡，利率会上升至i'，从而超过国际利率水平。在国内利率高于国际利率的情况下，由于资本可以完全流动，所以国外的资本就会流入本国，造成资本账户顺差，外汇市场上，形成对本国货币的需求，本国货币有升值的压力。为了维持固定汇率，货币当局会在外汇市场上卖出本币，买入外币，在此过程中，货币当局不断增加货币投放，LM 曲线不断右移，利率下降，直到 LM 曲线右移至LM'时，LM'曲线和IS'曲线决定的国内利率水平才重新等于国际利率水平，经济在点 A_1处重新达到内外均衡。因为在此过程中，货币供给被动扩张了，所以此时的产出水平比封闭经济下使用财政政策所能达到的产出水平更高。也就是说，在固定汇率制度下，当资本完全流动时，财政政策对实现经济扩张的目标是有效的。

（2）固定汇率制度下的货币政策

如图 6 所示，仍然假设经济在点 A_0处达到平衡。现在，货币当局采取扩张性的货币政策，提埃纳为 LM 曲线右移到LM'。在政府支出不扩大的情况下，LM'曲线与 IS 曲线相交于A'点，产出增加到Y'，利率下降到i'，低于国际水平。

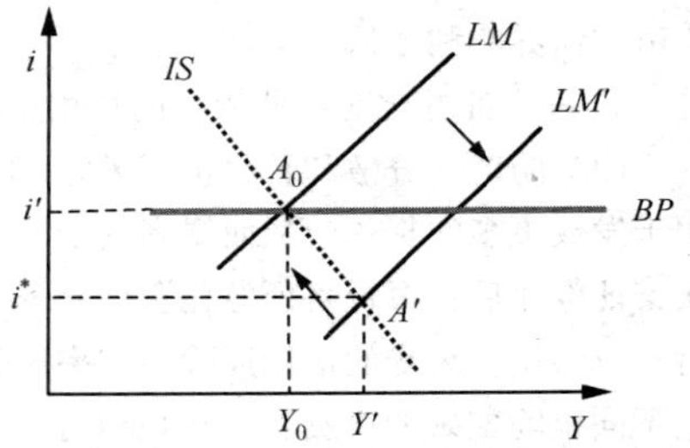

图 6　固定汇率制度下的货币政策

在国内利率低于国际利率的情况下，由于资本可完全流动，所以本国资本就会流出，造成资本账户逆差，在外汇市场上，形成对外国货币的需求，本国货币有贬值的压力。为了维持固定汇率制度，货币当局会在外汇市场上卖出外币，买入本币，在此过程中，货币当局不断紧缩货币，LM'曲线不断左移，利率上升，直到LM'曲线重新回到原来 LM 曲线的位置时，LM 曲线与 IS 曲线决定的国内利率水平才重新等于国际利率水平，经济仍然在点 A_0处达到内外均衡。在此过程中，货币供给主动的扩张被维持固定汇率而实行的货币紧缩所抵消了。也就是说，在固定汇率制度下，当资本完全流动时，货币政策对实现经济增长是无效的。

综上所述，对于一个实施固定汇率制的开放经济体，在允许资本完全流动的情况下，当该经济体处于衰退期时，政府应该采取扩张性的财政政策。

5.（1）在放松无公司所得税的前提下，MM 定理得出以下两个结论：

① 有负债企业的价值等于具有相同风险等级的无负债企业的价值加上利息抵税收益的现值。由于负债的利息是免税支出，可以降低综合资本成本，增加企业的价值。因此，公司只要通过财务杠杆利益的不断增加，而不断降低其资本成本，负债越多，杠杆作用越明显，公司价值越大。当债务资本在资本结构中趋近 100%时，才是最佳的资本结构，此时企业价值达到最大。

② 有负债企业的权益资本成本随着财务杠杆的提高而增加。权益资本成本等于无负债企业的权益资本成本加上与市值计算的资本结构成比例的风险报酬，且风险报酬取决于企业的债务比例以及所得税率。

（2）虽然财务杠杆的增加可以提高 ROE，但是它对公司价值却并没有影响，其原因就在于 ROE 的增长恰好被因风险增加而引起的权益期望收益率的增加所抵消了。公司价值增长的根本原因在于利息的节税效应。由于权益的风险随财务杠杆而增大，权益资本成本随财务杠杆而增加。但税盾效应使权益资本成本上升的幅度低于无税时上升的幅度。此时，公司的 WACC 随着财务杠杆的增大而变小。

六、论述题（3 题，每题 15 分，共 45 分）

1.（1）①如材料所示，2013 年中央银行资产负债表中，国外资产的比重高达 85.80%，因此基础货币的投放主要是通过买入外汇资产，投放基础货币。2017 年，该比率下降至 60.94%，但对其他存款性公司债券上升至28.17%，因此基础货币投放渠道逐渐从外汇资产买入转向对存款机构的债券。对存款机构的债权主要包括再贷款、再贴现和非常规货币政策工具中的中期借贷便利和补充抵押贷款等，2014年之后从双顺差变向双向波动，不再通过外汇市场购买外汇投放货币，转向使用中期借贷便利。②MLF利率可以发挥中期政策利率作用。目前基本通过MLF和PSL提供中长期的流动性，而外汇占款的减少，央行的资产端必须通过对国内金融机构的债权，是通过中期借贷便利和长期抵押贷款来实现。

(2) 数量型工具主要包括法定存款准备金政策、公开市场业务、再贴现(再贷款)政策和信贷政策四种，而价格型主要包括利率政策和汇率政策两种。前者通过直接调整GDP和CPI等宏观经济变量，缺乏对微观行为的预测；后者注重影响微观主体预期来调整经济行为。

(3) 货币政策工具根据其发挥作用的渠道和机制的不同，其中数量型货币政策工具基本由中央银行进行主导调控，通过调整货币供应量的大小来调控宏观经济，根据现代货币主义学派的传导机制，货币供给量上升会造成支出上升，从而直接影响投资和消费。而价格型货币政策工具则是通过资产价格的变化来改变企业和居民的资产结构以及财富价值。价格型货币政策工具的渠道包括资产价格渠道、汇率渠道和信用渠道。

数量型操作的局限性主要包括：①假设条件为货币外生性，但实践证明货币具有很强的内生性。②数量型的中介目标与最终目标之间相关度正在下降。③货币供应量的准确测量面临难题。④以超额准备金率为操作目标容易导致顺周期性货币调控。⑤数量型货币调控成本日益上升，有效性逐渐下降，以准备金率为代表的数量型工具容易造成经济“急刹车”，不利于稳定产出。

价格型操作工具的主要局限性在于：①微观主体的预期很重要，但根据动态不一致理论，央行难以引导预期。②依赖于完善的资本市场和信贷市场。③对于中央银行对预期的管理能力和操作技巧有着更高的要求。

(4) 中央银行为了减轻货币政策负担，强化货币政策的调控效果，引入宏观审慎政策作为货币政策的有效补充。具体说来：①传统货币政策对于资产价格泡沫的应对方式一般是“事后清理”。这就意味着货币政策调控资产价格存在不对称性，从而会显著加剧投资者的道德风险，促使资产价格泡沫。宏观审慎政策的引入则有助于减轻货币政策的负担，通过创新宏观审慎工具来提前应对资产价格泡沫。在防范危机爆发的同时，尽量减少对其他市场和实体经济的外溢效应。②宏观审慎政策与货币政策配合，可以强化政策效果。例如，经济过热时，如果杠杆率和资产价格已经过高，那么实施加息的紧缩性货币政策可能会迅速刺破泡沫，造成次生风险，不利于宏观经济和金融体系的稳定。此时可以继续保持稳健的货币政策基调，首先适当收紧宏观审慎政策，比如通过MPA来约束银行在特定领域的信贷投放，以促使杠杆率和资产价格软着陆。

2. (1)①国际收支平衡表是对一国国际收支流量的记录，而国际投资头寸表则是一国对外资产与负债的存量统计表，它反映一国在某一时点上对外资产与负债的价值及其构成。根据流量与存量之间的转化关系，国际收支变化必然会导致国际投资头寸的变化，而国际投资头寸的变化也会对将来的国际收支产生影响。

② 国际投资头寸记录的是一个经济体的对外金融资产和负债存量，这两者的差额就是净国际投资头寸。而国际投资头寸的变动是指由特定时期内表现为国际收支的金融账户变化的交易、价格变化、汇率变化和其他调整(数量变化)引起的。

(2) 贸易顺差国为保持GDP增长和防范国际金融风险在不断增加外汇储备，而美元具有国际储备货币的特殊地位和较为稳定的投资收益率，因此贸易顺差国的大量美元外汇储备为保值和增值，重新投资到美国，购买美国国债。美国不仅从贸易逆差中改善了贸易条件，而且获得了资本支持，这些为美国经济注入了活力，巨额贸易逆差非但没有“吃亏”，而是为美国获取了巨额经济利益。

(3) ①美元的国际货币地位形成了一种自然垄断。这种地位使美国的银行及非银行金融机构能够规避大量的货币风险，并使得政府在采取货币政策时可以不考虑汇率的因素，将焦点集中在国内经济目标上。同时，美元还是世界上大多数国家的外汇储备，因此如果逆差的持续扩大导致美元大幅贬值时，其他国家也会动用手上的外汇储备来干预美元的下跌，以维持本国商品在国际市场上的竞争力。

② 美国不仅具有强势美元优势，也具有资本市场优势，所以它可以从“外围国”吸收短期资本，同时输出长期资本(对外直接投资)。第一，美国固定收入投资的风险比新兴市场经济小。第二，股票收益比其他发达国家更高也更可靠。第三，美国资本、债券市场比其他国家更具流动性、更透明，并对投资者权利提供更大的保护。

(4) 贸易保护政策不是解决贸易逆差的有效途径，美国只有正确认识逆差产生的根本原因，才能对症下药。造成美国贸易逆差的根本原因还在于其自身。一是美国国内工业发展出现空洞化，大量制造业向新兴市场国家转移，特别是相比于服务贸易、技术贸易比重的增加，制造业在美国产业结构中的地位相对萎缩。二是美国长期奉行财政赤字政策，根据世界银行数据，美国的消费率高达80%以上，是主要西方国家中最高的。

3. (1)在公司出现财务困境时，利益冲突会扩大，给公司增加了代理成本。股东往往会采取以下三种损害债权人的利己策略：

① 冒高风险的动机。濒临破产的公司经常喜欢冒巨大的风险，因为他们知道自己正在操纵着他人的财富。如果高风险的计划侥幸成功，超额的利润归股东所有；如果计划不幸失败，公司无力偿还，债权人与股东共同承担由此造成的损失。尽管按照法律规定，债权人先于股东分配破产财产，但多数情况下，破产财产不足以偿债。所以，对债权人来说，超额利润肯定拿不到，发生损失却有可能要分担。

② 倾向于投资不足的动机。具有相当大的破产可能性的公司的股东发现，新投资经常以牺牲股东利益为代价来补偿债权人。比如，一个濒临破产的房地产所有者，如果他自己拿出10万美元整修建筑物，建筑物的价值能增加到15美元。虽然该投资的净现值大于0，但价值的增加并不能阻止破产，他将拒绝此投资。

③ 撇脂策略。在财务困境时期支付额外股利或其他分配项目，从而剩余较少的现金流给债权人。

(2) 我们认为，利己投资策略的成本最终还是由股东自己承担。理性的债权人知道，当危机逼近时，他们不可能指望从股东那儿得到什么帮助。相反，股东很可能选择减少债券价值的投资策略。相应地，债权人通过要求提高债券的利息率来保护自己。由于股东必须支付这些高利率，他们最终要负担利己策略的成本。就面临这些策略的公司而言，其难以获得债务且代价昂贵。

【科兴提示】2019年的试题难度很大。选择题、判断题中规中矩；名词解释中的前瞻性指引、资本性债券和信用违约互换都是很有难度的，教材上并没有现成的答案；计算题第2题，算是怪题，想做对并不容易；简答题每题6分，但绝大多数题目三言两句讲不清楚，需要作图，特别麻烦；论述题第1和2题是金融热点考查，没有准备到的同学，也是比较困难的。论述题第3题是罗斯《公司理财》上的内容，虽然有现成的答案，但是很冷僻，考生未必能准备到。

复旦大学 2019 年金融学综合试题

一、单项选择题(每题 4 分，共 40 分)

1. 下列不纳入中国货币供应量 M1 统计口径的是(　　)。

A. 某大学活期存款　　B. 某工商企业活期存款

C. 某个人持有的现金　　D. 某银行库存现金

2. 向下的收益率曲线意味着(　　)。

A. 预期市场收益率会上升　　B. 预期短期债券收益率比长期债券收益率低

C. 预期经济将进入上升期　　D. 预期货币政策未来将进入宽松期

3. 下列不属于银行信用风险管理措施的是(　　)。

A. 建立长期客户关系　　B. 抵押品

C. 补偿余额　　D. 购买利率衍生品

4. 内部均衡和外部均衡的矛盾与政策搭配，是由哪位经济学家首先提出来的？(　　)

A. James Meade　　B. Robert Mundell

C. H. Johnson　　D. T. Swan

5. 如果资金可以自由借贷，银行间市场利率的下限是(　　)。

A. 存款准备金率　　B. 央行再贴现率

C. 存款基准利率　　D. 存款准备金利率

6. 关于国际收支平衡表，下列说法正确的是(　　)。

A. 官方储备差额为正值，说明该国为债权国

B. 官方储备差额为负值，说明该国为债权国

C. 资本与金融账户差额为负值，则官方储备增加

D. 假定错误与遗漏项为 0，若经常项目顺差，则资本与金融账户(含官方储备)差额一定为负值

7. 下列对投资组合分散化的说法描述正确的是(　　)。

A. 适当的分散化可以减少或消除系统性风险

B. 分散化减少投资组合的期望收益率，因为它减少了投资组合的总体风险

C. 当把越来越多的证券加入到投资组合时，总体风险一般会以递减的速率下降

D. 除非投资组合包含了至少 30 只以上的个股，分散化降低风险的效果不会充分体现

8. 下列关于远期价格和远期价值的说法中，错误的是(　　)。

A. 远期价格是使得远期合约价值为零的交割价格

B. 远期价格等于远期合约在实际交易中形成的交割价格

C. 远期价值是由远期实际价格和远期理论价格共同决定

D. 远期价格与标的物的现货价格紧密相连，而远期价值是指合约本身的价值

9. 公司在决策时，若不考虑沉没成本，那么它体现的财务原则是(　　)。

A. 净增效益原则　　B. 期权原则

C. 风险收益均衡原则　　D. 资本市场效率原则

10. 某公司没有现金，有 3000 万元目前到期债务。公司资产的市场价值为 9000 万元，没有其他债务。假设市场是完美的，假如公司有 1000 万股流通股。公司发行______万股新股来筹集偿还债务所需资金。偿还债务之后，公司的股价将是______元/股。(　　)

A. 333　9　　B. 500　6　　C. 100　9　　D. 300　3

二、简答题(每题 10 分，共 30 分)

1. 简述格雷欣法则及其在日常生活中的运用。

2. 资产证券化过度是 2008 年美国金融危机爆发的重要原因之一，请简述金融机构资产证券化的微观动机。

3. 简述第一代代理问题的主要表现。

三、计算题(每题 20 分，共 60 分)

1. 假设无风险收益为 5%，投资人最优风险资产组合的预期收益为 15%，标准差为 25%，试求：

(1) 为使投资人承担一单位风险所要增加的预期收益率是多少?

(2) 假设投资人需要构造标准差为 10% 的投资组合，则投资最优风险组合的比例是多少? 构造的投资组合预期收益率是多少?

(3) 假设投资人需要构造预期收益率为 19% 的投资组合，则如何分配最优风险资产组合和无风险证券比例?

2. 假设无风险收益率为 6%，根据下列数据计算资产组合 P 与市场组合 M 的绩效测度。

(1) 夏普比率；(2) 詹森 α；(3) 特雷诺比率；(4) 信息比率。

	资产组合 P	市场组合 M
平均回报率	35%	28%
贝塔	1.2	1.0
标准差σ_i	42%	30%
跟踪误差$\sigma_i(e)$	18%	0

3. 某公司当前股价为 6 元/股，有 2000 万股流通股，该公司计划借款 3000 万元用于回购股票，并可减轻公司所得税负担。

(1) 在完美资本市场中，该项计划宣布之后，该公司的股价将会是多少?

(2) 假设该公司的所得税税率为 30%，股东预计债务变动将是永久的，如果只有公司税这一市场摩擦，该计划宣布之后，公司的股价将会是多少?

(3) 假设市场摩擦只有公司所得税和财务困境成本，如果该项计划宣布之后股价跌至 5.2 元/股，则该公司由于借入新债务而引发的财务困境成本的现值是多少?

四、分析与讨论(1 题，共 20 分)

从 2015 年人民币兑美元的即期汇率基本上由升值通道转入贬值通道，试论述人民币汇率贬值的影响因素以及汇率贬值对资本市场的影响机制。

复旦大学 2019 年金融学综合试题解析

一、单项选择题(每题 4 分，共 40 分)

1. D。我国目前货币层次的划分标准为：M0＝流通中的现金，M1＝M0+活期存款，M2＝M1+定期存款+

储蓄存款+其他存款。其中，定期存款和活期存款主要指企业机关存款，储蓄存款主要指居民活期存款。因此，选项 A、B、C 均应纳入 M1 统计口径。至于选项 D，已经被印刷但尚未流通的现金不是任何人的资产和负债，当然不能影响任何人的行为，因此，不将其包括在货币供给中也是合情合理的。

2. D。根据利率的期限结构预期理论可知，长期债券的收益率等于在其有效期内人们所预期的短期收益率的平均值。收益率曲线向下倾斜意味着短期收益率高于长期收益率，此时人们预计市场收益率下降，经济进入衰退期。选项 A、B、C 错误。此时央行的货币政策导向是锁短放长，力图平衡长期债券的收益率，选项 D 正确。

3. D。信用风险管理是指通过制定信息政策，指导和协调各机构业务活动，对从客户资信调查、付款方式的选择、信用限额的确定到款项回收等环节实行的全面监督和控制，以保障应收款项的安全及时回收。很明显，选项 D 属于利率风险管理措施。

4. A。英国经济学家詹姆斯·米德于 1951 年在其名著《国际收支》中最早提出了固定汇率制下的内外均衡冲突问题。这被称为“米德冲突”，即在汇率固定不变时，政府只能主要运用影响社会总需求的政策来调节内外均衡，在开放经济运行的特定区间便会出现内外均衡难以兼顾的情形。

5. D。存款准备金利率是央行支付给金融机构缴存的存款准备金(法定存款准备金和超额存款准备金)所支付的利率。对于商业银行来说，存款准备金利率相当于无风险利率，银行间同业拆借的利率不能低于此利率。如果低于此利率，还不如把资金存在央行，因为同业拆借还是有风险的。

【科兴点评】这道题目实际上是考查利率走廊机制。利率走廊的上限是中央银行对商业银行发放贷款的利率，下限为商业银行在中央银行存款的利率，中间为中央银行调控的目标，即商业银行同业拆借利率。

6. D。官方储备差额是构成一国国际储备的各项储备资产各自差额之和，反映了一国货币当局可直接控制的对外金融债权交易的净结果。当该项目为正时，表明国际收支平衡表的编表国货币当局可直接控制的对外金融债权的净减少，国际储备余额下降；当该项目为负时，表明编表国货币当局可直接控制的对外金融债权的净增加，国际储备余额上升。理论上讲，如果净误差与遗漏差额为零，官方储备差额应等于经常账户差额与资本和金融账户差额之和，但符号相反。

7. C。即使在最充分的分散条件下还存在市场风险，也即系统风险，故 A 项错误；B 项分散化不一定减少期望收益；D 项资产组合的股数量较少但各股相关性很低的情况下，仍能充分发挥分散化降低风险的好处。

8. B。远期价格是使得远期合约价值为零的交割价格，这是一种理论上的交割价格。关于远期价格的讨论要分远期合约签订时和签订后两种情形。①一份公平合理的远期合约在签订的当天应使交割价格等于远期价格。如果实际交割价格不等于这个理论上的远期价格，该远期合约价值对于多空双方来说就都不为零，实际上隐含了套利空间。②在远期合约签订之后，交割价格已经确定，远期合约价值不一定为零，远期价格也就不一定等于交割价格。选项 B 错误。

远期价值是指远期合约本身的价值。关于远期价值的讨论也要分远期合约签订时和签订后两种情形。①在签订远期合约时，如果信息是对称的，对于一份公平的合约，多空双方所选择的交割价格应使远期价值在签署合约时等于零。②在远期合约签订以后，由于交割价格不再变化，多空双方的远期价值将随着标的资产价格的变化而变化。

9. A。净增效原则是指财务决策建立在净增效益的基础上，一项决策的价值取决于它和代替方案相比所增加的净收益。净增效原则的一个应用是沉没陈本，沉没成本与将要采纳的决策无关，所以在分析决策方案时应将其排除。

10. B。根据 MM 定理 I，在完美资本市场下，公司价值与资本结构无关。公司目前的权益为 9000－3000＝6000 万元，因此债务回购前的股价为 6000/1000＝6 元。公司为了偿还债务而发行股票，此时新增股票 3000/6＝500 万股。偿还债务后，公司股价为 9000/(1000+500)＝6 元。

二、简答题(每题10分，共30分)

1. (1)格雷欣法则指在实行金银双本位制条件下，金银有一定的兑换比率，当金银的市场比价与法定比价不一致时，市场比价比法定比价高的金属货币(良币)将逐渐减少，而市场比价比法定比价低的金属货币(劣币)将逐渐增加，形成良币退藏，劣币充斥的现象。在任何市场竞争中，突破基本底线的恶性竞争必然导致商品质量的整体降低，是格雷欣法则不断演绎成为现实的核心。

(2) 格雷欣法则在婚恋中运用

假定优男A，劣男B，美女C。若从资源配置来看，A和C结合实属大快人心。然而现实并非如此简单。A男因自身禀赋或客观条件好，选择面比较广，“吊死在一棵树上”的机会成本过大，而B男则相反，可能是“一无所有”，索性“孤注一掷，拼命一搏”。这样B男在追求美女C的努力程度上显然会大于A男，而C女只能凭借对方的行为表现来评判其爱恋自己的程度。往往会被B男刻意粉饰的“海枯石烂，一心一意”的倾慕和忠诚而迷惑，被B男拖入婚姻的“围城”。于是婚恋角逐画上了句号。

2. (1)资产证券化，就是把缺乏流动性但具有未来现金流收入的(如银行的贷款、企业的应收账款)经过重组形成资产池，并以此为基础发行证券。具体来说，通常由发起人将预期可获取稳定现金收入的资产，组成一个规模可观的“资产池”，然后将这一“资产池”出售给专业操作资产证券化的“特殊目的载体”(SPV)，由SPV以预期现金收入为保证，经过担保机构的担保和评级机构的信用评级，向投资者发行证券、筹集资金，并将日后收到的现金流偿付给投资者，从而实现发起人筹到资金、投资人取得回报的目的。

(2) 一般而言，金融机构资产证券化常见动机有：

① 监管资本套利。监管资本套利是20世纪80年代以来出现的新名词，它是指金融机构在不违背监管资本规定、不降低金融机构的业务规模和整体风险的同时，通过金融交易降低监管资本要求而进行的套利。而贷款出售和资产证券化是监管资本套利的两种常用工具。所以Gerding明确指出利用资产证券化进行监管资本套利是引发2008年金融危机的重要诱因。

② 转移风险和增加流动性。通过资产证券化，将一些流动性差的资产打包处理后，再次在市场进行流通转让，使得金融机构能够提前回收流动性，降低了流动性风险，同时在资产证券化的过程中还能够转移风险，在这个链条上的银行、担保、保险都有相应的收益，但也在一定程度上埋下了隐患，若监管不当，很容易产生问题。

③ 比较优势。大型金融机构基于自身的比较优势也是资产证券化的动机之一，资产证券化的能力与债权转化的能力相关，而债权转化的过程中需要构建资产池，规模越大的银行的资产在客户类型上、地理区域分布上和产品品种上越分散，构建的资产池风险就越分散，获得的评级就越高，资产证券化的发行就越容易成功。另外，大型银行的能力不仅可以让客户信赖，也更容易得到政府部门的认可，因此规模越大的银行越容易在政策上获得支持，因此规模越大的银行，进行资产证券化的可能性越大。

3. 学界将股东与管理层之间的冲突称为第一代代理问题。其主要表现有：

(1) 消极懈怠。消极懈怠也称不作为或卸责。通常，管理者的消极懈怠表现在多个方面。比如缺乏监督下属的热情，在选择低成本供应商或重新安排员工等事项上不作为，在本职工作上投入的精力太少，专注于一些与管理公司无关的或无关紧要的活动。

(2) 自我交易。当管理者获得剩余控制权后，他们可能通过各种各样的自我交易行为来为自己牟取私人利益。他们可能为自己量身打造一套激励制度，除获取很高的额外津贴或额外收益之外，还享受其他非现金性特权。更有甚者，管理者可能成立一家属于自己名下的公司，运用权力以不合理的划拨价格将其任职公司的财富转入管理者的私人公司。

(3) 过度投资和营造王国。公司管理者往往有通过扩大其所在公司的规模来提升其社会地位和声誉的动机和冲动，以满足其成就感。在这种情况下，公司管理者可能沉迷于并购或多元化经营，而不在乎这些投资项目的净现值是否为负值，于是滥用公司的自由现金流，花费高额的代价实施并购，损害股东的利益。

(4) 逃避风险。为避免在经理人市场上名誉扫地，公司管理者不愿从事甚至不愿寻找高风险高收益的项目。公司管理者逃避风险的原因有两个：一是激励不足；二是人性弱点。

(5) 滥用反收购策略。公司管理者为了保全其在公司中的长期地位，他们非常反感其所服务的公司被对手公司收购，不惜滥用反收购策略来阻止对股东来说颇有吸引力的收购提议，会借助反收购市场进行反收购布防。

（6）垂涎自由现金流。公司管理者垂涎自由现金流的原因有：①管理者可以怀着轻松心态使用自由现金流。②追求管理绩效奖励。

三、计算题（每题20分，共60分）

1.（1）根据题意，接受一单位风险需要增加的预期收益率即夏普比率为：

$$\frac{r_s-r_f}{\sigma}=\frac{15\%-5\%}{25\%}=0.4$$

即所承担的风险增加一个单位，预期的收益率要增加0.4的风险补偿。

（2）设最优风险资产投资比例为 w，则无风险资产的投资比例为 $1-w$。根据题意可知：

$$w\times\sigma_s+(1-w)\times\sigma_f=25\%w=10\%$$

解得 $w=40\%$，$1-w=60\%$。即该投资组合40%于风险资产，60%于无风险资产。此时该投资组合的预期收益率为 $r_P=0.4\times15\%+0.6\times5\%=9\%$。

（3）设风险资产投资比例为 w，则无风险资产的投资比例为 $1-w$。根据题意可知：

$$w\times r_s+(1-w)\times r_f=15\%w+5\%(1-w)=19\%$$

解得 $w=140\%$，即140%投资于最优风险资产组合，此时需借入40%无风险证券。

【科兴点评】2017年原题，只是从5小问变成了3小问。以复旦大学431真题的传播广度，应该没有考生会在这道题上丢分。

2.（1）夏普比率是用某一时期内投资组合的平均超额收益除以这个时期收益的标准差。它测度了对总波动性权衡的回报。用公式可以表示为：$(\bar{r}_P-\bar{r}_f)/\sigma_P$，则

$$S_P=\frac{35\%-6\%}{42\%}=0.69$$

$$S_M=\frac{28\%-6\%}{30\%}=0.733$$

（2）詹森 α 是投资组合超过CAPM预测值的那一部分平均收益，它用到了投资组合的贝塔值和平均市场收益，其结果即为投资组合的 α 值。用公式可以表示为：$\alpha_P=\bar{r}_P-[\bar{r}_f+\beta_P(\bar{r}_M-\bar{r}_f)]$，则：

$$\alpha_P=35\%-[6\%+1.2\times(28\%-6\%)]=2.6\%$$

市场组合M是资本市场均衡的结果，在市场均衡时，$\alpha_M=0$。

（3）特雷诺比率给出了单位风险的超额收益，但它用的是系统风险而不是非系统风险，其用公式可以表示为：$(\bar{r}_P-\bar{r}_f)/\beta_P$，则：

$$T_P=\frac{35\%-6\%}{1.2}=24.2\%$$

$$T_M=\frac{28\%-6\%}{1.0}=22\%$$

（4）信息比率是用投资组合 α 除以该组合的非系统性风险，也称为循迹误差。它测量的是每单位非系统性风险所带来的超额收益。其用公式可以表述为：$\alpha_P/\sigma(e_P)$，则：

$$I_P=\frac{2.6\%}{18\%}=14.4\%$$

$$I_M=0$$

【科兴点评】博迪《投资学》24章概念检查原题，只是书上这道题目还有其他小问，这里简化了一些。实际上2015年考过投资业绩指标的计算题，比这题还难。考生只要记住这几个指标的概念，就能轻松作答。

3.(1)根据无税 MM 定理 I，在完美资本市场中，公司价值与资本结构无关，所以计划宣布后公司价值不变，仍为$V_L = 6×2000 = 12000$万元。借款 3000 万元可以回购 3000/6 = 500 万股，所以剩余 1500 万股流通股。此时权益价值为 12000 万 - 3000 万 = 9000 万元，所以该项计划宣布后股价为 9000 万元/1500 万股 = 6 元/股。

(2) 当证券被公平定价时，公司的原先股东将会获得因杠杆增加而产生的全部利息税盾收益，则此时股票的价格变为：6+(30%×3000)/2000 = 6.45 元。

(3) 股价跌至 5.2 元/股，说明此时公司价值等于 5.2×2000 万 = 10400 万元，说明财务困境成本现值为 12900 万 - 10400 万 = 2500 万元。

四、分析与讨论(1 题，共 20 分)

(1) 汇率亦称“外汇行市或汇价”，是国际贸易中最重要的调节杠杆。2015 年以来，人民币兑美元的即期汇率基本上由升值通道转入贬值通道，影响汇率的可能性因素有很多，比如国际收支、相对利率、相对通货膨胀率、相对通货膨胀率、预期、国际储备等。我们这里分别从短期、中期和长期三个阶段选取最重要的三个因素来探讨影响人民币持续贬值的因素：

① 从短期来看，相对利率。通常情况下，利率相对上升的国家货币会走强，利率相对下降的国家货币会走弱。2015 年以来，中国经济不景气，没有出现大规模的加息。而美国经济反弹，美联储实施了加息和缩表等收缩性货币政策，这无疑会增加美元内在价值，美元利率上升，中美利差进一步收窄，这是短期内人民币对美元贬值的主要因素。

② 从中期来看，相对通货膨胀率。通常情况下，通货膨胀率更高的货币会贬值，因为通胀率越高，代表本币在国内的购买力受损越快。过去几年中国通货膨胀率过去一直高于美国，这是中期人民币兑美元持续走弱的重要原因。

③ 从长期来看，两国相对的投资回报率。投资回报率低的国家货币一般会有贬值压力。近几年国内劳动力成本上升过快，导致国内投资回报率下降很快，而美国的投资回报率大致比较稳定，这会对长期内人民币兑美元汇率造成压力。

(2) 由戈登公式和利率平价公式可知，股票价格的变动与本国货币的预期贬值率呈反向变化的关系，股票价格的变动与本币币值的变动呈正向变化的关系。也就是说，一国货币的贬值预期将导致该国股票市场的价格下降，反之则上升。人民币汇率贬值对国内资本市场的影响机制主要包括如下几种：

① 利率传导机制：

汇率波动→资本流动→国内利率→股票价格变动

汇率传导机制下，汇率的波动会影响到资本的流动从而影响国内利率水平，利率的变化会导致股票价格发生相应的变化。人民币贬值可能导致资本外流，这会使得国内资本供给减少，利率上升，股价下跌。

② 贸易传导机制：

汇率波动→贸易条件改变→进出口数量变化→上市公司利润变化→股票价格变动

贸易传导机制下，利率的波动会首先影响贸易条件，然后通过进出口来影响到上市公司的利润，最后影像股票价格。人民币贬值会使得我国出口增加，进口减少。不同上市公司受到的影响会有差异，出口型公司的利润可能会上升进而股价上升，而需要进口原材料或设备的企业由于成本上升，利润可能会有所下降，进而股价会受到负面影响。

③ 资本流动传导机制：

汇率波动→资本流动→国内资本市场资金供给→股票价格波动

汇率波动→上市公司成本和对外投资→上市公司资产价值→股票价格变动

资本流动传导机制对价格的影响是多方面的，一方面其会影响到国内资本市场资金的供给从而影响股价，另一方面其会影响到上市公司成本和对外投资。在人民币贬值的情况下，企业对外投资的成本增加，公司的资产价值可能会减少，进而股价下跌。

④ 投资者预期传导机制

汇率波动→投资者心理预期→股票价格波动

投资者预期的变化会在短时期内显著影响股价的变化，汇率波动的前三个机制都会影响到投资者对于公司的预期，一方面贬值可以有利于部分企业利润的增加，另一方面贬值会从多个机制导致公司受到负面冲击，整体上投资者对于贬值对股价的影响的预期并不十分确定，而现实中人民币汇率贬值对投资者带来负面心理预期的概率较大，整体上更容易导致股价下跌。

以上分析多是建立在开放经济、资本自由流动、汇率和利率由市场形成的假设条件之上，而我国的经济开放程度、金融市场的市场化程度、金融管制程度仍不太符合假设，所以人民币贬值对于资本市场的影响需要综合考虑我国政策目标和政策搭配以及市场层面的信息预期与市场稳定性等因素。

【科兴点评】总体上，今年的试卷难度与去年相当。单选题难度稍微大于去年，平均下来，每人会做错2题；简答题比去年要难很多，因为考查的知识点不太好捕捉；计算题60分基本上是送分；论述题今年比较难，虽然是主观题，但实际上是两道简答题，而且答案基本上是封闭型的，踩不到点会失分很严重。

对于2020年考复旦金融专硕的同学，这里重点谈谈参考用书。参考大纲肯定是有效，但这只是核心知识点，学校完全可以出超纲的题目。除了博迪的《投资学》外，官方曾经推荐的刘红忠《投资学》仍然要看，尤其是一些可能命制简答题的知识点，因为按照那本书放入题库的题目仍然还在；朱叶的教材建议大家看北京大学出版社的版本，内容更丰富一些；货币银行学和国际金融学使用传统的两本教材就可以了。

湖南大学2019年金融学综合试题

一、名词解释(每题3分，共18分)

1. 道义劝告
2. 国际投资头寸
3. 国际储备结构管理
4. 银行流动负债
5. 预期损失
6. 利率的风险结构

二、不定项选择题(每题2分，共60分)

1. 以下哪种属于选择性货币政策工具？(　　)

A. 窗口指导　B. 优惠利率　C. 利率最高限额　D. 基础货币

2. 认为对付滞胀的根本措施在于将货币供给的增长速度控制在适当的增长率，这是(　　)的政策主张。

A. 凯恩斯主义学派　B. 供应学派

C. 货币主义学派　D. 新古典综合学派

3. 货币层次划分的依据是(　　)。

A. 流动性　B. 发行单位　C. 货币形式　D. 发行时间

4. 人们通常把(　　)作为基准利率。

A. 商业银行利率　B. 再贴现利率

C. 市场利率　D. 法定存款准备金利率

5. 紧缩性收入政策治理通货膨胀主要是根据(　　)制定的。

A. 成本推进论　B. 需求拉上说

C. 部门结构变动说　D. 通货膨胀惯性论

6. 货币政策最终目标包括(　　)。

A. 物价稳定　B. 经济增长　C. 财政平衡　D. 充分就业

7. 结构型的通货膨胀可分为以下(　　)种情况。

A. 需求转移型　B. 部门差异型　C. 外部输入型　D. 预期引致型

8. 支出变更政策是一种国际收支失衡的调节政策，它包括(　　)。

A. 外汇缓冲政策　B. 财政政策　C. 货币政策　D. 汇率政策

9. 下列关于有效汇率的表述中，正确的有(　　)。

A. 有效汇率是一种加权平均汇率

B. 有效汇率是报告期一国货币对各个样本国货币的汇率以选定的变量为权数计算出的与基期汇率之比的加权平均汇率之和

C. 有效汇率又称汇率指数，以贸易比重为权数计算的有效汇率能更综合地反映一国货币汇率的基本走势和一国商品贸易的国际竞争力

D. 有效汇率是指由官方公布的或在市场上通行的、没有剔除通货膨胀因素的汇率

10. 国际银行长期贷款的贷款期限主要由(　　)构成。

A. 提款期、承担期和还款期　B. 宽限期

C. 付息期　D. 使用期

11. 一国当年外债余额占当年GNP的比率被称作(　　)。

A. 债务率　B. 负债率　C. 偿债率　D. 短期债务率

12. 在折算风险的方法上，(　　)已成为美国公认的会计习惯做法并逐渐为西方其他国家所采纳。

A. 流动/非流动折算法　　B. 货币/非货币折算法

C. 时态法　　D. 现行汇率法

13. 以下关于蒙代尔的“政策分派”理论的表述中，错误的是(　　)。

A. 应将有效市场分类原则与丁伯根原则结合

B. 在固定汇率制度下，货币政策用来解决外部均衡问题最有效

C. 在固定汇率制度下，财政政策更适于解决内部均衡问题

D. 要实现 N 个独立的政策目标，至少需要相互独立的 N 种有效的政策工具

14. “蛇洞制”是(　　)历史上实行的汇率制度安排。

A. 欧元区　　B. 比荷卢经济同盟

C. 欧洲自由贸易联盟　　D. 东盟

15. 在银行贷款的五级分类中，贷款的缺陷已经很明显，借款人依靠正常的经营收入已经无法偿还本息，不得不通过重新融资或拆东墙补西墙的办法来归还贷款，这类贷款一般属于(　　)。

A. 关注类贷款　　B. 可疑类贷款　　C. 次级类贷款　　D. 损失类贷款

16. 当商业银行要减少利率敏感性资产时，可采取的利率掉期策略是(　　)。

A. 用浮动利率资产与固定利率资产互换

B. 用固定利率资产与浮动利率资产互换

C. 用固定利率资产与浮动利率负债互换

D. 用固定利率负债与浮动利率资产互换

17. 商业银行贷款准备金主要用来抵御贷款的(　　)。

A. 预期损失　　B. 非预期损失

C. 极端损失　　D. 选项 A 和 B 都正确

18. 根据戴维-贝勒模型，如果其他因素不变，当银行的资产收益率提高时，银行资产年增长率可以(　　)。

A. 增长　　B. 降低　　C. 不变　　D. 不确定

19. 由于交易对手违约给银行带来损失的风险，一般归于(　　)。

A. 信用风险　　B. 市场风险　　C. 操作风险　　D. 系统风险

20. 20 世纪 30~50 年代中期，主导商业银行资产负债管理的核心理论是(　　)。

A. 商业贷款理论　　B. 可转换理论　　C. 预期收入理论　　D. 负债管理理论

21. 下列资产信用等级，一般列入投资级别的有哪几类？(　　)

A. AA 级　　B. A 级　　C. BBB 级　　D. B 级

22. 资产的预期损失是下列哪些变量的函数？(　　)

A. 违约概率 PD　　B. 违约损失率 LGD　C. 6PD　　D. 6LGD

23. 某基金规模为 1 亿元，其中 60%用于投资股票，剩余 40%全部投资银行 CD。基金成立后第一个月股票组合的账面利润率为 10%(未年化)，银行 CD 的月利息收入为 120 万元。按此收益水平计算的该基金年化的连续复利收益率为(　　)。

A. 8.43%　　B. 7.2%　　C. 11.2%　　D. 12%

24. 下列关于凸性说法正确的是(　　)。

A. 息票利率和凸性负相关　　B. 到期期限和凸性负相关

C. 收益率和凸性正相关　　D. 以上都对

25. 下列关于差价期权组合说法正确的是(　　)。

A. 牛市差价可以由买入一个具有较低执行价格的看涨期权，同时卖出一个具有较高执行价格的看涨期权构成

B. 熊市差价可以由买入一个具有较高执行价格的看跌期权，同时卖出一个具有较低执行价格的看跌期权构成

C. 差价期权组合的最大收益和最大亏损都是确定的

D. ABC 都是错的

26. 若利率随时间而改变，现金流就无法按到期收益率进行再投资，这就是再投资风险。显然，期限越长，中间的现金流越多，再投资风险就(　　)。

A. 越小　　B. 越大　　C. 毫无关系　　D. 均有可能

27. 金融市场中最早形成的市场是(　　)。

A. 公债市场　　B. 股票市场　　C. 票据市场　　D. 外汇市场

28. 关于债券价值描述错误的是(　　)。

A. 折价债券的价格小于它的面值

B. 债券收益率与债券价格正相关

C. 临近债券到期日，债券价格趋近于债券面值

D. 预期通货膨胀的变动可能影响债券的价值

29. 关于股票下列说法正确的是(　　)。

A. 优先股持股人只有经营权没有控制权

B. 普通股发行人要做出在特定条件下退股还本的承诺

C. 股票可以附带股息率

D. 债券的求偿顺序在普通股股东之后

30. 现在市场上 1 年期即期利率为 10%，如果市场预期 1 年期利率在 1 年后将上涨至 11.05%，在 2 年后将上涨至 12.18%，则目前 3 年期即期利率最接近(　　)。

A. 12.87%　　B. 13.91%　　C. 11.07%　　D. 9.20%

三、简答题(每题 6 分，共 24 分)

1. 简述凯恩斯学派的货币政策传导机制。

2. IMF 的储备头寸包括哪些组成部分？

3. 简述货币市场与资本市场有什么联系与区别。

4. 简述商业银行中间业务创新的动机，举例几个创新品种。

四、计算题(每题 10 分，共 30 分)

1. 已知：GBP1 = USD1.5750/60，3 个月远期差价 10/20；AUD1 = USD0.7310/20，3 个月远期差价 15/30。求：

(1) 3 个月英镑/澳大利亚元的汇率；

(2) 客户若卖出 3 个月期澳元 10 万，可收入多少英镑？

2. 某银行受理一笔 1000 万元的贷款申请，期限 1 年，贷款利率为 6.5%，到期支付贷款本息，经内部评级系统测算该客户的违约概率为 0.4%，该债项违约损失率为 45%，需配

置的经济资本为25万元，不包括资金成本在内的各项贷款费用率为1.2%。计划该笔贷款资金来源于一个由零息活期存款、有息活期存款及普通储蓄存款组成的资金池，相关信息见下表。该银行的RAROC要求不低于20%，问是否接受该笔贷款？

资金来源项目	金额(万元)	利率(%)	费用率(%)
零息活期存款	300	4.1	
有息活期存款	400	1.6	3.1
普通储蓄存款	300	3.5	1.2
合计	1000		

3. 某投资人投资于两种风险资产：股票S和基金D。股票S的预期收益率和收益率标准差分别为20%和30%，基金D的预期收益率和收益率标准差为12%和15%。两种资产收益率的相关系数为零，无风险收益率为8%。

（1）风险资产的最小方差组合应该包含多少比例的股票S和基金D？最小方差组合的预期收益率和收益率标准差分别是多少？

（2）如果股票S和基金D的持有比例均为50%，风险资产组合的Sharperatio是多少？

五、论述题(18分)

结合我国实际谈谈中央银行的独立性问题。

湖南大学2019年金融学综合试题解析

一、名词解释(每题3分，共18分)

1. 道义劝告，指中央银行利用其声望与地位，对商业银行和金融机构经常发出通告，指示或与各金融体系的负责人举行面谈，劝告其遵守政府政策，自动采取若干相应措施。道义劝告既能控制信用的总量，也能调整信用的构成，在质和量的方面均起作用。中央银行的道义劝告不具有强制性，而是将货币政策的意向与金融状况向商业银行和其他金融机构提出，使其能自动地根据中央银行的政策意向采取相应措施。

2. 国际投资头寸，指特定时点上一个国家或地区对世界其他国家或地区的金融资产和负债存量状况。国际投资头寸的变动是由特定时期内交易、价格变化、汇率变化和其他调整引起的。国际投资头寸表在计价、记账单位和折算等核算原则上均与国际收支平衡表保持一致，并与国际收支平衡表共同构成一个国家或地区完整的国际账户体系。

3. 国际储备结构管理是指各国货币当局对储备资产所进行的最佳配置，使黄金储备、外汇储备、普通提款权和特别提款权四种形式的国际储备资产的持有量及其构成要素之间保持合理比例，以便分散风险、获取收益，充分发挥国际储备资产应有的作用。各国货币当局在进行储备结构管理中应贯彻安全性、流动性和盈利性的原则。

4. 银行流动负债是指将在一年或者超过一年的一个营业周期内偿还的债务。银行的流动性负债主要包括：活期存款、短期内到期的拆放/存放同业款项、中央银行借款、定期存款、发行的票据和债券、应付账款和其他应付款、其他短期内应支付的负债。

5. 预期损失是商业银行预期在特定时期内资产可能遭受的平均损失。预期损失是比较确定的，实际发生的损失一般围绕平均值波动。因此在管理上，可以把平均损失值看成是相对确定的，以准备金的形式计入商业银行经营成本，可通过定价转移在产品价格中得到补偿。现代商业银行将预期损失视为风险成本，作为总成本的一部分。

6. 利率风险结构是指相同期限的金融工具不同利率水平之间的关系，它反映了这种金融工具所承担的信用风险的大小对其收益率的影响。一般而言，利率和风险呈正比例关系，即风险越大，利率越高。利率风险结构的决定因素主要有三个：违约风险、流动性风险和税收因素。

二、不定项选择题(每题 2 分，共 60 分)

1. ABC。选择性货币政策工具是指中央银行针对个别部门、个别企业或某些特定用途的信贷而采用的信用调节工具。选择性货币政策工具包括间接信用控制工具、直接信用管制手段和道义劝告。优惠利率属于间接信用控制工具，利率最高限额属于直接信用管制手段。

2. C。货币主义学派认为，对付滞胀的根本措施在于，政府必须首先停止扩张性的总体经济政策，将货币供给的增长速度控制在一个最适当的增长率上，即采取所谓的单一规则。

3. A。关于货币层次划分，各国有各自的划分标准，而且就是同一国家在不同时期的货币层次划分方法也有可能有差别。基本的思路是按照货币的流动性来划分的。

4. B。中央银行利率是整个利率体系的主导利率。因此，人们把中央银行的再贷款利率、再贴现率称为基准利率。

5. A。紧缩性收入政策治理通货膨胀主要是根据成本推进论制定的。工资推动型通货膨胀可以采取紧缩性的收入政策：确定工资-物价指导线并据以控制每个部门工资增长率；管制或冻结工资；按工资超额增长比率征收特别税等。

6. ABD。货币政策最终目标一般有四个：稳定物价、充分就业、促进经济增长和平衡国际收支。

7. AB。结构型通货膨胀指物价上涨是在总需求并不过多的情况下，而对某些部门的产品需求过多造成部分产品的价格上涨现象。结构型通货膨胀又可分为：需求结构转移型通货膨胀、部门差异型通货膨胀、小国型通货膨胀、落后经济的结构型通货膨胀。

8. ABC。汇率政策属于支出转换政策。A、B、C 都属于支出变更政策。

9. ABC。选项 D 是名义汇率的概念。

10. ABCD。国际银行长期贷款的期限一般由提款期、承担期、宽限期和偿还期构成。其中宽限期又称付息期和使用期。

11. B。衡量外债风险的指标包括：短期外债比例 = 短期外债÷全部外债×100%；偿债率 = 偿还外债本息÷贸易和非贸易外汇收入×100%；债务率 = 外债余额÷贸易和非贸易外汇收入×100%；负债率 = 外债余额÷GDP(或 GNP)×100%。

12. D。现行汇率法，是以编报日的现行汇率折算所有的资产负债项目。它是一种最简便的外币报表折算方法。

13. D。选项 D 是丁伯根原则的概念。

14. A。蛇洞制也称为“蛇形”浮动(也就是“联合浮动”)。1973 年，以美元为中心的世界货币体系崩溃后，欧洲经济共同体建立的一种货币制度。

【科兴提示】欧洲自由贸易联盟，又称小自由贸易区、七国集团，由英国、瑞典、挪威、瑞士、奥地利、丹麦和葡萄牙组成的自由贸易区。与欧盟和欧元区不是一个概念。

15. C。次级类贷款是指借款人的还款能力出现明显的问题，依靠其正常经营收入已无法保证足额偿还本息，即使执行担保，也可能会造成一定损失。

16. A。因为浮动利率资产对利率变动敏感，用浮动利率资产与固定利率资产互换，可以减少利率敏感性资产。

17. A。从事前风险管理的角度看，可以将贷款损失分为预期损失和非预期损失，通常银行筹集资本金来覆盖非预期损失，提取准备金来覆盖预期损失。

18. B。观察戴维-贝勒模型可知，银行资产年增长率 SG_1 与 ROA 成反比。

19. A。信用风险指由于借款人或交易对手的违约而导致的损失的可能性。更一般地，信用风险还包括由于债务人信用评级降低，致使债务的市场价格下降而造成的损失。

20. BC。可转换理论兴盛于一战后，预期收入理论兴起于二战后。

21. ABC。根据中国人民银行发布的有关规定，银行间债券市场长期债券信用等级分为三等九级。符号表示分别为：AAA，AA，A，BBB，BB，B，CCC，CC，C，其中 BBB 级及以上级别为投资级别，BB 级及以下为投机级别。

22. AB。违约损失率 LGD 是指债务人一旦违约将给债权人造成的损失数额，即损失的严重程度。PD 是指债务人违约的可能性。有效违约损失率 EL 是反映信用风险的一个指标，它是 LGD 和 PD 的乘积。

23. A。先求出加权的月收益率：$0.6\times10\%+0.4\times120\div4000=7.2\%$，年化复利为：$12\times\ln7.2\%\approx8.43\%$。

24. A。凸性和久期的特征相似。到期期限与凸性正相关，选项 B 错误；收益率与凸性负相关，选项 C 错误。

25. ABC。常见的价差交易包含牛市价差和熊市价差。相比购买普通的看涨或看跌期权，价差型期权组合降低了期初期权金支出，放弃了更高的潜在收益，也就是说，其最大亏损和最大收益都是确定的。

26. B。期限越长、中间的现金流越多，不确定因素就越大。

27. A。公债市场是金融市场中最早形成的市场，公债交易具有悠久历史。证券交易所最初交易的金融工具就是政府债券。

28. B。债券的价格与收益率负相关。

29. C。优先股就可以附带股息率。优先股股东没有经营权，选项 A 错误；普通股不可以退股还本，选项 B 错误；债券的求偿权在普通股之前，选项 D 错误。

30. C。根据即期利率与预期利率的关系可知：

$$(1+YTM_3)^3=(1+10\%)(1+11.05\%)(1+12.18\%)\Rightarrow YTM_3\approx11.04\%$$

三、简答题(每题 6 分，共 24 分)

1. 凯恩斯认为，20 世纪 30 年代的大萧条主要原因在于有效需求不足，特别是其中的投资需求，而投资需求之所以不足，主要是因为利率水平太高，致使投资者无利可图。因此，必须采取适当的财政货币政策来降低利率水平，扩大投资支出，从而增加有效需求，解决就业问题。依此思路，货币政策影响经济活动的传导过程是经由利率和有效需求的变动而完成的，尤其是以利率为“跳板”而发挥作用的。具体地，当中央银行采取扩张性货币政策时，货币数量 M 增加，会在一定程度上引起利率 r 的下降，利率的变化则通过资本边际效率的影响使投资(I)以乘数方式增加，投资的增加进而影响总支出 E 和总收入 Y。用符号表示为：$M\uparrow\rightarrow r\downarrow\rightarrow I\uparrow\rightarrow E\uparrow\rightarrow Y\uparrow$。在这一过程中，主要环节是利率：货币供给量的调整首先影响利率的升降，然后才使投资乃至总支出发生变化。

2. 在 IMF 的储备头寸，亦称普通提款权。一国在 IMF 的储备头寸包括：

(1) 会员国向 IMF 认缴份额中 25%的黄金或可兑换货币部分。

(2) IMF 为满足会员国借款需要而使用掉的本国货币。

(3) IMF 向该国借款的净额，也构成为该会员国对 IMF 的债权。

3. (1)联系：资本市场和货币市场都是金融市场的一部分。

(2) 区别：二者的主要区别在于市场上金融工具的期限不同。货币市场是一个短期资金融通市场，金融工具的期限一般在 1 年以下。常见的货币市场工具有商业票据、国库券、银行承兑汇票、可转让定期存单、回购协议等。资本市场是一个中长期资金融通市场，金融工具的期限一般超过 1 年，常见的资本市场工具有股票和债券。

4. 商业银行中间业务创新的动机有：

(1) 科学技术的迅猛发展。新技术革命兴起使银行能向顾客提供电子转账、信息咨询、现金管理、自动出纳机等高技术性中间业务。

(2) 金融管制放松。随着各国政府的金融管制放松，各国商业银行竞相向多元化、综合化方向发展，大力拓展在严格金融管制下禁止或限制从事的信托、租赁、代理、自动化服务等中间业务领域。

(3) 竞争加剧。20 世纪 60 年代后期，非银行金融机构实力剧增，商业银行面临严重挑战，同时，客户要求银行提供快捷、方便、便宜和多功能金融服务。这些促使商业银行开发电子转账、私人银行业务等。

(4) 资产负债业务风险加大。银行竞争激烈使传统的资产负债业务风险加大，收入减少，有必要用中间业务的手续费收入补充利息收入。

近年来，市场上涌现出不少新的中间业务创新产品，比如：可转让支付命令账户(NOWs)、货币市场存款账户(MMDA)、自动转账服务账户(ATS)。

四、计算题(每题 10 分，共 30 分)

1. (1)3 个月期：GBP1 = USD1.5760/80，AUD1 = USD0.7325/50

交叉相除可得 3 个月期英镑/澳元的汇率为：

$$\text{GBP1} = \text{AUD}1.5760/0.7350 \sim 1.5780/0.7325 = \text{AUD}2.1442 \sim 2.1543$$

(2) 对于客户而言，3 个月英镑的买入价为 2.1543，则 10 万澳元可兑换 10/2.1543 = 4.6419 万英镑。

2. 该笔贷款资金来源的成本为：300×4.1%+400×(1.6%+3.1%)+300×(3.5%+1.2%) = 45.2 万元

风险成本为：1000×0.4%×45% = 1.8 万元

营业成本为：1000×1.2% = 12 万元

经济成本 = 25 万

假设贷款年利率为 r，则根据 RAROC 的计算公式可知：

RAROC = 风险调整收益/经济成本 = (收入－资金成本－经营成本－风险成本)/经济成本，代入数据可得：

$$20\% = \frac{1000r - 45.2 - 12 - 1.8}{25} \Rightarrow r = 6.4\%$$

由于经过风险调整的贷款利率小于客户给出的利率，银行有利可图，故应同意该笔贷款。

【科兴提示】关于 RAROC，湖南大学已经考查多次，这道题目是由 2015 年真题改编。

3. (1)设股票 S 为资产 1，基金 D 为资产 2。在最小方差组合中，股票 S(证券 1)权重可以使用如下公式计算：

$$w_1^* = \frac{\sigma_2^2 - \text{cov}(r_1, r_2)}{\sigma_1^2 + \sigma_2^2 - 2\text{cov}(r_1, r_2)} = \frac{0.15^2 - 0 \times 0.3 \times 0.15}{0.3^2 + 0.15^2 - 2 \times 0 \times 0.15 \times 0.15} = 20\%$$

则基金 D(证券 2)的权重为 0.8。代入数据可知：

最小风险组合的期望收益率 = 0.2×20%+0.8×15% = 16%

最小风险组合的标准差为：

$$\sigma_p = \sqrt{w_1^2 \rho_1^2 + w_2^2 \rho_2^2 + 2 w_1 w_2 \sigma_1 \sigma_2 \rho} = \sqrt{0.2^2 \times 0.3^2 + 0.8^2 \times 0.15^2} \approx 13.42\%$$

(2) 由于股票和基金的比率各为 0.5，则风险资产组合的标准差为：

$$\sigma_p = \sqrt{w_1^2 \sigma_1^2 + w_2^2 \sigma_2^2 + 2 w_1 w_2 \sigma_1 \sigma_2 \rho} = \sqrt{0.5^2 \times 0.3^2 + 0.5^2 \times 0.15^2} = 16.77\%$$

风险资产组合的期望收益率为：0.5×(20% + 12%) = 16%，则风险资产的夏普比率为：(16% − 8%)/16.77% = 0.48。

【科兴提示】关于最小方差组合和最优风险组合的计算总是比较麻烦的，考生应熟记相关的公式。这道题目，命题已经简化了计算，把两个证券的相关系数设成了 0。

五、论述题(18 分)

中央银行的独立性是指中央银行在指定和实施货币政策时，不受政府干预的权利。中国人民银行在制定和实施货币政策时，具有一定的独立性。但是这种独立性具有相对性，主要体现在：

(1) 中国人民银行在国务院领导下依法独立执行货币政策，履行职责，开展业务，不受地方政府、各级政府部门、社会团体和个人的干涉。

(2) 中国人民银行除年度货币供应量、利率、汇率和国务院规定的其他重要事项以外的有关货币政策事项做出的决定，报国务院备案即可。

(3) 中国人民银行不得对政府财政透支，不得直接认购、包销国债和其他政府债券。

(4) 中国人民银行不得向地方政府、各级政府部门提供贷款，不得向非银行金融机构以及其他单位和个人提供贷款，但国务院决定中国人民银行可以向特定的非银行金融机构提供贷款的除外。

（5）中国人民银行根据履行职责的需要设立分支机构，中国人民银行对分支机构实行集中统一领导和管理。中国人民银行的分支机构根据中国人民银行的授权，负责本辖区的金融工作，承办有关业务，其职责履行不受地方政府的干预。

（6）中国人民银行应向全国人民代表大会常务委员会报告有关货币政策情况和金融管理情况。

从以上规定可以看出，中国人民银行作为中央银行，在法律地位上既具有行政隶属性，又具有相对独立性，体现了它与政府其他部门的区别。

【科兴提示】2019 年的试题不少选择题和计算题的难度都很大。鉴于湖南大学最近开始考查不定项选择，这客观上加大了试题的难度。计算题中，第 1 题和第 2 题与 2015 年的真题惊人相似。第 3 题难度大，考生没有理解夏普比率的含义就容易直接用最小方差组合去求第 2 问了。

华东政法大学 2019 年金融学综合试题

第一部分《金融学》(75 分)

一、问答题(5 题，每题 10 分，共 50 分)

1. 中央银行的职能有哪些?
2. 根据通货膨胀形成的原因，通货膨胀可以分为哪几类?
3. 金融推动经济增长的渠道有哪些?
4. 国际收支的货币分析理论的基本观点有哪些?
5. 混业经营相对于分业经营的优势有哪些?

二、论述题(1 题，共 25 分)

试分析房地产业对金融稳定性的影响?

第二部分《公司财务》(75 分)

一、名词解释(3 题，每题 5 分，共 15 分)

1. 内部报酬率　　2. 非系统风险　　3. 营业杠杆

二、简答题(3 题，每题 10 分，共 30 分)

1. 试述“企业价值最大化”与“利润最大化”观点，并作简要评述。
2. 影响股利政策的主要因素有哪些?请作简要评述。
3. 什么是财务风险?简要叙述影响公司财务风险的几种因素。

三、计算题(3 题，每题 10 分，共 30 分)

1. 某投资者准备每年年末投资 50000 元，并期望在 5 年后有 300000 元的总价值，问该投资者需要怎样的收益率才能实现自己的投资计划?

2. 某一债券面值为 10000 元，期限为 3 年，票面利率为 8%。如果投资者要求的回报率为 10%。试计算每年支付一次利息和每半年支付一次利息时债券的价值。

3. 现有 A、B 两种设备，其生产能力、产品和效益完全相同。但由于技术水平不同，A 设备是一种先进设备，售价 30 万元，使用年限为 5 年，每年需要各项支出 30000 元。B 设备是一种经济型设备，售价为 20 万元，使用年限为 3 年，年所需支出 45000 元。若贴现率为 8%，应选择哪种设备?

华东政法大学 2019 年金融学综合试题解析

第一部分《金融学》(75 分)

一、问答题(5 题，每题 10 分，共 50 分)

1. 中央银行的职能主要表现为发行的银行、政府的银行、银行的银行。

(1) 发行的银行。所谓发行的银行是指中央银行垄断货币发行权。在现代中央银行制度下，拥有垄断的货币发行权是中央银行最根本、最重要的标志。中央银行垄断货币发行权是中央银行的基础职能。

（2）政府的银行。所谓政府的银行并不一定是指中央银行的所有权属于国家，而是说中央银行代表政府执行货币政策、为政府提供金融服务。作为政府的银行，中央银行主要职责包括：①经理国库及政府债券的发行；②代管国家的外汇和黄金管理；③代表政府参加国际金融活动，进行国际金融事务的协调、磋商；④为政府融通资金，提供特定信贷支持；⑤制定与实施货币政策，调节宏观经济运行；⑥组织和实施金融监督管理；⑦为政府提供经济金融情报和决策建议，向社会公众发布经济金融信息。

（3）银行的银行。所谓银行的银行是指中央银行向商业银行和其他金融机构提供的金融服务。具体包括：①吸收与保管存款准备金，以确保存款机构的清偿能力。②充当最后贷款人，对商业银行提供信贷，这是最能体现中央银行作为"银行的银行"职能的一种功能。③作为全国票据清算中心，组织全国票据清算事宜。

2. 根据成因，通货膨胀可以分成：

（1）需求拉上引起的通货膨胀。其基本观点是，当总需求与总供给的对比处于供不应求状态时，过多的需求拉动价格水平上涨。由于现实生活中，供给表现为市场上的商品和服务，而需求则体现在用于购买和支付的货币上，所以对这种通货膨胀也有种通俗的说法："过多的货币追求过少的商品。"

（2）成本推进引起的通货膨胀。这是从总供给的角度来分析通货膨胀的原因。供给就是生产，根据生产函数，生产取决于成本。因此，从总供给的角度看，引起通货膨胀的原因在于成本的增加。成本增加意味着只有在高于从前的价格水平时，才能达到与以前一样的产量水平，即总供给曲线向左上方移动使国民收入减少，价格水平上升，这种价格上升就是成本推动的通货膨胀。

（3）供求混合推动的通货膨胀。这种理论把总需求与总供给结合起来分析通货膨胀的原因。经济学家认为，通货膨胀的根源不是单一的总需求或总供给，而是这两者共同作用的结果。

（4）结构性通货膨胀。结构型通货膨胀是指生产结构的变化导致总供求失衡或者导致部分供求失衡而引发的通货膨胀。

3. 金融通过收集信息、监督企业、动员资本、分散风险、提高效率、资源配置等渠道来推动经济增长。

（1）收集信息：金融机构获取和处理信息的能力可以减轻金融市场信息不对称问题。金融机构，尤其是银行的出现，大大降低了市场的监督成本，成本的降低，有利于企业融资活动。

（2）监督企业：金融中介诸如银行等，通过对项目进行评估监督，降低了监督成本，降低研发所需资本成本，保证了企业的研发活动的继续，进而促进经济增长。

（3）动员资本：金融中介可以通过对投资项目评估，为优秀的企业提供融资，使得有创新能力以及发展潜力的生产计划得以实现，提高了社会整体劳动生产率。

（4）分散风险：金融体系提供了应付不测和控制风险的手段及途径。由于存在信息不对称和交易成本，金融系统和金融机构的作用就是对风险进行交易、分散和转移。如果社会风险不能找到一种交易、转移和抵补的机制，社会经济的运行不可能顺利进行。

（5）提高效率：金融系统的优势在于为投资者提供中介服务，并且提供一种与投资者共担风险的机制，使社会资本的投资配置更有效率。

（6）资源配置：金融市场为在时空上实现经济资源转移提供渠道，即金融体系提供了促使经济资源跨时间、地域和产业转移的方法和机制。

4. 国际收支的货币分析理论的基本观点有：

（1）国际收支是一种货币现象。

（2）国际收支逆差，实际上就是一国国内的名义货币供应量（D）超过了名义货币需求量。由于货币供应不影响实物产量，在价格不变的情况下，多余的货币就要寻找出路。对个人和企业来讲，就会增加货币支出，以重新调整它们的实际货币余额；对整个国家来讲，实际货币余额的调整便表现为货币外流，即国际收支逆差。反之，当一国国内的名义货币供应量小于名义货币需求时，在价格不变的情况下，货币供应的缺口就要寻找来源。对个人和企业来讲，就要减少货币支出，以使实际货币余额维持在所希望的水平；对整个国家来说，减少支出维持实际货币余额的过程，便表现为货币内流，国际收支盈余。

（3）国际收支问题，实际上反映的是实际货币余额（货币存量）对名义货币供应量的调整过程。当国内名义货币供应量与实际经济变量（国民收入、产量等）所决定的实际货币余额需求相一致时，国际收支便处于平衡。

5. 混业经营相对于分业经营的优势有：

（1）从银行的角度看，混业经营有如下六方面的优势：①规模经济和范围经济带来的成本优势。规模收益是指某一业务量越大，效率越高。而当不同的业务由一个机构来提供时，如果它的成本比多个机构来提供时的成本小，这就是范围经济。②通过银行机构的扩大和向更多客户提供更为全面的服务，银行可以获得经济集中的利益和竞争优势。③混业经营通过提供全方位的金融服务，可以使信息和监督成本最小化。④银行可以充分挖掘现有销售网络的资源潜力。银行有大量的客户基础，银行的各种金融服务很容易进入他们的生活。⑤能够分散风险。混业经营能够分散风险，另外关系银行业务也有预警的作用，银行可以随时影响企业的经营方针以便确保自己的权益不受损害。⑥多元化意味着银行与客户之间的关系更为牢固持久。

（2）从客户用度看，客户将因此得到利益。与同一家金融机构打交道，搜寻信息、监督和交易成本都较低。如果银行混业经营带来了竞争效应，那么就会直接改善消费者福利，如效率的提高、价格的降低等。客户与银行关系的增强将促进银行服务的改善，因为消费者从一家银行转向另一家银行会给银行带来更大的业务损失。所以，如果银行通过业务多元化而获得规模收益或范围收益，消费者就能分享竞争带来的利益。

（3）从社会福利角度看，首先对公共政策而言，混业经营可以促使现有机构提高效率，改变传统的行为方式；其次是金融机构可以选择最优的产品服务组合，能够最大限度地发挥竞争优势，从而提高整个金融体系的效率；再次是通过业务多元化，可以降低金融体系的风险。

二、论述题（1题，共25分）

房地产业向来被视作独立的行业，因而成了一个被忽略的领域。总结20世纪80年代以来国际金融危机的教训，其中最为重要的就是房地产业已经成为影响微观财务绩效和宏观金融稳定的重要因素。

首先，从银行自身的角度看。抵押物价值评估方式、风险控制模式、经济景气预期和公司治理结构等等都是影响房地产金融风险和宏观金融稳定的重要原因。从支持贷款的抵押物价值评估方式来看，尽管所有银行均采取了以所购房屋为抵押和较高抵借比的方式保障贷款的安全，但是对市场价值非常敏感的抵押物价值评估方法会在房价上涨时期产生信贷供给增长或繁荣，在房价下跌时导致信贷紧缩或恶化。从贷款风险控制看，由于房地产价值决定于租金、贴现率、未来现金流、折旧和空置率等因素，而银行并不掌握这些因素的信息，难以测算长期内房地产的均衡价值或合理价值。银行对房地产市场的评估只能依赖于过去和目前的信息。当未来经济形势逆转时，银行不得不承担大量损失；从银行对房地产市场的景气预期来看，在景气循环上行阶段，房地产市场的黏性供给与刚性需求（住房需求与投资需求）促使价格上升趋势明显。银行对市场前景一致看好，在高额利润的驱使下，所有的银行会增加风险暴露。景气循环由盛转衰时，房地产市场供给存量增加和需求下降促使价格下降趋势明显。为控制损失，银行随之会减少风险暴露。从公司治理的结构来看，银行管理者面对股东对业绩要求的压力、职位竞争的压力和同业竞争的压力，很难在经济繁荣阶段减少房地产信贷规模，这是银行信贷和利润波动的重要原因。

其次，从金融监管来看。20世纪70年代以来，各国在实施金融自由化改革的同时并没有相应地转变金融监管的方式，如实施风险加权为基础的资本要求、可变费率和部分保护的存款保险体系和银行风险集中度限制等。金融自由化与监管的不同步恶化了银行收益内化和损失外化的道德风险。因此，银行可以基本不受限制地增加高风险的房地产信贷持有。另外，由于缺乏可靠的数据、评估方法多样化以及市场走势的不可预测性，监管者也难以设计一套有效的针对银行房地产信贷扩张的早期监测和控制指标。

再次，从银行经营的环境来看。（1）房地产信贷供给周期波动与房地产市场周期波动共同受经济增长因素的影响，这是影响房地产金融风险暴露波动最主要的因素之一。在经济增长阶段，房地产市场领先于房地产金融走出衰退实现增长，随后房价上升和居民可支配收入增长推动了房地产资金供给的增长；经济由盛转衰时，房地产市场也领先于房地产金融市场出现紧缩(房价回落和空置率上升)，随后房地产金融市场出现紧缩。(2)金融产品创新也是影响房地产金融风险的重要因素。金融资产证券化和信托等金融资产形式的出现形成了多渠道分散金融风险的机制，避免了风险向银行集中。因此，银行在发放房地产贷款时的谨慎程度下降了。(3)外来资金对本地房地产价格的推高以及国家间房地产市场的相互传导也导致了过度繁荣与过度衰退以及银行信贷资金的过度需求和过度紧缩的交替。

第二部分《公司财务》(75分)

一、名词解释(3题，每题5分，共15分)

1. 内部报酬率(IRR)是指投资收益现值与其初始投资额相等时的收益率，即净现值为零时的折现率。内部收益率的计算公式如下：

$$NPV=C_0+\frac{C_1}{1+IRR}+\frac{C_2}{(1+IRR)^2}+\cdots+\frac{C_t}{(1+IRR)^t}=0$$

式中，IRR为内部收益率，C_0为项目初始投资额，C_t为t时期的现金流量。对于投资项目的内部收益率决策法，内部收益率大于折现率，则项目可行；内部收益率小于折现率，则项目不可行。对于融资项目的内部收益率决策法，判定原则相反。

2. 非系统风险，又称非市场风险或可分散风险，是指只对某个行业或个别公司的证券产生影响的风险，它通常是由某一特殊的因素引起，与整个证券市场的价格不存在系统、全面的联系，而只对个别或少数证券的收益产生影响。当投资组合中的证券种类足够多的时候，单个证券的非系统性风险是可以被分散掉的。

3. 营业杠杆，又称经营杠杆，是指由于固定营业成本的存在，而导致营业利润的变动率大于销售量变动率的现象。经营杠杆的大小一般用经营杠杆系数表示：

$$DOL=\frac{营业利润的变动率}{销售收入的变动率}=\frac{\Delta EBIT/EBIT}{\Delta Q/Q}$$

二、简答题(3题，每题10分，共30分)

1. 根据现代企业公司理财理论和实践，常见的公司理财目标主要有以下两种观点：

(1) 利润最大化。该观点认为，利润代表了企业新创造的财富，利润越多则说明企业的财富增加得越多，越接近企业的目标。

该观点的优点是：①讲求经济核算，加强管理，改进技术，提高劳动生产率，降低产品成本；②有利于企业资源的合理配置，提高整体经济效益。

该观点的缺陷是：①没有考虑利润的取得时间；②没有考虑所获利润和投入资本额的关系；③没有考虑获取利润和所承担风险的关系；④没有考虑同一经济问题的会计处理方式的多样性和灵活性会影响到利润的大小。

由此可见，利润最大化目标只是对经济效益浅层次的认识，存在一定的片面性。所以，现代财务管理理论认为，利润最大化并不是财务管理的最优目标。

(2) 这种观点认为，通过企业的合理经营，采用最优的财务政策，充分利用资金的时间价值和风险与报酬的关系，在保持企业长期稳定发展的基础上，使企业价值达到最大。这是现代西方财务管理理论公认的财务目标，认为这是衡量企业财务行为和财务决策的合理标准。对于股份制企业，企业价值最大化可以表述为股东财富最大化。

以企业价值最大化作为财务管理目标，具有以下优点：

① 考虑了取得报酬的时间，并用时间价值的原理进行了计量；

② 考虑了风险与报酬的关系；

③ 将企业长期、稳定的发展和持续的获利能力放在首位，能克服企业在追求利润上的短期行为；

④ 用价值代替价格，克服了过多受外界市场因素的干扰，有效地规避了企业的短期行为。

以企业价值最大化作为财务管理目标也存在以下问题：

① 企业的价值过于理论化，不易操作；

② 对于非上市公司，只有对企业进行专门的评估才能确定其价值，而在评估企业的资产时，由于受评估标准和评估方式的影响，很难做到客观和准确。

2. 影响股利政策的主要因素有：

（1）投资机会：当其他条件相同时，如果公司有更多的投资机会，就应该比稳定增长公司发放的股利少。

（2）盈利的稳定性：盈利不稳定公司的股利支付率一般要低于盈利稳定的公司，因为它很难保持较高的股利支付能力。相反，盈利稳定且易于预测的公司通常用较高比例的盈余发放股利。

（3）替代资金来源：支付高股利的后果之一是公司不得不增加外部融资来弥补现金短缺和进行再投资。如果公司能够以较低的资本成本筹集到资金，就能够用较多的盈利发放股利。

（4）财务杠杆程度：较高的财务杠杆比率会从两方面减少股利。首先，公司负债越多，就越有可能受到债务合约关于股利政策的限制，这些限制性条款不仅限制现金股利的发放，而且对可以用来发放股利的盈利部分同样进行了限制。其次，进行债务融资需要支付利息，这会减少经营者能够支配的自由现金流量。

（5）信号传递作用：增加股利通常反映未来预期的现金流量会增加，这会引起公司价值的提高，而减少股利作为负面信号与负的收益率相联系。

（6）股东特征：如果公司的股东偏好股利，那么，该公司通常会以股利方式分配更大部分的盈利。

【科兴提示】也可按照 CPA 教材从法律因素、公司因素、股东因素、其他因素等四个方面进行阐述。由于展开过后，文字过多，这里进行了简化。

3. 财务风险也称筹资风险，是指企业为取得财务杠杆利益而利用负债资金时，增加了破产机会或普通股利润大幅度变动的机会所带来的风险。

影响财务风险的因素有：

（1）资本规模的变动：在其他因素不变的情况下，如果资本规模发生了变动，财务杠杆系数也将随之变动。

（2）资本结构的变动：一般而言，在其他因素不变的情况下，资本结构发生变动，或者说债务资本比例发生变动，财务杠杆系数也会随之变动。

（3）债务利率的变动：在债务利率发生变动的情况下，即使其他因素不变，财务杠杆系数也会有所变动。

（4）息税前利润的变动：息税前利润的变动通常也会影响财务杠杆系数。

三、计算题（3 题，每题 10 分，共 30 分）

1. 根据题意可知：

$$300000=50000\times(F/A,\ r,\ 5)\Rightarrow(F/A,\ r,\ 5)=6$$

查年金终值系数表，$(F/A,\ 9\%,\ 5)=5.9847$，$(F/A,\ 10\%,\ 5)=6.1051$，利用线性插值法可得当 $(F/A,\ r,\ 5)=6$ 时，$r=9.127\%$。

2.（1）每年支付一次利息，则：

$$PV=800\times(P/A,\ 10\%,\ 3)+10000\times(P/F,\ 10\%,\ 3)=9501.95\text{ 元}$$

（2）每半年支付一次利息，则：

$$PV=400\times(P/A,\ 10\%\div2,\ 3\times2)+10000\times(P/F,\ 10\%\div2,\ 3\times2)=9503.84\text{ 元}$$

3. 对于机器 A，其成本现值为：

$$P_A = 300000+30000\times(P/A, 8\%, 5) = 419760 \text{ 元}$$

其等价年度成本为：

$$C_A = \frac{419760}{(P/A, 8\%, 5)} = 105150.30 \text{ 元}$$

对于机器 B，其成本现值为：

$$P_B = 200000+45000\times(P/A, 8\%, 3) = 315965 \text{ 元}$$

其等价年度成本为：

$$C_B = \frac{315965}{(P/A, 8\%, 3)} = 122609.62 \text{ 元}$$

对比可知，机器 A 的等价年度成本更低，因此公司应该选择机器 A。

【科兴提示】上海有不少高校招收金融硕士，除了华东政法大学和上海师范大学，多数学校信息都比较公开。我们这里收录华东政法大学试题，主要是为了提升大家对华东政法大学金融题型的了解。从 2019 年的命题来看，题目是比较简单的，吃透指定的教材，想拿低分都难。

江西财经大学2019年金融学综合试题

一、名词解释(8题，每题3分，共24分)

1. 商业信用
2. 货币流量
3. 货币乘数
4. 相对购买力平价
5. 非现金项目
6. 特别提款权
7. 杜邦分析法
8. 内部增长率

二、单项选择题(10题，每题2分，共20分)

1. 信用产生于货币的(　　)职能。

A. 价值尺度　B. 流通手段　C. 支付手段　D. 储藏手段

2. 在决定货币需求的各个因素中，收入水平的高低和收入获取时间的长短对货币需求的影响分别是(　　)。

A. 正相关、正相关　B. 负相关、负相关

C. 正相关、负相关　D. 负相关、正相关

3. 按照抵补利率平价理论，若美元3个月利率是2.8%，人民币3个月利率是3.2%，则美元对人民币3个月远期(　　)。

A. 贴水0.4%　B. 升水0.4%　C. 贴水0.099%　D. 升水0.099%

4. 国际收支吸收论主要讨论(　　)。

A. 货币贬值成功的条件及其对外贸的影响

B. 国民收入与总支出对国际收支的影响

C. 货币因素对国际收支的影响

D. 通货膨胀因素对国际收支的影响

5. 以下不属于布雷顿森林体系内容的是(　　)。

A. 建立以美元为中心的汇率平价体系　B. 严格的固定汇率制

C. 美元充当国际货币　D. 多种渠道调节国际收支不平衡

6. 投资收益在按第六版国际收支手册编制的国际收支平衡表中应当计入(　　)。

A. 初次收入账户　B. 二次收入账户　C. 资本账户　D. 金融账户

7. 在贝塔和IRR组成的二维坐标图中，如果项目位于SML之上，则项目应(　　)。

A. 接受　B. 拒绝

C. 这是不可能的　D. 结论依赖于项目NPV

8. 甲公司希望加权平均资本成本为9%。该公司的税后债务成本为5%，股权资本成本为11%。公司要达到其目标加权平均资本成本，其债务-权益比应该是(　　)。

A. 0.33　B. 0.40　C. 0.50　D. 0.60

9. 下列各项比率，除了(　　)，均可用于衡量长期偿债能力。

A. 利息保障倍数　B. 杠杆比率　C. 股本乘数　D. 总资产周转率

10. 哪一个最符合代理成本的描述？(　　)

A. 增加每股股息支付　B. 降低单位生产成本的好处

C. 缴纳企业所得税　D. 公司外部审计所需支付的款项

三、简答题(6 题，每题 5 分，共 30 分)

1. 银行系统将如何创造派生存款？派生存款的规模受哪些因素的影响？
2. 什么是现金漏损率？其变动主要受哪些因素的影响？
3. 简述汇率决定的黏性价格货币模型的基本观点。
4. 简述欧洲货币体系中的双重稳定汇率机制。
5. MM 定理的主要假设和结论是什么？
6. 估计企业价值的三种方法，其背后都是基于何种资本结构理论？

四、计算题(5 题，共 48 分)

1. (8 分)某企业持面值为 200000 元、尚有 60 天到期的承兑汇票到银行申请贴现，若银行贴现利率为 5%，计算该企业可获得的贴现金额。

2. (10 分)11 月中旬，国内某贸易公司将在 1 月后支付 500 万美元的进口货款。当时的市场行情为：美元/人民币即期汇率 6.9477/93；协定价格为 6.9510 的 1 个月欧式美元看涨期权报价 1 美元=0.0025/0.0032 人民币元，协定价格为 6.9510 的 1 个月欧式美元看跌期权报价 1 美元=0.0020/0.0028 人民币元。为防范汇率风险，该公司决定采用外汇期权进行保值。试计算：

(1) 该公司进行期权交易的期权费总额。

(2) 假设 1 个月后美元/人民币即期汇率变为 6.9502/18，该公司是否行权？其购买 500 万美元的实际成本是多少？

3. (10 分)某年 11 月初，一美国出口商将在 1 月后收到出口货款 200 万瑞士法郎，当时美元/瑞士法郎的即期汇率为 0.9967/77，当年 12 月份交割的瑞士法郎期货价格为 1.0044。该出口商为避免汇率风险，决定采用瑞士法郎期货交易(瑞士法郎期货合约单位为 125000)进行套期保值。若 1 个月后，美元/瑞士法郎的即期汇率和当年 12 月份交割的瑞士法郎期货价格分别变为 1.0045/56 和 0.9958，试计算：

(1) 该出口商应操作的瑞士法郎期货合约的份数是多少？

(2) 套期保值后该出口商可以减少多少损失？

(3) 1 个月后该出口商出售 200 万瑞士法郎的实际美元收入。

4. (10 分)以下是 M 公司 2017 年底审计后的财务报表：

利润表(2017 年，万元)

营业收入	1200	净利润	210
付现成本	810	股利	90
折旧	180		

资产负债表(2017 年，万元)

资产	2017 年	2016 年	负债和所有者权益	2017 年	2016 年
现金	100	70	应付账款	170	190
其他流动性资产	310	280	长期负债	270	210
固定资产	680	580	所有者权益	650	530
总资产	1090	930	负债和所有者权益	1090	930

(1) 编制会计现金流量表，说明现金及现金等价物的变化原因。

(2) 资产产生的现金流 CF(A)。

5. (10 分) 当前，基于所有可交易国债获得的市场公认的利率期限结构如下：

期限	1	2	3	4	5
即期利率	2.5%	3%	3.5%	4%	4.2%

有一国债，距离其到期日为 3 年，每年付息一次，票面利率为 10%，票面价值为 100，其当前交易价格应该为多少？持有到期的到期收益率又是多少？

五、作图题(8 分)

作图分析当资本不完全流动时货币政策在浮动汇率制度下的作用效力。

六、论述题(2 题，每题 10 分，共 20 分)

1. 试述《巴塞尔协议》的产生背景及其内容。(要求分别阐述《巴塞尔协议》I、II、III 的主要内容)。

2. 最大化公司价值和最大化股东价值两个目标有什么区别和联系？在什么情况下会存在冲突，试举例说明。

江西财经大学 2019 年金融学综合试题解析

一、名词解释(8 题，每题 3 分，共 24 分)

1. 商业信用是指工商企业之间相互提供的、与商品交易直接相联系的信用形式，基于工商企业之间的互相信任。它包括企业之间的赊销、分期付款等形式提供的信用，以及在商品交易的基础上以预付定金等形式提供的信用。它可以直接用商品提供，也可以用货币提供，但是信贷主体必须发生真实的商品或服务交易。

2. 货币流量是指经济社会中一定时期内发生的货币的变动数值，表示货币在一定时期内的支出或流动数量。在一个给定的考察期内，货币流量等于货币存量与货币流通速度的乘积。货币流量是一个动态的货币概念，它所描述的是某一时期内货币数量的纵断面。

【科兴提示】我们平常所说的货币供应量，即货币存量。

3. 货币乘数是指货币供给量对基础货币的倍数关系，简单地说，货币乘数是一单位准备金所产生的货币量。货币乘数的大小决定了货币供给扩张能力的大小。狭义货币乘数公式如下：

$$m=\frac{1+k}{r_d+e+k+t\cdot r_t}$$

其中，k 为现金漏损率，r_d和r_t为法定存款准备金率，e 为超额存款准备金率，t 为定期存款和活期存款比率。

4. 相对购买力平价是指不同国家的货币购买力之间的相对变化，是汇率变动的决定因素。相对购买力平价的一般形式：

$$e_t=\frac{PI_{d,t}}{PI_{f,t}}\cdot e_0$$

其中，$PI_{d,t}$、$PI_{f,t}$分别是本国和外国在 t 期的物价指数；e_0是基期的汇率；e_t是计算期的汇率。根据相对购买力平价理论，通胀率高的国家的货币远期有贬值趋势。

5. 非现金项目是与收入相配比但没有直接影响现金流量的项目。其中最重要的一个是“折旧”，折旧反映了会计人员对生产过程中设备的耗费成本所进行的估计。另一种非现金费用是“递延税款”，递延税款是由会计利润和实际应纳税所得之间的差异引起的。

6. 特别提款权是国际货币基金组织创设的一种储备资产和记账单位，亦称纸黄金。它是基金组织分配给会员国的一种使用资金的权利。会员国在发生国际收支逆差时，可用它向基金组织指定的其他会员国换取外汇，以偿付国际收支逆差或偿还基金组织的贷款，还可与黄金、自由兑换货币一样充当国际储备。因为它是国际货币基金组织原有的普通提款权以外的一种补充，所以称为特别提款权。

7. 杜邦分析法是一种用来评价公司赢利能力和股东权益回报水平，从财务角度评价企业绩效的一种经典方法。其基本思想是将企业净资产收益率逐级分解为多项财务比率乘积，这样有助于深入分析比较企业经营业绩。其将净资产收益率(ROE)分解为三部分进行分析的方式名称：利润率，总资产周转率和财务杠杆。

8. 内部增长率是指企业在不增加外部负债的情况下，完全依靠内部积累的资金而实现的销售收入增长率。内部报酬率的计算公式为：内部报酬率=资产收益率×留存收益率。

二、单项选择题(10 题，每题 2 分，共 20 分)

1. C。信用产生于商品的延期支付，即货币执行支付手段的职能。

2. A。在货币需求的诸多决定因素中，个体的收入状况和已积累的财富量是最重要的决定因素。货币需求与收入水平正相关，较高的收入水平蕴涵较高的货币需求。在收入水平一定的条件下，人们取得收入的时间间隔与货币需求正相关，也就是说，人们取得收入的时间间隔越长，货币需求就越多，以备不时之需；反之，人们取得收入的时间间隔越短，则货币需求也就越少。

3. B。根据利率平价，低利率国货币即期贴水，远期升水，所以美元远期升水，升水值近似于两国利差。

4. B。吸收论从国民收入和吸收的角度来考察贸易差额产生的原因，并在此基础上提出调节贸易收支的政策主张。

5. B。布雷顿森林体系实行可调整的固定汇率。《国际货币基金协定》规定，各国货币对美元的汇率，只能在法定汇率上下各 1%的幅度内波动。若市场汇率超过法定汇率 1%的波动幅度，各国政府有义务在外汇市场上进行干预，以维持汇率的稳定。若会员国法定汇率的变动超过 10%，就必须得到国际货币基金组织的批准。

6. A。初次收入包括劳务收入和投资收入；二次收入主要是经常转移，即侨汇、无偿捐赠和赔偿等项目，包括货物和资金形式。

7. A。SML 得到的收益率为必要收益率，通常把它作为折现率。项目位于 SML 之上，这意味着项目的内部收益率大于折现率，应该接受。

8. C。根据 WACC 计算公式可得：$\frac{B}{B+S}\times5\%+\frac{S}{B+S}\times11\%=9\%$，又$\frac{B}{B+S}+\frac{S}{B+S}=1$，联立可得$\frac{B}{B+S}=\frac{1}{3}\Rightarrow\frac{B}{S}=0.5$。

9. D。总资产周转率属于营运能力指标。

10. D。代理成本系指因代理问题所产生的损失，以及为了解决代理问题所发生的成本。常见的代理成本有：监督成本、约束成本、剩余损失。选项 D 属于代理成本中的监督成本。选项 A，应是减少每股股息支付；选项 B，应是增加单位生产成本；选项 C，为约束管理者，企业一般会杠杆经营，会减少企业所得税的缴纳。

三、简答题(6 题，每题 5 分，共 30 分)

1. 商业银行存款货币的创造过程实际上就是商业银行通过贷款、贴现和投资等行为引起成倍的派生存款的过程。一家银行获得原始存款后发放贷款将使另一家银行获得存款，而另一家银行也因此可以发放贷款，从而使第三家银行也获得存款，通过银行体系的连锁反应，一笔原始存款将创造出成倍的派生存款。

派生存款规模受原始存款和存款乘数影响。派生存款规模与原始存款呈正相关关系，与存款乘数呈负相关关系。而存款乘数又受现金漏损率、超额准备金率、法定活期存款准备金率、法定定期存款准备金率和定期存款与活期存款的比例等因素影响。

2. 现金漏损是指在商业银行存款货币创造过程中，随着客户从商业银行提取或多或少的现金，从而使一部分现金流出银行系统。现金漏损与活期存款总额之比称为现金漏损率。现金漏损会降低存款货币创造乘数。影响现金漏损率的因素有：公众的流动性偏好程度、持有通货的机会成本、其他因素如税率、地下非法经济活动、支付习惯等。

3. 黏性价格货币模型由美国经济学家多恩布什提出。他认为，商品市场价格具有黏性，短期内购买力平价不成立。当货币市场出现失衡时，商品价格在短期内难以做出反应，调整货币供求失衡的任务完全由资产市场来承担，通过国际间套利活动，引起利率和汇率水平的超调(大幅度上升或大幅度下降)。而在长期中，商品价格水平可以调整，购买力平价成立，这时利率和汇率水平的超调现象得以纠正，资产市场达到长期均衡。

4. 欧洲货币体系中的双重稳定汇率机制包括：

① 平价网体系：各成员国之间规定一个中心汇率，汇率波幅上下各 2. 25%。

② 货币篮体系：确定成员国货币与埃居汇率——中心汇率(货币篮体系)，计算某货币在货币篮中的比重，最大偏离幅度(±2. 25%×0. 75 = ±1. 6875)。

③ 干预办法：各央行之间的相互贷款，即抛强吸弱；国内适度的货币和财政政策，即利率弱升强降；改变中心汇率。

5. (1)莫迪格利安尼和米勒对完美资本市场做出如下假设：

① 不存在公司所得税和个人所得税。

② 股票和债券在完美资本市场上交易，没有交易成本，也不存在信息不对称问题。

③ 个人和公司的借贷利率相等。

④ 直接破产成本和间接破产成本是不存在的。

⑤ 机构与个人的债务都是无风险的，所有债务的利率均为无风险利率，且不受借款数额的影响。

⑥ 经营风险由息税前利润 EBIT 的标准差衡量，具有相同经营风险的企业属于同一风险等级组。

(2) 在完善资本条件的假设下，MM 定理得出两个结论：①任何公司的市场价值与资本结构无关。②以市场价值计算，对于杠杆公司而言，其权益的期望收益率随负债权益比的增加而提高。在无企业所得税的前提下，MM 定理得出以下两个结论：①负债公司的价值等于相同风险等级的无负债公司的价值加上负债的节税收益，节税收益等于公司税率乘以负债额。②权益资本的期望收益率与财务杠杆存在正相关关系，杠杆公司的权益资本成本等于相同风险等级的无杠杆公司的权益资本成本加上风险报酬。

6. 杠杆企业的估值有三种方法：

(1) 调整净现值法(APV 法)。APV 法首先假设项目全股权融资，算出一个基本现值，根据计划采取的财务策略引起的价值增减进行调整，得出最后的 APV。用公式可以表示为：APV = NPV+NPVF = 无杠杆项目价值+筹资方式的负效应净现值。很明显，APV 法是基于破产成本理论提出的一种方法。

(2) 权益现金流量法(FTE 法)。FTE 法只对杠杆企业项目所产生的属于权益所有者的现金流量进行折现，折现率为权益资本成本。FTE 法是基于无税 MM 定理提出的一种方法。

(3) 加权平均资本成本法(WACC 法)。WACC 法对杠杆企业项目无杠杆现金流量进行折现，折现率为加权平均资本成本。WACC 法是基于有税 MM 定理提出的一种方法。

四、计算题(5 题，共 48 分)

1. 贴现利息 = 汇票金额×贴现天数×日贴现率 = 200000×60×[(5%/12)÷30] = 1666. 67 元。实际得到的贴现金额 = 200000−1666. 67 = 198333. 33 元。

【科兴提示】银行给出的贴现率都是年贴现率，做题时需要转化为日贴现率。

2. (1)为防止一个月后美元升值公司遭受损失，进口商应该买入美元的看涨期权，看涨期权的买出价格为 1 美元 = 0. 0032 人民币，共需要支付 500 万×0. 0032 = 1. 6 万元期权费。

(2) 如果一个月后进口商买入即期美元的价格为 1 美元 = 6. 9518 人民币，大于期权合约的行权价格 6. 9510，所以应该行权，行权后，进口商可以按照 1 美元 = 6. 9510 元人民币的价格买入 500 万美元，需要支付人民币 500×6. 9510 = 3475. 5 万元，加上期权费用，实际总成本为 3476. 75 万元人民币。

3. (1) 为防止瑞士法郎在一个月后贬值，出口商应该卖出瑞士法郎期货合约，卖出的份数为 200/12.5 = 16 份。

(2) 在期汇市场上损益为 200×(1.0044−0.9958) = 1.72 万美元。

(3) 但是在现汇市场上，11 月预收 200 万瑞士法郎，折合美元为 200×0.9967 = 199.34 万美元；12 月卖出 200 万瑞士法郎，折合美元为 200×1.0045 = 200.9 万美元，则现汇市场损益为 200.9−199.34 = 1.56 万美元。则总的套期保值收入为 1.72+1.56 = 3.28 万美元，实现套期保值目的。

4. (1) 会计现金流量表编制如下：(单位：万元)

经营活动	
净利润	210
折旧	180
其他流动资产变动	−30
应付账款	−20
经营活动产生的现金流量	340
投资活动	
购置固定资产	−280
投资活动产生的现金流量	−280
筹资活动	
长期负债增加	60
股利支付	−90
筹资活动产生的现金流量	−30
现金变动额	30

净营运资本变动 = 期末净营运资本−期初净营运资本 = (期末流动资产−期末流动负债)−(期初流动资产−期初流动负债) = (100+310−170)−(70+280−190) = 80 万元。

(2) 由上表可知，经营性现金流量 OCF = 净利润+折旧 = 210+180 = 390 万元。

5. 由题可知，该息票债券第 1 年和第 2 年支付利息 10 元，第 3 年支付本息和 110 元，可以把该息票债券看作是 1 年期面额为 10 元的零息票债券、2 年期面额为 10 元的零息票债券和 3 年期面额为 110 元的零息票债券的组合，那么就可以根据利率期限结构得到该债券的理论价格：

$$P=\frac{10}{(1+2.5\%)}+\frac{10}{(1+3\%)^2}+\frac{110}{(1+3.5\%)^3}=118.396\text{ 元}$$

到期收益率 r 满足公式：

$$118.396=\frac{10}{(1+r)}+\frac{10}{(1+r)^2}+\frac{110}{(1+r)^3}$$

用插值法得到 $r=3.44\%$。

五、作图题(8 分)

在资本不完全流动的情况下，*BP* 曲线是一条向右上倾斜的直线，即利率上升能够吸引资本流入，以弥补收入上升带来进口增加造成的贸易逆差。如下图所示，在初始国内均衡下，*IS* 曲线和 *LM* 曲线相交于 *A* 点，点 *A* 位于 *BP* 曲线的下方，相对于国际收支平衡的水平而言，产出偏高，利率偏低，所以带来了国际收支逆差，外汇市场外币需求大于供给，导致本币贬值。观察 *IS* 曲线和 *BP* 曲线的表达式会发现，本币贬值会使得自发出口增加，从而 *BP* 曲线和 *IS* 曲线会右移成为 *BP′* 曲线和 *IS′* 曲线。在 *BP* 曲线和 *IS* 曲线右移的过程中，它们和 *LM* 曲线相交于 *A′* 点，达到新的内外均衡，此时的利率和产出都比原先有所提高，本币有所贬值。

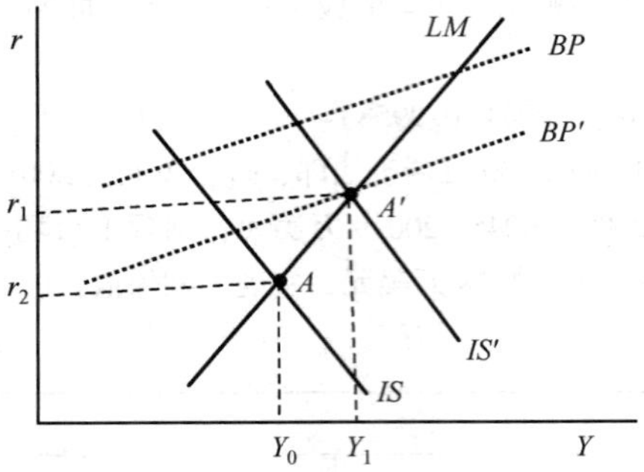

六、论述题(2 题，每题 10 分，共 20 分)

1.（1）《巴塞尔协议》

《巴塞尔协议》的出台源于联邦德国 Herstatt 银行和美国富兰克林国民银行的倒闭。这是两家著名的国际性银行。它们的倒闭使监管机构在惊愕之余开始全面审视拥有广泛国际业务的银行监管问题。1975 年 9 月，第一个巴塞尔协议出台。这个协议极为简单，核心内容就是针对国际性银行监管主体缺位的现实。1983 年 5 月，修改后的《巴塞尔协议》推出。这个协议基本上是前一个协议的具体化和明细化。巴塞尔协议的实质性进步体现在 1988 年 7 月通过的《关于统一国际银行的资本计算和资本标准的报告》(简称《巴塞尔协议》)。该报告主要有四部分内容：资本的分类；风险权重的计算标准；1992 年资本与资产的标准比例和过渡期的实施安排；各国监管当局自由决定的范围。其中前两部分是协议的重点，体现了其核心思想。首先是资本的分类，也就是将资本划分为两级：一级资本为核心资本，包括银行股权资本；二级资本为附属资本，包括贷款损失准备金和次级债务等。其次是风险权重的计算标准。报告根据资产类别、性质以及债务主体的不同，将银行资产负债表内和表外项目划分为 0%、20%、50%和 100%四个风险档次。风险权重划分的目的是为衡量资本标准服务。有了风险权重，报告所规定的资本对风险资产 8%(其中核心资本对风险资产的比重不低于 4%)的标准目标比率才具有了实实在在的意义。

（2）新《巴塞尔协议》

随着金融业的迅速变革，1988 年制定的《巴塞尔报告》难以解决银行实践中出现的诸多新情况、新问题。1997 年 7 月全面爆发的东南亚金融风暴更是引发了巴塞尔委员会对金融风险的全面而深入的思考。从巴林银行、大和银行的倒闭到东南亚的金融危机，人们看到，金融业存在的问题不仅仅是信用风险或市场风险等单一风险的问题，而是由信用风险、市场风险外加操作风险互相交织、共同作用造成的。

针对 1988 年的《巴塞尔协议》的缺陷，巴塞尔委员会对协议进行了五次修改。前四次主要是语言和措辞方面的改动，第五次(1996 年 1 月)在协议中加入了市场风险的内容。考虑到巴塞尔协议公布多年之后，银行业务、风险管理实践以及金融市场都发生了巨大变化，1999 年委员会决定对原协议进行较大的修改，以用一套更具风险敏感性的框架来取代原协议。新协议由三大支柱组成：一是最低资本要求，二是监管当局对资本充足率的监督检查，三是信息披露。最低资本要求，即最低资本充足率达到 8%，而银行的核心资本的充足率应为 4%。监察审理程序，即监管者通过监测决定银行内部能否合理运行，并对其提出改进的方案。市场制约机能，即市场自律，要求银行提高信息的透明度，使外界对它的财务、管理等有更好的了解。

（3）巴塞尔协议 III

鉴于 2007 年以来国际金融危机所暴露的全球金融体系和金融监管过程的重大制度性缺陷，2010 年 12 月 16 日，巴塞尔委员会正式发布了《第三版巴塞尔协议：更具稳健性的银行和银行体系的全球监管框架》，简称《巴塞尔协议 III》，标志着国际金融监管改革进入一个新阶段。

着眼于进一步提高商业银行应对冲击的能力和缓解资本监管的顺周期性质，《巴塞尔协议 III》对此前《巴塞尔协议》的缺陷进行了全面修订：①更加强调资本吸收损失的能力，大幅度提高了对高质量的核心一级资本的最低要求；同时要求银行在达到最低核心资本4.5%的基础上，需进一步分别满足2.5%的资本储备和0~2.5%的逆周期资本要求。②引入杠杆率监管要求，采用简单的表内外资产加总之和替代风险加权资产衡量资本充足程度，防范风险加权资产计算过程的模型风险。由于排除了杠杆率计算的人为判断参数，也就在一定程度上规避了经济繁荣与衰退对预期的影响，具有一定的逆周期调节作用。③构建宏观审慎监管框架，加强对系统重要性金融机构的监管，防范"大而不倒"导致的道德风险和系统性风险。④引入新的流动性监管标准，更加管制压力情形下的流动性管理，防范流动性危机。

2.(1)联系

股东财富最大化认为，企业主要是由股东出资形成的，股东创办企业的目的是扩大财富，他们是企业的所有者，理所当然地，企业的发展应该追求股东财富最大化。企业价值最大化认为，通过企业的合理经营，采用最优的财务政策，充分利用资金的时间价值和风险与报酬的关系，在保持企业长期稳定发展的基础上，使企业价值达到最大。

企业价值=债务市场价值+股权市场价值=债务价值+股东投资资本+权益市场增加值。可见，在债务价值不变、股东投资资本不变的情况下，企业价值最大化与增加股东财富具有同等意义。

(2) 区别

企业价值最大化不同于股东财富最大化，因为：

① 两者在利益主体与利益指向上存在差异。企业价值最大化财务目标的利益主体是企业，利益指向是企业的价值；而股东财富最大化利益主体是股东，利益指向是股东财富。

② 两者考虑的角度不同。企业价值最大化在考虑利益主体时往往是从动态、发展的角度去考虑，是在企业价值的增长中满足各方的利益。而股东财富最大化有时并不从长远发展角度考虑股东的利益，会出现短期利益行为。

③ 两者考虑问题的范围不同。股东财富最大化考虑的范围仅局限于股东的利益，有时甚至于主要是控股股东的局部利益，而忽略了债权人、经理管理人、员工及社会等相关利益者的利益，而这些相关利益者的利益却对股东财富最大化产生重要的影响。而企业价值最大化则兼顾了企业相关主体各方面的利益。

(3) 企业价值最大化与股东价值最大化，在某些情况下甚至会产生冲突，比如：某企业债务价值10万元，股东投资资本10万元。只有投资资本为10万元、债务价值10万元不变时，股东财富增加、权益的市场增加值，与企业价值才会同比例增长。但如果该企业投入10万元，但企业价值增值5万元，则股东财富反而减少了5万元。

【科兴提示】江西财经大学这几年的题目难度一直非常大，题量大，涉及的考点也比较多。尤其是计算题部分，很多题目都很有难度。但是，就2019年的题目来看，考生如果把历年真题研究透彻，也能考一个不错的分数。本张试卷最难的3道题目都源于历年真题。计算题第2题和第3题是2018年真题改编过来的，计算题第4题是2017年的原题。

上海财经大学 2019 年金融学综合试题

一、单项选择题(每题 2 分，共 60 分)

1. 中国国家外汇管理局定义的外汇概念不包括(　　)。

A. 外币有价证券　　B. 外币现钞　　C. 动态外汇概念　　D. 特别提款权

2. 著名经济学家 Kenneth. S. Rogoff 在《崩溃的诅咒》一书提出要废除大面额纸币，哪个理由不能作为他的论据(　　)？

A. 有助于打击逃税和犯罪　　B. 有助于央行放开手脚实施负利率政策

C. 有助于控制通货膨胀　　D. 有助于降低社会成本

3. 下列关于商业银行表内资产表外化的说法正确的是(　　)。

A. 提高收益　　B. 降低监管成本　　C. 满足资本充足率　　D. 降低风险

4. 当一国国际收支持续大量逆差时，为金融与资本账户平衡而引入大量外资，此时金融管理当局就可能(　　)利率。

A. 提高　　B. 降低　　C. 不变　　D. 都不对

5. 2017 年凭借行为金融学获得诺贝尔奖的经济学家是(　　)。

A. 尤金法玛　　B. 理查德塞勒　　C. 罗伯特希勒　　D. 史蒂芬罗斯

6. 你刚签了一个期限为 30 年的商业地产租赁协议，月租金为 1000 元，月租金每年上涨 5%，假设每年的有效利率为 10%，这个协议的现值是(　　)。

A. 190163. 49　　B. 190173. 49　　C. 190183. 49　　D. 190193. 49

7. 有基金经理，一个运用积极型投资策略，一个运用消极型投资策略，现将两个基金经理的月度收益率对市场收益率进行线性回归，以下哪一个数据可以用来区分两个基金经理的业绩？(　　)

A. 截距　　B. R^2　　C. 斜率　　D. 平均收益率

8. 如果 AB 两个公司都有相同的 β，相同的股利政策和增长率，EPS 不同，以下正确的是(　　)。

A. A 的市盈率高　　B. B 的市盈率高　　C. AB 市盈率相同　　D. 无法判断

9. 投资如下两个完全负相关股票，目标收益率 16%，那么此投资组合的方差为(　　)。

股票	预期收益率	标准差
A	12%	15%
B	20%	45%

A. 0. 0225　　B. 0. 0324　　C. 0. 0357　　D. 0. 0431

10. 以下关于 IRR 的表述错误的是(　　)。

A. 当互斥项目有不同的现金流模式时，用 IRR 法进行投资可能出现问题

B. 项目的 IRR 受投资规模影响

C. 仅仅由于一个项目具有较高的 IRR 而选择这个项目可能会导致错误

D. 多重 IRR 可能存在

11. 以下哪一个说法最能解释企业选择有限股份制而非合伙制企业的原因(　　)。

A. 股份有限公司面临更少的监管　　B. 股份有限公司所有权的转让非常困难

C. 股份有限公司通常面临更少的税收　　D. 股份有限公司更容易筹集资本

12. 根据《国际收支手册》第六版，在一国的国际收支表中以下(　　)不属于金融账户。

A. 专利和版权的转让交易　　B. 证券投资

C. 储备资产　　D. 直接投资

13. 为了轧平国际收支借贷差额，设置了错误与遗漏账户，但这一账户并不是通过真正的统计得到的，以下说法正确的是(　　)。

A. 当借方差额大于贷方差额时，其差额计入错误与遗漏项目的是借方

B. 当借方差额大于贷方差额时，其差额计入错误与遗漏项目的是贷方

C. 当本国出现资本外逃时，错误与遗漏项目表现为正值

D. 当外国热钱涌入本国时，错误与遗漏项目表现为负值

14. 假设我们把美国股市从1926年到2009年的情况作为考察对象，选择84个年收益率，其中最低的5个收益率分别为：-25.03%、-25.69%、-33.49%、-41.03%、-45.64%，那么置信度为95%的 *VaR* 是(　　)。

A. -25.16%　　B. -25.56%　　C. -25.69%　　D. -27.25%

15. 你正在考虑购买一件50000美元的艺术品，经销商提议：借给你钱，你要在未来20年内以4%的年利率每隔两年等额还款1次，共10次，则每次偿还(　　)美元。

A. 7451.47　　B. 7505.34　　C. 7358.18　　D. 以上都不对

16. 关于外汇掉期和货币互换的叙述正确的是(　　)。

A. 两者基本一回事

B. 前者是外汇市场的交易，后者可能涉及更多市场

C. 两者在不同交易中使用的汇率是相同的

D. 两者可以用来投机、避险或套利

17. 以下属于费雪方程的是(　　)。

A. $MV=PY$　　B. $M=kPY$

C. $M=\sqrt{\frac{2bT}{i}}$　　D. $M=L_1(Y)+L_2(i)$

18. 商业银行把出售的有价证券买回来实际上是(　　)。

A. 逆回购　　B. 回购　　C. 卖出回购证券　　D. 再贴现

19. 下列通货紧缩比较良性的是(　　)。

A. 债务积累引起的通货紧缩　　B. 技术进步引起的通货紧缩

C. 资产价格下降引起的通货紧缩　　D. 货币供应减少引起的通货紧缩

20. 如果一家中国出口企业在未来一年多次收到英镑，为规避外汇汇率贬值风险，最佳策略是(　　)。

A. 多次买入英镑看跌期权

B. 多次卖出英镑看涨期权

C. 卖出一年期择期远期

D. 多次卖出远期择期英镑来锁定人民币收入

21. 下列哪个表述最为正确？(　　)

A. 如果PPP成立，那么只要各国用以计算物价水平的商品篮子是相同的话，一价

定律对于任何商品都是成立的

B. 如果一价定律对于任何商品都是成立的话，那么PPP将自动成立

C. 如果一价定律对于任何商品都是成立，那么只要各国用以计算物价水平的商品篮子是相同的话，PPP将自动成立

D. 如果一价定律不能对于任何商品都成立，那么只要各国用以计算物价水平的商品篮子是相同的话，PPP将不成立

22. 投资组合A全部投资于股票，投资组合B含50%的A和50%的市场指数ETF，以下说法正确的是(　　)。

A. A的beta高于B　　B. A的beta低于B

C. A的beta等于B　　D. 无法判断

23. 股票当前价格为100元，一年之后有可能上升20%或者下降10%，行权价为110，假如无风险利率为10%，则看涨期权的价值约为(　　)元。

A. 6.06　　B. 6.17　　C. 6.28　　D. 6.39

24. 在固定汇率制下，以下的表述正确的是(　　)。

A. 货币政策只能影响产出　　B. 货币政策只能影响就业

C. 货币政策只能影响国际储备　　D. 货币政策不能影响国际储备

25. 关于公司的风险以下表述错误的是(　　)。

A. 公司同时受系统风险和非系统性风险的影响

B. 股票的风险溢价是由非系统性风险决定的

C. 公司同时受两种风险时，只有非系统性风险可以被分散(许多股票组成投资组合)

D. 公司特有的新闻是影响非系统性风险的好消息或者坏消息

26. 以下关于收益率的说法正确的是(　　)。

A. 向下倾斜的收益率曲线代表收益率未来要升高

B. 当债券的到期收益率低于息票率时，这个债券是折价债券

C. 具有较高息票率的附息债券对利率变动的敏感程度要比(其他方面相同)息票率低的债券高

D. 到期期限短的零息债券对利率变动的敏感程度要比(其他方面相同)到期期限长的零息债券低

27. Taggart公司目前没有任何负债，公司的股权资本成本为16%。假设Taggart决定提高公司的杠杆水平，使公司的债务价值与总资产价值的比值维持在1/3。假设Taggart的债务资本成本为9%，并且公司所得税率为35%。如果Taggart税前的加权平均资本成本保持不变，那么杠杆水平提高以后公司的税后加权平均资本成本与下面哪个数字最为接近？(　　)

A. 12.9%　　B. 13.0%　　C. 16.0%　　D. 15.0%

28. 根据货币政策的资产负债传导渠道，通过(　　)的变动影响消费支出。

A. 利率效应　　B. 信用供给　　C. 贷款需求　　D. 股票价格

29. 纽约金融服务部(NYDFS)在2018年9月10日同时批准了两种基于以太坊发行的稳定币，分别是Gemini公司发行的稳定币Gemini Dollar，与Paxos公司发行的稳定币Paxos Standard，每个代币有1美元支撑，旨在提供法币的稳定性，以及加密货币的速度和无国界性质。以下表述不正确的是(　　)。

A. 数字美元由私营企业发行具有较高的信用风险

B. 与美元挂钩，避免数字货币币值剧烈波动

C. 通过监管美元流动性，对数字货币间接监控

D. 即使与主权货币挂钩也不能行使主权货币的功能

30. 如果你是公司的债权人，公司的哪一个举动最能引起你的担忧(　　)。

A. 削减对股东的股利　　B. 对有风险的新行业进行扩张

C. 公司现金积累　　D. 发行新股进行融资

二、计算分析题(每题 10 分，共 60 分)

1. 已知一国法定存款准备金率为 10%，流通中现金 4000 亿元，活期存款 8000 亿元，超额准备金 200 亿元。央行新增基础货币 100 亿元，问狭义货币供应量 M1 如何变化?

2. 已知国债和公司债券的收益率曲线的即期利率如下表所示，求公司两年累计违约概率。(假设公司债券违约时债权人损失全部本息)

	1 年	2 年
国　债	5%	7%
BBB 级债券	8%	11%

3. 推导永续年金久期。提示：$\sum_{n=1}^{\infty} n x^{n} - x \sum_{n=1}^{\infty} n x^{n} = \frac{x}{1-x}$

4. 无违约息票债券收益率曲线信息如下：

到期期限	1	2	3
息票利率(按年付)	0	10%	6%
YTM 到期收益率	2%	3.908%	5.84%

(1) 试用一价定律计算 2 年期零息票债券 YTM。

(2) 3 年期年息票利率 10%(按年付)面值为 1000 元，计算无违约债券价值。

5. 假设股票市场由 A、B 两股组成，另有无风险资产 $R_f = 2\%$。

情景	R_A	R_B	概率
好	8%	1%	30%
一般	6%	2%	40%
差	-2%	3%	30%

计算 A 和 B 在切线资产中的比重。

6. 现在有如下信息：6 年期零息债券，面值 1000 元，现价格 657.08 元；4 年期的零息债券，面值 1000 元，现价 777.32 元；2 年期的零息债券，面值 1000 元，现价 892.52 元；3 年期附息债券，面值 1000 元，息票率 8%，现价 1050 元，一年后的远期利率为 6.25%。假设出于某种原因，能以 934.25 元的价格买卖 4 年期，票面利率为 6%的债券。如果只能利用上述所列的债券另加 1000 元面值的一年期零息债券，请详细解释如何实现无风险套利。

三、分析与论述(每题 10 分，共 30 分)

1. 美联储在 2015 年加息一次，2016 年加息一次，2017 年加息三次，2018 年的 1-9 月加息三次。与此同时，美国对中国实施贸易战。为了适度缓解人民币对美元不断贬值的趋势，中国人民银行在人民币兑美元汇率中间价报价模型中引入逆周期因子。

（1）2018 年，为什么我国央行在美联储加息的背景下极少动用存款准备金率这一政策工具？

（2）美联储加息对我国国民经济运行将会产生怎样的影响？

2. 试结合公司上市的利弊来谈谈华为需要上市吗。

3. 2018 年 7 月 9 日，小米正式在香港挂牌上市，成为香港首家同股不同权的上市公司上市。据你所知，同股不同权的公司还有哪些？结合公司金融理论和现实分析，同股不同权的优势和劣势。

上海财经大学 2019 年金融学综合试题解析

一、单项选择题（每题 2 分，共 60 分）

1. C。《中华人民共和国外汇管理条例》定义的外汇概念是静态外汇，包括外币现钞、外币支付凭证、外币有价证券、特别提款权和其他外汇资产。

2. C。在 Rogoff 看来，取消大面额纸币一方面有助于减少犯罪，另一方面有助于央行实行货币政策。取消大额货币后，储户账户里的存款更多只能用来消费或放在银行，这在一定程度上有助于治理通货紧缩，降低社会成本。

【科兴点评】取消大额纸币是近年来的热门知识点，欧洲 2019 年将全面回收 500 欧元纸币。取消大额纸币打着防止犯罪的旗号。欧洲刑警组织指出，犯罪分子和恐怖分子偏爱使用 500 欧元面额纸币，因为 100 万欧元现金换成 500 欧元面额的纸币，一个小行李箱就能装下。取消大额纸币的真正作用或许是控制财富，防止挤兑，甚至让国民承担债务成本，由央行进行全面控制。

3. AC。商业银行表内资产表外化的主要目的是增加银行净息差，选项 A 正确；但是，同时会增加商业银行的经营风险，提高监管成本，选项 B 和 D 错误；银行资本充足率 = 总资本/（表内风险资产加权额+表外或有资产项目的风险资产加权额），其中表外或有资产项目的风险资产加权额 = ∑（表外资产×信用转换系数×对应表内资产的风险权重）。如果表内资产表外化，意味表内风险资产加权额变小，同时由于转换系数的存在，表外风险资产加权额也在变小，即分母总体变小，资本充足率提高，选项 C 也正确。

4. A。大量外汇的流入意味着本国货币需求量上升，在货币供给不变的前提下，本国资金使用成本就会上升。

5. B。2017 年诺贝尔经济学奖授予经济学家理查德．塞勒，以表彰他在行为金融学领域的杰出贡献。

【科兴点评】诺贝尔经济学奖获得者也是上海财经热衷考查的知识点，2017 年曾经考查过类似的选择题。2018 年的获得者是罗默和诺德豪斯，属于宏观经济学领域，应该不会考查。

6. D。根据题意可知：$(1+r_{月})^{12}=1+10\% \Rightarrow r_{月}=0.7974\%$

第一年现值：$1000+\dfrac{1000}{0.7974\%}\times\left(1-\dfrac{1}{(1+0.7974\%)^{11}}\right)=11491.4$ 元

则，各年现值贴现和：$PV=11491.4+11491.4\times(1+5\%)\times\dfrac{1-\left(\dfrac{1+5\%}{1+10\%}\right)^{29}}{10\%-5\%}=190193.54$ 元

7. A。证券特征线：$r_{it}=a_i+\beta_i r_{mt}+\varepsilon_{it}$，其中，$r_{it}$是 t 期证券 i 的实际收益率；r_{mt}是 t 期市场指数的收益率；a_i为线性方程的截距项；β_i为线性方程的斜率；ε_{it}为误差项，表示证券 i 的实际收益率与回归线的偏离程度。

8. C。市盈率模型可以写为：$P/E=b/(y-g)$，由题意可知，股利增长率 g 和派息比率相同，而贴现率

y 根据 CAPM 模型也是相等的，故两个公司的市盈率相等。

9. A。设股票 A 的投资比重为 w，则股票 B 的比重为 $1-w$，则：$20\%w+12\%(1-w)=16\%$，解得 $w=50\%$。因为证券之间负相关，则 $\rho=-1$。则$\sigma_P^2=(w_A\sigma_A-w_B\sigma_B)^2=(50\%\times15\%-50\%\times45\%)^2=0.0225$。

10. B。由于内部收益率不是初始投资在整个计算期内的盈利率，因而它不仅受项目初始投资规模的影响，但受项目计算期内各年净收益大小的影响。

11. D。股份有限公司是指注册资本由等额股份构成，股东通过发行股票筹集资本，其主要的优点是更容易筹资资本。选项 A、B、C 是有限责任公司的特点。

12. A。金融账户包括了一个经济体对外资产和负债所有权变更的所有权交易。根据投资类型和功能，金融账户可以分为直接投资、证券投资、其他投资和储备资产四类。版权和转让的转让交易属于资本账户。

13. B。国际收支平衡表中，错误与遗漏项目是一个人为的平衡项目，其数值与经常账户、资本和金融账户余额之和相等，方向相反，故选项 B 正确，选项 A 错误；当本国出现资本外逃时，说明综合账户为正值，则错误与遗漏项目为负值，C 选项错误；同理，D 选项错误。

14. B。在险价值，又称分位数，是度量一定概率下发生极端负收益所造成的损失。通常，受样本数量的限制，我们必须对分位数做插值处理。由于样本由 84 个年收益率组成，则 5%的观测的序号是 $84\times5\%=4.2$。我们必须在从下往上数的第 4 个观测和第 5 个观测之间进行插值计算，则相应的 VaR 在 -25.03% 和 -25.69% 之间，并被计算：$VaR=-25.69\%+0.2\times(25.69\%-25.03\%)=-25.56\%$。

【科兴点评】这道题目是博迪《投资学》第 10 版第五章的一道例题，会做的考生寥寥无几。其实博迪的这本书一直都是上海财经大学的一个命题参考，2016 年的试题明显说明了这一点。金德环老师在研究生阶段也是用博迪的这本书给同学们上课。

15. B。假设每隔两年要还款的金额为 x 元，则第一个两年要还的金额现值为$\frac{x}{(1+4\%)^2}$，第二个两年要还的金额现值为$\frac{x}{[(1+4\%)^2]^2}$，第三个两年要还的金额现值为$\frac{x}{[(1+4\%)^2]^3}$，以此类推可得：$50000=\sum_{t=1}^{10}\frac{x}{[(1+4\%)^2]^t}\Rightarrow x=7505.34$ 美元。

16. D。外汇掉期和货币互换均为外汇衍生品，因此其功能基本一致，D 选项正确。外汇掉期一般为 1 年以内的交易，货币互换为 1 年以上的交易，二者并不是一回事，A 选项错误；掉期是在外汇市场上进行的；互换则在专门的互换市场上交易，B 选项错误；外汇掉期前后交换货币使用不同汇率，货币互换前后交换货币使用相同汇率，C 选项错误。

【科兴点评】这道题目命制的背景是：我国将会逐步开放国内衍生品市场。

17. A。费雪方程式认为：货币需求数量决定着物价水平。其用公式可以表述为：$M\cdot V=P\cdot Y$，其中，Y 为交易总量，P 为价格水平，M 为货币需求数量，V 为货币流通速度。

18. A。投资者或金融机构也可以在证券交易所和银行间债券市场进行逆回购交易。

19. B。良性通缩是指由于技术进步、国际大宗商品价格下降以及贸易自由化等原因引起总供给超过总需求。此时，由于资本的边际收益将会增加，导致实际利率升高、价格水平下降和产出增加。恶性通缩是指由于消费不足、投资不足、政府支出下降或者国外需求下降等原因引起总需求低于总供给，在其他条件不变的情况下，经济同时表现为价格水平下降和产出下降。

20. D。择期外汇买卖是远期外汇的一种特殊形式，事先不固定起息日的具体日期。客户和银行约定在未来的一段时间内，可随时进行资金交割，起息日可以是这段时间内的任意一个工作日，选择起息日的权利在客户手中。择期交易期限越长，买卖差价越大，因而客户应尽可能地缩短择期期限，以降低其交易成本，获得更有利的远期利率。

21. C。购买力平价的成立也并不意味着一价定律必定成立，因为至少一揽子商品以外的其他商品不一定满足一价定律。所以选项 A 不成立。如果一价定律对于任何商品都成立，那么只要各国用以计算物价水平的商品篮子相同，则 PPP 将自动成立。所以选项 B 成立。如果一价定律对于任何商品都成立，那么 PPP 不一定自动成立，因为各国用以计算物价水平的商品篮子不一定相同(至少样本的权重可能不同)。所以选项 C 不成立。如果一价定律不是对于所有商品都成立，那么只要各国用以计算物价水平的商品篮子相同，PPP 也可能成立。因为篮子中的商品可能满足一价定律。所以选项 D 不成立。

【科兴提示】2011 年真题重新考查。

22. D。假设投资组合 A 的贝塔为β_1，则投资组合 B 的贝塔为$\beta_2=0.5\beta_1+0.5\times1$，我们无法判断$\beta_1$和$\beta_2$的大小，因为$\beta_1$本身存在大于 1，小于和等于 1 三种情况。

23. B。我们运用单步二叉树模型来解答此题。假设股票价格上升的概率为 p，则：$p=\dfrac{e^{r\Delta t}-d}{u-d}=\dfrac{e^{0.1}-0.9}{1.2-0.9}\approx0.6809$。此时，期权价值$f=e^{-r\Delta t}[pf_u+(1-p)f_d]=e^{-0.1}(10\times0.6809+0)\approx6.18$ 元。

24. C。在固定汇率制下，货币当局有稳定汇率的义务，一般会采用冲销式干预来调节汇率。在这个过程中，产出、利率都没有改变，唯一改变的是国际储备。

25. B。根据 CAPM 模型，股票的风险溢价一般表述为$\beta(r_m-r_f)$，可知其风险溢价由系统性风险决定。

26. D。收益曲线向下，意味着债券长期收益率低于短期收益率，A 选项错误；当债券的到期收益率低于息票率的时候，意味着债券的市场价格大于面值，这个债券是溢价发行，B 选项错误；债券的久期可以反映其价格对利率变动的敏感程度，息票率越高，早期支付的现金流就越多，久期就越短，C 选项错误。

27. D。根据无税 MM 定理可知：$r_{税前WACC}=\dfrac{B}{B+S}\times r_B+\dfrac{S}{B+S}\times r_S=r_0=16\%$，计算可得此时的权益资本成本为：$r_S=19.5\%$。在这种前提下，根据 WACC 公式可得$r_{税后WACC}=\dfrac{B}{B+S}\times r_B\times(1-T_C)+\dfrac{S}{B+S}\times r_S=14.95\%$。

【科兴点评】2015 年真题重新考查。

28. D。货币政策通过资产负债表传导是指货币政策影响利率，进而影响股票价格，随后又影响净现金流，使得支出减少，即 $M\rightarrow r\rightarrow Pe\rightarrow NCF\rightarrow H\rightarrow L\rightarrow I\rightarrow Y$。货币政策通过股票价格的变动影响消费支出，大致表现在三个方面：①利率效应；②财富效应；③流动性效应。

29. D。私营企业发行稳定币以盈利为目的，且发行准备不足，所以会存在更大的违约风险，A 选项正确；稳定币接受美国政府监管，意味着其币值的稳定，选项 B 正确；由于美元与稳定币是 1∶1 锚定，可以通过美元流动来实施间接监控，C 选项正确；由于发行数量有限，因此其不能完全行使主权货币的职能，但是可以行使货币的职能，D 选项错误。

30. B。企业向有风险的新行业进行扩张，带来的高收益属于股东，但风险由债权人和股东共同承担。

二、计算分析题(每题 10 分，共 60 分)

1. 根据货币乘数计算公式可知：$m=\dfrac{M_S}{B}=\dfrac{C+D}{C+ER+RR}=\dfrac{4000+8000}{4000+200+800}=2.4$

央行新增基础货币 100 亿元，则：$\Delta M_1=B\cdot m=100\times2.4=240$ 亿元

所以狭义货币M_1会增加 240 亿。

2. (1) 一年期债务工具的违约概率

假设金融机构一年期(零息)公司债券的预期收益至少等于一年期(零息)国债的无风险收益。以 p 表示公司债券本息全额偿还的概率，k 代表公司债收益率，i 为国债的收益率，则有：

$$p(1+k)=1+i\Rightarrow p_1(1+8\%)=1+5\%\Rightarrow p_1=0.9722$$

(2) 2 年期债务工具的违约概率

国债 1 年期远期利率f_1为：$(1+f_1)(1+i_1)=(1+i_2)^2\Rightarrow f_1=\dfrac{1.07^2}{1.05}-1=0.09$

同理可得，一年期的公司债券的预期远期利率c_1为：$1+c_1=\frac{1.11^2}{1.08} \Rightarrow c_1=0.14$

所以，公司债券和国债一年后的预期利差要大于当期，因此，公司(风险)债券的违约风险溢价随着期限的增加而增加。故，公司债券一年后的预期还款概率为：

$$p_2=\frac{1+f_1}{1+c_1}=\frac{1.09}{1.14}\approx 0.956$$

债券在任何一年的违约概率指的是这一年的边际违约概率，即第 t 年的违约概率为 $1-p_t$，利用边际违约概率可以算出累计(期间)违约概率。两年期公司债券累计违约概率为：

$$C_1=1-p_1p_2=1-0.9722\times 0.956\approx 0.0705$$

3. 久期是债券各期现金流支付所需时间的加权平均值，用公式可以表示为：

$$D=\frac{\sum_{t=1}^{T}\frac{c_t}{(1+r)^t}\times t}{P}$$

永续年金是无限期等额收付的特种年金，其每年的现金流为：

$$P=\frac{C}{r} \tag{1}$$

则永续年金久期为：

$$D=\frac{C}{1+r}\cdot\frac{1}{P}+\frac{C}{(1+r)^2}\times 2\times\frac{1}{P}+\cdots+\frac{C}{(1+r)^n}\times n\times\frac{1}{P} \tag{2}$$

把(1)代入(2)可得：

$$D=\frac{r}{1+r}+\frac{2r}{(1+r)^2}+\frac{3r}{(1+r)^3}+\cdots+\frac{nr}{(1+r)^n}=r\left[\frac{1}{1+r}+\frac{2}{(1+r)^2}+\frac{3}{(1+r)^3}+\cdots+\frac{n}{(1+r)^n}\right] \tag{3}$$

假定 $x=\frac{1}{1+r}$，则(3)可以写为：

$$D_n=r(x+2x^2+3x^3+\cdots+nx^n)=r\sum_{n=1}^{\infty}nx^n \tag{4}$$

$$xD_n=r(x^2+2x^3+\cdots+(n-1)x^n+nx^{n+1})=rx\sum_{n=1}^{\infty}nx^n \tag{5}$$

由(4)-(5)得：

$$(1-x)D_n=r\frac{x}{1-x}\Rightarrow D_n=\frac{r\cdot\frac{1}{1+r}}{\left(1-\frac{1}{1+r}\right)^2}=\frac{1+r}{r}$$

4. (1)期限为 n 期的附息债券(假设面值为 1000 元，票面利率为 i)的价值可以拆成 n 只零息债券的价值之和。若 y_1、y_2和 y_n分别表示剩余期限是 1 期、2 期至 n 期的零息债券的 YTM，则：

$$P=\frac{1000i}{1+y_1}+\frac{1000i}{(1+y_2)^2}+\cdots+\frac{1000i+1000}{(1+y_n)^n}$$

代入数据可得：$P=\frac{1000\times 10\%}{1+2\%}+\frac{1000\times 10\%+1000}{(1+y_2)^2}=\frac{100}{1+3.908\%}+\frac{1100}{(1+3.908\%)^2} \Rightarrow y_2=4\%$

(2) 同理可以求出三年期零息债券的收益率：

$$\frac{60}{1+2\%}+\frac{60}{(1+4\%)^2}+\frac{1060}{(1+y_3)^3}=\frac{60}{1+5.84\%}+\frac{60}{(1+5.84\%)^2}+\frac{1060}{(1+5.84\%)^3} \Rightarrow y_3=6\%$$

票面利率 10%的三年期债券价格为：$P=\frac{100}{1+2\%}+\frac{100}{(1+4\%)^2}+\frac{1100}{(1+6\%)^3}$

5. 根据表格信息可以求得：

$$R_A=30\%\times 8\%+40\%\times 6\%+30\%\times(-2\%)=4.2\%$$

$$R_B=30\%\times1\%+40\%\times2\%+30\%\times3\%=2\%$$

$$\sigma_A^2=30\%\times(8\%-4.2\%)^2+40\%\times(6\%-4.2\%)^2+30\%\times(-2\%-4.2\%)^2=0.1716\%$$

$$\sigma_B^2=30\%\times(1\%-2\%)^2+40\%\times(2\%-2\%)^2+30\%\times(3\%-2\%)^2=0.006\%$$

$$\sigma_{AB}=(8\%-4.2\%)\times(1\%-2\%)\times30\%+(6\%-4.2\%)\times(2\%-2\%)\times40\%$$
$$+(-2\%-4.2\%)\times(3\%-2\%)\times30\%=-0.03\%$$

在最优组合中，股票 A 的比重计算可使用公式：

$$w_A=\frac{[E(r_A)-r_f]\sigma_B^2-[E(r_B)-r_f]\operatorname{cov}(r_A,\ r_B)}{[E(r_A)-r_f]\sigma_B^2+[E(r_B)-r_f]\sigma_B^2-[E(r_A)-r_f+E(r_B)-r_f]\operatorname{cov}(r_A,\ r_B)}$$

$$=\frac{(4.2\%-2\%)\times0.006\%-0}{(4.2\%-2\%)\times0.006+0-(4.2\%-2\%)\times(-0.03\%)}\approx0.17$$

则，$w_B=0.83$。

6. 根据债券定价公式可知：

$$\frac{1000}{(1+r_4)^4}=777.32\Rightarrow(1+r_4)^4=1.2865$$

$$\frac{1000}{(1+r_2)^2}=892.52\Rightarrow(1+r_2)^2=1.1204$$

利用远期利率换算公式可求得：$(1+r_1)(1+f)=(1+r_2)^2\Rightarrow r_1=5.45\%$

则 1 年期零息债券的价格为：$P=\frac{1000}{1+5.45\%}=948.32$

运用上述给定的债券复制一份 4 年期，票面利率 6%的附息债券，即：

	0	1	2	3	4	5	6
1 年期零息债券	−948.32	1000					
6 年期零息债券	−657.08						1000
4 年期零息债券	−777.32				1000		
2 年期零息债券	−892.52		1000				
3 年期附息债券	−1050	80	80	1080			
4 年期附息债券	$-P_F$	60	60	60	1060	0	0

则：$1000X_A+80X_E=60$

$1000X_D+80X_E=60$

$1080X_E=60$

$1000X_C=1060$

$1000X_B=0$

$948.32X_A+657.08X_B+777.32X_C+892.52X_D+1050X_E=P_F$

计算可得：$X_A=X_D=X_E=0.056$，$X_C=1.06$，$X_B=0$，$P_F=985.85$

由于复制出来的三年期的票面利率 6%的付息债券的价格大于市场价格 934.25，因此存在套利机会。具体做法：首先以 934.25 元的价格买入 4 年期，票面利率为 6%的债券，同时卖出 1 年期零息债券 0.056 份，2 年期零息债券 0.056 份，3 年期付息债券 0.056 份，4 年期零息债券 1.06 份，则每次套利收益 51.60 元。

三、分析与论述(每题 10 分，共 30 分)

1. (1)存款准备金政策指的是中央银行在法律赋予的权力范围内，通过调整商业银行交存中央银行的存款准备金比例，以改变货币乘数，控制商业银行的信用创造能力，间接地控制社会货币供应量的活动。存款准备金政策是威力较大的政策工具，其一般会产生较大的影响：一是对货币乘数的影响，存款准备金率与货币乘数存在负相关关系；二是对超额准备金的影响，表现为决定超额准备的多少，影响商业银行创造信用的基础。调整准备率，若基础货币和准备金总额不变，则超额准备金发生变化，货币乘数扩张或缩小。但是这一工具也有负面的影响，一方面，中央银行难以确定调整准备率的时机和调整幅度；另一方面，许多商业银行也难以迅速地调整准备金以符合变动了的法定限额。由于法定存款准备金这一政策工具的巨大冲击力，所以一般只在少数场合下才会使用。

（2）鉴于美国和美元在世界经济金融体系中的特殊地位，美联储实现货币政策正常化将会对双边经贸联系和金融交往密切的中国产生较强的外溢影响，跨境资本流动、人民币汇率稳定、经常账户盈余、企业融资成本以及海外投资战略等都会受到影响。

① 跨境资本可能再次外流。美联储再次加息后，叠加缩表和减税措施，美元将继续处于牛市周期，美元资产收益率上升，我国境内逐利资金和热钱将流出，资本外流形势将再次恶化。

② 人民币短期仍有调整压力。根据利率平价理论的内容，两国利率的差额等于远期兑换率与现货兑换率之间的差额。在两国利率存在差异的情况下，资金将流向高利率国以赚取利差，但由于牵扯到不同国家，还要考虑汇率变动风险。这是传统利率平价理论的内容，并没有考虑预期的作用。实际上，利率调整预期也会影响该作用渠道，当一种货币有升值预期时会打破原有的汇率平衡格局，资金也将向该国流动从而导致该种货币的现汇汇率上升。自 2015 年 12 月美国重启加息政策以来，美联储连续释放加息信号，市场对美联储加息具有较大预期。与此同时，中国经济进入新常态，经济下行压力加大，市场很容易受惊吓。年内人民币汇率虽有所回升，但贬值预期依然存在，受突发事件冲击，短期内波动可能加剧。

③ 国内资本市场价格承压。美联储加息将导致我国跨境资本外流加剧，跨境资本流动中的很大比重是热钱和短期流动资本，主要以套利投机为目的。这部分资本流入我国后一般不会进入实体经济领域，而是进入股市、楼市等虚拟经济领域，推高资产价格，带来通货膨胀压力。在资本外流和房地产市场加强调控背景下，这部分跨境资本将率先流出，对我国资本市场价格带来巨大冲击，加剧股市、债市和房地产市场的波动。

④ 国内企业美元融资成本和存量债务负担增加。美联储加息导致全球市场利率中枢上移，同时美联储货币正常化将在中期促使美元流动性趋紧，国内企业境外美元负债成本上升。

⑤ 我国货币政策也将逐步、分阶段跟随调整。随着全球经济金融一体化程度加深，各国经济联系愈加紧密，全球货币政策变化呈现联动性和同步性的特点。主要发达经济体收紧货币政策，将对全球产生较强外溢冲击，新兴经济体将跟随调整货币政策。对于我国来说，央行也不能给予市场长期低利率预期，防止市场过度冒险。

2.（1）企业上市的好处

① 降低融资成本。企业上市能够获得直接融资渠道，企业可以通过资本市场获得更多的低成本资金。这不仅能够使企业迅速扩大规模，促进企业更快发展；

② 激发员工热情。一个上市企业的股票认购权或配送，对员工具有极大的吸引力。上市不仅可以吸纳和留住优秀人才，可以激发员工的工作热情；

③ 提高知名度。上市可以使企业的形象大为改善、知名度大幅提升，企业信誉、竞争力、影响力都会随之增强，更容易获得社会的信任与认同；

④ 企业治理更为规范。随着企业上市，企业变成了受社会关注的公众上市公司，企业有了更好的发展机遇，能够得到更多的发展机会之外，也要接受监管部门和公众的严格监管与监督，促使公司在治理方面更加规范。

（2）企业上市的代价

① 失去财务自由。由于变成公众企业，财务就得变得透明，而且，上市后就需对股民负责，股民对利润和增长率有一定的要求，这给管理层带来短期业绩的压力；

② 必须遵守上市有关的法律法规并接受监管。法定披露使企业必须公开有关资料，这虽然增加了企业透明度，但也会造成一些成本的增加，比如公关、律师费用等；

③ 创始人容易失去掌舵权，甚至有法律风险。上市之后，股东就会以利益为重，企业创始人容易失去掌舵权。很多民营企业存在“一言堂”等各种管理问题，尤其家族企业，还可能存在家族纷争问题，很多时候出现这种管理问题大家都是树倒猢狲散，管理者也不会受到什么法律制裁。但上市后就不同了，上市企

业的管理者可能因管理不善而负担刑事或民事责任。

（3）华为不上市的原因

① 现金流充足。对于华为来说，上市融资根本就没有必要。华为仅靠经营就获取了很多公司靠资本运作都无法达到的巨大现金流。

② 股权机制特殊。华为的薪酬和福利是出了名的好，优秀员工都可以持股，这种激励机制为华为吸引了一批又一批的优秀人才。这一激励机制也导致了华为的股权极其分散，华为拥有一万多名股东，而任正非虽然是华为掌门人，但是他也仅仅占有华为百分之一点多的股份。公司上市要求股东在200名以内，所以华为这么分散的股权很难上市。

③ 企业发展受限。市之后的华为就会失去财务自由，并且股东会因此以股价利益为驱动，迫使华为横向发展，任正非就会失去华为的控制权，华为的核心价值观会受到挑战。

3.（1）“同股不同权”，又称“双层股权结构”，是指资本结构中包含两类或多类不同投票权的普通股架构。同股不同权为“AB股结构”，B类股一般由管理层持有，而管理层普遍为始创股东及其团队，A类股一般为外围股东持有，此类股东看好公司前景，因此甘愿牺牲一定的表决权作为入股筹码。

同股不同权的制度安排在大型科技企业当中十分常见，比如Google，Facebook，LinkedIn，阿里巴巴，百度，京东。

（2）同股不同权的优势

一方面，有利于新经济企业创始人发挥其天才思维。创新型公司与传统公司最大的不同在于，它取得成功的关键不仅靠资本、资产或政策，还依靠创始人独特的思维和眼光。在“一股一票”架构下，如果企业引入外来资本，创始人及管理层股东的股权被大量稀释，对公司发展方向的把控就会力不从心，其天才思维就难以施展，而双层股权结构中的差异化投票权安排，正可解决资金与控制权难以兼顾的问题。

另一方面，可以有效防止敌意收购。实施双层股权结构，可确保公司创始人对公司的控制权，进而稳定管理团队，为创始人、管理层营造安全稳定的外部环境，按其长远规划经营运作，而无须惧怕控制权变动导致经营短视行为。采用双层股权架构后，管理团队可以保证对企业的控制权，在做出重大决策时不会被掣肘。此次小米上市采用同样的股权架构，应该也是出于同样的考虑。

（3）同股不同权的弊端

① 公司控制人以较少资本控制较多决策权，在决策时无须承担与其表决权相应比例的风险，其决策谨慎程度就可能下降；投资者投票权是对抗控制人及管理层的重要工具，双层股权结构使普通投资者丧失这个工具。

② 控制人掌握了绝对控制权，监事会、独立董事等制约作用也可能无从谈起，除非控制人是道德情操极其高尚、有充分自制能力的人，否则上市公司就可能成为“家天下”，对普通投资者利益形成威胁。

③ 实施双层股权结构的公司，由于控股股东掌握了大部分表决权，且此类股票不在市面流通，而外部收购只能购买市场流通的表决权较低的股票，对控制人的控制地位构不成威胁，控制人和管理层失去了外部并购压力，公司可能由此缺乏创新精神和竞争力。

【科兴点评】相比往年，2019年的试题出现了两处明显的变化：(1)考试范围扩大，新增了很多金融工程的题目，客观上加大了考查的宽度；(2)考试计算量明显增大，甚至出现了推导题。往年为了方便考生，命题的时候很多题目都做过简化，而2019年命题明显增加了对数理的考查。好在上海财经431考试可以使用计算器。

厦门大学 2019 年金融学综合试题

一、名词解释(每题 3 分，共 18 分)

1. 有效市场假说
2. 资产周转率
3. 证券市场线
4. 流动性陷阱
5. 净营运资本
6. 内含报酬率

二、简答题(每题 8 分，共 40 分)

1. 请简述金融体系的六大基本功能。
2. 利率市场化对我国商业银行经营有哪些影响?
3. 请简述风险转移的三种方法并进行比较。
4. 简述融资租赁和经营性租赁，并分析它们的区别。
5. 投资项目决策分析的动态分析方法有哪些？它们的决策标准是什么?

三、计算题(每题 10 分，共 60 分)

1. 在市场上处于无套利均衡条件下，股票 1 的期望收益率为 19%，β 值为 1.7；股票 2 的期望收益率为 14%，β 值为 1.2。假设 CAPM 理论成立，请问该市场的无风险收益率是多少？市场组合的收益率是多少?

2. 一位投资者正在考虑三种共同基金。第一种是股票基金，其预期收益率为 20%，标准差为 30%；第二种是公司债券基金，其预期收益率为 12%，标准差为 15%；这两种基金回报率之间的相关系数为 0.1。第三种则是短期国库券为投资对象的无风险的货币市场基金，其回报率为 8%。

(1) 两种风险基金的最小方差资产组合的投资比例是多少？该组合的预期收益率和标准差各是多少？(3 分)

(2) 从无风险回报率到两种风险基金的投资机会集画一条切线，请计算风险资产的最优组合(即切点组合)的投资比例，该切点组合的预期收益率和标准差，以及该切线的斜率。(3 分)

(3) 假设投资者对其整体资产组合的预期收益率要求为 14%，并且在最佳可行性方案上是有效的，那么他在货币市场基金、股票基金以及公司债券基金上的投资比例应为多少？该投资组合的标准差是多少？(4 分)

3. 南强公司 2018 年的销售收入为 20 万元，毛利率为 40%，赊销比例为 80%，销售净利率为 16%，存货周转率为 5 次，期初存货余额为 2 万元，期初应收账款余额为 4.8 万元，期末应收账款余额为 1.6 万元，速动比例为 1.6，流动比例为 2，流动资产占资产总额的 28%，期初资产总额为 30 万元，该公司无待摊费用和待处理流动资产损失。要求：

(1) 计算应收账款周转率。(4 分)

(2) 计算总资产周转率。(4 分)

(3) 计算资产净利率。(2 分)

4. 至善公司计划用新设备替换现有旧设备。旧设备预计还可以使用 5 年，目前变现收入 60000 元。新设备投资额为 150000 元，预计使用 5 年。至第 5 年末，新、旧设备的预期残值相等。设用新设备可使企业在未来 5 年内每年增加收入 16000 元，降低经营成本 9000

元。假设至善公司一直按直线法计提折旧，所得税税率为33%，要求：

（1）计算使用新设备比使用旧设备经营阶段每年增加的净现金流量。（2分）

（2）计算该方案的差额投资内部收益率。（4分）

（3）若设定折现率分别为8%和10%，确定是否使用新设备替换现有旧设备。（4分）

5. 投资者欲购买股票。现从A、B公司2017年12月31日的有关会计报表及补充资料中获知，2017年A公司税后净利润为800万元，发放的每股股利为5元，市盈率为5，A公司发行在外股数为100万股，每股面值10元；B公司2017年获税后净利400万元，发放的每股股利为2元，市盈率为5，其对外发放股数为100万股，每股面值10元。预期A公司未来5年内股利恒定；在此后转为正常增长，增长率为6%；预期B公司股利将持续增长，每年增长率为4%。假定目前无风险收益率为8%，平均风险股票的必要收益率为12%，A公司股票的贝塔系数为2，B公司股票的贝塔系数为1.5。要求：

（1）通过计算股票价值和股票价格，比较判断是否应购买两公司股票。（6分）

（2）若投资购买两股票各100股，该投资组合的预期报酬率为多少？该投资的风险如何（综合贝塔系数）？（4分）

6. 已知勤业公司当前薪金结构如下：

筹资方式	金额/万元	筹资方式	金额/万元
长期债券（年利率8%）	1000	留存收益	2000
普通股（4500万股）	4500	合计	7500

因生产发展需要，公司年初准备增加资金2500万元，现有两个筹资方案可供选择：甲方为增加发行1000万股普通股，每股市价2.5元；乙方案为按面值发行每年年末付息，票面利率为10%的公司债券2500万元。假定股票与债券的发行费用均可忽略不计：适用的企业所得税税率为33%，要求：

（1）计算两种筹资方案下每股利润无差别点的息税前利润。（2分）

（2）计算处于每股利润无差别点时乙方案的财务杠杆系数。（2分）

（3）如果公司预计息税前利润为1200万元，指出该公司应采用的筹资方案。（2分）

（4）如果公司预计息税前利润为1600万元，指出该公司应采用的筹资方案。（2分）

（5）若公司预计息税前利润在每股利润无差别点增长10%，计算采用乙方案时该公司每股利润的增长幅度。（2分）

四、论述题（每题16分，共32分）

1. 2018年1月12日，中国人民银行发布数据称，截至2017年12月末，我国的广义货币M_2余额为167.68万亿元，同比增长8.2%，增速分别比上月末和上年同期低0.9%和3.1%。广义货币供给增速下滑，反映了去杠杆和金融监督逐步加强背景下，银行资金运用更加规范，金融部门内部资金循环和嵌套减少，由此派生的存款减少。请问：

（1）货币供给的统计口径有哪些？请简述各个统计口径所包含的内容。（6分）

（2）结合材料简要分析广义货币供给增速下滑对我国宏观经济的影响。（10分）

2. 为进一步支持实体经济发展，优化商业银行和金融市场的流动性结构，降低融资成本，引导金融机构继续加大对小微企业、民营企业及创新型企业支持力度。2018年10月7日，中国人民银行决定，从2018年10月15日起，下调大型商业银行、股份制商业银行、城市商业银行、含县城农村商业银行、外资银行人民币存款准备金率1个百分点，当日到期的中期借贷便利 MLF 不再续做。这已经是 2018 年中国人民银行宣布的第四次定向降准，同时中国人民银行宣布将继续实行稳健中性的货币政策，为经济高质量发展和供给侧改革营造适宜的货币金融环境。请问：

（1）什么是存款准备金率？什么是中期借贷便利？（6 分）

（2）多次降低存款准备金比率是否意味着我国货币政策的取向已经发生变化？你认为我国需要采取何种货币政策才能适应当前宏观经济发展状况。（10 分）

厦门大学 2019 年金融学综合试题解析

一、名词解释（每题 3 分，共 18 分）

1. 有效市场假说认为，在法律健全、功能良好、透明度高、竞争充分的股票市场，一切有价值的信息已经及时、准确、充分地反映在股价走势当中，其中包括企业当前和未来的价值，除非存在市场操纵，否则投资者不可能通过分析以往价格获得高于市场平均水平的超额利润。

2. 资产周转率通常被定义为销售收入与平均资产总额之比。总资产周转率是综合评价企业全部资产的经营质量和利用效率的重要指标。周转率越大，说明总资产周转越快，反映出销售能力越强。企业可以通过薄利多销的办法，加速资产的周转，带来利润绝对额的增加。

3. 证券市场线简称为 SML，描述的是单个证券或投资组合的期望收益率与系统性风险 β 之间的均衡关系。SML 是 CAPM 的几何表达。CAPM 认为，证券价格被低估处于证券市场线上方，价格被高估处于证券市场线下方。

4. 流动性陷阱是凯恩斯提出的一种假说，指当一定时期的利率水平降低到不能再低时，货币需求弹性就会变得无限大，即无论增加多少货币，都会被人们储存起来。发生流动性陷阱时，再宽松的货币政策也无法改变市场利率，使得货币政策失效。国民手中的钱袋就像是一个能够吸收任何物质的“黑洞”一样，把国家分配给国民的所有货币都无情地吞噬掉了，由此产生了一个货币需求无限大的“流动性陷阱”。

5. 净营运资本，指公司的流动资产总额减去各类流动负债后的余额。当流动资产大于流动负债时，净营运资本为正值。根据流动资产和流动负债的定义，它意味着在未来一年内变为可用的现金超过同期必须支付的现金。一个正常运营的公司，其净营运资本通常是正值。

6. 内含报酬率，是指项目投资实际可望达到的收益率。从计算角度分析，内含报酬率是使投资方案净现值为 0 时的折现率。根据内含报酬率原则，若内部报酬率大于贴现率，项目可以接受；若内部报酬率小于贴现率，项目不能接受。

二、简答题（每题 8 分，共 40 分）

1. 美国哈佛大学著名金融学教授罗伯特·默顿认为，金融体系具有六大基本功能：

（1）清结算和支付功能。金融体系为商品、劳务的交易提供了清结算以及支付手段。互联网金融兴起的一大亮点就是支付方式的巨大变化。

（2）融资和股权细化功能。金融体系可以通过合法的手段融合资金，使得资金从一方流转到另一方，在资金流转的过程中实现了资金的整合，即融资。融资对于大型项目的建设以及有发展潜力的企业而言是至关重要的。股权融资就是将大型投资项目划分为小额股份，以便中小投资者进行投资参与，这样的分配即实现了股权的细化。

（3）资源配置功能。单个投资者往往很难对市场投资环境以及公司投资预期做出合理的判断。金融中介机构承担了帮助投资者做投资决策的功能，分散了投资风险，优化了社会资本投资配置。

（4）风险管理功能。由于金融市场上交易成本和信息不对称性，金融投资存在高低不同的风险。金融体系可以对风险进行定价、交易、分散及转移。使得金融市场风险得到合理的分配。

（5）激励功能。这里的激励主要指的是股权问题。对于企业而言，如果其员工拥有企业一定的股票或股票期权，就能实现对员工的激励。

(6) 信息功能。在金融市场上，筹资者可以获取各种不同融资方式的成本信息，投资者可以从获取投资品的价格以及价格影响因素的信息。

2. (1) 利率市场化对商业银行的正向影响

贷款利率市场化以后，一些金融机构可能会上浮贷款利率，那么就能够获得更多贷款利息收入，为银行增加更多获利能力。同时，可以更加有效地吸纳闲散资金，提高资金利用效率，更好地促进经济发展。金融机构采取了差异化的利率策略，可以降低企业融资成本，提升金融服务水平，让金融更好地支持实体。

(2) 利率市场化对商业银行的反向影响

利率波动的不确定性影响银行存贷差的利润空间，尤其对国内银行高度依赖利息收入的传统经营模式造成冲击。把定价权交给了市场，对银行金融产品的定价能力和技术水平提出了更高的要求。加大商业银行面临的利率风险、信用风险、流动性风险等一系列风险；改变商业银行外部经营环境，影响银行业的竞争格局，使竞争日益激烈；影响商业银行的资产负债结构，增加了资本管理难度。

3. 风险转移的方法有：

(1) 套期保值。套期保值是指采取措施将未来的收益锁定，从而避免风险的方法。当一个人采取行动时不仅降低了面临的风险，同时也使他放弃了潜在的获得额外收益的可能性，这种行为就是套期保值。

(2) 购买保险。购买保险是指通过支付额外费用(保险费)来转移风险的行为。通过购买保险，投资者以一项确定的损失(为保险而支付的额外费用)替代了如果不保险而遭受更大损失的可能性。保险与套期保值有着本质的区别。在套期保值时，投资者通过放弃潜在收益的行为来避免潜在的损失。保险则是通过支付保险费，在保留潜在收益的情况下避免重大损失造成的风险。

(3) 分散投资。分散投资是指同时持有多种风险资产，而不是将所有的投资集中于一项。分散投资与其他两种方法的区别在于，只有分散投资是通过多样化资产组合来抵消风险，不含有将风险转嫁给他人的意图。

4. 融资租赁，是指出租人根据承租人的请求，与第三方订立供货合同，根据此合同，出租人出资向供货商购买承租人选定的设备。同时，出租人与承租人订立一项租赁合同，将设备出租给承租人，并向承租人收取一定的租金。经营性租赁，是指出租人向承租人提供设备及使用权的同时，还提供设备的维修、保养等其他专门的服务，并承担设备过时风险的一种中短期融资与融物相结合的经济活动。

二者的区别在于：

(1) 目的不同。经营租赁是承租人单纯为了满足生产、经营上短期或临时的需要而租入资产；融资租赁以融资为主要目的，承租人有明显购置资产的企图。

(2) 风险和报酬不同。经营租赁在租赁期内资产的风险与报酬仍归出租人，而融资租赁在租赁期内，根据“实质重于形式”的原则，对租赁资产应视同自有资产，在享受利益的同时，承担相应的保险、折旧、维修等有关费用。

(3) 权利不同。经营租赁，租赁期满，承租人可续租，但没有廉价购买资产的特殊权利，也没有续租或廉价购买的选择权；融资租赁租赁期满，承租人可廉价购买该项资产或以优惠的租金延长租期。

(4) 租约不同。经营租赁，可签订租约，也可不签订租约，可因一方的要求而随时取消。融资租赁的租约一般不可取消新的租约。

(5) 租期不同。经营租赁租期远远短于资产有效使用年限；融资租赁的主要目的是为了融资，租期一般为资产的有效使用年限，几乎只需通过一次出租，就可收回在租赁资产上的全部投资。

5. 将投资决策评价方法分为静态评价方法和动态评价方法的依据是是否考虑资金时间价值。常见的动态分析方法有：净现值法、内部收益率法、盈利指数法。

(1) 净现值是指投资项目寿命期内各年的预期现金流量、按一定的折现率折现成现值后与原始投资额的差价。用公式表示为：

$$NPV = \sum_{t=1}^{N} \frac{C_t}{(1+R)^t} - C_0$$

式中，C_t 为现金流量；C_0 为初始投资额；R 为折现率；N 为项目寿命期。净现值法决策准则：如果按照投资者要求的收益率 R 折现，$NPV \geqslant 0$，项目是可行的；$NPV<0$，项目是不可行的。

(2) 内部收益率是指投资收益现值与其初始投资额相等时的收益率，即净现值为零时的折现率，用公式表示为：

$$NPV=-C_0+\frac{C_1}{1+IRR}+\frac{C_2}{(1+IRR)^2}+\cdots+\frac{C_t}{(1+IRR)^t}=0$$

内部收益率法决策准则：如果 $IRR \geqslant R$，项目可行；$IRR<R$，则项目不可行。

(3) 盈利指数指初始投资以后所有预期未来现金流量的现值和初始投资的比值，用公式表示为：

$$PI=1+\frac{NPV}{C_0}$$

盈利指数法决策准则：如果 $PI \geqslant 1$，项目是可行的；$PI<1$，项目是不可行的。

三、计算题(每题 10 分，共 60 分)

1. 无套利均衡条件，CAPM 理论成立，所以直接用 CAPM 公式可得：

$$19\%=r_f+1.7(r_m-r_f)$$

$$14\%=r_f+1.2(r_m-r_f)$$

联立可得：$r_m=12\%$，$r_f=2\%$。

2. (1) 根据题意可得：$\mathrm{cov}(r_S, r_B)=\rho_{SB}\times\sigma_S\times\sigma_B=0.1\times 30\%\times 15\%=0.0045$。最小方差资产组合的风险资产权重由下式给出：

$$W_{min}(S)=\frac{\sigma_B^2-\mathrm{cov}(r_S, r_B)}{\sigma_s^2+\sigma_B^2-2\mathrm{cov}(r_S, r_B)}=\frac{0.0225-0.0045}{0.09+0.0225-2\times 0.0045}=0.1739$$

$$W_{min}(B)=1-0.1739=0.8261$$

(2) 最小方差风险资产组合的期望均值和标准差分别为：

$$E(r_{min})=0.1739\times 20\%+0.8261\times 12\%=13.39\%$$

$$\sqrt{\sigma_{min}^2}=\sqrt{W_S^2\sigma_S^2+W_B^2\sigma_B^2+2W_SW_B\mathrm{cov}(r_S, r_B)}$$

$$=\sqrt{0.1739^2\times 0.09+0.8621^2\times 0.0225+2\times 0.1739\times 0.8621\times 0.0045}$$

$$=13.92\%$$

(3) 根据题意可得：$\mathrm{cov}(r_S, r_B)=\rho_{SB}\times\sigma_S\times\sigma_B=0.1\times 30\%\times 15\%=0.0045$，投资于股票基金 S 上的最优比例由下式计算：

$$W_S=\frac{[E(r_S)-r_f]\sigma_B^2-[E(r_B)-r_f]\mathrm{cov}(r_S, r_B)}{[E(r_S)-r_f]\sigma_B^2+[E(r_B)-r_f]\sigma_S^2-[E(r_S)-r_f+E(r_B)-r_f]\mathrm{cov}(r_S, r_B)}$$

$$=\frac{(0.2-0.08)\times 0.0225-(0.12-0.08)\times 0.0045}{(0.2-0.08)\times 0.0225+(0.12-0.08)\times 0.09-(0.2-0.08+0.12-0.08)\times 0.0045}=0.4516$$

$$W_B=1-0.4516=0.5484$$

则：$E(r_p)=0.4516\times 20\%+0.5484\times 12\%=15.61\%$

$$\sigma_p=\sqrt{0.4516^2+0.09+0.5484^2\times 0.0225+2\times 0.4516\times 0.5484\times 0.0045}=16.54\%$$

则最优资本配置线下的报酬-波动比率为：

$$S=\frac{E(r_p)-r_f}{\sigma_p}=\frac{15.61\%-8\%}{16.54\%}=0.4601$$

(3) 即确定无风险资产与最优风险组合的比例，求解过程如下：

假设风险资产组合的比例为 y，则有：$14\%=(1-y)\times 15.61\%+y\times 8\%$，计算可得 $y=78.84\%$。

则在货币市场基金投资比例为 21.16%，股票基金投资比例为 78.84%×45.16%=35.6%，债券基金投资比例为 78.84%×54.84%=43.24%，投资组合的标准差为 $\sqrt{16.54\%^2\times 78.84\%^2}=13.04\%$。

【科兴提示】这里把推导过程写出来了。考生在考场记住公式代入数字即可。本题第三问如果给出具体效用函数然后让求切点组合与无风险资产的最优比例，计算会更复杂。

3. (1)赊销收入净额=销售收入×80%=20×80%=16 万元。

应收账款平均余额=(期初应收账款+期末应收账款)/2=(4.8+1.6)/2=3.2 万元。

应收账款周转率=赊销收入净额/应收账款平均余额=16/3.2=5 次。

(2) 存货周转率=销货成本/存货平均余额=5。

期末存货=2×(销货成本/存货周转率)-期初存货=2×20×(1-40%)/5-2=2.8 万元。

由于速动比率 1.6=(流动资产-2.8)/流动负债，且流动比率 2=流动资产/流动负债，联立计算得到：流动资产=14 万元，流动负债=7 万元。

则期末资产总额为 14/28%=50 万元，总资产周转率=销售收入/资产平均占用额=50%。

(3) 净利润=20×16%=3.2 万元，资产净利率=3.2/40=8%。

4. (1)Δ 投资=150000-60000=90000 元，Δ 年折旧=90000÷5=18000 元，则 Δ 年净现金流量=(Δ 年收入-Δ 年经营成本-Δ 年折旧)(1-33%)+Δ 年折旧=[16000-(-9000)-18000](1-33%)+18000=22690 元。

(2) 用插值法计算差额投资内部收益率 ΔIRR。

当 ΔIRR 为 8%时，

$$22690\times\frac{1-(1+8\%)^{-5}}{8\%}=90594.59$$

当 ΔIRR 为 9%时，

$$22690\times\frac{1-(1+9\%)^{-5}}{9\%}=88256.19$$

则：

$$\frac{8\%-\Delta IRR}{90594.59-90000}=\frac{\Delta IRR-9\%}{90000-88256.19}\Rightarrow\Delta IRR=8.254\%$$

(3) 若折现率为 8%时，ΔIRR 大于 8%，应以新设备替换旧设备；若折现率为 10%时，ΔIRR 小于 10%，应继续使用旧设备。

5. 利用 CAPM 可得：

$$r_A=8\%+2\times(12\%-8\%)=16\%$$
$$r_B=8\%+1.5\times(12\%-8\%)=14\%$$

利用固定成长股票及非固定成长股票模型公式计算：

A 的股票价值为：

$$P_A=\frac{5}{1.16}+\frac{5}{1.16^2}+\cdots+\frac{5}{1.16^5}+\frac{5\times1.16}{1.16^6}+\cdots+\frac{5\times1.16^n}{1.16^{n+5}}=41.61\text{ 元}$$

B 的股票价值为：$PB=2\div(0.14-0.04)=20$ 元。

计算 A、B 公司股票目前市价：

A 的每股盈余 800÷100=8 元，A 的每股市价=5×8=40 元。

B 的每股盈余 400÷100=4 元，B 的每股市价=5×4=20 元。

因为 A、B 公司股票价值均高于其市价，所以应该购买。

(2) 预期收益率为：$\frac{100\times40}{100\times40+100\times20}\times16\%+\frac{100\times20}{100\times40+100\times20}\times14\%=15.34\%$。

所以投资组合的 β 系数：

$$\frac{100\times40}{100\times40+100\times20}\times2+\frac{100\times20}{100\times40+100\times20}\times1.5=1.83$$

6. (1)计算两种筹资方案下每股盈余无差别点的 EBIT：

$$\{(EBIT-1000\times8\%)\times(1-33\%)\}/(4500+1000)$$
$$=\{EBIT-(1000\times8\%+2500\times10\%)\}\times(1-33\%)/4500$$

计算可得：$EBIT=1455$ 万元。

（2）处于每股利润无差别点时乙方案的财务杠杆系数为：

$$DFL=1455/[1455-(1000\times8\%+2500\times10\%)]=1455/(1455-330)=1.29$$

（3）因为预计息税前营业利润=1200 万元<*EBIT*=1455 万元，所以应采用甲方案。

（4）因为预计息税前营业利润=1600 万元>*EBIT*=1455 万元，所以应采用乙方案。

（5）每股盈余增长率=129×10%=12.9%。

四、论述题(每题 16 分，共 32 分)

1.(1)目前，大多数经济学家都认为应根据金融资产的流动性来定义货币，确定货币供应量的范围。我国货币层次的统计口径有：

M_0=流通中的现金

M_1=M_0+企业货币存款

M_2=M_1+企业定期存款+居民储蓄存款+其他存款

（2）M_2增速降低是前几年高增长后向合理水平的回归，有利于防范金融风险，不会对实体经济产生较大负面影响。M_2增速虽然放缓，但维护流动性稳定和实现金融安全的重要性没有改变。近一年多来，M_2略显反常的低增速状态备受关注。有人担心，这种增速持续低位会加大经济下行压力，影响市场流动性，推高市场利率。但是，对于这一变化的产生原因和实际影响，应当全面客观认识，不必反应过度。

一方面，M_2增速降低受金融去杠杆影响较大，是金融监管加强的反映。过去，M_2增速较高有其客观原因，比如与住房等货币化密切相关，也与理财等业务发展较快有关。近期 M_2增速减慢，正是加强金融监管、缩短资金链条、减少多层嵌套的体现。随着金融去杠杆进程的推进，表外融资渠道减少，虽然部分表外融资转移到表内，表现为银行信贷增加，但贷款以外的表外融资压缩更多。可见，M_2增速降低是前几年高增长后向合理水平的回归，有利于防范金融风险，不会对实体经济产生较大负面影响。

另一方面，金融创新发展带来的“存款搬家”影响了 M_2增速提升。近年来，金融创新快速发展，居民和企业存储货币的途径不断增加，包括银行表外理财、货币基金、互联网金融存款、各类资管计划等，这些金融产品货币属性都很强，增长都很快，但并没有完全在银行体系的报表里体现出来。并且，很多企业和居民选择货币基金等存款以外的形式储蓄，导致银行存款来源不足，负债压力加大，派生贷款的能力下降。从某种程度上讲，M_2增速没有那么低，有些是“存款搬家”，未必真的意味着货币增速下滑。

2.(1)存款准备金率是指国中家央银行规定的商业银行和存款金融机构必须缴存中央银行的法定准备金占其存款总额的比率。

中期借贷便利于 2014 年 9 月由中国人民银行创设，是中央银行提供中期基础货币的货币政策工具，对象为符合宏观审慎管理要求的商业银行、政策性银行，可通过招标方式开展。

（2）稳健中性的货币政策取向保持不变。此次降准释放的资金大部分用于偿还中期借贷便利，属于两种流动性调节工具的替代，而余下的小部分资金则与 10 月中下旬的税期形成对冲，因此，在优化流动性结构的同时，银行体系流动性的总量基本没有变化，保持中性。

我认为在新常态下，我国应坚持货币政策稳健中性，原因有：

① 中国经济发展进入新常态，最重要的不是经济速度而是经济转型。中国经济新常态的主要特点是：从追求增长速度转向重视增长质量；从要素驱动转向创新驱动；从粗放型增长转向集约型增长；从外生性增长转向内生性增长；从高速增长转向中高速增长。转变增长方式，优化经济结构，为中国经济可持续发展创造良好的货币金融环境，是理解为什么要坚持稳健中性货币政策的关键。

② 在中国宏观经济形势发生了较大变化(经济增长从高速转向中高速、国际收支从不平衡走向再平衡)，尤其是在经济放缓的环境中，为了切实有效防控系统性金融风险，货币政策必须回归稳健中性。

③ 更为重要的是，目前中国经济面临的矛盾和问题主要是结构性矛盾和体制性问题，货币政策是总量政策，如果我们为了应对结构和体制问题而一味加大总量刺激，不仅可能适得其反，甚至可能饮鸩止渴。

【科兴提示】厦门大学是金融名校，可能因为地理位置的原因，热度一直不算很高。有兴趣去厦门发展的同学可以考虑。就专业课题目来说，题型传统，难度不大。从 2019 年的知识点考查分布来看，国际金融部分没考，货币银行学主要是结合热点进行考查，公司理财基本都是在考查 CPA 中级财务管理的内容，投资学则考查了张亦春《金融市场学》的内容。

中国科学技术大学2019年金融学综合试题

一、名词解释(6题，每题5分，共30分)

1. 金银复本位制
2. 利率平价理论
3. 收入分配效应
4. 金融脆弱性
5. 中间业务
6. 存款货币创造乘数

二、简答题(4题，每题10分，共40分)

1. 请简述利率决定理论中五大学派的主张。

2. 近年来，我国M2/GDP高居不下，请论述这种现象出现的背景、机理和影响。

3. 货币政策的最终目标、中介目标以及传导机制是什么？

4. 十九大报告指出，要健全监管体系，守住不发生系统性风险的底线。请阐述目前我国系统性金融风险来自哪些根源，以及如何防范和化解系统性金融风险。

三、计算题(80分)

1. (15分)王先生在时期1的收入是1000元，在时期2的收入是1200元，其跨期效用函数是：$U(C_1, C_2)=C_1^{0.8}C_2^{0.2}$。假定市场利率是25%，请回答以下问题：

(1) 算出王先生的预算线的斜率和收入禀赋点，并画出预算线。

(2) 求出王先生每个时期的最优消费。

(3) 如果政府加征20%的利息收入税，请重新计算王先生的预算线，并指出此时的跨期最优消费。

2. (15分)假设某证券在时期t的支付为$C_t(t=1, 2, \cdots, T)$，假设收益率是y。

(1) 试述债券的一般定价原则，并写出债券当前价格(B)的表达式。

(2) 试述债券久期的定义，并写出该债券的久期表达式。

(3) 推导该债券价格改变ΔB与收益率变化Δy之间的线性近似关系。

3. (20分)A实业公司的贝塔为1.45，市场无风险收益率是8%，市场期望收益率是13%，目前公司支付的股利是2美元，投资者期望未来几年公司的期望收益增长率是1%。请回答以下问题：

(1) 根据CAPM，该股票的期望收益率是多少？

(2) 在(1)确定的收益率下，股票目前的每股市价是多少？

(3) A实业公司和B实业公司股票的期望收益率和标准差如下表所示：

	收益率	标准差
A公司	0.10	0.05
B公司	0.06	0.04

假设A、B两股票的相关系数为-0.35，如果某资产由60%的A股票和40%的B股票组成，试求该组合的收益率和标准差。

4. (15分)某公司目前在外普通股1000万股，每股1元，目前公司债务4000万元，利率为10%。该公司准备投资一个新项目需融资5000万元，新项目投产后公司每年息税前利润增加到2000万元。现有两个方案可供选择：(1)按15%的利率发行债券；(2)按每股20

元发行新股。公司的所得税率为30%，试计算如下问题：

（1）计算每个方案的每股收益。

（2）计算两个方案的盈亏平衡点。

（3）计算两个方案的财务杠杆系数。

5. 一个约定期间不支付的股票B的远期合约，假定股票的当前价格是40美元，三个月的无风险利率为每年4%，请回答如下问题：

（1）该远期合约的合理价格是多少？

（2）如果远期合约价格为30美元，投资者如何借助股票和远期合约进行套利交易？（假设股票市场可以买空和卖空）

（3）已知某现货金融工具价格为100美元，假设该金融工具的年收益是10%，融资利率是12%，该现货金融工具是180天，在市场均衡情况下，该金融工具的价格是多少？

中国科学技术大学2019年金融学综合试题解析

一、名词解释（6题，每题5分，共30分）

1. 金银复本位制是指金和银同为一国本位货币的制度。其特点是：金银两种金属同时被定为法定货币，都具有无限清偿的效力。金银复本位制按照金银比价关系又分为平行本位制、双本位制和跛行本位制。

【科兴提示】有些教材上认为金银复本位制只有平行本位制和双本位制，只有这种情况下，才能说金币和银币均可自由铸造。

2. 利率平价理论认为：远期差价是由两国利率差异决定的，并且高利率国货币在期汇市场上必定贴水，低利率国货币在期汇市场上必定升水。在没有交易成本的情况下，远期差价等于两国利差，即利率平价成立。

3. 收入分配效应指由通货膨胀形成的物价上涨而造成的收入再分配现象。在通货膨胀时期，人们的名义货币收入剔除物价因素后才是实际收入。由于社会各阶层的收入来源不同，因此，在物价总水平上涨时，有些人的收入水平会下降，有些人的收入水平却反而会提高。通常，工薪阶层在物价持续上涨时期，工资调整常常落后于物价上涨，实际收入水平相应下降。相反，企业的利润会增加，从利润分取好处的人实际收入会增加。

4. 金融脆弱性，泛指一切融资领域中的风险积累，包括信贷融资和金融市场融资。信贷市场上的金融脆弱性来自借款人的高负债经营和银行不恰当的评估方法的合力。金融市场上的脆弱性主要来自资产价格的波动性及波动性的联动效应。信息不对称对两个市场上的脆弱性起着根源性作用。

5. 中间业务是商业银行在资产业务和负债业务的基础上，利用技术、信息、机构网络、资金和信誉等方面的优势，不运用或较少运用银行的资财，以中间人和代理人的身份替客户办理收付、咨询、代理、担保、租赁及其他委托事项，提供各类金融服务并收取一定费用的经营活动。在资产业务和负债业务两项传统业务中，银行是作为信用活动的一方参与；而中间业务则不同，银行不再直接作为信用活动的一方，扮演的只是中介或代理的角色，通常实行有偿服务。

6. 存款货币创造乘数，指存款总额（即原存款和衍生存款之和）与原存款的倍数。存款货币创造乘数是从商业银行的角度进行的微观分析，主要揭示了银行体系是如何通过吸收原始存款、发放贷款和办理转账结算等信用活动创造出数倍存款货币的。存款创造乘数的计算公式为：$d=1/(r_d+e+k+t\cdot r_t)$，其中，r_d为活期存款准备金率，e为超额存款准备金率，k为现金漏损率，t为定期存款与活期存款的比率，r_t为定期存款准备金率。

【科兴提示】存款乘数与货币乘数不是一个概念。本题，凡是从中央银行角度阐述存款乘数的答案都是错误的。

二、简答题(4题，每题10分，共40分)

1.(1)马克思对利率决定因素的分析是以其对在资本主义制度下利息本质认识为基础的。马克思认为，资本主义利息是利润的一部分，是剩余价值的一种转化形态。因此，正常情况下，利率水平应介于零和平均利润率之间。

(2)古典利率学派认为货币是蒙在实体经济表面的一层面纱，货币数量的变化不影响实体经济运行，因此从实体经济角度出发讨论利率的决定。他们认为储蓄代表着实际资本的供给，与人们的偏好有关，是利率的增函数；投资代表着对实际资本的需求，与投资的收益率有关，是利率的减函数；利率就是在供求力量平衡时决定的。

(3)凯恩斯学派的利率理论是一种货币理论。流动性偏好利率理论认为，利率决定于货币数量和一般人的流动性偏好两个因素。凯恩斯认为，货币的供应量由中央银行直接控制，货币的需求量起因于三种动机，即交易动机、预防动机和投机动机。

(4)可贷资金理论综合了古典学派和凯恩斯的观点，同时考虑了实际因素与货币因素。可贷资金理论认为，利率应由可用于贷放的资金的供求来决定。可贷资金需求来自某期间投资流量和该期间人们希望保有的货币余额；可贷资金供给则来自同一期间的储蓄流量和该期间货币供给量的变动。

(5)IS-LM模型从商品市场和货币市场全面均衡的角度来阐述利率的决定机制。仅商品市场和货币市场同时达到均衡，即同时满足储蓄等于投资、货币供应量等于货币需求量时，均衡收入和均衡利率才能确定。

2.改革开放以来，我国经济的货币化程度有了很大提高。但是，我国M_2的增长速度明显快于名义GDP的增长速度，出现了M_2与GDP的不匹配增长现象。M_2与GDP比率过高表明单位GDP的产出需要更多货币量的支持。M_2/GDP比率的持续上升，其直接原因是货币供应量的增长速度持续地快于名义GDP增长速度的结果，其主要原因有以下方面：

第一，货币流通速度下降导致M_2/GDP上升。M_2/GDP的倒数是收入的货币流通速度，导致广义货币流通速度快速下降的原因主要有准货币的比重过高、金融市场不发达、金融工具单一、银行不良债权比重过高等，而这些因素都将导致M_2/GDP水平的上升。

第二，存款货币快速增长使M_2/GDP持续上升。存款货币的两个主要来源是居民储蓄和企业存款，这两类存款占总存款的比重极高，它们的快速增长成为推动M_2增长的主要力量，从而推高了M_2与GDP的比率。

第三，银行不良资产过多致使M_2/GDP比率过高。在我国经济转型时期，政府和商业银行各方行为作用的结果导致我国商业银行出现了大量此类不良贷款并持续存在。这表明大量贷款难以形成有效供给，商业银行注入企业的资金产生无效沉淀，一方面使货币存量虚增，另一方面只有靠不断新增的贷款才能满足企业的资金需求，这样就导致M_2/GDP水平持续上升。

第四，货币供应中存在的货币迷失是影响M_2/GDP上升的因素。在我国的货币供给M_2中，存在着大量的超额货币供给，使M_2/GDP以非正常的状态持续增长。在货币供给中，由于存在的迷失货币没有按货币政策目标作用于实体经济，而是在货币政策传导过程中渗漏出去并迷失于非实体经济，因此货币供给远大于实体经济所需要的货币数量，M_2/GDP水平必然上升。

综上所述，我国近年来M_2/GDP高企，并不意味着货币严重超发、潜在通胀风险大。

3.(1)货币政策最终目标是指货币政策的制定者所期望达到的、货币政策的最终实施结果，是中央银行制定和执行货币政策的依据。货币政策的最终目标一般有四个：稳定物价、充分就业、促进经济增长和平衡国际收支等。稳定物价，就是指在某一时期，设法使一般物价水平保持大体稳定。充分就业，就是指要保持一个较高的、稳定的水平。经济增长就是指国民生产总值的增长必须保持合理的、较高的速度。国际收支平衡，就是采取各种措施纠正国际收支差额，使其趋于平衡。

(2)货币政策的中介目标往往是由几个金融变量组成的中介目标体系。在这些体系中，中介目标可以分为两类：一类为操作目标，指的是在货币政策实施过程中，为中央银行提供直接的和连续的反馈信息，借以衡量货币政策的初步影响，也称为近期目标；另一类是效果目标，指的是在货币政策实施的后期，为中央银行进一步提供反馈信息，衡量货币政策最终目标的效果，也称远期目标。

操作目标主要包括超额准备金和基础货币。超额准备金可以反映银行体系扩大放款和投资的能力，也是预测未来货币供应量和利率运用效果的良好的预测器。基础货币是流通中的现金和银行的存款准备金的总和，是中央银行可直接控制的金融变量，也是银行体系的存款扩张和货币创造的基础，与货币政策目标有密切的联系，其数额的变化也会影响货币供应量的增减。效果目标主要包括利率和货币供应量。利率作为中介目标，其可控性、可测性和相关性均比较理想，但抗干扰性不理想。货币供应量作为中介目标，其可测性、可控性均可满足要求。

(3) 货币政策传导机制，是指中央银行运用货币政策工具影响中介指标，进而最终实现既定政策目标的传导途径与作用机理。货币政策传导途径一般有三个基本环节，其顺序是：从中央银行到商业银行等金融机构和金融市场；从商业银行等金融机构和金融市场到企业、居民等非金融部门的各类经济行为主体；从非金融部门经济行为主体到社会各经济变量，包括总支出量、总产出量、物价、就业等。

4. (1) 目前，我国金融体系的系统性风险主要来自以下三个根源：

一是来自我国宏观经济周期性或结构性变化对金融体系产生的系统性冲击。金融风险一直存在，只是由于过去我国经济的高速增长态势掩盖和对冲了部分金融风险，目前经济增长速度由高速转为中高速，同时结构性调整显著，金融风险逐步或加速显现，尤其是金融系统的顺周期效应开始日益显著。

二是来自金融体系内部的自身演化和逐步累积的风险。过去十余年，在金融机构混业经营强化的状况下，金融机构之间的关联性愈加紧密且日益复杂，涉及的金融机构数量愈加庞大，金融风险在我国金融体系内部的不同机构、不同市场、不同行业以及不同地区之间的传染、关联甚至共振，甚至存在内部金融风险和外部金融风险相互反馈的情况，导致金融风险的急剧放大和扩散，即不断出现跨越市场的系统性风险空间传染机制。

第三个根源主要为我国经济金融体系之外的外部风险溢出。在很大程度上，我国金融市场已经和国际金融市场相互关联成为一个相互反馈的有机体系，在一体化的进程中，金融市场不可避免地受到不合理的国际金融货币体系的影响，在客观上增加了我国金融市场遭受外部冲击的可能性和严重性，受到外部政策变化的溢出效应显著上升。

(2) 为防范和化解系统性金融风险，我们应该进一步完善风险防范机制：

① 继续强化金融去杠杆，审慎保障流动性相对稳定。货币政策要保持稳健中性，适应货币供应方式新变化，调节好货币“闸门”，努力畅通货币政策传导渠道和机制，维护流动性“紧中趋稳”。

② 深化对房地产市场风险的管控，以供求关系作为房地产调控的基本准则。从长远的角度看，应基于供求的结构性情况，以市场机制为主来匹配市场多元化需求。一线城市重在提高供给，高库存城市重在限制供给，同时以政策性住房作为保障和补充。

③ 强化对影子银行的监管，建立健全大资管领域的统一监管框架。资产管理监管亟待强化，未来应该进一步明确资产管理的范畴，践行全面监管，以减少监管漏洞和监管空白，并在表内业务与表外业务、管理中介与信用中介、投资范围与限制范围、风险防控等领域重点强化监管。

④ 稳步推进债务去杠杆化，防范企业和地方政府债务风险。实体经济“去杠杆”的实现，不仅需要依靠政府的引导或干预，更需要强化微观主体的市场经济主体地位和市场配置资源的决定性功能，二者要实现有效融合，防止政府和银行成为僵尸企业背后的“巫师”。

⑤ 以市场化改革和市场机制缓释内外共振风险。第一，深化改革，释放信心，增强经济可持续增长的体制机制基础。第二，短期内继续强化资本流动管理，中长期深化汇率形成机制改革，完善国际收支的价格调整机制。第三，短期强化对企业和居民的换汇需求管理，中长期以汇率形成机制市场化改革为支撑，解决保储备和保汇率的两难问题。

⑥ 金融监管整肃重在监管协调。监管强化过程中，更需要在监管协调和基础设施上形成协调共享机制。第一，对于混业经营的业务亟待建立全国统一的制度规范和市场管理体系。第二，建立健全基于功能监管的金融监管协调机制。第三，建立全国统一、共享的金融信息综合统计系统。第四，亟须建立完善、

互通、统一的投资者保护机制。

三、计算题(80 分)

1.(1)由题知：$Y_1=1000$ 元，$Y_2=1200$ 元，$r=25\%$。

小李第二时期的最大消费量 $=Y_1(1+r)+Y_2=1000(1+r)+1200=2450$ 元

小李第一时期的最大消费量 $=Y_1+\frac{Y_2}{1+r}=1000+\frac{1200}{1+r}=1960$ 元

因此，小李的预算线如图 1 所示，其斜率 $=-(1+r)=-1.25$，收入禀赋点为 W 点(1000，1200)。

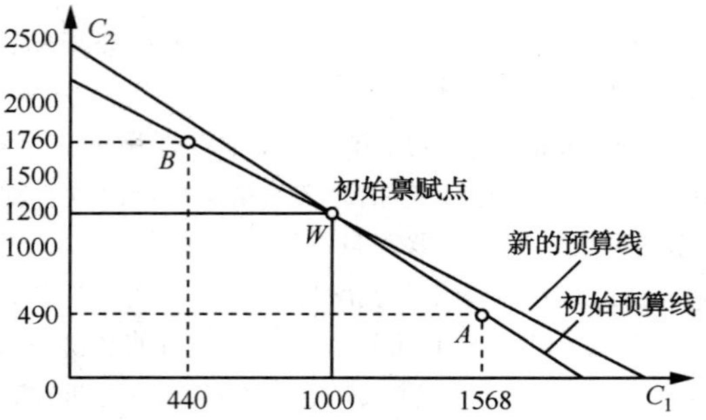

图 1　跨期预算约束与最优选择

(2) 由题知：

$$MU_{C_1}=(U(C_1,\ C_2))'=(C_1^{0.8}C_2^{0.2})'=0.8\,C_1^{-0.2}C_2^{0.2}$$

$$MU_{C_2}=(U(C_1,\ C_2))'=(C_1^{0.8}C_2^{0.2})'=0.2\,C_2^{-0.8}C_1^{0.8}$$

根据消费者均衡条件可知：

$$\frac{MU_{C_1}}{MU_{C_2}}=1+r$$

代入整理可得：

$$\frac{4\,C_2}{C_1}=1.25 \qquad ①$$

再由预算线可得：

$$C_1+\frac{C_2}{1+r}=Y_1+\frac{Y_2}{1+r}$$

代入整理得：

$$1.25\,C_1+C_2=2450 \qquad ②$$

联立①②解得：$C_1=1568$，$C_2=490$。即小李的最优消费点为 A(1568，490)，如图 1 所示。

(3) 如果政府加征 20%的利息收入税，则此时小李的预算线约束为：

$$C_2=Y_2+(1+r)(Y_1-C_1)(1-t)$$

即：

$$C_2=2200-C_1$$

此时，消费者的效用水平为：$U=C_1^{0.8}(2200-C_1)^{0.2}$

因而有：$\frac{\mathrm{d}U}{\mathrm{d}\,C_1}=0.8\,C_1^{-0.2}(2200-C_1)^{0.2}+0.2\,C_1^{0.8}(2200-C_1)^{-0.8}=0$

解得 $C_1=440$，$C_2=2200-440=1760$，因此，消费者的最优选择点为图 1 的 B 点。

【科兴提示】这是一道标准的微观经济学题目，很多同学都没做出来。实际上，中科大给定的考纲中明确有这个知识点，而且指定的参考教材博迪《金融学》中也有涉及。

2. (1) 理论上，债券发行价格是债券的面值和需支付的年利息按发行当时的市场利率折现所得到的现值。

$$B = \sum_{t=1}^{T} \frac{C_t}{(1+y)^t}$$

(2) 久期表示了债券或债券组合的平均还款期限，它是每次支付现金所用时间的加权平均值，权重为每次支付的现金流的现值占现金流现值总和的比率。

麦考利久期：$D_{mac} = \sum_{t=1}^{T} t \times \frac{C_t}{B(1+y)^t} = \sum_{t=1}^{T} t \times \frac{PV(C_t)}{B}$

修正久期：$D_{mod} = \frac{D_{mac}}{1+y}$

(3) 由(1)知：

$$B = \sum_{t=1}^{T} \frac{C_t}{(1+y)^t} = \frac{C_1}{1+y} + \frac{C_2}{(1+y)^2} + \frac{C_3}{(1+y)^3} + \cdots + \frac{C_T}{(1+y)^T}$$

把 B 关于 y 求一阶导数得到：

$$\begin{aligned}
\frac{dB}{dy} &= -\frac{C_1}{(1+y)^2} - \frac{2C_2}{(1+y)^3} - \frac{3C_3}{(1+y)^4} - \cdots - \frac{TC_T}{(1+y)^{T+1}} \\
&= -\frac{1}{1+y}\left(\frac{C_1}{1+y} + \frac{2C_2}{(1+y)^2} + \frac{3C_3}{(1+y)^3} + \cdots + \frac{TC_T}{(1+y)^T}\right) \\
&= -\frac{1}{1+y} \times \sum_{t=1}^{T} t \times PV(C_t) \\
&= -\frac{1}{1+y} \times D_{mac} \times B \\
&= -D_{mod} \times B
\end{aligned}$$

最终得到债券价格变动与收益率变化的关系为：

$$\frac{dB}{B} = -D_{mod} \times dy$$

3. (1) 根据 CAPM，可得 $E(r_i) = r_f + \beta(E(r_m) - r_f) = 8\% + 1.45 \times (13\% - 8\%) = 15.25\%$。

(2) 明年的预期股利支付额 $= 2 \times (1+1\%) = 2.02$ 美元，股票当前的价格 $P = \frac{2.02}{15.25\% - 1\%} = 14.18$ 美元。

(3) 组合的期望收益率为：$E(r_P) = 0.6 \times 10\% + 0.4 \times 6\% = 8.4\%$

组合的标准差为：

$$\begin{aligned}
\sigma_p &= \sqrt{w_A^2\sigma_A^2 + w_B^2\sigma_B^2 + 2w_A w_B \sigma_A \sigma_B \rho} \\
&= \sqrt{0.6^2 \times 0.05^2 + 0.4^2 \times 0.04^2 + 2 \times 0.6 \times 0.4 \times 0.05 \times 0.04 \times (-0.35)} \\
&= 2.86\%
\end{aligned}$$

4. (1) 方案 1：公司的债务总额为 9000 万元，该方案每年给公司带来的净利润为：

$$[2000 - (4000 \times 10\% + 5000 \times 15\%)] \times (1 - 30\%) = 595 \text{ 万元}$$

$$EPS_1 = \frac{595}{1000} = 0.595 \text{ 元}$$

方案 2：该方案使得公司的总股本增加 250 万股，该方案每年给公司带来的净利润为：

$$(2000 - 4000 \times 10\%) \times (1 - 30\%) = 1120 \text{ 万元}$$

$$EPS_2 = \frac{1120}{1000 + 250} = 0.896 \text{ 元}$$

（2）方案1：

$$EPS_1=\frac{[\overline{EBIT}-(4000\times10\%+5000\times15\%)]\times(1-30\%)}{1000}$$

方案2：

$$EPS_1=\frac{(\overline{EBIT}-4000\times10\%)\times(1-30\%)}{1250}$$

令二者相等，$\overline{EBIT}=3750$ 万元。

（3）方案1：

$$DFL_1=\frac{EBIT}{EBIT-I_1}=\frac{2000}{2000-(4000\times10\%+5000\times15\%)}\approx2.35$$

方案2：

$$DFL_2=\frac{EBIT}{EBIT-I_2}=\frac{2000}{2000-4000\times10\%}=1.25$$

5.（1）远期合约的理论价格为：

$$F=Se^{r(T-t)}=40\times e^{4\%\times0.25}=40.4\text{ 美元}$$

（2）如果远期合约价格为30美元，则 $F<Se^{r(T-t)}$，即交割价格小于现货价格的终值，套利者会卖空股票B，将所得收入以无风险利率4%进行投资，期限为三个月，同时买进一份该股票的远期合约，价格为30美元。三个月后，套利者收到本息40.4美元，并以30美元购买一份股票B，用于归还卖空时借入的标的资产，从而实现40.4-30=10.4美元的收益。

（3）在市场均衡的条件下，金融期货的理论价格应等于金融现货价格加上合约到期前持有现货金融工具（标的资产）的净融资成本。故该金融工具期货的理论价格为：$F=S\times[1+(r-y)\times t/360]=100\times[1+(12\%-10\%)\times180/360]=101$ 美元。

【科兴提示】中科大金融硕士转变为全日制后，专业课试题难度也在加大。2019年试题中，问答题第2题和第4题多少超出了课本知识点；计算题部分第1题属于微观经济学范畴，很多同学措手不及；第5题(2)、(3)问也容易丢分。中科大金融硕士在上海康桥有招生项目，与合肥本部培养机制相同，只是学费贵一些，有兴趣的同学可以考虑。

中山大学 2019 年金融学综合试题

一、单项选择题(20 题，每题 2 分，共 40 分)

1. 在其他条件相同的情况下，同一公司发行的 5 年期债券与 3 年期债券相比，下列哪个选项是正确的？(　　)

A. 通货膨胀补偿率较大　　B. 期限风险收益率较大

C. 流动性风险收益率较大　　D. 违约风险收益率较大

2. 某投资方案，当折现率为 12%时，期净现值为 38 万元，当折现率为 14%时，其净现值为-22 万元。该方案的内部收益率(　　)。

A. 大于 14%　　B. 小于 12%　　C. 介于 12%～14%　　D. 无法确定

3. 不属于企业税后利润分配的是(　　)。

A. 弥补以前年度亏损　　B. 提取法定盈余公积金

C. 归还银行贷款　　D. 支付优先股股利

4. 下列类型的项目中(　　)风险最低。

A. 风险投资项目　　B. 新产品项目

C. 成本降低的项目　　D. 现有业务扩张的项目

5. 如果一个公司用相同的资本成本来评估所有的项目，会发生下列哪种情况？(Ⅰ)拒绝了低风险的好项目。(Ⅱ)接受了高风险的坏项目。(Ⅲ)正确接受了具有平均风险的项目。(　　)

A. 只有Ⅰ是对的　　B. 只有Ⅰ和Ⅱ是对的

C. 只有Ⅲ是对的　　D. 只有Ⅰ、Ⅱ、Ⅲ是对的

6. 模具公司明年准备生产 55000 个模具，可变成本是销售收入的 40%，固定成本是 110000 元。如果公司要获得 95000 元的 *EBIT*，每一个模具应该定价(　　)。

A. 2 元　　B. 4.45 元　　C. 5 元　　D. 6.21 元

7. 下列表达正确的是(　　)。

A. α 大于零时，某证券处于 SML 线的上方，则该证券价格被高估

B. α 大于零时，某证券处于 SML 线的上方，则该证券价格被低估

C. 若某证券价值被高估，则在系统性风险给定的前提下，它提供的预期回报率比投资者所要求的更高

D. 若某证券价值被低估，则在系统性风险给定的前提下，它提供的预期回报率比投资者所要求的更低

8. 在弱式有效市场状态下，下列哪项不成立？(　　)

A. 证券技术分析毫无价值

B. 股价运动服从随机游走理论

C. 投资者无法利用过去的股价所包含的信息来获取超额利润

D. 证券价格对所有公开发布的信息能够立刻、充分反应

9. 假设 ABC 公司的股票现在的市价是 56.26 元。有一种以该股票为标的资产的看涨期权，执行价格为 62 元，到期时间是 6 个月。6 个月以后股价有两种可能：上升 42.21%，或

者下降 29.68%。无风险利率为每年 4%，则利用风险中性原理所确定的期权价值是(　　)。

A. 7.78 元　　B. 5.93 元　　C. 6.26 元　　D. 4.37 元

10. 下列说法正确的有(　　)。

A. 用贴现现金流模型计算证券内在价值时，当计算的内部收益率大于必要收益率时，不可以考虑购买这种证券

B. 用贴现现金流模型计算证券内在价值时，当计算的内部收益率小于必要收益率时，可以考虑购买这种证券

C. 零增长模型假定对某种股票永远支付固定的股利

D. 不变增长模型是零增长模型的一个特例

11. 下列关于债券定价的表述，错误的是(　　)。

A. 债券价格与债券收益率之间呈反向关系

B. 在给定利率水平下，期限越长，债券价格对到期收益率变动的敏感度也就越高

C. 对于给定的收益率变动幅度，债券的票面利率与债券价格的波动幅度反向变动

D. 随着债券到期时间的临近，债券价格波动幅度增大，并且是以递减的速度增大

12. 关于市盈率指标，以下表述错误的是(　　)。

A. 派息率越高，市盈率越高

B. 股利预期增长率越高，市盈率越高

C. 名义利率越高，市盈率越高

D. 实际利率水平越低，必要回报率越低，市盈率则越高

13. 风险资产的有效边界为(　　)。

A. 处于最小方差边界上　　B. 处于最小方差边界的上半部分

C. 处于最小方差边界的下半部分　　D. 处于最小方差边界的内侧

14. 下列不属于中央银行资产负债表中的负债项目的是(　　)。

A. 再贴现　　B. 流通中的通货

C. 政府存款　　D. 其他存款性公司存款

15. 以下哪一项说法是错误的？(　　)

A. 狭义货币包括现钞和银行活期存款

B. 狭义货币代表社会直接购买力

C. 准货币包括活期存款和储蓄存款

D. 当 M_1/M_2 的值趋于减少时，表明准货币再增加

16. 在 20 世纪 70 年代，被用于解释西方国家经历的高失业和高通货膨胀并存的“滞胀”局面的是(　　)。

A. 需求拉动型通货膨胀　　B. 成本推动型通货膨胀

C. 混合型通货膨胀　　D. 结构型通货膨胀

17. 在凯恩斯的三个持币动机中，哪一个对利率最为敏感？(　　)

A. 交易动机　　B. 预防动机　　C. 储蓄动机　　D. 投机动机

18. 根据利率期限结构的分割市场理论，如果债券持有人更偏好短期债券，那么收益率曲线应该是(　　)。

A. 向上倾斜的　　B. 向下倾斜的　　C. 平坦的　　D. 垂直的

19. 布雷顿森林体系的内容不包括以下哪项？(　　)

A. 建立一个永久性的国际金融机构　　B. 建立以美元为中心的汇率平价体系

C. 黄金非货币化　　D. 美元充当国际储备货币

20. 现代货币学派认为，货币供应量的变动可以直接影响支出水平的前提是(　　)。

A. 货币需求函数是稳定的　　B. 货币供给是内生的

C. 支出对利率是敏感的　　D. 支出对货币供给是敏感的

二、名词解释(4 题，每题 5 分，共 20 分)

1. 财务盈亏平衡点　　2. 夏普比率

3. 流动性陷阱　　4. 外汇占款

三、计算题(5 题，每题 10 分，共 50 分)

1. 运用以下关于 Crabbob 公司的信息解答下列(1)~(3)题。所有财务报表都来源于最近的报告期。

利润表　　(单位：千美元)

销售额	5000
销售成本	3500
折旧	800
利息	200
税(35%)	175
净利润	325
股利	130

资产负债表　　(单位：千美元)

流动资产	850	流动负债	320
固定资产净额	3275	长期负债	1330
		权益	2475
总计	4125		4125

(1) Crabbob 预测明年的销售额将会为 5600000 美元，计算外部融资需求(EFN)。

(2) 假设 Crabbob 有充足的过剩产能支持 5300000 美元的销售额水平，而不添置新的固定资产，据此计算预测销售额达 5600 美元的 EFN。

(3) Crabbob 相信行业增长速度放缓有望在明年结束。如果情况真的如此，销售增长率将为 4%。假设没有新的固定资产添置，计算 EFN，并阐述你的答案。

2. Hustings 公司正在评估两项相互独立的投资项目。项目 A 是制作甲烷的一种新方法。项目 A 要求投资 1000 美元，并将在 2 年内每年产生 600 美元的现金流。项目 B 包含了以更低成本运输甲烷的一种创新方法。项目 B 同样要求投资 1000 美元，但在未来 2 年内每年将产生 620 美元的现金流。假定无风险利率为 6%，而市场风险溢价是 8.5%，Hustings 公司应该接受还是应该拒绝这些项目？下表中提供了关于这两个项目的额外信息以及 Hustings 公司的资本成本(* 表示了公司的资本成本)。

项　目	贝塔系数值	IRR(%)
A	0.8	13.07
B	1.2	15.62
公司	1.0	14.50 *

3. 假定无风险收益率R_f为5%，投资人最优风险组合的预期收益率$E(R_T)$为15%，标准差为25%，试求：

(1) 投资人承担1单位的风险需要增加的预期收益是多少?

(2) 假设投资人需要构造标准差10%的投资组合，则投资于最优风险资产组合的比例是多少？构造后的投资组合收益率是多少?

(3) 假设投资人将40%的资产投资于无风险证券，则该投资组合预期收益率和标准差是多少?

(4) 假设投资人资产总额为1000万元，需要借入多少无风险证券以构造预期收益率19%的投资组合?

4. 假设A公司目前的股票价格是20元/股，以该股票为标的资产的看涨期权到期时间为6个月，执行价格为24元，预计半年后股价有两种可能，上升30%或下降23%，半年的无风险利率是4%。要求：

(1) 用复制原理计算该看涨期权的价值。

(2) 用风险中性原理计算该看涨期权的价值。

(3) 如果该看涨期权的现行价格为2.5元，请根据套利原理，构建一个投资组合进行套利。

5. 以下为四个按年支付利息的债券：

债券	到期时间	票面利率	到期收益率
A	1	0%	5%
B	5	6%	7%
C	10	10%	9%
D	20	0%	8%

现在假设每个债券的到期收益率都提高1%。

(1) 分别计算每个债券在到期收益率变化前和变化后的价格。

(2) 请根据债券价格对到期收益率变化的敏感性对这些债券进行排序。

四、分析与论述(3题，共40分)

1. (15分)画图并用文字简要说明下列三种情形下，资本结构对公司价值和WACC的影响：①无公司所得税、无破产成本时；②存在公司所得税，无破产成本时；③存在公司所得税和破产成本时。

2. (10分)权益证券的内在估值模型主要有哪些？这些估值方法具体有何特点?

3. (15分)请论述货币政策的信贷传导机制的主要内容以及对我国的启示。

中山大学2019年金融学综合试题解析

一、单项选择题(20题，每题2分，共40分)

1. B。在其他条件相同的情况下，5年期债券与3年期债券相比，只是期限不同，期限越长，期限风险越大，由债权人要求的期限风险收益率也越大。

2. C。根据内插法，内部收益率应该介于12%与14%之间。

3. C。债务应在税前扣除。

4. D。现有业务的扩张项目，不会改变公司的经营风险，因此其项目风险最低。成本降低，只能说明风险可能在减少，但如果原来就是一个高风险项目，减少一点还是高风险项目。选项 C 错误。

5. D。公司资本成本，就是公司现有证券组成的投资组合的期望收益，可以用来折现与公司整体风险相似的项目现金流。但是，如果新项目的风险高于或低于公司当前业务的风险，则公司资本成本就不再是正确的折现率。任何项目都应该用其自身的机会成本来估价。

6. D。假设每个模具定价为 x，则满足公式 $55000x-(55000x\times0.4+110000)=95000$，解得 $x=6.21$ 元。

7. B。预期回报率高于必要回报率，说明证券被低估。

【科兴提示】我们说的低估、高估都是指证券价格，由于价格与收益率成反比，回报率高，价格肯定低。

8. D。弱式有效市场假说认为在弱式有效的情况下，市场价格已充分反映出所有过去历史的证券价格信息，证券价格的未来走向与其历史变化之间是相互独立的，服从随机游走理论。如果弱式有效市场假说成立，则股票价格的技术分析失去作用，基本分析还可能帮助投资者获得超额利润。选项 D 是半强有效市场的描述。

9. A。上行股价 = 56.26×1.4221 = 80.01 元，下行股价 = 56.26×(1−29.68%) = 39.56 元。

股价上行时期权到期日价值 C_u = 上行股价 − 执行价格 = 80.01 − 62 = 18.01 元，股价下行时期权到期日价值 $C_d=0$。

期望回报率 = 2% = 上行概率×42.21% + 下行概率×(−29.68%)，即 2% = 上行概率×42.21% + (1 − 上行概率)×(−29.68%)，计算可得：上行概率 = 0.4407，下行概率 = 1 − 0.4407 = 0.5593。

期权 6 个月后的期望价值 = 0.4407×18.01 + 0.5593×0 = 7.9370 元，则期权的现值 = 7.9370/1.02 = 7.78 元。

10. C。内部收益率是当净现值为零时的一个特殊的贴现率，即：

$$NPV = V - P = \left[\sum_{t=1}^{\infty}\frac{D_t}{(1+IRR)^t}\right] - P = 0$$

如果贴现率小于内部收益率，证明该股票的净现值大于零，说明该股票被低估；反之，当贴现率大于内部收益率时，该股票的净现值小于零，说明该股票被高估。选项 A、B 错误。零增长模型是不变增长模型的一个特例，选项 D 错误。

11. D。随着债券到期时间的临近，债券价格的波动幅度减少，并且是以递减的速率减少；反之，到期时间越长，债券价格的波动幅度增加，并且是以递减的速率增加。

12. C。市盈率模型的驱动公式为：P/E = 派息比率/(名义利率 − 股利增长率)，很明显，名义利率越高，市盈率越低。

13. B。有效边界满足两个条件：相同收益率下风险最小或者相同风险下收益率最高，只有位于最小方差组合上方的风险资产组合才满足条件。

14. A。中央银行再贴现属于持有证券资产，属于资产业务。

15. C。准货币包括定期存款、储蓄存款和其他存款，活期存款属于 M_1 的范畴。

16. B。成本推动型通货膨胀理论被广泛运用于解释滞胀现象。该理论认为，通货膨胀的根源并非总需求过度，而是由于总供给方面生产成本上升所引起。

17. D。凯恩斯货币需求函数的线性表达式是 $M=ky-hr$，交易动机和预防动机与收入水平 y 呈正相关关系，投机动机与利率 r 呈负相关关系。

18. A。如果投资者偏好短期债券，则短期债券收益率会下降；与此同时，长期债券无人问津，其收益率会上升。因此，收益率曲线会向右上倾斜。

19. C。黄金非货币化是牙买加体系的内容。

20. A。现代货币学派认为货币需求具有内在的稳定性。

二、名词解释(4 题，每题 5 分，共 20 分)

1. 财务盈亏平衡点是指在净现值为零状态下的销售量或销售额。其计算公式为：

$$净现值盈亏平衡点=\frac{投资额的等价年度成本+固定成本\times(1-T_C)-折旧\times T_C}{(销售单价-单位变动成本)\times(1-T_C)}$$

2. 夏普比率就是衡量在承担单位风险的情况下，所获得超越无风险收益率的超额回报是多少。夏普比率越高，说明在承担一定风险的情况下，所获得的超额回报越高；反之，如果夏普比率很小甚至为负，说明承担一定的风险所获的超额回报很小或者没有超额回报。夏普比率的计算公式为：

$$S=\frac{投资组合预期报酬率-无风险收益率}{投资组合的标准差}$$

3. 流动性陷阱是凯恩斯提出的一种假说，指当一定时期的利率水平降低到不能再低时，货币需求弹性就会变得无限大，即无论增加多少货币，都会被人们储存起来。发生流动性陷阱时，再宽松的货币政策也无法改变市场利率，使得货币政策失效。

4. 外汇占款是指本国中央银行收购外汇资产而相应投放的本国货币。由于人民币是非自由兑换货币，外资引入后需兑换成人民币才能进入流通使用，国家为了外资换汇要投入大量的资金，需要国家用本国货币购买外汇，因此增加了“货币供给”，从而形成了外汇占款。

三、计算题(5 题，每题 10 分，共 50 分)

1. (1) 总资产/销售额 = 4125000/5000000 = 0.825，销售利润率 = 6.5%，股利支付率 = 0.40，流动负债将与销售额同步增长。但由于长期负债将在管理控制下，所以从总体上来说，长期负债不会同步增长。保持长期负债为常数，我们可以将流动负债/销售额 = 320000/5000000 = 0.064 当作自发的负债/销售比率。则：

$$\begin{aligned}EFN &=(总资产/销售额)\times\Delta 销售额-(自发增长的负债/销售额)\times\Delta 销售额\\ &\quad -[销售利润率\times预测销售额\times(1-股利支付率)]\\ &=0.0825\times600000-0.064\times600000-0.065\times5600000\times(1-0.40)\\ &=238200 美元\end{aligned}$$

(2) 如果公司销售额水平为 5300000 美元，而且此时公司产能没有剩余，那么公司的流动资产应为 850000/5000000×5300000 = 901000 美元，而固定资产为 3275000 美元。也就是说，在产能没有剩余时不需要新的固定资产，但需要新的 51000 美元的新增流动资产。此时总资产应为 4176000 美元。总资产/销售额比在产能没有剩余时为 4176000/5300000 = 0.7879，此时当销售额增长 300000 美元，总资产应与销售额同比例增长。则：

$$EFN=(51000+0.7879\times300000)-0.064\times600000-0.065\times5600000\times(1-0.40)=30570 美元$$

(3) 在本题的情况中，销售额将增长 200000 美元，达到 5200000 美元的水平，产能剩余。当固定资产保持不变时，流动资产应增长 850000/5000000×200000 = 34000 美元。则：

$$EFN=34000-0.064\times200000-0.065\times5200000\times(1-0.40)=-181600 美元$$

外部融资额为负值表明 Crabbob 公司在该年的资金有所剩余，没有外部融资需求。

2. 要计算每个项目的净现值(NPV)，我们必须知道适当折现率。由于每个项目的风险与公司风险不同，因此平均资本成本不是适当折现率。运用 CAPM，我们可以计算出每个项目的适当折现率。

项目 A：$r_A=6\%+8.5\%\times0.8=12.8\%$

$$NPV_A=-1000+\frac{600}{1.128}+\frac{600}{1.128^2}=3.47 美元$$

项目 B：$r_B=6\%+8.5\%\times1.2=16.2\%$

$$NPV_B=-1000+\frac{620}{1.162}+\frac{620}{1.162^2}=-7.26 美元$$

项目 A 应该被接受，因为其净现值为正值(其内部收益率 IRR 大于其必要报酬率)。项目 B 不应该被接受，因为其净现值为负值(其必要报酬率大于其内部收益率)。

【科兴提示】本题中，公司的资本成本 14.50% 是干扰数字，由于这两个项目的风险与公司风险不同，因此与项目 A 和 B 的估值无关。

3.(1)单位风险报酬$=\frac{E(R_T)-r_f}{\sigma_P}=\frac{15\%-5\%}{25\%}=40\%$。

(2)一种无风险资产与一种风险资产构成的投资组合，该组合收益率的标准差等于风险资产的权重乘风险资产的标准差，即 $25\% \cdot x=10\%$，$x=0.4$，那么无风险资产的权重为 0.6。

该组合的期望收益率 $E(R_P)=0.4\times15\%+0.6\times5\%=9\%$。

(3)投资组合的收益率 $E(R_P)=0.6\times15\%+0.4\times5\%=11\%$，标准差$\sigma_p=0.6\times25\%=15\%$。

(4)由题可得到等式：$\begin{cases}15\%\times x_T+5\%\times x_f=19\%\\ x_T+x_f=1\end{cases}$，解得$\begin{cases}x_T=1.4\\ x_f=-0.4\end{cases}$，$x_f$ 为负表示需要借入无风险证券，需要借入的无风险证券金额$=0.4\times1000=400$ 万元。

4.(1)上行股价$=20\times(1+30\%)=26$ 元

下行股价$=20\times(1-23\%)=15.4$ 元

股价上行时期权到期价值$=26-24=2$ 元

股价下行时期权到期价值$=0$

组合中股票的数量(套期保值率)=期权价值变化/股价变化$=(2-0)/(26-15.4)=0.1887$

购买股票的支出=套期保值率×股票现价$=0.1887\times20=3.774$ 元

借款数额=(到期日下行股价×股票数量−期权下行价值)$/(1+r)=(15.4\times0.19-0)/(1+4\%)=2.794$ 元

期权价值=购买股票支出−借款额$=3.774-2.794=0.98$ 元

(2)风险中性概率 $p=\frac{e^{0.04\times1}-0.77}{1.3-0.77}=0.51$，代入公式$f=e^{-rT}[pf_u+(1-p)f_d]$，

得到$f=e^{-0.04\times1}[0.51\times2+(1-0.51)\times0]=0.98$ 元。

(3)由于期权价格高于期权价值，因此套利过程如下：买入 0.1887 股股票，借入款项 2.7942 元，同时卖出 1 股看涨期权，收到 2.5 元，结果获利$=2.5+2.7942-0.1887\times20=1.52$ 元。

5.(1)按年支付利息债券价格的计算公式为：

$$P=\sum_{t=1}^{n}\frac{C}{(1+y)^t}+\frac{M}{(1+y)^t}$$

式中，C 为面值，y 为到期收益率，t 为到期时间，M 为面值。代入数字可得：

债券	到期时间	票面利率	年利息	变化前		变化后		价格变化
				到期收益率	债券价格(元)	到期收益率	债券价格(元)	百分比(绝对值)
A	1	0%	0%	5%	95.24	6%	94.34	0.94%
B	5	6%	6%	7%	95.90	8%	92.01	4.06%
C	10	10%	10%	9%	106.42	10%	100	6.03%
D	20	0%	0%	8%	21.45	9%	17.84	16.83%

(2)债券价格对到期收益率的敏感性排序：D>C>B>A。

四、分析与论述(3 题，共 40 分)

1. 答案请参考中山大学 2017 年分析与论述第 2 题。

2. 权益证券估值内在价值法主要有：

(1)股利贴现模型，包括零增长股息贴现模型、固定增长的股息贴现模型、三阶段股利增长模型，多元条件下的股利增长模型；其特点是假设投资者在正常条件下只获得股利这一现金流，通过对这些现金流进行贴现，从而计算公司内在价值。

(2)自由现金流贴现模型，它通过把公司未来所能产生的所有的现金流进行贴现求和得股票的内在价值的方法。根据增长模式不同，自由现金流贴现模型也有很多种形式，如稳定增长模型、两阶段增长模型、H 模型等。由于企业价值的真髓还是它未来盈利的能力，只有当企业具备这种能力，它的价值才会被市场认同，因此理论界通常把现金流量贴现法作为企业价值评估的首选方法，在评估实践中也得到了大量的应

用，并且已经日趋完善和成熟。

(3) 超额收益贴现模型是刚刚流行不久的一种股价估值方法，主要包括经济附加值模型和剩余收益模型，它们都是利用公司的税后利润来扣除资本成本等费用，最后得到股东权益的方法。

【科兴提示】市盈率法、市销率法等属于权益证券的相对估值法，答题时不应涉及。

3. (1)信用传导机制理论是新凯恩斯主义的货币政策传导机制理论，它重点关注银行资产负债表的资产方——贷款对经济的影响，被称为"信用观点"。它可进一步区分为两种机制：一是狭义信用传导机制，即银行贷款渠道；二是广义信用传导机制，包括资产负债表渠道。

① 银行贷款渠道。也即狭义信用渠道，是指货币政策通过影响银行贷款供给量从而影响借款人的信贷可得性并最终影响产出的货币政策传导机制。假定中央银行实施紧缩性的货币政策，导致商业银行的准备金 R 下降，存款货币 D 的创造也就相应减少，其他条件不变，银行贷款 L 的供给随之下降。结果致使那些依赖银行贷款融资的特定借款人必须削减投资和消费，于是总支出下降，国民所得 Y 下降。用符号表示为：$R\rightarrow D\rightarrow L\rightarrow I\rightarrow Y$。这一传导过程的特点，是不必通过利率机制。通过这条途径即便存在凯恩斯流动性陷阱，以至于传统的利率传导机制根本无效，货币政策仍可继续发挥作用。

②资产负债表渠道。也称广义的信用传导渠道或净财富额渠道，从不同货币政策态势对特定借款人资产负债状况或由净资产决定的金融地位的影响角度解释信用在传导过程中的独特作用。由于借贷市场上信息的不对称，蕴藏着逆向选择和道德风险，会给贷款人(如银行)带来风险，因此，银行授信采取抵押和担保的方式，以借款人的财富净值为基准。具体传导可表述为：货币政策操作使利率升降，影响潜在借款人(企业或居民)的资产负债表质量或财富净值(现金流量和资本价值)的大小，从而影响其可获得银行贷款的能力和信用可获得性的水平高低，进而影响企业的投资支出和居民的消费支出，最终影响产出。

(2) 启示。信用传导机制理论说明，即使存在凯恩斯的"流动性陷阱"，导致传统的以利率为主要渠道的货币政策失效，由于银行信贷渠道的存在，使得货币政策可以通过信贷的变动，继续影响实际经济。银行信贷为货币政策传导机制提供了另一条重要的传导渠道，这对于我国货币政策传导机制分析具有重要的借鉴意义。

在我国，银行信贷与其他融资方式的不完全替代性、银行贷款对特定借款者的独特性，使得信用渠道在我国货币政策传导机制中占据重要地位。因为：①我国正处于一个从计划经济体制向市场经济体制转变的过渡阶段。在这一阶段中，我国市场机制不健全，债券市场和股票市场还不发达，货币金融资产与非货币金融资产的关系不紧密，各个层次的行为主体与运行环节的联系松懈导致市场反馈迟钝和滞后，所以传统的利率传导机制的资产结构调整作用比较弱小，中央银行实施货币政策过程中通过信贷渠道对宏观经济变量进行影响就成为一个重要的方式。②在理论上，利率作为资金的价格应该反映资金市场上的供给与需求状况及其匮乏程度，但是由于我国金融市场发展和利率调控的不完善，利率水平还不能完全及时反映资金供给和需求情况。上述情况表明，在一定范畴内，信用渠道尤其是信贷渠道在我国货币政策实施中不容忽视。中央银行的信贷渠道实际上就是中央银行通过实施货币政策影响银行贷款，从而进一步影响投资消费活动和实际产出。随着我国金融市场化的逐步发展和深入，信用渠道会逐渐成为辅助性的传导机制，长期内以利率为中心的货币渠道会占据主要地位，成为货币政策传导的主体。短期内，我国货币政策传导机制应着眼于完善信贷途径向均衡信贷配给转变，有步骤地进行利率市场化改革，进一步培育货币市场和资本市场，完善我国的货币政策传导机制，提高货币政策的有效性。

【科兴提示】2019 年试题微观金融部分仍然保持了一贯的 CPA 财务管理风格。宏观金融部分改变较大。首先，没有考查国际金融相关的考点；其次，回归教材，对金融热点的考查减少了。总体感觉，题目是从题库随机抽取的，题目质量相对前几年有所下降。

中央财经大学 2019 年金融学综合试题

一、单项选择题(30 题，每题 1 分，共 30 分)

1. 在 2018 年 6 月末时，我国的 M_0、M_1、M_2各层次货币供应量的规模分别是 69589 亿元、543945 亿元、1770178 亿元，则准货币的规模是(　　)亿元。

A. 474356　　B. 1226233　　C. 613534　　D. 1700589

2. 下列关于利率平价理论的表述中，不正确的是(　　)。

A. 两国之间的利率差决定和影响了两国货币的汇率变动方向

B. 本国利率上升会引起本币即期汇率升值、远期汇率贬值

C. 利率平价理论主要用以解释长期汇率的决定

D. 利率平价理论的假设前提是跨境资金可以自由流动

3. 在关于汇率决定理论的表述中，错误的是(　　)。

A. 国际借贷说认为，本币贬值的原因是流动债务多于流动债权

B. 汇兑心理学说认为，外汇的价值是由外汇供求双方对外汇边际效用所做出的主观评价所决定的

C. 购买力平价理论认为，一国出现持续的通胀将会导致该国货币的名义汇率贬值

D. 一国货币的购买力平价与现实的名义汇率之间往往不存在着偏离

4. 下列关于货币制度或汇率制度的表述中，不正确的是(　　)。

A. 若某一经济体实施货币局制度，意味着其将失去独立实行货币政策的主动权

B. 浮动汇率制允许一国汇率随外汇市场供求关系的变化而自由波动，货币当局一般无须干预外汇市场

C. 布雷顿森林体系实质上是一种金币本位制

D. 在牙买加体系下，汇率安排多样化

5. 若一国货币汇率出现持续地高估，往往会出现(　　)。

A. 外汇供给减少，外汇需求增加，国际收支逆差

B. 外汇供给增加，外汇需求减少，国际收支顺差

C. 外汇供给增加，外汇需求减少，国际收支逆差

D. 外汇供给减少，外汇需求增加，国际收支顺差

6. 在关于汇率标价方法的以下表述中，正确的是(　　)。

A. 直接标价法是以一定数量的本币为基准，折算成若干单位的外币来表示外汇价格

B. 直接标价法下，汇率的数值增大意味着本币升值

C. 直接标价法下，汇率的数值减少意味着本币贬值

D. 直接标价法下，外汇买入价的数值是小于卖出价的，两者的价差为外汇银行的利润

7. 在关于利率决定理论的以下表述中，正确的是(　　)。

A. 投资是利率的减函数

B. 凯恩斯的流动性偏好理论在分析长期利率趋势时更具有说服力

C. IS-LM 模型认为利率水平是由货币市场供求均衡决定的

D. 可贷资金理论是一种存量分析法

8. 假设商业银行的1年期名义存款利率是4.5%，期间通胀率为14.5%，则1年期的实际存款利率为(　　)。

A. 19.0%　　B. 10.0%　　C. -8.7%　　D. -10.0%

9. 面值为100元的5年期债券，票面利率为5%，按年支付利息，发行价为95元，已流通了4年；投资者以98元购入，持有1年到期并获本息支付，其到期收益率最接近于(　　)。

A. 10.5%　　B. 7.1%　　C. 5.0%D.　　2.0%

10. 在关于货币市场的以下表述中，错误的是(　　)。

A. 同业拆借市场是商业银行进行准备金管理的场所

B. 回购协议市场是中央银行公开市场操作及金融机构获取流动性的平台

C. 国库券发行市场是中央银行进行货币政策操作的场所

D. 大额可转让定期存单市场是商业银行主动负债并调整流动性的场所

11. 中央银行在经济活动属性和功能上属于(　　)。

A. 政府部门　　B. 存款性公司　　C. 准公司　　D. 其他金融机构

12. 商业银行为保持支付能力而保留的流动性最高的资产是(　　)。

A. 短期贷款　　B. 中期债券　　C. 商业票据　　D. 储备资产

13. 中央银行其自身成为央行最基本最重要的标志，也是发挥其全部职能的基础是(　　)。

A. 拥有垄断货币发行的特权　　B. 发挥"最后贷款人"功能

C. 承担代理国库的业务　　D. 行使金融监管

14. 在近一年中，在中国人民银行资产负债表中居于第一位的负债项目是(　　)。

A. 货币发行　　B. 其他存款性公司存款

C. 发行债券　　D. 政府存款

15. 2002~2013年期间，伴随着外汇储备的迅速增长，我国中央银行为了对冲货币供给的过快增长，实施的一种创新型公开市场业务操作是(　　)。

A. 卖出国债　　B. 买入国债

C. 发行央票　　D. 采用短期流动性调节工具(SLO)

16. 国际收支平衡表借方项目不记录的是(　　)。

A. 非居民向居民提供的服务　　B. 向非居民支付的收入

C. 官方储备资产的增加　　D. 非居民向居民偿还的债务

17. 下列关于国际收支的表述中，不正确的是(　　)。

A. 若要改善本国的经常账户状况，一般应提高产出，或者减少支出

B. 若要改善本国的经常账户状况，一般应降低产出，或者增加支出

C. 当一国出现持续的国际收支顺差时，中央银行为了维持汇率稳定，应在外汇市场中购入外汇，这也会导致基础货币投放

D. 当一国出现持续的国际收支逆差时，中央银行为了维持汇率稳定，应在外汇市场中卖出外汇，这也会导致基础货币回收

18. 一般地，不被人们用来度量通胀程度的价格指数是(　　)。

A. 使用居民消费价格指数　　B. 生产者价格指数

C. GDP平减指数　　D. 股票市场指数

19. 某人计划5年后需要现金2800元，在银行存款的年利率为8%，按单利计算的情况下，现在应存入银行(　　)。

A. 1906 元　　B. 2000 元　　C. 1900 元　　D. 2100 元

20. 某公司主营业务收入为 2000 万元，流动资产平均余额为 300 万元，固定资产余额为 700 万元，假设没有其他资产，则该年的总资产周转率为(　　)。

A. 1 次　　B. 2 次　　C. 3 次　　D. 4 次

21. 某企业上年度和本年度的流动资产平均占用额为 180 万元和 220 万元，流动资产周转率为 4 次和 5 次，则本年度比上年度的销售收入增加了(　　)。

A. 200 万元　　B. 350 万元　　C. 380 万元　　D. 420 万元

22. 外部融资需要量与下列哪个因素没有明显关系？(　　)

A. 销售的增长　　B. 销售净利率　　C. 股利支付率　　D. 负债利率

23. 以下会引起项目现金流出的是(　　)。

A. 无形资产摊销　　B. 固定资产计提折旧

C. 垫付流动资金　　D. 发放股票股利

24. 某投资方案，当资本成本为 24%时，其净现值为 39.3177 万元，当资本成本为 26%时，其净现值为-30.1907 万元。用插值法，该投资方案的内部收益率是(　　)。

A. 19.24%　　B. 24.65%　　C. 25.13%　　D. 25.78%

25. 下列关于 CAPM 的说法中正确的是(　　)。

A. β 值为 0 的股票其期望收益率为 0

B. CAPM 模型表明如果要投资者持有高风险证券，相应地也要求更高的收益率

C. 通过将 0.75 的投资预算投入到国库券，其余投入到市场组合，可以构建 β 值为 0.75 的资产组合

D. β 值为 1 的股票，其收益与市场组合收益之间的相关系数也为 1

26. 公司经营杠杆为 1.8，财务杠杆为 1.5，则该公司销售额每增长 1%，每股收益增加(　　)。

A. 1.5%　　B. 1.8%　　C. 2.7%　　D. 3.0%

27. 以下关于优先股的表述中，错误的是(　　)。

A. 可转换优先股的股东可以在一定时期内按一定比例将优先股转换为普通股

B. 不参加优先股是指不能参加利润分配的优先股

C. 非累计优先股是仅按当期利润分取股利，而不予以累积补偿的优先股

D. 可赎回优先股是股份公司可以按一定价格赎回的优先股

28. 某公司发行期限为 10 年的可转换债券，面值 1000 元，可以在 10 年内以 50 元的价格将转债转换为公司普通股。目前公司的股价为每股 60 元，投资者决定行使转换权，则转换比率为(　　)。

A. 20　　B. 16.67　　C. 15　　D. 10

29. 某公司在一个月前以每份 0.5 元的价格发行认股权证，允许其持有者以每股 18 元的价格购买该公司 0.5 股股票，目前公司普通股的市场价格为 20 元，则每份认股权证的内在价值为(　　)。

A. 0.5 元　　B. 1 元　　C. 1.5 元　　D. 2 元

30. 已知某无负债公司的总资产价值为 10000 元，发行在外的普通股股票 500 股，息税前收益 EBIT 为 2000 元，公司所得税税率为 40%。该公司决定发行价值 5000 元，年利息率 8%的公司债赎回同等价值的公司股票。则该公司股票的赎回价格为(　　)元。

A. 20　　B. 22　　C. 24　　D. 26

二、多项选择题(5 题，每小题 2 分，共 10 分)

1. 在以下关于货币的表述中，正确的是(　　)。

A. 中国人民银行发布的各月末的“存款性公司概览”中的货币供应量是流量数据

B. 货币是财富的持有形式之一

C. 在经济金融问题中讨论的货币，主要指的是 M_0

D. 货币就是贵金属

E. 货币层次主要是根据流动性来进行划分的

2. 对于充分分散化的证券投资组合，可有以下结论(　　)。

A. 投资组合的预期收益率是其中各证券的预期收益的加权平均

B. 只要证券之间不存在完全正相关关系，投资组合的风险就总是小于单个证券风险的加权平均

C. 一般地，投资组合中的证券数目刚开始增加时，分散风险的作用体现得相当显著，但随着证券数目不断增加，分散作用逐渐减弱

D. 单个证券的收益与系统性风险相关联，投资者主要靠承担系统性风险而获得风险报酬

E. 系统性风险主要由经济形势、政治形势的变化引起，对绝大多数证券价值产生影响

3. 在关于储蓄(S)、投资(I)与经常账户差额(CAB)间的关系表述中，正确的有(　　)。

A. 对于开放经济体，有：$S-I=CAB$

B. CAB 相当于一国经济的资源缺口

C. 外部经济失衡，会反映在内部经济失衡上

D. 旨在改变 CAB 的政策，也必将影响国内的储蓄与投资行为

E. 当国内储蓄大于投资时，CAB 出现顺差，意味着资金由国外流向国内

4. 在中央银行的货币政策工具中，公开市场业务的优点有(　　)。

A. 调控效果猛烈　　B. 主动性强　　C. 灵活性高

D. 影响范围广　　E. 容易对经济产生副作用

5. 从看涨期权的角度看，以下关于公司股权和债权的说法中正确的是(　　)。

A. 股东持有一个看涨期权多头

B. 债权人拥有公司，同时卖出一个看涨期权

C. 债权人持有无风险债权，同时卖出一个看涨期权

D. 股东持有无风险债权的空头，同时持有一个看涨期权的多头

三、计算题(3 题，每题 10 分，共 30 分)

1. 达瓦公司准备投资一个餐具加工项目，该项目总投资为 4800 万元，项目周期为 3 年。由于餐具加工设备比较容易转让，所以达瓦公司也有机会在项目期内将设备转让出去。项目期间内的现金流及各年末的设备残值见下表。公司资本成本为 10%。求该项目最佳的运作时间。

年　份	净现金流(万元)	设备残值(万元)
0	-4800	
1	2000	3000
2	2000	1650
3	1750	0

2. 某公司股票目前的市场价格是 20 元，公司计划配股融资，并设计了每 4 股配 1 股的方案，配股价为 5 元。问：

（1）配股除权后的股价是多少？

（2）每个配股权的价值是多少？

（3）分析公司配股后对股东和债权人的影响。

3. 某公司有三个投资方案，每个投资方案的投资成本和预期报酬率如下表：

投资方案	投资成本(元)	内部报酬率
A	165000	16%
B	200000	13%
C	125000	12%

公司计划 40%通过负债，60%通过普通股融资。未超过 120000 元的负债融资税后资本成本 7%，超过部分为 11%，企业共有留存盈利 180000 元，普通股要求的报酬率为 19%，若新发行普通股，资本成本为 22%。问：该公司应接受哪一些投资方案？

四、名词解释(5 题，每题 4 分，共 20 分)

1. 逆回购
2. 远期利率协议
3. 信用风险
4. 可转换债券
5. 可持续增长率

五、简答题(4 题，每题 8 分，共 32 分)

1. 简述汇率变动对国内物价的影响机制。
2. 简述弗里德曼的货币需求理论的主要结论和政策主张。
3. 简述存款保险制度的主要内容及利弊。
4. 达生公司决定发行债券进行融资，但考虑到当前利率较高，未来市场利率可能下调，因此董事会认为公司应该发行可赎回债券。预期利率下降是否是发行可赎回债券的充足理由，为什么？

六、论述题(2 题，每题 14 分，共 28 分)

1. 基于货币供给模型，推导货币乘数的表达式；并结合在我国货币乘数中各影响因素的趋势变化，分析存款人、商业银行、中央银行等各类经济主体的经济行为对货币乘数产生的影响(请指明所使用符号的含义)。

2. 2018 年上半年，人民币兑美元汇率走势较为平稳；但 6 月中旬至 10 月底期间，人民币兑美元汇率急剧贬值，一度跌至近破 7 关口。试分析人民币在此期间面临贬值压力的原因。

中央财经大学 2019 年金融学综合试题解析

一、单项选择题(30 题，每题 1 分，共 30 分)

1. B。准货币 $= M_2 - M_1 = 1770178 - 543945 = 1226233$ 亿元。
2. C。利率平价只能解释短期汇率的变动，购买力平价可以解释长期汇率的变动。
3. D。在现实生活中，存在交易成本、税收以及不确定等因素，使得购买力平价偏离名义汇率。
4. C。布雷顿森林体系是一种国际金汇兑本位制，实际上美元充当了国际储备货币。

5. A。一国货币汇率持续高估，会导致进口增加，出口减少，进口增加导致外汇需求增加，出口减少导致外汇供给减少，国际收支逆差。

6. D。直接标价法下，买入价小于卖出价有利可图；间接标价法下，买入价大于卖出价有利可图。

7. A。利率越低，投资越多，利率越高，投资越少，选项 A 正确；凯恩斯的流动性偏好理论在分析短期利率趋势时更具有说服力，选项 B 错误；凯恩斯的流动性偏好理论认为利率水平是由货币市场供求均衡决定的，选项 C 错误；可贷资金理论继承了古典利率理论的流量分析方法，选项 D 错误。

8. C。根据费雪效应可知：实际利率$r^*=\frac{r-p}{1+p}=\frac{4.5\%-14.5\%}{1+14.5\%}\approx-8.7\%$。

【科兴提示】这道题目如果用近似计算可得实际利率是-10%，但是这样是错误的。因为通胀率大于10%的情况下，近似计算的误差很大。

9. B。此时该债券相当于 1 年期的零息票债券，可以算出 $r=\frac{105}{98}\approx7.1\%$。

10. C。国库券发行市场是一级市场，中央银行不能直接在发行市场上购买国库券，国库券的流通市场才是中央银行进行货币政策操作的场所。

11. B。中央银行在经济活动属性和功能上属于存款性公司，商业银行属于其他存款性公司。

12. D。银行为保持支付能力而保留的流动性最高的资产是储备资产，包括库存现金、法定准备和超额准备。

13. A。中央银行集中垄断货币发行权是其自身之所以成为中央银行最基本、最重要的标志，也是中央银行发挥其全部职能的基础。

14. A。央行发行的货币是央行的负债。

15. C。2002 年下半年，由于经常项目和资本项目的顺差引起外汇占款急剧增加，大量资金涌入国债市场，导致国债价格上涨和利率下跌。中国人民银行为了调节利率，通过正回购回笼货币又引起国债价格下跌和利率上涨。利率的跌宕起伏，引发投资者的利率风险。因此，中国人民银行发行中央银行票据既达到回笼资金的目的，又避免过分影响国债价格。

16. D。非居民向居民偿还债务，意味着本国对外国的债权减少，应计入贷方项目。

17. B。根据吸收论，$B=Y-A$，要使贸易收支改善，应该增加 Y 或减少 A。

18. D。度量通货膨胀程度所采用的指数主要有三种：居民消费物价指数、生产者物价指数和 GDP 或 GNP 平减指数。

19. B。假设现在应存入 x 元，则：$8\%\times x\times5+x=2800\Rightarrow x=2000$ 元。

20. B。总资产＝300+700＝1000 万元，总资产周转率＝销售额/总资产＝2000/1000＝2。

21. C。流动资产周转率＝销售收入/平均流动资产总额，可以算出，上年的销售收入为 720 万元，本年的销售收入为 1100 万元，销售收入增加 380 万元。

22. D。外部融资需要量$(EFN)=\frac{\text{资产}}{\text{销售额}}\times\Delta$销售额$-\frac{\text{自然增长的负债}}{\text{销售额}}\times\Delta$销售额－销售净利润率×预计销售额×(1－股利支付率)，和负债利率无关。

23. C。折旧和摊销属于非付现成本，不会导致现金流出。股票股利和现金股利不同，也不会导致现金流出。

24. C。IRR 是使项目 $NPV=0$ 时的折现率。根据插值法有：$(IRR-24\%)/(26\%-24\%)=(0-39.3177)/(-30.1907-39.3177)\Rightarrow IRR=25.13\%$。

25. D。β 值为 0 的股票其期望收益率为无风险收益率，A 选项错误；均值-方差模型表明如果要投资者持有高风险证券，相应地也要求更高的收益率，B 选项错误；通过将 0.75 的投资预算投入到国库券，其余投入到市场组合，可以构建 β 值为 0.25 的资产组合，选项 C 错误。

26. C。总杠杆系数＝经营杠杆系数×财务杠杆系数＝1.8×1.5＝2.7，总杠杆系数的含义是销售收入每增长 1%，则每股收益将增长百分之几。

27. B。不参加优先股在优先分得事先规定的固定股利率的股息外，不再参与剩余盈利的分配。

28. A。转换比率 = 面值/转换价格 = 1000/50 = 20。

29. B。认股权证的内在价值 = max(*S*−*X*，0)×股数 = max(20−18，0)×0.5 = 1 元。

30. C。公司借款后，公司的价值会增加，增加的价值 = 所得税率×债务额 = 0.4×5000 = 2000 元，那么此时公司的总价值为 12000 元，每股价格应变为 24 元。

二、多项选择题（5 题，每小题 2 分，共 10 分）

1. BE。货币供应量是存量数据，选项 A 错误；在经济金融问题中讨论的货币，主要指的是 M_1，选项 C 错误；在信用货币时代，货币就不是贵金属，选项 D 错误。

2. ABCD。系统风险会对所有证券产生影响，选项 E 错误。

3. ABCD。储蓄大于国内投资时，可以通过净出口带来的资本流出而形成海外资产，选项 E 错误。

4. BC。选项 ADE 是存款准备金政策的作用。

5. AB。当公司运用债务资本时，股票可以被看作公司的看涨期权，持股人被看作对公司持有看涨期权，债权人被视为拥有公司但向股东出售了看涨期权。这里，期权交易的标的资产就是公司整个资产，执行价格即为公司负债的本金与利息之和，期权的有效期即为债务资本的期限。因此，在债务到期日或到期日之前，如果公司的价值超过负债的本利和，持股人为了获得公司，可以执行看涨期权，把公司从债权人手中买回；如果公司的价值小于公司负债的本利和，持股人就不会行权。另一方面，债权人作为看涨期权的出售者，他们只有被动地接受持股人的决定。

三、计算题（3 题，每题 10 分，共 30 分）

1. 最佳运作时间即净现值最大的时刻，则：

		0	1	2	3
方案 1	第 1 年卖出	−4800	5000	0	0
方案 2	第 2 年卖出	−4800	2000	3650	0
方案 3	不卖出	−4800	2000	2000	1750

则三个方案的 *NPV* 为：

$$NPV_1 = 5000/(1+10\%) - 4800 = -254.55 \text{ 万元}$$

$$NPV_2 = \frac{2000}{(1+10\%)} + \frac{3650}{(1+10\%)^2} - 4800 = 34.71 \text{ 万元}$$

$$NPV_3 = \frac{2000}{(1+10\%)} + \frac{2000}{(1+10\%)^2} + \frac{1750}{(1+10\%)^3} - 4800 = -14.12 \text{ 万元}$$

方案 2 的 *NPV* 最大，所以应选择方案 2，在第 2 年末把设备卖出，即项目的最佳运行时间为 2 年。

2.（1）假设公司配股前总股本为 x：

	总股本	股权价值
配股前	x	$20x$
配股后	$x+\frac{1}{4}x$	$20x+\frac{1}{4}x\times5$

配股后每股价格 = 股权价值/总股本 = $\left(20x+\frac{1}{4}x\times5\right)/\left(x+\frac{1}{4}x\right) = 17$ 元。

（2）每份配股权的价值 = $\frac{\text{配股后股票价格}-\text{配股价格}}{\text{认购每份新股需要的配股权数量}} = \frac{17-5}{4} = 3$ 元。

（3）配股增资，净资产增加，但负债总额不变，债权人风险减少，股东风险增加。

3. (1) 当负债达到 120000 元时，企业筹资总额 = 120000/40% = 300000 元；

留存盈利充分利用时，企业筹资总额 = 180000/60% = 300000 元。

(2) 当筹资总额在 0~300000 元之间时，资本成本 = 40%×7%+60%×19% = 14.20%

当筹资总额大于 300000 元时，资本成本 = 40%×11%+60%×22% = 17.60%

由于 A、B、C 三个方案中，只有 A 方案的内部报酬率大于筹资总额在 300000 元以下的资本成本，因此只有 A 方案可行。

四、名词解释(5 题，每题 4 分，共 20 分)

1. 逆回购是指资金融出方将资金融给资金融入方，收取有价证券作为质押，并在未来收回本息，并解除有价证券质押的交易行为。中央银行可采用逆回购向市场释放流动性。投资者或金融机构也可以在证券交易所和银行间债券市场进行逆回购交易。

2. 远期利率协议是指交易双方约定在未来某一日、交换协议期间内，在一定名义本金基础上分别以合同利率和参考利率计算的利息的金融合约。其中，远期利率协议的买方支付以合同利率计算的利息，卖方支付以参考利率计算的利息。

3. 信用风险又称违约风险，是指借款人、证券发行人或交易对方因种种原因，不愿或无力履行合同条件而构成违约，致使银行、投资者或交易对方遭受损失的可能性。银行存在的主要风险是信用风险，即交易对手不能完全履行合同的风险。这种风险不只出现在贷款中，也发生在担保、承兑和证券投资等表内、表外业务中。

4. 可转换债券是债券持有人可按照发行时约定的价格将债券转换成公司的普通股票的债券。如果债券持有人不想转换，则可以继续持有债券，直到偿还期满时收取本金和利息，或者在流通市场出售变现。如果持有人看好发债公司股票增值潜力，在宽限期之后可以行使转换权，按照预定转换价格将债券转换成为股票，发债公司不得拒绝。可转换债券兼具债权和股权的特征。

5. 可持续增长率是指不发行新股、不改变经营效率(不改变销售净利率和资产周转率)和财务政策(不改变权益乘数和利润留存率)时，其销售所能达到的增长率。可持续增长率的基本公式为：可持续增长率 = 权益报酬率×留存收益率。

五、简答题(4 题，每题 8 分，共 32 分)

1. 一般来说，汇率变动影响国内物价水平的渠道主要有以下几种：

(1) 货币工资机制。以本币升值为例，本币升值使进口品价格下降，引起居民生活费用下降，从而在名义工资不变的情况下，使得实际工资上升。

(2) 生产成本机制。本币升值带动进口原材料价格下跌，将推动本国出口加工企业或者大量依靠进口投入品进行生产的企业生产成本下降，从而推动一般物价水平下跌。

(3) 货币供应机制。本币升值后，由于货币工资机制和生产成本机制的作用，货币供应量可能下降。另外，在外汇市场上，本币升值后，净出口的下降或贸易逆差可能使中央银行在结汇方面减少本国货币投放，也会导致本国货币供应的下降，货币供给的减少倾向于降低国内的一般物价水平。

(4) 收入机制。如果国内对进口品的需求弹性较高，从而本币的升值会导致进口总量增加。同样，如果外国对本国出口产品的需求弹性较高，本币升值会导致出口总量减少。两方面共同作用的结果是使贸易收支恶化，本国收入减少和物价水平降低。

(5) 替代机制。比如，一国货币升值使得进口品价格降低，那么国内消费者将用进口品替代国内近似产品消费，使国内进口替代品的需求下降，从而带动国内一般物价水平下跌。

(6) 预期机制。本币升值预期本身引致物价水平下降。一种货币升值趋势一旦形成，短期内往往难以逆转。在这种背景下，生产者把升值预期纳入特殊的生产成本，把升值对物价水平可能的负面影响纳入生产函数，进而影响生产的积极性。消费者因本币的升值预期而倾向于减少消费，这两方面的作用使得社会总需求相对不足，物价水平趋于下跌。

(7) 债务效应。本币升值后，偿还同等数量外债所需要的货币会减少，从而减轻外债负担，提高国内的有效需求，总需求的过剩对国内物价水平具有潜在提升和推动效应。

2.（1）核心观点

弗里德曼为代表的货币主义所强调的是实际货币需求函数，而非名义货币需求函数。实际货币需求主要取决于总财富代表的持久性收入，在长期内主要由实际生产因素的状况（如人口、生产技术和资源利用等）决定，而与物价水平（背后是货币供给量）无关。由于人的持久性收入是相对稳定的，由此就决定了货币需求函数也是稳定的。

影响货币需求和货币供给的因素是相互独立的。货币供给量完全取决于货币当局的决策及银行制度，而货币主义的货币需求函数则表明，影响货币供给的因素与影响实际货币需求的因素完全无关。这样，名义收入的变化和经济的波动主要取决于货币供给，如果要保持经济稳定，则中央银行必须要保持货币供给的稳定。

（2）政策主张

① 货币政策应以稳定物价为目标。货币主义者认为应该以稳定物价（即控制通货膨胀）作为首要目标，同时应该抛弃财政政策，而应为市场经济的正常运行提供稳定的货币体系。所谓稳定的货币体系是指币值稳定、处于良好运转状态的货币体系，即能保证物价稳定的货币体系。由此，在货币主义的观点下，货币政策既不能钉住利率以推动经济增长，也无法降低失业率以推进充分就业，只能通过货币供给量的变动直接影响物价水平。货币政策唯一必要且可行的长期目标就是保持物价稳定，追求没有通胀的经济繁荣。

② 单一规则的货币政策。货币主义认为，要抑制通胀、稳定物价，最根本的措施就是要控制货币供应量增长，使它与经济增长大致相适应，并且中央银行在确定货币供给量增长率应该采取“单一规则”。所谓“单一规则”包括两层含义：一是以货币供应量作为唯一的货币政策中介目标，而不主张凯恩斯主义提出的以利率、信贷流量和存款准备金率作为货币政策中介目标的观点。二是主张以既定的数量法则来防止货币政策的摇摆性，而反对凯恩斯主义的相机抉择的货币政策。

③ “收入指数化”方案。在反通胀政策方面，弗里德曼提出“收入指数化”方案，以治理通胀。其做法是将工资、政府债券收益及其他收入等与生活费用（如消费物价指数）紧密联系起来。即对各种不同的收入实行“指数化”，使其按照物价指数的变动而得到调整。这样就能抵消物价波动给收入带来的影响，消除通胀所带来的收入不公平现象。

3. 存款保险制度是一种金融保障制度，是指由符合条件的各类存款性金融机构集中起来建立一个保险机构，各存款机构作为投保人按一定存款比例向其缴纳保险费，建立存款保险准备金，当成员机构发生经营危机或面临破产倒闭时，存款保险机构向其提供财务救助或直接向存款人支付部分或全部存款，从而保护存款人利益，维护银行信用，稳定金融秩序的一种制度。

（1）存款保险制度的作用

① 保护储户的利益，提高社会公众对银行体系的信心。存款保险制度使得投保银行在发生资金周转不灵或破产倒闭时能够从保险公司获得一定金额的保险赔偿，从而最大程度降低储户的风险。同时，存款保险制度也从心理上给了储户以安全感，从而可有效降低那种极富传染性的恐慌感，进而减少了对银行体系的挤兑。

② 可有效提高金融体系的稳定性，维持正常的金融秩序。由于这一制度对公众心理所产生的积极作用，也可有效防止银行挤兑风潮的发生和蔓延，从而促进了金融体系的稳定。

③ 促进银行业适度竞争，为公众提供质优价廉的服务。它可使存款者形成一种共识，将存款无论存入大银行还是小银行，该制度对其保护程度都是相同的，因此提供服务的优劣，将成为客户选择存款银行的主要因素。

④ 存款保险机构可通过对有问题的银行提供担保、补贴或融资支持等方式对其进行挽救，或促使其被实力较强的银行兼并，减少社会震荡，有助于社会的安定。

（2）存款保险制度的弊端

由于信息不对称，存款保险制度也会引发以下几种不良现象：

① 引发道德风险现象。参加存款保险的银行可能会过度冒险经营。

② 引发逆向选择现象。存款保险制度吸引了偏好风险的企业家进入银行业。

③ 引发搭便车现象。存款保险制度削弱了储户监督其银行资产组合风险程度的动力。

4. 可赎回债券是指允许发行人在债券到期以前按某一约定的价格赎回已发行的债券。发行可赎回债券的理由有：卓越的利率预测能力、税收、满足未来投资机会的财务灵活性和较低的利率风险。

（1）卓越的利率预测能力。公司内部人可能会比投资公众更知晓公司债券的利率变动情况。譬如，管理者可能更了解公司信用等级的潜在变化。为此，公司在某一时刻会倾向使用赎回条款。因为其认为利率的预期下调幅度会大于债权人的预期。

尽管存在这种可能性，仍有理由怀疑是否内幕信息能成为使用赎回条款的理论基础。假如公司真的具备卓越的能力，可预测出对公司产生影响的任何变化，那么，每逢公司发行可赎回债券，债权人便可以此断定这是公司预测其信用等级提高的信号。为防止该预期实际发生时公司执行赎回条款给债权人造成的利息损失，债权人会向公司提高债券的息票率。结果，可赎回债券不会为公司赢得任何超越不可赎回债券的财务优势。

（2）税收。如果债券持有人的应纳税率低于公司，那么，赎回条款就可能具有税收优势。我们知道，可赎回债券的息票率会高于不可赎回债券。由于息票支付款对公司来说是一种可抵税的利息费用，而对债权人而言却是应税收入。因此，在发行可赎回债券的情况下，公司的所得会大于低税债权人的所失。可以断定，在设立赎回条款的情况下，一部分利息节税额就转移给了债权人。

（3）未来的投资机会。债券契约中包含着一些有关限制公司投资机会的保护性条款。一旦保护性条款对公司未来投资机会具有充分限制性，公司将在净现值损失方面付出很大的代价。但是，如果债券可赎回，那么公司就可按赎回价格购回债券，从而充分利用优越的投资机会。

（4）较低的利率风险。赎回条款会减弱债券价值对利率变动的敏感度。当利率上升时，不可赎回债券的价值就会下降。由于可赎回债券具有较高的息票率，因此可赎回债券价值的下降幅度会低于不可赎回债券。通过减弱债券价值对利率的敏感性，可赎回债券可以减轻股东和债权人的风险。

综上所述，预期利率下降并不是发行可赎回债券的充足理由。

【科兴提示】非常冷僻的考点。这个知识点是罗斯《公司理财》第 8 版中的内容，现在新版的教材已经删除这些内容了。

六、论述题(2 题，每题 14 分，共 28 分)

1.（1）在进行货币乘数推导之前，首先推导出存款乘数，考虑之前分析的各个因素。根据之前的条件，可以得到：

$$\begin{cases} C=k\cdot D \\ R_d=r_d\cdot D \\ R_t=r_t\cdot T=r_t\cdot t\cdot D \\ R_e=e\cdot D \end{cases} \quad ①$$

由于基础货币为：$B=C+R=C+R_d+R_t+R_e$，代入式①可得：

$$B=kD+r_dD+r_ttD+eD=(k+r_d+r_t\cdot t+e)D \quad ②$$

依据变形式②，得到银行系统的活期存款货币：

$$D=\frac{1}{k+r_d+r_t\cdot t+e}B \quad ③$$

根据存款乘数的定义得到活期存款乘数 d 为：

$$d=\frac{1}{k+r_d+r_t\cdot t+e}$$

然后，我们开始推导狭义货币乘数。根据货币层次的定义，狭义货币存量为：

$$M_1=C+DkD+D=(k+1)D \quad ④$$

将式③代入④式，得到：

$$M_1=\frac{k+1}{k+r_d+r_t\cdot t+e}B\Rightarrow m_1=\frac{M_1}{B}=\frac{k+1}{k+r_d+r_t\cdot t+e}$$

(2)通过上式可以发现，货币乘数由五个变量决定：通货比率(k)，定期存款与活期存款比例(t)，活期存款法定准备金率(r_d)，定期存款法定准备金率(r_t)和超额准备金率(e)。k 和 t 由公众决定，r_d和 r_t由中央银行决定，e 由存款机构决定。

① 通货比率(现金漏损率)(k)对货币乘数的影响

通货比率与公众对流动性的偏好程度、持有现金的机会成本以及信用发展情况和支付习惯有关。由于分子和分母均含有 k，因而，对 m 和 k 关系的分析较为复杂，我们对 k 求偏导：

$$\frac{\partial m_1}{\partial k}=\frac{r_d+r_t\cdot t+e-1}{(k+r_d+r_t\cdot t+e)^2}$$

由于货币乘数$m_1>1$，即货币供应量大于基础货币，所以有：

$$k+1>k+r_d+r_t\cdot t+e\Rightarrow r_d+r_t\cdot t+e<1$$

所以偏导数是负值，也就意味着货币乘数与现金漏损率之间是负相关关系。

② 定期存款与活期存款比例(t)对货币乘数影响

定期存款与活期存款比例与定期存款和活期存款相对利率大小有关，有些银行将企业的贷款额与活期存款联系起来，甚至要求一定比例的活期存款，这也将对 t 产生影响。

$$\frac{\partial m_1}{\partial t}=\frac{-(1+k)r_t}{(k+r_d+r_t\cdot t+e)^2}$$

很明显，上式中的偏导数为负值，这就说明：货币乘数与定期对活期存款的比例有负相关的关系。

③ 活期存款法定准备金率(r_d)和定期存款法定准备金率(r_t)对货币乘数的影响

法定准备金率是由中央银行规定的，是中央银行执行货币政策的一种手段。一般来说，活期存款易变性大于定期存款，即活期存款被存款人提取的可能性更大，因此活期存款法定准备金率要大于定期存款法定准备金率。

$$\frac{\partial m_1}{\partial r_d}=\frac{-(1+k)}{(k+r_d+r_t\cdot t+e)^2}$$

$$\frac{\partial m_1}{\partial r_t}=\frac{-(1+k)t}{(k+r_d+r_t\cdot t+e)^2}$$

很明显，两个偏导数均为负值，意味着狭义货币乘数与法定存款准备金率有负相关关系。

④ 超额准备金率(e)对货币乘数的影响

当商业银行持有的超额存款准备金的比率上升时，银行体系可以发放的贷款减少，这就会导致银行体系的存款创造能力减弱，从而降低货币乘数。通过对狭义货币乘数公式对超额准备金率求偏导可得：

$$\frac{\partial m_1}{\partial e}=\frac{-(1+k)}{(k+r_d+r_t\cdot t+e)^2}$$

因为得到的偏导数是负值，说明货币乘数与超额准备金率呈负相关关系。

2. 2018 年以来，人民币汇率走势总体呈现先稳后贬、震荡下行的特征。2018 年上半年，人民币兑美元汇率走势较为平稳；但 6 月中旬至 10 月底期间，人民币兑美元汇率急剧贬值，一度跌至近破 7 关口。我们认为，2018 年下半年人民币走弱是受到美元指数走强、中美货币政策边际分化、中美经济周期不同步、全球资本回流美国等多重因素影响。

(1)美元指数走强是人民币汇率承压的重要原因。2018 年 4 月以来，美国经济数据整体较为强劲、美联储持续推动渐进式加息、欧日等经济体表现相对疲弱等因素推动美元指数修复前期超跌，快速反弹回升并在 94~96 区间保持相对强势，导致非美货币兑美元纷纷贬值。仅到 6 月底，欧元兑美元、英镑兑美元就分别贬值了 6.2%、6.6%。新兴市场国家汇率更是一度形成了连锁下跌趋势，其中土耳其里拉在 2018 年的前 8 个月就已贬值超过 40%。在非美货币纷纷贬值的条件下，人民币相对其他非美货币来说仍具韧性。

(2) 全球资本加速回流美国增加人民币贬值压力。美国经济较为强势、美元指数走强、美债收益率上行提升了美元资产的吸引力，同时伴随国际贸易保护主义升级、地缘政治形势紧张、全球流动性趋紧等因素的发酵，金融市场波动性逐步加剧，新兴市场股市、汇市普遍大跌，VIX 恐慌指数不断上扬，市场避险情绪持续升温，国际资本买入美国证券同比大幅增长。国际资本加速回流美国，一方面对美元形成较强支撑，并助推美元指数进一步走高；另一方面随着美元与人民币汇率的正相关性逐渐增强，人民币贬值压力也有所抬升。

（3）中美货币政策边际分化，两国利差有所收窄。2018 年初以来，央行通过下调存款准备金率、灵活运用逆回购、超额续作 MLF 等政策工具，进行了较大力度的基础货币投放，银行间流动性保持合理充裕的预期较为稳定。与此同时，美国渐进式加息仍在稳步推进，美联储 9 月议息会议宣布加息 25bp 后，点阵图显示年内第 4 次加息的概率进一步提升。随着中美货币政策边际分化趋势逐步增强，中美利差持续收窄并连续数月运行在低位区间。从利率平价理论的角度来看，资金外流压力会增加，进而施压人民币汇率走贬。

（4）中美经济发展周期不同，国内基本面较为疲弱。发达经济体与发展中经济体呈现出经济周期的不同步性，当前美国非农就业、消费者信心指数等各项经济数据表现强劲，三季度 GDP 环比折年增长率达 3.5%，但部分经济指标显示美国经济已有边际过热迹象。与此同时，近期国内经济面对较大的下行压力展现了一定韧性，但内外需仍较为疲弱、货币信贷增速偏低、经济下行压力加大，三季度 GDP 增速仅 6.5%。从购买平价角度来看，中美经济不同步促使两国货币相对购买力发生变化，加大人民币贬值压力。

（5）外汇市场顺周期行为进一步施压了人民币汇率。自 8 月 6 日央行陆续出手调控汇率以来，截至 10 月底，美元指数累计升值 1.9%，人民币汇率中间价累计下跌了 1324bp，其中收盘价相对中间价偏弱累计贡献了 2410bp，相当于前者的 183%，反映了外汇市场的顺周期性和羊群效应。市场汇率相对于经济基本面决定的均衡汇率出现超调是外汇市场的正常反应，我们不能将此简单归咎于市场的非理性。一般来讲，当市场普遍看空时，会选择性地相信坏的消息，市场汇率会相对均衡汇率出现过度贬值；反之则会出现过度升值。这也从侧面说明了稳定市场预期是未来人民币汇率得以企稳的关键因素之一。

【科兴提示】2019 年试题总体难度一般。选择题中有些题目稍有难度，但是在历年的真题中也都出现过，客观上降低了这部分的难度。计算题第 1 和 3 题也是稍有难度，考生在考场上冷静应对是可以做出的。名词解释中规中矩，简答题最后一题比较冷僻。论述题第 1 题回归教材核心考点，考查考生的理论功底，第 2 题则是考查考生对知识点的运用能力。

重庆大学 2020 年金融学综合试题

金融学部分(90 分)

一、单选题(每题 2 分，共 30 分)

1. 欧洲货币体系创立的一揽子货币被称为(　　)。

A. 特别提款权　　B. 欧元

C. 欧洲计算单位　　D. 欧洲货币单位

2. 以下关于金汇兑本位制特点描述不正确的是(　　)。

A. 一国以银行券或纸币作为流通货币

B. 与另一个实行金币本位制或金块本位制国家的货币保持固定比价

C. 纸币或银行券能与黄金兑换

D. 通过外汇间接兑换黄金

3. 国外商业性借贷作为国际信用的一种典型方式，它主要包括银行贷款、国际金融机构贷款以及(　　)等多种形式。

A. 债券发行和政府贷款　　B. 债券发行和股票发行

C. 进口信贷和补偿贸易　　D. 补偿贸易和国际信托

4. 现代金融体系的构成要素不包括(　　)。

A. 金融机构　　B. 金融风险　　C. 金融市场　　D. 金融工具

5. 行为金融研究发现，人们不依惯例进行决策并出现不利结果时会更加后悔。这种现象属于(　　)。

A. 框定偏差　　B. 过度自信　　C. 心理账户　　D. 后悔规避

6. 投资基金是一种利益共享、风险共担的(　　)制度。

A. 分散投资　　B. 组合投资　　C. 集合投资　　D. 协议投资

7. 租赁是一种以一定费用借贷实物的经济行为，出租人将自己所拥有的某种物品交予承租人使用，(　　)由此获得在一定时间内使用该物品的权利。

A. 承租人　　B. 出租人　　C. 转租人　　D. 回租人

8. 基础货币是中央银行发行的债务凭证，它表现为(　　)。

A. 银行的存款准备金(存款准备与现金库存)+流通于银行体系之外的现金

B. 银行的存款准备金(准备存款与现金库存)+流通于银行体系之外的现金

C. 银行的存款准备金(存款准备与现金库存)+流通于银行体系之内的现金

D. 银行的存款准备金(准备存款与现金库存)+流通于银行体系之内的现金

9. 喜羊羊是风险厌恶型投资者，灰太狼的风险厌恶程度比喜羊羊更高。以下陈述正确的是(　　)。

A. 对于相同的收益水平，喜羊羊比灰太狼愿意承担更低风险

B. 对于相同的风险水平，喜羊羊比灰太狼要求有更高的收益

C. 对于相同的收益水平，灰太狼比喜羊羊愿意承担更高风险

D. 对于相同的风险水平，灰太狼比喜羊羊要求有更高的收益

10. 投资者效用函数 $U=E(r)-0.8A\sigma^2$ 中参数 A 通常代表(　　)。

A. 投资者的收益回报要求　　B. 无风险资产的收益率

C. 投资者的风险厌恶程度　　D. 确定等价收益率

11. 国际收支平衡表中的资本项目主要记录了生产设备的无偿转移、国外投资款项的汇入、向国外投资款项的汇出以及(　　)。

A. 单方面的债务减免　　B. 单方转移

C. 债权投资　　D. 经常转移

12. 默顿在金融功能观中提出的金融体系核心功能不包括(　　)。

A. 在时间和空间上配置资源

B. 提供分散资本和股份分割的机制

C. 提供清算和结算的途径以及完结商品、服务和各种资产的交易

D. 提供分散、转移和管理风险的途径

13. 货币面纱是指货币与商品的交换实质上是商品与(　　)的交换。

A. 商品　　B. 货币　　C. 价格　　D. 现金

14. 下列哪一项不属于我国提出的“三平”理论的内容？(　　)

A. 财政收支平衡　　B. 货币供求平衡

C. 信贷收支平衡　　D. 物资供求平衡

15. 补充性的货币政策工具通常不包括(　　)。

A. 消费者信用控制　　B. 证券市场信用控制

C. 动产信用控制　　D. 不动产信用控制

二、分析计算题(10 分)

假设你是美国一家银行的客户经理 A，某客户 B 前来向你咨询关于美元兑换瑞士法郎的汇率，此时客户经理 A 回答“1.1100/10”。

根据以上条件请分析：

(1) 若客户 B 把瑞士法郎卖给客户经理 A，汇率为多少？

(2) 客户经理 A 应该以什么汇率向客户 B 卖出瑞士法郎？

(3) 如果客户 B 要卖出美元，汇率又是多少？

三、简答题(每题 10 分，共 30 分)

1. 试简述职能分工型商业银行与全能型商业银行的差异？

2. 试简述监管沙盒的特征及其对金融科技的影响。

3. 试简述远期合约与期货合约的异同。

四、材料分析题(20 分)

央行数字货币

2019 年 8 月 10 日，中国人民银行(简称“央行”)支付结算司副司长穆长春在中国金融四十人论坛上提出，央行相关人员从去年开始 996 开发数字货币的相关系统。其后，央行召开的 2019 年下半年工作电视会议，会议要求加快中国法定数字货币的研究步伐。

央行副行长范一飞、支付计算司副司长兼数字货币研究所所长穆长春多次阐述了中国央行数字货币的概况：

定位上，重视对现金 M_0 的替代；

运行体系上，采用“央行-商业银行”的双层架构；

技术路线上，考虑区块链技术，不加载对履行货币职能不利的职能合约；

账户上，仅对央行实名，对交易上方外的其他实体匿名(包括作为分发机构的商业银行)。

阅读上述材料后，回答以下问题：

(1) 请结合中国金融发展的实践，分析央行数字货币为何不注重对 M_1 和 M_2 的替代?

(2) 试分析央行数字货币采用“中央银行-商业银行/其他运营机构”双层框架的利弊。

(3) 试比较中国央行数字货币与比特币的异同。

公司财务部分(60分)

一、单选题(每题2分，共30分)

1. 公司价值是指公司全部资产的市场价值，即公司资产未来预期(　　)。

A. 现金流量的现值　　B. 收益

C. 现金流量的终值　　D. 收益的现值

2. 当资产负债率大于(　　)时，表明企业已资不抵债，视为达到破产的警戒线。

A. 50%　　B. 0　　C. 100%　　D. 200%

3. 当两种证券完全相关时，其相关系数为(　　)。

A. 0　　B. 1　　C. −1　　D. 不确定

4. 下列因素引起的风险中，投资者可以通过证券投资组合予以消减的是(　　)。

A. 宏观经济状况变化　　B. 世界能源状况发生变化

C. 发生经济危机　　D. 被投资企业出现投资失误

5. 某投资的投资组合中包含三种证券A、B、C，其中30%的资金投入A，60%的资金投入B，10%的资金投入C，证券A、B、C预期收益率分别为12%、8%、5%，则该投资组合的预期收益率是(　　)。

A. 10%　　B. 9.2%　　C. 8.9%　　D. 9.8%

6. 其他因素不变，如果折现率越高，则下列指标中数值将会变小的是(　　)。

A. 净现值　　B. 内部收益率　　C. 会计收益率　　D. 投资回收期

7. 已知某投资项目的原始投资额现值为100万元，净现值为25万元，则该项目的获利指数为(　　)。

A. 0.25　　B. 0.75　　C. 1.05　　D. 1.25

8. 如果股利发放额随投资机会和盈利水平的变动而变动，则这种股利政策指的是(　　)。

A. 剩余股利政策　　B. 固定股利或稳定增长股利政策

C. 固定股利支付率政策　　D. 低正常股利加额外股利政策

9. 某公司股票的贝塔系数为1.5，无风险利率是6%，市场上所有股票的平均收益率为10%，则该公司股票的收益率应为(　　)。

A. 4%　　B. 8%　　C. 10%　　D. 12%

10. 某企业共有资金10000万元，其中债券4000万元，优先股500万元，普通股3000万元，留存收益2500万元；各种资金的成本分别为7%、10%、16.5%、11%，则该企业的加权平均资本成本为(　　)。

A. 10.5%　　B. 11%　　C. 12.2%　　D. 14.5%

二、判断题(每题 1 分，共 10 分)

1. 当某投资项目的净现值大于 0 时，则说明该投资项目的实际收益率大于投资者要求的最低收益率。

2. 在对同一独立项目进行评价时，净现值、内部收益率和获利指数可能会得出不同的结论。

3. 剩余股利政策要求公司在存在良好投资机会时，公司的盈余首先应该满足投资方案的需要。

4. 财务管理对公司价值创造的贡献是投资决策、融资决策和营运资本管理的共同结果。

5. 假设其他因素不变，销售量超过盈亏临界点后，销售额越大则经营杠杆系数越小。

6. 优序融资理论认为，在成熟的市场上，企业筹资优序模式首先是发行新股。

7. 在维持总杠杆系数一定的情况下，经营杠杆和财务杠杆可以有多种不同的组合。

8. 最佳资本结构是指在一定条件下使企业平均资本成本率最低的资本结构。

9. 在其他条件不变的情况下，流动资产周转速度越快，需补充流动资产参加周转的数额就越多。

10. 企业在初创期通常采用外部筹资，而在成长期通常采用内部筹资。

三、计算题(3 题，共 30 分)

1. (4 分)某企业拟购置一处房产，房主提出两种付款方案：

(1) 从现在起，每年年初支付 10 万元，连续支付 10 次，共 100 万元；

(2) 从第 5 年起，每年年末支付 12.5 万元连续支付 10 次，共 125 万元。

假设企业的资本成本为 10%，你认为选择哪个方案更合适？[(*P/A*，10%，10) = 6.1446，(*P/F*，10%，4) = 0.6830]

2. (12 分)某企业正在评估一项购置生产设备的投资项目。如果企业购置该生产设备需要 100 万元，预期使用年限为 5 年，采用直线法计提折旧，到期无残值回收。购入设备后可使企业每年产品销售量增加 18 万件，产品单价为 20 元，单位变动成本为 12 元。增加的固定成本(不含折旧)为 75 万元，所得税税率为 33%，投资者要求的收益率为 33%。[(*P/A*，12%，1) = 0.8929，(*P/A*，12%，2) = 1.6901，(*P/A*，12%，3) = 2.4018，(*P/A*，12%，4) = 3.0373，(*P/A*，12%，5) = 3.6048]

要求：

(1) 计算购置该设备的现金流量和 NPV。

(2) 当销售量减少 1000 件时，检测 NPV 相对于销售量变化的敏感程度。

3. (14 分)某公司拟采用新设备取代已使用 3 年的旧设备，旧设备原价 14950 元，当前估计尚可使用 5 年，每年操作成本 2150 元，预计最终残值 1750 元，目前变现价值 8500 元。购置新设备需花费 13750 元，预计可使用 6 年，每年操作成本 850 元，预计最终残值 2500 元。该公司预期报酬率为 12%，所得税税率为 30%，税法规定该类设备应采用直线法折旧，折旧年限 6 年，残值为原值的 10%。要求：是否进行设备更换。[(*P/A*，12%，3) = 2.4018，(*P/A*，12%，5) = 3.6048，(*P/F*，12%，5) = 0.5674]

重庆大学2020年金融学综合试题解析

金融学部分(90分)

一、单选题(每题2分，共30分)

1. D。欧元是欧盟创立的一揽子货币。欧洲货币单位(埃居)才是欧洲货币体系创立的一揽子货币。

2. C。在金汇兑本位制下，本币或银行券与外币自由兑换，然后用外币兑换黄金，从而实现本币或银行券与黄金的间接兑换。

3. C。国际银行信用是指银行为本国进出口贸易提供贷款，或直接对国外的贷款活动，分为出口信贷、进口信贷和市场信贷。

4. B。金融体系的基本要素有5个：①由货币制度所规范的货币流通；②金融中介；③金融市场；④金融工具；⑤金融制度和调控机制。

5. D。行为金融研究发现：在投资决策时，后悔厌恶的投资者会比较保守；后悔厌恶的投资者会远离表现不佳的试产；后悔厌恶也会导致羊群行为；投资者不愿承认失败，长期持有表现不佳的股票。

6. C。投资基金是一种利益共享、风险共担的集合投资制度。投资基金集中投资者的资金，由基金托管人委托职业经理人员管理，专门从事证券投资活动。

7. A。在租赁的过程中，承租人为其所获得的使用权需向出租人支付一定的费用。

8. B。各银行在中央银行的存款称为准备存款，存款准备金等于准备存款加现金库存，考生要注意区分存款准备和准备存款的概念。

9. D。根据均值方差准则，对于一个理性的投资者而言，对于相同风险水平，他们会选择能提供最大预期收益率的组合；对于相同的预期收益率，他们会选择风险最小的组合。

10. C。投资者效应函数中的A表示投资者个人对风险的厌恶程度，当A越大，则投资者越厌恶风险，其效用无差异曲线越陡峭，A与资产配置无关。

11. A。在第五版的国际收支平衡表中，选项B和D属于经常账户，选项C属于金融账户。

12. B。选项B明显有问题，应该是提供集中资本和股份分割的机制。

13. A。货币面纱，货币与商品的交换归根结底是为了商品与商品的交换，货币只是便利商品交换的手段，就像罩在实物经济上的一层面纱一样，不会对经济产生实质性影响。

14. B。“三平”理论，是指在安排经济发展计划时，必须保证财政收支平衡，信贷收支平衡和物资供求平衡。

15. C。动产是指能够移动而不损害其价值或用途的物。不动产是指不能移动或者若移动则损害其价值或用途的物。补充性货币政策工具主要包括消费者信用控制、证券市场信用控制、不动产信用控制，还有直接信用控制和间接信用控制等。

二、分析计算题(10分)

(1) 本题中的汇率应采用间接标价法进行分析，1瑞士法郎=1.1100~1.1110美元。则瑞士法郎的银行买入价1.1100。我们所说的买入价和卖出价都是针对基准货币而言的。

(2) 瑞士法郎的卖出价为1.1110美元。

(3) 客户B卖出美元，就相当于银行A买入美元，卖出瑞士法郎，则汇率水平为1.1110。

三、简答题(每题10分，共30分)

1. 职能分工型商业银行又称分离型商业银行，主要存在于实行分业经营体制的国家。其基本特点是：法律规定银行业务与证券、信托业务分离，商业银行不得兼营证券业务和信托业务，不能直接参与工商企业的投资。

全能型商业银行亦称“综合性商业银行”。可以经营长短期资金融通及其他金融业务的商业银行。与分离型商业银行相比，全能型商业银行的业务要广泛得多，经营的主动权和灵活性也大得多。它不但从事短期资金融通业务，而且从事长期信用业务或直接投资于工商企业，还经营信托、租赁、证券等业务，并提供代理、咨询等服务。由于全能型商业银行的业务宽广，在竞争中处于比较有利的地位。

2.（1）“监管沙盒”的概念由英国政府于 2015 年 3 月率先提出。按照英国金融行为监管局的定义，“监管沙盒”是一个“安全空间”，在这个“安全空间”内，金融科技企业可以测试其创新的金融产品、服务、商业模式和营销方式，而不用在相关活动碰到问题时立即受到监管规则的约束。本质上看，“监管沙盒”是监管者为履行其促进金融创新、保护金融消费者职能而制定的一项管理机制。这种机制的特别之处在于，金融机构或为金融服务提供技术支持的非金融机构，可以在真实的场景中测试其创新方案，而不用担心创新与监管规则发生矛盾时，可能遭遇的监管障碍。

（2）“监管沙盒”对金融科技的影响

① “监管沙盒”有利于鼓励金融科技创新。第一，“监管沙盒”有助于减少金融创新产品面世的时间和成本。第二，“监管沙盒”有利于金融科技初创企业的融资。第三，监管沙盒符合金融科技创新的多项需要。

② “监管沙盒”进一步增强了金融消费者保护。监管沙盒鼓励更多金融科技走向市场，除了能够覆盖更多的消费者，为消费者带来更多的产品和服务类型以外，还可能通过金融科技间的竞争，提高金融服务质量，降低消费者获得金融服务的成本。

③ “监管沙盒”引导金融科技的发展。监管部门利用“监管沙盒”为金融科技创新提供便利的同时，增强了监管对创新的适应性。

3.（1）远期是合约双方承诺在将来某一天以特定价格买进或卖出一定数量的标的物（标的物可以是大豆、铜等实物商品，也可以是股票指数、债券指数、外汇等金融产品）。期货是标准化的远期合约。两种合约都是契约交易，均为交易双方约定为未来某一日期以约定价格买或卖一定数量商品的契约。

（2）二者的区别在于

① 标准化程度不同。远期合约中的相关条件如标的物的质量、数量、交收地点和交割月份都是根据双方的需要确定的。而期货合约则是标准化的。期货交易所设计好标准化的数量、质量、交割地点、交割时间、交割方式、合约规模等条款，只有价格是在成交时根据市场行情确定的。

② 交易场所不同。远期交易是在交易所外进行的，属于 OTC 市场。而期货交易在交易所内进行的，属于场内交易市场。

③ 违约风险不同。远期交易违约风险大于期货交易。

④ 价格确定的方式不同。远期合约的交割价格是由交易双方直接谈判并私下确定的。而期货交易的价格则是由市场参与者公开竞价确定的。

⑤ 履约方式不同。远期合约需要进行实物交割，而期货交易可以在到期日前“对冲”掉头寸，而无需进行实物交割。

⑥ 合约双方关系不同。远期交易双方彼此相互接触和了解，而期货交易双方无需接触。无论期货多头还是空头都是在和期货交易所和清算公司进行交易。

⑦ 结算方式不同。远期交易只有到期时才进行结算交割，而期货交易采取的是逐日结算的制度。

四、材料分析题（20 分）

（1）现阶段，M_1和 M_2基于商业银行账户，已实现电子化或数字化，没有用数字货币再次数字化的必要。用央行数字货币替代 M_1和 M_2，既无助于提高支付效率，还会造成对现有系统和资源的巨大浪费。另外，非现金支付工具，如传统的银行卡和互联网支付等，都基于账户紧耦合模式，无法完全满足公众对易用和匿名支付服务的需求，不可能完全取代 M_0，特别是在账户服务和通信网络覆盖不佳的地区，民众对现钞的依赖程度仍然很高。正因为央行数字货币是对M_0的替代，不应对其计付利息。这样既不会引发“金融脱媒”，也不会由此引致通胀预期。相应地，也不会对现有货币体系、金融体系和实体经济运行产生大的冲击。同理，由于央行数字货币是M_0替代，所以也应遵守现行所有关于现钞管理和反洗钱、反恐融资等的规定。

（2）“中央银行-商业机构”的双层运营模式是既适合我国国情，又能够充分利用现有资源、调动商业银行积极性的选择。首先，不改变流通中货币的债权债务关系。为保证货币不超发，运营机构需要向央行按100%全额缴纳准备金。所以，公众所持有的央行数字货币依然是中央银行负债，由中央银行信用担保，具有无限法偿性。其次，不改变现有货币投放体系和二元账户结构，不会构成对商业银行存款货币的竞争，不会增加商业银行对同业拆借市场的依赖，不会影响商业银行的放贷能力，也就不会导致“金融脱媒”现象。再次，由于不影响现有货币政策传导机制，不会强化压力环境下的顺周期效应，因此也不会对现行实体经济运行方式产生负面影响。最后，该模式更有利于发挥央行数字货币的优势，节约成本、提高货币流通速度，提升支付便捷性和安全性。此外，由于具有央行背书的信用优势，有利于抑制公众对私有加密数字货币的需求，巩固我国货币主权。

“中央银行-商业机构”的双层运营模式的弊端在于，没有全部采用区块链技术，没有实现去中心化的特征。

（3）中国央行数字货币与比特币都是虚拟货币，二者的主要区别在于以下两点：

① 央行数字货币采用100%缴纳准备金，是中央银行负债，由中央银行信用担保，属于国家主权货币。比特币是没有任何信用做担保的，所以我们能看到比特币价格的波动非常大。

② 从设计细节上看，央行数字货币采取的是双层运营体系，即央行先把数字货币兑换给银行或者是其他运营机构，再由这些机构兑换给公众；而比特币则是采用去中心化的挖矿方式发行，发行过程中不涉及央行，也不涉及商业银行，直接面向大众。

公司财务部分（60分）

一、单选题（每题2分，共30分）

1. A。公司价值是指公司全部资产的市场价值，即公司资产未来预期现金流量的现值。公司价值不同于利润，利润只是新创造价值的一部分，而公司价值不仅包含新创造的价值，还包含公司潜在的或预期的获利能力。

2. C。资产负债率大于1说明负债总额大于资产总额。从资产=负债+所有者权益这个会计等式可以看出，这是由于所有者权益为负数造成的。此时，表明企业已资不抵债。

3. B。相关系数等于1时，两种证券完全呈正相关。

4. D。系统性风险不可以通过多元化投资来分散风险，而非系统性风险则可以通过多元化投资来分散风险。选项D属于非系统性风险。

5. C。该投资组合的预期收益率为：$r_p = 30\% \times 12\% + 60\% \times 8\% + 10\% \times 5\% = 8.9\%$。

6. A。四个投资决策方法中，只有净现值法属于折现决策投资方法。

7. D。现值指数=未来现金净流量现值/原始投资额现值=(100+25)/100=1.25。

8. A。剩余股利政策是指在公司有着良好的投资机会时，根据一定的目标资本结构，测算出投资所需的权益资本，先从盈余当中留用，然后将剩余的盈余作为股利予以分配。

9. D。根据CAPM可得股票的收益率为$6\% + 1.5 \times (10\% - 6\%) = 12\%$。

10. B。$WACC = 0.4 \times 7\% + 0.05 \times 10\% + 0.3 \times 16.5\% + 0.25 \times 11\% = 11\%$

二、判断题（每题1分，共10分）

1. 正确。净现值大于0，意味着投资的回报率大于折现率。

2. 正确。由于内部收益率法的使用有诸多限制，因此内部收益率法和其他两种方法在对同一独立项目进行评价时，可能会得出不同的结论。

3. 错误。剩余股利政策是企业在有良好的投资机会时，根据目标资本结构测算出必需的权益资本与既有权益资本的差额，首先将税后利润满足权益资本需要，而后将剩余部分作为股利发放的政策。

4. 正确。公司财务管理包括了投资决策、融资决策与利润分配决策三方面主要内容。

5. 正确。在盈亏临界点上，息税前利润等于0，经营杠杆系数是无限大的。经营杠杆系数=边际贡献/息税前利润=[(P-V)×Q]/[(P-V)×Q-F]，分子分母同时除以Q，得：经营杠杆系数=(P-V)/[(P-V)-F/Q]，则Q越大，F/Q越小，[(P-V)-F/Q]越大，经营杠杆系数越小，所以，销售量超过盈亏临界点以后，销售量越大则经营杠杆系数越小。

6. 错误。优序融资理论认为，从成熟的证券市场来看，企业的筹资优序模式首先是内部筹资，其次是借款、发行债券、可转换债券，最后是发行新股筹资。

7. 正确。反映公司风险大小的指标是总杠杆系数，总杠杆系数=经营杠杆系数×财务杠杆系数，维持总杠杆系数一定的情况下，企业可以进行低经营杠杆系数与高财务杠杆系数的组合，以及高经营杠杆系数与低财务杠杆系数的组合。

8. 正确。最佳资本结构是指在一定时期内使企业价值最大，加权平均资金成本最低的资本结构。加权平均资金成本最低，企业价值自然就会更大，因为企业价值是公司资产未来预期现金流量的现值。

9. 错误。在其他条件不变的情况下，流动资产周转速度越快，需补充流动资产参加周转的数额就越少。因为资金周转速度快意味着资金利用程度高，企业手中的现金流充裕。

10. 错误。企业在初创期通常采用内部筹资，而在成长期，内部筹资往往难以满足需要。

三、计算题(3题，共30分)

1. (1) $P=A×[(P/A, 10\%, 9)+1]=67.59$ 万元

(2) $P=A×(F/A, 10\%, 10)×(P/F, 10\%, 4)=52.46$ 万元

应该选择第二种付款方式。

2. (1)企业初始投资的现金流出量为1000000元；

经营现金流量=[180000×(20-12)-750000-200000]×(1-33%)+200000=528300元

项目的净现值=528300×(P/A, 12%, 5)-1000000=904415.84元

(2) 当销售量减少1000件时，经营现金流量=[(180000-1000)×(20-12)-750000-200000]×(1-33%)+200000=522940元

项目的净现值=522940×(P/A, 12%, 5)-1000000=885094.1元

敏感性分析：(-1000)÷180000×100%=-0.56%

(885094.1-904415.8)÷904415.8=-2.14%

(-2.14%)÷(-0.56%)=3.82

即销售量变动一个百分点，净现值变动3.82个百分点。

3. 因新旧设备使用年限不同，应运用考虑货币时间价值的平均年成本比较二者的优劣。

(1) 继续使用旧设备的平均年成本

每年付现操作成本的现值=2150×(1-30%)×(P/A, 12%, 5)=2150×(1-30%)×3.6048=5425.22元

年折旧额=(14950-1495)÷6=2242.50元

每年折旧抵税的现值=2242.50×30%×(P/A, 12%, 3)=2242.50×30%×2.4018=1615.81元

残值收益的现值=[1750-(1750-14950×10%)×30%]×(P/F, 12%, 5)

=[1750-(1750-14950×10%)×30%]×0.5674=949.54元

旧设备变现收益=8500-18500-(14950-2242.50×3)]×30%=8416.75元

继续使用旧设备的现金流出总现值=5425.22+8416.75-1615.81-949.54=11276.62元

继续使用旧设备的平均年成本=11276.62÷(P/A, 12%, 5)=11276.62÷3.6048=3128.22元

(2) 更换新设备的平均年成本

购置成本 = 13750 元

每年付现操作成本现值 = 850×(1−30%)×(P/A，12%，6) = 850×(1−30%)×4.1114 = 2446.28 元

年折旧额 = (13750−1375)÷6 = 2062.50 元

每年折旧抵税的现值 = 2062.50×30%×(P/A，12%，6) = 2062.50×30%×4.1114 = 2543.93 元

残值收益的现值 = [2500−(2500−13750×10%)×30%]×(P/F，12%，6)

= [2500−(2500−13750×10%)×30%]×0.5066 = 1095.52 元

更换新设备的现金流出总现值 = 13750+2446.8−2543.93−1095.52 = 12556.83 元

更换新设备的平均年成本 = 12556.83÷(P/A，12%，6) = 12556.83÷4.1114 = 3054.15 元

因为更换新设备的平均年成本 3054.15 元低于继续使用旧设备的平均年成本 3128.22 元，故应更换新设备。

【科兴点评】重庆大学 431 的命题有两大特色：金融学部分强调知识点的理解和运用，紧密结合热点时事进行考查；公司财务部分直接考查 CPA 中级财务管理的内容，不少题目也是源于 CPA 历年真题，条件允许的同学一定要把相关的教材认真看看。

对外经济贸易大学2020年金融学综合试题

一、单项选择题(每小题2分，共20分)

1. 金融脱媒的结果是(　　)。

A. 存款减少限制了贷款规模　　B. 存款利率上限降低了银行利润

C. 准备金减少缩小了货币乘数　　D. 现金减少限制了存款规模

2. 决定银行间同业拆借市场利率水平的直接因素是(　　)。

A. 超额准备金供求状况　　B. 银行贷款供求状况

C. M_2供求状况　　D. 外汇供求状况

3. 某投资者购买了政府债券，当预期市场利率上升时该投资者规避风险的主要策略是(　　)。

A. 购买看涨期权　　B. 购买看跌期权

C. 出售看跌期权　　D. 购买利率期货

4. 国际收支平衡表金融项目交易不是引起国际投资头寸变动的唯一原因，非交易变动对头寸变动的影响不容忽视。以下属于非交易因素的是(　　)。

A. 经常账户顺差　　B. 金融账户逆差

C. 本国持有的外国资产的价格变动　　D. 净误差和遗漏的增加

5. 丹麦目前实行的是钉住欧元的汇率制度，根据三元悖论，以下措施可使丹麦中央银行的货币政策独立性增强的是(　　)。

①钉住美元；②对出入境资本征税；③加入欧元区；④扩大本币对欧元的浮动区间

A. ①②　　B. ②④　　C. ③④　　D. ②③④

6. 在其他条件不变的情况下，与到期日(　　)的债券相比，到期日(　　)的债券的市场价格随利率变化而波动(　　)。

A. 更短；更长；更小　　B. 更长；更短；更大

C. 更短；更长；更大　　D. 以上皆不对

7. 某公司拟新建一条新的生产线，以生产一种新型网球拍，据预测，投产后每年可创造160万元的收入。同时新网球拍的上市会增加该公司网球的销量，使每年网球的销售收入由原来的60万元上升到80万元。则与新建生产线相关的现金流量为(　　)万元。

A. 20　　B. 140　　C. 160　　D. 180

8. 某企业的资本总额为200万元(无优先股)，负债比率为40%，负债利率为10%，当前销售额100万元，息税前收益为18万元，则该公司的财务杠杆度为(　　)。

A. 0.8倍　　B. 1.25倍　　C. 1.8倍　　D. 2.25倍

9. 按照CAPM，假定市场预期收益率为10%，无风险利率为5%，证券A的实际收益率为15%，证券A的贝塔值为1.5。以下说法正确的是(　　)。

A. 证券A被高估　　B. 证券A是公平定价

C. 证券A的阿尔法值为-2.5%　　D. 证券A的阿尔法值为2.5%

10. 国库券支付6%的收益率。存在一个风险资产组合，有40%的概率取得12%的收益，有60%的概率取得2%的收益，严格风险厌恶的投资者是否愿意投资于这样的一个风险资产

组合？(　　)

A. 愿意，因为他们获得了风险溢价

B. 不愿意，因为他们没有获得风险溢价

C. 不愿意，因为风险溢价太小

D. 不能确定

二、判断题(每题1分，共15分)

1. 凯恩斯货币需求理论认为实际货币需求与实际收入和名义利率正相关。

2. 在法定存款准备金率为10%的监管条件下，在央行有超额准备金10万元的A银行能够满足企业20万的贷款需求。

3. 在本国价格水平与外国价格水平保持不变的情况下，本币汇率升值将改善本国贸易条件。

4. 在开放经济条件下，当一国的国内储蓄大于国内投资，则该国经常账户会出现逆差。

5. 根据可转换理论，商业银行的资产范围从短期周转贷款扩展到了消费性贷款。

6. 宏观审慎监管是为了维护金融体系的稳定，防止金融系统对经济体系的负外部溢出而采取的一种自下而上的监管模式。

7. 在通货紧缩时期名义利率高于实际利率。

8. 美元相对于人民币的贬值会恶化中国的净国际投资头寸。

9. 根据蒙代尔-弗莱明模型，一个实施固定汇率制度、允许资本自由流动的国家，采取货币政策来调节宏观经济会受到制约。

10. 指数基金的产生说明了有效市场理论是正确的。

11. 一般情况下，使某投资方案的净现值小于零的折现率，一定高于该投资方案的内含报酬率。

12. 对两因素套利定价模型来说，因素组合是系统风险已经充分分散化的组合，对其中一个因素的β值为1而对另一个因素的β值为0。

13. 当上市公司增发股票时，优先股相对于普通股而言具有优先购买权。

14. 企业的最佳资本结构应该最小化企业资本成本。

15. 根据权衡理论，不存在财务杠杆的目标值。

三、名词解释(每题4分，共20分)

1. 常备借贷便利

2. 利率敏感性缺口

3. 货币局

4. 实物期权

5. 荷兰式拍卖承销

四、计算题(每小题10分，共20分)

1. 已知外汇市场上美元兑人民币即期汇率为6.8000，美元年利率为4%，人民币的年利率为6%。

(1) 请计算1年后达到非抛补利率平价的预期即期汇率？(4分)

(2) 如果某投机者预测1年后美元升值，使得美元兑人民币汇率达到7元以上，那么他将如何在即期外汇市场进行投机套利？(2分)若一年后美元升值到6.9000，请问该项投机的收益率为多少？(4分)

2. Flora&Sophie公司是一家经营稳健、处于成熟阶段的公司。预计未来销售收入将永久保持稳定在每年2350万元，可变成本为销售收入的60%，公司税率40%，该公司每年末将把所有盈利都作为股利发放。该公司的负债/权益比率为0.45。公司无杠杆的权益要求回报率(R_0)为17%，债务的税前成本为9%。

(1) 如果公司全部由权益融资，公司的价值为多少？(3分)

(2) 公司有杠杆时，权益的资本成本是多少？(1分)

(3) 用WACC方法对公司进行估值。(3分)

(4) 用FTE法对公司进行估值。(3分)

五、简答题(每小题6分，共30分)

1. 货币政策传导机制中信用途径观点的主要内容是什么？

2. 鲍莫尔(W. J. Baumol)模型如何发展了凯恩斯货币需求理论？其政策意义何在？

3. 根据国际收支理论中的货币论，分析在固定汇率制度下外国价格上涨对本国的影响(3分)，据此说明为什么选择固定汇率制度会影响本国的货币政策自主权？(3分)

4. 为什么信息不对称会使公司通过负债而不是发行普通股来筹集外部资金？

5. 一只股票的贝塔是由企业的特征决定的，请列举影响企业贝塔的三方面因素。

六、论述题(每题15分，共45分)

1. 2019年，美联储货币政策转向带动了全球新一轮降息潮。目前美联储联邦基金利率已降至1.875%左右；欧洲央行将主要再融资利率保持为零并下调其隔夜存款利率至-0.5%；日本央行将其贴现率维持在2016年以来的-0.1%水平。此外瑞典、瑞士和丹麦的官方利率也步入负值区间。利率下行与国债收益率走势互相传递，长期国债收益率普遍下行，美国甚至出现了长期与短期国债收益率倒挂。请回答以下问题：

(1) 如何在理论上解释名义利率现象？(4分)

(2) 影响利率变动的主要因素有哪些？(6分)

(3) 负利率对金融机构带来了哪些挑战？(5分)

2. 2019年8月5日，美国财政部宣布中国为汇率操纵国。美国总统特朗普在其推特上称："中国将其货币价格降至几乎是历史性低点，这被称货币操纵"。这也是中国自1994年克林顿任内被认定为汇率操纵后再次被定义为汇率操纵国。在美方作出上述宣布后，国家外汇管理局公布的美元兑人民币汇率中间价于8月8日向上破7达到1美元兑换7.0039元人民币，并于8月底达到7.0879元的新低。中国人民银行8月6日在其官方网站上指出：美方此举是"任性的单边主义和保护主义行为，严重破坏国际规则，将对全球经济金融产生重大影响"。IMF也在公布的2019年与中国第四条款磋商报告称：人民币对一篮子货币汇率保持基本稳定，汇率水平与经济基本面相符。

请根据上述材料回答：

(1) 影响汇率变动的因素有哪些？(5分)

(2) 如果请你来结合今年以来的国内外经济状况批驳美国财政部，你将从哪些方面来对其予以驳斥？(5分)

(3) 请从理论上分析，如果一国被美国列为汇率操纵国，将会对该国的债券需求产生什么影响？(1分)并根据资产组合平衡模型，作图分析这将对该国货币的汇率产生什么影响？(4分)

3. 假设你是一家民营企业的财务总监(CFO)，你所在的企业目前有一项NPV为正的投资机会，请结合主要的资本结构理论，阐述你在为该项目制定融资方案时的考虑因素和原因。(15分)

对外经济贸易大学2020年金融学综合试题解析

一、单项选择题（每小题2分，共20分）

1. A。金融脱媒指在金融管制的情况下，资金供给绕开商业银行体系，直接输送给需求方和融资者，完成资金的体外循环。可见，金融脱媒对商业银行的直接影响就是存款减少，贷款规模也因此减少。

2. B。同业拆借利率是银行同业之间的短期资金借贷利率，它及时体现了资金供求关系状况，是最为敏感的市场利率。

3. B。预期市场利率下降，意味着预期债券价格将下跌，此时买入看跌期权，到期真的跌了就可以行权。至于选项D也不正确，应该是卖出利率期货才合理。

4. C。国际投资头寸表主要反映三个方面的变化：一是在一定时期内由于经济交易带来的资产和负债头存的变化；二是反映在资产与负债项目由于现期市场价格变化带来的头存变化；三是由于其他因素带来的调整，如特别提款权分配/撤销所引起的变化、黄金货币化/非货币化所引起的变化、债权人单方面取消债务等。

5. B。钉住美元和欧元，对于货币政策独立性没有区别，①不选；加入欧元区，丹麦货币政策独立性会进一步削弱，③不选。

6. C。由于债券价格的波动性与其到期期限的长短相关，期限越长，市场利率变动时其价格波动幅度也越大，债券的利率风险也越大。

7. D。OCF=销售收入-现金成本-税收。在其他因素不变的情况下，销售收入增加20万，则OCF增加20万。

8. C。$DFL=EBIT/(EBIT-I)=18/(18-0.1\times200\times0.4)=1.8$倍。

9. D。根据CAPM计算出的证券A的必要报酬率$=5\%+1.5\times(10\%—5\%)=12.5\%$，而实际收益率为15%，可见该证券的超额收益率为2.5%，被低估。

10. B。无风险收益率是6%，风险资产的加权平均收益率$=40\%\times12\%+60\%\times2\%=6\%$，也就是说没有产生风险溢价。

二、判断题（每题1分，共15分）

1. 错误。凯恩斯认为实际货币需求余额与名义利率变动负相关，与实际收入正相关。

2. 正确。存款乘数为$1/10\%=10$倍，则10万元可以产生100万的贷款总额。

3. 错误。在本国价格水平与外国价格水平保持不变的情况下，本币汇率贬值将改善本国贸易条件。

4. 错误。在开放经济条件下，$NX=S-I$，$S>I$则$NX>0$，国际收支顺差。

5. 错误。可转换理论将商业银行的资产业务从短期贷款扩展到了证券资产。

6. 错误。宏观审慎监管是一种自上而下的监管模式。

7. 错误。名义利率=实际利率+通货膨胀率，通货紧缩意味着通货膨胀率为负，则名义利率小于实际利率

8. 正确。净国际投资头寸是外部资产存量减去外部负债存量，美元相对于人民币贬值会降低我国持有美元资产的价值。

9. 正确。根据蒙代尔-弗莱明模型可知：在没有资本流动的情况下，货币政策在固定汇率下在影响与改变一国的收入方面短期是有效的，但长期来看是无效的，在浮动汇率下则更为有效；在资本有限流动情况下，整个调整结构与政策效应与没有资本流动时基本一样；在资本完全可流动情况下，货币政策在固定汇率时在影响与改变一国的收入方面是完全无能为力的，但在浮动汇率下，则是有效的。

10. 正确。指数基金的产生说明市场是不可战胜的。

11. 正确。如果投资方案的净现值小于0，说明该方案的内部收益率小于折现率，不值得投资，

12. 正确。如同CAPM的市场组合作用一样，用因素组合作为基准组合来定价。

13. 错误。优先股的“优先”是相对于普通股而言的，这种优先权主要表现在优先分配股利权、优先分配剩余资产权和部分管理权。注意：优先认股权指的是当公司增发普通股票时，原有股东有权按持有公司股票的比例，优先认购新股票。

14. 正确。最佳资本结构是指企业在一定时期内，筹措的资本的加权平均资本成本 WACC 最低，使企业的价值达到最大化。

15. 错误。权衡理论认为，存在最优资本结构。

三、名词解释(每题 4 分，共 20 分)

1. 常备借贷便利是国际上较普遍的中央银行货币政策工具，主要功能是满足金融机构期限较长的大额流动性需求。常备借贷便利以抵押的方式，向政策性银行和全国性商业银行等金融机构提供流动性支持。常备借贷便利的主要作用是提高货币调控效果，有效防范银行体系流动性风险，增强对货币市场利率的调控效力。

2. 利率敏感性缺口是指银行在一定时期(如距付息日一个月或 3 个月)以内将要到期或重新确定利率的资产和负债之间的差额。如果资产大于负债，为正缺口，反之，如果资产小于负债，则为负缺口。当市场利率处于上升通道时，正缺口对商业银行有正面影响，因为资产收益的增长要快于资金成本的增长。若利率处于下降通道，则又为负面影响，负缺口的情况正好与此相反。

3. 货币局制度是指政府以立法形式明确规定，承诺本币与某一确定的外国货币之间可以以固定比率进行无限制兑换，并要求货币当局确保这一兑换义务的实现的汇率制度。它有两项基本原则：一是本国货币钉住一种强势货币，与之建立货币联系，此货币成为锚货币；二是本国通货发行以外汇储备，特别是锚货币的外汇储备为发行保证，保证本国货币与外币随时可按固定汇率兑汇。

4. 实物期权是指以实物资产为标的的期权。实物期权的概念最初是由 Myers 所提出的，他指出一个投资方案其产生的现金流所创造的利润，来自目前所拥有资产的使用，再加上一个对未来投资机会的选择。实物期权是传统 NPV 法则的补充和延伸。现实中，一些 *NPV* 小于 0 的投资项目，在考虑实物期权后往往是可行的。常见的实物期权的类型有扩张期权、收缩期权、放弃期权和转换期权等。

5. 荷兰式拍卖亦称“减价式拍卖”。在荷兰式拍卖 IPO 定价程序中，股票的定价和分配完全交由拍卖程序决定。大致流程如下：发行人和承销商先制作、注册并公布缺少证券价格的招股说明书，确定协商拍卖时间与拍卖起拍价格。在拍卖程序开始后，投资人在网上或通过电话等方式参与报价。在竞拍结束后，选取能够把全部股票销售出去的最高价格作为结算价，所有报价人都能以这一价格买入其申报数量的证券。从一般来说，采取荷兰式拍卖是希望能更准确地对股票进行定价、更好地抑制 IPO 抑价，当然也可能会压缩投资银行的获利空间，实现发行人和投资者双方的利益最大化。

四、计算题(每小题 10 分，共 20 分)

1. (1)1 年后达到非抛补利率平价的预期即期汇率为E_e^f，则：

$$E_e^f = e\frac{1+i_d}{1+i_f} = 6.8000\times\frac{1+6\%}{1+4\%} = 6.9308$$

(2) 若预期一年后美元对人民币的汇率达到 7，当前的汇率水平为 6.8，说明美元被低估，按照低买高卖的原则，应按 6.8 的汇率水平买入美元。假设投资 x 元人民币，则期初可兑换 $x/6.8$ 美元，在美国投资一年后收入为$(x/6.8)(1+4\%)$。然而，实际上汇率只达到 6.9，一年后可以兑换$(x/6.8)(1+4\%)\times6.9$，因此，其投资收益为：

$$y = \frac{\left(\frac{x}{6.8}\right)(1+4\%)\times6.9 - x}{x} = 5.53\%$$

【科兴提示】套利组合才需要零投入，套利并不需要。因此，并不需要在货币市场借款后进行套利。

2. (1)先求出 *EBIT*：*EBIE* = 2350 万元×(1−60%) = 940 万元，则全权益公司的价值为：

$$V_U=\frac{EBIT(1-T)}{R_0}=\frac{940\times0.6}{17\%}=3317.65\text{ 万元}$$

（2）这题所有盈利都会当作股利发放，$g=ROE\times b=0$，属于零增长公司，因此可以使用MM定理：

$$R_S=R_0+\frac{B}{S}(R_0-R_B)(1-T)=17\%+0.45\times(17\%-9\%)\times0.6=19.16\%$$

（3）公司的WACC为：

$$R_{WACC}=\frac{S}{B+S}\times R_S+\frac{B}{B+S}\times R_B\times(1-T)=\frac{100}{145}\times19.16\%+\frac{45}{145}\times9\%\times0.6=14.89\%$$

则有杠杆企业的价值为：

$$V_L=\frac{EBIT(1-T)}{R_{WACC}}=\frac{940\times0.6}{14.89\%}=3787.78\text{ 万元}$$

（4）由于公司现金流零增长，债务固定不变，则债务的数额 $B=45/145\times3787.78=1175.52$ 万元。则无杠杆自由现金流＝(940－1175.52×9%)(1－40%)＝500.52 万元。则用 FTE 法可求出公司的股权价值为：500.52/19.16%＝2629.82 万元，加上债务价值 1175.52 万元，可得 FTE 法下公司价值也为 3787.78 万元。

五、简答题（每小题 6 分，共 30 分）

1. 信用传导机制理论认为，货币政策主要通过银行信贷渠道进行传导信贷传递，强调银行的经济活动对于货币政策作用的影响。常见的信用传导有银行贷款渠道和资产负债表渠道。

① 银行贷款渠道，也即狭义信用渠道，是指货币政策通过影响银行贷款供给量从而影响借款人的信贷可得性并最终影响产出的货币政策传导机制。假定中央银行实施紧缩性的货币政策，导致商业银行的准备金 R 下降，存款货币 D 的创造也就相应减少，其他条件不变，银行贷款 L 的供给随之下降。结果致使那些依赖银行贷款融资的特定借款人必须削减投资和消费，于是总支出下降，国民收入 Y 下降。用符号表示为：$R\to D\to L\to I\to Y$。这一传导过程的特点，是不比通过利率机制。通过这条途径即便存在凯恩斯流动性陷阱，以至于传统的利率传导机制根本无效，货币政策仍可继续发挥作用。

② 资产负债表渠道，也称广义的信用传导渠道或净财富额渠道，从不同货币政策态势对特定借款人资产负债状况或由净资产决定的金融地位的影响角度解释信用在传导过程中的独特作用。由于借贷市场上信息的不对称，蕴藏着逆向选择和道德风险，会给贷款人带来风险，因此，银行授信采取抵押和担保的方式，以借款人的财富净值为基准。具体传导可表述为：货币政策操作使利率升降，影响潜在借款人的资产负债表质量或财富净值的大小，从而影响其可获得银行贷款的能力和信用可获得性的水平高低，进而影响企业的投资支出和居民的消费支出，最终影响产出。

2. 鲍莫尔模型发展了凯恩斯交易货币需求理论，一方面认为交易性货币需求也与利率有关。另一方面认为，交易货币需求的收入弹性和利率弹性分别为 0.5 和－0.5，而不是凯恩斯所说的一比一的关系。也就是说，交易货币需求与收入的平方根呈正比，与利率的平方根成反比，即交易性货币需求具有规模节约的特点。

政策意义在于：第一，它论证了交易货币需求也在很大程度上受到利率变动的影响。这一论证不仅进一步证明了凯恩斯主义以利率作为货币政策的传导路径的合理性，而且，向货币政策的制定者们表明，不能影响利率的货币政策，其作用是有限的。第二，根据平方根公式，假定利率和其他因素不变，收入增长要快于货币供给量的增长。反过来说，一定比例的货币供应量会导致收入的更高比例的增长。鲍莫尔模型因此强调了货币政策的重要性。

3. 货币论的一个重要前提是绝对购买力平价成立，即$P_d=eP_f$的成立。如果外国物价P_f上升，而在固定汇率制度下 e 不变，则本国物价水平P_d也会上升，社会总需求上升，即产生输入型通货膨胀。

根据货币论的观点，本国名义货币供给可以表示为：$Ms=m(D+R)$，式中 D 为中央银行的国内信贷，R 为中央银行持有的国际储备，m 为货币乘数。在固定汇率制度下，一国货币当局有维持汇率水平的义务。如果外国物价水平和本国居民收入保持不变，一国政府要维持固定汇率制度，就必然会形成国内信贷 D 和外汇储备 R 此消彼长的关系。

4. 在信息不对称情况下，为了最大化现有股东的财富，公司管理者往往只在拥有坏消息时(即在股价被高估时)发行新股。同时，在信息不对称情况下，投资者认为公司往往选择股票价值被高估时发行新股。公司将处于两难境地。一是新股不能实现购销两旺，无法及时足够筹集资金；二是股价可能遭受不可预期的大幅滑落。为此，公司将被迫通过发债来为正 NPV 项目融资，除非公司已经耗完了负债能力。也就是说，除非公司已经发行足够多的债券，使得发行更多的债券将面对大量的附加成本。因此，在信息不对称的情况下，投资者的态度和行为能够有效地促使公司遵循优序融资理论。

5. 影响企业贝塔的因素有：

(1) 收入的同期性。公司销售的周期是影响贝塔值的一个重要因素。一般来说，经济增长时股票价格上升，经济衰退时股票价格下降。因为贝塔值是评价市场变动对某一证券收益变动的影响程度，所以，公司收益受市场状况影响较大的股票贝塔值较周期性弱的股票要高。

(2) 经营杠杆。经营杠杆是息税前利润(EBIT)变动率与销售收入变动率的比值。经营杠杆较高的企业收入的波动幅度比经营杠杆低的企业收入波动幅度大。因此，其贝塔值也较高。

(3) 财务杠杆。财务杠杆反映企业对债务融资的依赖程度。因为负债利息应在股票股利前支付，因此财务杠杆越高，公司股票的风险也越大。

六、论述题(每题 15 分，共 45 分)

1. (1)从传统货币理论的角度出发，1896 年，费雪最早提出了“零利率下限”。他指出，如果一种商品可以无成本地持有，那么以这种商品计价的利息就不能为负。这就意味着，如果持有货币是没有成本的，但将货币借出却收到负的利息，那么没有人愿意将货币借出，而是相反会持有现金。而根据经典的 *IS-LM* 模型，在超低利率环境中，由于流动性陷阱的存在，财政政策的效果将被强化，而货币政策将无法奏效。负利率的出现打破了货币理论框架中流动性陷阱与“零利率下限”的限制。

有种误解认为是央行人为制造了低利率甚至负利率，其实并非如此。市场存在一个自然的均衡利率，在该利率下总产出贴近潜在产出水平，通货膨胀温和。若央行设定的政策利率高于自然利率，企业资金成本过高投资减少，居民储蓄过高消费下降，会导致总产出低于潜在产出水平，通胀下降甚至通缩。反之则经济过热，通胀上行。根据测算，包括美国在内的几大发达经济体的自然利率在过去的 25 年都持续下降，2008 年金融危机后更是断崖式下跌，主要原因就是潜在经济增长率的大幅下降。央行的政策利率直接影响安全资产的回报率和企业的资金成本。在经济衰退时期，面对失业风险及其他不确定性，居民的预防性储蓄动机加强，如果此时政策利率高于自然利率水平，会进一步削减消费需求；而在消费需求疲弱、预期投资回报率低时，企业也缺乏扩大资本投资的意愿。储蓄多而投资少，导致均衡利率进一步下降。在这种需求低迷的环境下，负利率政策的意图就是提振需求，包括让储户减少储蓄增加消费，让企业增加贷款和资本投资，让投资者购买风险资产而非安全资产。

【科兴提示】这一问不能适用费雪效应来回答，费雪效应里面的负利率是实际利率为负，而负利率政策里面的利率是名义利率为负。目前的名义利率为负主要体现在央行和商业银行之间，还没深入到商业银行和居民之间。

(2) 影响利率变动的主要因素有：

① 利润率的平均水平。社会主义市场经济中，利息仍作为平均利润的一部分，因而利息率也是由平均利润率决定的。根据我国经济发展现状与改革实践，这种制约作用可以概括为：利率的总水平要适应大多数企业的负担能力。

② 资金的供求状况。在我国市场经济条件下，由于作为金融市场上的商品的“价格”-利率，与其他商品的价格一样受供求规律的制约，因而资金的供求状况对利率水平的高低仍然有决定性作用。

③ 物价变动的幅度。由于价格具有刚性，变动的趋势一般是上涨，因而怎样使自己持有的货币不贬值，或遭受贬值后如何取得补偿，是人们普遍关心的问题。这种关心使得从事经营货币资金的银行必须使吸收存款的名义利率适应物价上涨的幅度，否则难以吸收存款；同时也必须使贷款的名义利率适应物价上涨的幅度，否则难以获得投资收益。所以，名义利率水平与物价水平具有同步发展的趋势，物价变动的幅

度制约着名义利率水平的高低。

④ 国际经济的环境。改革开放以后，我国与其他国家的经济联系日益密切。在这种情况下，利率也不可避免地受国际经济因素的影响。

⑤ 政策性因素。我国社会主义市场经济中，利率不是完全随着信贷资金的供求状况自由波动，它还取决于国家调节经济的需要，并受国家的控制和调节。

（3）负利率对金融机构的挑战在于，这可能会伤害商业银行的资产负债表。如果商业银行选择将负利率转嫁给存款人，那么会面临损失存款客户的风险。如果商业银行无法将负利率转嫁给存款人，那么就需要通过调整资产的结构和期限来消化。因为要覆盖掉向央行支付的利息，商业银行可能提高贷款利率来转嫁成本，也有可能去配置高风险资产来弥补被侵蚀的利润，增加投资资本的套利行为，而这不利于金融稳定。

2.（1）影响汇率水平的因素主要包括：

① 国际收支。当一国的国际收入大于支出即国际收支顺差时。本国货币升值，外国货币贬值，反之则本国货币贬值，外国货币升值。

② 相对通货膨胀率。相对通货膨胀率持续较高的国家，由于其货币的国内价值和购买力下降相对较快，则其货币相对于外国货币也会贬值。

③ 相对利率。本国利率相对于外国利率较高时，投资者愿意持有本币资产，进而本币需求上升，本币升值。反之则本币贬值。

④ 总需求与总供给。总需求与总供给增长中的结构不一致和数量不一致，也会影响汇率，如果总需求的整体增长快于总供给的整体增长，满足不了的那部分总需求将转向国外，引起进口增长，从而导致本国货币贬值。

⑤ 预期。预期一方面会改变利率、国际收支等宏观经济变量以间接影响汇率，另一方面还会在外汇市场上直接影响汇率，譬如，集体性的贬值预期可能会推动货币的贬值。

（2）人民币对美元的汇率是合理的，原因是：

① 美国认定汇率操纵的依据有三，即根据美国《贸易便利及贸易执法法案》中提出对“汇率操纵国”的叙述，即当一国违反对美国的巨额贸易盈余（200 亿美元）、大幅度经常账户盈余（超过 GDP 的 5%）、持续单边干预外汇市场（外汇干预规模超过 GDP 的 2%）全部三个标准时，美国财政部将与该国进行双边磋商或者采取一定的惩罚性措施。中国只符合前两个标准，美国自身法案都不支持中国操纵汇率的说法。

② IMF 在 2016 年 5 月 26 日发布的对中国经济年度审查报告中指出，人民币币值不再被低估。自 2015 年，除了对美元外，人民币对包括欧元、日元、英镑在内的大部分货币一直在升值；但是对美元的汇率基本上变化不大。可见，从人民币实际有效汇率看，人民币并没有被低估。

③ 中美贸易余额不平衡的程度在缩小，金融危机以前中国 2007 年经常盈余占 GDP 的比重为 9.9%，美国的经常账户赤字最高曾经为 5.8%。国际金融危机后，两国的经常收支不均衡逐渐减少，2015 年中国的经常项目盈余占 GDP 的比重为 3.0%，美国经常项目赤字占 GDP 的比重为 2.6%。

（3）如果一国被美国列为汇率操纵国，本国债券信用评级将会下降，本国债券需求减少。如图 1 所示，一国被列入汇率操纵国，其本国债券需求减少，*BB* 曲线右移至 *BB'*，货币供给随之减少，*MM* 曲线右移至 *MM'*，与 *FF* 相交于新的均衡点 *B*，此时汇率下降，本币升值。

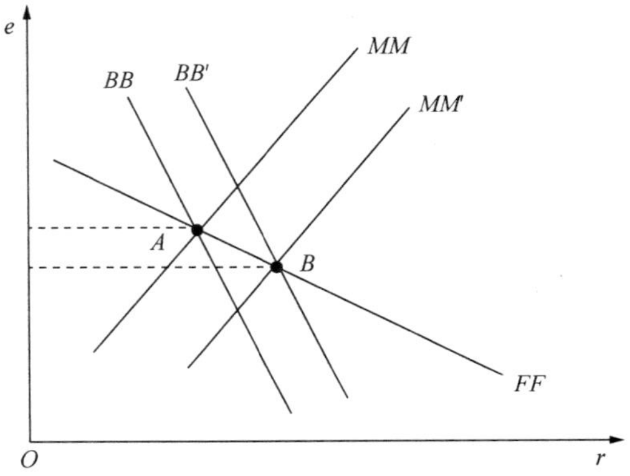

图 1

3. 权衡理论认为，企业只要运用负债经营，就可能会发生财务拮据成本和代理成本。在考虑以上两项影响因素后，运用负债企业的价值应按以下公式确定：运用负债企业价值=无负债企业价值+运用负债减税收益-财务拮据预期成本现值-代理成本预期现值。上式表明，负债可以给企业带来减税效应，使企业价值增大；但是，随着负债减税收益的增加，后两种成本的现值也会增加。只有在负债减税利益和负债产生的财务拮据成本及代理成本之间保持平衡时，才能够确定公司的最佳资本结构。即最佳的资本结构应为减税收益等于后两种成本现值之和时的负债比例。

根据权衡理论，为项目制定融资方案时应考虑以下几点：

(1) 负债筹资是成本最低的筹资方式。在企业的各项资金来源中，由于债务资金的利息在企业所得税前支付，而且债权人比投资者承担的风险相对较小，要求的报酬率较低，因此，债务资金的成本通常是最低的。当存在公司所得税的情况下，负债筹资可降低综合资本成本，增加公司收益。

(2) 成本最低的筹资方式，未必是最佳筹资方式。由于财务拮据成本和代理成本的作用和影响，过度负债会抵消减税增加的收益。因为，随着负债比重的增加，企业利息费用增加，企业丧失偿债能力的可能性加大，企业的财务风险加大。这时，无论是企业投资者还是债权人都会要求获得相应的补偿，即要求提高资金报酬率，从而使企业综合资本成本大大提高。因此，企业在进行长期融资决策时，应当合理确定负债融资和权益融资的比重，寻求两者之间的最佳平衡点。

(3) 在实际工作中除要考虑上述负债筹资和权益筹资的均衡外，还要考虑以下几个相关因素：

① 经济周期因素。在市场经济条件下，任何国家的经济都既不会较长时间的增长，也不会较长时间的衰退，而是在波动中发展的。这种波动大体上呈现复苏、繁荣、衰退和萧条的阶段性周期循环，即为经济周期。一般而言，在经济衰退、萧条阶段，由于整个宏观经济不景气，多数企业经营举步维艰，财务状况常常陷入窘境，甚至恶化，经济效益较差。在此期间，企业应尽可能压缩负债，甚至采用“零负债”策略，不失为一种明智之举。而在经济复苏、繁荣阶段，一般来说，由于经济走出低谷，市场供求趋旺，大部分企业的销售顺畅，利润水平不断上升，此时，企业应增加负债，以抓住机遇，迅速发展。

② 市场竞争环境因素。即使处于同一宏观经济环境下的企业，因各自所处的市场竞争环境不同，其负债水平也不应一概而论。一般来说，在市场竞争中处于垄断性行业的企业，如我国目前的煤气、自来水、电力等企业，以及在同行业中处于垄断地位的企业，由于这类企业的销售不会发生问题，生产经营不会产生较大的波动，利润稳中有升，因此可适当提高负债比率，以利用债务资金，提高生产能力，形成规模效益，巩固其垄断地位；而对于一般竞争性企业，由于其销售完全由市场来决定，价格易于波动，利润难以稳定，因此不宜过多地采用负债方式筹集资金。

③ 行业因素。不同的行业，由于生产经营活动的内容不同，其资金结构相应也会有所差别。商品流通企业因主要是为了增加存货而筹资，而存货的周转期较短，变现能力较强，所以其负债水平可以相对高一些；而对于那些高风险、需要大量科研经费、产品试制周期特别长的企业，过多地利用债务资金显然是不适当的。

④ 预计的投资效益情况。如果预计投资效益好，且该行业或产品处于上升时期，应适当提高负债比率，扩大生产经营规模，利用财务杠杆利益；反之，如果预计生产经营及效益将要下滑，应适当减少负债，缩减生产经营规模，防止财务杠杆风险。此外，企业对待风险的态度也是影响企业负债比率高低的重要因素。那些对经济发展前景比较乐观，喜欢冒风险的企业往往会安排比较高的负债比率；而那些对宏观经济未来趋势持悲观态度，则会只使用较少的债务资金。

【科兴点评】2020 年的题目总体上难度较大。国际金融部分考查了不少冷僻的模型，而且要求还很高，考生想拿到分数不容易。公司理财部分的题目也过难了，有两道简答题常见的教材上根本找不到答案。货币银行学部分难度一般，还是围绕着蒋先玲的《货币金融学》来命题的。命题老师可能是题库抽题命题的，有些题目因为是本科期中、期末试卷上的内容，就直接收录了，没有考虑到跨专业跨校考生的感受。

复旦大学 2020 年金融学综合试题

一、单项选择题(10 题，每题 4 分，共 40 分)

1. 下列关于货币的说法中正确的是(　　)。

A. M_0是指央行发行在外的硬币和纸币

B. 近些年纸币使用越来越少，说明我国铸币税越来越少

C. 借记卡和信用卡都是新兴电子货币形式

D. 货币的储藏手段没有了，就没有了支付手段

2. 债券的到期收益率随着期限增长而下降，则利率期限结构的形状是(　　)。

A. 向上倾斜　　B. 向下倾斜　　C. 平坦　　D. 驼峰

3. 如果资金可以自由借贷，银行间市场利率的上限是(　　)。

A. 存款准备金率　　B. 央行再贴现率

C. 存款基准利率　　D. 存款准备金利率

4. 国际收支储备关系，以下说法错误的是(　　)。

A. 实物资产的增加应当计入国际收支借方

B. 金融资产的增加记入国际收支的借方

C. 外汇储备的增加记入储备账户的贷方

D. 金融负债的增加记录在贷方

5. 如果绝对购买力平价成立，下列说法错误的是(　　)。

A. 实际汇率为 1　　B. 一单位本币和一单位外币购买力相同

C. 本币在本国和外国的购买力相同　　D. 外币在本国和外国的购买力相同

6. 英镑的年利率为 27%，美元的年利率为 9%，假设一家美国公司投资英镑 1 年，若符合利率平价，英镑应对美元(　　)。

A. 升值 18%　　B. 贬值 36%　　C. 贬值 14%　　D. 升值 14%

7. 有证券组合 A、B，则(　　)。

A. A 的夏普比率高于 B，则 A 绩效>B 绩效

B. A 的夏普比率高于 B，则 A 绩效<B 绩效

C. A 的夏普比率高于 B，则组合 A 位于资本市场线上方

D. A 的夏普比率低于 B，则组合 A 位于资本市场线下方

8. 股票看跌期权卖方承担的最大损失是(　　)。

A. 看跌期权价格　　B. 执行价格

C. 股价减去看跌期权价格　　D. 执行价格减去看跌期权价格

9. 下列关于“自由现金流量”的表述中，正确的是(　　)。

A. 税后净利+折旧

B. 经营活动产生的现金流量净额

C. 经营活动产生的现金流量净额+投资活动产生的现金流量净额+筹资活动产生的现金流量净额

D. 企业履行了所有财务责任和满足了再投资需要以后的现金流量净额

10. 在下列各项中，能够增加普通股股票发行在外的股数，但不改变公司资本结构的行为是(　　)。

A. 支付现金股利　B. 增发普通股　C. 股票分割　D. 股票回购

二、简答题(3 题，每题 10 分，共 30 分)

1. 简述一国的最优外汇储备规模应该如何确定。

2. 什么是国际收支的货币分析法？分析小国经济条件下货币贬值如何影响国际收支。

3. 简述什么是优序融资理论？并且分析为何我国的企业偏向股权融资？

三、计算题(3 题，每题 20 分，共 60 分)

1. 某公司希望通过发行股票为一项活动筹资 4000 万元，该项活动每年能为企业带来 2000 万元的自由现金流。目前公司在外流通的股票为 500 万股，没有其他资产和投资机会。假设公司未来自由现金流适用的折现率是 15%，唯一存在的资本市场摩擦是公司税和财务成本困境成本。

(1) 该项投资的净现值是多少？

(2) 给定这项计划，公司当前的每股价值是多少？

(3) 假设公司选择借款 4000 万元，每年只为这项贷款支付借款利息，并将维持 4000 万元的贷款(未偿还)余额。假设公司适用的所得税率为 40%，预期每年的自由现金流仍是 2000 万元。如果用借债的方式为投资筹集资金，公司当前的股价是多少？

(4) 现在假设公司有杠杆时，由于销售收入减少和其他财务困境成本，公司每年的预期自由现金流将减少到 1200 万元，假设公司未来自由现金流的折现率仍为 15%。考虑杠杆引发的财务困境成本，公司当前的股价是多少？

2. 一张面值 100 元，息票率为 6%，每年付息一次，期限为 3 年的债券，其到期收益率为 6%。试求：

(1) 债券的久期和修正久期。

(2) 请计算凸度。

(3) 请根据凸度和久期来计算，如果收益率下降 1%，债券的价格怎样变化？

3. 假定单个资产的收益率由如下两因子模型产生：

$$R_{it}=E(R_{it})+\beta_{i1}F_{1t}+\beta_{i2}F_{2t}$$

其中，R_{it}表示第 i 种证券在时间 t 的收益，F_{1t}和F_{2t}是两个预期收益率和方差均为 0 的市场因子。另外，假定一个资本市场上存在两种资产。因为没有交易成本、卖空是允许的，所以资本市场是完美的。两种资产的特征如下表所示：

	$E(R_{it})$	β_1	β_2
1	10%	1	0.5
2	10%	1.5	0.75

(1) 假定允许卖空，构建一个资产组合包含(持有量可为正也可为负)资产 1 和资产 2，使得组合收益率与市场因子F_{1t}无关(提示：即系数$\beta_1=0$)。计算该组合期望收益率以及β_2。

(2) 假定一个无风险资产，预期收益率为 5%，$\beta_1=\beta_2=0$，基于问题(1)求出的资产组合，判断有无套利机会并描述。

四、论述题(1 题，共 20 分)

M_2作为近些年来中国央行货币政策的中介目标，效果逐年下降，因此一些学者希望用社会融资规模来替代 M_2 作为货币政策中介目标，请你根据货币政策的中介目标的选择标准来分析将货币供应量指标或者社会融资规模作为货币政策中介目标的优缺点，并且请你简单分析一下你对这些学者观点的看法。

复旦大学 2020 年金融学综合试题解析

一、单项选择题(10 题，每题 4 分，共 40 分)

1. C。M_0 是流通中的现金，并不直接等同于货币发行，货币发行是流通中的现金和商业银行库存现金之和，A 选项错误；纸币使用越来越少，说明制钞成本降低了，铸币税越来越多，选项 B 错误；巴塞尔银行监管委员会将电子货币定义为：在零售支付机制中，通过销售终端、不同的电子设备之间以及在网络上执行支付的“储值”和“预付支付机制”，选项 C 正确；在金属货币时代，货币的支付手段以储存手段为前提而存在。因为只有货币具备储藏价值，才会出现货币的沉淀。但是，在信用货币时代，货币是一种价值符号，并不要求有实在的储藏价值。D 选项错误。

2. B。在利率期限结构的图中，横轴代表了到期期限，纵轴代表了收益率。如果债券的到期收益率随着期限增长而下降，则利率期限结构的形状是向下倾斜的。

3. B。利率走廊的上限是中央银行对商业银行发放贷款的利率，下限为商业银行在中央银行存款的利率，中间为中央银行调控的目标，即商业银行同业拆借利率。

4. C。记入借方的项目包括：反映进口实际资源的经常项目、反映资产增加或负债减少的金融项目，所以 A、B 选项正确。C 选项错误，外汇储备的增加应当计入借方。记入贷方的项目包括：反映出口实际资源的经常项目，反映资产减少或负债增加的金融项目，D 选项正确。

5. B。根据实际汇率的计算公式，绝对购买力平价成立的实际汇率为 1，A 选项正确；一单位本币和一单位外币所能购买到的商品存在明显差异，这种差异就是汇率的体现，B 选项错误；在特定汇率水平下，无论本币还是外币，其购买力不会随着在国内还是在国外而发生变化，C、D 选项正确。

【科兴提示】考生可以思考一下：如果相对购买力平价成立，实际汇率还是 1 吗？

6. C。根据利率平价理论，外币汇率的升(贴)水率等于两国利率之差。英国利率高于美国利率，英镑远期将会贬值。无论投资哪国收益率最终相等，即 $1\times(1+27\%)\times(1-\text{贬值率})=1\times(1+9\%)$，可得贬值率为 14%。

7. A。夏普比率测度的是单位风险报酬，显然比率越大，投资绩效越高，选项 A 正确，选项 B 错误；资本市场线的斜率是最大夏普比率，证券 A 和 B 的夏普比率的比较没有意义。只有比较证券 A 和 B 与市场组合的夏普比率，才能确定它们之间的关系。

8. D。当股票价格下降到 0 时，看跌期权空头损失最大，为执行价格减去期权价格。

9. D。FCFF = 税后净利 + 折旧 − 资本性支出 − 净营运资本的增加，选项 A 错误；自由现金流是企业经营活动产生的现金流量总额，选项 B 和 C 错误；D 选项是自由现金流的概念，正确。

10. C。支付现金股利不能增加发行在外的普通股股数；增发普通股能增加发行在外的普通股股数，但是也会改变公司资本结构；股票分割会增加发行在外的普通股股数，而且不会改变公司资本结构；股票回购会减少发行在外的普通股股数。

二、简答题(3 题，每题 10 分，共 30 分)

1. 一般来说，适度的国际储备量是一国政府为平衡国际收支和维持货币汇率稳定所持有的黄金和外汇的需求量。影响一国适度国际储备量的因素主要有以下几个方面：

(1) 进口规模。储备是一个存量，进口是一个流量。为了克服这一差别，一般采用年进口额这一指标，以它为分母，以储备为分子，采用比例法来推算一国的最佳储备量。

（2）进出口贸易（或国际收支）差额的波动幅度。幅度越大，对储备的需求就越大；反之，波动幅度越小，对储备的需求就越少。

（3）汇率制度。储备需求与汇率制度有着密切的关系。如果一国实行的是固定汇率制度，并且政府不愿意经常性地改变汇率水平，则该国的储备规模就应该相对高些。如果该国实行的是浮动汇率制度，其国际储备的保有量可相对较低。与这个概念有关的是外汇管制情况。管制越严，需要的储备就越少；反之，需要的储备就越多。

（4）国际收支自动调节机制和调节政策的效率。一国国际收支自动调节机制和调节政策的效率越高，储备需求就越少；反之，储备需求就越高。

（5）持有储备货币的机会成本。持有储备货币的相对成本越高，则储备货币的保有量就应越低。

（6）金融市场的发育程度。一国的金融市场发达程度越高，其国际储备水平就可以低一些，因为发达的金融市场能够提供较多的诱导性储备，这些储备对利率和汇率等调节政策的反应比较灵敏；相反，则需要较高的国际储备规模。

（7）国际货币合作情况。如果一国政府同外国货币当局和国际货币金融机构有良好的合作关系，则该国政府对自有储备的需求就越少；反之，则需求越大。

2.（1）国际收支的货币分析法的出现与20世纪60年代在美国兴起的货币主义学说有关，它从货币的角度而不是从商品的角度，考察国际收支失衡的原因并提出相应的调节主张。货币分析法强调国际收支本质上是一种货币现象，决定国际收支的关键是货币需求和供给之间的关系。

货币分析法首先假定：①从长期看，一国处于充分就业状态，货币供给不影响实际产量；②货币需求是收入、价格和利率等少数几个变量的稳定函数；③国内价格、利率和收入等变量都是外生的，不同国家的商品或金融资产价格维持在同一的水平上，即存在所谓“一价定律”；④由国际储备资产变化引起的货币供给增减不会为货币当局的政策活动所冲销，来自货币市场的任何失衡都反映在国际储备收支上。

根据上述假定，货币分析法采用最简单的数学模型来表示其中心理论，即：$M^s=R+D$，式中，M^S代表货币供给，R代表国际储备，D代表货币当局持有的国内金融资产即国内信贷。从上式可以看出，一国的货币供给分成两部分：国内创造部分D和来自国外的部分R。国内货币供给的变化既可由于国内信贷的变化造成，也可以由国际储备资产的变化造成。假定在较长时期货币供给M^s等于货币需求M^d，对上式稍加变化，则有：$R=M^s-D=M^d-D$。即国际收支差额＝货币供给－国内信贷＝货币需求－国内信贷。该方程式表明：

第一，国际收支是一种货币现象，国际收支逆差实际上就是一国国内名义货币供应量超过了名义货币需求量。当价格水平不变时，多余的货币要寻找出路，对企业和个人来说就会增加货币支出，对整个国家来说就会表现为货币外流，即国际收支逆差。

第二，国际收支的调节实际上就是实际货币余额对名义货币供应量的调整过程。当国内名义货币供应量与实际经济变量所决定的实际货币需求相一致时，国际收支便处于平衡。

（2）在小国经济中，它的可交易商品面临一个无限弹性的需求和供给函数，也就是说，这个国家被假定为世界市场价格的接受者。在小国经济条件下，本国货币贬值将引起国内价格上涨，本国货币供给相对不足、货币需求相对过大，国际储备增加，本国的国际收支将出现顺差。本国的顺差情况意味着外汇市场中的外汇供给大于外汇需求，于是本国货币升值。本币升值使得本国国内价格下降，引起货币需求的减少。在货币市场趋于平衡的过程中，国际收支顺差逐渐减小，直至消失。

3. 优序融资理论是指放宽MM理论完全信息的假定，以不对称信息理论为基础，并考虑交易成本的存在，认为权益融资会传递企业经营的负面信息，而且外部融资要多支付各种成本，因而企业融资一般会遵循内源融资、债务融资、权益融资这样的先后顺序。1989年Baskin以交易成本、个人所得税和控制权的研究角度对优序融资理论作出了解释，指出由于留存收益提供的内部资金不必承担发行成本，也避免了个人所得税，因此内部资金要优于外部资金。与权益性资金相比较，负债融资由于具有节税效应，发行成本低，又不会稀释公司的控制权，所以对外融资来说负债融资又优于权益性融资。

（2）从近几年来看，我国上市公司在融资方式的选择上，严重依赖外源融资，在外源融资里更侧重于股权融资，其次是债务融资，最后是内源融资。当前我国大多数的上市公司的融资顺序并不符合新优序融资理论。其原因主要为以下几点：

① 当前我国股权融资成本较低。我国资本市场发展尚不完善，上市公司的股票分红支出少，新股发行的市盈率高，从而使同样股利水平条件下，股权融资成本低。另外，很多上市公司主要股东，一股独大，不怕股权分散稀释，发行股票而带来的控制权降低现象基本不存在。

② 我国债券市场发展滞后。在股票市场迅速扩张的同时，债券市场都没有得到相应的发展，二者发展极不平衡。债券市场管理较为严格，发展滞后，市场化程度低。在规模有限的债券市场中，交易品种也是以国债为主，企业债券不仅品种少，规模相对也很少。企业通过债券融资的可能性实质上受到抑制。

③ 公司治理因素。我国上市公司的支付率较低，小股东投资于证券市场的主要目的是为了买卖股票差价从而赚取收益，对公司治理的意愿很低，弱化了上市公司加强管理的动机。而管理层也不愿稀释自己的权力，发行债券的债权人往往出于保护自身的利益，会对管理层进行较为被动的监督，使得管理层一些隐性利益受到损害，可能会使各种利益丧失殆尽。所以在一定程度上，管理层厌恶债务融资。

④ 股票市场监管力度不够。我国证券市场还处于萌芽和发展阶段，近年来上市公司造假事件频发，我国的证券监督机构在上市公司信息披露监管方面的制度建设还不够，导致了相关的法制法规建设不够完善，发现问题不能够及时、准确，处罚力度不够等问题。而发行债券或银行债券，其审批主要是依据新项目的预期收益率，对它的审查较为严格。在这种情况下，上市公司显然喜好选择股权融资这种方式。

【科兴提示】改编于 2012 年论述题第 2 题。

三、计算题(3 题，每题 20 分，共 60 分)

1. (1) 该项投资的净现值为：$NPV=-C_0+\dfrac{FCFF}{r}=-4000+2000/15\%=9333.33$ 万元

(2) 给定这些计划，公司当前的每股价值是：$\dfrac{9333.33}{500}=18.67$ 元/股

(3) 如果采用借款的方式为公司筹集资金，则此时增加 4000×40% = 1600 万元的利息税盾。公司的原股东可以通过自制杠杆分享这多出来的收益，因此此时的股价是：

$$\frac{9333.33+1600}{500}=21.87\text{ 元/股}$$

(4) 考虑杠杆引发的财务困境成本，该项投资的净现值为：

$$NPV=-C_0+\frac{FCFF'}{r}=-4000+1200/15\%=4000\text{ 万元}$$

则公司当前的股价是：$\dfrac{4000+1600}{500}=11.2$ 元/股

【科兴提示】这道题目源于乔纳森·伯克《公司理财》课后习题。

2. (1) 该债券的久期为：

$$D=\frac{\sum_{t=1}^{T}\frac{C_t}{(1+y)^t}\times t}{P}=\frac{\frac{6}{1.06}\times 1}{100}+\frac{\frac{6}{1.06^2}\times 2}{100}+\frac{\frac{106}{1.06^3}\times 3}{100}\approx 2.83\text{ 年}$$

修正久期为：$D^*=\dfrac{D}{1+y}=\dfrac{2.83}{1.06}\approx 2.67$ 年

(2) 该债券的凸度为：$C=\dfrac{1}{P}\times\dfrac{\partial^2 P}{\partial y^2}=\dfrac{1}{100}\times\left(\dfrac{6\times2}{1.06^3}+\dfrac{6\times2\times3}{1.06^4}+\dfrac{106\times3\times4}{1.06^5}\right)\approx 9.89$ 年

(3) 根据久期法则有债券收益率每下降 1%，债券价格变化为：

$$\frac{\Delta P}{P}=-D^*\times\Delta y=-2.67\times(-0.01)=2.67\%$$

根据久期-凸性法则，债券收益率每下降1%，债券价格变化为：

$$\frac{\Delta P}{P}=-D^{*}\times\Delta y+\frac{1}{2}C\left(\Delta y\right)^{2}=2.67\%+0.5\times9.89\times0.01\%\approx2.72\%$$

【科兴提示】2014年真题原题考查，连数字都没变。

3.（1）假设证券1和证券2的投资比重分别为w_1和w_2，要使组合收益与市场因子F_{1t}和F_{2t}无关需要满足以下条件：

$$\begin{cases}w_1+w_2=1\\ w_1\beta_{11}+w_2\beta_{21}=0\end{cases}\Rightarrow\begin{cases}w_1+w_2=1\\ 1\times w_1+1.5\times w_2=0\end{cases}\Rightarrow\begin{cases}w_1=3\\ w_2=-2\end{cases}$$

证券1的收益为：$R_{1t}=E(R_{1t})+\beta_{11}F_{1t}+\beta_{12}F_{2t}$

证券2的收益为：$R_{2t}=E(R_{2t})+\beta_{21}F_{1t}+\beta_{22}F_{2t}$

则由资产1和资产2构成的资产组合的预期收益率是：

$$\begin{aligned}3R_{1t}-2R_{2t}&=3E(R_{1t})+3\beta_{12}F_{2t}-2E(R_{2t})-2\beta_{22}F_{2t}\\&=3\times10\%+3\times0.5F_{2t}-2\times10\%-2\times0.75F_{2t}=10\%\end{aligned}$$

故该组合的$\beta_2=3\beta_{12}-2\beta_{22}=3\times0.5-2\times0.75=0$

（2）由（1）问可知，由3份证券1多头与2份证券2空头组成的投资组合，该组合的收益恒为10%，此时$\beta_1=\beta_2=0$，不存在市场风险。所以当存在无风险资产期望收益率为5%时，若可以按照该利率进行借贷，则存在套利机会。通过无风险借贷获得资金，然后投入到上述组合上，则可以稳定获得10%-5%=5%的套利收益。

【科兴提示】源于罗斯《公司理财》课后习题，原题有四问，这里简化为两问。

四、论述题（1题，共20分）

（一）货币政策的中介目标的选择标准

中央银行选择货币政策中介目标的主要标准有以下三个：一是可测性，央行能对这些作为货币政策中介目标的变量加以比较精确的统计。二是可控性，央行可以较有把握地将选定的中介目标控制在确定的或预期的范围内。三是相关性，作为货币政策中介目标的变量与货币政策的最终目标有着紧密的关联性。

（二）M_2与社会融资规模的关系

货币供应量（M_2）和社会融资规模作为货币政策的远期中介目标，分别反映了金融机构资产负债表的资产方和负债方，两者相互补充、相互印证，是一个硬币的两个面。社会融资规模是从金融机构资产方和金融市场发行方进行统计，是从全社会资金供给的角度反映金融对实体经济的支持。货币供应量正好相反，是从金融机构负债方统计，是金融机构的负债，是金融体系对实体经济提供的流动性和购买力，反映了社会的总需求。

（三）M_2作为货币政策中介目标的合理性与问题

（1）M_2作为货币政策中间目标的合理性体现在以下几个方面：

① 相关性依旧存在。我国货币政策的最终目标是促进经济增长，这要求货币供应量与经济增长之间有较高的相关性。从近年实际情况看，我国国民经济持续、快速、健康增长，综合国力显著提高。在这一过程中，货币政策发挥了重要作用。总体看，货币供应量的增长适应经济发展的需要，货币供应量作为中间目标发挥了较好的作用。

② 可控性相对较高。在现代货币银行制度下，货币供应量决定于基础货币和货币乘数之积，货币供应量是通过基础货币和货币乘数两方面共同决定的。中央银行可以运用各种货币政策工具来影响这两个方面，从而达到调控货币供应量的目的。

③ 可测性也相对较好。我国的金融市场与发达国家相比，金融工具比较单一，可供投资的金融品种不多，居民和企业的金融资产仍以储蓄为主。这种简单的金融市场结构对于测量货币供给量是有好处的。

（2）然而，M_2作为货币政策中介目标的合理性也受到较多的质疑。

① 货币供应的内生性加强，可控性下降。我国的货币供应随着对外开放程度不断提高，越来越内生于国民经济运行，中央银行除了能够在较大的程度上控制再贷款、政策性贷款外，与对外经济活动相关的货币供应量以及其变动已经不能完全为中央银行所控制，而是取决于经济增长状况、进出口情况和资本流动。

② 货币供应量的关联性不稳定。除了金融危机爆发后货币供应量 M 增长率对 GDP 增长率的刺激作用显著下降，货币供应量作为中间目标的有效性正在减弱。

③ 货币供应量的可测性降低。日益发展的金融创新使各个层次之间的货币的界限越来越模糊，货币的统计口径也越来越难以确定。

（四）社会融资规模作为货币政策中介目标的合理性与问题

（1）社会融资规模作为货币政策中间目标的合理性体现在其与宏观经济、货币政策指标的相关性较高。社会融资规模与 GDP、固定资产投资完成额、社会消费品零售总额、CPI 等主要经济指标，以及基础货币、利率等货币政策主要操作目标的关系密切。

（2）作为一个新的货币政策中介目标，社会融资规模也存在需要解决的问题。

① 可测性弱。一是数据统计口径的一致性问题。社会融资规模的统计数据来源于人民银行、发改委、证监会、银保监会、银行间市场交易商协会等多个部门，需要相关部门协调合作，规范统一各种指标口径。二是社会融资规模的统计方法和统计范围问题。社会融资规模指标包括表内外科目、不同金融机构的科目，统计方法的统一性问题需要考虑。

② 可控性较低。社会融资规模统计多种类型的金融机构，且监管当局对股权融资、债券融资、保险理赔、中间业务市场融资等的控制较弱。

（五）我的看法

一方面，M_2和社会融资规模都存在内生性不足。M_2主要反映潜在的购买力，中间有货币遗漏因素，减少其转化为现实购买力的总量，进而难以全面反映货币对宏观经济发展的影响。社会融资规模表明各类主体获得的货币量，与宏观经济的关系更密切，但社会融资规模快速增长的同时实体经济却不景气，从而需要更审慎地分析社会融资规模指标。

另一方面，在 M_2与社会融资规模之间选择主要看货币政策调控的重点。如果调控重点是货币供应量则需要选择 M_2，而如果调控重点是实体经济获得的货币支持就需要选择社会融资规模。M_2中虽然准货币暂时未进入生产流通领域，但其在发挥价值贮藏功能且可以很容易进入生产流通领域，为实体经济发展提供资金支持，而社会融资规模统计实体经济获得的资金总量更加直接。

【科兴提示】相比 2019 年的试题，选择题难度大幅降低；简答题难度持平，第二题失分率很高；计算题中关于税盾的题目，2019 年已经考查过相关的内容，留意的同学不会做错；论述题稍难一些，因为教材上关于社会融资规模只有一个基础的概念，考生没有课外阅读的话很难展开。

华东师范大学 2020 年金融学综合试题

一、名词解释(6 题，每题 3 分，共 18 分)

1. 再贴现
2. 自由现金流
3. 离岸金融市场
4. 蒙代尔不可能三角
5. 收益率曲线
6. 零息债券

二、简答题(7 题，每题 8 分，共 56 分)

1. 简述银行存款准备金的作用和内涵。
2. 简述直接金融与间接金融的内涵、区别、联系。
3. 简述我国常用的货币政策工具。
4. 在金本位制时期，美国在阿拉斯加发现金矿，试运用货币–价格机制分析开发黄金对国际收支、物价、货币供求的影响。
5. 简述有效市场假说的内容和主要类型。
6. 简述 CAPM 的缺陷。
7. 简述短期国际资本流动的利弊。

三、计算题(4 题，每题 10 分，共 40 分)

1. 假设商业银行体系准备金为 12000 亿元人民币，公众持有现金为 8000 亿元人民币，活期法定存款准备金率为 10%，现金漏损率为 18%，超额准备金率为 12%。

(1) 基础货币、货币乘数、狭义货币供应量 M_1 分别为多少？

(2) 若中央银行在公开市场上购入 100 亿美元外汇，假定汇率为 1 美元兑 7 元人民币，则基础货币、货币供应量 M_1 有何变化？若央行在公开市场上卖出 500 亿元人民币国债，则情况又如何？

2. Morgan 集团公司目前有两份发行在外的债券。债券 M 面值为 20000 美元，20 年后到期。债券在前 6 年不进行任何利息支付，而后在接下来的 8 年中每 6 个月支付 800 美元，并在最后 6 年中每 6 个月支付 1000 美元。债券 N 面值为 20000 美元，期限 20 年，在债券的存续期间不进行任何利息支付。如果这两项债券的必要收益率都是 8%(半年期复利)，请问债券 M 和 N 当前的价格是多少？

3. 假设 M 公司预计每月现金需要量为 360000 元，现金与有价证券的交易成本为每次 100 元，有价证券的月利率为 6%。试求：

(1) 最佳现金持有量；

(2) 持有现金的最低总成本。

4. S 公司资产负债表中长期负债账面价值为 2000 万元(每张债券面值为 100 元)，息票率为 8%，期限为 2 年，投资者对公司债务要求的收益率为 10%，所得税率为 40%，税前筹资费率为发行额的 3%，S 公司资产负债表中普通股的账面价值为 3000 万元。S 公司目前有个新投资机会，支持该投资机会的资本结构与公司目前的账面资本结构一致，无杠杆权益要求的必要报酬率为 12%，新投资机会需期初投资 500 万元，预计未来 3 年内产生的净现金流分别为 100 万元、200 万元、300 万元，请问 S 公司是否应该接受该投资机会？

四、论述题(3 题，每题 12 分，共 36 分)

1. 试述小微企业融资难、融资贵的根本原因。

2. 试述现行国际货币体系的缺点和改进措施。

3. 试述实体经济金融化的动因。如何防范?

华东师范大学 2020 年金融学综合试题解析

一、名词解释(6 题，每题 3 分，共 18 分)

1. 再贴现指商业银行或其他金融机构将贴现所获得的未到期票据，向中央银行作的票据转让。再贴现是中央银行向商业银行提供资金的一种方式。中央银行可以通过提高或降低再贴现率来影响金融机构向中央银行借款的成本，从而影响货币供应量和其他经济变量。

2. 自由现金流是指满足了企业经营营运资本变动和资本投资需要之后，可以用来自由向公司债权人和股东发放的现金流量。自由现金流的计算公式是：$FCFF=EBIT(1-T)$+折旧-资本性支出-净营运资本的增加。

3. 离岸金融市场是指非本地居民之间，以银行为中介，在某种货币发行国国境之外，从事该种货币交易的市场，也有人将它称为欧洲货币市场。离岸金融市场基本不受所在国的金融监管机构的管制，并可享受税收方面的优惠待遇，资金出入境自由。

4. 蒙代尔不可能三角认为：在开放经济条件下，一国不可能同时实现货币政策独立性、汇率稳定以及资本自由流动三大金融目标，只能同时选择其中的两个。

5. 收益率曲线，是描述在某一时点上一组可交易债券的收益率与其剩余到期期限之间数量关系的一条曲线，即在直角坐标系中，以债券剩余到期期限为横坐标、债券收益率为纵坐标而绘制的曲线。债券收益率在时期中的走势未必均匀，这就有可能形成向上倾斜、水平以及向下倾斜的三种收益曲线。

6. 零息债券是指以贴现方式发行，不附息票，而于到期日时按面值一次性支付本利的债券。零息债券发行时按低于票面金额的价格发行，而在兑付时按照票面金额兑付，其利息隐含在发行价格和兑付价格之间。零息债券的最大特点是避免了投资者所获得利息的再投资风险。

二、简答题(7 题，每题 8 分，共 56 分)

1. (1)存款准备金是指金融机构为保证客户提取存款和资金清算需要而准备的在中央银行的存款，中央银行要求的存款准备金占其存款总额的比例就是存款准备金率。存款准备金的比例通常是由中央银行决定的，被称为存款准备金率。存款准备金通常分为法定存款准备金和超额存款准备金，其中法定存款准备金是按央行的比例存放，超额存款准备金是金融机构除法定存款准备金以外在央行任意比例存放的资金。

(2) 存款准备金有四种职能：

① 缓冲职能。建立存款准备金制度，有助于在流动资产状况发生变动时稳定隔夜利率。

② 流动资产管理职能。为中央银行提供了准备金需求的一个来源，从而可以补偿通过自发性因素产生的流动性资产供给。

③ 货币控制职能。可以被作为一种控制货币总量的手段。

④ 收入或税收职能。可以被认为是中央银行收入的一个来源。

2. (1)间接金融是各单位、个人之间通过各种金融媒介体即银行或其他金融机构中介进行的资金转移形式。直接金融是资金盈余者和资金短缺者之间直接借贷的资金融通方式，由双方直接商议或在公开市场上买卖金融证券来完成。

(2) 联系：①直接金融和间接金融都是资金的融通活动。②直接金融和间接金融相互渗透、相互支持。

(3) 区别：①金融机构所起的作用不同：在间接金融方式中，商业银行是核心中介机构；在直接金融方式中，以证券公司为核心。②特点不同：相比直接金融，间接金融风险小，成本低。

3. 一般性政策工具，又称三大传统法宝，是中央银行经常使用的调控工具，包括法定存款准备金政策、再贴现政策及公开市场业务。

（1）存款准备金政策：是指在国家法律所给予的权力范围内，通过规定和调整商业银行交存中央银行的存款准备金率，控制商业银行的信用创造能力，间接地调节社会货币供应量的政策工具。如中央银行认为存在通货膨胀压力时，就可能提高法定存款准备金率，使商业银行交存中央银行的法定准备金增加，用于发放贷款的超额准备金减少，促使商业银行收缩信贷规模，使货币供应量减少，利率回升；另外，准备金率的提高，还会引起货币乘数的下降，从而引起货币供应量的倍数收缩；反之亦然。但是，由于法定存款准备金率的政策效果过于强烈，不宜作为中央银行日常调控货币供给的工具。

（2）再贴现政策：是指中央银行通过制定或调整再贴现利率和条件来干预和影响市场利率及货币供应量，从而调节宏观经济的一种金融手段。中央银行通过调整再贴现利率来干预和影响市场利率及货币供应量，从而促使宏观经济扩张或收缩。当经济出现泡沫时，中央银行提高贴现率；反之，当经济萧条时，就降低贴现率。但由于贴现政策使央行处于被动的地位，一定程度上影响了该工具的政策效果。

（3）公开市场业务：是指中央银行在公开市场上买进卖出有价证券（主要是政府债券）借以调控货币供应量的一种政策手段，是中央银行的三大传统法宝之一。当经济出现泡沫时，中央银行就在公开市场上出售债券，回笼资金；反之，当经济萧条时，中央银行就在公开市场上买进债券，投放货币。作为一种优良的政策工具，公开市场业务是中央银行最经常使用的政策工具。

4. 大卫·休谟认为：在金本位制度下，价格变动对国际收支失衡具有自动调节职能。当一个国家国际收支发生逆差时（顺差时情况相反），意味着对外支付大于收入，货币外流；在其他条件既定的情况下，物价下降，本国出口商品价格也下降，出口增加，贸易差额因此而得到改善。

19 世纪 90 年代，美国在阿拉斯加发现金矿。在金本位的货币制度下，黄金的供给意味着货币存量的增加，意味着美国国内物价水平的上涨。根据货币-价格机制，这会导致美国出口商品相对昂贵，进口商品相对便宜，出口相对减少，进口相对增加，贸易收支会恶化。美国国际收支逆差，会导致黄金外流。在金本位制下，黄金外流意味着货币供给减少，导致物价水平下降，这增强了美国商品在国际市场上的竞争力，从而促进出口、减少进口，直到国际收支恢复均衡。

5. 有效市场假说认为，如果在一个证券市场中，价格完全反映了所有可以获得的信息，那么就称这样的市场为有效市场。根据这一假设，投资者在买卖股票时会迅速有效地利用可能的信息，所有已知的影响一种股票价格的因素都已经反映在股票的价格中，因此根据这一理论，股票的技术分析是无效的。

有效市场假说的三种形式：

（1）弱式有效市场：市场价格已充分反映出所有过去历史的证券价格信息，如果弱式有效市场假说成立，则股票价格的技术分析失去作用，基本分析还可能帮助投资者获得超额利润。

（2）半强式有效市场假说：价格已充分反映出所有已公开的有关公司营运前景的信息。如果半强式有效假说成立，则在市场中利用技术分析和基本分析都失去作用，内幕消息可能获得超额利润。

（3）强式有效市场假说：价格已充分地反映了所有关于公司营运的信息，这些信息包括已公开的或内部未公开的信息。在强式有效市场中，没有任何方法能帮助投资者获得超额利润。

6. CAPM 的局限性有：

（1）CAPM 将所有的系统风险都归于一个因素（市场投资组合风险）之中，忽略了其他因素诸如公司规模、账面值/市值、市盈率、现金流/价格、过去销售增长率以及财务杠杆等对单个证券收益率的影响。

（2）CAPM 的假设前提是难以实现的。假设之一是市场处于完全竞争状态，但是，实际操作中完全竞争的市场是很难实现的，“做市”时有发生。假设之二是投资者的投资期限相同且不考虑投资计划期之后的情况，但是，市场上的投资者数目众多，他们的资产持有期间不可能完全相同，而且现在进行长期投资的投资者越来越多，所以假设二也就变得不那么现实了。假设之三是投资者可以不受限制地以固定的无风险利率借贷，这一点也是很难办到的。假设之四是市场无摩擦，但实际上，市场存在交易成本、税收和信息不对称等问题。假设之五、六是理性人假设和一致预期假设，显然，这两个假设也只是一种理想状态。

（3）CAPM 中的 β 值难以确定。某些证券由于缺乏历史数据，其 β 值不易估计。此外，由于经济的不断发展变化，各种证券的贝塔值也会产生相应的变化，因此，依靠历史数据估算出的 β 值对未来的指导作用也要打折扣。

7. (1) 短期国际资本流动的正面影响：
① 促进了全球范围内资本的优化配置；
② 促进了财富效应的传导；
③ 增强了资金的流动性；
④ 推动了国际金融市场的一体化。
(2) 短期国际资本流动的负面影响：
① 国际资金流动加大了各国维持外部平衡的难度；
② 国际资金流动加大了微观经济主体经营的困难；
③ 国际金融市场的衍生工具放大了交易风险；
④ 国际资金流动会影响内部均衡的实现；
⑤ 国际资金流动会将一国的经济波动传导到其他国家。

三、计算题(4 题，每题 10 分，共 40 分)

1. (1) 基础货币 $B=C+R=8000+12000=20000$ 亿元人民币。

货币乘数为：$m_1=(1+k)/(r_d+e+k)=(1+18\%)/(10\%+12\%+18\%)=2.95$。

则狭义货币供应量为：$M_1=m_1\times B=2.95\times 20000=59000$ 亿元。

(2) 若中央银行在公开市场上购入 100 亿美元外汇，则基础货币增加 $7\times 100=700$ 亿元人民币，货币供应量增加 $2.95\times 700=2065$ 亿元人民币。

若央行在公开市场上卖出 500 亿元人民币国债，则基础货币减少 500 亿元人民币，则货币供应量相应减少 $2.95\times 500=1475$ 亿元人民币。

【科兴提示】第二问的关键在于，公开市场业务不改变货币乘数。

2. 对于债券 M，第二个阶段 8 年的利息现值为：$800\times(P/A, 4\%, 16)/(1+4\%)^{12}$。第三个阶段 6 年的利息的现值为：$1000\times(P/A, 4\%, 12)/(1+4\%)^{28}$，然后运用债券定价的一般模型可求出当前的价格：

$$P_M=800\times\frac{(P/A, 4\%, 16)}{(1+4\%)^{12}}+1000\times\frac{(P/A, 4\%, 12)}{(1+4\%)^{28}}+\frac{20000}{(1+4\%)^{40}}=13117.88 \text{ 美元}$$

对于债券 N，其当前价格为：$P_N=\dfrac{20000}{(1+4\%)^{40}}=4165.78$ 美元

【科兴提示】本题源于罗斯《公司理财》第 9 版第 8 章课后习题。

3. (1) 最佳现金持有量为：$M=\sqrt{\dfrac{2bT}{i}}=\sqrt{\dfrac{2\times 360000\times 100}{6\%}}=34641$ 元

(2) 持有现金的最低总成本为：$C^*=\sqrt{2bTi}=\sqrt{2\times 360000\times 100\times 6\%}=2078.47$ 元

4. 先根据投资者要求的必要收益率确定债券的价格：

$$P_B=\frac{100\times 8\%}{1+10\%}+\frac{108}{(1+10\%)^2}=96.53 \text{ 元}$$

将投资者要求的收益率转化为债务资本成本：

$$96.53\times(1-3\%)=\frac{8\times(1-40\%)}{1+r_B}+\frac{8\times(1-40\%)}{(1+r_B)^2}+\frac{100}{(1+r_B)^2}\Rightarrow r_B=8.4\%$$

由于投资机会的资本结构与 S 公司的账面资本结构一致，则投资机会的资本成本为：

$$r_{WACC}=\frac{2000}{2000+3000}\times 8.4\%+\frac{3000}{2000+3000}\times 12\%=10.56\%$$

因此，投资机会的净现值为：

$$NPV=-500+\frac{100}{1+10.56\%}+\frac{200}{(1+10.56\%)^2}+\frac{300}{(1+10.56\%)^3}=-23.94 \text{ 万元}$$

【科兴提示】这道题目给了很多数字，乍一看不知道怎么用。研究 2018 年计算题第 2 题的同学应该能有点头绪。这道题目关于税的处理比较棘手，要避免重复扣税。

四、论述题(3题，每题12分，共36分)

1. 近年来，金融支持小微企业发展的措施越来越多，力度逐步增强，受惠面有所扩大。但很多小微企业反映，融资政策落地仍然有一些障碍，融资难、融资贵依然存在。其根本原因在于：

（1）银行方面。一是受制于存贷比等限制。在存贷比约束下，银行揽储难度加大，小微企业融资将更难获得，成本也难以降低。二是贷款规模被过度管控。自2009年起针对当时物价上涨过快、过高的情况，央行采取临时性贷款规模管控调控措施，按季、按月严格调控商业银行，在实际执行过程中缺乏灵活性，贷款规模的过度管控直接限制了商业银行特别是中小商业银行小微贷款的投放力度。三是受考核机制导向影响。银行的考核机制是以追逐利润和控制风险为导向的，如果定向宽松措施释放的信号不足以提振商业信心，也无法改变金融机构的风险偏好，那么在其他条件相同的情况下，其影响将是有限的。

（2）小微企业方面。一是信用不足导致贷款难。目前银行实行的是先评级后贷款，传统的信用评级是基于财务数据，而小企业没有财务数据积累，小企业很难获得较高的信用评级，自然也难以获得信用放款。二是融资性担保难、担保贵。政府为帮助企业融资一般会成立政策性担保公司，但是这些公司服务对象要么是政府着力扶持的民营企业，要么是国有企业，一般的中小型民营企业很难“被服务”。很多中小企业因为资产少、抵押物少，如果没有担保公司担保，很难从银行贷到款。三是企业融资链条长。除了信用贷款难，小企业能够用于抵押的财产非常有限，抵押贷款也很困难，由此只能借力担保公司或者第三方担保，这样的结果是贷款链条被拉长，同时融资成本大幅度提高。四是缺乏僵尸企业退出机制引发风险。小微企业退出的问题没有解决，因此也催生了一些道德底线不高的人会“跑路”。企业主跑路了，没有人申请破产保护，这等于给银行“丢个炸弹”。

（3）银行与中小企业之间信息不对称。中小企业存在规模小、资产少、内部治理和抗风险的能力弱等问题，银行向其放贷时信息不对称又不具规模经济，无力还贷时政府出面协调与救助的概率低，因此银行有顾虑。

2.（1）现行国际货币体系的缺陷有：

① 现行国际货币体系的不公平性。在当前的国际货币体系下，在美元主要充当着世界货币的情况下，一旦美国发生金融危机或是经济危机，世界各国就必定要为美国承担危机带来的相当一部分的损失。换句话说，美国可以把金融危机或是经济危机带来的损失转移给世界各国，这对世界其他国家是相当不公平的。

② 现行国际货币体系的不稳定性。现行国际货币体系最明显的内在缺陷就是不稳定性，主要表现为汇率的剧烈波动性。汇率的剧烈波动性给各国政府及整个世界经济都带来了巨大危害。

③ 现行国际货币体系的根本问题。我们知道在布雷顿森林体系崩溃的根本原因就是特里芬难题，其实在现行的国际货币体系下，特里芬难题并没有得到根除。一方面美国为了保持其内部均衡，要将美元的通货膨胀率控制在低水平，而这就要求美国政府得控制美元的大量流出；另一方面由于世界经济的增长并且国际贸易主要以美元计价，世界各国对美元的要求不断增加，这就需要美元大量流出，美国和其他世界各国对美元的要求形成了根本的对立，产生了类似特里芬难题的难题，由于学术界对此难题并没有一个名称，在这里我们不妨称之为“美元难题”。

（2）现行国际货币体系的改革思路：

① 将国际货币基金组织、世界银行、国际清算组织和巴塞尔委员会进行整合统一，使其成为一个类似世界中央银行的机构，并且赋予该机构发行世界货币的职能。

② 世界货币可以由特别提款权（SDR）改组来充当。我们知道SDR具有价值尺度、支付手段、贮藏手段的职能，而且只限于政府之间使用。如果再赋予SDR流通手段的职能，同时使其可以用于私人媒介国际商品的流通，那么改组后的SDR将会变为一种真正的世界货币。改组后的SDR的计价方式同样是以“一篮子”关键货币为基础，按照不同的权数加权得出。同时各国须按照一定比例向该机构缴纳资金，作为发行世界货币的准备金。

③ 建立以世界货币为中心的固定汇率制。各国货币按照其自身的情况以一定条件和世界货币保持一定的比例，当然这一比例可以在一定的条件进行调整，使其处于合理的估值范围之内。

我们发现建立这样的一个国际货币体系可以完全解决现行国际货币体系下的不公平性、不稳定性。并且还可以很好的解决由一国货币充当世界货币带来的‘美元难题’，从而解决现行国际货币体系的根本问题。

3.(1)实体经济金融化的动因有：

①“蓄水池”理论与服务实体的企业金融化。“蓄水池”理论指出，企业持有金融资产的目的是流动性储备，以防止现金流冲击带来的资金链断裂风险。

②“投资替代”理论与阻碍实体的企业金融化。“投资替代”理论认为，企业金融化的目的是追求利润最大化，故当金融投资收益率较实体经济投资收益率更高时，企业则会以金融资产投资替代实体经济投资；反之，则将以实体经济投资替代金融资产投资。

③银行融资歧视与“实体中介”理论。一些企业易于从银行获得资金，但生产效率较低，因而一面从银行获得资金，另一面把资金转贷给其他企业。这类企业从事了类似金融中介的业务，故被称作“实体中介”，“实体中介”的产生主要源于银行的融资歧视。在受到融资歧视的情况下，企业将被迫寻找其他的融资渠道，如资本市场、影子银行等。

(2)使金融回归本源，服从服务于实体经济，是习近平总书记提出的金融治理原则。经济过分虚拟化，不利于经济可持续发展。然而，我们应当区分对待两类动机不同的企业金融化行为。对于以储蓄为动机的企业，应给予政策支持；对于以投机为动机的企业，应给予政策管制。基于以上结论，提出如下政策建议：

第一，健全金融市场制度，减少对金融资产的交易限制，提高金融资产的流动性，使金融资产价格能够充分反映市场信息，从金融资产供给方面做出改革。中国金融市场规模发展较快，但是金融市场质量不高。金融资产的品种较少，流动性较差，并不适用于作为企业流动性贮藏的工具，反而成为企业投机的标的。因而，完善金融市场，提高金融资产流动性，将有助于促进企业利用金融资产来实现风险规避的目的，抑制企业针对金融资产暴涨暴跌而进行的投机活动。

第二，对银行信贷供给严格监管，指向性地增强支持实体经济的信贷活动。大量受银行青睐的国有企业、大型企业从银行获得廉价的资金，却投资于房地产、金融资产等虚拟经济活动中。加强银行监管，要求银行在放贷时对企业的实体经济投资项目进行持续监督，保证资金不被挪用。采用结构性货币政策，定向地支持中小企业，支持实体经济投资活动，将有助于引导经济“脱虚向实”。

第三，降低企业税费，鼓励企业创新，提高实体经济活动的投资回报率。降低企业税负能够缓解企业的盈利性压力，从而抑制企业金融化行为。加强对研发和创新的支持，提高实体经济活力，将有助于以市场的方式缓解资金“脱实向虚”的问题。

【科兴提示】2020年的题型发生了很大的变化。单选题取消了，简答题、计算题和论述题各增加一题。题量从原来37题变成了20题，知识点的考查范围缩小了。另外，名词解释完全回归了课本，没有像往年一样考查一些古怪的课外概念。

暨南大学 2020 年金融学综合试题

一、单项选择题(每题 1.5 分，共 45 分)

1. 关于一级市场和二级市场描述正确的是(　　)。

A. 一级市场是已发行的证券进行转售交易的金融市场

B. 公司只有在证券首次发行的一级市场才能获得新的资金

C. 二级市场是公司或者机构将新发行的证券出售给最初的购买者

D. 一级市场和二级市场是独立的

2. 下列属于间接融资的是(　　)。

A. 商业信用　　B. 通过金融机构融资

C. 发行债券　　D. 发行股票

3. 假设在接下来的 3 年中，1 年期债券的预期利率分别为 5%、6%和 7%。则根据预期理论，三年期债券的利率为(　　)。

A. 5%　　B. 5.5%　　C. 6%　　D. 7%

4. 目前企业融资的主要方式是(　　)。

A. 通过发行债券融资　　B. 通过发行股票融资

C. 向银行贷款　　D. 向非银行贷款

5. 以下不属于衍生品市场工具的是(　　)。

A. 金融期货　　B. 外汇远期　　C. 金融期权　　D. 股票

6. 中国《存款保险条例》于 2015 年 5 月 1 日起正式实施。中国人民银行负责存款保险制度实施，最高偿付限额为人民币(　　)万元。

A. 20　　B. 30　　C. 50　　D. 100

7. 以下哪些政策措施一定会导致长期总供给曲线发生变化？(　　)

A. 财政政策　　B. 货币政策

C. 汇率的调整政策　　D. 失业工人再培训政策

8. 奥肯法则认为 GDP 变化和失业率变化之间存在一种稳定的关系。实际 GDP 每增加(　　)，失业率大约下降 1%。

A. 1.5%　　B. 2%　　C. 3%　　D. 3.5%

9. 关于凯恩斯消费函数的性质，下列表述不正确的是(　　)。

A. 平均消费倾向随着收入的增加而下降

B. 边际消费倾向在 0 到 1 之间

C. 现期收入是消费最主要的决定因素

D. 永久性收入是消费最主要的决定因素

10. GDP 平减指数(GDP Deflator)指的是(　　)。

A. 实际 GDP 除以名义 GDP　　B. 实际 GDP 减去名义 GDP

C. 名义 GDP 除以实际 GDP　　D. 名义 GDP 减去实际 GDP

11. 如果贸易伙伴国发生变化导致外国利率水平提高，在固定汇率制度下，AD 曲线(　　)，在浮动汇率制度下，AD 曲线(　　)。

A. 无影响，右移　　B. 左移，无影响

C. 右移，无影响　　D. 左移，右移

12. 不属于货币局制度的特点是(　　)。

A. 通常要求货币发行必须以一定的外国货币作为准备金

B. 货币局制度能够有效地保障政府的财政支出自由

C. 本国货币发行量不再听任货币当局的主观愿望，而是取决于可用作准备的外币数量的多少

D. 货币局无法充当最后贷款人角色

13. 根据购买力平价理论，国内通货膨胀严重将会导致国内货币对外(　　)。

A. 贬值　　B. 升值

C. 先贬值后升值　　D. 不确定

14. 买卖双方交易成交后，在两个营业日以内办理交割所使用的汇率称为(　　)；以一定单位的外国货币为标准，折算成若干数量的本国货币来表示汇率的方法被称为(　　)。

A. 远期汇率；直接标价法　　B. 即期汇率；直接标价法

C. 远期汇率；间接标价法　　D. 即期汇率；间接标价法

15. 国际收支账户中的商品和服务的出口应该计入(　　)。

A. 经常账户的贷方　　B. 经常账户的借方

C. 金融与资本账户的贷方　　D. 金融与资本账户的借方

16. 中国投资者要进行国际投资，可以直接在我国的金融市场上购买以下哪种资产？(　　)

A. 扬基债券　　B. 黄金期货　　C. QDII 基金　　D. 以上全部

17. 假设年度的名义利率是 15%，通货膨胀率是 8%，资本利得税是 25%，实际利率是多少？(　　)

A. 3.25%　　B. 5.25%　　C. 7%　　D. 9%

18. 假设无风险利率是 2%，资产组合的平均收益率是 10%，标准差是 25%，β 是 0.8，α 是 2%，基于资产组合的特雷诺测度(Treynor measure)的业绩是多少？(　　)

A. 0.08　　B. 0.1　　C. 0.25　　D. 0.32

19. 以下哪个是微观经济学的基本思想？(　　)

A. “看不见的手”原理

B. 一般均衡理论

C. 一个国家的经济可以实现有效资源配置

D. 完全竞争市场下会实现帕累托最优

20. 以下哪个关于投资组合的说法正确的？(　　)

A. 最优投资组合就是风险最小的资产组合

B. 投资者风险厌恶程度高低会影响风险资产组合的资产配置

C. 最优投资组合的选择不受投资者对资产期望收益影响

D. 把相关系数为负的资产放到风险资产组合中是有效降低风险的方法

21. 以下关于有效市场的说法哪个是正确的？(　　)

A. 在弱式有效的市场中，有关公司发展前景的基本面信息已经包含在股票价格中

B. 在半强式有效的市场中，投资者可以通过趋势分析获利

C. 在强式有效的市场中，投资者可以通过内幕交易获利

D. 如果市场是有效的，采用消极投资策略，建立高度分散化的投资组合就可以了

22. 假设采用资本资产定价模型(CAPM)中的 beta(β)衡量风险，以下哪个资产的风险水平最高？(　　)

A. $\beta=-1$　　B. $\beta=0$　　C. $\beta=0.3$　　D. $\beta=0.6$

23. 关于股票市场，以下哪个说法是错误？(　　)

A. 上海证券交易所是股票拍卖市场，纳斯达克市场是做市商市场

B. 股票交易 $T+1$ 交割意味着需要 1 天的时间完成交割和清算，当天购买股票，第二天才能完成交易过户

C. 投资者在股票交易市场上购买股票属于间接投资

D. 股票市场设立大宗交易制度是为了保护投资者利益

24. 关于我国的证券投资基金，以下哪个说法是正确的？(　　)

A. 大部分证券投资基金都是封闭式基金，开放式基金规模很小

B. 货币市场基金的回报率比债券基金的回报率高

C. 投资大型成长公司的股票基金的风险比投资于中小企业的股票基金风险高

D. 股票指数基金属于消极投资，不必进行证券分析

25. 采用杜邦分析法来对净资产收益率进行分解，以下哪个指标数值高体现企业的净资产收益率质量好？(　　)

A. 税收负担率　　B. 利息负担率

C. 总资产周转率　　D. 杠杆系数率

26. 假设一个证券被低估，那对这个证券的市场必要收益率(Required Rate Return)与投资者期望的持有期收益率(Holding Period Return)的关系是(　　)。

A. RRR<HPR　　B. RRR>HPR　　C. RRR=HPR　　D. 没有联系

27. 假设某产品的总收入 TR 与产量 Q 的函数为 $TR=-2Q^2+20Q-20$，总收入最大时的产量 Q 为(　　)。

A. 2　　B. 5　　C. 10　　D. 20

28. 假设有一位基金经理所管理的基金获得了很高的阿尔法值(α)，基金公司将会做哪个决策？(　　)

A. 另外计算该基金的 β 系数，如果大于 1，就会增加这位基金经理所管理的基金的资金配置

B. 另外计算该基金的 β 系数，如果低于 1，就会增加这位基金经理所管理的基金的资金配置

C. 直接减少这位基金经理所管理的基金的资金配置

D. 直接增加这位基金经理所管理的基金的资金配置

29. 假设等成本曲线与等产量曲线不能相交也不能相切，要达到等产量曲线所表示的产出水平，应该怎么做(　　)。

A. 增加投入

B. 减少投入

C. 保持投入不变

D. 可以增加投入，也可以保持投入不变

30. 关于证券投资的投资者风险倾向，以下哪个说法是正确的？（　　）

A. 投资者是风险厌恶的，风险厌恶程度不会随年龄的增长和财富的变化而改变

B. 投资者是风险厌恶的，但是风险厌恶程度会随年龄的增长和财富的变化而改变

C. 投资者是风险中性的，对证券投资的风险保持中立，虽然承担风险但是不需要风险溢价

D. 可以通过给整体的投资者建立一个统一的效用函数来测度市场投资者的风险厌恶水平

二、计算题(每题 10 分，共 60 分)

1. 假定经济体中流通的现金 C 为 500 亿元，银行存款总量 D 为 2000 亿元，法定存款准备金率为 10%，超额存款准备金率为 5%。（注：题中货币供给量是广义概念，包括准货币）

（1）求现金比率，基础货币总量和货币乘数。（3 分）

（2）央行通过公开市场操作向某商业银行购买 10 亿元有价证券，货币供给量将如何变化？（3 分）

（3）某储户将一笔 200 万元的活期存款取现，货币供给量将如何变化？（4 分）

2. 单利和复利的计算。（注：年内的短期利率可以利用年利率求均值估算）

（1）一笔 2000 元的半年期存款，年利率为 4%，求单利情况下的利息所得。（3 分）

（2）一笔 2000 元的两年期存款，按季度计息，年利率为 4%，求复利情况下的利息所得。（注：$1.01^4 \approx 1.04$）(3 分)

（3）假如题(2)的计息频数不是按季度进行，如果一年内的计息频数 m 趋向无穷多次，求两年到期后本息合计。（注：计算结果用自然对数的底数 e 表示即可，不用具体展开计算）(4 分)

3. 假设消费函数 $C=200+0.8(Y-T)$，投资函数为 $I=600-10r$，式中，G 和 T 都等于 1000；$Y=C+I+G$；货币市场均衡表示为 $M/P=0.6Y-60r$，其中实际货币量为 1200。

（1）求 LM 曲线的斜率(3 分)

（2）求产品市场和货币市场同时达到均衡的收入水平(3 分)

（3）如果政府购买 G 增加 300，求政府购买的乘数效应有多大？（4 分）

4. 在一个完全竞争的市场，有三家企业生产相同的产品，q 代表企业各自的产量，企业 1 的短期生产成本函数为 $C_1=12+5q^2+30q$，企业 2 的短期生产成本函数为 $C_2=q^2+9$，企业 3 的短期生产成本函数为 $C_3=4+3q^2+8q$，请计算该产品的市场价格处于何种范围的时候，短期内三家企业的产量都为正。（10 分）

5. 投资者在考虑投资一家上市公司的股票，预计投资期限为 2 年，该公司在未来两年的每股盈利分别为 8 元和 9 元，每股分红分别为 4 元和 4.4 元，市盈率分别为 15 和 16；该公司的系统性风险 *beta* 值为 1.2，市场的无风险资产的年利率为 4%，市场组合的预期年收益率为 9%，当前股票价格为 100 元，请通过计算公司股票的内在价值并回答这家公司的股票是否值得投资者投资。（10 分）

6. 假设某公司的股票当前价格为 55 元，股票的年收益率标准差为 25%，股利年收益率为 1%，市场的无风险资产的年利率为 6%。该股票的欧式期权在期权市场中交易，现有一个看涨期权和一个看跌期权，执行价格均为 50 元，到期时间都是 1 年，已知：

自然对数值					
ln0.7=-0.3567	ln0.8=-0.2231	ln0.9=-0.1054	ln1=0	ln1.1=0.0953	ln1.2=0.1823
返回标准正态分布的函数值					
$N(0.4562)=0.6759$	$N(0.5368)=0.7043$	$N(0.6219)=0.7330$	$N(0.7062)=0.7600$	$N(0.7868)=0.7843$	$N(0.8719)=0.8084$

请使用布莱克-斯科尔斯(Black-Scholes)期权定价模型计算看涨期权和看跌期权的价值。(10分)

三、分析与论述题(每题15分，共45分)

1. 有一个新兴发展中国家的经济在蓬勃发展，股票市场增长迅速，几千家企业在股票市场中上市交易，上市企业涵盖多个行业。预测在未来5年该国的经济增长依然强劲，请用证券投资的基本面分析方法论述投资者应如何在该国做股票投资。(15分)

2. IS-LM-BP模型由哪三条曲线构成？2009年10月，欧洲主权债务危机率先在希腊爆发。请用所掌握的IS-LM-BP模型分析希腊政府所面临的困境。(15分)

3. 金融市场存在信息不对称问题，请论述如何有效解决信息不对称问题？(15分)

暨南大学2020年金融学综合试题解析

一、单项选择题(每题1.5分，共45分)

1. B。二级市场是已发行的证券进行转售交易的金融市场，选项A错误；一级市场是公司或者机构将新发行的证券出售给最初的购买者，选项C错误；二者相互依存，一级市场是二级市场存在的前提，另一方面，二级市场又为一级市场提供了流动性，选项D错误。

2. B。间接融资是指资金需求者和资金所有者之间无直接契约关系，双方各自以金融中介机构为对立当事人。四个选项中只有B选项是间接融资。

3. C。设三年期债券到期收益率为 r，则有 $1.05\times1.06\times1.07=(1+r)^3$，解得 $r=0.059968$。

【科兴提示】这里也可以用几何平均数近似计算 $r=(5\%+6\%+7\%)/3=6\%$。

4. C。无论是在中国，还是在美国这样资本市场发达的国家，向银行贷款都是企业最主要的融资渠道。

5. D。股票属于资本市场金融工具。

6. C。我国存款保险制度规定，商业银行最高偿付限额为人民币50万元。超过50万偿付限额不代表没有安全保障，可以在清算财产中按照比例受偿。

7. D。古典总供给曲线也称为长期总供给曲线，是一条位于充分就业产量水平的垂线，这表明当处于充分就业状态时，无论价格水平如何变动，总供给量都是固定不变的。但充分就业(失业率等同于自然失业率)时，并不等于人人都有工作，仍存在一定数量的摩擦性失业和结构性失业者，失业工人的再培训政策会帮助因摩擦性失业和结构性失业的工人再度有工作，从而影响充分就业，导致长期总供给曲线发生变化。

8. B。奥肯定律认为，GDP每增加2%，失业率大约下降1%。

9. D。凯恩斯消费函数认为：边际消费倾向在0~1之间；平均消费倾向随收入的增加而下降；现期收入是消费的主要决定因素。

10. C。GDP平减指数是名义GDP与实际GDP的比值，这一比值以经济体中全部的商品作为计算基础，可以较准确地用来反映通货膨胀的程度。

11. B。国际收支的货币论以一价定律为理论基础。如果一价定律成立，那么中央银行必须在汇率和本国价格水平之间做出政策选择。已知，$P=eP^*$，在固定汇率制度下，e 为常数，意味着国内价格 P 将对应于国外价格水平 P^*。如果外国提高利率，则意味着外币预期升值，物价水平 P^* 降低，同理本国的物价水

平 P 也会下降，总需求曲线左移。在浮动汇率制度下，汇率可以自由变动，达到外汇市场出清所需要的均衡水平。中央银行可以选择国内的通货膨胀不受他国影响。也就是总需求曲线不受影响。

12. B。在货币局制度下，政府通过发行货币用于弥补财政和商业银行赤字的闸门被关住了，财政支出要受到税收和政府向公众借款能力的约束，因而政府扩张财政赤字的冲动能够得到有效的抑制，高通货膨胀的国家实行货币局制度后往往立见成效。

13. A。购买力平价理论中的相对购买力平价指出汇率变化率是由两国通货膨胀率的差异决定的，即高通胀国家必定贬值。

14. B。即期汇率和直接标价法的概念考查。

15. A。国际收支账户中的商品和服务的出口只会主动计入经常账户和被动计入外汇储备账户。贷方(+)反映出口、收入、资产减少或者负债增加的项目。

16. C。扬基债券是在美国境内发行的外国债券，我国金融市场买不到选项 A 错误。黄金期货分为国内黄金期货和国际黄金期货，在我国金融市场上购买的只能是国内黄金期货，不属于国际投资，选项 B 错误。QDII 基金是指在一国境内设立，经该国有关部门批准从事境外证券市场的股票、债券等有价证券业务的证券投资基金，所以我国金融市场可以买到，属于国际投资，选项 C 正确。

17. C。由于通货膨胀率小于 10%，可以利用费雪效应进行近似计算。实际利率=名义利率-通货膨胀率=15%-8%=7%。

【科兴提示】资本利得指的是买价与卖价差。资本利得税就是对这个买卖价差交税。所以，这道题目的计算不应该考虑税率的影响。但如果是对征收利息税，就要考虑税率的影响。

18. B。根据特雷诺指数的计算公式可知，特雷诺指数=(10%-2%)/0.8=0.1。

19. A。微观经济学的基本思想就是阐述“看不见的手”原理。正常情况下，市场会以它内在的机制维持其健康的运行。其中主要依据的是市场经济活动中的经济人理性原则，以及由经济人理性原则支配下的理性选择。这些选择逐步形成了市场经济中的价格机制、供求机制和竞争机制。这些机制就像一只看不见的手，在冥冥之中支配着每个人，自觉地按照市场规律运行。

20. D。最优投资组合是无差异曲线与有效集相切的点的组合，不是风险最小的组合，选项 A 错误。根据两分离定律可知，投资者对风险和收益的偏好程度与该投资者最优风险资产组合的构成无关，选项 B 错误。风险厌恶程度会影响无差异曲线的斜率。根据资本市场线，投资者偏好风险则其最优投资组合在市场组合 M 点右方，即通过无风险利率借入资金投资于风险资产，即投资者对收益的偏好会影响最优投资组合在风险资产和无风险资产之间的比例，选项 C 错。

21. D。在弱式有效市场中，股票价格已经充分反映历史价格信息，技术分析无效。选项 A 错误。在半强式有效市场中，股票价格充分反映了所有公开可用信息，基本层面分析无效，选项 B 错误。在强式有效市场中，股票价格充分反映了所有可用信息，包括内幕信息，所以内幕交易无效，选项 C 错误。如果市场是有效的，那么就是不可战胜的，采取消极投资策略即可，选项 D 正确。

22. D。贝塔系数衡量的是资产的系统性风险水平，贝塔系数越大，风险水平越高。

23. B。T+1，指的是投资者当天买入的股票不能在当天卖出，需待第二天进行交割过户后方可卖出，也就是第二天才可卖出股票。

24. D。开放式基金买卖的渠道更多，数量和规模都比封闭式基金大得多，是基金市场的主流。封闭式基金是在股票向公开基金过渡时期的一个产品，已经不再新发行，选项 A 错误。货币市场基金的风险小于债券基金，所以回报率也小于债券基金，选项 B 错误。对于股票基金而言，规模越大，风险越小，选项 C 错误。

25. C。杜邦恒等式为：资产收益率 ROE=销售利润率 PM×总资产周转率×权益乘数，其中，销售利润率反映了销售获利能力，总资产周转率反映了资产管理能力，权益乘数反映了负债能力。所以，总资产周转率数值高说明资产管理能力强，净资产收益率质量好。

26. A，预期的持有期收益率大于市场必要收益率，说明债券价格还有上升的空间，价格被低估。

27. C。这就是简单的一元二次方程求最值得问题，当 $Q=-20/(-2)=10$ 时，总收入最大。

28. D。α 指数是衡量基金经理业务能力的最重要指标。指数越大，投资超额收益越多。

29. A。两者没有交点和切点，说明成本的投入水平不能够生产等产量线表示的产量。

30. C。风险厌恶分为绝对风险厌恶和相对风险厌恶，绝对风险厌恶不考虑研究对象的富裕程度。相对风险厌恶加入了财富，选项 AB 都不准确。每个投资者风险厌恶程度与其财富、性别、学科背景、年龄等有关系，无法用一个统一的效用函数来衡量，选项 D 错误。

二、计算题(每题 10 分，共 60 分)

1. (1) 现金比率 $k=C/D=500/2000=0.25$，基础货币 $B=C+R=500+2000\times(10\%+5\%)=800$ 亿元，货币乘数为：

$$m=\frac{1+k}{r_d+e+k}=\frac{1+0.25}{0.1+0.05+0.25}=3.125$$

【科兴提示】根据 $m=(C+D)/(C+R)$ 也能算出货币乘数。

(2) 央行购买有价证券，会增加基础货币投放，则货币供给量会增加 $3.125\times10=31.25$ 亿元。

(3) 储户提现 200 万元活期存款，将不会改变货币供应量。货币供应 $H=C+D$，提现行为只是将 D 转化为 C，不影响 H 的大小。

2. (1) 单利情况下，利息所得为：$2000\times4\%/2=40$ 元。

(2) 按复利计算的，利息所得为：$2000\times(1+4\%/4)^8-2000=163.2$ 元。

(3) 按连续复利的计算，则 2 年后的本息为：

$$A\left(1+\frac{r}{m}\right)^{mn}=Ar^{rn}=2000\,e^{4\%\times2}=2000\,e^{0.04}$$

3. (1) 货币市场均衡时，$1200=0.6Y-60r$，可得 LM 曲线为：$r=0.01Y-20$，斜率为 0.01。

(2) 产品市场均衡的条件为：$Y=C+I+G=200+0.8(Y-1000)+600-10r+1000$，整理可得 IS 曲线：$r=0.02Y-100$。联立 IS 和 LM 曲线即可求得均衡时的收入水平 $Y=8000$。

(3) 如果政府购买增加 300，则新的 IS 曲线为：$r=0.02Y-130$，联立 LM 曲线 $r=0.01Y-20$，可得新的均衡产出为 $Y=11000$，均衡产出增加 3000。

4. 产量为正的要求是 $MC\geqslant AVC$，我们可以根据 $MC=AVC$ 来分析：

由 $C_1=12+5q^2+30q$ 可得：$MC_1=10q+30$，$AVC_1=5q$

由 $MC_1=AVC_1$ 可得：$10q+30=5q\Rightarrow q_{min}=0$，$p_1=AVC_1=30$

由 $C_2=q^2+9$ 可得：$MC_2=2q$，$AVC_2=q$

由 $MC_2=AVC_2$ 可得：$2q=q\Rightarrow q_{min}=0$，$p_2=AVC_2=0$

由 $C_3=4+3q^2+8q$ 可得：$MC_3=6q+8$，$AVC_1=3q+8$

由 $MC_3=AVC_3$ 可得：$6q+8=3q+8\Rightarrow q_{min}=0$，$p_3=AVC_1=8$

只有市场价格 $p\geqslant\max(p_1, p_2, p_3)=30$ 时，短期内三间企业的产量都为正。

5. 根据市盈率概念可知第二年的股票价格为：$P_2=16\times9=144$ 元。

根据 CAPM 求出折现率：$r=4\%+1.2\times(9\%-4\%)=10\%$

则该公司股票的内在价值为：

$$V=\frac{4}{1.1}+\frac{4.4}{1.1^2}+\frac{144}{1.1^2}=126.28\text{ 元}$$

而当前的市场价格为 100 元，可见该股票价值被低估了，值得投资。

6. 由题意知：$S=55$，$X=50$，$T=1$，$\sigma=0.25$，$r=5\%$

一个不付红利的欧式看涨期权的定价公式为：

$$d_1=\frac{\ln(S/X)+(r+\sigma^2/2)(T-t)}{\sigma\sqrt{T-t}}=\frac{\ln(55/50)+(0.05+\frac{1}{2}\times0.25^2)\times1}{0.25\sqrt{1}}=0.7062$$

$$d_2=d_1-\sigma\sqrt{T-t}=0.7062-0.25\sqrt{1}=0.4562$$

一个不付红利的欧式看涨期权的定价公式为：

$$c=SN(d_1)-Xe^{-r(T-t)}N(d_2)=55\times0.76-50e^{-0.05\times1}\times0.6759=9.6532\text{ 元}$$

一个不付红利的欧式看跌期权的定价公式为：

$$p=Xe^{-r(T-t)}N(-d_2)-SN(-d_1)=50\times e^{-0.05}\times(1-0.6759)-55\times(1-0.76)$$
$$=2.2147\text{ 元}$$

三、分析与论述题(每题 15 分，共 45 分)

1. 证券投资基本面分析主要分为宏观、中观和微观三个层次。宏观层次主要是分析影响股票涨跌的宏观经济因素；中观层次主要是行业分析；微观层次分析以公司分析为主。

(1) 宏观经济分析，主要探讨宏观经济运行状况和宏观经济政策对股票投资活动和股票市场的影响。宏观经济运行状况主要通过一系列经济指标来反映，根据经济指标与股票价格变化的一致性，经济指标可分为三类：一是超前性指标，主要包括货币供应量，利率水平，消费者预期，企业投资规模，主要生产资料价格和股票价格指数等指标。这些指标的变化先于股票价格的变化，可以对将来的经济状况提供预示性的信息，有助于对股票价格的变化进行分析和预测。二是同步性指标，主要包括国民生产总值，失业率和社会商品销售额等指标。这些指标的变化与股票价格的变化基本趋于同步，它们所反映的是国民经济正在发生的变化，并不预示将来的变动。三是滞后性指标，主要包括银行短期商业贷款利率，银行未收回贷款规模和优惠利率水平等指标。这些指标的变化一般滞后于股票价格的变化，它们所提供的经济信息相对滞后，对股票价格有重要影响的宏观经济政策主要包括：货币政策，财政政策，产业政策，股市政策，收入分配政策和利率与汇率政策等。

该发展中国家，经济在蓬勃发展，股票市场增长迅速，从宏观层次来看符合证券投资。

(2) 行业分析，又称为中级产业分析，主要探讨产业和区域经济对股票价格的影响，产业分析主要探讨产业所属的市场类型，所处的生命周期，影响产业发展的因素以及产业业绩对股票价格的影响，区域经济分析主要探讨区域经济因素对股票价格的影响。产业分析对股票投资分析有着十分重要的意义。产业的发展状况对于该产业上市公司的影响十分巨大，从某种意义上说，投资于某上市公司，实际上就是以某产业为投资对象。我们应根据这个国家的现实情况，选取增长潜力较大的行业作为投资目标。除此之外，我们考虑区域经济发展不平衡的问题，有些行业在某些区域可能短时间内无法发展起来。

(3) 公司分析又称为微观经济分析，是基本面分析的重点，也是最后一步。我们应该从上市公司的成长周期，内部组织管理，发展潜力，竞争能力，盈利能力，财务状况及经营业绩等角度对各个潜在的投资目标进行分析。

2. IS-LM-BP 模型由 IS 曲线、LM 曲线和 BP 曲线构成。其中 IS 曲线表示商品市场的均衡，LM 曲线表示货币市场的均衡，BP 曲线表示国际收支的平衡。

蒙代尔—弗莱明模型是开放经济条件下的“工作母机”，是用来分析在开放条件下，不同汇率制度下财政政策与货币政策搭配对经济影响的模型。由于欧元区内部各国经济发展不平衡，从经济总量上来看，欧元区核心成员国如德国、法国、意大利和西班牙四国经济总量占整个欧元区的 76.86%，而其他国家所占比重较小，其中希腊占 2.65%，葡萄牙、爱尔兰占 1.82%。因此，前者即为所谓的大国，其经济政策的实施能够影响到世界经济指标的变化；而后者即为小国，其政策的实施不会影响到世界经济指标的变化。同时，在欧元区内部，欧元作为统一货币在各国间流动，具有同等的购买力，这实际上意味着这些小国与欧元区各国之间的货币体系是一种区域内的固定汇率体制。

当全球金融危机爆发时，为了防止经济的衰退，整个欧元区国家都将实施扩张性的财政政策，导致欧洲公共债务和财政赤字整体上升，欧元区的一致行动会导致汇率的变动，这样小国的国内经济完全暴露在汇率风险之下，因此，其汇率体系转变成浮动汇率的框架。在浮动汇率机制下，小国政府实施扩张性财政政策时，政府支出的增加会使 IS 曲线向右移动，在新的 IS-LM 曲线交点 B 点处利率上升，这使得外币流入和本币升值，而本币的升值会导致本国贸易条件恶化，出口减少，这样 IS 曲线会回到原来的位置，如图 1(a)所示。但大国由于扩张的财政政策导致世界总需求的上升，财政政策的挤占效应会提高世界整体的利率水平，这样导致 IS 曲线不会完全回到原来的位置。因此，虽然扩张性的财政政策效果会有所减弱，但仍能带来本国经济的增长，IS-LM-BP 三线最终交于 C 点，如图 1(b)所示。故在浮动汇率下，欧元区中的大国如德国、法国等国的财政政策仍然是有效的，但此时小国的财政政策确实趋向于无效的。并且，由于欧元汇率波动的不利影响将更多地向这些小国转嫁，从而导致小国财政政策的无效。

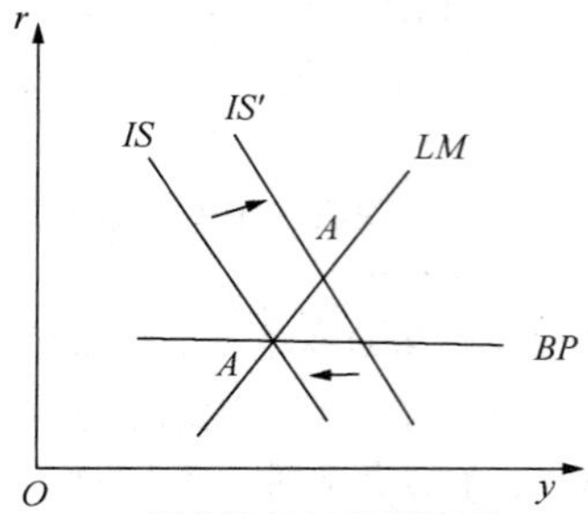

(a) 浮动汇率小国的财政政

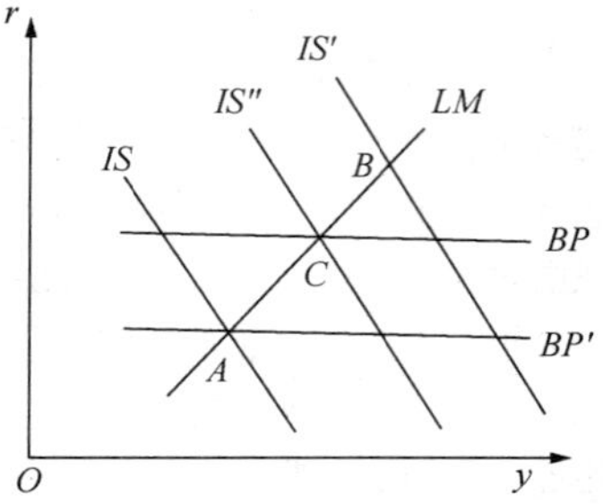

(b) 浮动汇率大国的财政政

图 1

面对这种尴尬的局面，由于财政政策的短期大幅削减会拖累未来 GDP 的增长，小国政府与其选择增加储蓄，减少债务，不如选择增加财政赤字，但其效果可想而知，不仅没有使经济复苏，反而增加了希腊这些小国自身的债务负担，加速了欧洲主权债务危机的到来。

3. 信息不对称是指在交易中由于交易的一方对交易的另一方没有充分的了解从而导致难以做出准确决策的一种现象，信息不对称是金融市场中的一个重要的问题。信息不对称会导致两种情况的问题：逆向选择和道德风险。逆向选择是在交易之前发生的信息不对称问题。道德风险是在交易之后发生的信息不对称问题。

(1) 逆向选择的解决方法

① 信息的私人生产和销售。解决逆向选择的第一种方法是设立私人公司来收集借款者的信息并出售给贷款者。逆向选择中的关键问题在于贷款者不清楚借款者的具体情况(比如还款能力，信用情况等)，所以贷款者在一些情况下会倾向于不发放贷款。如果有一个私人公司对借款者的信息进行收集，然后进行相应的处理再出售给贷款者，这样贷款者就能比较清晰地了解借款者的信息，同时私人公司从贷款者那里获得报酬，也有利可图。私人生产和销售信息在解决逆向选择的同时也存在一些问题。一是没有办法保证私人的公正性，二是在这个过程中贷款者可能存在搭便车的行为。

② 旨在增加信息的政府监管。解决逆向选择的另一种方法是由政府对借款者进行监管，鼓励借款者尽可能多的披露自己的信息，这样贷款者就可以在交易之前更多地了解到借款者的信息，从而能够做出更好的决策。

③ 引入金融中介机构。对于投资者和贷款者而言，如果是个人贷款者进行投资，由于其获取信息和处理信息的能力有限，以个人的能力难以做出有效的决策，但是如果贷款行为由一个在市场中地位相对强势并且有足够能力的机构来做出的话，这种问题相对来说就能得到比较好的解决。

④ 以抵押品为担保。这是一个相对来说容易理解也容易操作的方法，即在借款者向贷款者进行借款的时候，以一定的抵押品作为担保，在借款者无法偿还贷款的时候以将抵押品拍卖来获得资金偿还借款者对贷款者的债务。这个方法看似很好地解决了逆向选择的问题，既能让贷款者获得低风险的利息也能够让借款者获得资金，但是问题在于对于一般的借款者而言，其往往没有充足的抵押品来进行贷款，在实际操作的过程中这种方法往往难以得到切实可行的效果。

(2) 道德风险的解决办法

道德风险是在交易完成之后的信息不对称问题。具体来说道德风险分为两种：股权合约中的道德风险和债券合约中的道德风险。

① 股权合约中的道德风险的解决办法

第一，监督审查行为。解决这一问题最直接的方法就是经常对公司进行审计并且核查经理层的行为，这样便能有效解决这种信息不对称的情况。但显然这种方法有一个很明显的缺陷：会耗费大量的时间和金钱成本，加大了股东的支出；同时在逆向选择中的搭便车行为在这种情况下也同样存在。

第二，政府监管。与逆向选择一样，政府有动机去减少信息不对称所造成的道德风险的问题。世界各国都制定了相关的法律，要求公司需要遵守标准的会计准则，按法定规则从事生产经营活动。

第三，引入金融中介机构。在股权合约中引入的金融中介机构为风险投资公司，即 VC。风险投资公司将合伙人的资金汇集起来，统一对有潜力的企业家进行投资。普通的投资者难以对职业经理人形成有效的牵制，但是如果由一特定的机构来从事投资活动，便能有效地解决经理人可能会侵害股东权益这一问题。

② 债务合约中道德风险问题的解决办法

第一，设置抵押品。与逆向选择相同，债务合约中的道德风险问题同样可以用设置抵押品的方法解决。当债务人想有进行损害债权人权益的行为时，一方面债务人会考虑自己的损益比，这可以让债务人更少地进行不利于债权人的活动；另一方面，即使债务人进行了不利于债权人的活动，导致债权人的利益受损，抵押品也可以对债权人进行补偿。

第二，限制性条款的监督和强制执行。如果在签订合同时便约定限制性条款，规定债务人不得从事一定的高风险活动，如果违背限制性条款的话，就强制执行限制性条款所规定的内容。限制性条款很好地解决了债务人可能从事高风险的活动从而损害债权人利益的问题。

【科兴点评】暨南大学 431 的考查内容是 2010 年金融联考的延续，主要考查微观经济学、宏观经济学、国际金融学、货币银行学和投资学等五个部分的内容。因此，初试参考书目可以参考金融联考的书目。国际金融学用姜波克的版本，货币银行学用胡庆康的版本，宏观经济学和微观经济学用高鸿业的版本足够，投资学用张亦春的《金融市场学》即可。除了个别题目，整体上试题难度不大。

江西财经大学 2020 年金融学综合试题

一、名词解释(每题 3 分，共 15 分)

1. 肮脏浮动
2. 稀缺货币
3. 平行本位制
4. 套利定价理论
5. 有效汇率

二、单项选择题(每题 2 分，共 20 分)

1. 本国居民购买非居民发行的有价证券应记录在本国国际收支平衡表的(　　)。

A. 资本账户的借方　　B. 资本账户的贷方

C. 金融账户的借方　　D. 金融账户的贷方

2. 中国某公司有一笔美元应收账款，如果预计美元贬值，可以通过(　　)对冲外汇风险。

A. 卖出美元兑人民币看跌期权　　B. 买入美元兑人民币看跌期权

C. 买入美元兑人民币看涨期权　　D. 买入美元兑人民币期货合约

3. 根据汇率决定的黏性价格货币模型，汇率之所以在受到货币冲击后会做出过度反应，是因为(　　)。

A. 购买力平价不成立　　B. 利率平价不成立

C. 商品市场的调整快于金融市场　　D. 金融市场的调整快于商品市场的调整

4. “美元停止兑换黄金”是在(　　)中提出的。

A. 新经济政策　　B. 史密森协议

C. 黄金双价制　　D. 牙买加协议

5. 中央银行在外汇市场上买卖外汇，主要履行中央银行的(　　)职能。

A. 发行的银行　　B. 银行的银行

C. 国家的银行　　D. 清算的银行

6. 劣币驱逐良币规律发生在(　　)的货币制度中。

A. 金本位制　　B. 平行本位制

C. 双本位制　　D. 跛行本位制

7. 弗里德曼认为，以下哪个因素对一国货币需求产生非常重要的影响？(　　)

A. 货币数量　　B. 预期价格变化率

C. 实物资产预期收益　　D. 恒常收入

8. 中介目标变量发生变化到这种变化对宏观经济目标变量产生作用所经历的时间，被称作(　　)。

A. 认识时滞　　B. 市场时滞

C. 操作时滞　　D. 决策时滞

9. 下列关于合伙企业正确的是(　　)。

A. 合伙人只有普通合伙人和有限合伙人两种

B. 出资人数必须小于 200 人

C. 国有企业可以成为有限合伙人

D. 需要缴纳企业和个人两重税

10. 下列评级机构被监管机构暂停其债务融资工具市场相关业务、证券评级业务一年的是(　　)。

A. 中诚信证券评估有限公司

B. 上海新世纪资信评估投资服务有限公司

C. 联合信用评级有限公司

D. 大公国际资信评估有限公司

三、问答题(每题 5 分，共 30 分)

1. 简述国际收支长期性顺差对一国经济的不利影响。

2. 简述布雷顿森林体系的主要缺陷。

3. 比较现金交易说和现金余额说两种货币需求理论的差异。

4. 简述凯恩斯的货币需求理论。

5. 简述常见的代理问题有哪些?

6. 请阐述优序融资理论的主要假设和结论。

四、计算题(每题 10 分，共 50 分)

1. 已知即期汇率为 *USD*1 = *CNY*7. 0399/09，*GBP*1 = *CNY*9. 1035/60，*CNY*1 = *RUB*9. 1043/89，试计算：(1)*GBP/USD* 的即期汇率；(2)*USD/RUB* 的即期汇率。

2. 某日市场行情如下：*USD/CNY* 的即期汇率为 7. 0395/00，*USD/CNY* 的 6 个月远期差价是 227/228；美元 6 个月的投资收益率是 2. 35%，人民币 6 个月的投资收益率为 3. 6%。试计算：(1)美元/人民币的 6 个月远期汇率；(2)以 200 万美元进行抵补套利的净收益。

3. 李雷准备在海南某地购置 65 万元的度假小屋，首付 20%。抵押贷款年利率 5. 2%，每月复利，并要求在未来 30 年内每月支付相同的金额。一个月以后开始支付第一笔按揭贷款还款额。然而，抵押贷款有一个 8 年期气球付款(balloon payment)，意味着贷款余额必须在第 8 年年末全部还清。假设没有其他交易费用或财务费用，李雷第 8 年年末气球付款应该还多少钱?

4. 英语社社长正在考虑英语培训项目，有如下两种互斥项目可以选择：

时点	项目 A	项目 B
0	−1200	$-I_0$
1	I_0+160	I_0+400
2	960	1200
3	1200	1600

假设项目所要求的回报为 12%，如何选择这两个项目呢?

5. 假设某银行吸收一笔 100 万的活期存款，除按 6%的规定缴纳央行存款准备金外，该银行还多向央行存了 4%的准备金，此外，在这笔存款中，存款人取走了 10 万元的现金用于发放工资。(1)试计算这笔存款最大的派生能力；(2)若存款乘数为 4. 5，现金漏损率为多少?

五、作图题(11 分)

当协定价格 1 欧元 = 1. 1150 美元的欧元看涨期权的期权费为 1 欧元 = 0. 0096 美元时，请作图分析买入该期权的盈亏状况。

六、论述题(每题 12 分，共 24 分)

1. 结合当前经济金融环境，试论述我国资产证券化业务的发展现状及未来趋势。并分析金融科技的发展对证券化业务的影响。

2. 阐述影响一国国际储备需求的主要因素。

江西财经大学 2020 年金融学综合试题解析

一、名词解释(每题 3 分，共 15 分)

1. 肮脏浮动指一种官方不公开汇率目标的汇率制度。中央银行或货币当局通过干预外汇市场以使汇率维持在其不公开的目标水平，而目标水平可能会随环境的变化而改变。或者说，一国的货币汇率对外汇市场采取一定的干预措施，使本币朝着有利于本国的方向浮动。这为绝大多数国家所采用。

2. 稀缺货币条款通常是指国际货币基金组织(IMF)协定条款第七条第三部分。当一国的国际收支出现大量的顺差时，逆差国对该顺差国货币的需求将明显增加，并向 IMF 借取该货币。这就会使这种货币在 IMF 的库存急剧下降。当库存下降到该会员国份额的 75%时，基金组织可将该会员国货币宣布为“稀缺货币”，并按逆差国的需求进行限额分配，逆差国也有权对“稀缺货币”采取临时的兑换限制措施。

3. 平行本位制是金银两种本位币均按其所含金属的实际价值流通，国家对两种货币的交换比率不加规定，而由市场上金和银的实际比价自由确定金币和银币比价的货币制度。由于金银市价不断变化，金、银铸币的兑换比率也不断变化，用金银两种铸币表示的商品的两种价格对比关系也随市场金银比价的变化而变化。这就使货币价值尺度职能的发挥受到影响，对商品价值的衡量缺乏统一的标准。因此，平行本位制是一种不稳定的货币制度。

4. 套利定价模型(APT)是将股票的收益率与未知数量的未知因素相联系，即利用因素模型来描述资产价格决定因素和均衡价格的形成机理。它的最基本假设就是投资者相信证券 i 的收益率随意受 k 个共同因素的影响。

5. 有效汇率是一种以某个变量为权重计算的加权平均汇率指数。最常用的是以一国对某国的贸易在其全部对外贸易中的比重为权数。以贸易比重为权数的有效汇率反映的是一国货币汇率在国际贸易中的总体竞争力和总体波动幅度，其汇率的公式为：

$$A\text{国的有效汇率} = \sum_{i=1}^{N}\left(A\text{国货币对 } i \text{ 国货币的汇率} \times \frac{A\text{国同 } i \text{ 国的贸易值}}{A\text{国的全部对外贸易值}}\right)$$

有效汇率的关键特点在于加权，它既可以是对名义汇率加权，也可以对实际汇率加权，分别得到名义有效汇率和实际有效汇率。

二、单项选择题(每题 2 分，共 20 分)

1. C。金融账户包括直接投资、证券投资、其他投资、储备资产。资本账户包括资本转移、非生产和非金融资产的收买与放弃。答案只能在 C 和 D 两个选项里面选择。本国居民购买外国债券是一种资产的增加，属于借方项目。

2. B。我国出口商担心美元贬值，可以选择卖出美元期货或买入美元看跌期权两种方式进行风险对冲。

3. D。汇率超调出现的原因在于商品市场存在黏性，而金融市场却不存在。因此，金融市场的调整快于商品市场的调整。

4. A。1971 年 8 月 5 日美国尼克松总统实行新经济政策，停止履行外国政府或中央银行用美元向美国兑换黄金的义务。1971 年 12 月 18 日的史密森协议是一个汇率调整协议，美元对黄金贬值 7.89%，黄金官价由每盎司 35 美元提高到 38 美元，其他各国货币大都对贬值后的美元升值。1968 年 3 月 17 日实行的黄金双价制标志着布雷顿森林体系的局部崩溃，在官方之间的市场上，仍然实行 35 美元等于 1 盎司的比价；而在私人黄金市场上，美国不再按 35 美元等于 1 盎司黄金这一价格供应黄金。1976 年 1 月 8 日各国政府签订的牙买加协议的主要内容之一是黄金非货币化。

5. C。国家的银行一个主要的内容就是代管国家的外汇和黄金管理。

6. C。劣币驱逐良币指在双本位制度中，当黄金与白银的法定比价与市场比价不一致时，市价比法定价格高的金属货币在流通中的数量会逐渐减少，而市价比法定价格低的金属货币在流通中的数量会不断增加。

7. D。弗里德曼十分强调恒常收入在货币需求函数中的主导作用。他认为，一个人的消费支出及其货币需求不是取决于其当前的收入水平，而是取决于其一生或者较长期里的平均收入水平。由于恒常收入是稳定的，所以货币需求也具有稳定性。既然如此，就应当从货币供给而不是货币需求的角度来研究货币对国民收入和物价的影响。

8. B。决策时滞指经济金融情况变化需要货币当局采取行动到货币当局认识到这种变化并承认需要调整货币政策间的时间间隔。行动时滞指货币当局认识到需要调整货币政策到实际采取行动之间的时间间隔。操作时滞指从调整货币政策工具到其对中介目标发生作用所需耗费的时间。市场时滞指从中介变量发生反映到其对目标变量产生作用所需耗费的时间。

9. AC。合伙企业对出资人数没有要求，选项 B 错误；公司制企业有双重征税的缺点，选项 D 错误。

10. D。2018 年 8 月 17 日，大公评级因缺乏独立性、上报材料存在不实，被银行间市场交易商协会和证监会开出两大罚单，严重警告处分，责令其限期整改，并暂停债务融资工具市场相关业务和证券评级业务一年。

三、问答题(每题 5 分，共 30 分)

1. 国际收支长期性顺差对一国经济的不利影响有：

（1）本币持续坚挺，出口受到影响。长期的巨额顺差会使外汇供过于求，迫使本国货币汇率上升。本币过于坚挺，会引发大规模的套汇、套利和外汇投机活动，破坏国内和国际金融市场的稳定；同时，会使出口处于不利的竞争地位，影响出口贸易的发展，从而加重国内的失业问题。

（2）导致通货膨胀。持续顺差使得外汇储备急剧上升，外汇占款大幅度增加；同时，会增加外汇的供给和对本币的需求，货币当局不得不在外汇市场上购入大量外汇进行干预。两种情况都会迫使国内货币投放量扩大，物价上涨，从而引发通货膨胀。此外，巨额国际储备的囤积使得持有外汇的机会成本增加，外汇资金的使用缺乏效率。

（3）不利于发展国际经济关系。国际收支长期性顺差，意味着有关国家国际收支发生逆差，常常表现为出口和进口的失衡，因而容易引起贸易摩擦，影响国际经济关系。

2. 布雷顿森林体系的主要缺陷有：

（1）布雷顿森林体系存在着自身无法克服的内在矛盾。布雷顿森林体系以美元作为主要储备货币，导致国际清偿能力供应和美元信誉两者不可兼得的矛盾，即特里芬难题。

（2）布雷顿森林体系对币值稳定和国际收支的调节机制过于依赖国内政策。尽管从原则上讲，布雷顿森林体系中的汇率机制属于可调整钉住汇率制，但由于国际货币基金实际上很少允许成员国运用汇率政策来调节国际收支，各国被迫通过国内财政和货币政策调节国际收支，其经济政策的自主性受到削弱。

（3）在布雷顿森林体系制度下，外汇投机具有收益和风险的不对称性，从而会在特定时期引起投机风潮。

（4）这种制度赋予了美元的霸权地位。美国可以直接用美元弥补其国际收支逆差，而其他国家则要通过减少进口、增加外债等手段来弥补国际收支逆差。于是，美国实际上也在间接操纵着其他国家的货币政策。当美元大量外流时，其他国家为了维持固定汇率，需要收购美元，并使国内货币供应量增加。当这些问题日益严重时，也加速了雷顿森林体系的瓦解。

3. 现金交易说和现金余额说两种货币需求理论的差异体现在：

（1）现金交易说看重货币的交易媒介功能，强调货币的支出，而现金余额说则重视货币的资产功能，强调货币的持有。

（2）虽然剑桥方程式中的系数 k 等于交易方程式中的货币流通速度 V 的倒数，但两者的含义是不同的。货币流通速度只是作为交易媒介职能的反映，而剑桥方程式中的系数 k 则体现了人们持有货币的动机。

（3）两者的研究方法不同。现金交易说是从宏观上分析货币数量，认为利率对货币需求没有影响。而现金余额说却是从微观上分析货币数量，没有排除利率对货币需求的影响。

4. 凯恩斯认为货币需求是指一定时期公众能够而且愿意持有的货币量。由于货币具有很好的流动性，所以人们普遍愿意持有。所谓流动性偏好，是指人们宁愿持有流动性但不能生利的货币，而不愿持有其他能生利但不易变现的资产这样一种心理倾向。决定人们持有货币的动机主要有三个：交易动机、预防动机和投机动机。交易性货币需求量的大小取决于收入的多少，预防性货币需求是指人们为了应付意外发生的事件而形成的货币需求，二者是收入的增函数。投机性货币需求是指人们为了避免资产损失、增加资本收益，及时调整资本结构而形成的货币需求。投机性货币需求是利率的减函数。

5. 常见的代理问题有：

（1）消极懈怠。消极懈怠也称不作为或卸责。通常，管理者的消极懈怠表现在多个方面。比如缺乏监督下属的热情，在选择低成本供应商或重新安排员工等事项上不作为，在本职工作上投入的精力太少，专注于一些与管理公司无关的或无关紧要的活动。

（2）自我交易。当管理者获得剩余控制权后，他们可能通过各种各样的自我交易行为来为自己牟取私人利益。他们可能为自己量身打造一套激励制度，除获取很高的额外津贴或额外收益之外，还享受其他非现金性特权。更有甚者，管理者可能成立一家属于自己名下的公司，运用权力以不合理的划拨价格将其任职公司的财富转入管理者的私人公司。

（3）过度投资和营造王国。公司管理者往往有通过扩大其所在公司的规模来提升其社会地位和声誉的动机和冲动，以满足其成就感。在这种情况下，公司管理者可能沉迷于并购或多元化经营，而不在乎这些投资项目的净现值是否为负值，于是滥用公司的自由现金流，花费高额的代价实施并购，损害股东的利益。

（4）逃避风险。为避免在经理人市场上名誉扫地，公司管理者不愿从事甚至不愿寻找高风险高收益的项目。公司管理者逃避风险的原因有两个：一是激励不足；二是人性弱点。

（5）滥用反收购策略。公司管理者为了保全其在公司中的长期地位，他们非常反感其所服务的公司被对手公司收购，不惜滥用反收购策略来阻止对股东来说颇有吸引力的收购提议，会借助反收购市场进行反收购布防。

（6）垂涎自由现金流。公司管理者垂涎自由现金流的原因有：①管理者可以怀着轻松心态使用自由现金流。②追求管理绩效奖励。

6. 优序融资理论的主要假设是：除信息不对称外，金融市场是完美的。

优序融资理论的主要结论是：

（1）公司偏好于内部融资，主要是因为内部融资不需要与投资者签订契约，也无需支付各种费用，所受限制少。

（2）股息具有“黏性”，所以公司会避免股息的突然变化，一般不用减少股息来为资本支出融资。换句话说，公司净现金流的变化一般体现了外部融资的变化。

（3）如果需要外部融资，公司将首先发行最安全的证券，也就是说，先债务后权益。如果公司内部产生的现金流超过其投资需求，多余现金将用于偿还债务而不是回购股票。随着外部融资需求的增加，公司的融资工具选择顺序将是：从安全的债务到有风险的债务，比如从有抵押的高级债务到可转换债券或优先股，股权融资是最后的选择。

因此，每个公司的债务率反映了公司对外部融资的累计需求。

四、计算题（每题10分，共50分）

1.（1）美元和英镑两种货币都以人民币作为计价货币，汇率套算采用交叉相除。

$$GBP1=USD\frac{9.1035}{7.0409}\sim\frac{9.1060}{7.0399}=USD1.2929\sim1.2935$$

（2）美元的即期汇率以人民币作为计价货币，卢布的即期汇率以人民币作为单位货币，则美元和卢布间的汇率套算应为同边相乘。

$$USD1=RUB7.0399\times9.1043\sim7.0409\times9.1089=RUB64.0934\sim64.1349$$

2. (1) 银行报价的 6 个月远期汇率是：

$$USD1 = CNY7.0395+0.0227 \sim 7.0400+0.0228 = CNY7.0622 \sim 7.0628$$

(2) 先把 200 万美元按照即期汇率兑换为人民币：200×7.0395 = 1407.9 万，存到中国的银行，6 个月的收益为：1407.9×(1+3.6%/2) = 1433.2422 万人民币。同时，做远期交易收回：1433.2422/7.0628 = 202.9283 万美元。美元的成本为 200×(1+2.35%/2) = 202.35 万美元，则抵补收益为 202.9283−202.35 = 0.5783 万美元。

3. 贷款总额为：650000×(1−20%) = 520000 元。

气球付款的月付款额是基于一个更长的分期偿还计划来计算的，在这种情况下，是 30 年的分期偿还计划。一个 30 年的分期偿还计划将会是：

$$PVA = 520000 = C\left\{\frac{1-\left[\dfrac{1}{1+\dfrac{0.052}{12}}\right]^{360}}{\dfrac{0.052}{12}}\right\} \Rightarrow C = 2855.38 \text{ 元}$$

现在，在第 8 年(第 96 个月)，我们需要求出还未偿还的未来付款额的现值。气球付款额将是：

$$PVA = 2855.38\left\{\frac{1-\left[\dfrac{1}{1+\dfrac{0.052}{12}}\right]^{22\times12}}{\dfrac{0.052}{12}}\right\} = 448515.59 \text{ 元}$$

4. 用 B 项目的现金流减去 M 项目的现金流，就得到了增量现金流：

年	增量现金流	年	增量现金流
0	$-I_0+1200$	2	240
1	240	3	400

用 12%的折现率计算增量现金流的现值。如下：

$$PV = -I_0+1200+\frac{240}{1.12}+\frac{240}{1.12^2}+\frac{400}{1.12^3} = -I_0+1890.32$$

所以，如果I_0>1890.32，增量现金流将为负值。要从 B 项目的现金流减去 M 项目的现金流，就意味着对于任何一个超过 1890.32 元的初始投资，B 项目的净现值将会小于 M 项目的净现值，所以I_0必须小于 1890.32 元。

5. (1) 存款总额 = 原始存款×1/(法定存款准备金率+提现率+超额存款准备金率) = 100×1/(6%+4%+10%) = 500 万元。派生存款 = 存款总额−原始存款 = 500−100 = 400 万元。

(2) 存款乘数 = 1/(法定存款准备金率+现金漏损率+超额存款准备金率)⇒现金漏损率 = 1/4.5−(6%+4%) = 12.22%。

五、作图题(11 分)

(1) 当 *EUR/USD* 市场价格≤1.1150 美元时，期权购买方放弃执行期权，购买者因放弃执行其权所受到的损失是其当初支付的其权费 0.0096 美元。

(2) 当 1.1150<*EUR/USD*<1.1246 时，期权购买方虽然会执行期权，但加上支付的期权费，从总体上仍然将遭受损失：(1.1246−x)−0.0096。

(3) 当市场价格>1.1246 时，期权购买方将行使期权，并随着价格的上涨，其利润随着增加为：(x−1.1246)−0.0096。

买入期权的具体损益如图 1 所示。

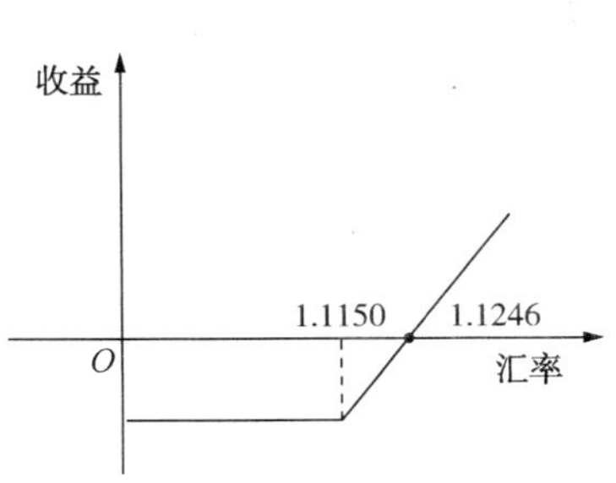

图 1

六、论述题(每题12分，共24分)

1. (1)我国资产证券化发展现状。近年来，在我国经济多元化的发展背景下，资产证券市场也有了长足的发展。其体现在多个方面，市场上的创新产品日益增多，基础资料类型也逐渐丰富，参与主体呈现多元化的局面，这些现象都表明了我国资产证券市场从稚嫩逐渐趋于成熟。截至2019年12月31日，我国全年共发行资产证券化产品23439.41亿元，年末市场存量为41961.19亿元，同比分别增长了17%和36%。虽然资产证券化在我国正式启动实施已经有15年的时间，但到目前为止，我国尚未完成资产证券化的制度建设，所面临的问题突出表现为相关的法律法规不健全、会计和税收制度界定不明确。

(2)我国资产证券化发展趋势。中国金融市场的信贷资产质量较高，政府的大力支持为我国资产证券化发展提供了良好环境。我国的融资需求较大，巨额的贷款余额也提供了广阔的发展空间，未来资产证券化将获得持续发展。“租售并举”将成为我国房地产未来发展主基调，住房租赁REITs将持续发力，为促进房地产产业链的良性发展，供应链金融ABS未来将成为市场发行的主力。

(3)科技和金融的交叉点是资产证券化。长期来看，金融科技可助力资产证券化发展。金融科技可提供资产证券化所需的基础设施，从而为资产证券化发展解除后顾之忧。金融科技在资产证券化领域主要有两方面应用：一是以区块链为代表的分布式技术在资产证券化的应用，目的是为了打破交易中存在的信息不对称，解决信任机制问题。对资产证券化后续发展可能会有很大意义；二是运用人工智能和机器学习等技术解决交易定价问题。

2. 影响一国国际储备需求的因素很多且很复杂，主要有以下几个方面：

(1)进口规模。储备是一个存量，进口是一个流量。为了克服这一差别，一般采用年进口额这一指标，以它为分母，以储备为分子，采用比例法来推算一国的最佳储备量。

(2)进出口贸易(或国际收支)差额的波动幅度。幅度越大，对储备的需求就越大，反之，波动幅度越小，对储备的需求就越少。

(3)汇率制度。储备需求与汇率制度有着密切的关系。如果一国实行的是固定汇率制度，并且政府不愿意经常性地改变汇率水平，则该国的储备规模就应该相对高些。如果该国实行的是浮动汇率制度，其国际储备的保有量可相对较低。与这个概念有关的是外汇管制情况。管制越严，需要的储备就越少；反之，需要的储备就越多。

(4)国际收支自动调节机制和调节政策的效率。一国国际收支自动调节机制和调节政策的效率越高，储备需求就越少；反之，储备需求就越高。

(5)持有储备货币的机会成本。持有储备的相对成本越高，则储备的保有量就应越低。

(6)金融市场的发育程度。一国的金融市场发达程度高，其国际储备水平就可以低一些，因为发达的金融市场能够提供较多的诱导性储备，这些储备对利率和汇率等调节政策的反应比较灵敏；相反，则需要较高的国际储备规模。

(7)国际货币合作情况。如果一国政府同外国货币当局和国际货币金融机构有良好的合作关系，则该国政府对自有储备的需求就越少，反之，则需求越大。

【科兴点评】江西财大2020年题目的难度还是集中在计算题。国际金融的两道题目相关的考点在以前的真题中也有出现，难度一般。货币银行学的题目也很简单。但是源于罗斯《公司理财》课后习题的两道题目(一个第9版，一个第11版)得分率很低。第三题的难点在于计算量大，容易出问题的节点多。第四题的问题在于很多考生并不熟悉增量现金流法。

清华大学 2020 年金融学综合试题

一、单项选择题(每题 3 分，共 60 分)

1. 下列说法错误的是(　　)。

A. 资产回报率(ROA)考察总资产产生净利润的能力

B. 净资产收益率(ROE)大小与财务费用呈正相关

C. 投资资本回报率(ROIC)剔除了总资产中现金的影响

D. 提升权益乘数(equity multiplier)会改进净资产收益率

2. 关于 A 股市场说法正确的是(　　)。

A. 有做市商无买卖价差　　B. 有做市商有买卖价差

C. 无做市商无买卖价差　　D. 无做市商有买卖价差

3. 根据弗里德曼货币理论，下列说法最正确的是(　　)。

A. 最优名义利率为 0　　B. 最优货币增长率为 0

C. 最优通货膨胀为 0　　D. 以上都正确

4. 国内经济经历未预期产出水平的负向冲击，会导致(　　)。

A. 实际货币需求上升，带动本币存款利率上升，并导致本币升值

B. 实际货币需求上升，带动本币存款利率下降，并导致本币升值

C. 实际货币需求下降，带动本币存款利率上升，并导致本币贬值

D. 实际货币需求下降，带动本币存款利率下降，并导致本币贬值

5. 有形资产增加对公司杠杆的影响，以下选项最正确的是(　　)。

A. 只能增加　　B. 只能减少

C. 只能不变　　D. 不确定具体的影响

6. 以下哪项是最容易使一个经济体均衡投资下降的？(　　)

A. 个人所得税提升　　B. 进口上升

C. 政府支出减少　　D. 个人收入增加

7. 利率期限结构向上倾斜时，信用级别高的企业会更多运用(　　)债务。

A. 长期　　B. 中期　　C. 短期　　D. 都有可能

8. 非洲瘟疫导致中国大量进口猪肉，净出口意外下降，但同时经济发展势头较好，大家都预期通货膨胀率会上升，最不可能出现的是(　　)。

A. 均衡名义利率上升　　B. 均衡名义利率下降

C. 均衡实际利率上升　　D. 均衡实际利率下降

9. 若政府决定对信用卡授信额度征税，则整体价格水平(　　)。

A. 上升　　B. 下降

C. 不影响　　D. 先上升后下降

10. 股东与债权人之间的代理成本导致(　　)的创新，银行监督会(　　)创新。

A. 过多、增加　　B. 过少、减少

C. 过少、增加　　D. 过多、减少

11. 基金经理投资项目的收益率和标准差如下，无风险利率为 2%，则最高夏普比率为(　　)。

证券	A	B	C	D
收益率	10%	5%	10%	5%
标准差	20%	20%	10%	5%

12. 浮动汇率制，开放经济体，产出处于自然水平，但贸易逆差。为减少贸易逆差，使产出处于自然水平，应(　　)货币政策，(　　)财政政策。

A. 扩张，紧缩　　B. 扩张，扩张

C. 紧缩，扩张　　D. 紧缩，紧缩

13. 债券面值 100 元，期限 10 年，息票率 6%，目前售价 102 元，则到期收益率为(　　)。

A. 大于 6%　　B. 等于 6%　　C. 小于 6%　　D. 无法确定

14. 假设 $APR=10\%$，半年付息一次，则 EAR 为(　　)。

A. 12%　　B. 0.83%　　C. 20%　　D. 10.25%

15. 关于 WACC 的说法正确的是(　　)。

A. 在有税情况下，WACC 代表投资者要求的投资回报率

B. WACC 计算中应使用股权和债务的账面价值

C. 在完美资本市场条件下，债务无违约风险，使用债务会降低 WACC

D. 在完美资本市场条件下，$WACC=$资产回报率

16. 企业用内部资本抵抗金融市场危机，(　　)的部门获得(　　)内部资本数量。

A. 相对强；更少　　B. 相对弱；更多

C. 相对强；更多　　D. 相对弱；一样

17. 假设一个项目有如下现金流，需求回报率为 12%，净现值为(　　)

年	现金流	年	现金流
0	-28900	2	19630
1	12450	3	2750

A. -287.22　　B. -177.62　　C. 177.62　　D. 204.36

18. 有 300 股股票，每股价格 44.90 元，收到 630 元股利，出售得到 14040 元，则资本利得收益率为(　　)。

A. 4.06%　　B. 4.23%　　C. 4.68%　　D. 8.55%

19. 把更多证券加入一个投资组合，投资组合的(　　)会减少。

A. 全部风险　　B. 系统风险

C. 非系统性风险　　D. 经济风险

20. 以下哪项会增加外汇市场日元供给(　　)。

A. 日本公司出售美国政府债券以获得资金买日本房地产

B. 一家美国进口公司为从日本制造商购买的玻璃皿付款

C. 美国农业合作社从日本橘子进口商那里获得付款

D. 美国养老基金用收到的捐款买东京证券交易所几家日本公司股份

二、不定项选择题(每题 4 分，共 40 分)

1. 关于二叉树定价，下列说法正确的有(　　)。

A. 二叉树包含了资产价格所有可能的发展路径

B. 一个向下的方向再一个向上的方向得到的价值与一个向上的方向再一个向下的方向的价值相等

C. 一个向下的方向再一个向上的方向得到的价值大于一个向上的方向再一个向下的方向的价值

D. 一个向下的方向再一个向上的方向得到的价值小于一个向上的方向再一个向下的方向的价值

2. 公司进行破产决策时需要考虑的因素有(　　)。

A. 债权人　　B. 诉讼费用　　C. 劳动补偿金　　D. 股东

3. 以下哪些选项会使得公司市盈率提高？(　　)

A. 公司成长速度越快　　B. 公司成长速度越慢

C. 公司风险越大　　D. 公司风险越小

E. 财务杠杆越高　　F. 财务杠杆越低

4. 以下表述不正确的有(　　)。

A. 根据利率平价，各国利率相等

B. 根据利率平价，预期汇率上升将导致国内货币升值

C. 预期未来一年美元对日元贬值，未来美国利率一定大于日本利率

D. 若预期汇率上升，当前汇率一定上升

5. 根据泰勒规则，以下说法正确的有(　　)。

A. 央行应根据通货膨胀率和产出缺口调整政策利率

B. 产出缺口小于 0，政策利率应该上升

C. 央行不能通过调整政策利率降低通货膨胀率水平的同时刺激产出

D. 央行政策利率应根据失业率水平调整

6. 预期到未来利率会下降，应如何操作？(　　)

A. 卖短期国债期货　　B. 买中长期国债期货

C. 买股指期货　　D. 卖国债看跌期权

7. 影响沪深 300 股指期货合约价格的因素有(　　)。

A. 当前价格水平　　B. 历史平均收益率

C. 历史波动率　　D. 无风险收益率

8. 关于股权价值，下列说法正确的有(　　)。

A. 自由现金流估值法折现率为股权成本

B. 企业价值加债务减现金等于股权价值

C. 股权收益定价模型得出的是企业价值，需进一步调整得到股权价值

D. 预计未来股票数会变动，股利折现模型估值更方便

E. 有大量有形资产，应用市净率估值

9. 央行大规模引入数字货币，人们都认为通货膨胀预期上升，政府赤字上升，下列说法正确的有(　　)。

A. 根据费雪效应，实际利率不变　　B. 均衡投资会下降

C. 名义利率会上升　　D. 均衡投资会上升

E. 均衡投资会不变

10. 利率变化时，零息票债券价格如何变化？(　　)

A. 期限长的变化更剧烈　　B. 期限长的变化更平缓

C. 期限短的变化更剧烈　　D. 期限短的变化更平缓

三、计算题(每题 15 分，共 30 分)

1. 公司发行永续可赎回债券 1000 万，发行成本 100 万，面值 1000 元，赎回溢价 12%，(发行成本 100 万可以直线法 5 年摊销且有税盾)，问：

(1) 若公司税率为 0，当利率下降到 7.5%时公司可以赎回，债券的面值为 1000 元，问债券的息票率多少？此时债券的价格是多少？(100 万分五年直线折旧)

(2) 税率为 40%时，会在利率 7.5%时赎回吗？(注意：赎回溢价不可以抵税，但发行成本摊销可以抵税。)

2. 欧洲美元期货在芝加哥商品交易所交易，每张合约规模为 100 万美元，初始保证金为 540 美元，维持保证金为 400 美元。假设今天是 4 月 1 日，你将在 6 月 17 日为购买的商品支付价值 1000 万美元的现金，并在之后以更高的价格出售，相应的款项将于 9 月 17 日之前收到，因此，你需要在 6 月 17 日借入 1000 万美元。已知 4 月 1 日 3 个月的 LIBOR 为 6.25%，芝加哥商品交易所欧洲美元期货 6 月 17 日交割的合约报价 93.280%。

(1) 求在 4 月 1 日，6 月 17 日交割的欧洲美元期货相应的远期利率是多少？

(2) 你应如何持有欧洲美元期货来锁定 6 月的三个月的借款利率？

(3) 在 6 月 17 日，欧洲美元期货报价为 91%，伦敦的欧元汇率为 9%，你在这一天平仓，你从欧洲美元期货中获益或亏损多少？

四、简答题(每小题 5 分，共 20 分)

2018 年 3 月 22 日，美国总统特朗普在白宫签署总统备忘录，宣布基于对中国发起的“301 贸易调查”对从中国进口的约 600 亿美元商品加征关税，以扭转对华贸易赤字局面——由此揭开了中美贸易战的大幕。特朗普认为中国在中美贸易战中获得了大量的利益。为此，美方要求中国降低美对华贸易赤字 1000 亿美元，进一步开放市场。试回答：

1. 美国对中国经常账户逆差，资本净流动是流向哪一国的，解释理由。

2. 美国近 18 年来国际贸易都是逆差但国民净财富仍然是增加的，为什么会这样？

3. 特朗普政府声称中国经常通过操纵汇率来获取不平等利益，你能用什么方法来证明人民币对美元汇率是合理的？

4. 特朗普政府减税政策是如何影响美国贸易的经常账户？请结合相关经济学原理论述。

清华大学 2020 年金融学综合试题解析

一、单项选择题(每题 3 分，共 60 分)

1. B。ROE 即净资产收益率，是指股东投入 1 块钱，1 年内所赚取的收益；ROIC 即投入资本回报率，是指总投入 1 块钱，1 年内所赚取的收益。通过以下公式可以更直观地了解其影响因素：$ROE=\frac{净利润}{总权益}$；$ROIC=\frac{净利润+财务费用}{股东权益+外部融资}$。

2. C。我国股票市场采取的是竞价制度，买卖双方之间不存在中间价差。

3. A。弗里德曼准则指出：在一个经济稳态中，当名义利率为 0 时，货币增量和通货膨胀率为最优。这是因为通货膨胀率犹如一种“隐形”税率，会扭曲公众部门的经济行为，对社会福利产生负面作用。货币能节约交易成本，便利日常交易活动，所以公众持有货币能产生直接或间接效用，从而提高福利水平。但是，公众持有货币存在机会成本——名义利息收入，而社会增加货币的成本几乎就是国家印制钞票的成本，可以忽略不计。这样一来，当名义利率为正值时，货币需求的边际成本高于货币供给的边际成本，此时必然产生低效率。因此，要降低这种低效率，就必须将货币需求的边际成本降为 0，即名义利率等于 0，名义利率近似等于实际利率与通货膨胀率之和，实际利率是资本边际收益率，应该是大于 0 的正值，则名义利率为 0 时的通货膨胀率必然为负值。所以，弗里德曼准则告诉我们“最优通货膨胀率”等于实际利率相反数的通货紧缩率。

4. D。根据 $M/P=f(y, r)$，在货币供给不变的情况下，收入减少导致交易性需求降低，为了使得货币供需平衡，人们会将多余的货币转换为债券直到利率也降低使得货币供需平衡，利率降低导致本币短期内贬值。

5. A。根据经营杠杆系数的公式 $DOL=(EBIT+\text{固定成本})/EBIT$ 可知，提高公司的固定成本相对于变动成本的比率，会显著提高公司的经营风险。

6. A。在开放经济条件下，总需求为 $Y=C+I+G+NX$，在这四个因素中，对于消费 C 来说与个人所得税负相关，所得税上升，总需求下降，当总供给不变的情况下，均衡投资下降，选项 A 正确。进口上升则未必会改变 NX，因为我们还不知道出口，选项 B 错误。观察上面总需求的表达式，Y 和 G 正相关，选项 C 明显错误。在消费函数中收入 y 与消费 C 是正相关的，选项 D 错误。

7. A。利率期限结构向上倾斜，意味着长期利率高于短期利率，当前发行长期债券对公司是更有利的，因为票面利率是按照当前的短期利率给定的。

8. B。根据费雪效应可知，名义利率与预期通货膨胀率是一对一对应的，实际利率在特定时间内是不变的。通胀率预期上升，均衡名义利率上升，不可能下降。均衡实际利率是长期内和充分就业相适应的利率，并不直接受预期通胀率影响，上升下降都是有可能的。

9. B。对信用卡征税变相抑制了货币供给，总需求下降，整体价格水平下降。

10. D。由于债权人和股东利益的不完全一致，股东借款后可能会从事一些高风险的项目（创新），而这不是作为债权人的银行想看到的。

11. C。根据夏普比率计算公式 $s=\dfrac{r_i-r_f}{\sigma_i}$ 可得证券 C 的单位风险报酬最大。

12. A。短期来说，货币是非中性的。为了扭转逆差，采用积极货币政策，AD 曲线右移与长期总供给曲线相交于均衡产出点。但是，长期来说货币是中性的。当总需求出现未预期到的增长时，价格水平就会上升，这将导致短期总供给曲线左移。

13. C。债券溢价出售，到期收益率小于息票率。

14. D。$EAR=(1+APR/2)^2-1=10.25\%$。

15. D。WACC 代表的是投资者的必要收益率（也就是折现率），选项 A 错误；WACC 计算中应使用股权的市场价值，选项 B 错误；在完美资本市场上是无税的，债务利息是没有节税效应的，选项 C 错误。

16. C。内源资金原本就属于股东，股东在使用这部分资金时肯定会非常谨慎，选择投资回报率有保障的项目进行投资。

17. B。使用 NPV 计算法则计算可得：

$$NPV=-28900+\frac{12450}{1.12}+\frac{19630}{1.12^2}+\frac{2750}{1.12^3}=-177.62$$

18. B。$(14040-300\times 44.90)/(300\times 44.90)=4.23\%$。

19. C。分散化投资可以分散投资组合的非系统性风险。

20. C。只有选项 C 一定会导致日本经常账户恶化从而增加外汇市场日元供给。

二、不定项选择题（每题4分，共40分）

1. AB。由于期权的步长可以无限小，因此二叉树包含了资产价格所有可能的发展路径，选项A正确。根据期权的看涨-看跌平价原理可知，选项B正确。

2. ABC。公司已经破产，股权市值已经为0，就不用考虑股东了。

3. ADE。市盈率的公式为：

$$P/E=\frac{b}{r-g}=\frac{b}{r-ROE\times(1-b)}=\frac{b}{r-ROA\times L\times(1-b)}$$

观察可知，市盈率与增长速度 g 成正比，与财务杠杆 L 成正比，与公司风险 r 成反比。

4. ABD。利率平价理论的基本观点是：远期差价是由两国利率差异决定的，并且高利率国货币在期汇市场上必定贴水，低利率国货币在期汇市场上必定升水。选项A明显错误；选项B，预期汇率上升，只能导致本国利率是高于外国利率，至于本币是否升值，很难说；选项D，很没逻辑。

5. ACD。产出缺口小于0，政策利率应该下降，选项B错误。

6. BD。预期未来利率下降，则国债的价格就会上升，买中长期国债期货是合理的，选项B正确，选项A错误；选项C属于消极投资策略，会错过获取超额收益的机会。国债价格长期是看涨的，此时卖看跌期权也是合理的，选项D正确。

7. AD。根据公式 $F=S\,e^{(r-q)(T-t)}$ 可知，选项BC与股指期货价格是无关的。

8. DE。股权自由现金流估值法折现率为股权成本，选项A错误；企业价值加现金减债务等于股权价值，选项B错误；FTE法得出的是企业股权价值，选项C错误。

9. ABC。根据费雪效应的定义可知，选项AC正确；根据IS-LM模型可知，在LM曲线不变的情况下，要使均衡利率上升，IS曲线必须左移，选项B正确。

10. AD。根据久期的概念可知，零息票债券的久期与期限成正比。

三、计算题（每题15分，共30分）

1.（1）设债券的息票率为 x，由于无税，当债券价格=赎回价格+发行成本时，发行人就可以赎回债券。则：$1000x/7.5\%=1120+100\Rightarrow x=9.15\%$，此时债券价格为1220元。

（2）如果税率为40%，则赎回的收益为：

$$收益=\frac{1000\times(9.15\%-7.5\%)}{7.5\%}=220$$

$$成本=1000\times12\%+100-\sum_{t=1}^{5}\frac{20\times0.4}{(1+7.5\%)^t}=187.63$$

收益大于成本，因此发行人会在7.5%赎回。

2.（1）根据报价规则，对应的远期利率是：1-93.28%=6.72%。

（2）现在按93.28美元的价格出售10份6月到期的欧洲美元期货，6月17日按91美元价格买入10份欧洲美元期货平仓，盈利(93.28-91)×2500×10=5.7万美元。6月17日的借款利率为9%，因此利息为1000万×9%×0.25=22.5万美元。考虑欧洲美元期货盈利后，实际支付的利息为22.5万-5.7万=16.8万美元，锁定借款利率为16.8/1000×4=6.72%，即说明可以通过出售93.28美元的10份欧洲美元期货，锁定6.72%的1000万美元6月开始的三个月借款利率。

（3）在6月17日3个月的LIBOR为1-91%=9%，利率上升，所以在期货市场获得收益，具体收益为1000万×0.25×(9%-6.72%)=57000万。

四、简答题（每小题5分，共20分）

1. 通过国民收入恒等式可以推导出：$NX=F$，即净出口=资本净流出。美国对中国经常账户逆差，因此 $NX<0$，$F<0$，可见资本是流向美国的。从现实来看也是如此。中国虽然对美国是经常账户顺差，但积累的美元通过购买美国国债持续为美国经常账户逆差提供融资。

2. 原因有：

① 虽然美国的经常账户是逆差的，但是由于美国是拥有世界最为先进的生产力和金融市场，能够吸引

大量外资来投资，其资本与金融账户的顺差，增加了美国国民净财富。

② 美元是各大央行的储备货币，同时拥有庞大的国债市场，各国央行会将持有的美元用来购买美国国债等资产美元计价的资产，使得美元回流。

③ 抛开国际收支元素，美国国内的正常生产也会积累财富。

3. 人民币对美元的汇率是合理的，原因是：

① 美国认定汇率操纵的依据有三，即根据美国《贸易便利及贸易执法法案》中提出对“汇率操纵国”的叙述，即当一国违反对美国的巨额贸易盈余(200 亿美元)、大幅度经常账户盈余(超过 GDP 的 5%)、持续单边干预外汇市场(外汇干预规模超过 GDP 的 2%)全部三个标准时，美国财政部将与该国进行双边磋商或者采取一定的惩罚性措施。中国只符合前两个标准，美国自身法案都不支持中国操纵汇率的说法。

②I MF 在 2016 年 5 月 26 日发布的对中国经济年度审查报告中指出，人民币币值不再被低估。自 2015 年，除了对美元外，人民币对包括欧元、日元、英镑在内的大部分货币一直在升值；但是对美元的汇率基本上变化不大。可见，从人民币实际有效汇率看，人民币并没有被低估。

③ 中美贸易余额不平衡的程度在缩小，金融危机以前中国 2007 年经常盈余占 GDP 的比重为 9.9%，美国的经常账户赤字最高曾经为 5.8%。国际金融危机后，两国的经常收支不均衡逐渐减少，2015 年中国的经常项目盈余占 GDP 的比重为 3.0%，美国经常项目赤字占 GDP 的比重为 2.6%。

4. 根据国民收入恒等式可以推出：$CA=Sp+Sg-I$，减税导致 Sg 下降，CA 下降。从现实来看，减税政策也存在恶化美国经常账户的可能。因为美国的人力成本较高，制造业竞争力并不具备显著优势，这也是美国企业在世界范围内建厂的原因，减税政策未必能够改善这一情况。实际上美国金融业的发达，和工业生产的弱势形成的结构性问题也是美国在世界范围内的优势逐渐缩小的原因。

【科兴点评】2020 年的题目非常难。单选题和多选题不少题目，或超纲考查宏观经济学，或题干模糊，想拿到理想的分数并不容易。计算题考查的知识点也很冷僻，没做准备的同学也是一头雾水。最后的成绩也说明了这个问题，70 分上下的同学一大片，比较可惜。

上海财经大学2020年金融学综合试题

一、单项选择题(30题，每题2分，共60分)

1. 金融期货与金融期权的区别之一在于(　　)。

A. 收费不同　　B. 收益不同

C. 权利和义务的对称性不同　　D. 交易方式不同

2. 某投资者参与保证金买空交易，初始保证金率为40%，保证金最低维持率为20%，投资者以20元的价格买入500股，则当股票价格跌破每股(　　)元时，该投资者需追加保证金。

A. 15　　B. 10　　C. 12.5　　D. 17.5

3. 关于Libra，以下不正确的是(　　)。

A. Libra是由Facebook公司首先提出来的虚拟加密货币

B. Libra与美元挂钩，追求对美元汇率的稳定性

C. 将对央行管理的主权货币带来很大挑战

D. 能够促进支付体系的效率

4. 货币中性是指货币数量变化只会影响(　　)。

A. 实际GDP　　B. 物价水平

C. 就业水平　　D. 商品的相对价格

5. 股票价格已经反映了所有历史信息，包括价格的变化、交易量等，技术分析手段无法推断股票未来价格变化，这一市场可以被称为(　　)。

A. 强有效市场　　B. 半强有效市场　　C. 弱有效市场　　D. 无效市场

6. 某公司分配方案为按每10股送4股，和每10股配2股的比例向全体股东配股，配股价为每股6元，若某日股票收盘价为15元，第二日为除权日，则除权基准价为(　　)。

A. 11.58　　B. 10.13　　C. 12.66　　D. 14.79

7. 你所在公司正在考虑发现1年期债券，公司估计不同水平债务对应利息税盾现值，以及面临的财务困境的概率如下表：

	债务水平						
	0	25	50	60	70	80	90
利息税盾现值(百万元)	0	0.4	1	1.2	1.5	1.7	2
陷于财务困境概率	0%	0%	1%	2%	7%	17%	32%

如果公司在陷入财务困境时，财务困境成本1000万元，那么表中(　　)债务水平最优。

A. 60　　B. 25　　C. 70　　D. 50

8. 投资组合理论中，有效投资组合指(　　)。

A. 可行域内部任意可行组合

B. 可行域的左边界上的任意可行组合

C. 按投资者的共同偏好原则，排除那些被所有投资者都以为是差的组合后余下的那些组合

D. 可行域右边界上任意可行组合

9. 证券市场线描述的是证券期望收益率与(　　)的关系。

A. 投资风险　B. 非系统性风险　C. 市场风险　D. 总风险

10. 根据金融结构的资产负债表，市场短期利率上升，对下列哪个金融机构产生不利影响？(　　)

A. 投资银行　B. 保险公司　C. 商业银行　D. 共同基金

11. 关于高频交易，错误的表述是(　　)。

A. 高频交易有较高的撤销率　B. 并不是所有的交易所都鼓励高频交易

C. 促进市场流动性　D. 高频交易可能给交易所带来更高的收入

12. 关于私募股权投资基金的有限合伙人，下列表述错误的是(　　)。

A. 一般不参与日常的投资管理　B. 承诺出资额并按时段出资到位

C. 如资金紧张可撤资　D. 需让渡一部分投资收益给普通合伙人

13. 有甲、乙、丙、丁四个债券信息如下，四种债券利率风险由高到低排列是(　　)。

债券	面值	票面利率	到期收益率	到期时间
甲	1000	8%	12%	2 年
乙	1000	8%	12%	1 年
丙	1000	6%	12%	2 年
丁	1000	8%	16%	2 年

A. 丁>丙>甲>乙　B. 丙>甲>丁>乙　C. 丙>甲>乙>丁　D. 丙>丁>甲>乙

14. 受非洲猪瘟影响，至 2019 年 10 月 31 日，我国猪肉批发价涨幅为 177%，下列说法错误的是(　　)。

A. 猪肉价格上升，将引起成本推进型的通货膨胀

B. 受猪肉价格的影响，核心 CPI 上升

C. 牛、羊、禽蛋类商品的价格将上涨

D. 大规模进口猪肉有利于缓解物价水平上涨

15. 近几年，中国人民银行调控基础货币新举措不包括(　　)。

A. 向一级交易商买卖证券　B. 常备借贷便利

C. 中期借贷便利　D. 短期流动性调节工具

16. 下列哪个选项，不是 CAPM 模型的假设条件？(　　)

A. 所有投资者的投资期限相同

B. 所有投资者可投资的资产是相同的

C. 投资者能迅速获得信息而且是免费的

D. 投资者可以无风险利率借贷

17. 下列关于 APT 模型和 CAPM 模型的区别中错误的是(　　)。

A. 两个模型都分析了影响因素和对因素的敏感度

B. APT 模型要求的假设条件少，因此 APT 模型比 CAPM 模型适用范围更广

C. 两个模型都可以用来确定均衡价格

D. APT 模型没有指出影响收益的因素和敏感程度，而 CAPM 模型指出了

18. 你富有的姑妈承诺从今天起的 1 年后给你 5000 美元。而且，从那之后的每一年，

她都将付给你比上一次多5%的金额(时间间隔为1年)。她会慷慨地支付20年，即总共支付20次。如果利率是5%，她的承诺的现值是多少？(　　)

A. 98269美元　　B. 94278美元　　C. 95238美元　　D. 100000美元

19. 假设市场利率从8%降低到7%，下列债券价格提升幅度最大的是(　　)。

A. 期限是10年的零息债券

B. 期限是10年，息票率为10%的付息债券

C. 期限是5年的零息债券

D. 期限是5年，息票率为10%的付息债券

20. 下列哪一项现金流是你在做新的投资决策时需要考虑的增量现金流？(　　)

A. 公司过去已经发生的研发支出

B. 为项目需求所做的市场调查费用

C. 为项目融资所需要花费的利息费用

D. 项目折旧费用所带来的税收节约

21. 为了从债券信誉评级机构获得高信誉等级，企业应具有(　　)。

A. 低利息保障倍数　　B. 低债务产权比

C. 低速动比率　　D. 高产权比率

22. 如果你经营一家企业，下列哪个风险是企业的系统性风险？(　　)

A. 一场龙卷风导致的生产设备损坏

B. 经济下行导致产品的市场需求下降

C. 最好的员工被挖墙脚

D. 公司研发的新产品得不到市场认可

23. A投资项目的年利率为10%，每半年复利一次。B投资项目每季度复利一次，如果要与A投资项目的实际年利率相等，则其名义利率应是(　　)。

A. 11%　　B. 10%　　C. 9.88%　　D. 9.58%

24. 在资本完全自由流动，汇率浮动的开放经济IS-LM模型中，紧缩性货币政策将使LM曲线(　　)。

A. 左移，此后由于本币升值使IS曲线也左移

B. 右移，此后由于本币升值使IS曲线也右移

C. 左移，而IS曲线保持不变

D. 先左移，然后由于本币升值向右回移

25. 关于公司的负债水平的合理性，下列说法正确的是(　　)。

A. 流动性资产多的公司倾向于较少的负债

B. 破产成本低的公司往往倾向于更低的负债

C. 如果公司边际税率提高，公司可能会考虑提高负债水平

D. 负债会提高公司价值，所以公司负债越多越好

26. 根据费雪效应的观点，如果英国利率高于美国利率，则(　　)。

A. 英镑相对于美元的未来即期汇率将贬值

B. 英镑相对于美元而言将有远期贴水

C. 英国的通货膨胀率将下降

D. 英镑的价值将保持不变

27. 下列哪一个是人民币在香港的离岸金融业务？(　　)

A. 人民币存款业务　　B. 发行人民币债券

C. 人民币信用卡业务　　D. 人民币汇款业务

28. 第一年某人投资 2000 元，将会在五年后收入 10000 元，则该投资的内部收益率为(　　)。

A. 30.42%　　B. 34.64%　　C. 37.97%　　D. 40.86%

29. 汇率取决于黄金输入输出点，国际收支能自动调节的是以下哪个制度？(　　)

A. 布雷顿森林体系　　B. 国际金本位

C. 金汇兑本位制　　D. 纸币本位

30. 目前有两个项目 A 和 B，B 的净现值比 A 少 10 万元，但是 A 的未来收入现金流的波动率比 B 小，则综合考虑风险和收益的相关理论，我们可以说(　　)。

A. A 项目优于 B 项目

B. B 项目优于 A 项目

C. 两个项目一样

D. 各有优点，从风险、收益来综合考虑，不能确定

二、计算与分析题(6 题，每题 10 分，共 60 分)

1. 对华创公司的月度回报率单因素模型回归得出下面结论：$R_i=0.1\%+1.1R_M+e$，R_i是华创月度回报率；R_M是市场回报率；e是噪声项，这一回归结果不随时间改变。如果市场未来一年的回报率是 8%，而华创公司的回报率是 7%，这段时期华创的非正常收益是多少？

2. 你是一家高成长科技公司的 CEO，计划通过发行新股或者新债务筹资 18000 万元资金进行业务扩张。随着业务的扩张，预计明年收益 2400 万元。公司当前有 1000 万股流通股，每股价格为 90 元，假设资本市场为完美的。

(1) 如果通过发行新股筹集 18000 万元，预计明年的每股收益为多少？

(2) 如果以 5%的利率发行新债务筹集资金，预计明年的每股收益为多少？

(3) 如果发行股票，预计 P/E(即股价除以来年的预期每股收益)是多少？如果发行债务预测 P/E 又是多少？如何解释这两个预测市盈率不同？

3. 你拥有一家餐厅，每年可产生 500 万元的收入，餐厅考虑开展一项新的外送服务，预期外送服务每年销售收入为 100 万元，现在，你为新的外送服务进行评估：(1)你计划使用原有的厨房空间，但你准备投资 50 万元升级厨房设备，这项投资可在 5 年内按直线法计提折旧，残值为 0。预计 5 年后处置设备得 10 万元收入。(2)你需雇佣更多员工，预期每年要额外花费 20 万元的工资类费用。(3) 餐厅每年广告开支预期会从原来的 8 万元，增长到 12 万元。另外，由于外送服务的开展，餐厅需要更多的存货，预计存货价值将从原来的 10 万元增长到 15 万元(在 $t=0$ 时)。5 年之后，当外送服务结束时，餐厅存货又会下降为 10 万元。(4)预期食物成本为销售收入的 50%，整个外送服务持续 5 年。(5)餐厅实际税率为 40%。计算：

(1) 估计外送服务每年产生的自由现金流。

(2) 如果资本成本是 15%，估计这一外送服务的净现值(NPV)。

4. A 国名义利率和 B 国名义利率均为 15%，A 国通货膨胀严重，通胀率为 100%，B 国则为 5%。

(1) A 国实际利率是多少？

(2) B 国实际利率是多少？

（3）如果要用费雪效应简单估算名义利率和实际利率的关系，应满足什么条件？

5. 已知某银行的核心资本 70 亿元人民币，附属资本为 30 亿元人民币，市场风险的资本需求为 10 亿元人民币，操作风险的资本要求 20 亿元人民币。该银行资产负债表内表外项目如下：

项　　目	金额(亿元)	风险权重(%)	转换系数(%)
现金	50	0	
短期政府债券	300	0	
国内银行存款	50	20	
居民抵押贷款	100	50	
企业贷款	700	100	
备用信用证	100	20	100
贷款承诺	200	100	50
商业信用证	100	100	20

计算：

（1）该行表内风险加权资产和表外风险加权资产各为多少？

（2）该行核心资本充足率和总资本充足率各为多少？

（3）该行有无达到巴塞尔协议 III 的要求？为什么？

6. 你刚出售房屋，收到 100 万元现金。已售房屋按揭贷款年限 30 年，按月还款，初始借款额为 80 万元，目前借款已过 18 年半，最近一期还款刚完成，如果贷款年利率是 5.25%，在你还清未偿付的贷款后，将从这笔卖房交易中获得多少现金？

三、论述与分析题（3 题，每题 10 分，共 30 分）

1. 请论述三种形式的有效市场假说，并各举一个违背三种形式的有效市场的例子。

2. 科创板是我国建设多层次资本市场的重要探索，2019 年 7 月 22 日科创板首批公司上市，据统计数据显示，已挂牌上市的 50 只科创股平均发行市盈率为 61.32 倍，这个数字远高于上海主板、深圳主板的市盈率。结合科创板公司的特点和估值相关理论，谈谈科创板公司的估值有哪些困难？另外，你是否认为当前科创板企业的估值过高？

3. 2010—2018 年中国社会融资规模增长率与广义货币供应量 M_2 增长率如图，请结合近年中国宏观经济运行及货币政策实践回答下列问题。

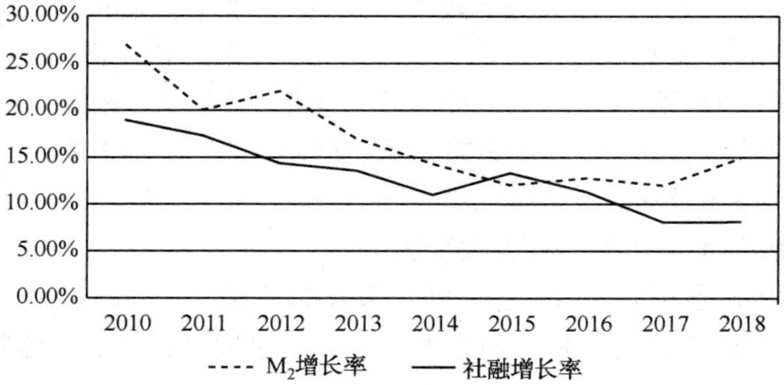

M_2 与社融增长对比图

（1）社会融资规模与货币供应量有何差别？为何需要统计社会融资规模？

（2）我国广义货币供应量增幅下降的原因是什么？为何 2015 年出现异常情况？

（3）2015 年之后社会融资规模增长率与 M_2 增长率出现背离的主要原因是什么？

上海财经大学 2020 年金融学综合试题解析

一、单项选择题(30 题，每题 2 分，共 60 分)

1. C。金融期货与金融期权的区别主要表现在权利和义务的对称性不同。期货的双方都被赋予相应的权利和义务，而期权赋予买方只有权利、没有任何义务，卖方则只有义务、没有权利。

2. A。投资者以 20 元价格买入 500 股，则意味着投资者的初始资金为 $40\%\times20\times500=4000$ 元，借款 6000 元。假设价格为 P 时，达到维持保证金比率，则有：$(4000+500P-10000)/500P=20\%\Rightarrow P=15$ 元。

3. B。Libra 是一种不追求对美元汇率稳定，而追求实际购买力相对稳定的加密数字货币。最初由美元、英镑、欧元和日元这 4 种法币计价的一篮子低波动性资产作为抵押物。

4. B。货币中性指货币供给的增长将导致价格水平的相同比例增长，对于实际产出水平没有产生影响。

5. C。弱有效市场假说认为，当前证券价格已经充分反映了全部能从市场交易数据中获得信息，包括过去的价格、成交量、未平仓合约等。因为当前市场价格已经反映了过去的交易信息，所以弱式效率市场意味着根据交易资料进行交易无法获取经济利润，这意味着技术分析无法击败市场。

6. B。无偿送股与有偿配股搭配时的除权基准价为：$\dfrac{15+6\times0.2}{1+0.4+0.2}\approx10.13$ 元。

7. A。根据资本结构的权衡理论可知，借债的净收益取决于利息税盾的现值和财务困境成本的现值之差。每一期的债务水平为(单位：百万)：

债务	0	25	50	60	70	80	90
净收益	0	0.4	0.9	1	0.8	0	-1.2

8. C 共同偏好原则具体内容如下：①如果两种证券组合具有相同的收益率方差和不同的期望收益率，那么投资者选择期望收益率高的组合。②如果两种组合具有相同的期望收益率和不同的收益率方差，那么投资者将会选择方差较小的组合。区分可行域左边界和右边界没有实际意义，因为左边界和右边界也分上下两部分。

9. C。证券市场线是期望收益率和贝塔的关系，贝塔反映的是系统性风险或者市场风险。

10. C。四个选项中，只有商业银行是存款型金融机构，其他几个选项均是投资型金融机构。对商业银行来说，市场短期利率上升，意味着短期利息支出增加，显然是不利的。

11. B。交易所都是以利益为驱动的，高频交易可以提供更多的手续费和佣金，没理由不鼓励。

12. C。有限合伙人不能随便撤资，一般来说，投资第一年资金是锁定的。一年后，只能在规定的日期里才能撤资，选项 C 明显有问题。由于有限合伙人不参与管理，因此在分配收益时，有限合伙人会让渡部分投资收益给普通合伙人作为管理补偿，选项 D 没问题。

13. B。根据下列久期法则：①到期时间不变，当息票率较高时，债券久期较短。②如果票面利率不变，债券久期通常会随着期限增加而增加。债券以面值或者超出面值销售，久期总是随期限增加而增加。③保持其他因素都不变，当债券到期收益率较低时，息票债券的久期会较长。因此，乙的久期最短，丙的最长。甲的到期收益率低于丁，故甲的久期长于丁。

14. B。中国的 CPI 核心价格指数，是扣除食品和能源的核心价格指数，之所以会扣掉食品和能源价格，是因为从经济发展经验来看，食品和能源价格更容易受到一些季节性因素和非经济因素的影响，所以从观测经济运行的角度来讲，采用核心价格指数衡量全社会的价格水平是国际上通用的做法。国家统计局公布这个指标已经很多年了，包括月度的和累计的数据，您可以继续关注核心 CPI，尤其是在食品价格涨幅较大的情况下，要合理使用核心 CPI 来衡量全社会的通胀水平。

15. A。向一级交易商买卖证券属于公开市场操作，是一般性货币政策举措，其他几项都是新型货币政策举措。

16. B。CAPM 不要求所有投资者投资的资产是相同的。所有的有效投资组合都是无风险投资与切点组合的结合，但是无效组合也可以落在 SML 曲线上。

17. A。APT 模型并没有具体指出影响因素，所谓的三因素模型和五因素模型只不过是 APT 模型的应用。

18. C。这是一个求第一次支付 5000 美元的 20 年期限的年金现值的题目。但是，我们不能使用永续增长年金现值的公式，因为 $r=g$。因此，我们只能求出每期现金流的现值，然后相加。

$$PV_{\mathrm{GA}}=\frac{5000}{1.05}+\frac{5000\times1.05}{1.05^2}+\frac{5000\times1.05^2}{1.05^3}+\cdots+\frac{5000\times1.05^{19}}{1.05^{20}}$$

$$=\frac{5000}{1.05}+\frac{5000}{1.05}+\frac{5000}{1.05}+\cdots+\frac{5000}{1.05}=\frac{5000}{1.05}\times20=95238\text{ 美元}$$

19. A。久期一般用来衡量债券价格的利率敏感性，久期越长，价格提升幅度越大。期限相同的债券，息票率越低，久期越长；息票率相同的债券，期限越长，久期越大。观察可知，A 的久期最长是 10 年。

20. D。增量现金流量指接受或放弃某个投资方案时，企业总的现金流量的变动数。选项 D，每年的折旧费用，在计算相关的特定项目的现金流量必须予以考虑。虽然折旧没有直接影响到现金流的现金支出，但是它减少了企业的净收入，因此，降低了全年的税额。由于这种折旧的税盾，在年底时，相比没有折旧支出而言，公司将有更多的现金在手头上。选项 A 和 B 属于沉没成本，显然不应考虑。选项 C 是一个强干扰项，利息费用作为债务资本的成本已经加以考虑，需要避免“双重计算”的问题。

21. B。高利息保障倍数和高速动比率，以及低负债与产权比率都是债券安全性能好的标志。

22. B。经济下行是系统性风险，其他三个选项都是公司特有风险。

23. C。A 项目的实际年利率为：$EAR=\left(1+\frac{10\%}{2}\right)^2-1=10.25\%$，则 B 项目的名义利率为：$APR=(\sqrt[4]{1+10.25\%}-1)\times4\approx9.88\%$。

24. A。在资本完全自由流动的前提下，BP 曲线是一条水平直线，对应的是国际利率 i^*。当采用紧缩性货币政策的时候，会导致 LM 曲线左移，具体如下图所示：LM 左移会带来国内均衡利率的上升，即本币升值。本币升值势必会造成出口减少、进口增加的局面。随着产出的减少，IS 曲线不断左移，利率下降，直到 IS 曲线移动到 IS^* 曲线的位置时，IS^* 和 LM^* 曲线决定的国内均衡利率水平才重新等于国际利率水平，经济在点 A^* 处重新达到内外均衡。

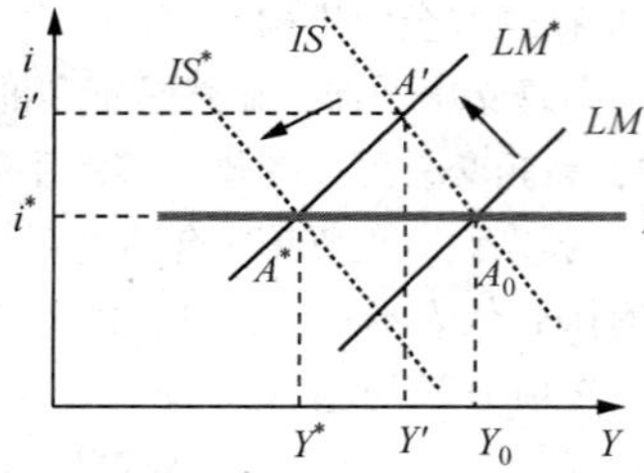

【科兴提示】2016 年真题选择题第 14 题原题考查。

25. C。流动性资产多的公司，倾向于更多的负债，因为偿债能力强，A 选项错误。根据权衡理论可知，借债的净收益取决于利息税盾的现值和财务困境成本的现值之差，破产成本低的公司显然倾向于更高的借债水平，B 选项错误。根据有税 MM 定理，C 选项明显正确。根据权衡理论，可知由于破产成本的存在，公司的负债并不是越多越好。

26. A。国际费雪效应认为，即期汇率的变动幅度与两国利率之差相等，但方向相反。英国利率高于美国利率，则意味着英镑即期汇率相对于美元将会贬值。选项 B 是利率平价理论的观点。只有在无偏预期理论下，远期利率才能等价于未来即期利率。

【科兴提示】2016 年和 2018 年真题原题考查，但错误率依旧很高。

27. B。离岸市场提供离岸金融业务：交易双方均为非本地居民、以外币计价的业务称为离岸金融业务。选项 A、C、D 的问题在于参与主体是香港居民。

28. C。根据题意可知：$2000(1+IRR)^5=10000 \Rightarrow IRR \approx 37.97\%$。

29. B。在国际金本位制下，汇率可以通过黄金的自由输出输入来达到调节，从而汇率的变动有一定的范围，汇率变动不能超过黄金输入点，也不可低于黄金输入点，否则就可以直接用黄金作为国际支付手段来清偿债务。

30. A。B 的净现值小于 A，波动率又大于 A，因此可以认为 A 的收益大于 B，风险小于 B。因此 A 项目优于 B 项目。

二、计算与分析题(6 题，每题 10 分，共 60 分)

1. 市场未来一年的月度回报率为：$8\%/12=0.667\%$。

华创公司的月度回报率为：$7\%/12=0.583\%$。

在单因素模型中，非系统风险的预期 $e=0$，则华创公司的月度必要回报率为：$R_i=0.1\%+1.1\times 0.667\%=0.8337\%$。

则其年度必要回报率为：$12\times 0.8337\%=10.0044\%$。

而华创公司的实际年度回报率是 7%，则这段时期华创的非正常收益率为 $7\%-10.0044\%=-3.0044\%$。

2. (1) 由于假设资本市场为完美的，因此发行价格为原股价 90 元，需要发行的新股数量为：$18000\div 90=200$ 万股。预计明年的每股收益 $EPS_1=2400\div(1000+200)=2$ 元/股。

(2) 由于假设资本市场为完美的。发债并不产生税盾，因此发债前后股价都是 90 元。发债后收益为 $2400-18000\times 5\%=1500$ 元。预计明年的每股收益 $EPS_2=1500\div 1000=1.5$ 元/股。

(3) 发股的预计 P/E 为 $90/2=45$，发债的预计 P/E 为 $90/1.5=60$。市盈率的不同主要是因为发债后，财务风险更高，因而股东的收益也会提高。

【科兴提示】这道题目源于乔纳森．伯克《公司理财》第 14 章的课后习题第 21 题。

3. (1) 主要现金流量数据如下表(单位：万元)：

时间	0	1	2	3	4	5
销售收入		100	100	100	100	100
初始投资	-50					10(期末回收)
折旧		10	10	10	10	10
食物成本		50	50	50	50	50
广告开支		4	4	4	4	4
存货变动	-5					5
工资		20	20	20	20	20

第 0 年的自由现金流为：$-50-5=-55$ 万元

第 1 年的自由现金流为：$(100-50-10-4-20)\times(1-40\%)+10=19.6$ 万元

第 2 年的自由现金流为：$(100-50-10-4-20)\times(1-40\%)+10=19.6$ 万元

第 3 年的自由现金流为：$(100-50-10-4-20)\times(1-40\%)+10=19.6$ 万元

第 4 年的自由现金流为：$(100-50-10-4-20)\times(1-40\%)+10=19.6$ 万元

第 5 年的自由现金流为：$(100-50-10-4-20)\times(1-40\%)+10+10\times(1-40\%)+5=30.6$ 万元

(2) 如果资本成本是15%，则这一外送服务的净现值为：

$$NPV=-55+\frac{19.6}{1+15\%}+\frac{19.6}{(1+15\%)^2}+\frac{19.6}{(1+15\%)^3}+\frac{19.6}{(1+15\%)^4}+\frac{30.6}{(1+15\%)^5}$$

$$=16.17 \text{ 万元}$$

4. 名义利率和实际利率的关系如下：

(1+名义利率)=(1+实际利率)×(1+通货膨胀率)

(1) 则A国的实际利率为：(1+15%)/(1+100%)-1=-42.5%

(2) 则B国的实际利率为：(1+15%)/(1+5%)-1=9.52%

(3) 费雪效应的公式为：(1+名义利率)=(1+实际利率)×(1+通货膨胀率)，简化后：名义利率=实际利率+通货膨胀率+实际利率×通货膨胀率。若要实现名义利率=实际利率+通货膨胀率，则要求实际利率和通货膨胀率的乘积接近于0，即实际利率和通货膨胀率均较小。以前面的两个国家为例：B国的近似实际利率=15%-5%=10%，和真实情况相差不大；A国的近似实际利率=15%-100%=-95%，和真实情况的误差较大。

【科兴提示】2011年真题计算题第4题重新考查，直接送分。

5. (1) 表内加权风险资产总额=50×0%+300×0%+50×20%+100×50%+700×100%=760万元；

表外加权风险资产总额=100×20%×100+200×100%×50%+100×100%×20%=140万元；

则，总的风险加权资产=760+140=900万元。

(2) 根据2006年公布的《商业银行资本充足率管理办法》：

资本充足率=(资本-扣除项)/(风险加权资产+12.5倍的市场风险资本+12.5倍的操作风险资本)×100%=(70+30)/(900+12.5×10+12.5×20)×100%=100/1275×100%=7.8%

核心资本充足率=(核心资本-核心资本扣除项)/(风险加权资产+12.5倍的市场风险资本+12.5倍的操作风险资本)×100%=70/(900+12.5×10+12.5×20)×100%=5.5%

(3) 根据巴赛尔协议Ⅲ的要求，总资本充足率不低于8%，7.8%<8%，总资本充足率不足。核心资本充足率不低于4%，5.5%>4%，核心资本充足率充足。

6. 5.25%的年利率转化成月度利率为：5.25%÷4=0.4375%

每月的还款额为：$C=\dfrac{800000\times0.4375\%}{1-\dfrac{1}{(1+0.4375\%)^{360}}}=4417.63$ 元

剩余11年半的贷款是11.5×12=138期的年金，这些年金的现值为：

$$PV=\frac{4417.63}{0.4375\%}\times\left(1-\frac{1}{(1+0.4375\%)^{138}}\right)=456931.41 \text{ 元}$$

因此，你将获得的现金为1000000-456931.41=543068.59元。

【科兴提示】源于乔纳森·伯克《公司理财》课后习题第5章第15题。

三、论述与分析题(3题，每题10分，共30分)

1. (1) 有效市场假说认为，证券价格已经充分反映了所有相关的信息，资本市场相对于这个信息是及时有效的，任何人根据这个信息集进行交易都无法获得经济利润。根据对信息集大小的分类，效率市场假说又可以进一步分为以下3种：

① 弱式有效。指当前证券价格已经充分反映了全部能从市场交易数据中获得的历史信息，这些信息包括过去的价格、成交量、未平仓合约等。因为当前市场价格已经反映了过去的交易信息，所以弱式效率市场意味着根据历史交易资料进行交易是无法获取经济利润的。这实际上等同宣判技术分析无法击败市场。

② 半强式有效。指所有的公开信息都已经反映在证券价格中。这些公开信息包括证券价格、成交量、会计资料、竞争公司的经营情况、整个国民经济资料以及与公司价值有关的所有公开信息等。半强式效率

市场意味着根据所有公开信息进行的分析，包括技术分析和基础分析都无法击败市场，即取得经济利润。因为每天都有成千上万的证券分析师在根据公开信息进行分析，发现价值被低估和高估的证券，他们一旦发现机会，就会立即进行买卖，从而使证券价格迅速回到合理水平。

③ 强式有效。指所有信息都反映在股票价格中。这些信息不仅包括公开信息，还包括各种私人信息，即内幕消息。强式效率市场意味着所有分析都无法击败市场。因为只要有人得知了内幕消息，他就会立即行动，从而使证券价格迅速达到该内幕消息所反映的合理水平。这样，其他再获得该内幕消息的人就无法从中获利。

（2）违背有效市场假说的现象

当技术分析策略，比如动量和反转策略，能在市场赚取超额收益时，就违背了弱势有效市场。当基本面分析策略，比如多因子模型策略，能在市场赚取超额收益时，就违背了半强式有效市场。当有内幕消息的人能在市场赚取超额收益时，就违背了强式有效市场。

2.（1）对科创板企业进行估值时，存在不少难题：

① 未盈利。这些硬科技公司往往因为技术投入以及转换周期的原因，还未实现盈利。A 股惯用的 PE 估值法就会失效。

② 发展历史短。有望登录科创板的公司有不少是初创公司，存在着市场历史短、往年数据缺失的问题，这会使得传统估值法中的很多步骤都难以进行下去，也无法进行合理有效的现金流预测。

③ 横向比较困难。高科技企业多数在技术或者商业模式上具备巨大的创新，在某科技方面已经做到了国内的顶尖水平，很难在国内找到相似度较高的可比公司进行参照，若是采用相对估值模型进行横向比较可能会导致企业价值的低估。

（2）我认为科创板企业的估值并不过高，主要原因：

① 我国现在鼓励创新，大众创业，万众创新，而且，科技企业作为今日中国创新源泉和重要增长动力，一直以来都是国家重点支持的领域。但由于中国资本市场主板上市的条件所限，科创板推出之前，中国最优质的一批科技企业和互联网公司因为暂时未达到上市盈利门槛、不愿意低估值发行和牺牲灵活的股权制度，都选择了海外尤其是美国上市。现在国内推出科创板就是改变之前的不合理之处，因此具有高科技性质的企业受追捧也是应当的。

② 我国资本市场严重缺乏高科技企业，给予一个较高的估值也是合情合理。

③ 全球横向对比来看，科技含量高的企业普遍估值较高。

3.（1）社会融资规模与 M_2 作为一个硬币的两个面，虽然走势接近，但仍存在差异，这主要是由于两者统计的角度、范围和创造的渠道并不一致。

① 两者统计的角度不同。社会融资规模统计和反映的是整个金融体系的资产方（对应的是实体经济的负债方），M_2 统计的是金融机构的负债方（对应的是实体经济的资产方）；社会融资规模衡量的是货币如何被创造出来，M_2 衡量的是经济总共创造了多少货币。

② 两者统计的范围不同。社会融资规模统计涉及包括存款类和非存款类金融机构在内的整个金融体系提供的资金支持，M_2 则仅针对存款类金融机构提供的存款；社会融资规模统计的是住户部门和非金融企业部门获得的融资，M_2 则既包括住户和非金融企业部门的存款，也涵盖了非银机构的存款。

理论上，社会融资规模与 M_2 仅部分内容有对应关系，互有不对应项目，因而二者并不存在数量上的对等关系。

③ 两者创造的渠道有差异。外汇占款、财政投放、银行投放非银能够派生 M_2，但不能增加社会融资规模；股票、债券等直接融资，以及发放未贴现的银行承兑汇票和信托贷款等，能增加社会融资规模，但不能派生 M_2；银行发放人民币贷款、购买企业债等，以及银行投放非银（投向实体经济部分），既能派生 M_2，又能增加社会融资规模。

当前统计社会融资规模的原因在于：

① 社会融资规模有利于推动金融创新，扩大直接融资规模。贷款对利率敏感度较低，金融创新产品对利率敏感度较高，社会融资规模作为货币政策中介目标，有利于提高直接融资的比例。

② 社会融资规模与宏观经济、货币政策指标的相关性较高。其与 GDP、固定资产投资完成额、社会消费品零售总额、CPI 等主要经济指标，以及基础货币、利率等货币政策主要操作目标的关系密切。

③ 社会融资规模作为货币政策中介目标，符合国内金融经济发展的客观实际。社会融资规模涵盖多种金融机构、多个金融市场、表内和表外业务，可以更全面反映货币政策传导路径。

（2）2015 年我国 M_2增幅下降的原因有：

① 外汇占款同比下降。2015 年以来，外汇占款下降幅度屡创纪录，只有 1 月和 10 月外汇占款出现小幅上升，其余月份全部呈现下降状态。之前几年央行投放货币的主要渠道是外汇占款，外汇占款下降是广义货币供应量增幅下降的重要原因。

② 同业资金运用减少导致货币派生减少。2014 年以来，为有效防范和控制风险，监管部门规范金融机构同业业务，导致同业资金运用减少，货币派生相应减少。

③ 表外融资减少导致货币派生减少。由于经济增速下降，实体经济信贷需求有所减弱，表外融资需求相应减少，导致表外融资减少。同时，商业银行表外业务监管加强，部分表外融资逐渐向表内转移。表外融资减少导致货币派生相应减少，拉低了 M_2增速。

（3）金融去杠杆是社会融资规模与 M_2增速背离的主要原因有：

① 金融去杠杆导致银行体系投向非银金融机构的资金减少。银行购买非银机构发行的资管等金融产品将派生 M_2，但是否增加社会融资规模，则要看非银机构有没有将这笔资金投入实体经济。如果非银机构从银行体系拿到钱后没有投入到实体经济，就发生了资金空转，这时仅体现为 M_2增长而社会融资规模没有变化；只有非银机构将通过资管等产品融来的资金投入到实体经济，才能增加社会融资规模。

② 金融去杠杆导致表外融资渠道减少，货币创造的途径压缩。金融去杠杆导致表外融资渠道减少，虽然部分表外融资转移到表内(表现为银行信贷增加)，但贷款以外的表外融资压缩更多，货币派生的渠道被抑制，这使得 M_2增速下降。而萎缩的表外融资中有些没有统计到社会融资规模中去，或转移到社会融资规模统计的其他表外项目中(如信托贷款)，因此社会融资规模增速表现得相对平稳。

③ 金融部门在去杠杆，实体部门相对不明显。M_2增速下降意味着银行体系的负债下降，表明去杠杆主要发生在金融部门；而社会融资规模反映了实体经济获得的资金支持，社会融资规模增速平稳，意味着实体部门融资状况依然良好。

【科兴提示】2020 年上财 431 成绩普遍不错，一方面是因为题目比往年简单，另一方面也是因为大家的参考教材都用对了。计算题有 2 道源于乔纳森·伯克《公司理财》，还在用郭丽虹教材的同学未必能做对。所以，用对教材很重要。

浙江财经大学2020年金融学综合试题

一、简答题(每题10分，共70分)

1. 什么是货币市场，什么是资本市场？货币市场和资本市场各自主要有哪些类型的金融交易(或金融工具)？从资金融通的角度来说，这两种市场功能上的主要差异是什么？

2. 根据债券供求理论，在下列情况下，市场利率将发生怎样的变化？

(1) 下调股票交易印花税，股票市场变得更为繁荣。

(2) 股票市场波动性升高，公众对股票投资风险预期增强。

(3) 房地产市场交易火热，公众对未来房价上涨预期强烈。

(4) 政府增加公共投资，财政赤字扩大。

3. 简述商业银行应对流动性不足的方式，并从流动性管理的角度简要分析影响银行持有超额准备金数量的因素。

4. 中央银行和商业银行在货币供给过程中各自发挥了什么作用？它们的行为如何影响经济中的货币总量？

5. 什么是债券市场的收益率曲线(也就是利率的期限结构)？常态下的收益率曲线有什么特征？如何解释这种特征？

6. 什么是欧式期权与美式期权？请写出无收益资产的欧式看涨期权 Black-Scholes 定价公式。

7. 什么是系统性风险？什么是非系统性风险？什么是分离定理？马科维茨(Markowitz)资产定价理论中收益-风险权衡分析所刻画的风险是系统性风险和非系统性风险中的一种还是全部两种风险？请回答以上问题，并画图表示马科维茨(Markowitz)资产定价理论中的有效前沿(边界)。

二、计算题(3题，共40分)

1. 已知某股票当期支付股利为 D，股利的预期增长率为 g，股票的市场预期折现率(市场收益率)为 r，当前股票的市场交易价格为 P。

(1) 试求该股票的固定增长股利贴现模型公式(3分)，并介绍该公式是如何求解得到的(10分)；

(2) 假设某一上市公司的股票在一年以后支付的股利为1元，而且在可预测的将来，股利以每年5%的比率增长。如果市场认为该公司的股票预期收益率为7%，求该股票的市场价格(3分)。

2. 已知某上市公司的一个投资项目具有如下预期现金流(CF)和净利润(NI)(单位：元)：

第0年：$CF=-140000$

第1年：$CF=63000$；$NI=13000$

第2年：$CF=78000$；$NI=2000$

第3年：$CF=90000$；$NI=20000$

该项目依据其风险水平的必要回报率为9%。

(1) 根据净现值法(NPV)，该项目是否具有投资的价值？

(2) 如果公司决定该项目需要在两年内回本，否则判断该项目不具有投资价值。根据折现回收期法，该项目是否具有投资的价值？(8分)

3. 假设美元兑人民币汇率为CNY7.0216-75/USD，美元兑欧元的汇率为EUR0.9031-74/USD，求人民币兑欧元的汇率。(结果保留四位小数)(8分)

三、论述题(每题20分，共40分)

1. 关于货币政策传导机制，请分析并回答以下问题：

(1) 货币政策影响实体经济的传导机制有哪些？

(2) 近两年中国人民银行多次强调要疏通和完善货币政策传导机制，你觉得应该从哪些方面做出努力才能达成这一目标？请谈谈你的看法。

2. 关于货币政策目标，请分析并回答以下问题：

(1) 一般来说，货币政策的一个主要目标是稳定物价。除此以外，货币政策可能还有哪些方面的目标？中央银行在处理物价稳定和其他目标之间的关系时会遇到什么问题？

(2) 分析阶梯目标制和双重目标制有什么区别？双重目标制有什么好处，又会带来什么问题？从20世纪90年代以来，新西兰、加拿大、英国等不少国家实施了通货膨胀目标制的货币政策战略。这种战略在本质上是属于阶梯目标制，请分析这种战略的优点以及可能存在的缺陷。

(3) 2019年3月以来，我国宏观经济运行表现出了如下特征：第一，从物价来看，我国居民消费价格指数(CPI)持续上升，10月份同比涨幅已经达到3.8%(这主要源自食品价格上涨，其中最主要又是源自猪肉价格上涨)，工业生产者出厂价格指数(PPI)又在持续下降，10月份同比涨幅为1.6%；第二，从经济增长率来看，按不变价格计算的季度GDP与去年同季比的增幅在前三个季度持续下降，到第三季度同比增幅已降低到6.0%。不考虑其他条件，就我国上述宏观经济状况而言，在双重目标制和阶梯目标制这两种不同战略下各自应该采取什么样的货币政策？采取这样的政策可能导致什么样的结果？请给出你的分析。

浙江财经大学2020年金融学综合试题解析

一、简答题(每题10分，共70分)

1. (1)货币市场是期限在一年以内的短期金融资产交易的市场。货币市场上的主要有票据贴现、银行同业拆借、短期债券、大额存单、回购等交易。资本市场是融资期限在一年以上的长期资金交易市场。资本市场上主要有股票、债券和投资基金等交易。

(2) 货币市场和资本市场在功能上有很大差异：

① 货币市场活动主要是为了保持资金的流动性，以便随时可以获得现实的货币。它既满足了资金需求者的短期资金需求，又为资金盈余者的暂时闲置资金提供了获取盈利的机会。更为重要的是，货币市场是中央银行增减基础货币、调控货币流通量的重要场所。货币市场的完善程度直接影响了中央银行货币政策实施的效果。

② 资本市场的主要功能是促进资本的形成，它有效地动员民众的储蓄，将其合理地分配于经济部门。资本市场的完善与否，影响到一国的投资水平、资源的合理分配和使用，从而影响到国民经济的协调发展。

2. (1)下调股票印花税，作为替代投资产品的债券投资机会回报率下降，债券供给下降，可贷资金需求下降，利率下降。

(2) 股票市场波动性增强，作为替代投资产品的债券投资机会回报率上升，债券供给上升，可贷资金需求上升，利率上升。

（3）房地产火爆，则财富上升，债券需求上升，可贷资金供给上升，利率下降。

（4）财政赤字上升，债券供给增加，可贷资金需求上升，利率上升。

3.（1）一般来说，当银行最初遇到流动性问题时，可以采取以下措施。

① 从银行同业借款。但是一旦市场上获知该银行遇到流动性危机，则很难再从市场上获得资金，否则，融资成本会相当高。

② 实现存款的多元化。但是，这一措施发生作用要相当长的时间，远水难解近渴。

③ 停止发放贷款。该措施在短期内会发生作用，但停止放款会使银行最终失去利润、市场份额和公众对它的信心。

④ 出售资产。该措施也可以在短期内发挥作用。但是，一般来讲容易出售的资产都是质量较好的资产，而剩下的都是缺乏流动性和质量差的资产，那么如果问题严重的话，银行的盈利性和清偿能力都会受到影响。

⑤ 资产证券化。通过这种机制银行可以在短期内通过出售证券化资产而获得流动性。但是从长远的角度来看，如果借款人最后不能履约，这种做法并不能使银行免于承担损失。

⑥ 股东的支持。通过股东追加资本或者把股东在银行的存款转为期限较长的次级债务，有利于改善银行的盈利性和流动性。

⑦ 处理好与媒体的关系，尽量限制对银行不利的传闻。

⑧ 最后使用中央银行的最后贷款人的便利。

上述措施都有各自的局限性，因此应考虑银行的具体情况，采用不同的措施组合，从而找出副作用最小的方案。

（2）从流动性管理的角度而言影响超额准备金的因素：①同业拆借率。当银行的同业拆借相对困难时，商业银行为保证及时支付，会适当保留超额准备金。②央行的再贴现再贷款政策。当预期央行的再贷款再贴现困难时，商业银行会保持适度的超额准备。③银行资本充足率。当资本充足率不足时，商业银行会减少贷款增加储蓄，增加超额准备金率。

4.（1）商业银行在货币供给中的作用

商业银行是办理活期存款的银行，为企业、事业单位办理转账结算。商业银行以转账结算发放贷款时，会增加新存款——派生存款。派生存款是指商业银行通过发放贷款、购买有价证券等方式创造的存款。新存款被贷出去，又形成新存款，这样存贷、贷存反复进行，派生出大量的存款，为流通中增加货币供应。但商业银行的派生能力要受客户提取现金、银行保留超额准备金的限制。

（2）中央银行的作用

① 作为银行的银行，中央银行向商业银行提供贷款，这相当于增加商业银行的原始存款，可以扩大其派生存款能力。

② 中央银行可以调低存款准备率，这也等于扩大了商业银行的实际可用存款额，可以增加派生存款数。

③ 中央银行增加现金发行，相当于商业银行增加原始存款，可以扩大派生存款。

（3）由于中央银行的作用，商业银行有可能适应经济需要不断扩大派生能力。中央银行实际上是为商业银行提供派生的原动力，商业银行则通过贷款等资金运用派生出存款，增加货币供给。在货币供给中，中央银行和商业银行相互联系、共同操作，以调节货币供给量。

5.（1）利率期限结构是指风险相同，期限不同的债券与其收益率之间的关系，它可以用债券的收益率曲线来表示。债券的收益率曲线是指在一个以利率为纵轴，期限为横轴的坐标系中，把期限不同、但风险、流动性和税收等其他因素都相同的债券的收益率连成的一条曲线。收益率曲线可以分为向上倾斜、向下倾斜和平坦三种形状。

（2）一般收益率曲线有三个特点：①长期利率会随短期利率变动而变动。②当收益率曲线向上倾斜时，长期利率高于短期利率；当收益率曲线平缓时，长期利率等于短期利率；当收益率曲线向下倾斜时，短期利率高于长期利率。③一般来讲，收益率曲线大多是向上倾斜的。

（3）目前，主要有三种理论解释利率的期限结构，它们是预期理论、分割市场理论和流动性溢价理论。其中，只有流动性溢价理论可以解释以上收益率曲线的所有特点：

① 随着时间的推移，到期期限不同的债券的利率有同向运动的趋势。短期利率上升意味着未来短期利率的平均值更高，因此上面公式的第一项表明长期利率将随着短期利率的上升而上升。

② 如果短期利率较低，收益率曲线倾向于向上倾斜；如果短期利率较高，收益率曲线通常是翻转的。一般来说，当短期利率较低时，人们通常预期未来短期利率将上升到其正常水平，未来短期利率预期的平均值高于当前的短期利率。此外加入正的流动性溢价，长期利率会大大高于当前的短期利率，收益率曲线呈现陡峭的向上倾斜的形状。相反，如果短期利率较高，投资者通常预期短期利率未来将回落。由于未来短期利率的平均值会远远低于当前的短期利率，虽然存在正的流动性溢价，但长期利率仍然会低于短期利率，收益率曲线向下倾斜。

③ 一般来讲，收益率曲线大多是向上倾斜的。由于投资者更偏好短期债券，因此流动性溢价随着到期期限的延长而上升，即使预期未来短期利率的平均值不变，长期利率也仍然高于短期利率，因此，典型的收益率曲线是向上倾斜的。当预期未来短期利率的下降幅度非常大，以至于预期未来短期利率的平均值远远低于目前的短期利率水平时，即使正的流动性溢价增加到这个平均值中，所得到的长期利率仍然低于目前的短期利率。

6.（1）期权按照行权方式分为欧式期权和美式期权。对于欧式期权，买方持有者只能在到期日选择行权。对于美式期权，买方可在成交后、到期日之前的交易时段选择行权。

（2）我们可以用 B-S 模型来精确度量期权的价值。一个不付红利的欧式看涨期权的定价公式为：

$$c=SN(d_1)-Xe^{-r(T-t)}N(d_2)$$

其中：

$$d_1=\frac{\ln(S/X)+(r+\sigma^2/2)(T-t)}{\sigma\sqrt{T-t}}$$

$$d_2=\frac{\ln(S/X)+(r-\sigma^2/2)(T-t)}{\sigma\sqrt{T-t}}=d_1-\sigma\sqrt{T-t}$$

式中，T 表示期权的到期时间；t 表示现在的时间；r 表示无风险利率；σ 表示波动率；S 表示期权的价格；X 表示期权的执行价格。$N(x)$ 表示标准正态分布变量的累计概率分布函数。该公式可理解为：看涨期权价格=最终股票价格的期望现值-期权执行价格的期望现值。

7.（1）系统性风险是指由于公司外部、不为公司所预计和控制的因素造成的风险。通常表现为国家、地区性战争或骚乱，全球性或区域性的石油恐慌，国民经济严重衰退或不景气，国家出台不利于公司的宏观经济调控的法律法规，中央银行调整利率等。这些因素单个或综合发生，导致所有证券商品价格都发生动荡，它断裂层大，涉及面广，人们根本无法事先采取某针对性措施于以规避或利用，即使分散投资也丝毫不能改变降低其风险，从这一意义上讲，系统性风险也称为分散风险或者称为宏观风险。

非系统性风险是由股份公司自身某种原因而引起的证券价格下跌的可能性，它只存在于相对独立的范围，或者是个别行业中，它来自企业内部的微观因素。这种风险产生于某一证券或某一行业的独特事件，如破产、违约等，与整个证券市场不发生系统性的联系，这是总的投资风险中除了系统风险外的偶发性风险，或称残余风险。

（2）分离定理认为，投资者对风险和收益的偏好状况与该投资者最优风险资产组合的构成是无关的。也就是说，融资的方式（即无风险资产的数量）依赖于投资者对风险的回避程度。风险回避程度高的投资者将贷出更多的无风险资产；风险回避程度低的投资者将借入资金更多地投资于市场组合。

（3）马科维茨资产定价理论中收益-风险权衡分析所刻画的风险是总风险，包含系统性风险和非系统性风险两种。该理论认为，对于相同风险水平，他们会选择能提供最大预期收益率的组合；对于相同的预期收益率，他们会选择风险最小的组合。能同时满足这两个条件的投资组合的集合就是有效边界。有效边界是可行集的一部分，如图 1 所示，EA 两点之间的连线就是有效边界。

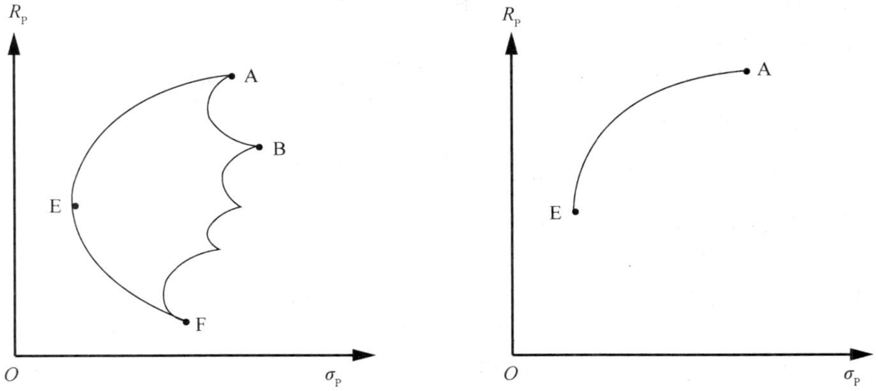

(a)可行集　　　　(b)有效边界

图 1

二、计算题(3 题，共 40 分)

1. (1)股票的固定增长股利贴现模型公式为：

$$P_0=\frac{D(1+g)}{r-g}=\frac{D_1}{r-g}$$

具体推导如下：

$$\begin{aligned}P_0 &= \frac{D_1}{1+r}+\frac{D_2}{(1+r)^2}+\frac{D_3}{(1+r)^3}+\cdots+\frac{D_t}{(1+r)^t}=\sum_{t=1}^{\infty}\frac{D_t}{(1+r)^t}\\ &=\frac{D(1+g)}{1+r}+\frac{D(1+g)^2}{(1+r)^2}+\cdots+\frac{D(1+g)^{\infty}}{(1+r)^{\infty}}\\ &=D\left[\frac{1+g}{1+r}+\left(\frac{1+g}{1+r}\right)^2+\cdots+\left(\frac{1+g}{1+r}\right)^{\infty}\right]\\ &=D\left[\frac{(1+g)/(1+r)-[(1+g)/(1+r)]^{\infty}}{1-[(1+g)/(1+r)]}\right]=\frac{D(1+g)}{r-g}\end{aligned}$$

(2) 将 $D_1=1$，$g=5\%$，$r=7\%$代入上面的固定增长的股利贴现模型可得：

$$P_0=\frac{D_1}{r-g}=\frac{1}{7\%-5\%}=50\text{ 元}$$

2. (1)根据 NPV 法则，可得：

$$NPV=-140000+\frac{63000}{1.09}+\frac{78000}{1.09^2}+\frac{90000}{1.09^3}=52945.72\text{ 元}$$

NPV 大于 0，因此该项目具备投资价值。

(2) 我们根据折现投资回收期法可得每期的折现现金流为：

$$CF_0=-140000$$

$$CF_1=\frac{63000}{1.09}=57798.17\text{ 元}$$

$$CF_2=\frac{78000}{1.09^2}=65651.04\text{ 元}$$

$$CF_3=\frac{90000}{1.09^3}=69496.51\text{ 元}$$

前三年的折现现金流量现值之和大于 140000，可见投资回收期略小于 3 年，具体为：

$$\text{投资回收期}=2+\frac{140000-57798.17-65651.04}{69496.51}\approx 2.24\text{ 年}$$

大于公司设定的投资回收期2，因此该项目不具备投资价值。

3. 我们先把汇率写成熟悉的格式：

$$USD1 = CNY7.0216 \sim 7.0275 \quad USD1 = EUR0.9031 \sim 0.9074$$

在两个汇率算式中，美元均为单位货币，则交叉相除就可以求出人民币兑欧元汇率：

$$CNY1 = EUR\frac{0.9031}{7.0257} \sim \frac{0.9074}{7.0216} = EUR0.1285 \sim 0.1292$$

三、论述题(每题20分，共40分)

1. (1)常见的货币政策传导渠道有：

① 凯恩斯学派的货币政策传导机制为：货币政策工具→M→r→I→E→Y，式中，M为货币供应量，r为利率；I为投资；E为总支出；Y为总收入。凯恩斯学派主要观点：凯恩斯主义是把利率看作货币政策传导机制的核心，他们认为，直接对产量、就业和国民收入产生影响的是投资，而货币对经济增长的影响是间接的，货币变动只有通过改变利率从而改变投资需求，才能引起国民收入等因素的变动。其中利率是指真实利率，而非名义利率。

② 货币主义的货币政策传导机制为：货币政策工具→M→FA→H→Y，式中，M为货币供应量；FA为金融资产；H为实物资产；Y为产出。该理论认为在现实中存在极为稳定的货币需求函数，如果中央银行实施扩张性货币政策，人们会发现其所持有的名义货币余额较其希望持有的数额要多。这时人们会把增加的货币转向其他资产，引起金融资产价格上涨，并进一步扩大到实物资产领域，导致实物资产价格上涨，刺激生产者增产，使名义收入和产出增加。

③ 资产负债表传导机制为：M→Pe→NW→L→I→Y，式中，M为货币供应量；Pe为股票价格；NW为企业资产净值；L为贷款量。该理论认为由于信贷市场信息的不对称，逆向选择和道德风险难以避免。银行在不能完全掌握借款人信息的情况下，会参考借款人的资产负债表状况决定信贷决策。另外，可作为抵押物的资产数量越多，也越易于获得贷款支持。如中央银行实施扩张性货币政策，将导致利率下降，股票价格上升，企业资产净值增加，进而可用于抵押的资产价值上升，资产负债表状况改善，信贷市场的逆向选择和道德风险问题减少，有效信贷需求增加，银行增加信贷供给。这样便会促进投资和产出。

④ 托宾的q值传导机制为：M→Pe→q→I→Y，式中，M为货币供应量；Pe为股票价格；q为资本比值；I为投资；Y为收入。q值，为企业资本的市场价值与企业的重置成本之比。如果q值较高，说明企业市值较高，上市公司通过增发股票，能在股票上得到一个比他们准备购买的厂房和设备更高的价格。因此，通过发行股票筹资扩大生产规模的意愿增强，企业投资支出增加。如果q值较低，企业就不会购买新的投资品，而是以低价去购买其他企业而得到已经存在的资本，这种情况就单个企业来看资本是增加了，但从整个社会来看，只是资本存量的转移，新投资品的购买将会很少。

(2) 我认为疏通和完善货币政策传导机制，要从以下几个方面着手：

① 资金补给要定向扩大。目前，货币市场流动性已经合理充裕，长期在政策利率上方坚挺的市场利率开始围绕政策利率上下浮动，呈现更加双向对称的浮动性。针对结构性矛盾，需要结构性安排，将资金定向配置到薄弱环节和政策重点，同时避免大水漫灌和金融空转。

② 资本约束要有效缓解。应当看到，银行体系受到资本约束信号是一大进步，但同时有收就要有放，关键是用足用好市场化的资本规划和管理机制。比如，充分利用透明规范的信贷流转和信贷资产证券化，实现资本节约；灵活利用多样化的债务和权益工具，支持一级和二级资本补充；有条件地加快不良贷款处置、资产重组和债转股落地，优化资本效益。

③ 资产配置要结构优化。不仅关注短期绩效，更要关注长期绩效。不仅关注资产绝对收益，更要关注经风险调整后的收益。用心做好资产负债在流动性、期限、货币、集中度、杠杆等方面的管理。压缩过度的批发融资和股权投资，清理资产负债表。

④ 资质门槛要有序降低。对大企业的借贷偏好是系统性的，有信息不对称选择、综合成本、考核压力等多种原因，有其客观合理性。为此，系统性地纠偏必然要求：有关中小微企业融资的外部考核和内部考核适度解压，相关指标与大企业信贷要有合理差异化；通过政策性融资担保体系提供定向担保、有限担

保、效益共享担保，降低小微企业信贷的风险效益比；逆势发展小型正规金融，压缩非正规金融的负面空间。

⑤ 资信措施要持续强化。从政府和金融中介两头合力，持续挖掘企业信用的市场化评价机制，降低信息不对称。包括鼓励市场隐含评级应用；鼓励大数据共享应用；鼓励金融机构提供供应链融资等融资方式，降低对客户传统资产抵押的依赖。

2.（1）除了物价稳定外，央行的货币政策还有 5 大目标：①高就业。摩擦性失业对经济有利，而结构性失业对经济不利。②经济增长。与高就业目标相关，失业率高时工厂处于闲置状态从而使企业不愿意增加对固定资产的投资。③金融市场稳定。金融危机会干扰金融市场向具有生产性投资机会的人输送资金的能力。④利率稳定。利率上升导致长期债券和抵押贷款出现严重的资本损失，使持有机构出现破产危险。⑤外汇市场稳定。布雷顿森林体系的余威。

虽然物价稳定在长期与其他目标一致，但短期内常与高就业和利率稳定目标相冲突，如果经济扩张期失业率下降，经济体可能过热而导致通货膨胀率上升，央行为了稳定物价水平将提高利率，防止经济过热。

（2）阶梯目标指只有实现物价稳定的情况下才能追求其他目标。双重目标将物价稳定和就业最大化两个目标放到平等地位上。

双重目标制的优点在于，只要物价稳定是长期而非短期目标，中央银行就可以允许通货膨胀率在短期内偏离长期目标，减少产出波动的目标。然而，如果在双重目标制下，中央银行为增加产出和就业可以实施短期扩张性政策，而不必担心对通货膨胀的长期影响，时间不一致问题就会出现。

通货膨胀目标制的优点：

① 减少时间不一致性问题。公布显性的、量化的通货膨胀指标，可以防止央行为了在短期增加产出推行过分扩张的货币政策，从而降低了央行时间不一致性问题。

② 提高了透明度。通货膨胀目标制高度重视决策制定的透明度以及与公众的定期沟通。

③ 增强可信度。中央银行必须以其公布的通货膨胀指标向公众和政府负责，而且预先公布并且定义清楚的通货膨胀指标可以用来评价货币政策的实施效果。

通货膨胀目标制的缺点：

① 信号迟滞。货币当局不易于控制通货膨胀率。而且，由于货币政策效应具有滞后性，只有在很长一段时滞后，通货膨胀的效果才能显露。于是，通货膨胀目标制不能及时向公众和市场发送关于货币政策动向的信号。

② 过于僵化。通货膨胀目标制给货币政策的制定者规定了严格的规则，限制了对无法预见情况作出反应的判断力。

③ 增加产出波动的可能性。认为当通货膨胀率高于指标值时，只关注通货膨胀可能导致过分紧缩的货币政策，进而可能造成较大的产出波动。

④ 低经济增长。在降低通货膨胀率时会导致产出的低增长。

（3）由于目前 CPI 上涨幅度高于 PPI 上涨幅度，在双重目标制度下政府应采用积极性的货币政策在短期刺激经济增长，而不必考虑通货膨胀的长期影响，这会导致时间不一致问题。在阶梯目标制下，由于通胀水平较高，政府应优先追求物价稳定目标而采用紧缩性的货币政策。但是这种政策的实施可能会导致严重的产出波动。

【科兴点评】浙江财经大学 431 参考书目是米什金的《货币金融学》和罗斯的《公司理财》。就 2020 年的命题来看，金融学部分很多知识点都只在米什金的教材才会出现，比如简答题的第 2 题、第 5 题和论述题的第 2 题。这就说明了这本教材在备考时的独特性。至于罗斯的教材体现得并不明显，而且题目比较基础。

中国科学技术大学 2020 年金融学综合试题

一、名词解释(6 题，每题 5 分，共 30 分)

1. 银行承兑汇票
2. 互换
3. 米德冲突
4. 国际游资
5. 对冲基金
6. 金融抑制

二、简答题(4 题，每题 10 分，共 40 分)

1. 简述汇率变化与对外贸易、物价和资本流动的关系。
2. 简述通货紧缩的社会经济效应。
3. 简述《新巴塞尔协议》三大支柱。
4. 简述货币政策和财政政策的搭配模式。

三、计算题(80 分)

1.(15 分)某公司正在比较三项不同的资本结构，计划 1：发行 1500 股股票和 20000 元负债；计划 2：发行 1100 股股票和 30000 元负债；全权益计划 3：发行 2300 股股票。假定债券的利息率为 10%，假定公司税率是 40%，请回答如下问题：

(1) 如果息税前利润为 EBIT 为 12000 元，请比较三个计划的每股权益 EPS。

(2) 计划 1 和计划 2 与全权益计划 3 所对应的盈亏平衡点 EBIT 水平分别是多少？

(3) 如果忽略税收因素，即税收为零，请问计划 1 和 2 的每股价格应该是多少？用什么原理可以阐述上述现象？

2.(15 分)某基金经理考虑投资于三个共同基金：股票基金(S)，公司债基金(B)以及短期国债货币基金。风险组合的期望收益与标准差如下表所示：

	期望收益(%)	标准差(%)
股票型基金(S)	20	30
公司债基金(B)	12	15
短期国债货币基金	8	0

基金收益率之间的相关系数为 0.1，请回答如下问题：

(1) 两种风险基金(S，B)的最小方差投资组合比例是多少？

(2) 上述投资组合期望收益率的期望值和标准差各是多少？

(3) 如果投资者的投资组合的期望收益率是 14%是有效的，并且在最优可行资本市场线上，请问该投资组合的标准差是多少？

3.(20 分)市场上两个给定市场状态下，市场收益率以及两只股票(A 和 B)的期望收益率如下表所示：

	市场收益率	激进型股票(A)	保守型股票(B)
市场状态 1	5%	−2%	6%
市场状态 2	25%	38%	12%

(1) 两只股票的 β 值各是多少？

(2) 如果两种市场状态的可能性相同，请问两只股票的期望收益率各是多少？

（3）如果国债利率是6%，两种状态出现的可能性相同，请给出整个市场状态的证券市场线。

（4）每只股票的 α 值各是多少？

4.（15分）某上市公司的股票刚刚支付了2.75元的股利，公司股利预计将以每年6%的速度增长率无限期增长。投资者在前三年对该股票所要求的收益率（必要收益率）为16%，接下来的3年内要求的收益率是14%，之后每年要求11%的必要收益率，请问该公司股票当前的价格应该是多少？

5.（15分）某股票的当前价格是50美元，在未来6个月里，预期每3个月股票价格或上涨6%或下跌5%。无风险利率是5%（考虑连续复利情况）。请问：执行价格为51美元，6个月期的欧式看涨期权和看跌期权的价格分别为多少？

中国科学技术大学2020年金融学综合试题解析

一、名词解释（6题，每题5分，共30分）

1. 银行承兑汇票是由在承兑银行开立存款账户的存款人出票，向开户银行申请并经银行审查同意承兑的，保证在指定日期无条件支付确定的金额给收款人或持票人的票据。对出票人签发的商业汇票进行承兑是银行基于对出票人资信的认可而给予的信用支持。银行承兑汇票适用于具有真实贸易背景的、有延期付款需求的各类国有企业、民营企业、医疗卫生、机关学校等单位。

2. 互换是一种约定两个或两个以上的当事人按照协议条件及在约定的时间内交换一系列现金流的衍生工具。互换通常包括利率互换和货币互换。利率互换是指双方同意在未来的一定期限内根据同种货币的同样的名义本金交换现金流，其中一方的现金根据浮动利率计算出来，而另一方的现金流根据固定利率计算。货币互换是指将一种货币的本金和固定利息与另一货币的等价本金和固定利息进行交换。

3. 米德冲突是指在许多情况下，单独使用支出调整政策或支出转换政策而同时追求内、外均衡两种目标的实现，将会导致一国内部均衡与外部均衡之间冲突。在米德的分析中，内外均衡的冲突一般是指在固定汇率下，失业增加、经常账户逆差或通货膨胀、经常账户盈余这两种特定的内外经济状况组合。

4. 国际游资，也叫热币、热钱，是指在国际间频繁流动，以追逐短期汇率、利率、股票市场与其他金融市场价格波动的短期资本，是国际短期资本中最活跃的部分。国际游资是加剧国际金融市场动荡，冲击各国经济，加深资本主义货币信用危机的重要因素。

5. 对冲基金意为"风险对冲过的基金"，起源于20世纪50年代初的美国。当时的操作宗旨在于利用期货、期权等金融衍生产品以及对相关联的不同股票进行空买空卖、风险对冲的操作技巧，在一定程度上可规避和化解投资风险。经过几十年的演变，对冲基金已失去其初始的风险对冲的内涵。如今，对冲基金已成为一种新的投资模式的代名词，即基于最新的投资理论和极其复杂的金融市场操作技巧，充分利用各种金融衍生产品的杠杆效用，承担高风险、追求高收益的投资模式。

6. 金融抑制，指政府通过对金融活动和金融体系的过多干预抑制了金融体系的发展，而金融体系的发展滞后又阻碍了经济的发展，从而造成了金融抑制和经济落后的恶性循环。这些手段包括政府所采取的使金融价格发生扭曲的利率、汇率在内的金融政策和金融工具。在发展中国家中受到抑制的金融体系有两个显著表现：金融市场不健全和金融工具单调。

二、简答题（4题，每题10分，共40分）

1.（1）汇率与外贸进出口：一般而言，本币汇率下降可以起到抑制进口、刺激出口的作用，有助于改善贸易状况；反之，则不利于贸易平衡。这必须有一个伴随的条件，即进出口需求有价格弹性——进出口品的需求会由于进出口品价格的变动而变动。

（2）汇率与物价：本币汇率下降有可能引起国内进口消费品和原材料价格的上涨，如果进口消费品和原材料在本国经济发展中所占比重较大，可能会对其他商品的价格上涨起到拉动作用。反之，本币汇率上升，有助于抑制国内物价上涨。

（3）汇率与资本流动：汇率变动对长期资本流动的影响较小，因为长期资本主要以利润和风险为转移。汇率变化对短期资本流动的影响较大，本币汇率下降可能引起短期资本外流，从而进一步加剧本币汇率的下跌。

2. 通货紧缩的社会经济效应包括：

（1）对投资的影响。通货紧缩会使得实际利率有所提高，社会投资的实际成本随之增加，从而产生减少投资的影响。同时在价格趋降的情况下，投资项目预期的未来重置成本会趋于下降，就会推迟当期的投资。另一方面，通货紧缩使投资的预期收益下降，这就使投资倾向降低。通货紧缩还经常伴随着证券市场的萎缩。

（2）对消费的影响。物价下跌对消费有两种效应：一是价格效应。物价的下跌使消费者可以用较低的价格得到同等数量和质量的商品和服务，而将来价格还会下跌的预期促使他们推迟消费。二是收入效应。就业预期和工资收入因经济增幅下降而趋于下降，收入的减少将使消费者缩减消费支出。

（3）对收入再分配的影响。通货紧缩时期的财富分配效应与通货膨胀时期正好相反。在通货紧缩情况下，虽然名义利率很低但由于物价呈现负增长，实际利率会比通货膨胀时期高出很多。高的实际利率有利于债权人，不利于债务人。

（4）对工人工资的影响。在通货紧缩情况下，如果工人名义工资收入的下调滞后于物价下跌，那么实际工资并不会下降；如果出现严重的经济衰退，往往会削弱企业的偿付能力，也会迫使企业下调工资。

（5）通货紧缩与经济成长。多数情况下，物价疲软、下跌与经济成长乏力或负增长是结合在一起的。

3. 新巴塞尔协议三大支柱是：最低资本要求、监管部门的监督检查、市场约束。

（1）最低资本要求。新协议延续了以资本充足率为核心的监管思路，将资本金要求视为最重要的支柱。根据新协议的要求，有关资本比率的分子（即监管资本构成）的各项规定保持不变。同样，8%的最低比率也保持不变。新协议的修改重点体现在对风险资产的界定方面，即修改反映银行各类风险的计量方法。

（2）监管部门的监督检查。新巴塞尔协议强化了各国金融监管当局的职责，强调银行和监管当局都应提高风险评估能力，并提出了较为详尽的配套措施。

（3）市场约束。新协议更多地从公司治理的角度来看待银行，强调以市场的力量来约束银行。使市场纪律发挥作用的重要手段就是制定一套信息披露规定，以便市场参与者掌握有关银行的风险轮廓和资本水平的信息。

4. 财政政策与货币政策的配合使用，一般有四种模式：

（1）扩张性的财政政策和扩张性的货币政策，即“双松”政策。“松”的财政政策是指通过减少税收和扩大政府支出规模来增加社会的总需求。“松”的货币政策是指通过降低法定准备金率、降低利息率而扩大货币供给。“双松”政策积极效应是在社会总需求严重不足，生产能力和社会资源未得到充分利用的情况下，可以刺激经济的增长，扩大就业，但却会带来通货膨胀的风险。这种配合模式适用于经济严重萧条时，用扩张财政增加总需求。

（2）紧缩性的财政政策和紧缩性的货币政策，即“双紧”政策。“紧”的财政政策是指通过增加税收、削减政府支出规模来限制消费与投资，抑制社会的总需求。“紧”的货币政策是指通过提高法定准备金率、提高利率来压缩货币供给量。这种组合适用经济处于严重通货膨胀和经济过热的情况。

（3）扩张性的财政政策和紧缩性的货币政策。在经济增长减缓以至于停滞而通货膨胀压力很大的情况下或者经济结构失调与严重通货膨胀并存的情况下，采用这种政策搭配模式较好。“松”的财政政策在于刺激需求，对克服经济萧条较为有效。“紧”的货币政策可以避免过高的通货膨胀率。因此，这种政策组合的效应是在保持经济适度增长的同时尽可能地避免通货膨胀。但长期运用这种政策组合，会积累起巨额的财政赤字。

（4）紧缩性的财政政策和扩张性的货币政策。当经济中出现货币发行过多但还未演变为通货膨胀时为了经济的稳定发展，不应急于收紧银根，回笼货币，应选择“紧”财政与“松”货币的搭配组合。“紧”的财政政策可以抑制社会总需求，防止经济过旺和通货膨胀；“松”的货币政策在于保持经济的适度增长。因此，这种政策组合的效应就是在控制通货膨胀的同时，保持适度的经济增长，但货币政策过松，也难以制止通货膨胀。

三、计算题(80分)

1.(1)在有公司税的情况下每种计划的 EPS 如下：

$$EPS_1=\frac{(12000-20000\times10\%)\times(1-40\%)}{1500}=4\text{ 元/股}$$

$$EPS_2=\frac{(12000-30000\times10\%)\times(1-40\%)}{1100}=4.91\text{ 元/股}$$

$$EPS_3=\frac{12000\times(1-40\%)}{2300}=3.13\text{ 元/股}$$

(2) 计划1和计划3对应的盈亏平衡点的 $EBIT_1$ 为：

$$\frac{(EBIT_1-20000\times10\%)\times(1-40\%)}{1500}=\frac{EBIT_1\times(1-40\%)}{2300}\Rightarrow EBIT_1=5750\text{ 元}$$

计划2和计划3对应的盈亏平衡点的 $EBIT_2$ 为：

$$\frac{(EBIT_2-30000\times10\%)\times(1-40\%)}{1100}=\frac{EBIT_2\times(1-40\%)}{2300}\Rightarrow EBIT_1=5750\text{ 元}$$

(3) 在忽略税收的情况下，根据无税 MM 定理1可知，资本结构对公司价值没有影响。因此，计划1和计划2的负债与权益的价值的合计即公司价值应该相等，所以满足等式：$1500\times P+20000=1100\times P+30000\Rightarrow P=25$ 元/股。

【科兴提示】本题是由罗斯《公司理财》第9版第16章课后习题改编。第9版相对第11版，课后习题多出不少。

2.(1)根据题意可得：$\text{cov}(r_S,\ r_B)=\rho_{SB}\times\sigma_S\times\sigma_B=0.1\times30\%\times15\%=0.0045$，最小方差资产组合的风险资产权重由下式给出：

$$W_{\min}(S)=\frac{\sigma_B^2-\text{cov}(r_S,\ r_B)}{\sigma_s^2+\sigma_B^2-2\text{cov}(r_S,\ r_B)}=\frac{0.0225-0.0045}{0.09+0.0225-2\times0.0045}=0.1739$$

$$W_{\min}(B)=1-0.1739=0.8261$$

(2)最小方差风险资产组合的期望均值和标准差分别为：

$$E(r_{\min})=0.1739\times20\%+0.8261\times12\%=13.39\%$$

$$\begin{aligned}\sqrt{\sigma_{\min}^2}&=\sqrt{W_S^2\sigma_S^2+W_B^2\sigma_B^2+2W_SW_B\text{cov}(r_S,\ r_B)}\\&=\sqrt{0.1739^2\times0.09+0.8621^2\times0.0225+2\times0.1739\times0.8621\times0.0045}\\&=13.92\%\end{aligned}$$

(3) 即确定无风险资产与最优风险组合的比例，求解过程如下：

假设风险资产组合的比例为 y，则有：$14\%=(1-y)\times15.61\%+y\times8\%$，计算可得 $y=78.84\%$。

则在货币市场基金投资比例为21.16%，股票基金投资比例为 $78.84\%\times45.16\%=35.6\%$，债券基金投资比例为 $78.84\%\times54.84\%=43.24\%$，投资组合的标准差为 $\sqrt{16.54\%^2\times78.84\%^2}=13.04\%$。

【科兴提示】本题源于博迪《投资学》第10版第7章课后习题。本题中所涉及的两个计算公式，考生应熟记，而不是考场上临时推导。

3.(1)β 是股票的收益对市场收益的敏感程度。一般用 β 表示市场收益每变化一个单位股票收益的相应变化。因此，我们可以通过计算在两种假设情况下股票的收益差别除以市场的收益差别来计算出该股票的 β 值。

$$\beta_A=\frac{-2-38}{5-25}=2.00;\quad \beta_B=\frac{6-12}{5-25}=0.30$$

(2) 在每种情况的可能性相等的情况下，预期收益率是两种可能结果的平均数。

$$E(r_A)=0.5\times(-2\%+38\%)=18\%$$

$$E(r_B)=0.5\times(6\%+12\%)=9\%$$

（3）证券市场线由市场预期收益 $0.5\times(25\%+5\%)=15\%$决定，此时 $\beta=1$；国库券的收益率为 6%时，$\beta=0$。此时的证券市场线为：$E(r)=6\%+\beta(15\%-6\%)$。

（4）激进型股票的公平收益 $E(r_A)=6\%+2\times(15\%-6\%)=24\%$，而专家分析的预期收益为 18%，因此，该股票的 α 值 $=18\%-24\%=-6\%$。同理可得保守性股票的 σ 值 $=9\%-8.7\%=+0.3\%$。

【科兴提示】本题源于博迪《投资学》第 10 版第 9 章课后习题。原题有 5 问，这里改进了。

4. 股票的内在价值即理论价值，是股票未来收益的现值，即股票未来收益按照一定的必要收益率折现所得的总和。本题中必要收益率分成三个阶段，则需要分别求出三个阶段股利的现值。

$$P_6=\frac{2.75\times(1+6\%)^7}{11\%-6\%}=82.70\text{ 元}$$

$$P_3=\frac{2.75\times(1+6\%)^4}{1+14\%}+\frac{2.75\times(1+6\%)^5}{(1+14\%)^2}+\frac{2.75\times(1+6\%)^6}{(1+14\%)^3}+\frac{82.70}{(1+14\%)^3}=64.33\text{ 元}$$

$$P_0=\frac{2.75\times(1+6\%)}{1+16\%}+\frac{2.75\times(1+6\%)^2}{(1+16\%)^2}+\frac{2.75\times(1+6\%)^3}{(1+16\%)^3}+\frac{64.33}{(1+16\%)^3}=48.12\text{ 元}$$

【科兴提示】本题源于罗斯《公司理财》第 9 版第 9 章课后习题。

5.（1）看涨期权的二叉树如下图所示：

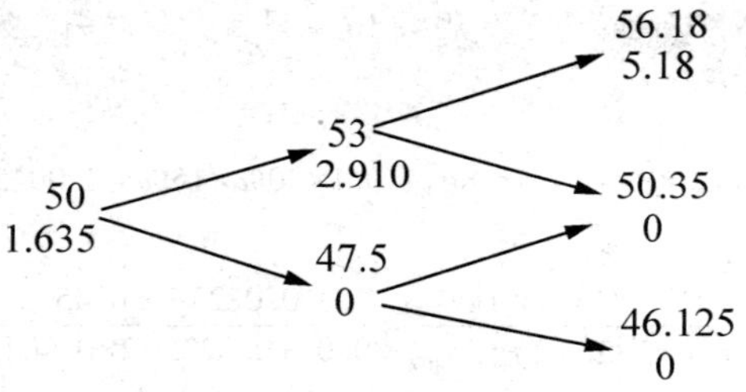

上移的风险中性概率 p 为：$p=\frac{e^{r\times\Delta t}-d}{u-d}=\frac{e^{0.05\times3/12}-0.95}{1.06-0.95}=0.5689$

最高的那个节点对应的期权收益为 $56.18-51=5.18$ 美元，其余节点均为 0。因此，期权价值为：

$$5.18\times0.5689^2\times e^{-0.05\times6/12}=1.635\text{ 美元}$$

（2）根据看涨-看跌期权平价公式可知：$C+Xe^{-r(T-t)}=P+S\Rightarrow1.635+51\,e^{-0.05\times6/12}=P+50\Rightarrow P=1.376$ 美元

【科兴提示】本题源于赫尔《期权、期货及其其他衍生产品》第 9 版第 13 章课后习题。

【科兴提示】2020 年的试题，宏观金融部分全为主观题，微观金融全为计算题。就宏观金融的命题内容来说，中规中矩，认真准备的考生很难丢分；微观金融的题目全部源于国外经典教材的课后习题，没有准备到的同学还是很吃力的。

重庆大学 2021 年金融学综合试题

金融学部分(92 分)

一、单项选择题(每题 2 分，共 30 分)

1. 关于对货币主要职能的说法不正确的是(　　)。

A. 赋予交易对象以价格形态　　B. 购买和支付手段

C. 积累和保存价值的手段　　D. 一般等价物

2. 以下关于汇率制度特点的描述不正确的是(　　)。

A. 浮动汇率制度是指汇率完全由市场供求决定、政府不加任何干预的汇率制度

B. 布雷顿森林体系是一种可调整的钉住汇率制度

C. 固定汇率制度可分为 1880—1914 年金本位体系下的固定汇率制度和 1944—1990 年布雷顿森林体系下的固定汇率制度两个阶段

D. 区域性货币一体化是指一定区域内的国家和地区，在货币金融领域实施国际协调，并最终形成统一的货币体系

3. 国家信用的主要工具是(　　)。

A. 政府贷款　　B. 国库发行的债券

C. 货币发行　　D. 银行券

4. 关于利率决定的理论不包括(　　)。

A. 货币主义学派的利率决定　　B. 马克思的利率决定

C. 古典学派的利率决定　　D. 凯恩斯理论的利率决定

5. 假设重庆银行贷款和投资的利息收入为 250 亿元，吸收存款和其他负债的利息支出为 180 亿元，其他收入和支出分别为 150 亿元和 120 亿元，该银行的总收益资产为 1000 亿元，则其净息差为(　　)。

A. 16%　　B. 13%　　C. 10%　　D. 7.0%

6. 下列哪一家保险公司不是由原中国人民保险公司组建而成的？(　　)

A. 中国人民保险公司　　B. 中国人寿保险公司

C. 中国太平洋保险公司　　D. 中国再保险公司

7. 人们用于观察金融部门趋于脆弱的指标通常不包括(　　)。

A. 短期债务与外汇储备比例过高　　B. 巨额经常项目顺差

C. 预算赤字大　　D. 货币供应量迅速增加

8. 支付清算系统是一个国家或地区对交易者之间的债权债务关系进行清偿的系统。关于支付清算系统清算方式说法不正确的是(　　)。

A. 全额实时结算无须逐笔直接进行结算

B. 净额批量清算形成据以结算的净借记余额或净贷记余额

C. 全额实时结算多采用的是大额资金转账系统

D. 净额批量清算多采用的是小额定时结算系统

9. 建立在“一价定律”的基础上，认为两种具有相同风险的证券投资组合不能以不同的

期望收益率出售的理论是(　　)。

A. 资产组合理论　　B. 资本资产定价模型

C. 有效市场假说　　D. 套利定价理论

10. 期权这种金融衍生工具的价值体现为期权费。以下关于期权费的描述中不合理的是(　　)。

A. 期权费就是期权价格

B. 期权费包括内在价值和时间价值两部分

C. 内在价值是指期权相关资产的合约价格与执行价格之差

D. 时间价值是指期权费超过内在价值那部分

11. 下面哪一项不能解释扩张性货币政策在短期内可以导致一国货币贬值?(　　)

A. 通胀率上升削弱了该国货币的购买力

B. 生产能力扩张改善了国际收支

C. 买入外币、卖出本币的公开市场操作改变了外汇供求关系

D. 市场利率的下跌改变了针对不同货币资产投资的收益率对比关系

12. 货币政策中介指标的选择有三个最重要的标准，但不包括(　　)。

A. 抗干扰性　　B. 可控性　　C. 可测性　　D. 相关性

13. 决定货币乘数的因素主要是(　　)。

A. 存款-通货比和存款-准备比　　B. 存款-通货比和准备-存款比

C. 通货-存款比和存款-准备比　　D. 通货-存款比和准备-存款比

14. 金融化是近年来全球范围内金融资产规模相对于实体经济加速扩张、金融部门影响力持续增大的过程，下列哪一项不属于金融化刻画的情况?(　　)

A. 随着经济发展，金融资本和金融活动的规模以更快的速度扩张

B. 靠债务维持的生产性投机行为持续减少

C. 金融家和靠金融业发财的公司高管所掌握的政治权力越来越大

D. 股东价值在公司治理模式中占主导地位，公司部门的冒险思想和自私心理大量涌现

15. 债券价值评估的关键性指标是(　　)。

A. 未来现金流、贴现率和市场利率　　B. 市场价格、贴现率和市场利率

C. 未来现金流、贴现率和持有期限　　D. 市场价格、贴现率和持有期限

二、分析计算题(10 分)

假设某年一国的进口额为 1200 亿美元，该国货币与美元的汇率为 1 美元兑 12 单位该国货币；若次年该国货币贬值为 1 美元兑 14 单位该国货币，且该国的进口需求弹性为 0.5，出口需求弹性为 0.7。

根据上述条件分析：

(1) 根据马歇尔-勒纳条件判断该国货币贬值是否会改善其贸易逆差?(3 分)

(2) 请计算次年该国贸易收支的变化额为多少亿美元。(7 分)

三、简答题(每题 10 分，共 30 分)

1. 试简述中央银行中“发行的银行”的主要内容。

2. 试简述费雪方程式与剑桥方程式的异同。

3. 试简述商业银行压力测试的主要内容及重要作用。

四、材料分析题（20分）

中国的数字金融革命

数字金融是指利用大科技平台、大数据、云计算、区块链等科技方法来创新金融产品、商业模式、技术应用和业务流程，其主要包括两个方面：一是新型的科技公司，利用技术来提供金融的技术解决方案；二是传统的金融公司用数字技术改善服务。

数字金融在中国乃至全世界都是新生事物。从最早的在线支付工具PayPal在美国1998年诞生，到如今已经越过二十年。而中国数字金融可追溯到2004年底的支付宝上线，但大家更愿意把2013年6月余额宝上线看作中国数字金融发展的元年。2004年之前是金融业更多地表现为银行、证券、保险机构电子化、信息化的过程，这其实是数字金融早期的表现而已。然而，金融业的电子化、信息化没有改变金融业务的过程和商业模式。

数字技术不会改变金融的本质，但有可能改变传统金融的运行方式和风险特征。近期国内在讨论“中国式监管沙盒”，央行金融科技司正在推动该机制。如果有创新的项目，会被放置在这一机制中，监管和机构共同尝试推动监测，成功则进行推广，不成功则终止。即使出现问题，也不会形成大爆发。

截至2020年10月，中国数字金融具体业务可分为：(1)基础设施，包括智能合约、大数据、云计算、数字身份识别；(2)支付清算，包括移动支付、数字货币；(3)融资筹资，包括众筹、网络贷款；(4)投资管理，例如余额宝、智能投顾；(5)保险，指数字化的保险产品。

中国数字金融后发先至，有三个原因。

一是国内金融部门尽管很庞大，不仅有在全球占有一席之地的四大商业银行，资本市场、股票市场、债券市场的规模也不小，但由于多种原因，中小微企业和低收入人群能得到的金融普惠服务比较有限，供给不足的问题很突出，所以数字金融一起步就受到欢迎。

二是智能手机等数字技术快速发展。2010年支付宝大概每秒钟能处理300笔支付交易，今天已经几乎达到30万笔。技术能力的提升功不可没。

三是监管环境相对比较宽松。当然，这有两面性。正面意义指的是金融创新可以马上落地和实验，好项目能得到推广。比如支付宝2004年上线，最后拿到牌照是在2011年，这个过程中一直有监管，但没有像其他国家一样直接关闭业务。负面意义则是P2P等行业带来很多问题。

阅读上述材料后，回答下列问题：

（1）请分析为何“数字技术不会改变金融的本质”？（10分）

（2）面对国内数字金融的迅猛发展，商业银行等金融机构面临的瓶颈到底是什么？这些传统金融机构能够改变的是什么，不能够改变的是什么？（10分）

公司财务部分（60分）

一、单项选择题（每题2分，共20分）

1. 在下列各种观点中，既能够考虑资金的时间价值和投资风险，又有利于克服管理上的片面性和短期行为的财务管理目标是(　　)。

A. 利润最大化　　　　B. 企业价值最大化

C. 每股收益最大化　　　　D. 资本利润率最大化

2. 在信用期限、现金折扣的决策中，必须考虑的因素是(　　)。

A. 货款结算需要的时间差　　B. 公司所得税税率

C. 销售增加引起的存货资金增加变化　　D. 应收账款占用资金的应计利息

3. 采用销售百分比法预测资金需要量时，下列项目中被视为不随销售收入的变动而变动的是(　　)。

A. 现金　　B. 应收账款　　C. 存货　　D. 公司债券

4. 经营杠杆给企业带来的风险是指(　　)。

A. 业务量变动导致息税前利润更大变动的风险

B. 业务量变动导致息税前利润同比例变动的风险

C. 利润下降的风险

D. 成本上升的风险

5. 企业发行债券，在名义利率相同的情况下，对其最不利的复利计息期是(　　)。

A. 1 年　　B. 半年　　C. 1 个季度　　D. 1 个月

6. 下列各项中，不能通过证券组合分散的风险是(　　)。

A. 非系统性风险　　B. 公司特别风险

C. 可分散风险　　D. 市场风险

7. 某公司股票目前发放的股利是每股 2 元，且股利按 10%的比率固定递增；假设权益资本成本为 15%，则该股票目前的内在价值为(　　)元。

A. 44　　B. 40　　C. 30. 45　　D. 35. 5

8. 从财务管理角度来看，企业内部各单位之间的关系是(　　)。

A. 所有权关系　　B. 债权关系

C. 资金结算关系　　D. 成果分配关系

9. 某项永久性奖学金，每年计划颁发 50000 元，若年复利率为 8%，该奖学金的本金应为(　　)元。

A. 540000　　B. 625000　　C. 600000　　D. 400000

10. 在几种筹资方式中，兼具筹资速度快、筹资费用和资本成本低、具有较大灵活性的筹资形式是(　　)。

A. 发行债券　　B. 长期借款　　C. 发行股票　　D. 融资租赁

二、判断题(每题 1 分，共 10 分)

1. 现金管理的目标是尽量降低现金的占用量，以获得更多的收益。

2. 留存收益来源于企业内部积累，不必支付筹资费用，所以留存收益不发生筹资成本。

3. 不论企业财务状况如何，企业必须支付到期的负债及利息，所以债务筹资风险较大。

4. 股票股利并不直接增加股东财富，它对股东有益对公司无益。

5. 直接融资是指直接从金融机构借入资金的活动。

6. 在债券价值和票面利率一定的情况下，市场利率越高，则债券的发行价格越低。

7. 已知某证券的贝塔系数为 1，则表明该证券无风险。

8. 年金现值系数与年金终值系数互为倒数。

9. 当贴现率等于内部报酬率时，净现值为零。

10. 当经营杠杆系数和财务杠杆系数都为 1. 5 时，总杠杆系数为 3。

三、计算题(第 1—2 题每题 8 分，第 3 题 14 分)

1. A 公司股票的贝塔系数为 2. 5，无风险利率为 6%，市场上所有股票的平均报酬率为

10%。要求：

（1）计算该公司股票的预期收益率。

（2）若该股票为固定成长股票，成长率为6%，预计1年后的股利为1.5元，则该股票的价值为多少？

2. 某公司年度销售净额为28000万元，息税前利润为8000万元，固定成本为3200万元，变动成本率为60%，资本总额20000万元，其中债务资本比率为40%，平均年利率8%。

要求：分别计算该公司的经营杠杆系数、财务杠杆系数和总杠杆系数。

3. 某公司拟用新设备取代已使用3年的旧设备，旧设备原价14950元，当前估计尚可使用5年，每年销售收入12000元，每年经营成本2150元，预计最终残值1750元，目前变现价值8500元；购置新设备花费13750元，预计可使用5年，使用新设备每年销售收入较旧设备增加2000元，每年总成本4750元，最终残值2500元，行业基准折现率为10%，所得税税率为30%，该设备采用直线法计提折旧。要求：请问是否应更换设备？

参考系数：$(P/F, 10\%, 1) = 0.909$，$(P/A, 10\%, 3) = 2.4869$，$(P/A, 10\%, 5) = 3.7908$，$(P/F, 10\%, 5) = 0.6209$。

重庆大学2021年金融学综合试题解析

金融学部分(90分)

一、单项选择题(每题2分，共30分)

1. D。货币的职能是货币经济运行中的作用，是货币本质的体现。货币的本质是一般等价物，但并不是所有的一般等价物都是货币，都具备货币的几个主要职能，比如贝壳树叶也可以作为一般等价物，但是就不具备储藏职能。

2. C。固定汇率制度可以分为1880—1914年金本位体系下的固定汇率制和1944—1973年布雷顿森林体系下的固定汇率制(也称为以美元为中心的固定汇率制)两个阶段。

3. B。国家信用工具主要是政府债券，其中国库券是由政府发行的一种筹借短期性借款的证书。

4. A。货币学派认为利率只是一种资产的价格，其在货币政策传导机制中只是起到了局部性的作用，更应强调货币供应量在整个传导机制中对所有资产的直接效果。

5. D。净息差=(银行全部利息收入-银行全部利息支出)/全部生息资产=(250-180)/1000=7%。

6. C。2003年，中国人民保险公司顺利完成股份制改革，裂变为三家公司：中国人民保险公司、中国人寿保险公司、中国再保险公司。

7. B。人们用以观察金融部门趋于脆弱的指标，大体归纳有：①短期债务与外汇储备比例失调；②巨额经常项目逆差；③预算赤字大；④资本流入的组成中短期资本的比例过高；⑤汇率定值过高；⑥货币供给量迅速增加；⑦通货膨胀持续，显著高于历史平均水平；⑧高利率。

8. A。全额实时结算，是指对每一笔支付业务的发生额立即进行全额交割。也就是说，对每笔转账的支付指令，无需参与轧差，而是逐笔进行结算。

9. D。套利定价理论认为同一种资产不可能在一个或几个市场中以两种不同的价格出售，否则就会出现套利机会。

10. B。期权费可以看成期权的价格。价格和价值是不一样的。期权的价值包括内在价值和时间价值两部分。

11. B。选项ACD都是扩张性货币政策在短期内可以导致一国货币贬值的原因。扩张性货币政策未必会带来国际收支的改善，因为这种政策会扩大总需求，会增加进口。

12. A。货币政策中介目标的主要标注是：可控性、可测性和相关性。至于抗干扰性，多数教材没有涉及。

13. D。货币乘数的计算公式为：$m=(C+D)/(C+R)$，等式右端分子分母同时除以 D，可得 $m=(1+k)/(k+r)$，也就是说，货币乘数由 k 和 r 决定。

14. B。金融化本质上就是利用金融杠杆进行扩张，因此依靠债务维持的生产性投机行为持续增加。

15. C。根据债券估值公式可知，影响债券内在价值的因素是未来现金流、贴现率和持有期限。

二、分析计算题(10 分)

(1) 根据马歇尔-勒纳条件可知，一国货币贬值改善国际收支逆差的前提是：进出口需求弹性之和大于 1。本题中，进出口需求弹性之和=0.5+0.7>1，因此本币贬值可以改善国际收支逆差。

(2) 根据题意可知，本币贬值比率为：

$$\Delta E=\frac{\frac{1}{14}-\frac{1}{12}}{\frac{1}{12}}=-\frac{1}{7}$$

假定最初贸易是平衡的，即 $M=EX$，可以有：

$$\partial B/\partial E=\Delta B/\Delta E=X(1-E_X-E_M)$$

带入数字 $E_X=0.7$，$E_M=0.5$，$\Delta E=-1/7$，$X=1200$ 亿美元，则：

$$\Delta B=-\frac{1}{7}\times 1200\times(1-0.5-0.7)=34.2857 \text{ 亿美元}$$

也就是说，本币贬值预计会带来 34.2857 亿美元的贸易收支顺差。

三、简答题(每题 10 分，共 30 分)

1. 所谓发行的银行是指中央银行垄断货币发行权。在现代中央银行制度下，拥有垄断的货币发行权是中央银行最根本、最重要的标志。中央银行垄断货币发行权是中央银行的基础职能。这是因为：

① 只有垄断货币发行权，才能统一国内的通货形式，避免由于多头发行货币造成货币流通的混乱。

② 只有垄断货币发行权，才能根据经济形式的客观需要，灵活调控货币流通量。

③ 只有垄断货币发行权，才能有效地制定和执行货币政策。一部中央银行史，首先是一部垄断货币发行权的历史，如果没有对货币发行权的垄断，就不是真正意义上的中央银行。

2. 现金交易数量说和现金余额数量说是古典学派中两个经典的货币需求理论，二者分析的角度存在着显著差异：现金交易说侧重货币流量分析，分析的是“飞翔的货币”；现金余额说侧重货币存量分析，分析的是“栖止的货币”。但是，二者所得结论基本一致。

(1) 从方程式形式上看，剑桥方程式用收入 Y 替代了交易方程式中的 T，用 k 替代了 $1/V$。

(2) 现金交易数量说是从社会总交易量与货币流通速度角度来考察货币需求决定问题，仅考虑到货币作为交易媒介的职能，而忽略货币作为财富储藏的职能。而现金余额数量说从货币对微观个体的综合职能角度出发，通过分析微观个体如何权衡不同货币职能来提出货币需求理论，既考虑到了货币的交易媒介职能，还考虑到了货币的财富储藏职能。

(3) 现金交易数量说属于宏观货币需求理论范畴，而现金余额数量说属于微观货币需求理论范畴。

3. (1)商业银行压力测试是风险管理的一种手段，是指商业银行根据监管当局的要求，设置多种极端情景，测算银行流动性状况。商业银行风险管理压力测试主要用于银行体系流动性不确定因素增加、银行流动性风险加大的特殊情况，其目的在于建立银行流动性风险应急预案。

(2) 压力测试的六项基本作用包括：

① 前瞻性评估压力情景下的风险暴露，识别定位业务的脆弱环节，改进对风险状况的理解，监测风险的变动。

② 对基于历史数据的统计模型进行补充，识别和管理“尾部”风险，对模型假设进行评估。

③ 关注新产品或新业务带来的潜在风险。

④ 评估银行盈利、资本和流动性承受压力事件的能力，为银行设定风险偏好、制定资本和流动性规划提供依据。

⑤ 支持内外部对风险偏好和改进措施的沟通交流。

⑥ 协助银行制定改进措施。

四、材料分析题(20分)

(1) 数字技术不会改变金融的本质，原因有：

① 首先，数字金融改变的是金融的业态，不变的是金融的本质。数字金融的发展，一方面通过发挥其数据和科技优势，扩展了银行各类服务的普惠面，对个人客户来说，“千人千面”的差异化服务更加精准和友好；对企业客户来说，针对不同资金需求、不同资金实力的大中小企业提供差异化的金融服务，有利于解决其融资难、融资贵的问题。另一方面，因数字金融的开放性和互动性，又使得网络、数据和新技术方面的风险和传统风险叠加，给银行和监管部门带来全新的风控挑战。不管金融业态如何改变，金融的核心是信用和风险，银行本质上就是经营风险的金融机构，数字金融不是目的，以数字金融提升风险经营能力才是最终目标。

② 其次，数字金融改变的是市场竞争格局，不变的是以客户为中心的经营之道。目前，互联网创新企业、社交媒体巨头依托其天然基因、凭借其技术优势拓展金融边界，成为银行业的跨界竞争者。无论市场参与者与竞争格局如何变化，商业银行以客户为中心的宗旨永远不会改变。银行业的发展历程，一再证明客户对其安全性的信赖毋庸置疑，在数字金融时代，银行业要比拼的还是以用户为中心的服务能力创新和变革，也就是对既有的服务不断迭代升级。

③ 最后，数字金融改变的是人们的生活方式和商业模式，不变的是满足人们对美好生活的追求。需要注意的是，数字金融在给多数人带来红利的同时，也让一部分群体无所适从。比如，老年群体在面对网约车、网上售票、无现金支付、在线预约挂号等场景时，成为被数字金融时代遗忘的群体。

(2) 相比数字金融的迅猛发展，商业银行等传统金融机构存在以下发展瓶颈：

① 客户覆盖范围受限。传统商业银行的业务重点是个人贵宾客户、大中型企业对公客户，而普通零售业务、偏远地区金融业务及小微型企业不是主要的关注点和利润来源。数字金融则是全覆盖模式，相比之下传统商业银行的客户覆盖范围受限。

② 运营成本偏高。传统商业银行受营业网点和营业时间的限制，业务办理更加依赖人工，金融机构开设线下网点需要投入大量的人力、物力和财力，业务审批涉及环节和人员较多，业务流程耗时长，时效相对较低。而数字金融不受时间和地点的限制，只要有终端设备和网络就能自主办理业务，方便快捷，省时省力。

③ 信贷业务的核心地位受到冲击。一直以来，传统商业银行业务的核心是信贷业务，赚取存贷利差是其主要利润来源，在数字金融的冲击下，客户的存贷有更多选择，金融机构之间的竞争加剧，揽储压力上升，在当下存款低利息情况下，多数客户并不愿意在传统商业银行储蓄，而选择数字金融的更多投资渠道。

④ 人力资源结构受限。传统商业银行人力资源体系庞大，因其体制原因，中年以上员工比例较大，而年老员工接受新鲜事物速度较慢，就呈现出人才“青黄不接”的现象。数字金融是一个发展变化很快的行业，要求从业人员能快速接受新鲜事物并且不断创新。

随着数字金融的发展，传统商业银行必须进行转型，发展普惠金融，拓宽客户范围，充分加强与数字信息技术的融合，增加中间业务收入，优化人才结构，不断创新金融产品和服务，适应时代的变革，同时，使金融改革不断推进，促进金融行业的开放发展。但是，在转型的过程中，商业银行作为中国金融的主力军，要回归本源，以现代科技提升服务实体经济的能力，严格把握防范金融风险的底线，配合“严监管”，落实“去杠杆”。

【科兴提示】这个题目的材料改编于黄益平发表在《21世纪经济报道》上的《中国的数字金融革命走在世界前列》，需要拓展的同学可以在互联网上搜索一下。

公司财务部分(60 分)

一、单项选择题(每题 2 分，共 20 分)

1. B。企业价值最大化目标的优点包括：考虑了资金的时间价值和投资的风险价值；反映了对企业资产保值增值的要求；有利于克服管理上的片面性和短期行为；有利于社会资源的合理配置。

2. D。在信用期间、现金折扣的决策中，主要考虑改变信用政策增加的收益与改变信用政策增加的成本之间的权衡，增加成本中最重要的是应收账款占用资金的应计利息，如果再进一步分析的话，要考虑存货增减变动引起的存货占用资金的应计利息的变化。

3. D。短期借款、短期融资券、长期负债等一般为非敏感项目。

4. A。经营杠杆是指由于固定性经营成本的存在，而使得企业的息税前利润变动率大于业务量变动率的现象。

5. D。复利期间数量是指一年内计算复利的次数，计息期越短复利的次数越高，企业发行债券的筹资成本就越高。

6. D。市场风险属于系统性风险，不可通过证券组合进行分散。

7. A。根据题干可知：$D_1=2$，$g=10\%$，$r=15\%$，则：$P_0=\dfrac{2(1+10\%)}{15\%-10\%}=44$ 元。

8. C。企业与内部各单位之间的财务关系在性质上属于资金结算关系。

9. B。根据永续年金的定义可得：$A=50000/8\%=625000$ 元。

10. B。长期借款的优点有：筹资速度快，借款资本成本较低，借款筹资弹性较大，可以发挥财务杠杆的作用。

二、判断题(每题 1 分，共 10 分)

1. 错误。企业现金管理的目标是，在满足需要的基础上尽量降低现金持有量。
2. 错误。留存收益是将归属于股东的收益留存在企业，其筹资成本相当于股东的再投资收益率。
3. 正确。
4. 错误。股票股利可以有效降低公司资本结构。
5. 错误。直接融资是不借助银行等金融机构，直接与资本所有者协商融通资本的一种筹资活动。
6. 正确。
7. 错误。贝塔系数为 1，根据 CAPM 可得该证券的收益率为市场平均收益率。
8. 错误。复利现值系数与终值系数互为倒数，年金现金系数与投资回收系数互为倒数，年金终值系数与偿债基金系数互为倒数。
9. 正确。
10. 错误。总杆杆系数=1. 5×1. 5=2. 25。

三、计算题(第 1–2 题每题 8 分，第 3 题 14 分)

1. (1)根据 CAPM 可得：

$$r_s=r_f+\beta(r_m-r_f)=6\%+2.5\times(10\%-6\%)=16\%$$

(2) 根据股票的固定增长模型可得：

$$P=\frac{D_1}{r-g}=\frac{1.5}{16\%-6\%}=15\text{ 元}$$

2. (1)经营杠杆系数=(*EBIT*+固定成本)/*EBIT*=(8000+3200)/8000=1. 4。

(2) 财务杠杆系数=*EBIT*/(*EBIT*−*I*)=8000/(8000−20000×40%×8%)=1. 09。

(3) 总杆杆系数=经营杠杆系数×财务杠杆系数=1. 4×1. 09=1. 53。

3. 旧设备年折旧额=(14950−1750)/8=1650 元，已使用 3 年，已计提折旧 3×1650=4950 元，折余价值为 14950−4950=10000 元。

（1）决策时的初始现金流量：

新设备方案的初始现金流量：差量现金流量=-新设备的投资额+(旧设备的变现收入+变现损失抵税)=-13750+8500-(8500-10000)×30%=-4800元。

（2）决策时的经营阶段现金流量：

新设备的年折旧额=(13750-2500)/5=2250元

每年销售收入增加2000元，付现成本增加4750-2150=2600元，现金流入减少600元。则：差量现金流量=Δ(新旧设备销售收入-新旧设备付现营运成本)×(1-所得税税率)+Δ新旧设备折旧额×所得税税率=-600×(1-30%)+(2250-1650)×30%=-240元。

（3）决策时终结点的现金流量：

差量现金流量=(新设备残值收入+处置净损失抵税)-(旧设备残值收入+处置净损失抵税)=2500-1750=750元。

（4）计算差量NPV可得：

$\Delta NPV=-4800+(-240)(P/A, 10\%, 5)+750(P/F, 10\%, 5)=-4800-240\times 3.7908+750\times 0.6209=-5244.117$

因此，不应该更新设备。

【科兴提示】题干非常奇怪，新设备的付现成本远高于旧设备，导致期间差量现金流为负数，因此计算出来的差量NPV是个很大的负数。

【科兴点评】2021年的试题金融学部分注重对黄达《金融学》的考查，没吃透教材一些选择题是做不出来的。财务管理部分一如既往注重传统公司金融的考查，建议使用CPA中级财务管理教材或重庆大学老师自己编写的财务管理教材。总体来说，罗斯《公司理财》并不是很匹配，罗斯的教材侧重于现代公司金融的阐述。

对外经济贸易大学2021年金融学综合试题

一、单项选择题(每题2分，共20分)

1. 张先生用他在中国建设银行的个人存款购买了10万元人民币的储蓄国债，财政部在央行的存款因此增加。这对央行资产负债表的影响是(　　)。

A. 资产规模缩小　　B. 建设银行超额准备金增加

C. 负债规模扩大　　D. 建设银行超额准备金减少

2. 关于利率平价理论，以下说法不正确的是(　　)。

A. 利率平价理论提供了联系外汇市场和货币市场的纽带

B. 根据利率平价关系，高利率货币远期贴水，低利率货币远期升水

C. 根据利率评价关系，投资者应该投资高利率货币

D. 利率平价说阐述了外汇市场均衡的条件

3. 托宾Q理论，货币供给增加，利率下降，当(　　)时，企业会增加投资。

A. $Q=1$　　B. $Q>1$　　C. $Q<1$　　D. $Q=0$

4. 2020年新冠疫情发生后，日本居民向中国捐赠了口罩等物资，根据第六版国际收支手册，应计入我国经常账户(　　)。

A. 借记初次收入、贷记货物　　B. 贷记初次收入、借记货物

C. 借记二次收入、贷记货物　　D. 贷记二次收入、借记货物

5. 下列关于资本项目和官方储备项目的记账方法正确的是(　　)。

A. 资本流入记贷方、官方储备增加记借方

B. 资本流出记借方、官方储备减少记借方

C. 资本流出记贷方、官方储备减少记贷方

D. 资本流入记借方、官方储备增加记借方

6. 信用违约互换(CDS)的行为类似于(　　)。

A. 基于该互换购买方参考债务的看跌期权

B. 基于该互换购买方参考债务的看涨期权

C. 基于该互换购买方参考债务的欧式期权

D. 基于该互换购买方参考债务的美式期权

7. 进行资本预算时，项目的期末现金流量不包括(　　)。

A. 处置残余资产所得　　B. 与处置残余资产相关的所得税

C. 回收的净营运资本投资　　D. 项目贷款的本金偿还

8. 2005年WWW公司的净利润比上年增长了16%，如果公司的财务杠杆是2，经营杠杆也是2，则可以推算出当年销售收入比上年增长了(　　)。

A. 4%　　B. 8%　　C. 32%　　D. 16%

9. 某上市公司的新项目需要通过增发股票进行融资，在对该项目进行分析时，不考虑该项目的股票发行成本(　　)。

A. 会高估该项目的NPV　　B. 会低估该项目的NPV

C. 会降低这个项目的回报率　　D. 没有影响

10. 以下哪项关于合伙制企业的陈述是正确的(　　)。

A. 有限合伙人应对合伙制企业的所有债务负责

B. 普通合伙人的收入按企业所得税税率征税

C. 合伙制企业永远不会终止，它有无限的生命

D. 以上都不是

二、判断题(每小题 1 分，共 15 分)

1. 我国正在逐步建立“货币政策+微观审慎政策”的双支柱金融调控框架。

2. 我国金融期货交易所现有品种包括 1 年期债券期货、5 年期债券期货、沪深 300 股指期货、中证 500 股指期货和上证 50 股指期货等 5 种。

3. 国际收支平衡表中的“外汇储备”项目记“—”表示本国资本流出。

4. 国际收支弹性分析理论认为，当一国进出口商品供求弹性之和大于 1 时，本币贬值可以改善贸易收支。

5. 在汇率决定理论中，其他因素不变的情况下，当一国国民收入增加时，根据国际收支说，本币会贬值；而根据弹性价格的货币分析法，本币将升值。

6. J 曲线效应认为，在本币贬值初期，贸易收支反而会恶化，其主要原因是价格有弹性。

7. SDR 作为一国外汇储备的一部分，是 IMF 分配给各成员国的一种账面资产，私人企业可申请持有适当 SDR。

8. APT 和 CAPM 的不同点之一是 APT 承认了多种系统性风险因素。

9. 在弱式有效的证券市场上，同一证券前后两期收益率的协方差为零。

10. 某企业经营杠杆系数为 4，每年的固定经营成本为 9 万元，利息费用为 1 万元，则利息保障倍数为 3。

11. 其他条件相同，票面利率低的债券价格变动比票面利率高的债券价格变动幅度大。

12. 预期回报率位于证券市场线上方的股票是价格被低估的股票。

13. 当评估互斥项目时，用 NPV 法和 IRR 法得出的结果总是不一致的。

14. 无风险资产的贝塔系数等于 1。

15. IPO 时的绿鞋条款对投行来说是一种成本。

三、名词解释(每题 4 分，共 20 分)

1. 质押式回购

2. 贷款报价利率(LPR)

3. 价格-铸币流动机制

4. 两基金分离定理

5. 超额配售选择权

四、计算题(每题 10 分，共 20 分)

1. 某公司预测其 3 个月后将进行一笔为期 6 个月、金额 500 万元的借款，同时，预测未来利率将上升。假定银行报出的 3×9 远期利率协议利率为 4.5%—5%。若 3 个月后市场利率上升至 5.2%。请计算：

(1) 该远期利率协议的结算金是多少？(保留整数)(8 分)

(2) 此时该公司的实际借款成本率是多少？(2 分)

2. 某公司原有设备一套，购置成本为 150 万元，预计使用 10 年，已使用 5 年，预计残值为原值的 10%，该公司用直线法计提折旧，现该公司拟购买新设备替换旧设备，以提高生产率，降低成本。新设备购置成本为 200 万元，使用期限为 5 年，同样用直线法计提折

旧，预计残值为购置成本的10%，使用新设备后公司每年的销售额可以从1500万元上升到1650万元，每年付现成本将从1100万元上升到1150万元，如果公司购置新设备，旧设备出售可以获得收入100万元，该企业的所得税税率为25%，资本成本率为10%，项目结束时新旧设备均可按残值出售。要求：通过计算说明该设备是否应该更新。提示：$(P/A, 10\%, 5)=3.8$，$(P/F, 10\%, 5)=0.6$。

五、简答题(每题6分，共30分)

1. 凯恩斯货币需求理论是如何解释货币流速度不是常量的？

2. 简述蒙代尔内外均衡搭配政策的基本思想及意义。

3. 国际收支的吸收理论的基本思想是什么？(4分)简述吸收论的政策搭配思想。(2分)

4. 简述股票注册制和核准制的区别。

5. 公司IPO时的成本有哪些？

六、论述题(每题15分，共45分)

1. 最近又有一家银行或将面临破产危机，这家银行就是包商银行，2020年4月，银保监会发布了《关于包商银行股份有限公司转让相关业务、资产及负债的公告》，公告中显示，在央行、银保监会等相关监管机构的批准之下，包商银行的相关业务、资产和负债，将会转让给新设立的蒙商银行进行接管，这就意味着包商银行的名字很有可能将会从我国的银行体系中消失。请回答以下问题：

（1）请描述银行监管的社会利益论理论的主要思想。(4分)

（2）如何理解“银行业是一个特殊的高风险行业”？(5分)

（3）《巴塞尔协议Ⅲ》中关于银行资本金监管的主要内容有哪些？(6分)

2. 2020年10月21日，中国人民银行行长易纲指出：尽可能长时间实施正常的货币政策，保持正常的、向上倾斜的收益率曲线，为经济主体提供正向激励。请阐述在收益率曲线向上倾斜的条件下，正常的(或称常规的)货币政策操作框架(9分)，以及当前中国人民银行货币政策操作框架的特征(6分)。

3. 在一个支付公司所得税的世界里，财务困境成本与代理成本的存在是如何影响MM理论的？(7分)若发生财务困境，请阐述为什么股东会选择过度投资和投资不足行为？(8分)

对外经济贸易大学2021年金融学综合试题解析

一、单项选择题(每题2分，共20分)

1. C。商业银行购买财政部和央行联合发行的储蓄国债，然后转卖给居民，并不影响商业银行的资产负债表。但是，这会客观上造成央行资产负债表两端的同步扩大。

2. C。根据利率平价关系，低利率货币远期升水，所以应该投资低利率货币。

3. B。托宾Q：$M\uparrow\rightarrow i\downarrow\rightarrow P_s\uparrow\rightarrow q\uparrow\rightarrow I\uparrow\rightarrow Y\uparrow$。

4. C。在此过程中，本国的资金来源是商品出口，本国资金的运用是二次收入。

5. A。资金货物的来源记贷方，资本流入记贷方。官方外汇储备增加从本质上来讲，意味着本国资金货物外流，兑换成了外国的金融债券，应计入借方。

6. A。信用违约互换的行为类似于基于该互换购买方参考债务的看跌期权。如果存在违约，购买方将收到一个支付，该支付限制了购买的下降风险。

7. D。项目贷款的本金属于筹资预算，并不属于资本预算的范畴。

8. A。总杠杆系数是经营杠杆系数和财务杠杆系数的乘积，即为 $2\times2=4$，总杠杆系数为 4，则意味着销售收入每增长 1%，则每股收益将增长 4%。这里净利润增长 16%，则每股净收益增长 16%，因此销售收入增长 4%。

9. A。附带股票发行成本的权益资本成本定价公式为：

$$r_s=\frac{D}{P(1-f)}+g$$

当 $f=0$ 时，r_s 会变小，则计算出的项目的 NPV 会被高估。该项目的内部报酬率不受外在投资指标变化的影响，因此 C 错误。

10. D。有限合伙制企业允许某些合伙人对企业债务的责任仅限于其个人在合伙企业的出资额，选项 A 错误。合伙制企业的收入按合伙人的个人所得税征税，因为合伙制企业不是公司制，选项 B 错误。合伙制企业生命有限，选项 C 错误。

二、判断题(每题 1 分，共 15 分)

1. 错误。“双支柱”包含货币政策和宏观审慎政策两个支柱，其中货币政策主要是“总量”政策，主要用于调节总需求，侧重于维护物价稳定，平抑经济周期波动；宏观审慎政策主要是“结构性”政策，更多针对加杠杆行为，侧重于防范化解系统性风险、维护金融体系稳定，逆周期调节金融周期。

2. 错误。中金所上市交易的是金融期货品种，目前主要有：沪深 300 股指期货、5 年期国债期货、10 年期国债期货、上证 50 股指期货和中证 500 股指期货。

3. 错误。在国际收支平衡表中，外汇储备为负，意味着资本的流入。

4. 错误。马歇尔–勒纳条件认为，当进出口需求价格弹性之和大于 1 时，本币贬值可以改善国际收支。

5. 正确。两者结论相反的原因在于：

① 国际收支说是局部均衡的分析方法，它仅仅考虑国际收支，并且其各个变量之间还存在着一定的相关性，而对每一个变量进行分析时，却又隐含着其他变量不变的假定。以本国国民收入上升为例，国际收支说既没有考虑到本国物价是否变动、是否也会改变本国的国际收支情况，又没有考虑本国国民收入上升，若引起进口上升，本币贬值，则是否又会带来国民收入的进一步上升等等。而弹性价格货币分析法是一种一般均衡的分析方法，本国国民收入、货币供应和利率这些因素都同时被纳入了分析框架，通过货币市场的平衡条件，带来物价的弹性变动，再经商品市场上的购买力平价成立为条件，决定汇率变动，在此过程中，商品市场和货币市场的均衡条件都已经被考虑到了。

② 国际收支说中利率发挥的作用是通过两国之间的利率差异吸引国际资金流动，直接影响汇率。而弹性价格的货币分析法中，资金并不会因为两国间的利率差异而直接流动，而是通过非套补利率平价，表现为货币的升值预期或贬值预期。

6. 正确。

7. 错误。私人企业不能申请持有 SDR，只有一国的货币当局才能持有 SDR。

8. 正确。

9. 正确。弱有效市场假说的支持者认为，任意两期的收益率之间都不会存在显著的相关关系。

10. 正确。经营杠杆系数 =（息税前利润 + 固定成本）/ 息税前利润 = 1 + 9/息税前利润 = 4，解得：息税前利润 = 3 万元，故利息保障倍数 = 3/1 = 3。

11. 正确。票面利率与久期成反比，久期越大，价格波动幅度越大。

12. 正确。

13. 错误。评估互斥项目时，用 NPV 法和 IRR 法得出的结果并不总是一致。

14. 错误。无风险资产的贝塔系数等于 0。

15. 错误。对承销团来说，绿鞋选择权是一种好处；而对发行人来说，它是一项成本。

三、名词解释(每题 4 分，共 20 分)

1. 质押式回购是交易双方以债券为权利质押所进行的短期资金融通业务。在质押式回购交易中，资金融入方(正回购方)在将债券出质给资金融出方(逆回购方)融入资金的同时，双方约定在将来某一日期由正回购方向逆回购方返还本金和按约定回购利率计算的利息，逆回购方向正回购方返还原出质债券。

2. LPR是由具有代表性的报价行，根据本行对最优质客户的贷款利率，以公开市场操作利率加点形成的方式报价，由人民银行授权全国银行间同业拆借中心计算并公布的基础性的贷款参考利率。LPR市场化程度较高，能够充分反映信贷市场资金供求情况，使用LPR进行贷款定价可以促进形成市场化的贷款利率，提高市场利率向信贷利率的传导效率。

3. 价格-铸币流动机制是大卫·休谟所揭示的在金本位制度下的国际收支自动调节机制。在金本位制下，当一国出现对外收支逆差时，黄金流出，国内货币供给量减少，导致物价和成本的下降，于是会刺激出口、抑制进口，国际收支得以改善。当一国出现对外收支顺差时，黄金流入，国内货币供给量增加，导致物价和成本的上升，于是会抑制出口、刺激进口，国际收支顺差得以减轻。

4. 两基金分离定理指在投资组合中可以以无风险利率自由借贷的情况下，投资人选择投资组合时都会选择无风险资产和风险投资组合的最优组合点，因为这一点相对于其他的投资组合在风险上或是报酬上都具有优势，所以任何投资都会选择这一点。投资人对风险的态度，只会影响投入的资金数量，而不会影响最优组合点。

5. 超额配售选择权，即绿鞋机制，是指发行人授予主承销商的一项选择权，获得此授权的主承销商可按同一发行价格超额发售不超过包销数额15%的股份。上市之日起30天内，当股票股价上扬时，主承销商即以发行价行使绿鞋期权，从发行人购得超额的15%股票以对冲自己超额发售的空头，并收取超额发售的费用。实际总发行数量为原定的115%；当股价下跌时，主承销商将不行使该期权，而是从股票二级市场上购回超额发行的股票以支撑价格并对冲空头，以赚取中间差价。此时实际发行数量与原定数量相等，即100%。

四、计算题(每题10分，共20分)

1. (1)题干中4.5%是远期利率协议的买入价，5.0%是报价行的卖出价。这个题目公司买入远期利率协议，应该适用5%进行计算。由于市场利率高于协定利率，增加了借款者的筹资成本，因此银行应该向公司支付结算金：

$$结算金=\frac{(r_r-r_k)\times A\times\frac{D}{B}}{1+r_r\frac{D}{B}}=\frac{(5.2\%-5\%)\times500\times\frac{180}{360}}{1+\frac{180}{360}\times5.2\%}=4873\text{ 元}$$

(2)公司的实际借款成本率依然为5%，虽然市场利率上升增加了公司的借款成本，但是银行FRA结算金补偿正好抵消了这个损失。

2. 新旧设备的可使用年限相等，故可计算差别净现值或分别计算其净现值进行比较。这里分别计算其净现值。

(1)继续使用旧设备的净现值

年折旧额=150(1-10%)/10=13.5万元

账面净值=150-13.5×5=82.5万元<变现价值100万元

初始现金流量=-[100-(100-82.5)×25%]=-95.625万元

营业现金流量=1500×(1-25%)-1100×(1-25%)+13.5×25%=303.375万元

终结现金流量=150×10%=15万元

继续使用旧设备的净现值=-95.625+303.375(P/A，10%，5)+15(P/F，10%，5)=1066.2万元

(2)使用新设备的净现值

年折旧额=200(1-10%)/5=36万元

初始现金流量=-200万元

营业现金流量=1650×(1-25%)-1150×(1-25%)+36×25%=384万元

终结现金流量=200×10%=20万元

使用新设备的净现值=-200+384(P/A，10%，5)+20(P/F，10%，5)= 1271.2万元

新设备的净现值大于旧设备的净现值，该设备应该更新。

五、简答题(每题6分，共30分)

1. 凯恩斯主义的货币理论否定了古典学派货币数量论关于货币流通速度不变的假定，它分析了影响货币流通速度的因素，并得出，中央政府的货币政策影响实际的货币量，其中货币政策通过对利率的影响实现对国民收入的影响；财政政策首先通过改变货币总需求影响收入和利率，收入和利率又影响货币的流通速度，而货币流通速度又会影响国民收入。扩张性的财政政策使收入水平增加、利率上升，这就加快了货币流通速度，使收入水平进一步增加；紧缩性的财政政策使收入水平减少、利率下降，这就减缓了货币流通速度，收入水平进一步下降。它还证明了货币流通速度的变动随利率的周期变动也是顺周期的，这样就否定了古典的简单货币数量论中财政政策无效的观点，为自己的财政政策主张奠定了理论基础。

2. (1)蒙代尔认为，每一目标应当指派给对这一目标有着相对最大影响力，因而在影响政策目标上有相对优势的工具。财政政策与货币政策对国际收支与名义收入有着相对不同的影响。因此，在固定汇率制度下，一国也存在两种独立的政策工具来实现内外两方面的经济目标。只要对财政政策与货币政策合理搭配使用，就有可能实现内外均衡。

(2) 蒙代尔明确提出了为特定政策工具指派特定政策目标的问题，这为开放经济的宏观经济政策调控开辟了新的思路。他主张为每个工具合理指派政策目标，并在目标偏离其最优轨迹时，按照“以货币政策实现外部均衡目标，财政政策实现内部均衡目标”的规则进行调控。如此，不仅一举解决了固定汇率制度下因政策工具不足而产生的米德冲突问题，而且即便财政政策与货币政策相互独立，分散决策，仍然可以做到政策间的合理搭配与协调。

3. (1)吸收论从凯恩斯的国民收入均衡公式出发，研究调整支出对稳定一国收入的作用。根据凯恩斯的理论，国民收入=消费+投资+政府支出，即 $Y=C+I+G$。它表明在封闭条件下，收入水平依赖于支出水平。在开放经济条件下，应该将来自外国的需求和对外国的需求因素考虑进来，即将对外贸易包括进来，国民收入的均衡公式变为：$Y=(C+I+G)+(X-M)$，还可以将公式写成：$Y=\mathrm{E}+(X-M)=E+TB$ 或 $TB=Y-E$。它表明，一国国际收支差额(假设没有资本流动)或贸易收支差额等于国民收入减去国内吸收(或国内的总支出)的差额。国际收支平衡或贸易收支平衡等于国民收入等于国民总吸收，顺差表示国民收入大于国民总吸收，逆差表示国民总收入小于国民总吸收。

(2) 吸收论含有强烈的政策搭配取向。当国际收支逆差时，表明一国的总需求超过总收入，这时，就应当运用紧缩性的财政货币政策来减少总需求进而减少对进口品的需求，以纠正国际收支逆差。但这样做，又会使总收入下降，因此，还必须同时适用支出转换政策来消除紧缩性政策的不利影响，使进口减少的同时出口能增加，从而总收入增加。这样既能达到内部平衡，又能达到外部平衡。

4. 注册制主要是指发行人申请发行股票时，必须依法将公开的各种资料完全准确地向证券监管机构申报。证券监管机构的职责是对申报文件的全面性、准确性、真实性和及时性作形式审查，不对发行人的资质进行实质性审核和价值判断，而将发行公司股票的良莠留给市场来决定。

核准制是指证券的发行不仅要以真实状况的充分公开为条件，而且必须符合证券管理机构制定的若干适于发行的实质条件。符合条件的发行公司，经证券管理机关批准后方可取得发行资格，在证券市场上发行证券。

注册制与核准制相比，发行人成本更低、上市效率更高、对社会资源耗费更少，资本市场可以快速实现资源配置功能。

5. 新股发行成本包括承销费用、其他直接费用、间接费用、折价和绿鞋机制。

(1) 承销费用是指因承销商销售股票而所付给的佣金，通常按售出股票的一定比例计算。

(2) 其他直接费用是指除支付给承销商的佣金以外的其他费用，包括申请过程发生的法律费用、会计费用、印刷费等。

(3) 间接费用是没有列在招股说明书中的一些费用，包括公司管理者花费的时间精力。

(4) 新股折价发行对公司而言也是一种成本。

（5）绿鞋机制是发行公司赋予承销商按发行价格购买超额配售的股票的选择权。

六、论述题（每题 15 分，共 45 分）

1.（1）社会利益论是建立在政府拥有完全信息、政府是为社会福利服务的以及政府具有完全信用三个假设基础之上，认为由于市场存在着信息不对称、交易成本以及不完全竞争等问题，私人不可能去监管那些实力雄厚的金融机构，只有通过政府对金融机构的监管，才能克服市场失灵所带来的负面影响，并改善金融机构的治理水平，从而提高金融运行的效率以及维护金融体系的稳定。

社会利益论认为，金融监管的基本出发点是要维护社会公众的利益。而社会公众利益的高度分散化和市场缺陷的存在，有必要让代表公众利益的政府在一定程度上介入金融经济生活，通过管制来纠正或消除市场缺陷，以达到提高社会资源配置效率的目的。

（2）可以从以下两方面理解：银行业是一个特殊的高风险行业。

① 银行业具有高负债率的特点。在银行业中，大量的资产业务都要靠负债来支撑，并通过资产负债的匹配来达到盈利目的。在其经营的过程中，利率、汇率、负债结构和规模、借款人偿债能力等因素的变化，使得银行业时刻面临着利率风险、汇率风险、流动性风险等，成为风险聚集的中心。而且金融机构为获取更高收益而盲目扩张资产的冲动，更加剧了金融业的高风险和内在不稳定性。

② 银行业具有一旦发生危机就会引起连锁反应的特点。作为整个国民经济中枢的金融体系，其中任一环节出问题，都会引起牵一发而动全身的后果。金融风险的这些内在特性，决定了必须有一个权威机构对金融业实施适当的监管，以确保整个金融体系的安全与稳定。

（3）巴塞尔协议Ⅲ提高了资本充足率监管标准。根据自下而上的定量影响测算和自上而下的监管标准校准的结果，巴塞尔委员会确定了三个最低资本充足率监管标准，即普通股充足率为 4.5%，一级资本充足率为 6%，总资本充足率为 8%。为缓解银行体系的亲周期效应，打破银行体系与实体经济之间的正反馈循环，巴塞尔委员会还建立了两个超额资本要求：一是要求银行建立留存超额资本，用于吸收严重经济和金融衰退给银行体系带来的损失。留存超额资本全部由普通股构成，最低要求为 2.5%。二是建立与信贷过快增长挂钩的反周期超额资本，要求银行在信贷高速扩张时期积累充足的经济资源，用于经济下行时期吸收损失，保持信贷跨周期供给平稳，最低要求为 0~2.5%。待新标准实施后，正常情况下，商业银行的普通股、一级资本和总资本充足率应分别达到 7%、8.5%和 10.5%。

2.（1）从易纲行长的发言可以看出，我国的货币政策框架开始从数量型转向价格型。数量型调控框架以货币数量为中介目标，央行所做操作主要是为了调控货币数量规模，通过改变货币数量规模来影响产出与通胀，达成最终目标；而价格型调控框架以利率为中介目标，央行所做操作是为了调控利率，通过调控利率来影响产出与通胀，达成最终目标。目前，中国人民银行力图构建包括短期政策利率和中期政策利率的政策利率体系，通过公开市场操作提供短期流动性以实现短期政策利率，通过中期借贷便利提供中期流动性以实现中期政策利率。在始终保持结构性的流动性短缺的前提下，根据存款增长带来法定准备金需求增加的速度，再阶段性地逐渐调低法定准备金率，以实现相对低准备金率下的结构性短缺的货币政策操作框架。

（2）当前货币政策操作框架的特征：

① 市场利率围绕政策利率附近波动成为央行隐性的操作目标。在价格型调控框架下，央行会先设置政策利率目标，然后通过公开市场操作等政策工具引导货币市场利率稳定在政策利率目标附近。在政策利率目标改变后，货币市场利率也会跟随变动，并通过期限套利机制带动中长期利率与存贷款利率变动，进而影响产出与通胀。

② 每日公开市场操作常态化，每月中期借贷便利操作常态化。通过这种常态化的操作安排，央行既可以不断强化政策利率地位，培育政策利率体系，也可以更好地实现货币市场利率围绕政策利率波动的操作目标。

③ 不再设置与追求具体的货币数量目标。在追求货币数量的情况下，央行面对货币需求的变化，不会增加货币供给，利率因此会出现较大的波动；而如果不追求货币数量，那么央行可以选择适应货币需求的变化，增加货币供给，使利率稳定在某一目标位置上。

3.（1）①财务困境成本对 MM 定理的影响

支付公司税条件下的 MM 定理指出，债务融资具有积极的税收优势，因此财务杠杆的增加总能提升公司的价值，企业应大限度地发行债务。但是，在现实经济中，公司并不选择完全负债的融资战略。权衡理论形成于 20 世纪 70 年代，其主要观点是公司的最优资本结构应在税盾效应和破产成本之间进行权衡。权衡理论认为，随着公司债权比例的提高，公司的风险也会上升，因而公司陷入财务危机甚至破产的可能性也就越大，由此会增加公司的额外成本，降低公司的价值。因此，公司最佳的资本结构是对税盾效应和破产概率增加所导致的各种相关成本上升进行均衡的结果。

根据权衡理论，杠杆公司的总价值等于公司无杠杆时的总价值加上利息税盾的现值，再减去财务困境成本的现值，即：

$$V_L = V_U + PV(\text{利息税盾}) - PV(\text{财务困境成本})$$

② 代理成本对 MM 定理的影响

代理成本理论认为，债务资本和权益资本都存在代理问题，资本结构由各方利益冲突引发的代理成本决定。这意味着最优资本结构可以用代理成本进行解释，而非仅仅是税盾效应和破产成本。这种理论通过分析指出，公司债务的违约风险是财务杠杆系数的增函数；随着公司债务资本的增加，债权人的监督成本随之上升，债权人会要求更高的利率。这种代理成本最终要由股东承担，公司资本结构中债权比率过高会导致股东价值的减低。同时，债务资本也可以产生代理收益，能够改善对管理者的激励，促使他们更积极、更有效地经营公司。

权衡理论可以拓展到包括代理成本。考虑债务的代理成本和收益后的公司价值为：$V_L = V_U + PV(\text{利息税盾}) - PV(\text{财务困境成本}) - PV(\text{债务的代理成本}) + PV(\text{债务的代理收益})$。

（2）在资本结构的决策中，不完全契约、信息不对称以及经理、股东和债权人之间的利益冲突将影响投资项目的选择，特别是在企业陷入财务困境时，更容易引起过度投资问题和投资不足问题，导致发生债务代理问题。

① 过度投资指的是投资于不盈利项目或者是高风险项目而产生的损害股东以及债权人利益而降低企业价值的现象，过度投资会损害股东和债权人的利益。发生过度投资主要有两个情形：经营者和股东之间利益冲突，经营者自利行为会产生过度投资问题；股东和债权人之间矛盾冲突，经理代表股东利益会采纳成功率低甚至净现值为负的高风险项目，从而产生过度投资。

② 投资不足指的是放弃净现值为正的项目而损害债权人利益进而降低企业价值的现象。投资不足问题是发生在企业陷入财务困境且有比例较高的债务时（即企业具有风险债务），股东如果预见采纳新投资项目会以牺牲自身利益为代价补偿了债权人，因股东与债权人之间存在着利益冲突，股东就缺乏积极性选择该项目进行投资。

复旦大学2021年金融学综合试题

一、单选题(10题，每题4分，共40分)

1. 中央银行公开市场业务往往通过购买国债和发行央票来调节基础货币的供给，购买国债和发行央票对基础货币的影响分别是(　　)。

A. 下降，上升　　B. 上升，下降　　C. 上升，上升　　D. 下降，下降

2. 在现金比例保持不变的情况下，提高法定准备金率，货币乘数(　　)。

A. 下降　　B. 上升　　C. 下降或不变　　D. 不变

3. 关于本国货币贬值对总需求可能的影响，不正确的是(　　)。

A. 本币贬值增加了外国对本国产品的需求，促进本国总需求上升

B. 本币贬值具有收入再分配效应，有利于出口行业的收入增加，在出口行业边际消费倾向较低的情况下，可能会紧缩总需求。

C. 本币贬值使本国货币购买外币资产的能力下降，如果以国际货币计算，本国居民的财富下降，通过财富效应导致总需求的萎缩

D. 本币贬值后，偿还相同数额的外债需要付出更少的本国货币，当外债还本付息额较大时，贬值会引起国内总需求上升

4. 关于利率平价，下列说法正确的是(　　)。

A. 根据非套补利率平价，当本国利率高于外国时，在远期交割的合约中，本币将贬值

B. 根据套补利率平价，当本国利率高于外国时，在远期交割的合约中，本币将升值

C. 根据套补利率平价，当本国利率高于外国时，反映了市场对本国货币在未来升值的预期

D. 根据非套补利率平价，本国利率高于外国，反映了市场对本国货币在未来贬值的预期

5. 关于市盈率指标，以下表述错误的是(　　)。

A. 派息率越高，市盈率越高

B. 股利预期增长率越高，市盈率越高

C. 名义利率越高，市盈率越高

D. 实际利率水平越低，必要回报率 R 越低，市盈率越高

6. 股票期权的货币时间价值在到期日之前总是(　　)。

A. 为正　　B. 为负

C. 为零　　D. 股票价格减去执行价格

7. 下列说法不正确的是(　　)。

A. 资本资产定价模型脱离现实的重要一点就是其假定所有的风险资产都是可交易的

B. 期望平均方差为正，平均证券调整后的 β 值可能小于资本资产定价模型中的 β 值，因而这个模型预测证券市场线没有经典的资本资产定价模型中的陡峭

C. 股票正常收益率与实际期望收益率之间的差，称之为 α

D. 平均为负的 α 与较大 β 值的证券和正的 α 与较小 β 值的证券，它们引起了资本资产定价模型统计上的无效

8. D 企业拟进行一项存在一定风险的完整工业项目投资，有甲、乙两个方案可供选择：甲净现值的期望值为 1000 万元，标准差为 290 万元，乙 1200 万元，标准差 330 万元。以下正确的是(　　)。

A. 甲方案优先　　B. 甲风险较大　　C. 甲风险较小　　D. 无法评价

9. 下列关于股票回购的说法中，错误的是(　　)。

A. 股票回购能够向市场传递股价被低估的信号

B. 股票回购减少了公司的自由现金流，能够降低管理层的代理成本

C. 股票回购和支付现金股利都能够增加财务杠杆效应，但对每股收益的影响不同

D. 股票回购为股东增加的现金流与支付现金股利是相同的

10. E 公司是一家上市公司，2018 年的利润分配如下：每 10 股送 2 股，并派发现金红利 10 元(含税)，资本公积每 10 股转增 3 股，如果股权登记日的股票收盘价为 26 元，除息日股票参考价为(　　)元。

A. 10　　B. 15　　C. 16　　D. 16.67

二、简答题(3 题，每题 10 分，共 30 分)

1. 简述相机抉择与基于规则的货币政策策略含义并比较其优缺点。

2. 简述抛补利率平价的基本原理，该平价是否始终成立并分析其原因。

3. 简述送股和转增的区别。

三、计算题(3 题，每题 20 分，共 60 分)

1. 假设 $E(r_m)=10\%$，$r_f=4\%$，有一充分分散的投资组合 G，其 β 为 1/3，期望收益率为 5%，是否存在套利机会？若存在，套利策略是什么？计算出这种策略在零净投资下无风险收益的结果。

2. 甲公司 2019 年年底的股东权益总额为 10000 万元，普通股 5000 万股，目前资本结构为：长期负债占 60%，股东权益占 40%，无流动负债。该公司的所得税税率为 25%，未来公司长期借款策略不变，而且继续增加长期债务不会改变目前 10%的平均年利率水平，现有如下建议：

(1) 分配现金股利 0.1 元/股。

(2) 为新投资项目筹资 6000 万元资金。

(3) 公司不增发新股，也不借短期借款。

(4) 2020 年保持当前资本结构。

请回答以下问题：

(1) 列出公司 2020 年主要支出。

(2) 计算公司 2020 年所需的内源资金和外源资金。

(3) 计算公司所需实现的 EBIT。

3. 乙公司拟新设一家分公司，其初始投资 900 万元。该公司聘请了一位独立分析师做投资评价。他首先预测了该公司未来四年的现金流，并估计了资本成本为 10%。之后，他还要预估分公司的持续价值(公司未来四年的自由现金流的现值)。假如对该分公司的四年持续期的最后一年的估算如下表：

单位：百万元　　　　　　　　　　　　　　项目：第四年

年收入	1100	自由现金流	100
营业利润	100	股权账面价值	500
净利润	60		

请回答如下问题：

（1）假如公司四年预测期后，自由现金流以每年3%的增长比率，永远增长下去，使用永续增长模型估算公司在第四年年末的持续价值。

（2）与该分公司在同一行业的其他公司的平均 P/E 为15，其该公司与之前与之对照公司的平均市盈率相同，利用市盈率估算该公司的持续价值。

（3）对照公司的市净率（市净率＝每股市价/每股净资产）为1.5。利用市净率估算该公司的持续价值。

（4）你认为，该独立分析师应该如何给董事会投资建议？

四、论述题（1题，共20分）

1.（1）什么是“利率两轨并一轨”（LPR改革）？

（2）分析实行本次LPR改革的背景与目的。

（3）讨论本次LPR改革可能对商业银行，货币政策调控机制及效果的影响。

复旦大学2021年金融学综合试题解析

一、单选题（10题，每题4分，共40分）

1. B。央行购买国债，央行资产负债表左端资产增加，按照资产负债表同增同减的原则，右端的基础货币也得增加；央行发行央票，资产负债表左端减少，右端也要同步减少。

2. C。从准备金工具来看，如果商业银行存在超额准备金，央行提高法定准备金率，超额准备金会转化成法定准备金，即超额准备金率同等比例下降，则提高法定准备金率对基础货币和货币乘数没有影响，进而对货币供应量没有影响。如果商业银行没有超额准备金，则提高法定准备金率，商业银行必须收缩信贷，上缴法定准备金，基础货币会增加，而不是下降，但是此时货币乘数会下降，因为法定准备金率上升，货币扩张能力下降，货币乘数下降。

【科兴提示】这个题目是根据复旦经院陆前进老师《提高准备金率与央票回笼的三大差异》给出的答案，虽然存在争议。

3. D。本币贬值后，偿还相同数额的外债需要付出更多的本国货币。当外债还本付息额较大时，贬值会引起国内总需求下降。

4. D。非抛补利率平价并没有锁定远期汇率，没有远期合约需要交割，选项A错误；根据套补利率平价，当本国利率高于外国时，在远期交割的合约中，本币将贬值，选项B错误；选项C是错在两点，一是抛补利率平价没有考虑预期因素，二是本国利率高于外国时，本币将贬值。

5. C。市盈率模型的驱动公式是：P/E＝派息比率/（名义利率－股利增长率），观察可知名义利率与市盈率呈负相关关系。

6. A。期权时间价值指期权合约的购买者为购买期权而支付的权利金超过期权内在价值的那部分价值。到期期限越长，则时间价值越大；到期期限越短，则时间价值越小。

7. B。SML的斜率是$\frac{r_M - r_f}{1}$。贝塔是一个因变量，不能用来确定SML的陡峭程度。

8. B。甲的变异系数＝290/1000＝0.29，乙的变异系数＝330/1200＝0.275。甲的变异系数更大，甲单位期望收益率风险大。

9. D。在完美资本市场中，股票回购为股东增加的现金流与支付现金股利是相同的。这个选项缺少前提。在有资本利得税和股利税的情况下，这个说法就不成立了。股票回购股东得到的资本利德，需交纳资本利德税，税负低；发放现金股利后股东需要缴纳股息税，税负高。

10. D。除权价＝(26－1)/(1+0.2+0.3)＝16.67 元。

二、简答题（3 题，每题 10 分，共 30 分）

1. 单一规则与相机抉择是截然对立的两种理论观点，前者是货币主义学派的观点，后者是凯恩斯学派的观点。相机抉择，是指货币当局或中央银行依据对经济情势的判断，为达成既定的货币政策目标而采取的权衡性措施，如经济趋冷时采取扩张性货币政策，经济趋热时采用紧缩性货币政策。单一规则货币政策是指将货币供应量作为唯一的政策工具，并制定货币供应量增长的数量法则，使货币增长率同预期的经济增长率保持一致。关于二者的优劣，历来争议颇多。

（1）相机抉择的优劣

其优点包括：

① 中央银行可以会同财政部门进行政策调节，因此拥有更多的政策选择，通过不同的货币政策和财政政策的组合，选择适合经济发展需要的政策组合；

② 相机抉择作为一种反周期货币政策操作，能够有效在第一时间采取政策进行相反的政策操作，降低由于问题长期积累所引发的灰犀牛事件的概率；

③ 中央银行发现经济活动的问题后，可以及时采取适量实时的政策操作，避免经济活动出现大的波动。

但是相机抉择具有很大的主观随意性，由于货币政策时滞长而且不稳定，往往导致过头的政策行为，加深对经济的干扰，况且货币政策目标之间存在矛盾，难以兼顾。

（2）单一规则的优劣

其优点包括：

① 中央银行只需要设定一个确定的货币增长率即可，无需时刻关注经济变化，避免采取了不适当的政策对经济活动造成的负面冲击；

② 避免了中央银行运用各种权利和工具企图操纵经济活动或管制各种经济变量，在一定程度保证了市场的有效性和经济活动的平稳。

单一规则的主要缺点是：以完全的自由市场经济为条件，但是在广大发展中国家，市场机制不完善，价格传导作用大打折扣。

2.（1）抛补利率平价的基本原理

抛补利率平价认为均衡汇率是通过国际抛补套利所引起的外汇交易形成的。在两国利率存在差异的情况下，资金将从低利率国流向高利率国以谋取利润。但套利者在比较金融资产的收益率时，不仅考虑两种资产利率所提供的收益率，还要考虑两种资产由于汇率变动所产生的收益变动，即外汇风险。套利者往往将套利与掉期业务相结合，以避免汇率风险，保证无亏损之虞。大量掉期外汇交易的结果是，低利率国货币的现汇汇率下浮，期汇汇率上浮；高利率国货币的现汇汇率上浮，期汇汇率下浮。远期差价为期汇汇率与现汇汇率的差额，由此低利率国货币就会出现远期升水，高利率国货币则会出现远期贴水。随着抛补套利的不断进行，远期差价就会不断加大，直到两种资产所提供的收益率完全相等，这时抛补套利活动就会停止，远期差价正好等于两国利差，即利率平价成立。因此我们可以归纳一下抛补利率评价说的基本观点：远期差价是由两国利率差异决定的，并且高利率国货币在期汇市场上必定贴水，低利率国货币在期汇市场上必定升水。

（2）从实践角度来看，抛补利率平价并不总是成立，主要是因为这一理论存在一些缺陷，主要表现在：

① 利率平价说没有考虑交易成本，然而，交易成本却是很重要的因素。如果各种交易过高，就会影响套利收益，从而影响汇率与利率的关系。如果考虑交易成本，国际间的抛补套利活动在达到利率平价之前就会停止。（2 分）

② 利率平价说假定不存在资本流动障碍，假定资金能顺利，不受限制地在国际间流动。但实际上，资

金在国际间流动会受到外汇管制和外汇市场不发达等因素的阻碍。目前，只有在少数国际金融中心才存在完善的期汇市场，资金流动所受限制也少。(2 分)

③ 利率平价说还假定套利资金规模是无限的，故套利者能不断进行抛补套利，直到利率平价成立。(2 分)

3. (1)送股和转增的概念

股票分红有送股和转股两种方式。送股则是采用公司没有分配的利润来折算成股票的形式送股。转股指的是采用的公司的资本公积金按照权益折成股份来进行转账。

(2) 二者的主要区别在于：

① 资金的来源不同。送股是一种分红的形式，资金来源于上市公司的利润，它其实是上市公司将利润留在公司里，然后向股东发放股票作为红利，从而将利润转化为股本。转股则是上市公司直接将公积金转化为股本，即先把一部分公积金转换为公司的股份，再将增加的股份赠送给股东。

② 是否受到利润的限制。上市公司能否向股东送股，受到公司是否盈利的限制。只有在上市公司产生盈利后，公司才能通过送股的形式将未分配的利润分配给公司的股东。转股则不受上市公司是否盈利的限制，只需要公司的会计将公司账面上的公积金减少一部分，然后在公司的注册资本里增加相应的金额即可。

③ 是否收税。上市公司赠送给股东的红股属于股息、红利，对于股东来说，自己获得的红股是个人所得的一部分，国家会向股东获得红股征收个人所得税。而转股是上市公司用公积金转赠股本，所以转股的性质不是股息、红利。对于股东来说，自己获得的转增不属于个人所得范畴，国家不会向股东获得的转增股本征收个人所得税。

三、计算题(3 题，每题 20 分，共 60 分)

1. (1)存在套利机会，理由如下：

根据资本 CAPM，投资组合 G 的要求收益率$r_G=r_m+\beta(r_m-r_f)=4\%+1/3\times(10\%-4\%)=6\%$。而组合 G 的期望收益率 5%，与 CAPM 计算结果不一致，存在套利机会。

(2) 具体套利策略如下：投资者可以构建一个贝塔为 1/3 的组合，比如 1/3 的比例购买市场组合，以 2/3 的比例投资于无风险资产。由于市场组合的贝塔为 1，无风险资产的贝塔是 0，加权平均可得新组合的理论贝塔为 1/3，其预期收益率为 6%。此时组合 G 与新构建的组合本质相同，但价格不同，可以进行套利操作。卖空 G 组合，买入新组合，获得套利收益 6%−5%=1%。

2. (1)2020 年主要支出是现金股利与投入的自有资本(因为属于债务部分的投资额和债务融资相互抵消)为：现金股利的实际支出=5000×0.1=500 万元。

资本结构保持不变，意味着新项目筹集的资金也按照固定的资本结构筹资，即 6000 万中自有资金占 40%，债务筹资占 60%。投资项目投入资本=6000×40%=2400 万元。

(2) 2020 年所需的内源资金即投资项目的投入资本=6000×40%=2400 万元。2020 年所需的外源资金=6000×60%=3600 万元。

(3) 支付现金股利以及内源资金于净利润，所以可以倒推出 2020 年度的净利润为 500+2400=2900 万元。2020 年度税前利润=2900/(1−25%)=3866.67 万元。2020 年度借款利息=(原长期借款+新增借款)×利率=(10000/40%×60%+6000×60%)×10%=1860 万元。则息税前利润 EBIT=净利润+计划年度借款利息=3866.67+1860=5726.67 万元。

3. (1)第 4 年年末的持续价值为：

$$V_4=\frac{FCFF_5}{r-g}=\frac{100\times(1+3\%)}{10\%-3\%}=1471.43\text{ 百万元}$$

(2) 按照可比分析法，股价基于同一行业的平均 P/E 评估，则 $P=15\times(60/N)$，N 为股份数。则第 4 年年末的持续价值=所有者权益的价值=60×15=900 百万元。公司的当前持续价值为：

$$V=\frac{900}{1.1^4}=614.71\text{ 百万元}$$

(3) 因为第四年年末的市净率 $PB=1.5$，又公司的股本价值等于账面价值，所以，第四年年末的持续价值=所有者权益的价值=1.5×500=750 百万元，则现在的持续价值为：

$$V=\frac{750}{1.1^{4}}=512.26\text{ 百万元}$$

（4）按照以市净率为标准的可比估值法，董事会不应该投资该公司；如果关于现金流的信息预测准确，按照贴现现金流流量法，可以投资该公司。

四、论述题（1题，共20分）

1.（1）利率并轨本意是将存贷款基准利率与市场化利率挂钩，使得市场化利率对存贷款利率的传导过程更加顺畅，因而央行通过调控货币市场利率、债券市场利率等市场化利率即可实现对存贷款利率的有效调控。利率并轨提出的背景就是我国存贷款基准利率与市场化利率长期存在着双轨制问题。

（2）①本次LPR改革的背景

利率并轨提出的背景就是我国存贷款基准利率与市场化利率长期存在着双轨制问题。利率双轨制指的是在中国的货币金融市场中，存在着两种利率体系，一种是受关注的贷款利率，而另一种是完全由市场供求决定的市场化利率。利率双轨制，导致了利率传导机制不通畅，金融市场利率的变动不能有效传导到社会融资成本，货币政策效力大打折扣。

② 本次LPR改革的目的为：一是丰富LPR，推动LPR自身形成机制的完善和市场化；二是引导银行的贷款定价从参照"贷款基准利率"转向参照"LPR"；三是在此基础上逐步推动利率"两轨并一轨"。

（3）①本次LPR改革对商业银行的可能影响为：

一是对经营效益的影响。本次LPR机制改革，直接目的就在于疏通央行政策利率对贷款利率的传导，实现贷款利率的下行，就会压缩银行的净息差空间。中国银行业的净息差依然在历史底部区间，随着存款竞争更加激烈，会进一步压缩银行的盈利空间，对银行的经营形成压力。

二是对银行定价能力的考验。随着贷款定价基准向LPR转变，很多中小银行的内部定价体系并未做好相应准备，利率定价的差异化和精细化，要求银行具备有效的内部资金转移定价、成本分摊、客户信息等系统和体系。

三是影响战略重心转变。此次LPR改革重点在引导经营型企业贷款利率的下行，银行作为经营机构，在保障民营和小微企业信贷投放数量达标的前提下，要加大对以消费贷款为代表的零售信贷投放力度，由此会导致银行经营的战略重心发生微妙的改变。

② 本次LPR改革对货币政策调控机制及效果可能影响：

（Ⅰ）本次LPR改革对货币政策调控机制的可能影响

一是，提高跨品种传导效率。从LPR改革来看，锚定MLF并加强其在贷款定价中的引导作用，相当于每笔贷款利率与政策利率紧密关联，缩窄利率走廊，有助于降低短期利率波动，提高金融机构对市场利率的稳定性预期，这将大幅度延伸价格型货币政策工具的应用场景，提升实体经济存贷款利率对政策利率的敏感度，提高货币政策在不同利率之间的传导效率。

二是提高跨期传导效率。新LPR报价机制引入了5年期报价品种，对企业中长期贷款和住房抵押贷款等的指导作用更强，提高了跨期限的传导效率。

三是LPR推动利率市场化，有利于进一步升级货币政策工具箱，综合不同货币政策工具的特点，因时因地制宜选择适当的货币政策工具，达到货币政策调控目标。

（Ⅱ）本次LPR改革对货币政策的影响

LPR改革有利于货币政策从数量型向价格型转变，数量型货币政策可以通过调控货币数量来解决总量问题，但无法解决货币流向的结构性问题。在我国经济结构转型、金融监管趋严的背景下，货币政策目标也已经由原来的稳增长和防通胀的"总量问题"逐渐转向去杠杆和防风险的"结构问题"。通过采取MLF等价格型货币政策工具则可以在很大程度上解决货币政策结构性失衡的问题，是市场在资源配置中发挥决定性作用的具体体现。

【科兴点评】2021年的题目除了公司金融部分都还挺正常的。宏观金融部分还是以考查姜波克和胡庆康的教材为主，投资学部分仍然在考查张宗新的《投资学》，不少习题都是本科期中期末试卷上的原题。公司金融部分则甩掉了朱叶的教材，考查CPA中级财务管理的内容。因此，很多考生在考场上就直接懵了。专业课试题就这样，命题不是特别专业。考生需要明白一个道理：试卷难易、异常与否并不针对你一个人，尽量把该拿到的分数拿到才是王道。

湖南大学 2021 年金融学综合试题

一、名词解释(每题 4 分，共 24 分)

1. 回购协议
2. 金融稳定
3. 国际投资头寸
4. 同业拆借
5. ETF 基金
6. 做市商制度

二、不定项选择题(每题 2 分，共 60 分)

1. 格雷欣法则出现在下列哪种货币制度中？(　　)

A. 平行本位制　　B. 双本位制　　C. 跛行本位制　　D. 单本位制

2. 在凯恩斯的货币需求函数中，与利率反向变化的是(　　)。

A. 交易性货币需求　　B. 投机性货币需求

C. 预防性货币需求　　D. 投资性货币需求

3. 金融危机的标志是(　　)。

A. 经济萧条　　B. 失业率提高

C. 资金链条倒塌行为　　D. 金融风暴

4. 金融市场按偿还期限的不同，可分为(　　)。

A. 期限 1 年以上的资本市场　　B. 期限半年以内的货币市场

C. 期限 1 年以内的货币市场　　D. 期限半年以上的资本市场

5. 通常所说的美联储“加息”决策是由(　　)做出的。

A. 联邦主席　　B. 联邦公开市场委员会

C. 联储咨询委员会　　D. 联储理事会

6. 正常情况下，中央银行的下列行为影响货币供给最小的是(　　)。

A. 购买黄金 1000 亿元　　B. 购入外汇 1000 亿元

C. 增加对其他金融公司债权　　D. 增加对其他存款性公司债权

7. 某产品期限 25 天，实际收益率为 0.75%，年化收益率为(　　)。

A. 10.95%　　B. 0.75%　　C. 10.80%　　D. 0.05%

8. 我国目前中央银行的储备货币包含以下哪些项目？(　　)

A. 货币发行　　B. 其他金融性公司存款

C. 其他存款性公司存款　　D. 非金融机构存款

E. 金融性公司存款

9. 中国标准的 M_2 包含以下哪些内容？(　　)

A. 现金　　B. 企业活期存款

C. 单位定期存款　　D. 居民储蓄存款

E. 住房公积金存款

10. 利率可分为名义利率和实际利率，下列相关说法正确的是(　　)。

A. 名义利率总是大于实际利率　　B. 名义利率可能等于实际利率

C. 名义利率一般不为负数　　D. 实际利率可能为零

E. 负利率分为名义负利率和实际负利率

11. 以下哪些交易不需要计入我国的国际收支平衡表？(　　)

A. 中国某学生出国后定居在国外，给其国内父母寄来一笔生活费用

B. 某大学开学收到在本校留学的外国留学生交的学费

C. 湖南三一重工集团母公司借款给其在德国设立的三一重工子公司

D. 某外国留学生毕业后在中国定居，在国内某宜家商场采购了一批生活用品

12. 以下哪些说法是正确的(　　)。

A. 根据 IMF 第八条款规定，一国货币要成为可自由兑换货币必须对本国国际收支中金融账户的付款和资金转移不加限制

B. 我国外汇市场上人民币对主要发达国家(地区)货币是采用间接标价法

C. 假设我国外汇市场上美元对人民币的名义汇率是 USD 1 = RMB 6.8，而美元与人民币之间的购买力平价是 USD 1 = RMB 7.0，则我们说相对购买力平价而言，人民币汇率高估了

D. 我国外汇市场上人民币对马来西亚林吉特是采用间接标价法

13. 某外汇市场汇率为 1 英镑兑换 1.18 瑞郎，1 单位某商品在英国的价格为 120 英镑，在瑞士的价格为 150 瑞郎。如果 1 年内，英国的通货膨胀为 2.6%，同期瑞士的通货膨胀率为 6.1%，根据相对购买力平价理论，则英镑将(　　)，外汇市场汇率变为(　　)。

A. 贬值，GBP1 = CHF1.1411

B. 贬值，GBPI = CHF1.2088

C. 升值，GBP1 = CHF1.2213

D. 升值，GBP1 = CHF1.2926

14. 以下哪些汇率安排是属于 IMF2009 年新分类中的软钉住安排？(　　)。

A. 水平钉住

B. 水平区间钉住

C. 爬行钉住

D. 稳定化制度

E. 货币局制度

15. 以下说法正确的是(　　)。

A. 一国外债规模越大，需要的外汇储备越多

B. 一国边际进口倾向越高，该国国际收支失衡调整的速度越慢

C. 一国汇率制度的弹性越大，越是需要更多的外汇储备来维持

D. 一国国内外资产可替代程度越高，该国国际收支失衡调整速度越慢，所需要的外汇储备较多

16. 下列哪些业务构成了现代商业银行电子服务体系？(　　)

A. 网上银行业务

B. 手机银行业务

C. 电话银行业务

D. 自助终端业务

17. 商业银行核心资本主要包括(　　)。

A. 一般准备金

B. 非累积性优先股

C. 资产重估储备

D. 非公开储备

18. 商业银行吸收的存款按资金性质及计息范围分为(　　)。

A. 单位存款和个人存款

B. 活期存款和定期存款

C. 财政存款和个人存款

D. 一般存款和财政存款

19. 公司中长期贷款包括(　　)。

A. 定期公司贷款

B. 零售商贷款

C. 证券交易商贷款

D. 循环信贷融资

20. 在贷款期限内逐年按同一比例递增贷款偿还额的方法称为(　　)。

A. 等额本息还款法　　B. 等额本金还款法

C. 比例还款法　　D. 等比例还款法

21. 由于金融现货价格波动引起衍生产品价格或价值变动而导致损失的可能性，一般称为(　　)。

A. 信用风险　　B. 流动性风险　　C. 市场风险　　D. 操作风险

22. 商业银行流动性供给渠道包括(　　)。

A. 短期证券　　B. 证券回购协议　　C. 国外借款　　D. 库存现金

23. 商业银行资产管理的主要方式有(　　)。

A. 资金购买管理　　B. 产品销售管理

C. 资产转换管理　　D. 预期收入管理

24. 利率期权主要分为(　　)。

A. 实际证券期权　　B. 股权期权

C. 债券期货期权　　D. 利率协定

25. 经济资本管理的目标主要有(　　)。

A. 核定账面资本　　B. 平衡监管成本

C. 控制业务风险　　D. 提高风险调整后收益

26. 下列属于货币市场交易工具的是(　　)。

A. 标的为 10 年期国债的逆回购　　B. 同业拆借

C. 优先股　　D. 期限为 3 个月的银行承兑汇票

27. 在股票市场中，同行业两家公司的理论市盈率存在差异的可能原因有(　　)。

A. 投资风险不同　　B. 股票价格不同

C. 总股本不同　　D. 未来成长机会不同

28. 影响欧式期权合约价格的因素有(　　)。

A. 执行价格　　B. 标的资产价格的波动性

C. 无风险利率　　D. 距到期日时间

29. 当市场利率下降时，溢价销售的 20 年期国债的久期将(　　)。

A. 增加　　B. 减少

C. 保持不变　　D. 先增加再减少

30. 资产证券化的过程中，实现风险隔离的环节是(　　)。

A. 重组现金流，构造证券化资产

B. 对资产证券化产品进行信用增级

C. 证券化资产由原始利益人向 SPV 的“真实出售”

D. 对资产证券化产品进行信用评级

三、计算题(每题 10 分，共 30 分)

1. 假设某日伦敦外汇市场英镑兑美元的报价为：

即期汇率：1.3240/80

1 个月远期差价：50/30

3 个月远期差价：100/60

6 个月远期差价：150/90

(1) 试计算 1 个月和 3 个月期限的远期汇率。

(2) 根据计算出来的 3 个月的远期汇率分别计算英镑和美元的升贴水年率(保留两位小数),并简要说明其含义。

2. 某纺织企业信用等级为 AA+,申请一笔 2000 万元的贷款,期限 1 年,由仓单质押,经评估该仓单货物总价值为 8000 万元,银行该笔贷款的资金成本为 3.5%,营业成本为 1.5%,贷款年利率为 7%。AA+信用等级违约概率为 0.6%,该笔贷款非预期损失为 150 万元,贷款回收率预计为 66.5%。试计算该笔贷款的 RAROC。

3. 已知国库券的年收益率为 5%,有如下两个充分分散化的投资组合,其风险和收益如下表所示:

	$E(R)$	β
组合 A	17%	1.2
组合 B	10%	0.7

(1) 根据无风险套利定价理论,是否存在套利机会?为什么?

(2) 如果存在套利机会,请构造一个套利投资组合。

(3) 实施套利行为并计算无风险利润率。

四、简答题(每题 6 分,共 18 分)

1. 简要说明如何利用再贴现政策进行定向货币政策调控?

2. 什么是中间业务?我国商业银行中间业务发展的主要因素有哪些?

3. 简述债券的投资特征。

五、论述题(18 分)

试根据以下表格数据对我国 2015 年和 2016 年的国际收支状况进行总体分析,并论述针对我国国际收支的此种状况可以采取的政策措施组合。

中国国际收支平衡表(年度表) 单位:(亿美元)

项目	2015	2016
1. 经常账户	3042	2022
1. A 货物和服务	3579	2557
1. A. a 货物	5762	4889
1. A. b 服务	-2183	-2331
1. B 初次收入	-411	-440
1. C 二次收入	-126	-95
2. 资本和金融账户	-912	272
2. 1 资本账户	3	-3
2. 2 金融账户	-915	276
2. 2. 1 非储备性质的金融	-4345	-4161
2. 2. 1. 1 直接投资	681	-417
2. 2. 1. 2 证券投资	-665	-523
2. 2. 1. 3 金融衍生工具	-21	-54
2. 2. 1. 4 其他投资	-4340	-3167
2. 2. 2 储备资产	3429	4437
3. 净误差与遗漏	-2130	-2295

湖南大学 2021 年金融学综合试题解析

一、名词解释(每题 4 分，共 24 分)

1. 回购协议指交易方在向对方出售证券时，承诺在将来某一时间按照固定的价格将所出售证券购回的协议。本质上是一种以证券为质押物的质押贷款，其使用的证券大多数是国库券和其他政府机构证券。

2. 金融稳定是金融体系处于能够有效发挥其关键功能的状态。在这种状态下，宏观经济健康运行，货币和财政政策稳健有效，金融生态环境不断改善，金融机构、金融市场和金融基础设施能够发挥资源配置、风险管理、支付结算等功能，而且在受到内外部因素冲击时，金融体系整体上仍然能够平稳运行。

3. 国际投资头寸指某个时点上一个经济体居民对非居民的金融资产和负债的价值和构成。资产存量减去金融负债存量的差额为净国际投资头寸，可能为正，也可能为负。正值表明该国为净债权国，反之为净债务国。

4. 同业拆借指金融机构之间进行借贷转移短期资金的行为，资金主要用于弥补短期资金的不足，票据清算的差额以及解决临时性的资金短缺需求。

5. ETF 基金(Exchange Traded Fund，简称 ETF)，是一种在交易所上市交易的、基金份额可变的开放式基金。它结合了封闭式基金和开放式基金的运作特点，投资者既可以向基金管理公司申购或赎回基金份额，同时，又可以像封闭式基金一样在二级市场上按市场价格买卖 ETF 份额。

6. 做市商制度是金融市场中的一种交易制度，它的模式是让具备一定实力和信誉的法人充当做市商，然后在过程中不断向市场提供买卖价格，从而让市场具备交易性和流动性。这样的交易方式不必等到交易对手出现，同时还能通过买卖差价实现一定的利润。

二、不定项选择题(每题 2 分，共 60 分)

1. B。格雷欣法则生效需要满足的一个条件是：劣币和良币同时都为法定货币。

2. B。凯恩斯货币需求函数中，交易性需求和预防性需求与收入成正比，投机性需求与利率成反比。

3. C。金融危机，是指一个国家或几个国家与地区的全部或大部分金融指标的急剧、短暂和超周期的恶化，其标志是金融市场资金链条倒塌行为。其他几个选项均为资金链条倒塌行为引起的后续现象。

4. AC。金融市场按照金融工具偿还期限可分为资本市场和货币市场，偿还期限在 1 年以内的属于货币市场工具，超过 1 年的为资本市场工具。

5. B。美联储货币政策的最高决策机构是联邦公开市场委员会，这个委员会由联邦储备局的 7 名执行委员和 12 名联邦储备银行的主席组成。实际上，12 个储备银行主席中只有纽约储备银行主席是固定名额，其他 11 个只能轮流担任剩下的 4 个执委名额。这个委员会最主要的决策便是产生货币政策，也就是所谓的加息和降息。

6. C。增加对其他金融公司债权，同样也会使扩张央行资产负债表两端，但是负债端计在其他金融公司存款下，不会构成基础货币，造成多倍创造效应。

7. A。$365/25\times0.75\%=10.95\%$。

8. ACDE。中国人民银行资产负债表负债端主要包括储备货币(基础货币)、不计入储备货币的金融性公司存款、发行央票、国外负债、财政存款、自有资金和其他负债。其中，储备货币主要由三个二级科目组成，分别是货币发行、准备金和非金融机构存款组成。

9. ABCDE。现金属于 M_0，企业活期存款属于 M_1，这两者也同时属于 M_2。

10. BCDE。根据费雪效应有：名义利率=实际利率+预期通胀率，如果预期通胀率为零，则：名义利率=实际利率，选项 A 错误，选项 B 正确；经典的宏观经济学理论认为，存在零利率下限，也就是名义利率不能为负数，选项 C 正确；如果名义利率=预期通胀率，则实际利率为零，选项 D 正确。现实中的负利率政策是指名义利率为负数，这已经打破了零利率下限的假设，所以称之为非常规性货币政策，选项 E 正确。

11. D。国际收支强调的是居民与非居民之间发生的经济交往。选项 A，中国人海外留学并定居，显然属于我国非居民，向国内父母邮寄生活费，应计入我国国际收支平衡表；选项 B，外国留学生向我国大学交学费，属于居民和非居民的经济交流活动，应计入我国国际收支平衡表；选项 C，子公司也属于非居民，与我国母公司之间的经济交往也应计入我国的国际收支平衡表；选项 D，外国留学生在我国定居，已经成为我国居民，而我国国内的宜家商场也属于本国居民，二者之间的经济交易不应计入我国国际收支平衡表。

12. CD。第八条款是针对经常项目下的自由兑换设定的条款，选项 A 错误；我国外汇市场上人民币对主要发达国家(地区)货币是采用直接标价法，选项 B 错误；单位货币美元理论价格是 7，实际价格是 6.8，说明美元被低估，人民币被高估，选项 C 正确；人民币对马来西亚林吉特、俄罗斯卢布、南非兰特、韩元、阿联酋迪拉姆、沙特里亚尔、匈牙利福林、波兰兹罗提、丹麦克朗、瑞典克朗、挪威克朗、土耳其里拉、墨西哥比索、泰铢汇率中间价采取间接标价法，选项 D 正确。

13. C。根据相对购买力平价，$\Delta e=\Delta P-\Delta P^{*}=6.1\%-2.6\%=3.5\%$，英镑升值 3.5%，则远期市场汇率为 $1.18\times(1+3.5\%)=1.2213$。

14. BCD。水平钉住和货币局制度属于硬钉住汇率安排。

15. AB。一国汇率制度的弹性越大，外汇储备需求越少，选项 C 错误；一国国内外资产可替代程度越高，该国国际收支失衡调整速度越快，所需外汇储备较少，选项 D 错误。

16. ABCD。根据《电子银行业务管理办法》第二条规定：电子银行业务包括网上银行、电话银行、手机银行，以及其他利用电子服务设备和网络，由客户通过自助服务方式完成金融交易的银行业务。

17. B。根据巴塞尔协议的规定，商业银行的核心资本主要包括股本和公开储备。股本是指已经发行并全额缴付的普通股，以及永久性非累积的优先股。非公开储备、资产重估准备金、一般准备金属于二级资本。

18. D。商业银行吸收的存款按资金性质及计息范围分为一般存款和财政存款。

19. AD。零售商贷款主要针对个人发放贷款，证券交易商贷款属于短期贷款。

20. D。在贷款期限内逐年按同一比例递增贷款偿还额的方法称为等比例还款法。

21. C。市场风险是指由于基础资产市场价格的不利变动或者急剧波动而导致衍生工具价格或者价值变动的风险。

22. ABCD。出售短期证券、卖出证券回购协议、国外借款、使用库存现金均可增加商业银行的流动性。

23. CD。购买理论和销售理论属于负债管理理论。

24. CD。利率期权品种主要分为利率上限/下限期权、利率互换期权、国债期货期权等。

25. CD。经济资本管理的目标主要有两个：控制业务风险和提高风险调整后收益。

26. ABD。货币市场交易工具的期限均为 1 年以下。

27. AD。市盈率=派息比率/(折现率-增长率)。

28. ABCD。影响期权合约价格的因素包括执行价格、标的资产价格的波动性、无风险利率、距到期日时间和红利支付。

29. A。在其他条件不变的情况下，债券的到期收益率与久期成反比。这是因为到期收益率越低，远期支付的现金流价值相对越大，其在债券总价值中占的权重也越大。

30. C。SPV 在资产证券化中扮演着重要角色，它的主要功能是隔离风险，实现发起人需要证券化的资产与其他资产之间的风险隔离。这样当发起人由于公司财务状况不佳而清偿资产时，证券持有人对证券化资产就可以享有专享权而不需与公司其他债权人分享公司财产。

三、计算题(每题 10 分，共 30 分)

1. (1)即期汇率为 1.3240/80，又 1 个月远期差价 50/30，汇水前大后小，应用减法，则 1 个月远期汇率的买入价为 1.3240-0.0050=1.3190，卖出价为 1.3280-30=1.3250，即 1 个月远期汇率为 1.3190/50。同理 3 个月远期汇率为 1.3140/20。

(2) 先计算即期汇率的中间价(1.3240+1.3280)/2=1.3260，3 个月远期汇率的中间价为(1.3140+

1. 3220)/2 = 1. 3180。

这里的单位货币是英镑，因此英镑的年升贴水率为：

$$\rho=\frac{1.3180-1.3260}{1.3260}\times\frac{12}{3}=-2.41\%$$

英镑远期贴水，即英镑远期贬值 2. 41%。

把单位货币换算成美元，可得美元的年升贴水率为：

$$\rho=\frac{\frac{1}{1.3180}-\frac{1}{1.3260}}{\frac{1}{1.3260}}\times 4=2.43\%$$

美元远期升水，即美元远期升值 2. 43%。

2. 对于银行来说，该笔贷款的利息收入为 2000×7% = 140 万元，资金来源成本 = 3. 5%×2000 = 70 万元，营业成本 = 2000×1. 5% = 30 万元，风险成本 = 2000×0. 6%×(1−66. 5%) = 4. 02 万元。而经济成本(非预期损失)为 150 万元，因此：

$$RAROC=\frac{\text{风险调整收益}}{\text{经济成本}}=\frac{140-70-30-4.02}{150}=23.99\%$$

3. (1) 组合 A 的单位风险溢价 = (17%−5%)/1. 2 = 10%

组合 B 的单位风险溢价 = (10%−5%)/0. 7 = 7. 14%

组合 A 的单位风险溢价大于组合 B 的单位风险溢价，所以有套利机会。

(2) 由国库券和组合 A 构造一个与组合 B 的 β 值相同的资产组合，设国库券权重为 w，则：$w\times 0+(1-w)\times 1.2=0.7$，解得 $w=5/12$。所以构造如下的投资组合：买入一个资产组合，5/12 购买国库券，7/12 购买组合 A，同时卖空等额资产组合 B。

(3) 按上述投资组合进行操作，可得无风险利率 = 5/12×5%+7/12×17%−10% = 2%。

四、简答题(每题 6 分，共 18 分)

1. 再贴现政策是中央银行通过制定或调整再贴现率来干预和影响市场利率及货币市场的供给与需求，从而调节货币供应量的一种金融政策。再贴现政策的作用，在于影响银行融资成本，从而影响商业银行的准备金，以达到松紧银根的目的。如中央银行要实现经济增长和充分就业目标，可以降低再贴现率，使其低于市场一般利率水平，商业银行通过再贴现获得资金的成本下降，促使其增加向中央银行借款或贴现，结果商业银行超额准备金增加，相应地扩大对社会大众的贷款，从而引起货币供给量的增加和市场利率的降低，达到经济增长和充分就业的目的。反之，可采用提高贴现率的办法来促使物价稳定目标的实现。

2. 中间业务是商业银行在资产业务和负债业务的基础上，利用技术、信息、机构网络、资金和信誉等方面的优势，不运用或较少运用银行的资财，以中间人和代理人的身份替客户办理收付、咨询、代理、担保、租赁及其他委托事项，提供各类金融服务并收取一定费用的经营活动。在资产业务和负债业务两项传统业务中，银行是作为信用活动的一方参与；而中间业务则不同，银行不再直接作为信用活动的一方，扮演的只是中介或代理的角色，通常实行有偿服务。

我国商业银行中间业务发展的主要因素有：

(1) 存贷利差不断压缩，增加其他业务收入和利润比例，增强银行盈利能力。

(2) 从资金密集型向技术密集型转移，提高毛利率。

(3) 发展中间业务，降低资本业务风险。

(4) 适应新市场经济的发展需要。

3. 债券的投资特征有：

(1) 安全性高。由于债券发行时就约定了到期后可以支付本金和利息，故其收益稳定、安全性高。特别是对于国债来说，其本金及利息的给付是由政府做担保的，几乎没有什么风险，是具有较高安全性的一种投资方式。

（2）收益高于银行存款。投资于债券，投资者一方面可以获得稳定的、高于银行存款的利息收入，另一方面可以利用债券价格的变动，买卖债券，赚取价差。

（3）流动性强。上市债券具有较好的流动性。当债券持有人急需资金时，可以在交易市场随时卖出，而且随着金融市场的进一步开放，债券的流动性将会不断加强。

五、论述题（18 分）

（1）2016 年我国国际收支呈现“一顺一逆”的格局，即经常账户顺差、资本和金融账户（不含储备资产）逆差，这与 2015 年大体相同，只是相比而言，呈现出顺差、逆差“双收窄”的局面。具体特征如下：

① 货物贸易保持较大顺差。2016 年货物贸易顺差 4889 亿美元，虽然较上年的历史高位下降 18%。

② 服务贸易逆差增长趋缓。2016 年，服务贸易逆差 2331 亿美元，较上年缓慢增长。

③ 初次收入延续逆差。2016 年初次收入逆差 440 亿美元，与上年基本持平。

④ 二次收入逆差收窄。2016 年二次收入逆差 95 亿美元，相比上年的 126 亿美元，逆差明显收窄。

⑤ 直接投资转为逆差。2016 年直接投资逆差 417 亿美元，上年为顺差 681 亿美元。这主要是因为 2015 年以来，我国推行“走出去”战略，大幅增加了对“一带一路”沿线国家的直接投资。

⑥ 证券投资逆差收窄。2016 年，证券投资逆差 523 亿美元，较上年 665 亿美元的逆差大幅收窄。

⑦ 其他投资逆差明显下降。2016 年，贷款、贸易信贷和资金存放等其他投资逆差 3167 亿美元，较上年下降 27%。

⑧ 储备资产继续下降。2016 年，我国交易形成的储备资产减少 4437 亿美元，但是我国的外汇储备仍然高居世界第一。

（2）针对 2016 年的国际收支状况，应采用积极的财政政策和宽松的货币政策。

① 积极的财政政策。吸收分析法是以凯恩斯的宏观经济理论作为基础，它认为国际收支与整个国民经济相联系，用下列关系式将二者联系起来：$Y=C+I+G+(X-M)$。定义总吸收 $A=C+I+G$，贸易差额 $B=X-M$，并把吸收与收入联系起来，那么国际收支等同于贸易收支：$B=Y-A$。吸收论认为国际收支盈余是吸收相对于收入不足的表现；而国际收支赤字则是吸收相对于收入过大的表现。当前我国国际收支顺差，应采用扩张性的财政政策来增加吸收，同时采用货币升值来增加进口，从而减少国际收支差额。

② 宽松的货币政策。当国际收支顺差收窄，外汇储备下降时，央行便有了较大的货币政策自主权与控制能力，可选择多种货币政策操作以灵活地控制基础货币供给。比如 SLF、MLF、TLF，这些工具期限灵活、方向精准，能够更加高效地实现货币政策目标。

华东师范大学 2021 年金融学综合试题

一、名词解释(每题 3 分，共 18 分)

1. 准货币
2. 费雪效应
3. 公开市场业务
4. 远期外汇交易
5. 牙买加体系
6. 资本成本

二、简答题(每题 8 分，共 56 分)

1. 简述通货膨胀对货币职能的影响。
2. 简述提高货币供应速度如何影响利率水平。
3. 弗里德曼现代货币数量理论的内容和政策主张是什么?
4. 简述开放经济下的三元悖论。
5. 若国际收支顺差和国内经济过热应该采取什么样的政策搭配?
6. 简述如何提高股东的权益报酬率。
7. 简述股利无关论。

三、计算题(每题 10 分，共 40 分)

1. 假设预期理论成立:

项目	第 1 年	第 2 年	第 3 年	第 4 年	第 5 年
债券 A	5%	6%	7%	6%	5%
债券 B	5%	4%	3%	4%	5%

(1) 简述预期理论。

(2) 根据给定的预期利率计算两组债券 1~5 年期的收益率。

(3) 画出对应的收益率曲线。

(4) 如果人们都偏好短期债券，不选择长期债券，收益率曲线会怎样变化?

2. Stambaugh 公司当前每股盈利为 8.25 美元，公司增长率为 0，同时将所有的盈利都作为股利发放。现在公司有一项新项目，在 1 年内要求进行的投资额为每股 1.60 美元。该项目仅为期两年，同时它将在投资完成后的两年中使公司每股盈利分别上升 2.10 美元和 2.45 美元。投资者对于 Stambaugh 公司要求的收益率为 12%。

(1) 假定公司未进行该项投资，请问公司股票的每股价值是多少?

(2) 如果公司进行了该项投资，公司每股价值又是多少?

3. 某公司目前发行在外普通股 1000 万股(每股 1 元)，已发行 10%利率的债券 4000 万元。该公司打算为一个新的投资项目融资 5000 万元，新项目投产后公司每年息税前盈余增加到 2000 万元，现有两个方案可供选择：按 15%的利率发行债券(方案 1)；按每股 20 元发行新股(方案 2)。公司适用所得税税率 30%。请计算两个方案的财务杠杆系数。

4. 公司股票收益率与市场组合的协方差为 0.036，市场组合的标准差为 0.2，市场风险溢价为 7.5%，该公司有债券 3500 万元，到期收益率为 8%，此外还有股票 600 万股，每股

20元，国库券利率为6%，公司税率为35%，CEO认为这样的资产负债比最佳。该公司目前有个新项目，购买机器花费4500万元，之后的5年会带来每年1350万的无杠杆现金流，请是否投资该项目？

四、论述题(每题12分，共36分)

1. 论信息不对称对金融活动产生的影响，并分析商业银行和金融市场解决信息不对称的差异。

2. 论述一国货币成为国际储备货币的利弊，并据此分析人民币国际化进程。

3. 论述新冠疫情下若干企业出现财务困境的原因和解决措施。

华东师范大学2021年金融学综合试题解析

一、名词解释(每题3分，共18分)

1. 准货币指本身是潜在的货币而非现实的货币。从货币层次的角度而言，准货币$=M_2-M_1$，即广义货币与狭义货币之差成为准货币，主要包括企业定期存款、储蓄存款和其他存款。

2. 费雪效应是由欧文·费雪提出的名义利率随着预期通胀率一对一调整的经济现象。费雪效应用公式可以表述为：(1+名义利率)=(1+预期通胀率)(1+实际利率)。当预期通胀率较小的时候，该等式可以近似写为：名义利率≈实际利率+预期通胀率。在某种经济制度下，实际利率往往是不变的，名义利率随着预期通胀率做一对一地调整。

3. 公开市场业务是货币政策工具之一，是指中央银行通过买进或卖出有价证券，吞吐基础货币，调节货币供应量的活动。公开市场业务与其他货币政策工具相比，具有主动性、灵活性和时效性等特点。

4. 远期外汇交易是指外汇交易合约成立时，双方并无外汇或本币的支付，而是双方约定于将来某一特定日期，以原约定的汇率买卖外汇的交易。远期外汇市场最重要的功能是提供一个规避汇率波动风险的渠道。远期外汇交易与即期外汇交易的根本区别在于交割日不同。凡是交割日在成交两个营业日以后的外汇交易均属于远期外汇交易。

5. 牙买加体系是布雷顿森林体系崩溃后形成的新的国际货币体系，主要特点是：黄金非货币化、汇率制度多样化、储备货币多样化。牙买加体系虽然对世界经济发挥了积极的作用，但并非理想的国际货币制度，仍存在一些缺陷，需要改革。

6. 资本成本指企业为筹集和使用资金而付出的代价。取得资本所付出的代价，主要指发行债券、股票的费用，向非银行金融机构借款的手续费用等；使用资本所付出的代价，主要由货币时间价值构成，如股利、利息等。资本成本既可以用绝对数表示，也可以用相对数表示。在财务管理中，一般用相对数表示。

二、简答题(每题8分，共56分)

1. 货币职能是指货币在社会经济生活中的作用，它是货币本质的体现。概括而言，货币职能主要包括价值尺度、流通手段和贮藏手段。

通货膨胀对货币职能的影响主要包括：

(1) 对价值尺度的影响。货币作为计价单位是我们用来衡量经济交易的尺度。当发生通货膨胀时，计价单位的价值下降，在短期内会给经济生活带来混乱。

(2) 对流通手段的影响。通货膨胀使得货币的实际购买力下降，在市场上进行交易时，人们不愿意接受与原来同样数量的货币作为交换，因而货币充当交易媒介的职能下降。

(3) 对贮藏手段的影响。当发生通货膨胀时，货币不再具有贮藏价值，因为货币的实际价值由于通货膨胀而减少，因此人们将尽量减少货币的持有量。

2. (1)古典利率决定理论。古典利率决定理论认为资金的供给来自储蓄，资金的需求来自投资，从而储蓄和投资决定了均衡的利率。货币供给量增加，人们的实际货币余额增加，储蓄增加，因此，利率下降。但同时，货币供给量增加，使金融资产的价格上升，企业投资增加，从而利率下降。

（2）凯恩斯的流动偏好理论。凯恩斯把货币需求分为交易性、预防性和投机性需求，前二者与收入呈正比，后者与利率呈反比。这样货币需求是利率的减函数，货币供给与货币需求共同决定了均衡的利率。货币供给对利率水平的影响由以下几个效应共同决定的。①流动性效应：货币供给增加，货币供给曲线右移，利率下降。②实际货币余额效应：货币供给增加，使实际货币余额增加，增加了居民的财富，因此会刺激消费，使总需求扩大，收入增加，货币交易性需求增大，从而使利率上升。③价格水平效应：货币供给增加，使价格上升，人们希望持有更多的名义货币余额，使利率上升。④预期通胀效应：货币供给增加，价格上升，人们形成物价持续上升的预期，使利率上升。因而，在上述各种效应的综合作用下，货币供给的变化对利率的影响是不确定的。

（3）可贷资金理论。可贷资金理论认为，利率取决于可贷资金的需求和供给的相互作用。货币供给增加，使可贷资金的供给增加，可贷资金供给曲线右移，利率下降。

综上所述，从三种利率决定理论来分析，货币供给增加时，对利率的影响是不确定的。

3.（1）现代货币数量论的内容为：

现代货币数量论是一种货币需求理论，其函数为：

$$M=f\left(P,\ r_{\mathrm{b}},\ r_{\mathrm{e}},\ \frac{1}{P}\cdot\frac{\mathrm{d}P}{\mathrm{d}t},\ Y,\ W,\ U\right)$$

式中，P 表示物价水平；r_{b} 表示固定收益证券的利率；r_{e} 表示非固定收益证券的利率；$\frac{1}{P}\cdot\frac{\mathrm{d}P}{\mathrm{d}t}$ 表示物价变动率；Y 表示恒久性收入；W 表示非人力资本对人力资本的比率；U 表示其他因素，如主观偏好和制度性因素。

现代货币数量论认为，由于作为财富代表的恒久性收入在长期内取决于真实生产因素的状况，其变动是相对稳定的；银行竞争使利率变化对货币需求的影响减少，货币需求对利率不敏感。因而，货币需求函数是稳定的，可以预测的。

（2）现代货币数量论的政策主张：

① 货币政策应以稳定物价为目标。现代货币数量论认为，货币政策既不能钉住利率以推动经济增长，也无法降低失业率以推进充分就业，只能通过货币供给量的变动直接影响物价水平。货币政策唯一必要且可行的目标就是保持物价稳定，追求没有通胀的经济繁荣。

② 单一规则的货币政策。所谓单一规则包括两层含义：一是以货币供应量作为唯一的货币政策中介目标，而不主张凯恩斯主义提出的以利率、信贷流量和存款准备金率作为货币政策中介目标的观点。二是主张以既定的数量法则来防止货币政策的摇摆性，而反对凯恩斯主义的相机抉择的货币政策。

③ 收入指数化方案。在反通胀方面，弗里德曼提出收入指数化方案，以治理通货膨胀。其做法是将工资、政府债券收益及其他收入等与生活费用紧密联系起来。

4. 三元悖论是美国经济学家保罗·克鲁格曼就开放经济下的政策选择问题所提出的，其含义是：在开放经济条件下，本国货币政策的独立性、汇率的稳定性、资本的完全流动性不能同时实现，最多只能同时满足两个目标，而放弃另外一个目标。

（1）保持本国货币政策的独立性和资本的完全流动性，必须牺牲汇率的稳定性，实行浮动汇率制。这是由于在资本完全流动条件下，频繁出入的国内外资金带来了国际收支状况的不稳定，如果本国的货币当局不进行干预，亦即保持货币政策的独立性，那么本币汇率必然会随着资金供求的变化而频繁的波动。利用汇率调节将汇率调整到真实反映经济现实的水平，可以改善进出口收支，影响国际资本流动。虽然汇率调节本身具有缺陷，但实行汇率浮动确实较好地解决了三元悖论。

（2）保持本国货币政策的独立性和汇率稳定，必须牺牲资本的完全流动性，实行资本管制。在金融危机的严重冲击下，在汇率贬值无效的情况下，唯一的选择是实行资本管制，实际上是政府以牺牲资本的完全流动性来维护汇率的稳定性和货币政策的独立性。大多数经济不发达的国家，比如中国，就是实行的这种政策组合。

（3）维持资本的完全流动性和汇率的稳定性，必须放弃本国货币政策的独立性。根据蒙代尔–弗莱明模型，资本完全流动时，在固定汇率制度下，本国货币政策的任何变动都将被所引致的资本流动的变化而抵消其效果，本国货币丧失自主性。在这种情况下，本国或者参加货币联盟，或者更为严格地实行货币局制度，基本上很难根据本国经济情况来实施独立的货币政策对经济进行调整，最多是在发生投机冲击时，短期内被动地调整本国利率以维护固定汇率。

5. 斯旺模型用支出转换政策和支出增减政策搭配来解决内外均衡的冲突问题。政府的支出增减型政策（譬如财政政策）可以直接改变国内支出总水平，主要用来解决内部均衡问题。政府的支出转换型政策（譬如实际汇率水平的调节）可以改变对本国产品和进口产品的相对需求，主要用来解决外部均衡问题。当出现国际收支顺差和国内经济过热时，应当一方面缩减国内支出，另一方面促进本币升值，从而使进口增加，并使国内支出中由国内供给满足的部分进一步减少，从而降低国际收支顺差和国内收入水平。

6. 由杜邦分析可知，股东权益报酬率等于资产净利率与权益乘数的乘积，而资产净利率又等于销售净利率与总资产周转率的乘积。因此，提高股东权益报酬率可以从以下两方面入手：

（1）提高权益乘数。这种方法使企业的资产负债率增加，增大了企业的财务杠杆，虽然可以为企业股东带来杠杆利益，但也会增加企业的财务风险，在实践中会受到很多限制。

（2）提高资产净利率。可从提高销售净利率或者总资产周转率两方面入手：

① 开拓市场，增加销售收入。在市场经济中，企业必须深入调查研究市场情况，了解市场的供需关系。在战略上，从长远利益出发，努力开发新产品；在策略上，保证产品的质量，加强营销手段，努力提高市场占有率。

② 加强成本费用控制，降低耗费，增加利润。利用杜邦系统分析成本费用结构是否合理，以便发现企业存在的问题。企业向在市场竞争中处于不败之地，一定要尽可能地降低产品的成本，同时要严格控制企业的管理费用，财务费用等各种期间费用。

7. 股利无关论认为，在完美资本市场条件下，股利政策不会对公司的价值或股票的价格产生任何影响。股利无关论主要观点为：

（1）投资者并不关心公司的股利的分配。若公司留存较多的利润用于再投资，会导致公司股票价格上升；此时尽管股利较低，但需用现金的投资者可以出售股票换取现金。若公司发放较多的股利，投资者又可以用现金再买入一些股票以扩大投资。也就是说投资者对股利和资本利得并无偏好。

（2）股利的支付比率不影响公司的价值。既然投资者不关心股利的分配，公司的价值就完全由其投资的获利能力所决定，公司的盈余在股利保留盈余之间的分配并不影响公司的价值。

三、计算题（每题 10 分，共 40 分）

1.（1）预期假说的基本命题是：长期利率相当于在该期限内的人们预期的所有短期利率的平均数。因而收益率曲线反映所有金融市场参与者的综合预期。

（2）两组债券的预期收益率可以使用如下公式算出：

$$r_{nt}=\frac{r_t+r_{e(t+1)}+r_{e(t+2)}+\cdots+r_{e(t+n-1)}}{n}$$

具体为：

项目	1 年期	2 年期	3 年期	4 年期	5 年期
债券 A	5%	5.5%	6%	6%	5.8%
债券 B	5%	4.5%	4%	4%	4.2%

（3）对应的收益率曲线如图 1 所示：

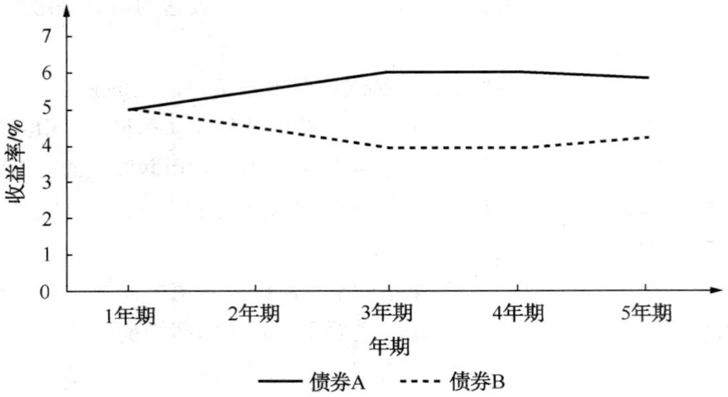

图 1

(4) 如果人们都偏好短期债券，则此时长期债券的风险溢价为正，那么，债券 A 先向上倾斜后向下倾斜的收益率曲线可能向上倾斜。债券 B 先向下倾斜后向上倾斜的收益率曲线可能会向上倾斜。

2. (1)若不进行投资，则股利每年稳定不变，公司股票的内在价值为：

$$P=\frac{EPS}{r}=\frac{8.25}{12\%}=68.75 \text{ 美元}$$

(2) 第一年投资额为每股 1.6 美元，第 2、3 年每股盈利分别上升 2.10.2.45 美元。

$$NPVGO=\frac{C_1}{1+r}+\frac{C_2}{(1+r)^2}+\frac{C_3}{(1+r)^3}=\frac{-1.6}{1.12}+\frac{2.1}{1.12^2}+\frac{2.45}{1.12^3}=1.99 \text{ 美元}$$

所以，如果公司采取了这种投资措施股票价格将会是 68.75+1.99=70.74 美元。

3. 方案一的财务杠杆系数为：

$$DFL_1=\frac{EBIT}{EBIT-I}=\frac{2000}{2000-(4000\times10\%+5000\times15\%)}=2.35$$

方案二的财务杠杆系数为：

$$DFL_2=\frac{EBIT}{EBIT-I}=\frac{2000}{2000-4000\times10\%}=1.25$$

4. 先运用定义公式求出贝塔：

$$\beta=\frac{\text{cov}(i,\ m)}{\sigma_{\text{m}}^2}=\frac{0.036}{0.04}=0.9$$

再根据 CAPM 求出权益资本成本：

$$r_{\text{S}}=r_{\text{f}}+\beta(r_{\text{m}}-r_{\text{f}})=6\%+0.9\times7.5\%=12.75\%$$

然后求出新项目的折现率：

$$r_{\text{WACC}}=\frac{S}{B+S}r_{\text{S}}+\frac{B}{B+S}r_{\text{B}}(1-t)=\frac{12000}{15500}\times12.75\%+\frac{3500}{15500}\times8\%\times(1-35\%)$$
$$=11.05\%$$

最后求出新项目的净现值：

$$NPV=-4500+1350\times(P/F,\ 11.05\%,\ 5)=483.19 \text{ 万元}$$

净现值大于 0，可以投资。

四、论述题(每题 12 分，共 36 分)

1. (1)信息不对称是指在交易中由于交易的一方对交易的另一方没有充分的了解从而导致难以做出准确决策的一种现象。信息不对称会导致两种情况的问题：逆向选择和道德风险。

① 逆向选择是在交易之前发生的信息不对称问题。在金融市场中，积极寻求贷款的人往往是那些具有不良信用风险的人。因为具有不良信用风险的人，比如骗子和大冒险家，知道自己几乎不可能偿还贷款，

贷款对他们来说近乎为一项纯收益，所以他们迫切希望得到贷款。而对于贷款者，由于逆向选择的存在，他们无法分辨哪些借款者是具有不良信用风险的人，贷款者不愿意承担这样的风险，这就导致了即使市面上存在风险较低的贷款机会，他们也选择不发放贷款。

② 道德风险是在交易之后发生的信息不对称问题。在贷款发放完成之后，贷款者就面临着这样的风险：借款者可能利用贷款得到的资金从事贷款者认为不能从事的事情，也就是风险较高的活动。因为借款者所使用的资金是他人的资金，所以当他们在决定如何使用这笔资金的时候，往往会选择那种回报大但是风险高的活动。所以道德风险加大了贷款者不能偿还贷款的可能，在道德风险存在的情况下，贷款者决定发放贷款的可能性变小了。

（2）金融市场通过信息的私人生产和销售、旨在增加信息的政府监管、引入金融中介机构、以抵押品为担保来解决信息不对称问题。然而，由于存在所谓搭便车问题造成了一种障碍，使私人市场不能够生产出足够的信息以消除导致逆向选择的所有信息不对称问题。而且搭便车问题也弱化了监督，能够减少道德风险的信息生产量也减少了。政府可加强管理以增加金融市场的信息，但不能消除信息不对称及逆向选择问题和道德风险问题。

而商业银行作为中介机构，持有大量的私人贷款即非交易贷款，从而避免了搭便车问题，这是商业银行得以成功地在金融市场上克服信息不对称问题的关键。私人贷款是不交易的，没有人能搭商业银行生产信息并监督和执行合约的便车，于是提供私人贷款的商业银行获得了监督和执行合约的收益。商业银行成为生产信息的专家，而且具有从信息生产中获利的能力。比起个人来说，商业银行在甄别贷款风险、防范由逆向选择造成的损失方面其经验和办法要丰富得多，在监督贷款者从而减少由道德风险造成的损失方面有着专长。商业银行从事生产信息的活动克服了金融市场中的信息不对称及其引起的逆向选择并减少了藏匿于合约中的道德风险问题，便利了经济社会中的生产性投资，发挥了重要的金融中介作用，提高了经济社会的效率。

2.（1）成为储备货币的收益

① 国际货币发行国可以获得货币发行收益。这种收益的表现是储备货币的发行国享有以本币弥补国际收支逆差的权利，即只要其他国家的居民存在接受这种货币的意愿，该国就可以直接以本币对外支付，从国外购买货物和服务，而不用本国的货物和服务进行交换。只要其他国家始终保留这些国际货币，这意味着无偿占有国外的实际资源。此外，在不兑换纸币流通条件下，这些货币并不具有内在的价值，其他国家持有的这些货币只是对国际货币发行国的一纸债权，这就使货币发行国获得了数额可观的货币发行收益。从性质上来说，这是一种几乎没有任何成本的收益来源。

② 这些国家能在国际金融事务方面享有主导地位，极大提高本国国际声誉，形成强大的与其他国家抗衡的能力，并能通过本国的经济政策影响整个世界经济。

③ 本国货币在国际间的大量使用，可迫使其他国际的居民不得不通过本国的银行体系和金融设施办理国际金融业务，进而推动本国银行体系的发展，并在为其他国家提供金融服务的过程中获得无形收入，赚取国外的财富。

④ 国际货币发行国还可以获得在外贸和对外投资活动方面的各种便利。

（2）成为储备货币的成本

① 国际货币在境外的大量积累及其大规模的国际流动会对发行国的汇率稳定产生严重的威胁，并使汇率的变动与发行国的国际收支脱离关系。

② 本币在其境内外频繁地往还转移会冲击本国的国际收支，影响国内经济经济，削弱经济政策的效能。

③ 为了满足不断增长的国际经济交易对储备货币的需求，货币发行国必须保持甚至扩大其国际收支逆差，这会形成巨额的对外短期负债，并可能引发本币汇率的持续下跌。这就是所谓的“特里芬难题”。

（3）人民币国际化是我国既定战略和重大国策，事关我国在 21 世纪能否真正崛起和跻身世界强国之列。货币国际化的一般发展进程是：结算货币—投资货币—储备货币。目前我国人民币国际化在跨境贸易人民币结算、货币互换、资本项目开放、香港离岸市场建设等方面都取得了重大成就，人民币国际化已处于由结算货币向投资货币转换的门槛上。

3.(1)财务困境又称“财务危机”，指现金流量不足以补偿现有的债务。在疫情暴发前，中国企业就存在高杠杆问题；而且，民营企业的财务压力，要高于国有企业。新冠肺炎疫情给企业带来了两个直接后果，销售收入大幅度下降、利润减少；债务杠杆问题更为突出。

① 销售收入大幅度下降，利润减少。疫情暴发以来，即使企业有生产能量，但是由于大多数居民不能像平时那样外出，居民消费萎缩。从宏观的角度看，将影响消费，由此影响经济增速。从企业的角度看，这将直接影响企业的销售收入。

② 债务杠杆问题更为突出。新冠肺炎疫情的暴发有可能进一步加剧企业负债上升趋势。企业的成本包括固定成本和变动成本，制造业的固定成本主要来自生产设备；服务业的固定成本主要来自房租和人工费等。因疫情销售收入下降，固定成本却不会随之下降，由此形成的亏空，需要外源资金来填补，因而形成新的债务。

在评估企业财务压力时，主要看盈利水平和债务杠杆水平，盈利水平越低、债务杠杆水平越高，财务压力越大。在利润减少和债务杠杆提高的双重挤压之下，企业有可能无力偿债，陷入财务困境。

(2) 在财务困境之下，企业可通过创新商业模式、拓展销售渠道，以及筹集额外资本来缓解、摆脱财务困境。

① 创新商业模式、拓展销售渠道。商业模式包括许多要素，根据新冠肺炎疫情的特点，在创新商业模式中，首先，应更多地关注销售渠道的创新，创新可从两个方面考虑，一是拓展渠道；二是延伸渠道。其次，应更多地关注盈利模式的创新。盈利模式是指企业的收支来源与收支方式。为了应对疫情的影响，企业的指导原则自然应是现金为王，因此，应尽量要求提前支付。

② 筹集额外资本。对于陷入财务困境的企业来说，最明显的策略就是筹集更多的现金。更多的现金或许不能解决财务困境，但它能推迟清算的日期。无论如何，企业只有存续才有翻盘的机会。企业陷入财务困境后，最常见筹集额外现金的方式是出售资产、以资产作抵押借款以及争取盟友的支持。筹集额外资本具体有资产出售、质押融资、售后回租融资、争取龙头企业的支持等四种方式。

(a) 资产出售。资产出售即将资产转让他人，换取现金收入。在选择可出售资产时，最好选择与企业主要业务相关性较低的业务单元或资产。如多元化消费品公司的独立品牌业务，或未充分利用的土地或建筑物等非经营性资产。

(b) 质押融资。如果公司有未抵押资产，也可以通过某种形式的质押借款来筹集现金。质押融资有多种方式，诸如存货质押融资、知识产权质押融资和股权质押融资等。股权质押融资存在较大的潜在风险，在目前全球经济山雨欲来风满楼的形势下，企业在股权质押融资时应持审慎的态度。

(c) 售后回租融资。在售后回租中，公司将把一项资产(通常是不动产)卖给第三方，条件是新业主同时将其租回给出售公司。与直接出售相比，这笔交易是有利的，因为该公司可能仍需要这笔资产来开展业务。它可以提供相对于质押融资或抵押融资的优势，因为租赁可以构建为表外负债；因此，从会计的角度看，杠杆率将会降低。此外，根据租赁的条款，预支收益也比较高。

(d) 争取龙头企业的支持。目前，供应链已成为主要的生产方式和经济运行机制，他改变了企业之间的关系和协作方式。供应链是围绕核心企业，即龙头企业展开的。在供应链上，分布着诸多从事配套零件生产，中间产品生产以及销售的中小企业。供应链上中小企业的生产活动是龙头企业的前伸和后延，是龙头企业的有机组成部分，龙头企业往往会加以控制和协调，以确保自己生产活动的顺畅运行。当出现疫情这种不可抗力，引起供应链上企业出现财务困境时，龙头企业有潜在的激励对供应链的企业伸出援手。因此，供应链上的中小企业可考虑积极争取龙头企业的支持，要求龙头企业提供资金支持、调整支付期限等，帮助减轻资金压力。

【科兴点评】一如既往，华东师范大学的431试题注重文字表述。但实际上，这种命题风格对考生层次的区分并不是很明显。就往年的阅卷经验来看，除了个别优秀的考生，多数同学文字表述题目的得分差距并不大，平均都能得到70%的分数。反而是客观题会造成很大的差距，所以这四道计算题就显得尤为关键。如果四题都做对了，有40分打底，文字题做做怎么也能考到110分，基本上就达到华东师范大学的要求了。

江西财经大学2021年金融学综合试题

一、名词解释(每题3分，共21分)

1. 回购协议
2. 相机抉择
3. 马歇尔-勒纳条件
4. 米德冲突
5. 欧洲货币
6. 赎回条款
7. 企业价值(EV)

二、简答题(每题6分，共36分)

1. 简述中间业务和表外业务的区别与联系。
2. 简述弗里德曼货币需求理论与凯恩斯理论的差异。
3. 简述布雷顿森林体系的主要内容。
4. 简述“价格-铸币流动机制”。
5. 有效市场有哪几种类型？分别有什么特点？
6. 简述公司股票贝塔的影响因素。

三、计算题(每题10分，共60分)

1. 假设一张面额为1000元、期限为5年、票面利率为10%(年率)的债券，付息方式为按年付息。某投资者在持有该债券3年后，欲将之出售。在市场利率为8%时，试计算该债券的交易价格。

2. 某企业拟发行面额为1000元、年利率为8%的5年期公司债。当市场收益率分别为6%、8%和10%时，按照单利计算，该债券的发行价格是多少？

3. 某日，美元兑新加坡元即期汇率为USD/SGD=1.3950，美元6个月利率为3.5%，新加坡元6个月利率为2.5%，试计算美元兑新加坡元6个月远期汇率。

4. 假如某公司于9月初购入4份12月份瑞士法郎欧式看涨期权(每份合约面额为125000瑞士法郎)，12月份瑞士法郎欧式看涨期权协定价格为1瑞士法郎=0.7810美元，期权费为1瑞士法郎=0.02美元。问：

(1) 当12月份市场价格为1美元=1.3000瑞士法郎时，该公司是否会行使期权？其盈亏状况如何？

(2) 当12月份市场价格为1美元=1.2000瑞士法郎时，该公司是否会行使期权？其盈亏状况如何？

5. 某公司拟购置一处房产，房主提出三种付款方案：(1)从现在起，每年年初支付30万元，连续支付10次，共300万元；(2)从第5年开始，每年末支付45万元，连续支付10次，共450万元；(3)从第4年开始，每年初支付40万元，连续支付10次，共400万元。假设公司资金成本率(即最低报酬率)为10%，你认为该公司应该选择哪个方案？

6. 公司正在评估两台设备：(1)设备1的成本为3000万元，使用年限为3年，每年的税前营业成本为900万元，期初需要投入500万元的营运成本(单次成本)，期末回收；(2)设备2的成本为5500万元，使用年限为5年，每年的税前营业成本为800万元，期初需要投入1000万元的营运成本(单次成本)，期末回收。这两台设备都采用直线折旧法折旧，在使用年限折旧至账面价值为0。两台设备的残值都为500万元。公司的税率为30%，折现率为10%。请评估使用哪一台设备，为什么？

四、作图题(共9分)

1. 运用IS-LM-BP模型，图解开放条件下，一国实行浮动汇率制，资本处于不完全流动情况下的财政政策效力。

五、论述题(每题12分，共24分)

1. 按照货币供给模型，论述货币供给的影响因素有哪些及其影响方向如何？

2. 说明现金管理的鲍莫尔模型及其局限性。

江西财经大学2021年金融学综合试题解析

一、名词解释(每题3分，共21分)

1. 回购协议是卖出一种证券，并约定于未来某一时间以约定的价格再购回该证券的交易协议。根据该协议所进行的交易称为回购交易。回购交易是中央银行调节全社会流动性的手段之一。

2. 相机抉择是指国家在进行需求管理时，应根据各个时期的市场情况和经济形势，机动地决定和选择应对的货币政策，以避免经济的周期性波动。

3. 马歇尔-勒纳条件是由英国经济学家马歇尔和美国经济学家勒纳揭示的关于一国货币的贬值与该国贸易收支改善程度的关系。只有当一国进出口需求弹性之和大于1时，本币贬值才能改善国际收支。

4. 米德冲突是指在许多情况下，单独使用支出调整政策或支出转换政策而同时追求内、外均衡两种目标的实现，将会导致一国内部均衡与外部均衡之间冲突。在米德的分析中，内外均衡的冲突一般是指在固定汇率下，失业增加、经常账户逆差或通货膨胀、经常账户盈余这两种特定的内外经济状况组合。

5. 欧洲货币指存放在该货币发行国国境以外的银行的存款。按照货币种类划分，有欧洲美元、欧洲英镑、欧洲日元等，统称为欧洲货币。这种形式的货币交易最早出现在欧洲，故此得名。

6. 赎回条款是债券发行文件上的条款，授予发行人在债券到期日之前赎回全部或部分债券的权利。赎回条款是上市公司所拥有的一项期权。影响赎回权价值大小的因素包括赎回权的期限、赎回条款、股票价格波动率等。

7. 企业价值是企业预期自由现金流量以其加权平均资本成本为贴现率折现的现值。它与企业的财务决策密切相关，体现了企业资金的时间价值、风险以及持续发展能力。一般而言，企业价值=股权价值+债务价值。

二、简答题(每题6分，共36分)

1. 中间业务和表外业务的联系主要有两点：

① 两者都不在商业银行的资产负债表中反映，两者的业务也大多不占用银行的资金，银行在当中充当代理人、客户委托人的身份。

② 收入来源主要是服务费、手续费、管理费等。

二者的区别主要也有两点：

① 中间业务更多地表现为传统业务，而且风险较小；表外业务则更多地表现为创新的业务，风险较大，这些业务与表内的业务一般有密切的联系，在一定的条件下还可以转化为表内的业务，所以也称或有资产、或有负债。表外业务有时也会占用银行的资金，其最大的特点是该业务的收益可能很大，而风险也可能很大。

② 银行对两者所承担的风险不同。在中间业务中，银行一般仅处在中间人或服务者的地位，不承担任何资产、负债方面的风险；而表外业务虽然不直接反映在资产、负债各方，即不直接形成资产或负债，但却是一种潜在的资产或负债，在一定条件下，表外业务可以转化为表内业务，因此，银行要承担一定的风险。

2. 弗里德曼货币需求理论与凯恩斯理论区别主要在于：

(1) 关于“资产”的范围不同。弗里德曼的“资产”概念要宽泛得多。凯恩斯所考虑的仅仅是货币与作为债券的生息资产之间的选择；而弗里德曼关注的资产除货币以外还有股票、债券和实物资产。

(2) 对于货币的预期收益率的看法不同。凯恩斯认为，货币的预期收益率为零，而弗里德曼则把它当作一个会随着其他资产预期报酬率的变化而变化的量。

(3) 关于“收入”的内涵不同。凯恩斯货币需求函数中的收入，是指“实际收入水平”。而弗里德曼货币需求函数中的收入是指“恒久收入水平”，即一定时间内的平均收入水平。

(4) 货币需求函数的性质不同。凯恩斯认为货币需求函数受未来利率不确定性的影响，因而是不稳定的；而弗里德曼认为，由于作为财富代表的恒久收入在长期内取决于真实生产因素的状况，其变动是相对稳定的。

(5) 影响货币需求的侧重点不同。凯恩斯的货币需求理论非常强调利率的主导作用，而弗里德曼则强调恒久收入对货币需求的重要性。

(6) 关于货币流通速度稳定与否的看法不同。凯恩斯的货币需求理论认为，货币流通速度是经常波动的；而弗里德曼货币需求理论认为，货币流通速度是相对稳定、可预测的。

3. 布雷顿森林体系的主要内容为：

(1) 美元与黄金挂钩。各国政府或中央银行可按官价用美元向美国兑换黄金。为使黄金官价不受自由市场金价冲击，各国政府需协同美国政府在国际金融市场上维持这一黄金官价。

(2) 其他国家货币与美元挂钩。其他国家政府规定各自货币的含金量，通过含金量的比例确定同美元的汇率。

(3) 实行可调整的固定汇率。各国货币对美元的汇率，只能在法定汇率上下各 1%的幅度内波动。若市场汇率超过法定汇率 1%的波动幅度，各国政府有义务在外汇市场上进行干预，以维持汇率的稳定。若会员国法定汇率的变动超过 10%，就必须得到国际货币基金组织的批准。

(4) 确定国际储备资产。《协定》中关于货币平价的规定，使美元处于等同黄金的地位，成为各国外汇储备中最主要的国际储备货币。

(5) 国际收支的调节。短期的失衡由 IMF 提供信贷来解决，长期的失衡则通过调整汇率平价来调节。

4. 价格-铸币流动机制是大卫·休谟所揭示的在金本位制度下的国际收支自动调节机制。在金本位制下，当一个国家国际收支发生逆差时(顺差情况正好相反)，意味着对外支付大于收入，货币外流，在其他条件既定下，本国物价水平下降，由此导致本国出口商品相对便宜，进口商品相对昂贵，出口相对增加，进口相对减少，贸易差额因此得到改善。

铸币-价格机制自动调节的另一种表现形式是汇率(而不是一般价格)水平变动对国际收支的影响。当国际收支发生逆差时，对外支出大于收入，外汇的需求大于外汇的供给，本国货币贬值，由此引起本国出口商品价格相对下降、进口商品价格相对上升，从而出口增加、进口减少，贸易收支得到改善。

5. 根据对信息集大小的分类，有效市场假说分为三种形式：

(1) 弱式有效市场假说：市场价格已充分反映出所有过去历史的证券价格信息，如果弱式有效市场假说成立，则股票价格的技术分析失去作用，基本分析还可能帮助投资者获得超额利润。

(2) 半强式有效市场假说：价格已充分反映出所有已公开的有关公司营运前景的信息。如果半强式有效假说成立，则在市场中利用技术分析和基本分析都失去作用，内幕消息可能获得超额利润。

(3) 强式有效市场假说：价格已充分地反映了所有关于公司营运的信息，这些信息包括已公开的或内部未公开的信息。在强式有效市场中，没有任何方法能帮助投资者获得超额利润。

6. 影响股票贝塔的因素有：

(1) 收入的周期性。有些企业的收入具有明显的周期性。由于贝塔是个股收益率与市场收益率的标准协方差，所以周期性强的股票就具有较高的贝塔值。

(2) 经营杠杆。经营杠杆程度衡量一个企业(或项目)相对于其固定成本的敏感性。经营杠杆随固定成本的上升而提高，随变动成本的下降而提高。经营杠杆放大了周期性对贝塔的作用。

(3) 财务杠杆。财务杠杆反映了企业对债务融资的依赖程度，杠杆企业是指在资本结构中有负债的企业，财务杠杆与企业固定的财务费用有关。财务杠杆的提高，会放大企业的财务风险，因此它与股票贝塔正相关。

三、计算题(每题 10 分，共 60 分)

1. 债券的价格是未来现金流现值的和，持有 3 年，到期期限还剩 2 年，因此债券的市场价格为：

$$P=\frac{100}{1.08}+\frac{100}{1.08^2}+\frac{1000}{1.08^2}=1035.66\text{ 元}$$

2. 按照单利计算的债券到期收益率公式为：

$$y=\frac{\frac{A-p_0}{T}+C}{P_0}\Rightarrow P_0(1+yT)=A+CT$$

带入数据可得：

当 $y=6\%$时，$P_0(1+6\%\times5)=1000+80\times5\Rightarrow P_0=1076.92$ 元

当 $y=8\%$时，$P_0(1+8\%\times5)=1000+80\times5\Rightarrow P_0=1000$ 元

当 $y=10\%$时，$P_0(1+10\%\times5)=1000+80\times5\Rightarrow P_0=933.33$ 元

很明显，市场利率与债券的价格呈负相关关系。

3. 求 USD/SGD 的远期汇率，在直接标价法下，SGD 是本币。根据利率平价关系可得：

$$\frac{f}{e}=\frac{1+i}{1+i^*}\Rightarrow f=e\cdot\frac{1+i}{1+i^*}=1.3950\times\frac{1+0.5\times2.5\%}{1+0.5\times3.5\%}=1.3881$$

【科兴提示】由于利率一般都是按照年利率来计算的，因此这里的 2.5%和 3.5%都是年利率，现在要求的是半年的利率，因此都要除以 2。有读者可能得出 $f=1.3950\times\frac{\sqrt{1+2.5\%}}{\sqrt{1+3.5\%}}=1.3646$，答案有些误差，其实也没问题。

4. (1)若 3 个月后市场价格为 1 瑞士法郎 = 1/1.3000 = 0.7692 美元时，瑞士法郎市场价格低于协定价格，该公司不会行使看涨期权，会损失 125000×4×0.02 = 10000 美元的期权费。

(2) 若 3 个月后市场价格为 1 瑞士法郎 = 1/1.2000 = 0.8333 美元时，瑞士法郎市场价格>协定价格+期权费，公司会选择行使看涨期权。公司按 0.7810 的汇率向银行购买 125000×4 = 500000 瑞士法郎，购买的总成本为 500000×(0.7810+0.02) = 400500 美元。这比市场价格 0.8333×500000 = 416650 美元节省 16150 美元。

5. 比较三个方案的现值即可。

方案一为期初年金：

$$P=30\times(P/A,\ 10\%,\ 9)+30=30\times5.759+30=202.77\text{ 万元}$$

方案二为递延年金：

$$P=45\times(P/A,\ 10\%,\ 10)/(P/F,\ 10\%,\ 5)=45\times6.1446\times0.6209=171.68\text{ 万元}$$

方案三为期初递延年金：

$$P=40\times(P/A,\ 10\%,\ 10)/(P/F,\ 10\%,\ 3)=40\times6.1446\times0.7513=184.66\text{ 万元}$$

故该公司应选择第二种方案。

6. 由于两台设备的使用年限不同，因此需要比较二者的 EAC。

设备 1 的成本现金流为：第 0 年 3000+500 = 3500 万元，第 1—2 年 900 万元，第 3 年回收净营运资本-500 万元，且残值回收-500 万元，因此第 3 年的成本为 900-500-500 = -100 万元，则：

$$C_1=\frac{3500+\frac{900}{1.1}+\frac{900}{1.1^2}+\frac{-100}{1.1^3}}{(P/A,\ 10\%,\ 3)}=\frac{4986.85}{2.4869}=2005.25\text{ 万元}$$

设备 2 的成本现金流为：第 0 年 5500+1000 = 6500 万元，第 1-4 年为 800 万元，第 5 年为：-1000-500+

800 = −700 万元，则：

$$C_2=\frac{6500+\frac{800}{1.1}+\frac{800}{1.1^2}+\frac{800}{1.1^3}+\frac{800}{1.1^4}+\frac{-700}{1.1^5}}{(P/A,\ 10\%,\ 5)}=\frac{8601.25}{3.7908}=2268.98\text{ 万元}$$

很明显，第 1 台设备的成本更低，应选用第 1 台设备。

四、作图题(共 9 分)

1. 扩张性财政政策导致 $IS(e_1)$ 移至 $IS'(e_1)$ 会导致两种效应：

效应 A：Y 上升→进口增加→经常账户逆差

效应 B：i 上升，资本流入→资本账户顺差

若效应 B>效应 A(如下图)→BP 顺差→本币升值→进口增加，出口减少→IS 曲线和 BP 曲线左移。可见，在浮动汇率下，当资本有限流动时，扩张性的财政政策在短期内提高一国国民收入，但长期内是否有效取决于资本流动性的大小。

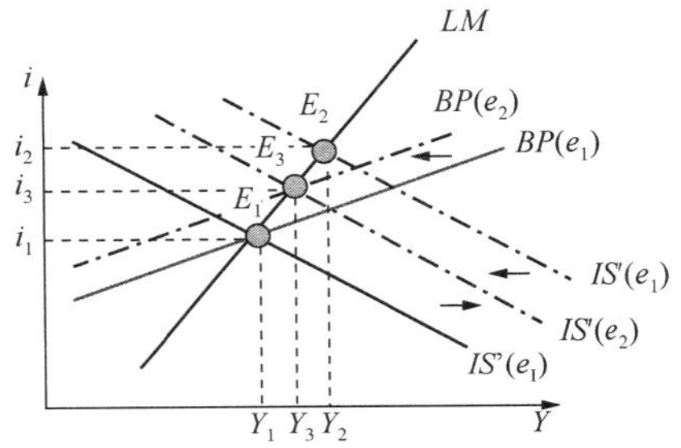

五、论述题(每题 12 分，共 24 分)

1. 货币供给模型亦称“货币供给函数”。用来表示货币供应量的决定理论的数学公式。在现代货币银行制度下，普遍将货币供应量的决定表示为：$M=mB$。式中，M 为货币供给量，m 为货币乘数，B 为基础货币或货币基数。现代货币供给量决定因素的分析，主要也就是货币乘数的分析，所以，现代货币供给模型一般就是货币乘数模型。

货币乘数模型为：

$$m=\frac{M}{B}=\frac{k+1}{k+r_d+r_t\cdot t+e}$$

通过上式可以发现，货币乘数由五个变量决定：通货比率(k)，定期存款与活期存款比例(t)，活期存款法定准备金率(r_d)，定期存款法定准备金率(r_t)和超额准备金率(e)。k 和 t 由公众决定，r_d和 r_t由中央银行决定，e 由存款机构决定。

(1) 通货比率(现金漏损率)(k)对货币乘数的影响

通货比率与公众对流动性的偏好程度、持有现金的机会成本以及信用发展情况和支付习惯有关。由于分子和分母均含有 k，因而，对 m 和 k 关系的分析较为复杂，我们对 k 求偏导：

$$\frac{\partial m_1}{\partial k}=\frac{r_d+r_t\cdot t+e-1}{(k+r_d+r_t\cdot t+e)^2}$$

由于货币乘数$m_1>1$，即货币供应量大于基础货币，所以有：

$$k+1>k+r_d+r_t\cdot t+e\Rightarrow r_d+r_t\cdot t+e<1$$

所以偏导数是负值，也就意味着货币乘数与现金漏损率之间是负相关关系。

(2) 定期存款与活期存款比例(t)对货币乘数的影响

定期存款与活期存款比例与定期存款和活期存款相对利率大小有关，有些银行将企业的贷款额与活期存款联系起来，甚至要求一定比例的活期存款，这也将对 t 产生影响。观察公式可得，货币乘数与定期对活期存款的比例有负相关的关系。

(3) 活期存款法定准备金率(r_d)和定期存款法定准备金率(r_t)对货币乘数的影响

法定准备金率是由中央银行规定的，是中央银行执行货币政策的一种手段。一般来说活期存款易变性大于定期存款，即活期存款被存款人提取的可能性更大，因此活期存款法定准备金率要大于定期存款法定准备金率。观察公式可得，货币乘数与存款准备金率是负相关的。

(4) 超额准备金率(e)对货币乘数的影响

当商业银行持有的超额存款准备金的比率上升时，银行体系可以发放的贷款减少，这就会导致银行体系的存款创造能力减弱，从而降低货币乘数。观察公式可得，货币乘数与超额准备金率成负相关关系。

【科兴提示】这个题目明显不用分析基础货币因素，因为基础货币谈不上影响方向。

2. (1)鲍莫尔模型前提假设有：

① 企业在预算期内需用的货币资金总量 T 已事先筹措得到，并以证券的形式存在；

② 企业对货币资金的需求是均匀的、稳定的、可知的，而且每当货币资金余额降至为零时，可通过变现证券 Q 取得；

③ 短期有价证券利率 r 稳定、可知；

④ 每次将有价证券变现的转换成本 b 可知。

在存货模型下，有两项相关成本，即机会成本和转换成本。机会成本和转换成本的变化方向是相反的：若每次变现有价证券金额较多，会使货币资金持有量增大而增加机会成本，但会使变现次数减少而降低转换成本；反之，若每次变现有价证券金额较少，会减少机会成本和增加转换成本。存货模型旨在使相关总成本，即机会成本和转换成本之和最小化，相关总成本的计算公式如下：

$$\begin{aligned}\text{相关总成本}(TC) &= \text{机会成本}+\text{转换成本}\\ &= \text{货币资金平均余额}\times\text{有价证券收益率}+\text{交易次数}\times\text{有价证券每次交易固定成本}\\ &= \frac{Q}{2}\times r+\frac{T}{Q}\times b\end{aligned}$$

对此式求一阶导数，可求出令总成本 TC 最小的 Q 值，即：

$$TC' = \left(\frac{Q}{2}\times r+\frac{T}{Q}\times b\right)' = \frac{r}{2}-\frac{Tb}{Q^2}$$

令 $TC'=0$，则可以得到最佳现金余额为：$Q^* = \sqrt{\frac{2Tb}{r}}$

此时，相关总成本达到最小值：$TC^* = \sqrt{2bTr}$

证券变现次数为：$$n=\frac{T}{Q^*}$$

(2) 鲍莫尔模型是对现金管理的一大贡献，但这一模型也具有以下局限性：

① 该模型假设企业的支出率不变。但实际中，由于到期日的不同及无法对成本进行准确预测，而只能对开支进行部分管理。

② 该模型假设计划期内未发生现金收入。事实上，绝大多数企业在每一个工作日内都将既发生现金流入也发生现金流出。

③ 未考虑安全现金库存。为了降低现金短缺或耗尽的可能性，企业极有可能拥有一个安全现金库存。但是，如果企业可以实现在几小时内售出有价证券或进行借贷，安全现金库存量就可以达到最小。

上海财经大学 2021 年金融学综合试题

一、单项选择题(每题 2 分，共 60 分)

1. 一些“传统”的资产具有类似期权的特征，这些证券包括(　　)。

A. 可转换债券

B. 可赎回债券

C. 可转换债券和可赎回债券

D. 可转换债券、可赎回债券和认股权证

2. 下列关于银行和典当行的说法，正确的是(　　)。

A. 在我国古代银行称为当铺

B. 银行可提供信用贷款，而典当行不能提供信用贷款

C. 银行和典当行都受银保监会监管

D. 银行和典当行必须遵循巴塞尔协议的有关规定

3. 下列关于 NPV 和 IRR 的说法中，正确的是(　　)。

A. 在存在金融市场的前提下，所有投资者将根据 NPV 法则来判断投资项目，但是是否决定接受该项目，还与投资者偏好有关

B. 无论是否存在金融市场，NPV 为正的项目总是可行的

C. 只要投资者的 IRR 大于项目的折现率，项目就是可行的

D. 在存在金融市场的前提下，NPV 为正的项目都是可行的，与投资者的消费偏好无关

4. 关于购买力平价，下列说法正确的是(　　)。

A. 在对不同国家的收入水平进行比较时，采用汇率的方法与采用购买力的方法，结果是一致的

B. 购买力平价的意思是，同样的一笔钱在不同国家所能购买的商品或其组合是数量一样的

C. 购买力平价可解释汇率的短期波动

D. 数据显示，多数发达国家的购买力平价成立

5. 明年年底，A 公司将派发 2 元的股息，比目前每股 1.5 元有所增加。此后，股息将恒定的 5%的速度增长。如果你要求的股票回报率为 12%，则股票价值为(　　)。

A. 31.78 元　　B. 30.00 元　　C. 28.79 元　　D. 28.57 元

6. 下列关于流动性偏好理论的说法中，错误的是(　　)。

A. 是一个货币需求理论

B. 是一个利率决定理论

C. 必然会得出流动性陷阱的结论

D. 解释了货币数量与收入和利率之间的关系

7. 投资组合经理希望建立一个债券组合，该组合的市场价值对利率变化几乎没有敏感性，以下哪个策略符合？(　　)

A. 尽可能多买零息债券

B. 购买期限相对较长的债券

C. 应买期限较短的高息债券

D. 应购买各种各样的债券，且要有尽可能多的到期日，如果可以将两种高息债券与低息债券或零息债券的权重相等的很好地混合起来，也将有帮助

8. 一笔 APR 为 10%，按季度付复利的贷款，它的有效年利率(EAR)为多少？(　　)

A. 10.52%　　B. 10.25%　　C. 10.38%　　D. 10.00%

9. 在完美资本市场上，随着杠杆公司杠杆的加大，股权资本成本会(　　)，WACC 会(　　)。

A. 变大，变小　　B. 变小，变大　　C. 不变，变大　　D. 变大，不变

10. 下列关于远期和期货市场的说法中，错误的是(　　)。

A. 期货市场由可识别的政府机构进行监管

B. 期货协议有严格的格式，规定了交割方式、货物数量和交割日期

C. 期货市场交易者都需要缴纳保证金

D. 结算所不能保证交易完成

11. 某债券全价为 1097.71 元。该债券票面利率为 8%，每半年复利一次。该债券原有的 182 的持有时间还剩余 100 天，则该债券净价为(　　)元。

A. 1000　　B. 1038.69　　C. 1054.69　　D. 1079.69

12. 下列关于直接融资和间接融资的说法正确的是(　　)。

A. 间接融资无需通过金融机构　　B. 直接融资无需通过金融机构

C. 间接融资需要间接证券　　D. 只有股票、债券是直接融资

13. 下列金融机构的流动性风险顺序排列正确的是(　　)。

A. 风险投资基金>保险公司>商业银行>共同基金

B. 共同基金>保险公司>商业银行>风险投资基金

C. 商业银行>保险公司>风险投资公司>共同基金

D. 商业银行>风险投资基金>共同基金>保险公司

14. 根据优序融资理论，企业筹款的顺序是(　　)。

A. 内部留存债券融资股票融资　　B. 内部留存股票融资债券融资

C. 债券融资股票融资内部留存　　D. 股票融资内部留存债券融资

15. 假设某新设备的使用寿命为 4 年，总成本现值为 1200 元，贴现率为 10%。该设备的约当年成本为(　　)。

A. 358.56 元　　B. 368.56 元　　C. 378.56 元　　D. 398.56 元

16. 以下哪一变化不是判断货币危机发生的关键指标？(　　)

A. 汇率的变化　　B. GDP 的变化

C. 外汇储备的变化　　D. 利率的变化

17. 人民币与韩国韩元之间的汇率是浮动的，下列两个事件对汇率有何影响？(　　)

(1) 由于中国文化在韩国深受欢迎，韩国对中国的进口需求大幅增加；

(2) 由于韩国人普遍感受到中国的经济与政治状况趋于好转，韩国对人民币金融资产的投资需求大幅增加。

A. 在第一种情况下，人民币升值；在第二种情况下，人民币贬值

B. 在第一种情况下，人民币贬值；在第二种情况下，人民币升值

C. 在第一种情况下，人民币升值；在第二种情况下，人民币升值

D. 在第一种情况下，人民币贬值；在第二种情况下，人民币贬值

18. 联想集团支付100万人民币劳务费用到美国某公司的账户上，则对我国国际收支平衡表的影响是(　　)。

A. 经常账户贷方+100万，资本账户借方-100万

B. 经常账户贷方-100万，资本账户借方+100万

C. 经常账户借方+100万，资本账户贷方-100万

D. 经常账户借方-100万，资本账户贷方+100万

19. 次贷危机从(　　)生成的。

A. 股票市场　　B. 债券市场　　C. 房地产市场　　D. 货币市场

20. 投资基金公司经常更换投资组合的资产结构。假设现在需要购买100万的几种股票，以下选项错误的是(　　)。

A. 券商交易佣金可以忽略不计

B. 基金公司会用挂市价加快调仓节奏

C. 相比于赎回再申购，这种方式只需进行一次操作，大大节省了时间

D. 基金公司不能事先预估交易的费用成本

21. 某债券修正久期为22年，凸度415。根据债券定价原理，利率每下降2%，则债券价格上升44%，则根据债券凸度计算法则，这样的利率变化引起债券变动的百分比为(　　)。

A. 34.3%　　B. 43.3%　　C. 45.3%　　D. 52.3%

22. 一般来说，投资机会较多地高增长企业与投资机会较少地低增长企业相比，其债务权益比(　　)。

A. 较低　　B. 较高　　C. 相同　　D. 无法判断

23. 下列关于通胀保值债券(TIPS)的说法正确的是(　　)。

A. 票面利率固定，并且高于普通同期债券

B. 支付浮动利率，以反映经济形势的变化

C. 根据消费者价格指数调整面值

D. 该债券的收益率的波动率比国债更高

24. 关于我国银行系统的现状，以下说法错误的是(　　)。

A. 我国商业银行都有国有资本成分，不存在纯粹的民营银行

B. 由几个大银行和一些中小银行构成

C. 不同的银行经营收入差距非常大

D. 已经出现破产或者由政府接管的银行

25. 汇率超调(或过调)出现在哪个理论中？(　　)

A. 利率平价　　B. 购买力平价

C. 货币分析法　　D. 资产组合分析法

26. 当公司拥有债务时，(　　)之间就产生了利益冲突，最终由(　　)承担产生的代理成本。

A. 股东与债权人；债权人　　B. 股东与债权人；股东

C. 股东与管理者；股东　　D. 股东与管理者；债权人

27. 考虑一个投资组合由两个完全负相关的资产构成，它的全局最小证券方差证券组合的标准差总是会(　　)。

A. 大于 0　　B. 等于 0

C. 等于-1　　D. 在-1~0 之间

28. 根据有税 MM 定理，则(　　)。

A. 随着财务杠杆的增加，公司价值会下降

B. 随着财务杠杆的增加，权益资本成本会下降

C. 随着财务杠杆的增加，WACC 会下降

D. 以上都对

29. 当一国发生地震、火灾等大型自然灾害后，不可能发生下列哪种现象？(　　)

A. 储蓄下降　　B. 投资下降　　C. 经常账户恶化　　D. 国际借贷增加

30. 下列哪一个不属于离岸金融业务？(　　)

A. 中国银行在香港汇丰银行存款人民币

B. 中国银行在伦敦汇丰银行存款人民币

C. 中国银行在纽约汇丰银行存入美元

D. 中国银行在开曼群岛汇丰银行购买人民币 NDF 债券

二、计算与分析(每题 10 分，共 60 分)

1. 解释看涨看跌期权平价公式。假设股票价格 110 元，看涨期权价格 17 元，看跌期权价格 5 元，无风险利率 5%，期限 1 年，执行价格 115 元。如何制定套利策略？

2. 某公司计划购买一设备，初始投资 100 万元，按直线折旧法，10 年折旧无残值。在使用期间，每年产生 50 万现金收益，营业费用为收益的 30%(不包含折旧)。在第 5 年年末卖出该设备 60 万元。假如无风险利率为 10%，且所得税率为 25%。求：

(1) 各期的现金流。

(2) 该投资的净现值。

(3) 求得的现值中有多少是来自折旧节税收益？

3. 商业银行活期存款 1000 亿元，中央银行发行现金 500 亿元，活期同业拆借存款 300 亿元，中央银行库存现金 20 亿元，商业银行库存现金 50 亿元，中央银行存款总额 200 亿元。计算：(1)货币供给 M_1；(2)货币乘数 m_1。

4. 1980 年英国和美国物价水平均为 100。2020 年英国物价水平上升到 150，而美国物价水平上升到 300。试计算：

(1) 按照购买力平价理论，1980 年的汇率是多少？

(2) 按照购买力平价理论，2020 年的汇率是多少

(3) 如果 2020 年实际汇率为 1 英镑=1. 2 美元，则英镑是被高度还是低估了？高估和低估的程度是多少？

5. 某债券当前的购买价格为 973. 02 元，票面利率 6. 4%。假设该债券面值 1000 元，4 年后到期，到期收益率 7. 2%，久期为 3. 6480。你预期债券到期收益率将下降 0. 3%。

(1) 运用修正久期公式计算估算的债券价格。

(2) 按常规的现金流折现算法计算的债券价格是多少？

(3) 比较以上两问的结果，请用文字解释原因，并画图说明。

6. 甲购房，贷款 100 万元，20 年还清。假设按半年复利的年化 APR 为 6%。则：

（1）每月还款多少？

（2）假设从第 13 年开始，每半年还款一次，8 年还清，则每次还款额度是多少？

三、论述题(每题 10 分，共 30 分)

1. 股东收益最大化与企业价值最大化是否总是一致？为什么？

2. MMT 的故事，可以先从“古代货币理论”说起。

假设政府运行需要征收一国产出的 10%，那么在货币出现之前，居民要缴纳 10%的产出物给政府。而当政府垄断了货币发行之后，直接用印制的货币向居民采购 10%的物资即可，或者将等额的货币直接发放给政府雇员即可。这时候，其实是不需要征税的。用主权信用货币直接买走一定比例的物资即可，这和用税收的形式征收一定比例的物资，效果是一样的。

假设刚开始实施这个制度的那一天，居民手上并没有这种货币，政府也不可能收到这种货币。所以，政府必须先支出，用货币采购物资，这样货币才会投入到民间的流通中去。于是，一开始实施主权信用货币时，政府是先支出才能收税(而不是先通过收税有了钱，才能有钱花，先收钱再花钱是实物货币时代的特征)。

于是，这个政府先印制了 100 元货币，采购了物资，民间就流通着 100 元货币了。然后，政府又从民间征税，收了 20 元的税。那么现在在外流通的货币余额是 80 元。于是，一个非常简单却新鲜的公式出现了：

财政赤字=货币发行量

这就是大家最近热议的“赤字货币化”。政府以主权信用货币收支，那么其净支出便构成货币发行量。在古代，支出方式包括发放政府雇员工资、赏赐、赈济等，收入方式包括收税、罚没等。支出大于收入的部分，便构成货币发行量。而支出不可能大于收入，因为外面的货币全是政府能过支出投放出去的，政府不可能收到超过投放数量的货币。

（1）你如何看待 MMT？

（2）有学者人为，当市场上出现钱荒时，政府只要采用 MMT，开足马力印钱就可以解决问题。对此，你怎么看？

3. 近年出现的国际收支双顺差现象对我国经济运行有什么影响？

上海财经大学 2021 年金融学综合试题解析

一、单项选择题(每题 2 分，共 60 分)

1. D。可赎回债券、可转换债券、认股权证、职工购股期权都具备期权特征：非线性的损益结构、买卖人的权利和义务不同。

2. B。在我国古代银行称为钱庄，选项 A 错误；典当行不具备信用创造功能，所以不能提供信用贷款，选项 B 正确；典当行由各地市金融监管当局监管，不由银保监会监管，选项 C 错误；典当行只发放抵押贷款不发放信用贷款，无需遵循巴塞尔协议，选项 D 错误。

3. D。费雪分离定理指出在完美资本市场中，经济主体的投资决策与消费决策可以相互分离，也即投资决策与其消费偏好无关。如果不存在金融市场，则存在预算约束，NPV 法则就不可行了。

【科兴提示】 费雪分离定理成立的前提是借贷利率一致。

4. B。购买力平价并不总是成立，选项 A 错误；购买力平价主要用来解释汇率的中长期波动，选项 C 错误；数据显示，多数发达国家的购买力平价并不成立，选项 D 错误。

【科兴提示】2011 年真题重复考查，只是选项 D 有所改动。

5. D。这个题目需要将现在理解为 0 时点(今年年底)，明年年底理解为 1 时点，则：$P_0=D_1/(r-g)=2/7\%\approx28.57$ 元。

6. C。流动性陷阱只是流动性偏好理论的一个极端情况。

7. D。选项 ABC 都是从久期的角度来考虑，久期是反映债券价格对利率变化敏感程度的一个概念，显然不合适，这里应该考虑的是免疫。

8. C。$EAR=(1+10\%/4)^4-1=10.38\%$。

9. D。在完美资本市场，公司价值不变，因此杠杆的变化不会影响 WACC；但是杠杆的增加会增加权益投资者的风险，因此股权资本成本会增加。

10. D。结算所可以保证交易完成，是因为结算会员公司向结算所缴纳一定数额的结算保证金。

11. D。债券交易中，报价是指每 100 元面值债券的价格，以下两种报价均较为普遍：

(1) 全价报价。此时，债券报价即买卖双方实际支付价格。

(2) 净价报价。此时，债券报价是扣除累积应付利息后的报价。

本题中，距离上一次付息日为：182－100＝82 天，则应扣除的利息为：$40\times82/182=18.02$ 元，则净价为 $1097.71-18.02=1079.69$ 元。

12. C。直接融资和间接融资均需要金融中介，只是二者在其间的作用不一样。选项 AB 均错误；间接证券是指金融机构所发行的钞票、存款、可转证存单、人寿保单、金融债券等，间接融资需要间接证券，选项 C 正确；直接融资的工具主要有商业票据和直接借贷凭证、股票、债券，选项 D 错误。

13. C。商业银行作为存款机构流动性风险最大。如果一家投资基金公司将要倒闭清算，其资产将会平均或者按比例分配给基金持有者，而不是像存款或保险合约那样，按先来后到顺序偿付，所以保险公司流动性风险大于投资基金。

14. A。优序融资理论认为，公司为新项目融资时，将优先考虑使用内部的盈余，其次采用债券融资，最后才考虑股权融资。

15. C。$(P/A, 4, 10\%)=3.17$，则 $EAC=1200/3.17=378.56$ 元。

16. D。在现有研究货币危机决定因素的文献中，实际汇率、外汇储备、GDP 增速、经常项目、信贷增速、货膨胀和财政盈余这 7 个指标的使用频次最多，即这些指标整体恶化将引致本币大幅度贬值。从长期来看，两国按本币计价的名义 GDP 增速之差，决定了本币相对升值或贬值的幅度。迅速增长的货币供应使得通胀走高，导致本币贬值。经常账户赤字和财政赤字升高，容易引发货币危机。

17. C。对中国而言，本题的两种情况都会造成外汇储备的增加，外汇储备的增加会带来人民币币值的增加。

18. D。根据国际收支平衡表的记账规则，一笔交易可以同时涉及 2 个以上的账户。本题中，劳务费用的支出属于资金来源的减少，应计入经常账户的借方－100 万，资本账户被动记录为贷方＋100 万。

19. C。美国次贷危机起源于美国房地产次级抵押贷款市场。由于房地产贷款基本上都是长期贷款，选项 D 错误。

20. A。基金调仓换股的佣金费用非常高，选项 A 错误。

21. D。根据久期法则：

$$\frac{\mathrm{d}P}{P}=-D\times\Delta r+\frac{1}{2}C\times(\Delta r)^2=-22\times(-2\%)+\frac{1}{2}\times415\times(-2\%)^2=52.3\%$$

22. A。对于投资机会较多的公司来说，债务融资需要定期偿还利息，财务压力大，一般更愿意在前期出让股权。

23. C。通货膨胀保值的特征是债券固定息票率和浮动本金额，其中固定息票率低于普通同期债券，选项 AB 错误；该债券的收益率接近于实际收益率，因此波动率低于国债，选项 D 错误。

24. A。我国目前有 19 家民营银行。建立民营银行主要是为了打破中国商业银行业单元国有垄断，实现金融机构多元化。

25. C。货币分析法分为弹性价格货币模型和黏性价格货币模型，汇率超调出现在黏性价格货币模型。

26. B。当公司拥有债务时，股东和债权人之间就产生了利益冲突。为此，这会诱使股东寻求利己的策略。在公司出现财务困境时，利益冲突扩大，给公司增加了代理成本。理性的债权人知道当财务危机逼近时，他们不可能指望从股东那儿得到帮助，相反，股东很可能选择减少债券价值的投资策略。相应地，债权人通过要求提高债券的利息率来保护自己。由于股东必须支付这些高利率，他们最终要负担利己策略的成本。

27. B。两资产的标准差总是大于等于 0 的。当两个资产完全负相关时，风险分散效果最佳，标准差为 0。

28. C。由于利息的节税效应，随着财务杠杆的增加，公司价值会上升，权益资本成本会上升，WACC 会下降。

29. B。当一国发生自然灾害后，一国会进行重建，国民收入恒等式中的 I 会因此上升。

30. C。离岸金融业务指在本国境内发生的外国机构(个人)之间以外币进行的金融活动。选项 C 属于在岸金融业务。

二、计算与分析(每题 10 分，共 60 分)

1. 看涨-看跌平价公式为：

$$P+S=C+\frac{X}{(1+r)^T}$$

$P+S=5+110=115$ 元，而 $C+\frac{X}{(1+r)^T}=17+\frac{115}{1.05}\approx 126.52$ 元，可见

$$P+S<C+\frac{X}{(1+r)^T}$$

因此可以套利。方法是：

	期初现金流量	到期日现金流量	
		$S_T>115$	$S_T\leqslant 115$
卖出一份看涨期权	17	$115-S_T$	0
借入资金	115/(1+5%)	−115	−115
买入一份看跌期权	−5	0	$115-S_T$
买入 1 股股票	−110	S_T	S_T
净现金流量	约为 11.52	0	0

2. (1) 年折旧为 100/10=10 万元。账面价值=(100−5×10)=50 万元。该设备变现收益：60−(60−50)×25%=57.5 万元。每期的销售收入为 50 万元，每期的营业费用为 50×30%=15 万元。则各期的现金流为：

$OCF_0=-100$ 万

$OCF_1=(50-15-10)\times 75\%+10=28.75$ 万元

$OCF_2=(50-15-10)\times 75\%+10=28.75$ 万元

$OCF_3=(50-15-10)\times 75\%+10=28.75$ 万元

$OCF_4=(50-15-10)\times 75\%+10=28.75$ 万元

$OCF_5=(50-15-10)\times 75\%+10+57.5=86.25$ 万元

(2) 则该投资的净现值为：

$$NPV=-100+\frac{28.75}{1.1}+\frac{28.75}{1.1^2}+\frac{28.75}{1.1^3}+\frac{28.75}{1.1^4}+\frac{86.25}{1.1^5}\approx 44.69 \text{ 万元}$$

(3) 每期的折旧收益为 10×25%=2.5 万元，则折旧的节税收益现值为：

$$PV_{折旧}=\frac{2.5}{1.1}+\frac{2.5}{1.1^2}+\frac{2.5}{1.1^3}+\frac{2.5}{1.1^4}+\frac{2.5}{1.1^5}\approx 9.48 \text{ 万元}$$

如果没有 9.48 万元的折旧节税收益，该项目的净现值将为 44.69−9.48=35.21 万元。

3. (1) 主要通过央行的资产负债表进行分析。在央行的资产负债表上，基础货币 = 货币发行 + 存款准备金 = (商业银行库存现金 + 流通中的现金) + 存款准备金 = (500−20) + 200 = 680 亿元（这里不能把商业银行库存现金当成准备金相加，那样就相当于重复加了一次）。

流通中现金 $C=500-20-50=430$ 亿元。则货币供给 $M_1=C+D=430+(1000+300)=1730$ 亿元。

(2) 货币乘数 $m_1=M_1/B=1730/680=2.54$。

4. (1) 按照绝对购买力平价理论，1980 年的汇率为：$e_{1980}=P_a/P_b=100/100=1$。

(2) 按照相对购买力平价理论，2020 年的汇率为：

$$e_{2020}=e_{1980}\times(P_a^{2020}/P_a^{1980})/(P_b^{2020}/P_b^{1980})=1\times(300/100)/(150/100)=2$$

(3) 如果 2020 年实际汇率为 1 英镑 = 1.2 美元，与购买力平价计算出的汇率 1 英镑 = 2 美元相比，英镑被低估了。低估程度是 $(2-1.2)/2=40\%$。

5. (1) 根据 $D*=D/(1+r)=3.6480/(1+7.2\%)=3.4030$。则债券价格的变化为：

$$\Delta P=P\times(-D^*\times\Delta r)=973.02\times[-3.4030\times(-0.3\%)]\approx 9.93\text{ 元}$$

则根据修正久期算出的债券价格为 $973.02+9.93=982.95$ 元。

(2) 运用常规的债券计算方法可知，债券的内在价格为：

$$P=\frac{64}{1.069}+\frac{64}{1.069^2}+\frac{64}{1.069^3}+\frac{1064}{1.069^4}\approx 983.03\text{ 元}$$

(3) 由于久期计算法没有考虑债券的凸度，因而用修正的久期来考查收益率变动与价格变动之间的关系只是一种近似计算。因此第一问和第二问之间的计算结果存在误差。如图 1 所示，A 直线表示用修正久期计算的收益率变动与价格变动之间的关系（第一问的图示），B 曲线表示考虑凸度的收益率变动幅度与价格变动率之间的真实关系（第二问的图示）。

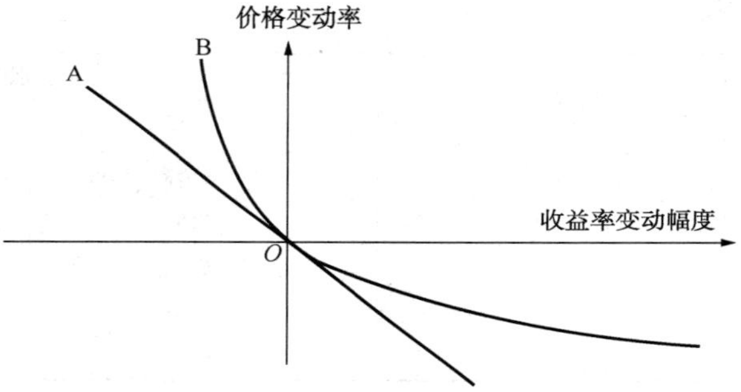

图 1

6. (1) 首先，要将 APR 转换为 EAR：$EAR=\left(1+\frac{APR}{k}\right)^k-1=1.03^2-1=6.09\%$。

然后将 EAR 转换为月利率（折现率）：$r_{月}=1.0609^{1/12}-1=0.4939\%$。

给定这一折现率，可运用年金现值公式求出每月还款额 C：

$$C\times\frac{1}{0.004939}\left(1-\frac{1}{1.004939^{240}}\right)=100\Rightarrow C=0.7122\text{ 万元}$$

(2) 经过 12 年后，贷款的偿付还剩下 8 年，或 96 个月。则未偿付贷款的余额为：

$$0.7122\times\frac{1}{0.004939}\times\left(1-\frac{1}{1.004939^{96}}\right)\approx 54.3487\text{ 万元}$$

剩余的贷款从 13 年开始，每半年还款一次，8 年还清，半年的折现率为 $6\%/2=3\%$，还款次数为 16 次，则每次款额度为：

$$C'\times\frac{1}{0.03}\left(1-\frac{1}{1.03^{16}}\right)=54.3487\Rightarrow C'=4.3271\text{ 万元}$$

三、论述题(每题10分，共30分)

1. 股东财富最大化认为，企业主要是由股东出资形成的，股东创办企业的目的是扩大财富，他们是企业的所有者，理所当然地，企业的发展应该追求股东财富最大化。企业价值最大化认为，通过企业的合理经营，采用最优的财务政策，充分利用资金的时间价值和风险与报酬的关系，在保持企业长期稳定发展的基础上，使企业价值达到最大。

企业价值最大化并不总是与股东财富最大化目标一致，因为：

① 两者在利益主体与利益指向上存在差异。企业价值最大化财务目标的利益主体是企业，利益指向是企业的价值；而股东财富最大化利益主体是股东，利益指向是股东财富。

② 两者考虑的角度不同。企业价值最大化在考虑利益主体时往往是从动态、发展的角度去考虑，是在企业价值的增长中满足各方的利益。而股东财富最大化有时并不从长远发展角度考虑股东的利益，会出现短期利益行为。

③ 两者考虑问题的范围不同。股东财富最大化考虑的范围仅局限于股东的利益，有时甚至于主要是控股股东的局部利益，而忽略了债权人、经理管理人、员工及社会等相关利益者的利益，而这些相关利益者的利益却对股东财富最大化产生重要的影响。而企业价值最大化则兼顾了企业相关主体各方面的利益。

2. (1)财政赤字货币化意指以增发国债为核心的积极财政政策导致经济体系中货币供量的增加。财政赤字货币化下中央银行通过发行货币的方式为财政融资，其结果导致货币供给量的增加。

财政赤字货币化的根本问题在于赤字约束率。我们根据题干中给出的信息假设两种场景：

情景一：政府发行了过多货币，买走了过多物资。上面假设政府需要每年产出的10%用于运行，但如果遇到特殊情况，比如战争、重大基建等，政府就会发行更多货币，买走更多物资用于特殊时期的需要。这时，外面流通的货币更多了，外面可供交易的物资却更少了，那么物价大涨，通货膨胀。即使不遇到特殊情况，而仅仅是因为政府的贪婪，多发了货币，那也会通胀。所以，这是这一制度的一个硬伤，就是没有人控制政府将货币发行在刚刚好的位置。

情景二：如果生产力高度发达，民间生产的物资过多，民间根本消费不掉，于是就产生了过剩，需求不足，物价大跌。当然，这种事情在古代实际发生得较少，当代则较多。这时，MMT的政策建议是，直接让政府印更多货币，买走多余的物资。这样，政府购买就弥补了需求缺口，居民们有了收入，其产出的物价也稳定了。当然，这时政府的赤字肯定是快速上升的，没必要一定得维持在一个所谓的合理赤字率，于是有了“功能财政”的思维：财政不是追求绝对平衡，而是要发挥经济效果。

上述两个情景其实隐含了一对冲突：从情景一出发，我们认为应该控制政府的赤字率，不能滥发货币，而情景二却认为应该赋予政府一定的赤字灵活度，以发挥功能财政熨平经济波动。所以，要不要控制赤字率，如何控制赤字率，其实是这次关于MMT争议的焦点。显然，这问题其实没有简单明了的答案，最佳答案是“相机抉择”，该控制的时候控制，该提高的时候提高。

(2) 我不赞同这种遇到经济衰退就采用MMT，放开马力印钱的思路。MMT也许能够对短期的一些问题能够起到立竿见影的作用，但是从长远来看贻害无穷：

① 如果央行被迫为赤字提供大规模融资，会导致货币长期超发，就可能导致通货膨胀；

② 在某些国家的新常态下，货币超发即便不导致严重的消费物价上涨，也会导致资产价格(尤其是房地产)的泡沫，而房地产泡沫会严重挤出实体经济，并引发金融风险；

③ 如果赤字货币化引起货币超发，且超发程度比他国更甚，就会导致该国的货币贬值。一些新兴市场国家的财政赤字货币化就是其发生货币危机的根源之一。

④ 赤字货币化机制一旦建立，会反过来鼓励财政过度负债，就可能引发国际市场对政府债务可持续性的信心危机，国家主权债的信用评级可能因此下降，融资成本上升。

⑤ 赤字货币化意味着政府部门，且只有政府部门的债务不需要偿还。这种机制下的财政过度负债会使得政府占用大量资源，挤出企业部门的经济活动，导致整个经济的生产率和增长潜力下降。

3. 国际收支双顺差是指经常项目顺差和资本项目顺差，在理论上经常项目和资本项目是互补的，所以不可能同时出现顺差，但我国近年来却出现了双顺差的现象：经常项目顺差，指进出口贸易、出口大于进口。资本项目顺差指入境投资、外资流入大于本国资本输出。

国际收支双顺差的影响如下：

（1）积极影响

① 改善经济和就业状况。根据国民收入等式 $Y=C+I+G+NX$，一国的 GDP 是由消费、投资、政府支出和净出口组成的，我国国际收支的双顺差使得 NX 扩大，拉动了我国的 GDP。另外，对外资 FDI 的引进促进了本国产业的发展，同时也为我国创造了更多的就业岗位，改善了就业状况。

② 增加外汇储备，增强偿付应对能力。国家外汇管理局官网数据显示，1999~2014 年我国我外汇储备余额一直在增加，根据国际收支平衡公式 $CA+K=0$，储备账户变动额 $\Delta=-(CA+K)$。1999~2014 年我国国际收支长期保持双顺差并有不断增加的趋势，因此 $CA+K$ 也在不断增加。双顺差导致了储备资产的增加，使得我国的外汇偿付能力和汇率调控能力提高，政府能够更好地维持本国货币的币值并维持外汇市场的稳定。

③ 有利于出口的发展，促进我国制造业的改善。前文分析到经常项目的顺差主要是由贸易的顺差导致的，而贸易的顺差主要是由我国加工制造业的出口导致的。随着中国制造大量的出口，我国商品的质量也在不断受到各国标准的限制与检验，国际市场给我国的加工制造业提供了一个相对自由竞争的市场环境。在这样一个市场的推动下，我国的制造产业将不断改良更新以适应国际的变化发展，从某种角度来说促进了我国产业的发展。

（2）消极影响

① 资本对外依赖程度高，经济存在运行风险。对外商投资的引进与鼓励导致外商投资的大规模增加，导致资本与金融账户的顺差扩大，但是外商投资的引进不断增大很可能会产生对外资的依赖性和自我发展的独立性之间的矛盾，外资相比较国内资本在某种意义上具有不可控性，而资本的逐利性也必将导致我国产业利润的外流。我国想要获得独立的发展，想要建立更加完善，更加坚固的经济体系，应该将本国资本作为行业的基石，促进和利用好国内资本。

② 外汇储备成本高。截至 2020 年年底，我国的外汇储备已达到 32165 亿美元，位居世界第一。然而，我国要应对汇率的变动，维持国际收支的稳定并不需要如此庞大的外汇储备。持有过多的外汇储备带来的将是资源的浪费，放弃了资金其投入生产创造价值的机会成本。

③ 加剧国际贸易摩擦。近年来，美国与我国的贸易摩擦加剧，“贸易战”成为年度热词。由于中国加工贸易发展迅速，生产产品成本低，具有竞争优势，出口到国际市场上，对国外的产业产生了冲击，破坏了其他国家的市场秩序，自然会遭到他国的抵制，产生贸易摩擦。

【科兴点评】2021 年试题的难度主要体现在选择题上，很多同学错了 7~8 个。总体难度一般，与 2016~2017 持平，远不及 2018~2019。

上海外国语大学 2021 年金融学综合试题

一、名词解释(6 题，每题 5 分，共 30 分)

1. $M_0/M_1/M_2$
2. CAPM 方程
3. 三元悖论(不可能三角)
4. 中间业务
5. 表外业务
6. 实物期权

二、简答题(5 题，共 90 分)

1.(20 分)商业银行经营的三原则是什么？作为社会主义市场经济国家的金融机构，我国的商业银行和西方国家的商业银行在主体性质、经营目标、行为方式等方面有哪些差异？差异导致我国货币政策有哪些特点？

2.(20 分)我国基准利率是什么？按照马克思、古典学派、凯恩斯、新古典综合的观点，利率分别由什么决定？结合现阶段金融市场的特点，我国的利率水平由哪些因素决定？

3.(20 分)简述布雷顿森林体系的主要内容和崩溃原因。在牙买加体系的基础上形成的当代国际货币体系与布雷顿森林体系有什么不同？

4.(15 分)什么是系统性风险和非系统性风险，二者的主要区别是什么？判断以下事件对中国资本市场造成什么风险？

(1) 新冠疫情

(2) 2020 年美国大选

(3) 包商银行被接管

(4) 华为被美国列入实体清单

5.(15 分)什么是货币的短期非中性和长期中性？你认为中国现阶段是否存在货币的短期非中性和长期中性，写出你的逻辑？

三、论述题(30 分)

蚂蚁集团暂停上市，这在金融市场上引发了很多讨论。一种观点认为：蚂蚁集团是新兴的科技公司，其所从事的新兴金融代表着未来发展方向，国家应该大力支持；另外一种观点认为：蚂蚁集团利用零准备金率的优势进行高杠杆信贷扩张，其金融业务本质上仍然是传统金融业务。请问：

(1) 你认为，近年来金融科技行业的快速扩张代表着历史发展方向，还是仅仅是短期的制度套现现象？

(2) 计算机互联网不断融入金融行业，你认为这对金融业造成的机遇和挑战有哪些？面对这些机遇和挑战，我国的金融监管和货币政策如何应对？

上海外国语大学 2021 年金融学综合试题解析

一、名词解释(6 题，每题 5 分，共 30 分)

1. M_0是流通中的货币，M_1是狭义货币供给量，M_2是广义货币供给量。按照我国货币层次的划分，$M_1=M_0$+企业活期存款，表示实际购买力；$M_2=M_1$+企业定期存款+储蓄存款和其他存款，表示潜在购买力。就流动性来说，$M_0>M_1>M_2$。

2. CAPM 方程的函数表达式是：$r_i = r_f + \beta_{im}(r_m - r_f)$，式中，$r_i$是资产 i 的期望回报率；r_f是无风险收益率；r_m是市场 m 的期望收益率；β_{im}是资产 i 的系统性风险。CAPM 方程描述的是在市场均衡条件下单项资产或资产组合的期望收益率与系统性风险之间的关系。从上面的表达式不难看出，投资者的必要报酬率不仅仅取决于市场风险，而且还取决于无风险报酬率。

3. 三元悖论是由美国经济学家保罗·克鲁格曼就开放经济下的政策选择问题所提出的，其含义是：在开放经济条件下，本国货币政策的独立性、汇率的稳定性、资本的完全流动性不能同时实现，最多只能同时满足两个目标，而放弃另外一个目标。

4. 中间业务是商业银行不需动用自己的资金，依托业务、技术、机构、信誉和人才等优势，以中间人的身份代理客户承办收付和其他委托事项，提供各种金融服务并据以收取手续费的业务。常见的中间业务包括代理业务、信托业务、租赁业务等。

5. 表外业务是指商业银行从事的，根据会计准则不纳入资产负债表内，但能影响银行当期损益的经营活动。表外业务有狭义和广义之分。狭义的表外业务指那些未列入资产负债表，但同表内资产业务和负债业务关系密切，并在一定条件下会转为表内资产业务和负债业务的经营活动。狭义的表外业务包括贷款承诺、担保和衍生工具等。广义的表外业务则除了包括狭义的表外业务，还包括结算、代理、咨询等无风险的经营活动。

6. 实物期权是指以实物资产为标的的期权。实物期权的概念最初是由 Myers 提出的，他指出一个投资方案其产生的现金流所创造的利润，来自目前所拥有资产的使用，再加上一个对未来投资机会的选择。实物期权是传统 NPV 法则的补充和延伸。现实中，一些 NPV 小于 0 的投资项目，在考虑实物期权后往往是可行的。常见的实物期权的类型有扩张期权、收缩期权、放弃期权和转换期权等。

二、简答题(5 题，共 90 分)

1. (1)商业银行经营的三原则是盈利性、安全性和流动性。盈利性是商业银行的基本方针，是商业银行从事各种活动的动机。安全性指商业银行的资产、收入、信誉以及所有经营生存发展条件免遭损失的可靠性程度。流动性是指一种在不损失价值情况下的变现能力，一种足以应付各种支付、充分的资金可用能力。

(2) 我国商业银行和西方国家的商业银行的区别在于：

① 主体性质。西方国家的商业银行是以私有制为主体。而我国的商业银行以国家独资或控股的国有商业银行为主体，同时发展一定数量的股份制商业银行。

② 经营目标。西方国家的商业银行以利润最大化为经营目标。我国的商业银行虽然也主要是以利润最大化为经营目标，但也要兼顾社会效益。我国商业银行实行稳健经营的方针，在严格执行金融法规和国家产业政策，保证资金安全性和流动性的前提下，通过增收节支，争取最好赢利水平，为国家增加积累。

③ 行为方式。西方国家商业银行都在向混业制全能银行方向发展，而我国的商业银行仍然实行严格的分业经营。在现阶段，商业银行的业务范围包括：吸收公众存款，发放贷款，办理国内外结算、票据贴现、发行金融债券等业务。按照分业经营和分业管理的要求，商业银行不得在境内从事信托投资和股票业务，不得对非银行金融机构和企业投资，不得投资于非自用不动产。

(3) 从这些差异我们可以看出，我国的商业银行在央行货币政策体系中占有重要的位置。我国的金融市场以商业银行为主导，货币政策的传导效果主要取决于商业银行对中央银行货币政策意图，是否可以及时做出反应。目前，银行贷款渠道可能是我国现阶段货币政策传导的主渠道。

① 我国现阶段资金融通的主要方式仍然是间接融资，直接融资的比重相对有限。而在间接融资中，充当金融中介机构的依然是商业银行，尤其是国有四大银行。目前，企业资金的 80%以上来自银行贷款。

② 在金融市场不够完善、金融产品比较单一的情况下，我国居民的储蓄仍以银行存款作为主要的选择。而对于银行来说，包括居民储蓄存款在内的各类存款在银行负债中占有 80%的比重。在以间接融资为主导的情况下，银行贷款的能力与意愿无疑将对经济主体的行为产生重要影响。在这种情况下，中央银行通过运用各种货币政策工具以影响商业银行的存款准备金，就有可能影响商业银行的贷款能力，从而达到宏观调控的目的。

③ 从信贷市场的结构来看，我国目前的信贷市场具有显著的国家所有制的垄断性。尽管我国商业银行的所有制形式具有国有独资形式和股份制形式等多种形式，但如果将国家直接控股的股份制银行计算在内，则 80%以上的股权归国家所有，90%以上的银行市场被四大国有商业银行和其他由国家直接控股的商业银行所占据。信贷市场的这种高度垄断性进一步加大了银行贷款渠道作为我国货币政策传导的主渠道的有效性。

2.（1）目前，我国信贷市场基准利率是 LPR。贷款市场报价利率（LPR）由各报价行按公开市场操作利率（主要指中期借贷便利利率）加点形成的方式报价，由全国银行间同业拆借中心计算得出，为银行贷款提供定价参考。

（2）常见的利率决定理论的观点有：

① 马克思对利率决定因素的分析是以其对在资本主义制度下利息本质认识为基础的。马克思认为，资本主义利息是利润的一部分，是剩余价值的一种转化形态。因此，正常情况下，利率水平应介于零和平均利润率之间。

② 古典利率学派认为货币是蒙在实体经济表面的一层面纱，货币数量的变化不影响实体经济运行，因此从实体经济角度出发讨论利率的决定。他们认为储蓄代表着实际资本的供给，与人们的偏好有关，是利率的增函数；投资代表着对实际资本的需求，与投资的收益率有关，是利率的减函数；利率就是在供求力量平衡时决定的。

③ 凯恩斯学派的利率理论是一种货币理论。流动性偏好利率理论认为，利率决定于货币数量和一般人的流动性偏好两个因素。凯恩斯认为，货币的供应量由中央银行直接控制，货币的需求量起因于三种动机，即交易动机、预防动机和投机动机。

④ IS-LM 模型从商品市场和货币市场全面均衡的角度来阐述利率的决定机制。仅商品市场和货币市场同时达到均衡，即同时满足储蓄等于投资、货币供应量等于货币需求量时，均衡收入和均衡利率才能确定。

（3）一个国家利率水平的高低要受特定的社会经济条件制约。从我国现阶段的实际出发，决定和影响利率的主要因素有：

① 利润率的平均水平。社会主义市场经济中，利息仍作为平均利润的一部分，因而利息率也是由平均利润率决定的。根据我国经济发展现状与改革实践，这种制约作用可以概括为：利率的总水平要适应大多数企业的负担能力。

② 资金的供求状况。在我国市场经济条件下，由于作为金融市场上的商品的“价格”——利率，与其他商品的价格一样受供求规律的制约，因而资金的供求状况对利率水平的高低仍然有决定性作用。

③ 物价变动的幅度。由于价格具有刚性，变动的趋势一般是上涨，因而怎样使自己持有的货币不贬值，或遭受贬值后如何取得补偿，是人们普遍关心的问题。这种关心使得从事经营货币资金的银行必须使吸收存款的名义利率适应物价上涨的幅度，否则难以吸收存款；同时也必须使贷款的名义利率适应物价上涨的幅度，否则难以获得投资收益。所以，名义利率水平与物价水平具有同步发展的趋势，物价变动的幅度制约着名义利率水平的高低。

④ 国际经济的环境。改革开放以后，我国与其他国家的经济联系日益密切。在这种情况下，利率也不可避免地受国际经济因素的影响。

⑤ 政策性因素。我国社会主义市场经济中，利率不是完全随着信贷资金的供求状况自由波动，它还取决于国家调节经济的需要，并受国家的控制和调节。

3.（1）布雷顿森林体系的主要内容为：

① 美元与黄金挂钩。各国政府或中央银行可按官价用美元向美国兑换黄金。为使黄金官价不受自由市场金价冲击，各国政府需协同美国政府在国际金融市场上维持这一黄金官价。

② 其他国家货币与美元挂钩。其他国家政府规定各自货币的含金量，通过含金量的比例确定同美元的汇率。

③ 实行可调整的固定汇率。各国货币对美元的汇率，只能在法定汇率上下各 1%的幅度内波动。若市场汇率超过法定汇率 1%的波动幅度，各国政府有义务在外汇市场上进行干预，以维持汇率的稳定。若会

员国法定汇率的变动超过 10%，就必须得到国际货币基金组织的批准。布雷顿森林体系的这种汇率制度被称为“可调整的钉住汇率制度”。

④ 确定国际储备资产。《协定》中关于货币平价的规定，使美元处于等同黄金的地位，成为各国外汇储备中最主要的国际储备货币。

⑤ 国际收支的调节。短期的失衡由 IMF 提供信贷来解决，长期的失衡则通过调整汇率平价来调节。

（2）布雷顿森林体系的崩溃原因：从以上内容可以看出，布雷顿森林体系实际上是一个以美元为中心的体系，美元的命运左右着该体系的命运。伴随着美国国际收支的变化，美元经历了“美元荒”（各国都缺少美元）—“美元泛滥”（美元大量外流导致各国手持美元数量激增）—“美元危机”（各国对美元缺乏信心及至大量抛售美元）的演变。1971 年，为阻止各国政府继续向美国以美元兑换黄金，美国总统尼克松宣布实施“新经济政策”，单方面终止布雷顿森林会议上同意各国政府按官价向美国政府以美元兑换黄金的承诺，并加征 10%的进口关税。为报复美国，其他国家也纷纷撕毁与美国保持规定汇率的协议。至此，布雷顿森林体系宣告垮台。

（3）牙买加体系是布雷顿森林体系崩溃后形成的新的国际货币体系，它与布雷顿森林体系的不同之处在于：

① 黄金非货币化。即黄金与货币彻底脱钩，取消国家之间必须用黄金清偿债权债务的义务，降低黄金的货币作用，使黄金在国际储备中的地位下降，促成多元化国际储备体系的建立。

② 汇率制度多样化。牙买加体系允许汇率制度安排多样化，并试图在世界范围内逐步用更具弹性的浮动汇率制度取代固定汇率制度。

③ 储备货币多样化。牙买加体系中，可供一国选择的国际储备不单只是美元，还可以黄金储备、欧元、日元、英镑和人民币等国际性货币、国际货币基金组织（IMF）的储备头寸、特别提款权，尽管如此，美元仍是各国外汇储备的主要组成部分，由此可见，原有货币体系的根本矛盾仍然没有得到根本解决。

4.（1）系统性风险是指由于公司外部、不为公司所预计和控制的因素造成的风险。通常表现为国家、地区性战争或骚乱，全球性或区域性的石油恐慌，国民经济严重衰退或不景气，国家出台不利于公司的宏观经济调控的法律法规，中央银行调整利率等。这些因素单个或综合发生，导致所有证券商品价格都发生动荡，它断裂层大，涉及面广，人们根本无法事先采取某针对性措施于以规避或利用，即使分散投资也丝毫不能改变降低其风险，从这一意义上讲，系统性风险也称为分散风险或者称为宏观风险。

非系统性风险是由股份公司自身某种原因而引起证券价格的下跌的可能性，它只存在于相对独立的范围，或者是个别行业中，它来自企业内部的微观因素。这种风险产生于某一证券或某一行业的独特事件，如破产、违约等，与整个证券市场不发生系统性的联系，这是总的投资风险中除了系统风险外的偶发性风险，或称残余风险。

二者的主要区别体现在：

① 含义不同。非系统风险指由于某种特定原因对某特定资产收益率造成影响的可能性，它是可以通过有效的资产组合来消除掉的风险。系统风险是影响所有资产的，不能通过资产组合来消除的风险。

② 致险因素不同。非系统风险是特定企业或特定行业所特有的，系统风险是影响整个市场的风险因素所引起的。

③ 与组合资产数量之间的关系不同。非系统风险是当组合中资产的个数足够大时这部分风险可以被完全消除。系统风险是不能随着组合中资产数目的增加而消失，它是始终存在的。

（2）以下四种情况分别对我国资本市场造成以下风险：

① 新冠疫情。新冠疫情是一次全球突发公共卫生事件，使实体经济受到巨大冲击，也从投资者情绪和生产经营层面影响了资本市场，加剧了资本市场的短期波动。显然，对我国资本市场而言，这是一种系统性风险。

② 2020 年美国大选。拜登当选美国总统的消息甫一放出，我国 A50 指数直线拉升涨超 2%。这也是一种宏观层面的影响，不是企业微观层面所能决定的，因此也是系统性风险。

③ 包商银行被接管。包商银行被接管是一个微观层面的个案，并未对我国资本市场产生全面的影响，

因此属于非系统性风险。

④ 华为被美国列入实体清单。华为被美国列入实体清单会对华为企业本身造成巨大的影响，但是对整个资本市场并未产生全面的冲击，因此也属于一种非系统风险。

5.（1）货币短期非中性认为：在短期，货币数量的变动不仅影响价格等名义变量，还会影响产出等实际变量。货币的长期中性认为：在长期，货币数量的变动只影响价格等名义变量，对产出等实际变量并不产生影响。这一假设的政策含义是：在短期内政府可以通过改变货币供给来影响产出，但在长期内这一政策对产出并没有影响，从而货币政策是无效的。

（2）货币中性成立有一个理论前提，即市场机制使资源配置达到瓦尔拉斯均衡状态。在这样的状态下，一切市场是完全竞争的；一切资源是完全流动的；一切行为主体都掌握充分的信息，他们的预期都是完全理性的；价格和工资等名义变量的变动都不存在任何的刚性；也不存在货币幻觉等。而我国目前的现实情况，完全不符合货币中性成立的条件：并非完全竞争市场，资源并没有完全流动，行为主体并没有理性预期。这说明，目前我国只存在短期的货币非中性，并不存在长期的货币中性。

三、论述题（30 分）

（1）我认为，近年来金融科技行业的迅速扩张仅仅只是短期制度套利。由于互联网监管环境相对宽松，部分互联网金融业务游离于金融监管之外或利用现有分业监管的空白进行套利。例如，部分大型互联网企业通过新设机构、控股或参股金融企业等方式，已演化为事实上的金融控股集团，但其本身并不直接受到监管。其中，一些互联网企业以单纯获取金融牌照为目的，将所控金融机构作为资本运作平台，追逐高额金融投资回报，偏离服务实体经济。

从目前的几家金融科技公司来看，其最赚钱的业务依旧是消费信贷，而其本质也依旧是变相“吃利差”模式，这一点蚂蚁集团也不例外。公开资料显示，蚂蚁集团基本的业务模式仍然是支付（支付宝）、吸收存款（网商银行、支付宝）、发放贷款（网商银行、花呗借呗）、货币市场基金（天弘基金的余额宝）、代销金融产品等业务。从业务模式上，蚂蚁收取的“服务费”，与传统银行的业务并无本质区别。既然本质上是一家金融企业，享受着金融行业的红利，又不愿意接受金融监管，这不是一种赤裸裸的制度套利吗？

（2）近年来，阿里、腾讯、百度、京东等科技公司成长迅速，并不断向金融领域渗透发展，利用其长期服务积累的客户数据和新兴的大数据处理技术，一定程度上改变了我国金融服务生态，特别是在一些小额、零售行业，起到了积极助推作用。

① 在电子支付领域，推动我国支付服务深刻变革。今年二季度，我国电子支付业务中，非银支付机构电子支付业务笔数是商业银行的 3.52 倍。

② 在信贷领域，大型互联网企业积极开展小额信贷业务，促进服务重心不断下沉，金融服务可获得性提升。蚂蚁小贷“花呗”的用户量超过 1 亿，其中约 50% 分布在三线以下城市。

③ 在征信服务领域，大型互联网企业开创了以线上数据为基础的信用评价和征信业务。如蚂蚁科技为我国超过 3 亿“信用白户”建立了数字信用记录，开展线上实时风控。

④ 在资产管理领域，大型互联网企业以良好的线上体验，有效提升用户黏度，有力推动网络资产和财富管理业务。

但与此同时，也给金融业带来了一定的挑战：

① 垄断和不公平竞争。首先，大型互联网企业凭借技术优势掌握大量数据，辅以互联网技术的外部性特征，容易形成市场主导地位。其次，竞争优势可使得大型互联网企业在资源配置中权力过度集中，并逐步强化为市场垄断。第三，大型互联网企业还可能导致维护市场公平竞争的传统措施失效。

② 产品和业务边界模糊。若大型互联网企业大量开展金融业务，但却宣称自己是科技公司，不仅是逃避监管，更容易无序扩张，造成风险隐患，不利于公平竞争，也不利于消费者保护。

③ 信息技术可控性、稳定性风险。大型互联网企业使用前沿信息技术往往给监管机构风险识别、监测与处置造成困难。

④ 数据泄露与侵权风险。大型互联网企业从事金融业务意味着消费者各种金融和非金融信息的集中采集和暴露。一旦保管不当或遭受网络攻击造成数据泄露，稍加分析便可获得客户精准画像，导致大量客户

隐私泄露，进而造成重大财产损失和人身安全隐患。

⑤ 系统性风险。首先，大型互联网企业“大而不能倒”。其次，大型互联网企业集团内跨行业、跨领域金融产品相互交错，关联性强，顺周期性更显著，其风险隐蔽性与破坏性会更严重。

面对可能出现的风险和问题，应加快建立我国大型互联网企业有效的监管框架，具体措施有：

① 加强顶层设计，完善监管制度体系。明确监督管理原则，立足金融消费者保护、促进市场公平竞争、提高资源配置效率、维护金融市场健康发展、确保金融稳定安全和更好服务实体经济的目的，建立健全有效监管框架。

② 严格市场准入，全面推行功能监管。坚持监管一致性原则，即在现有法律框架下，只要从事相同的金融业务，就要接受同样的监管，以维护公平竞争、防止监管套利。

③ 加强消费者权益保护，在平衡个人信息保护的基础上，加强数据管理，防止数据垄断。在不影响国家信息安全和用户隐私保护的前提下，制定金融科技行业数据标准，推动数据标准的统一、提升数据的机器可读性。

④ 发展监管科技，提升风险识别、防范与处置能力。

⑤ 强化宏观审慎管理，防范系统性风险。科技巨头进入到金融科技领域并发展成为“大而不能倒”的系统重要性大型互联网企业巨头，应明确其金融企业属性，应将其纳入金融控股公司监管框架。

【科兴点评】上外的题目注重考查考生的文字表述能力，2021 年也不例外，一道计算题都没出。2021 年试题最大的特点就是偏科，基本没有考查公司财务的相关内容。名词解释里的实物期权在很多金融学教材里也能看到。至于系统性风险和非系统性风险，也没考查什么数理问题，基本上也能归纳到金融市场风险这一知识点。2020 年是疫情年，很多高校的命题都很仓促，有这样和那样的不足，作为考生的选择就是适应。

浙江财经大学2021年金融学综合试题

一、简答题(每题10分，共80分)

1. 简述货币的三种功能。比特币能够正常履行这三种功能吗？为什么？

2. 利率期限结构理论中的哪些理论能够解释短期利率波动性比长期利率波动性更高这一现象？试说明其中的原理。

3. 什么是信用配给？金融机构是如何通过信用配给控制信用风险水平的？

4. 什么是“卢卡斯批判”？有人说“卢卡斯批判”的成立前提是公众预期是完全理性的，你怎么看待这种观点？

5. 画图说明通常情况下货币政策曲线的形状特征。为什么通常情况下货币政策曲线会是这一形状？零利率下限可能对货币政策曲线的形状产生何种影响？

6. 夏普比率的定义是什么？什么是算术平均报酬率和几何平均报酬率？假设有 N 年的数据并计算出算术平均数和几何平均数，现在希望用这些平均数来构建 T 年期平均报酬率的预测其相应的布卢姆公式是什么？

7. 企业发展的三种组织形式(即组织企业的三种基本法律形式)是什么？其中，第二种企业组织形式可以细分为哪两类？最为重要的一种企业组织形式有何重大缺陷？财务管理的目标是什么？

8. 稳健型和激进型短期财务政策各包括哪些内容？持有成本和短缺成本各可以分为哪两类成本？

二、计算题(每题15分，共30分)

1. 假设某零售商一年订购手套的数量(T)是8000双，每个订单的再订货成本(F)是20元，持有成本(CC)是2元。

(1) 为使得成本最小，该零售商每次的订购数量(经济订购量，EOQ)应是多少？(4分)

(2) 每年将订购几次？(2分)

(3) 总的持有成本和再订货成本各是多少？(6分)

(4) 总成本又是多少？(3分)

2. 已知某永续年金的票面金额为 A，当前市场价格为 s，每期的现金额为 C，市场收益率为 r。

(1) 试求该年金的现值公式(2分)，并介绍该公式是如何求解得到的(8分)。

(2) 假设某一上市公司的优先股票面利率为5%，优先股股息为1.5元，市场收益率为3%，求该优先股的市场价格。(5分，结果保留两位小数)

三、论述题(每题20分，共40分)

1. 阅读以下材料：

“……利率市场化改革在‘放得开’的同时也更加注重‘形得成’和‘调得了’。近年来，中国人民银行持续在7天回购利率上进行操作，释放政策信号，构建和完善利率走廊机制，发挥常备借贷便利利率作为利率走廊上限的作用。建立公开市场每日操作常态化机制，进一步稳定市场预期。”——易纲2019，《坚守币值稳定目标实施稳健货币政策》

通过准备金市场供求分析，说明美联储限制联邦基金利率波动、构建利率走廊的基本思路。现实情况是否完全遵循了这一构想？其背后的原因何在？这对我国利率走廊的构建有何启示？

2. 什么是泰勒规则？严格遵守货币政策规则可能有哪些好处？又存在哪些不足？你认为我国是否应当严格遵守泰勒规则制定货币政策？为什么？

浙江财经大学 2021 年金融学综合试题解析

一、简答题(每题 10 分，共 80 分)

1. (1) 货币的三大职能是价值尺度、流通手段和储藏手段。价值尺度，指的是货币以自身价值作为尺度来衡量其他商品的价值。流通手段，是指货币充当商品交换的媒介。储藏手段，指的是退出流通领域的货币被人们当作社会财富的一般代表加以储藏。

(2) 比特币作为一种新型的货币，从本质上说，它同传统货币一样，也具有货币的三大职能。

① 价值尺度。传统货币之所以具有价值尺度职能是因为货币自身的价值。同样，比特币自身也具有价值，它也是商品，是人类劳动的凝结。比特币的价值体现在它是通过消耗大量的计算能力和电力制造出来的，在挖掘过程中消耗的劳动全部转化为比特币的价值。

② 流通手段。在具有作为流通手段的前提——价值尺度的基础上，比特币具有充当商品交换媒介的职能，即执行流通手段职能。在商品交换中，商品出卖者把商品转化为比特币，然后再用比特币去购买商品，在这个过程中，比特币发挥了交换媒介的作用，执行流通手段的职能。

③ 储藏手段。货币的储藏手段职能即货币退出流通领域充当独立的价值形式和社会财富的一般代表而储存起来的一种职能。货币能够执行储藏手段的职能，是因为它是一般等价物，可以用来购买一切商品，能够自发地调节流通中的货币量。显然，比特币具有这一职能。

【科兴提示】关于货币的职能，国内的教材多是五职能，而米什金《货币金融学》却只阐述了三职能。考生应根据目标院校制定教材灵活处理这个问题。

2. 预期理论和流动性溢价理论可以解释短期利率波动性比长期利率波动性更高这一现象。

(1) 预期理论。一般来说，当短期利率较低时，人们通常预期未来短期利率将上升到其正常水平，未来短期利率预期的平均值高于当前的短期利率。因此，长期利率会大大高于当前的短期利率，收益率曲线向上倾斜。相反，如果短期利率较高，人们通常预期它会回落。由于未来短期利率预期的平均值低于当前的短期利率，长期利率会低于短期利率的水平，收益率曲线向下倾斜，呈现出翻转的形状。

(2) 流动性溢价理论。一般来说，当短期利率较低时，人们通常预期未来短期利率将上升到其正常水平，未来短期利率预期的平均值高于当前的短期利率。此外加入正的流动性溢价，长期利率会大大高于当前的短期利率，收益率曲线呈现陡峭的向上倾斜的形状。相反，如果短期利率较高，投资者通常预期短期利率未来将回落。由于未来短期利率的平均值会远远低于当前的短期利率，虽然存在正的流动性溢价，但长期利率仍然会低于短期利率，收益率曲线向下倾斜。

3. 信用配给是指即使借款人愿意支付给定利率，甚至更高的利率，也拒绝向其发放贷款。信用配给有两种形式：第一种是贷款人拒绝向借款人发放任何贷款，即使后者愿意支付更高的利率；第二种是贷款人虽然向借款人发放贷款，但贷款金额低于借款人的要求。

第一种信用配给方式主要是用来防止逆向选择问题。投资项目风险最大的个人和企业正是那些愿意支付最高利率的借款人。如果借款人参与高风险投资，一旦成功，借款人就会变得十分富有。但由于信用风险较高，贷款人并不愿意发放这样的贷款；最可能的后果是借款人投资失利，贷款人无法得到偿还。因此，对于贷款人而言，要求较高的利率只能使逆向选择问题更加严重，也就是说，这加大了贷款人发放信贷质量较差的贷款的可能性。

金融机构采用第二种信用配给方式来防止道德风险。它们向借款人发放贷款，但贷款的金额小于借款人的要求。因为贷款金额越高，道德风险为借款人带来的利益就越大，因此，这种信用配给方式是十分必要的。贷款规模越大，借款人从事那些难以归还贷款活动的动力就越大。信贷配给小额借款者大都能偿还贷款，因而银行会通过在客户的借款要求上减少一部分的方式来信用配给。

4. 卢卡斯批判是卢卡斯提出的一种指出传统政策分析没有充分考虑到政策变动对人们预期影响的观点。卢卡斯指出，由于人们在将来的事态做出预期时，不但要考虑过去，还要估计现在的事件对将来的影响，并且根据他们所得到的结果而改变他们的行为。这就是说，他们要估计当前的经济政策对将来事态的影响，并且按照估计的影响来采取政策，即改变他们的行为，以便取得最大的利益。行为的改变会使经济模型的参数发生变化，而参数的变化又是难以衡量的，因此经济学者用经济模型很难评价经济政策的效果。

卢卡斯批判建立在市场参与主体的绝对理性的假设之上。卢卡斯指出，人们在预期即将发生的经济变动时，总是倾向于从自身的利益出发。根据已获得的所有信息，做出合理而明智的反应。卢卡斯把理性预期引入宏观经济分析，有助于人们从另一个角度认识和分析经济运行，它告诉我们要考虑预期对经济活动和经济政策的影响。当然，卢卡斯理性预期的假设缺乏现实性，认为自由市场制度能自发调节商品供应，使市场实现全面的均衡，实在过于理想化，政策无效论也不符合实际。

5. 货币政策曲线反映了中央银行设置的实际利率与通货膨胀率之间的关系，其方程式为：$r=\bar{r}+\lambda\pi$，其中，$\bar{r}$表示中央银行设置的实际利率中的自主性部分(外生部分)，λ 表示实际利率对通货膨胀率的敏感性。通常情况下，货币政策曲线是向右上方倾斜的，如下图中从 B 点引出的射线。

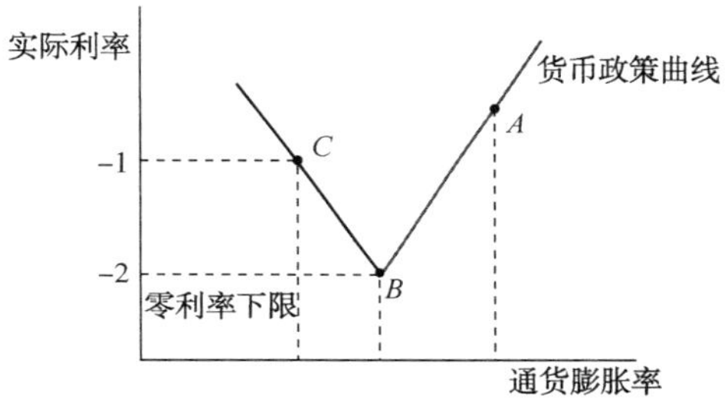

假定，中央银行通过下调政策利率降低通货膨胀率从而能够持续地降低实际利率，因此货币政策曲线总是向上倾斜的。在通常情况下，持有债券的收益率总是高于持有现金的收益率，因此名义利率不能为负。由于存在零利率下限，实际利率随通货膨胀率上升而下降，货币政策曲线在 B 点发生弯折，斜率开始为负数。

【科兴提示】浙江财经大学宏观金融部分的命题是严格按照米什金《货币金融学》来的，诸如货币政策曲线这类概念在国内的教科书中是很少涉及的。因此，备考浙江财经大学一定要吃透教材。

6. (1)夏普比率就是衡量在承担单位风险的情况下，所获得超越无风险收益率的超额回报是多少。夏普比率越高，说明在承担一定风险的情况下，所获得的超额回报越高。夏普比率的计算公式为：

$$S=\frac{\text{投资组合预期报酬率}-\text{无风险收益率}}{\text{投资组合的标准差}}$$

(2) 算术平均收益率 R 是将各单个期间的收益率 R_i 加总，然后除以期间数 T，其计算公式为：

$$\text{算术平均收益率}=\frac{R_1+R_2+\cdots+R_T}{T}$$

(3) 几何平均收益率是将各单个期间的收益率乘积，然后开 T 次方，其计算公式为：

$$\text{几何平均收益率}=\sqrt[T]{(1+R_1)\times(1+R_2)\cdots\times(1+R_t)\cdots\times(1+R_T)}-1$$

(4) 布卢姆公式是算术平均收益率和几何平均收益率的加权平均，其计算公式为：

$$R(T)=\frac{T-1}{N-1}\times\text{几何平均收益率}+\frac{N-T}{N-1}\times\text{算术平均收益率}$$

7.(1)企业有三种基本的法律形式：个人独资、合伙制、公司制。个人独资企业指一个人所拥有的企业。合伙制企业是指两个或两个以上的人组成的企业。公司制企业是依据法律规定成立的“人为实体”，它是一个独立的、以公司身份出现的法人，拥有资产并承担债务。

合伙制企业又分为普通合伙制和有限合伙制。普通合伙制中，所有合伙人同意提供一定比例的工作和资金。有限合伙制中，允许某些合伙人对企业债务的责任仅限于其个人在合伙企业的出资额。

公司制是最为重要的一种企业组织形式，其最大的缺陷是双重征税，即要同时缴纳企业所得税和个人所得税。

(2) 财务管理的目标是企业价值最大化。企业价值最大化认为，通过企业的合理经营，采用最优的财务政策，充分利用资金的时间价值和风险与报酬的关系，在保持企业长期稳定发展的基础上，使企业价值达到最大。对于股份制企业，企业价值最大化可以表述为股东财富最大化。

8.(1)稳健型短期财务政策包括：

① 持有大量的现金余额和短期证券；

② 大规模的存货投资；

③ 放宽信用条件，从而持有高水平的应收账款。

(2) 激进型短期财务政策包括：

① 保持低水平的现金余额，不投资于短期证券；

② 小规模的存货投资；

③ 不允许赊销，没有应收账款。

(3) 流动资产管理可以被认为是在随投资水平上升而上升的成本和随投资水平上升而下降的成本之间进行权衡的问题。随流动资产投资水平上升而上升的成本叫持有成本，随流动资产投资水平上升而下降的成本叫短缺成本。

持有成本一般来说有两类：

① 持有流动资产的机会成本，因为与其他资产相比，流动资产的回报率低；

② 为维持该资产经济价值而花费的成本，存货的仓储成本就属于此类。

短缺成本也有两种：

① 交易或指令成本。指令成本是为了取得更多现金而下的指令的成本(经纪成本)，或者为了获得更多存货而下的订单的成本(生产准备成本)。

② 与安全储备有关的成本。这些成本包括脱销、丧失客户商誉以及中断生产计划的成本。

二、计算题(每题 15 分，共 30 分)

1.(1)带入基本模型，可得经济采购批量为：

$$Q^*=\sqrt{\frac{2TF}{CC}}=\sqrt{\frac{2\times8000\times20}{2}}=400\text{ 件}$$

(2) 每年订购次数：$n=\frac{T}{Q^*}=\frac{8000}{400}=20$ 次

(3) 持有成本为 $CC\times\frac{Q^*}{2}=2\times\frac{400}{2}=400$ 元

订货成本为 $F\times\frac{T}{Q^*}=20\times20=400$ 元

(4) 最小总成本为：持有成本+订货成本=400+400=800 元。

2.(1)永续年金现值公式为：$s=\frac{C}{r}$

永续年金的现值公式的推导：$s=\frac{C}{1+r}+\frac{C}{(1+r)^2}+\cdots+\frac{C}{(1+r)^n}=\frac{C}{r}$

这可以看成是一个首项为 $C/(1+r)$，公比为 $1/(1+r)$，n 期的等比数列求和计算。

（2）优先股的价格计算可以看成是一个永续年金现值的计算，即：

$$s=\frac{C}{r}=\frac{1.5}{3\%}=50\text{ 元}$$

三、论述题（每题 20 分，共 40 分）

1.（1）美联储主要通过改变联邦基金利率（FFR）来调整利率水平以匹配经济状况。联邦基金利率的上限是美联储对商业银行的贷款利率（贴现率），下限是超额准备金利率。贴现率是商业银行和其他存款机构从其所在地区的联邦储备银行贷款的利率。超额准备金利率是美联储为商业银行存放超额准备金所支付的利率。追求利润最大化的商业银行不会以高于贴现率在联邦基金利率市场上拆借资金，因为它可以以贴现率向美联储申请再贷款，也不会以低于超额准备金利率在联邦基金利率市场上拆出资金。因此，联邦基金利率位于这个利率区间，形成了利率走廊的调控机制。

（2）2008 年金融危机后，美国经历了三轮量化宽松。商业银行在美联储的超额准备金从 2000 多亿美元飙升至 2.7 万亿美元，银行资金较多，美联储通过主动操作调整利率这条路行不通。美国政府资助的住房贷款机构拥有大量资金，但是此类机构因为不属于银行性质，所以其资金如果放在央行将无法获得超额准备金利率。所以，这类机构愿意把钱以低于超额准备金利率拆借给银行。这样，银行从住房贷款机构借钱，再存入美联储，以此进行无风险套利，这个区间，称为超额准备金利率-联邦基金利率利差。为了应对上述现象，美联储创设了 ON RRP（隔夜逆回购利率）。ON RRP 本质上是一种被动操作，而且向各类金融机构开放。住房贷款机构也可以以 ON RRP 向美联储购买国债，赚取国债利息。因此，低于这个利率，他们就不愿意借钱了。这样的结果是，超额准备金利率成为了美国利率走廊的上限，隔夜逆回购利率成为了下限。

（3）美联储利率走廊机制对我国的借鉴意义有：

① 完善存款准备金制度。央行需要使用公开市场操作对准备金供给进行微调，引导短期市场利率逼近目标利率。但是，准备金率过高不仅会降低利率走廊机制的效果，而且还将不可避免地导致利率价格的扭曲。因此，中国人民银行在建立对称利率走廊系统的同时，也应降低存款准备金率或实施自愿准备金持有制度，进而使基于准备金制度的走廊系统最优化。

② 推进货币政策工具的多样化。利率走廊体系可以保证中央银行能够将利率政策和准备金政策分离，进而使得在不影响短期利率的情况下，大量注入准备金成为可能。在中美贸易摩擦加剧的情况下，我国的经济发展面临更多的不确定性。短期内中国人民银行可以通过加大公开市场操作的力度和每季度例行降准来对经济发展进行刺激，但从长期看，公开市场操作和降准是不具备可持续性的。而利率走廊体系的建立可以保证中国人民银行在常规手段无法起效或刺激空间不足时还能够采取 QE 等非常规政策，并有效控制 QE 等政策所带来的负面影响。

2.（1）泰勒规则，是由斯坦福大学的约翰·泰勒于 1993 年根据美国货币政策的实际经验而确定的一种短期利率调整的规则。泰勒认为，保持实际短期利率稳定和中性政策立场，当产出缺口为正（负）和通胀缺口超过（低于）目标值时，应提高（降低）名义利率。其基本公式为：$i_0=r_f+\pi_t+\alpha(\pi_t-\pi^*)+\beta\Delta y_t$，其中，$i_0$ 为名义利率，r_f为均衡实际利率（长期内和充分就业相适应的利率），π_t为 t 期实际通货膨胀率，π^*为目标通货膨胀率，$(\pi_t-\pi^*)$为通货膨胀缺口，Δy_t为产出缺口，即实际 GDP 与潜在充分就业水平下的 GDP 估计值的百分率偏差，α 和 β 为管理层分别对通货膨胀、产出调控目标重视程度的权重，且 $0\leqslant\alpha\leqslant1$，$0\leqslant\beta\leqslant1$。在美国的实践运用中，$\alpha=\beta=0.5$。

（2）严格遵守货币政策规则，实际上就具有了一种预承诺机制，从而可以解决货币政策决策的时间不一致问题。所谓时间不一致性指有相机抉择权的政策制定者，在某时按最优化原则制定的某项准备在以后执行的政策，到执行时已经不是最优政策了。时间不一致性会导致初始的货币承诺是不可信的。但是，严格遵守货币政策规则会牺牲货币政策的灵活性，在出现未预料到的经济扰动时，固守规则会造成产出的损失。

（3）目前，我国还不能严格遵守泰勒规则制定货币政策，原因有：

① 双重货币政策目标。泰勒规则实施的前提之一是实施双重目标制，我国货币政策目标是保持币值稳

定，并以此促进经济增长。很明显，我国采用的是阶梯目标制，并不符合泰勒规则的适用前提。

② 有管理的浮动汇率制度。泰勒规则要求一国施行浮动汇率制，而我国明确提出的是有管理的浮动汇率制度，汇率水平相对稳定，根据“不可能三角”理论，资本项目管制导致的资本自由流动受限为我国实行独立的货币政策提供了条件。因此，汇率制度差异不会造成我国适用泰勒规则的阻碍。

③ 利率传导机制不完善。泰勒规则强调以利率为工具影响预期进而开展宏观经济调控，因此要求一国拥有完善的市场和通畅的利率传导机制。然而，我国市场经济尚在发展当中，利率市场化改革也还在路途，还没有形成完善的市场利率传导机制，从这一点来看，泰勒规则对于我国货币政策的指导意义不大。

浙江工商大学2021年金融学综合试题

一、计算题(每题10分，合计40分)

1. A公司2018年和2019年的长期负债分别为160万元和170万元，2019年的利息费用为18万元。该公司2018年普通股为50万元，股本溢价为365万元，2019年这两项分别为555万元和387万元，2019年支付现金股利28.5万元。该公司2019年净资本支出为985万元，净营运资本减少13万元。

(1) 该公司2019年向债权人支付的现金流量是多少？(2分)

(2) 该公司2019年向股东支付的现金流量是多少？(3分)

(3) 该公司2019年资产现金流量是多少？(2分)

(4) 该公司2019年经营性现金流量是多少？(3分)

2. XYZ企业计划进行长期股票投资，企业管理层从股票市场上选择了两种股票：甲公司股票和乙公司股票，XYZ企业只准备投资一家公司股票。已知甲公司股票现行市价为每股10元，上年每股股利为0.3元，预计以后每年以4%的增长率增长。

乙公司股票现行市价为每股11元，每年发放的固定股利为每股0.7元。当前市场上无风险收益率为3%，风险收益率为4%。

(1) 分别计算两家公司股票价值并为该企业做出股票投资决策。(6分)

(2) 计算如果该公司按照当前的市价购入(1)中选择的股票的持有期收益率。(4分)

3. 某股票每年支付次固定红利，直至永远，其市场价格为40元、年化预期收益率为15%，市场组合的年化风险溢价为5%，年化无风险利率为6%。

(1) 假设CAPM模型成立，求此股票的β值。(3分)

(2) 该股票每年每股支付多少固定红利？(3分)

(3) 如果该股票收益率与市场组合收益率的协方差变为原来的2倍，其他条件不变，该股票的市场价格应为多少？(4分)

4. 有关利率平价与均衡汇率，计算下述两题：

(1) 假设美元年利率和英镑年利率均为5%，当前的美元/英镑均衡汇率与预期美元/英镑汇率之间有什么联系？(5分)

(2) 假设预期美元/英镑汇率为每英镑152美元并保持不变，英国的年利率升至10%。如果美国的利率仍然保持不变，新的均衡汇率是多少？(5分)

二、问答题(第1—3题，每题10分，第4—7题，每题15分，共计90分)

1. 预期未来汇率(E^e_{t+1})的变动如何影响本币的均衡汇率水平？请作图说明并解释。

2. 请简述不可能三角(政策的三难困境)理论。

3. 流动性溢价理论是否能有效地解释利率期限结构的三个经典事实？

4. 企业的融资决策主要研究负债和权益资本的比例构成，请回答以下问题：

(1) 什么是馅饼模型？(5分)

(2) 简述不考虑公司所得税情况下的MM命题Ⅱ。(5分)

(3) 简述考虑公司所得税情况下MM命题Ⅰ。(5分)

5. 对于下面每种情形，讨论在下面条件下交易A公司股票的获利机会是否存在？

① 市场不是弱型有效的；

② 市场是弱型有效的，但不是半强型有效的；

③ 市场是半强型有效的，但不是强型有效的；

④ 市场是强型有效的。

(1) A公司股价在过去一个月每一天稳步上升。(5分)

(2) 你从A公司2天前披露的财务报表中发现A公司存货披露不真实。(5分)

(3) 你观察到A公司高层过去一周在市场上购买了大量该公司的股票。(5分)

6. 请比较量化宽松与信贷宽松的不同之处，以及各自对经济的影响？(15分)

7. 自2008年全球经济危机以来，主要发达经济体如美联储、欧洲央行和日本央行等都相继实施量化宽松货币政策，以应对经济衰退。其中，前瞻性指引也被银行广泛使用。请阐述前瞻性指引的理论内容，并结合实际评价其政策效果。

三、材料分析题(共1题，合计20分)

利率市场化是中国金融领域最核心的改革之一，是建设社会主义市场经济体制、深化金融供给侧结构性改革的重要内容，是建设现代中央银行制度的关键环节，是健全基准利率和市场化利率体系、完善金融机构自主经营机制的必要条件。

中国的利率市场化改革稳步推进，但长期以来存在利率“双轨”问题，推动利率“两轨合一轨”是利率市场化改革的迫切要求。按照党中央、国务院决策部署，中国人民银行牢牢抓住贷款利率改革这个“牛鼻子”，以推动贷款利率和市场利率并轨为重点，于2019年8月17日宣布启动改革完善贷款市场报价利率(LPR)形成机制。改革后的LPR由各行报价按照对最优质客户执行的贷款利率，于每月20日(遇节假日顺延)以公开市场操作利率(主要指中期借贷便利利率)加点形成的方式报价。LPR的报价行由原有10家扩大至18家，并在原有1年期一个期限品种基础上增加了5年期以上一个品种。同时，中国人民银行将LPR运用情况纳入宏观审慎评估考核，推动银行将LPR嵌入到内部资金转移定价中，并于2020年3—8月按照市场化、法治化原则推动存量浮动利率贷款定价基准转换。在推进LPR改革过程中，中国人民银行协调推进相关措施，加强存款利率自律管理，推动明示贷款年化利率，积极参与国际基准利率改革，形成了深化利率市场化改革的合力。

结合上述材料分析并论述LPR可以有效完善我国利率传导机制的原因和对货币政策作用到实体经济发展所起的积极作用。

浙江工商大学2021年金融学综合试题解析

一、计算题(4题，每题10分，共40分)

1. (1)流向债权人的现金流量=利息费用-借款净额=18-(170-160)=8万元。

(2) 流向股东的现金流量=支付现金股利-股权净值=28.5-[(55.5+387)-(365+50)]=1万元。

(3) 资产现金流量=流向债权人的现金流+流向股东的现金流=8+1=9万元。

(4) 来自资产的现金流量=经营性现金流量-净营运资本的变动-资本性支出，因此，经营性现金流量=来自资产的现金流量+净营运资本的变动+资本性支出=9+98.5-13=94.5万元。

2. (1)甲公司股票的股利预计每年均以4%的增长率增长，上年每股股利为0.3元，根据CAPM可得投资者要求的必要报酬率为3%+4%=7%。根据不变增长模型，可知：

$$V_{甲}=\frac{D_1}{r-g}=\frac{0.3\times1.04}{(3\%+4\%)-4\%}=10.4\text{ 元}$$

乙公司每年股利稳定不变，每股股利 0.7 元，根据零增长模型，可知：

$$V_{乙}=\frac{D_0}{r}=\frac{0.7}{3\%+4\%}=10\text{ 元}$$

由于甲公司股票现行市价 10 元，低于其投资价值 10.4 元，故该企业可以购买甲公司股票。乙公司股票现行市价为 11 元，高于其投资价值 10 元，故该企业不应购买乙公司股票。

（2）持有甲公司股票的收益率为：

$$y=\frac{\text{持有期资本利得}+\text{持有期所获得的红利}}{\text{期初投资额}}=\frac{10.4-10+0.3}{10}=7\%$$

3.（1）根据 CAPM 可知：

$$r_s=r_f+\beta(r_m-r_f)\Rightarrow\beta=\frac{r_s-r_f}{r_m-r_f}=\frac{15\%-6\%}{5\%}=1.8$$

（2）根据 DDM 可知，固定红利为：

$$D=P\times r_s=40\times15\%=6\text{ 元}$$

（3）贝塔系数的公式为：

$$\beta=\frac{\mathrm{cov}(r_s,\ r_m)}{\sigma_m^2}$$

题干中，$\mathrm{cov}(r_s,\ r_m)$变为原来的 2 倍，则贝塔变为原来的 2 倍。因此新的权益资本成本为：$r_s=r_f+\beta(r_m-r_f)=6\%+1.8\times2\times5\%=24\%$，此时的股价为：

$$P=\frac{D}{r}=\frac{6}{24\%}=25\text{ 元}$$

4.（1）根据利率平价公式可知：

$$E=e\,\frac{1+i_d}{1+i_f}\Rightarrow\rho=\frac{E-e}{e}=\frac{i_d-i_f}{1+i_f}$$

题干中，$i_d=i_f=5\%$，则 $E=e$，也就是说，当前的美元/英镑均衡汇率等于预期美元/英镑汇率。

（2）1 英镑 = 1.52 美元，在直接标价法下，美元是本币，英镑是外币。此时，$i_f=10\%$，$E=1.52$，则：

$$1.52=e\times\frac{1+5\%}{1+10\%}\Rightarrow e=1.59$$

二、问答题（第 1—3 题，每题 10 分，第 4—7 题，每题 15 分，共计 90 分）

1. 由于国内资产（实物资产或金融资产）的需求取决于未来再出售的价格，因而对未来汇率水平的预期在当前需求曲线的位移中扮演了十分重要的角色。假定即期汇率为 E_t，引起预期未来汇率E_{t+1}^e上升的任何因素都会提高本币的预期升值率。结果就是，本币资产的相对预期回报率会上升，进而增加任何给定水平上的本币资产需求量，导致下图的需求曲线从 D_1向右位移至 D_2。均衡汇率上升到 D_2与供给曲线 S 相交的点 2。可见，预期未来汇率E_{t+1}^e的上升会引起需求曲线右移，导致本币升值。同理，预期未来汇率 E_{t+1}^e的下降会引起需求曲线向左位移，导致本币贬值。

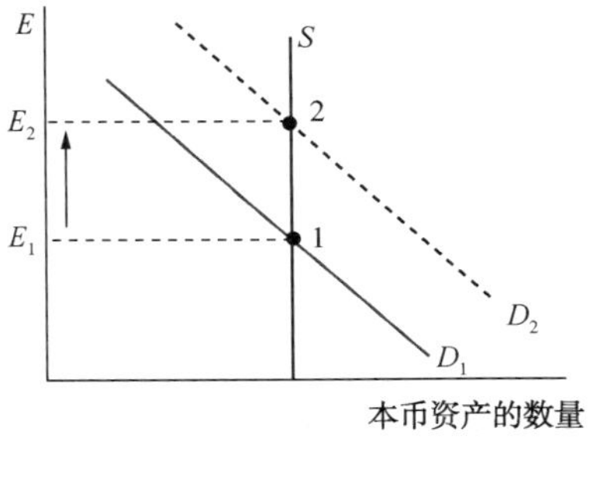

2. 三元悖论是由美国经济学家保罗·克鲁格曼就开放经济下的政策选择问题所提出的，其含义是：在开放经济条件下，本国货币政策的独立性、汇率的稳定性、资本的完全流动性不能同时实现，最多只能同时满足两个目标，而放弃另外一个目标。

（1）保持本国货币政策的独立性和资本的完全流动性，必须牺牲汇率的稳定性，实行浮动汇率制。这是由于在资本完全流动条件下，频繁出入的国内外资金带来了国际收支状况的不稳定，如果本国的货币当局不进行干预，亦即保持货币政策的独立性，那么本币汇率必然会随着资金供求的变化而频繁地波动。利用汇率调节将汇率调整到真实反映经济现实的水平，可以改善进出口收支，影响国际资本流动。虽然汇率调节本身具有缺陷，但实行汇率浮动确实较好地解决了三元悖论。

（2）保持本国货币政策的独立性和汇率稳定，必须牺牲资本的完全流动性，实行资本管制。在金融危机的严重冲击下，在汇率贬值无效的情况下，唯一的选择是实行资本管制，实际上是政府以牺牲资本的完全流动性来维护汇率的稳定性和货币政策的独立性。大多数经济不发达的国家，比如中国，就是实行的这种政策组合。

（3）维持资本的完全流动性和汇率的稳定性，必须放弃本国货币政策的独立性。根据蒙代尔-弗莱明模型，资本完全流动时，在固定汇率制度下，本国货币政策的任何变动都将被所引致的资本流动的变化而抵消其效果，本国货币丧失自主性。在这种情况下，本国或者参加货币联盟，或者更为严格地实行货币局制度，基本上很难根据本国经济情况来实施独立的货币政策对经济进行调整，最多是在发生投机冲击时，短期内被动地调整本国利率以维护固定汇率。

3. 收益率曲线有三个特点：①长期利率会随短期利率变动而变动。②当收益率曲线向上倾斜时，长期利率高于短期利率；当收益率曲线平缓时，长期利率等于短期利率；当收益率曲线向下倾斜时，短期利率高于长期利率。③一般来讲，收益率曲线大多是向上倾斜的。

流动性溢价理论可以解释收益率曲线的三个特点：

① 随着时间的推移，到期期限不同的债券的利率有同向运动的趋势。短期利率上升意味着未来短期利率的平均值更高，因此长期利率将随着短期利率的上升而上升。

② 如果短期利率较低，收益率曲线倾向于向上倾斜；如果短期利率较高，收益率曲线通常是翻转的。一般来说，当短期利率较低时，人们通常预期未来短期利率将上升到其正常水平，未来短期利率预期的平均值高于当前的短期利率。此外加入正的流动性溢价，长期利率会大大高于当前的短期利率，收益率曲线呈现陡峭的向上倾斜的形状。相反，如果短期利率较高，投资者通常预期短期利率未来将回落。由于未来短期利率的平均值会远远低于当前的短期利率，虽然存在正的流动性溢价，但长期利率仍然会低于短期利率，收益率曲线向下倾斜。

③ 一般来讲，收益率曲线大多是向上倾斜的。由于投资者更偏好短期债券，因此流动性溢价随着到期期限的延长而上升，即使预期未来短期利率的平均值不变，长期利率也仍然高于短期利率，因此，典型的收益率曲线是向上倾斜的。当预期未来短期利率的下降幅度非常大，以至于预期未来短期利率的平均值远远低于目前的短期利率水平时，即使正的流动性溢价增加到这个平均值中，所得到的长期利率仍然低于目前的短期利率。

4. (1)馅饼模型是一种用于研究公司资本结构的模型，讨论应该如何选择负债权益比的问题。该理论认为，债权人和股东将分别得到大小不同的馅饼块，但是整个馅饼的大小，即公司的实际价值，却完全不受馅饼分割方式的影响。即，公司实际价值不受利润分配方法的影响。当且仅当企业价值提高时，资本结构变化对股东有利。

（2）无税 MM 定理Ⅱ认为：有负债企业的权益资本成本随着财务杠杆的提高而增加。权益资本成本等于无杠杆资本成本加上风险溢价，而风险溢价与以市值计算的财务杠杆成正比。其表达式如下：

$$r_s = r_U + \text{风险溢价} = r_U + \frac{B}{S}(r_U - r_B)$$

式中，r_s表示杠杆企业的权益资本成本，r_U表示无杠杆企业的资本成本，B表示有杠杆企业的债务市场价值，S表示有杠杆企业的权益市场价值，r_B表示税前债务资本成本。风险报酬是对有杠杆企业财务风险的补偿，其大小由无杠杆企业的权益资本成本和债务资本成本之差以及债务权益价值比决定。

（3）有税 MM 定理Ⅰ认为：有负债企业的价值等于具有相同风险等级的无负债企业的价值加上债务利息抵税收益的现值。其表达式如下：

$$V_L = V_U + TB$$

式中，V_L表示有杠杆企业的价值，V_U表示无杠杆企业的价值，T 表示企业所得税税率，B 表示企业的债务价值。债务利息的抵税价值 TB 又称杠杆收益，是企业为支付债务利息从实现的所得税抵扣中获得的所得税支出节省，等于抵税收益的永续年金现金流的现值，即债务金额与所得税税率的乘积。

有税 MM 定理Ⅰ表达式说明了由于债务利息可以在税前扣除，形成了债务利息的抵税收益，相当于增加了企业的现金流量，增加了企业的价值。随着企业负债比例的提高，企业价值也随之提高。在理论上，全部融资来源于负债时，企业价值达到最大。

5.（1）若市场不是弱型有效的，那么这个信息的有效形式可以使价格有上升趋势。②、③、④这些信息完全包含于当前的价格，所以没有获利机会的存在。

（2）若市场是弱型有效的，但不是半强型有效的，那么这个信息可用来购买廉价的股票。由于②比①要求更严，因此两者都意味着获利机会存在；③、④假设下，信息是完全包含于当前的价格，没有获利机会的存在。

（3）市场是半强有效的，但不是强有效的，那么这个信息可以用来作为盈利的交易策略，高层的购买活动作为股票价值被低估或是有好消息要公布的信号。由于①、②要求比③弱，所以三者都意味着获利机会的存在。但是这假设仅有一人看到内幕交易。如果有关公司贸易是由公共信息的管理，它将使股票价格和获利的可能减小。在④下，意味着没有任何盈利的机会，因为所有相关信息都完全体现在当前的股价中。

6.（1）量化宽松是指中央银行在实行零利率或近似零利率政策后，通过购买国债等中长期债券，增加基础货币供给，向市场注入大量流动性资金的干预方式。信贷宽松，又称质化宽松，是指为了试图降低金融市场上未来的资金价格（远期、长期利率），进而抑制可能出现的资金紧张，在购买长期债券的同时卖出短期债券。

二者的区别主要体现在以下两点：

① 央行资产负债表对于货币规模的影响有区别。量化宽松主要通过直接购买债券投放基础货币，扩大资产负债表，而质化宽松更多影响资产负债表的结构，对资产负债规模影响温和。

② 影响不同。量化宽松下，中央银行对经济体实施的货币政策并非是微调，而是开了一剂猛药。信贷宽松只是央行资产负债表结构的微调，不会出现基础货币的增发。

（2）量化宽松和信贷宽松对经济的影响

① 恰当的实行量化宽松政策，能够很好地缓解通货紧缩状况，经济能够稳定增长，而且还可以增加信贷供应；若量化宽松政策实施过度，就会导致货币供过于求，出现通货膨胀，经济陷入萎缩，但黄金、房地产等资产有可能会升值。

② 质化宽松目标在于降低社会融资成本，对实体经济注入资金，以刺激经济增长。但通过 PSL、定向降准增加高风险资产比例，为金融系统增加流动性的同时，实际上将经济发展过程中长期积累的潜在风险延后，可能造成风险程度的进一步加深。

7.（1）前瞻性指引是指中央银行通过作出具体的政策承诺，向市场传递未来政策操作所要达到的目标，使得公众能够把握央行的政策走向以作出理性的判断和全面的认识，令央行的政策操作目的可以较好地与预期相拟合。前瞻性指引的理论基础主要来源于对货币政策有效性的研究，大体内容可以归结为三个方面：

第一，央行与市场之间的有效沟通。美联储前主席伯南克系统使用适应性理论，说明了央行与市场的有效沟通可以直接影响货币政策的效果。公众对于政策的认知和了解程度会指导其经济行为，这会带来整体经济的变化。若央行可以通过与市场进行沟通来传递其政策目的，则可以有效地引导市场走向，从而提高货币政策的可预测性，这有助于央行实现其政策目的。

第二，央行政策透明度的提升。央行对其政策的制定要有充分的说明，对于操作内容应有合理的解释，使得市场可以了解其政策的具体操作，而不仅仅是为了让民众形成预期。也就是要提高政策的透明度，否则会造成市场的过度解读。

第三，规则货币政策。主要包括固定规则式货币政策以及相机抉择。固定规则式货币政策不仅要考虑经济的短期运行情况，同时也要对长期情况进行分析和判断，也就是需要考察市场预期，其实质是向市场作出了一个长期承诺。相机抉择是央行根据经济形势来确定采取何种手段进行调节的措施，通过对政策工具的有效使用达到熨平经济周期的目的。

（2）从现阶段看，前瞻性指引作为一种新型的货币政策工具已逐步被越来越多的国家所接受。发达国家，例如美国、日本等已将前瞻性指引与量化宽松政策作为配套性的政策组合进行使用。尤其在世界经济普遍低迷的情况下，前瞻性指引可以在很大程度上刺激经济复苏，其在引导市场走向、稳定民众预期中可以发挥较好的作用。

三、材料分析题(1题，共20分)

（1）LPR是由具有代表性的报价行，根据本行对最优质客户的贷款利率，以公开市场操作利率加点形成的方式报价，由人民银行授权全国银行间同业拆借中心计算并公布的基础性的贷款参考利率。改革后的LPR可以从以下两个方面来影响我国利率传导机制：

① 打破贷款利率隐性下限。贷款利率隐性下限的存在导致贷款利率易升难降，使银行在利率下行阶段无法将货币政策有效传导至实体经济。改革完善LPR形成机制后，LPR由报价行以市场化方式报出，不再具有行政色彩，银行难以参考LPR协同设定贷款利率隐性下限。随着贷款利率的隐性下限被打破，银行对大企业贷款的超额收益会明显减少，减弱通过增加大企业贷款规模维持利润的动力，促使大银行比以前更倾向于服务小微企业。

② 增强金融机构自主定价能力。LPR改革前，银行贷款发放侧重于大型企业，主要考虑是这些企业贷款体量大、信用风险小、管理难度低。而部分银行由于风险管理能力和定价水平不足，在发放小微企业贷款时，经常凭借企业短期内的销售收入、利润增长等财务指标就决定是否发放贷款，并未综合考虑企业经营状况、长期发展合理定价，构建长期合作关系，不利于银行提高风险定价能力。LPR改革打破贷款利率隐性下限后，大型企业议价能力增强，将倒逼银行提高定价能力，综合考虑资金成本、风险成本、资本成本和税收成本等因素合理报价，以拓展小微企业客户，促进银行可持续发展和稳健经营。

③ 推动存款利率市场化。贷款利率市场化可对存款利率市场化起到推动作用。贷款利率市场化后，银行贷款利率下降，高息揽储的行为难以持续，银行面临的存款竞争压力将有所缓解，存款自主定价能力将进一步增强。在银行信用货币制度下，银行通过贷款等资产扩张创造存款货币，因此提高存款利率不能增加存款总量，只能改变存款在银行之间的分布。贷款利率的变化可以影响贷款供求，从而决定贷款的数量，进而决定存款的数量。贷款利率市场化可“牵一发而动全身”，推动促成存款利率的市场化。

（2）经过一年多的持续推进，LPR改革取得了重要成效。

① LPR充分体现了市场化特征。LPR报价逐步下行，发挥了方向性和指导性作用。

② LPR已经成为银行贷款利率的定价基准。金融机构绝大部分新发放贷款已将LPR作为基准定价，存量浮动利率贷款定价基准转换已于2020年8月末顺利完成。

③ 央行货币政策操作向贷款利率传导的效率明显增强。贷款利率隐性下限被完全打破，银行内部定价和传导机制的市场化程度显著提高。

④ 以改革的办法促进降低贷款利率成效显著。企业贷款利率明显下行，银行对中小微企业的支持力度持续加大，金融结构进一步优化。

⑤ LPR利率衍生品市场迅速发展，金融机构利率风险管理手段不断丰富。

⑥ 促进存款利率的市场化，推动存款利率与市场利率也开始逐步并轨。

中国海洋大学2021年金融学综合试题

第一部分　金融学

一、名词解释(每题2分，共8分)

1. 可转让大额存单
2. 表外业务
3. 布雷顿森林体系
4. 资本外逃

二、判断对错，并分析原因(每题9分，共18分)

1. 如果到期期限不同的债券具有较好的替代性，那么它的利率很可能同向运动。
2. 抛补套利就是利用两种货币的利差获取投机利润。

三、简答题(每题8分，共40分)

1. 如何理解“公司利用债务合约比利用股权合约筹资更容易”？
2. 如果一家银行发现由于资本规模过大，导致股权回报率过低，此时它可以采取什么措施提高股权回报率？
3. 金融创新的过程如何影响宏观审慎监管的有效性？
4. 中央银行在一级市场购买国债和在银行间债券市场购买国库券，这两笔交易在央行资产负债表上有什么不同吗？请阐述理由。
5. 有学者认为“微观主体的预期对货币政策效应具有抵消作用”，谈谈你的观点并分析其中原因。

四、论述题(每题12分，共24分)

1. 新冠肺炎疫情给我国经济造成了负向冲击。试论述我国可以采取哪些货币政策手段进行应对，谈谈你的看法。
2. 基于离岸金融市场的基本类型探讨我国离岸金融市场的发展模式选择，并进一步分析离岸金融市场发展所产生的影响。

第二部分　公司财务

一、名词解释(每题4分，共16分)

1. 永续年金
2. 市净率
3. 按风险调整贴现率法
4. 筹资总额分界点

二、单项选择题(每题2分，共6分)

1. 下列各项企业财务管理目标中，能够同时考虑资金的时间价值和投资风险因素的是(　　)。

   A. 产值最大化　　B. 利润最大化

   C. 每股收益最大化　　D. 企业价值最大化

2. 下列不属于有偿发行股票方式的是(　　)。

   A. 资本公积金转增股本　　B. 优先股认购

   C. 第三者分摊　　D. 公开招募发行

3. 根据不含公司税的MM定理，有债务企业中的股权资本成本随着负债比例的增加而(　　)。

   A. 增加　　B. 减少　　C. 先增加后减少　　D. 保持不变

三、判断对错，并说明理由(每题4分，共8分)

1. 投资组合的风险等于组成该投资组合的各单项资本标准差的加权平均数。
2. 股权登记日的次日是除权除息日。

四、简要陈述题(每题 8 分，共 24 分)

1. 简述代理问题的内涵及其产生的原因。

2. 试简述内部收益率指标的含义、计算公式及其在投资决策中的决策原则。

3. 什么是公式价值评估的成本法？其适用条件是什么？

五、计算题(每题 6 分，共 6 分)

B 公司目前拥有长期资本 100 万元，其中，长期债务 20 万元，优先股 5 万元，普通股权益(含留存收益)75 万元。为了适应追加投资的需要，公司准备筹措新资。假定追加筹资的目标资本结构不变，测算的各种资本的成本率如下表：

资本种类	目标资本结构	各种资本融资范围	个别资本成本率
长期债务	0.20	10000 元以内	6%
		10000—40000 元	7%
		40000 元以上	8%
优先股	0.05	2500 以内	10%
		2500 以上	12%
普通股	0.75	22500 以内	14%
		22500—75000	15%
		75000 以上	16%

试求公司追加筹资的边际资本成本。

中国海洋大学 2021 年金融学综合试题解析

第一部分　金融学

一、名词解释(每题 2 分，共 8 分)

1. 可转让大额存单是由信誉较好的商业银行发行的固定面额不记名存款凭证，最早由美国花旗银行在 Q 条例的存款利率上限下创设，其收益通常高于同期国库券与普通定期存单。不同于普通的存单，CDs 的金额相对较大且面额固定，无法提前支取但可在二级市场上进行变现。可转让大额存单已成为重要的货币市场金融工具。

2. 表外业务是指商业银行从事的不列入资产负债表，但能影响银行当期损益、改变银行资产报酬率的经营活动。它有狭义和广义之分。狭义的表外业务是指那些虽未列入资产负债表，但同表内的资产业务或负债业务关系密切的业务。广义的表外业务除包括上述狭义的表外业务外，还包括结算、代理、咨询等业务。

3. 布雷顿森林体系是以外汇、资本以及贸易自由化为主要内容的国际货币体系，其实质是建立一种以美元为中心的国际货币体系。在储备货币方面，建立美元与黄金挂钩，其他国家货币与美元挂钩的“双挂钩”体系，确定美元的储备货币地位。在汇率制度选择方面，执行可调整的固定汇率制度，规定各国货币汇率对美元百分之一的波动范围。在国际收支调整方面，短期失衡由 IMF 提供信贷解决，长期失衡由调整汇率解决。该体系在一定程度上促进了战后的世界经济恢复与增长，但其本身存在“特里芬两难”的内在缺陷。

4. 资本外逃是指一种由于经济危机、政治动荡、战争等因素，导致本国资本迅速流到国外，从而规避可能发生的风险的现象。它是衡量一国经济增长稳定状况，反映一国金融体系潜在危机程度的一个重要指标。从短期看，大规模的资本外逃会带来经济的混乱与动荡；从长期看，资本外逃降低了本国可利用的资本数量，减少了政府从国内资产中可获取的税收收入，增加了本国的外债负担，从而会引起一系列严重的经济后果。

二、判断对错，并分析原因(每题9分，共18分)

1. 正确。若不同期限债券具有良好替代性，则利率期限结构理论中的预期理论成立，长期债券的收益率等于短期债券收益率与预期短期债券收益率的平均数。以短期债券收益率上升为例，预期短期债券的收益率亦随之上升，带动长期债券收益率上升，在收益率曲线上表现为收益率曲线上移，即“利率同向运动”。

2. 错误。抛补套利是指将套利和掉期交易结合起来进行的外汇交易，套利者在把资金从甲地调往乙地以获取较高利息的同时，还在外汇市场上卖出远期的乙国货币以防止风险。非抛补套利是指将资金持有者利用两个金融市场上短期利率差，将资金从利率低的国家调往利率高的国家，以赚取利差的一种外汇交易。题干所指的是非抛补套利，而不是抛补套利，因为抛补套利不仅考虑利差，还要防范投资期间的汇率变动风险，在进行套利交易的同时进行掉期抛补以防范汇率波动带来的风险。

三、简答题(每题8分，共40分)

1. 债务融资是指企业对外举债取得所需资金的融资方式，主要包括发行债券、取得银行贷款等。而股权融资则指企业对外出售企业的所有权进行融资，主要筹资工具为公司股票。相较而言，债务融资更容易，原因如下：

(1) 债务融资具有财务杠杆作用，在企业经营业绩向好时，能够提高公司所有权资金的回报率。

(2) 债务融资成本低，其成本计入公司财务费用，冲减应税所得额，具有税盾效应。一般股权融资的成本高于债务融资成本，同时也因为股利从税后利润中支付，不具备抵税作用。利息的节税作用，使得债务融资更有吸引力，但只有在企业盈利的情况下才有实际作用。

(3) 债务筹资，债权人无权参与公司经营管理和利润分配，从而避免稀释普通股股东的控制权。而股权融资，对原股东有稀释股权的作用，容易引起控制权的变更。

(4) 债务融资门槛相对于股权融资较低。对于企业而言，进入资本市场出售股票需要满足在规模与收入等方面较为严苛的标准，而借助商业银行寻求贷款作为资金来源则更为简单，规模较小的企业也可采取债务融资方式取得资金。

2. 股权回报率是衡量商业银行营利性的重要指标，其公式为：股权回报率=净利润/净资产。因此可以采用增加净利润以及减少净资产的方式提高股权回报率。

(1) 提升收入，商业银行对资产业务进行调整，在保证安全性的前提下扩大商业银行贷款规模或投资于更高利率的资产。

(2) 降低成本，一方面商业银行应精简组织架构，降低由于组织结构不合理造成的成本浪费；另一方面，商业银行应对资产与负债业务进行控制，采用先进的专业技术控制资产业务的坏账损失，同时谋求以更低的资本成本取得负债。

(3) 减少净资产。在满足相关监管标准的情况下，商业银行可通过回购股票等手段，调整资本结构减少净资产，以提升其股权回报率。

3. 对于金融创新来说，创新的不仅仅是体制，还有创新金融工具，这两个方面一旦发生改变，必将影响宏观审慎监管的有效性。

(1) 金融创新对金融机构的影响。金融机构是金融监管中最重要的组成部分之一，由于金融行业不断发展并革新，很多企业单位通过这种金融手段来达到降低风险的效果。但实际上并没有降低风险，他只是将风险从自己的手中转出，转移到其他企业的手中，而风险根本就没有被规避，也丝毫没有降低。

(2) 金融创新对监管手段有效性的影响。金融活动的创新给监管手段带来了很大的挑战，创新的形式不断变化，监管手段就随之变化，但金融创新速度越来越快，监管手段渐渐跟不上创新的速度，而导致监管中出现很多盲点，监管工作发生断层。所以，金融创新降低了监管手段的有效性，让监管手段也不得不做出创新。

(3) 金融创新对监管机构的影响。监管机构是监管中最重要的一个组织，在金融行业中起到不可忽视的作用。我国现在的金融监管机构由于金融发展的不规范，导致创新领域超出监管机构监管范围，所以在监管机构方面并不能有效地实施监管。

（4）金融监管机构对金融创新方式的生疏。由于受到各国金融不断发展的影响，我国金融创新的方式层出不穷，花样百出。但很多监管机构对新出现的花样和创新方式并不熟悉，并且很多监管人员对自己的职责范围模糊不清，甚至不是专业人员。这就导致在监管上出现了很多盲点。我国在金融监管方面还缺乏大量的专业型人才来从事这项工作，这对金融监管来说也是一项巨大的挑战。

4.（1）中央银行证券买卖业务是指一国中央银行在金融市场上买卖有价证券，是中央银行的主要资产业务之一。中央银行买卖的证券主要是政府债券、国库券以及其他高品质的有价证券，其中以国库券为主。各国法律一般禁止央行在一级市场购买国债，中央银行不能在一级市场上购买国库券，而只能在二级市场上购买。

（2）中央银行在一级市场上购买国库券，在资产负债表上体现为：资产方“对政府债权”增加，负债方“政府存款”增加，这相当于中央银行对政府融通资金，也称为财政赤字货币化，政府再拿这些资金进行行政支出，就会导致货币供给缺乏市场基础，货币发行过多，容易造成通货膨胀。

（3）中央银行在二级市场买卖国库券业务，称为公开市场业务，这一业务的交易主体是国债一级交易商，而不是个人和企业事业单位。因此，当中央银行购买国库券时，在其资产方体现为“对政府债权”增加，在其负债方体现为“准备金存款”增加，因而基础货币增加，最终在商业银行资产业务作用下，货币供给量会增加。

5. 微观主体预期对货币政策的抵消作用是指社会经济单位和个人根据货币政策工具的变化对未来经济形势进行预测，并对经济形势的变化做出反应，这可能会使货币政策归于无效。微观主体预期是影响货币政策效果的一个比较重要的因素，这是因为，当一项货币政策提出时，各种微观经济主体，立即会根据可能获得的各种信息预测政策的后果，从而很快地做出对策，而且极少有时滞。货币当局推出的政策面对微观主体广泛采取的抵消其作用的对策，其政策可能会归于无效。例如，政府拟采取长期的扩张政策，人们通过各种信息预期社会总需求会增加，物价会上涨，在这种情况下，工人会通过工会与雇主谈判，要求提高工资，企业预期工资成本的增大而不愿扩展经营。最后的结果是只有物价的上涨面没有产出的增长。

鉴于微观主体的预期，似乎只有在货币政策的取向和力度没有或没有完全为公众知晓的情况下，才能生效或达到预期效果。但是这样的可能性不大，货币当局不可能长期不让社会知道他所要采取的政策，即使采取非常规的货币政策，则将导致微观经济主体做出错误判断，并会使经济陷入混乱之中。但实际的情况是，公众的预期即使是非常准确的，实施对策即使很快，其效应的发挥也要有个过程。这就是说货币政策仍然奏效，但公众的预期行为会使其效应大打折扣。

四、论述题（每题 12 分，共 24 分）

1. 货币政策是中央银行为实现其特定的经济目标而采用的各种控制和调节货币供应量和信用量的方针、政策和措施的总称。新冠肺炎疫情对当前中国经济带来了一定的负面冲击，但总体影响是短期的、有限的。中国经济的韧性强、政策空间充足，疫情并不会影响经济长期向好、高质量增长基本面。从货币政策角度而言，应从以下几个方面发力：

（1）用好专项再贷款政策。定向精准支持名单内重点企业抗击疫情，向中小银行倾斜，提高审贷和放贷效率，确保企业实际融资成本下降。

（2）发挥好结构性货币政策工具的支持作用。支农、支小再贷款和再贴现工具不是名单制，而是普惠性的，对符合条件的企业采取市场化支持方式，根据不同地区、不同行业设计有针对性的复工复产支持方案。

（3）进一步发挥政策性银行的支持作用。开发银行对制造业企业以及企业复工复产要加大专项信贷支持。进出口银行要专项支持受中美经贸摩擦影响较大或受疫情影响较大的进出口企业。农发行要专项支持农业发展，补齐商业性金融的融资缺口，满足疫情防控期间生产资金需求。

（4）保持流动性合理充裕，引导整体市场利率下行。综合运用公开市场操作、中期借贷便利、常备借贷便利等工具保持总量合理。合理发挥政策利率引导作用，推进 LPR 改革释放潜力，推动降成本再显成效。

（5）根据不同地区疫情实情，研究对已发放贷款采取统一自动展期等措施。对受疫情影响未能及时还款的企业贷款不作逾期记录报送，并在贷款风险分类方面给予优惠政策，鼓励金融机构与企业共同协商下调新发放贷款利率，加大金融对受疫情影响严重企业的支持力度。

2.（1）离岸金融市场主要有四种：

① 一体型，也称内外混合型，即境内金融市场与境外金融市场的业务融为一体。居民和非居民均可从事各种货币的存款和贷款业务，银行的离岸业务与在岸业务没有严格的界限，合账处理，伦敦与香港即属此类型。

② 分离型，也称内外分离型。即境内金融业务与离岸金融业务分账处理。居民的存贷款业务与非居民的存贷款业务分开，等等。典型地区是纽约、新加坡、东京及巴林。

③ 簿记型，亦称避税港型。即这类市场没有实际的离岸资金交易，只是办理其他市场交易的记账业务，目的是逃避交易市场所在地税收。加勒比海的巴哈马和开曼以及百慕大、巴拿马和西欧的马恩岛等即属于此类型。

④ 渗漏型，其基础是分离型，即离岸业务与在岸业务分立两大账户，居民的存款业务与非居民的存款业务分开，但允许离岸账户上的资金贷给居民。这种类型主要出现在发展中国家，典型的如雅加达离岸金融市场。

我国离岸金融市场不宜采用内外一体型模式。内外一体型需要金融业具有高度的经营自由，境内市场几乎完全开放，因此对所在地的经济、金融发展基础和管理水平有较高的要求。而我国目前尚不具备相应的条件，仍实行外汇管制，资本项目下不能实行自由兑换。

簿记型模式适合自身经济规模较小的小型国家或地区建立离岸金融。我国对外贸易往来密切，作为世界第二大经济体，簿记型模式难以满足我国经济的客观需求。

我国离岸金融市场创建初期不宜立即采用分离渗透型模式，可先采用内外分离型。目前我国尚未完全放开外汇管制，尚未实现人民币资本项目的自由兑换，金融业尚未实现完全的自由化，为了保持金融秩序稳定和市场健康运行，保障实施在岸金融外汇政策措施的调控效果，应首先采取绝对分离的离岸金融业务模式，以维护我国货币政策的独立性。如贸然采用分离渗透型模式，当国内为反通胀或抑制经济过热而采取诸如提高利率、发行大量国债或票据、限制资金投放等紧缩银根的措施时，国内机构很容易从离岸金融市场借入低成本资金，在一定程度上抵消了我国紧缩政策的效力。而内外分离型模式是一套针对非居民的金融制度安排，可以和东道国货币绝缘，对在岸金融市场没有多少影响。

（2）离岸金融市场发展正面影响有：

① 人民币离岸市场的发展，将为部分离岸资金提供有效的流通和运用的渠道，从而对人民币“走出去”战略的顺利实施提供有效的支持。

② 人民币离岸市场的发展，将为境外主体获取人民币融资打通渠道，进而促进人民币资金跨境流动及海外流通的良性发展。

③ 离岸人民币市场能够为境外商业银行之间的人民币资金拆借、购售、互换等货币市场行为提供统一的平台，从而为不同期限、不同方向的人民币资金头寸敞口提供互相平补的渠道，并使海外人民币资金的利率价格更加公平和稳定，使人民币“走出去”的步伐迈得更加稳健。

离岸金融市场的发展也会产生一定的风险：

① 人民币离岸市场发展意味着中国政府必须加快开放资本项目，在短期国际资本大量流入新兴市场国家的大背景下，这会使得中国面临更大规模的短期国际资本流入的冲击。

② 如果离岸人民币市场发展得足够大，离岸人民币市场上形成的价格（包括利率与汇率）会对在岸人民币利率与汇率形成冲击，从而削弱中国政府货币政策的效力。

③ 在单边人民币升值预期的背景下，境外居民与企业愿意成为人民币资产的持有者，但不愿意举借人民币债务。这或者意味着人民币跨境贸易结算必然是跛足的，或者意味着人民币升值的收益被境外居民与企业享用。

第二部分　公司财务

一、名词解释(每题 4 分，共 16 分)

1. 永续年金是无限期等额收付的特种年金。由于是一系列没有终止时间的现金流，因此永续年金没有终值，只有现值。现实中优先股的股息、英国政府发行的统一公债所产生的利息、某些可永久发挥作用的无形资产(如商誉)等均属于此。

2. 市净率指的是每股股价与每股净资产的比率。市净率可用于股票投资分析，一般来说市净率较低的股票，投资价值较高，相反，则投资价值较低；但在判断投资价值时还要考虑当时的市场环境以及公司经营情况、盈利能力等因素。市净率特别在评估高风险企业、企业资产大量为实物资产的企业时受到重视。

3. 按风险调整贴现率法是将净现值法和资本资产定价模型结合起来，利用模型依据项目的风险程度调整基准折现率的一种方法。按风险调整贴现率法的基本思路是：对于高风险的项目采用较高的贴现率去计算净现值，低风险的项目用较低的贴现率去计算，然后根据净现值法的规则来选择方案。因此，此种方法的中心是根据风险的大小来调整贴现率。该方法的关键在于根据风险的大小确定风险调整贴现率。

4. 筹资总额分界点是指在现有目标资本结构条件下，保持某一资本成本不变时可以筹集到的资金总限额，即特定筹资方式下的资本成本变化的分界点。因为花费一定的资金成本只能筹集到一定限度的资金，超过这一限度多筹集资金就要多花费资金成本，引起原资金成本的变化，于是就把在保持某资金成本率的条件下可以筹集到的资金总限度称为筹资总额分界点。在筹资总额分界点范围内筹资，原来的资金成本率不会改变；一旦筹资额超过筹资总额分界点，即使维持现有的资本结构，其资金成本率也会增加。

二、单项选择题(每题 2 分，共 6 分)

1. D。企业价值最大化同时考虑了资金的时间价值与投资风险因素。其他三个财务管理目标都没有考虑投资风险因素。

2. A。选项 A 属于无偿增资发行，无偿增资发行是指认购者不必向公司缴纳现金就可获得股票的发行方式，发行对象只限于原股东，一般只在分配股票股利、股票分割和法定公积金或盈余转增资本时采用。第三者分摊方式是股份公司给原有股东以外的本公司管理人员、职员和往来客户等与本公司有特殊关系的投资者以新股认购权的行为，属于有偿发行股票。

3. A。根据无税 MM 理论命题Ⅱ：杠杆企业的权益资本成本随财务杠杆的提高而增加。

三、判断对错，并说明理由(每题 4 分，共 8 分)

1. 错误。计算投资组合的风险要考虑组合中各资产的相关系数，不可以直接进行加权平均。以两资产投资组合为例，假设组合中有 A 和 B 两个风险资产，其方差为：

$$\mathrm{var}(R_P)=w_A^2\sigma_A^2+2w_Aw_B\sigma_{AB}+w_B^2\sigma_B^2=w_A^2\sigma_A^2+2w_Aw_B\sigma_A\sigma_B\rho_{AB}+w_B^2\sigma_B^2$$

当且仅当$\rho_{AB}=1$时，$SD(R_P)=\sqrt{\mathrm{var}(R_P)}=w_A\sigma_A+w_B\sigma_B$。

2. 错误。一般来说，除权除息日是在股权登记日的下一个交易日，而不是次日。

四、简要陈述题(每题 8 分，共 24 分)

1. 代理问题是指由于代理人的目标函数与委托人的目标函数不一致，加上存在不确定性和信息不对称，代理人有可能偏离委托人目标函数而委托人难以观察和监督，从而出现代理人损害委托人利益的现象。

代理问题产生的直接原因是所有权和控制权的分离，根本上来说是因为信息不对称。

(1) 从委托人方面来看：

① 股东或者因为缺乏有关的知识和经验，以至于没有能力来监控经营者；或者因为其主要从事的工作太繁忙，以至于没有时间、精力来监控经营者。

② 对于众多中小股东来说，由股东监控带来的经营业绩改善是一种公共物品。对致力于公司监控的任何一个股东来说，他要独自承担监控经营者所带来的成本，如收集信息、说服其他股东、重组企业所花费的成本，而监控公司所带来的收益却由全部股东享受，监控者只按他所持有的股票份额享受收益。这对于他本人来说得不偿失，因此股东们都想坐享其成，免费“搭便车”。

（2）从代理人方面来看：

① 代理人有着不同于委托人的利益和目标，所以他们的效用函数和委托人的效用函数不同。

② 代理人对自己所做出的努力拥有私人信息，代理人会不惜损害委托人的利益来谋求自身利益的最大化，即产生机会主义行为。

2.（1）内部收益率法是用内部收益率来评价项目投资财务效益的方法。内部收益率（IRR）是指投资收益现值与其初始投资额相等时的收益率，即净现值为零时的折现率。

（2）内部收益率用公式表示为：

$$NPV=-C_0+\frac{C_1}{1+IRR}+\frac{C_2}{(1+IRR)^2}+\cdots+\frac{C_t}{(1+IRR)^t}=0$$

其中，C_i是各期的现金流入，t是项目寿命。

（3）在投资决策中，IRR 法的决策准则是：当 IRR 低于基准收益率时，不接受这个项目；当 IRR 大于或等于基准收益率时，接受这个项目。

3. 成本法又称为成本加和法，具体说就是将构成公司的各种要素资产的评估值加总求得公司整体价值的方法。通常在实际处理中，是以公司的资产总值超过负债总额后的净值，剔除债券折价、组建费用以及递延费用，再加上存货跌价准备。因此，该方法也称为账面价值法。

运用成本法进行企业价值评估应具备的前提条件有三个：一是进行价值评估时目标企业的表外项目价值，如管理效率、自创商誉、销售网络等，对企业整体价值的影响可以忽略不计；二是资产负债表中单项资产的市场价值能够公允客观反映所评估资产的价值；三是投资者购置一项资产所愿意支付的价格不会超过具有相同用途所需的替代品所需的成本。

五、计算题（每题 6 分，共 6 分）

（1）计算融资总额分界点和融资总额范围：

资本种类	个别资本成本率	各种资本融资范围	融资总额分界点	融资总额范围
长期债务	6%	10000 元以内	10000/0.2=50000 40000/0.2=200000	50000 元以内 50000—200000 元 200000 元以上
	7%	10000—40000 元		
	8%	40000 元以上		
优先股	10%	2500 元以内	2500/0.05=50000	50000 元以内 50000 元以上
	12%	2500 元以上		
普通股	14%	22500 元以内	22500/0.75=30000 75000/0.75=100000	30000 元以内 30000—100000 元 100000 元以上
	15%	22500—75000 元		
	16%	75000 元以上		

（2）计算各筹资总额范围的边际资本成本率

筹资总额范围	资本种类	目标资本结构	个别资本成本	边际资本成本率
30000 元以内	长期债务	0.20	6%	1.20%
	优先股	0.05	10%	0.50%
	普通股	0.75	14%	10.50%
第一个筹资总额范围的边际资本成本率=12.20%				
30000—50000 元	长期债务	0.20	6%	1.20%
	优先股	0.05	10%	0.50%
	普通股	0.75	15%	11.25%
第二个筹资总额范围的边际资本成本率=12.95%				

续表

筹资总额范围	资本种类	目标资本结构	个别资本成本	边际资本成本率
50000—100000 元	长期债务	0.20	7%	1.40%
	优先股	0.05	12%	0.60%
	普通股	0.75	15%	11.25%
第三个筹资总额范围的边际资本成本率 = 13.25%				
100000—200000 元	长期债务	0.20	7%	1.40%
	优先股	0.05	12%	0.60%
	普通股	0.75	16%	12%
第四个筹资总额范围的边际资本成本率 = 14%				
200000 元以上	长期债务	0.20	8%	1.60%
	优先股	0.05	12%	0.60%
	普通股	0.75	16%	12%
第五个筹资总额范围的边际资本成本率 = 14.20%				

【科兴点评】中国海洋大学的试题最明显的特点就是文字题比重很高，从命题的角度来看缺乏客观性，阅卷弹性大。宏观金融部分多是开放题目，对考生要求很高；微观金融部分侧重传统金融的考查，侧重基础概念的考查。就 2021 年来看，对计算的重视程度不够，那么麻烦的计算，只有 6 分。

中国科技大学2021年金融学综合试题

一、单项选择题(每题3分，共15分)

1. 一个已知在风险暴露的实体力图通过持有一种或多种与原有风险头寸相反的金融工具来消除该风险的方法，称之为(　　)。

A. 套利　　B. 套期保值　　C. 远期　　D. 互换

2. 巴塞尔协议Ⅲ要求银行的资本充足率不低于8%，核心资本充足率不低于6%，设置最低资本充足率要求的目的是(　　)。

A. 保护存款人利益

B. 保护存款商业银行利益与维护银行体系稳定

C. 维护银行体系稳定

D. 保护存款人利益与维护银行体系稳定

3. 在投资需求对利率敏感程度很高而货币需求对利率敏感度很低时，货币政策通常(　　)。

A. 很有效　　B. 较为有效　　C. 无效　　D. 可能有效

4. 我国现行商业银行的组织形式属于(　　)。

A. 总分行制　　B. 单一银行制　　C. 集团银行制　　D. 连锁银行制

5. 某公司目标资本结构为权益资本与债务资本各占50%，已知今年税收利润为600万元，预计明年需要增加投资资本800万元。假设流通在外普通股为200万股，如果采取剩余股利政策，明年股东可获每股股利为(　　)。

A. 1元　　B. 2元　　C. 3元　　D. 5元

6. 实际利率为负，则名义利率与通货膨胀率之间的关系是(　　)。

A. 名义利率高于通货膨胀率　　B. 名义利率低于通货膨胀率

C. 名义利率等于通货膨胀率　　D. 名义利率与通货膨胀率无关

7. 证券公司代理客户在二级市场上进行交易，从中赚取佣金的业务是(　　)。

A. 包销业务　　B. 助销业务　　C. 经纪业务　　D. 自营业务

8. 非银行公众向中央银行出售100元债券，并将所得支票存放在当地银行，最终结果是(　　)。

A. 央行负债增加100元准备，商业银行负债增加100元存款

B. 央行负债减少100元准备，商业银行负债减少100元存款

C. 央行负债减少100元准备，商业银行负债增加100元存款

D. 央行负债增加100元准备，商业银行负债减少100元存款

9. 随着债券利率(　　)，持有货币的机会成本(　　)，货币需求量(　　)。

A. 上升，增加，增加　　B. 上升，下降，减少

C. 下跌，增加，减少　　D. 下跌，下降，增加

10. 购买力平价理论表明，如果美国物价水平上涨5%，中国物价水平上涨6%，那么(　　)。

A. 美元相对人民币贬值1%　　B. 美元相对人民币升值1%

C. 美元相对人民币贬值5%　　D. 美元相对人民币升值5%

11. 中央银行通常被称为“最后贷款人”，这是因为(　　)。

A. 其贷款利率最低

B. 在银行无能为力的情况下，可以向客户发放贷款

C. 可以向陷入困境的银行发放贷款

D. 监管银行贷款

12. 以下哪家金融机构与其他机构不属于同一类别(　　)。

A. 国家开发银行　　B. 中国建设银行

C. 进出口银行　　D. 农业发展银行

13. 如果以茅台作为交易的媒介、记账单位和价值储藏手段，那么茅台的功能就类似于(　　)。

A. 货币　　B. 可贷资金　　C. 存款　　D. 准备金

14. 弗里德曼认为货币需求主要与具有稳定性的(　　)。

A. 均衡利率相关　　B. 恒久收入相关

C. 货币供应量相关　　D. 货币收入相关

15. 在货币市场上，如果利率低于均衡利率，就会出现货币的超额(　　)，利率会(　　)。

A. 需求，上升　　B. 需求，下降　　C. 供给，下降　　D. 供给，上升

二、简答题(每题 10 分，共 30 分)

1. 简述金融市场基础设施及其作用。

2. 金融危机预警的指标有哪些?

3. 简述金融监管的基本原则。

三、计算题(每题 12 分，共 60 分)

1. 如果你有机会购买联想和讯飞的股票，其期望收益率分别为 0.1 和 0.2，协方差矩阵为$\begin{vmatrix} 0.1 & 0.12 \\ 0.12 & 0.2 \end{vmatrix}$，则:

(1) 最小方差证券组合的投资比重分别是多少?

(2) 最小方差证券组合的回报率和方差分别是多少?

2. 假设美元兑英镑的即期汇率是：1 英镑 = 1.32 美元，一年的远期汇率是：1 英镑 = 1.33 美元。目前一年期美元的储蓄利率为 5.6%，一年期英镑的储蓄利率为 5.8%，那么是否存在套利机会?如果有，该如何操作?远期汇率为多少时不存在套利机会?

3. A 公司的普通股欧式看涨期权的执行价格为 85 美元，期限为 1 年，目前该公司的股票售价是每股 80 美元，一年后，该公司的股票售价将为 98 美元每股或 70 美元每股，投资者可以以无风险利率 2.5% 自行借贷资金，则看涨期权的理论价格是多少?

4. A 公司的负债总额为 25 元，其负债利息率为 8%，全年固定成本总额为 18 万元，该公司销售额为 70 万元，变动资本成本率为 60%，则:

(1) 该公司息税前利润是多少?

(2) 该公司经营杠杆系数是多少?

(3) 如果明年销售额增加 15%，那么息税前利润的变动率和息税前利润是多少?

5. 股票 X 的贝塔系数是 0.92，其期望收益率是 10.5%，无风险资产收益率是 5%。

(1) 均等投资于两种资产的组合的期望收益率是多少?

（2）如果该投资组合的贝塔系数是 0. 50，则该组合的投资比重是多少？

（3）如果该投资组合的贝塔系数是 1. 84，则该组合的投资比重是多少？如何理解本例中的投资比重？

（4）股票 Y 的贝塔系数是 1. 35，期望收益率是 14%。股票 Z 的贝塔系数是 0. 85，其期望收益率是 11. 5%。如果无风险资产目前收益率是 5. 5%，市场风险溢价是 6. 8%，股票 Y 和股票 Z 定价是否合理？是否存在套利机会？如果存在套利机会，该如何定价？

四、分析论述题(15 分)

分析与论述互联网金融的形式与特征。

中国科技大学 2021 年金融学综合试题解析

一、单项选择题(每题 3 分，共 15 分)

1. B。套期保值又称对冲贸易，是指交易人在买进(或卖出)实际货物的同时，在期货交易所卖出(或买进)同等数量的期货交易合同作为保值。

2. D。资本充足率反映商业银行在存款人和债权人的资产遭到损失之前，该银行能以自有资本承担损失的程度。规定该项指标的目的在于抑制风险资产的过度膨胀，保护存款人和其他债权人的利益、保证银行等金融机构正常运营和发展。

3. B。当投资需求对利率敏感度很高时，IS 曲线较为平缓。当货币需求对利率敏感度很低时，LM 曲线较为陡峭。此时货币政策较为有效，LM 曲线的细小移动都会带来产出的大幅增加。

4. A。我国现行商业银行的组织形式属于总分行制，其特点是法律允许除银行总部外在同一地区或不同地区甚至国外设立分支机构，从而形成一种以总行为中心的庞大银行网络。

5. A。明年需增加的投资资本为 800 万元，公司目标资本结构为债务资本、权益资本各占 50%，则企业实现的净利润应优先满足 800×50% = 400 万元的留存收益，剩余的 200 万元可用于分配股利，$EPS = 200/200 = 1$ 元/股。

6. B。根据费雪效应可知，名义利率≈实际利率+预期通胀率。当实际利率为负数时，名义利率低于预期通胀率。

7. C。证券经纪业务是指证券公司通过其设立的证券营业部，接受客户委托，按照客户要求，代理客户买卖证券的业务。

8. A。非银行公众向中央银行出售 100 元债券时，央行向其开出可去商业银行兑换的支票 100 元并在商业银行的准备金账户上增加 100 元，此时央行资产增加 100 元债券，负债增加 100 元准备金，商业银行收到支票后银行负债增加 100 元存款，资产增加 100 元准备金。

9. D。流动性偏好理论认为，人们持有货币的动机有三种：交易动机、预防动机和投机动机。其中，投机动机带来的货币需求与利率成反比，因为债券利率越高人们持有货币进行投资的机会成本也就越高，所以随着债券利率的下降，持有货币的成本随之下降，人们对货币的需求就会增加。

10. B。根据相对购买力平价，$\Delta e = \Delta P - \Delta P^* = 6\% - 5\% = 1\%$，直接标价法下，人民币贬值 1%，美元升值 1%。

11. C。银行的银行职能是指中央银行充当商业银行和其他金融机构的最后贷款人。银行的这一银行职能体现了中央银行是特殊金融机构的性质，是中央银行作为金融体系核心的基本要求。充当银行业的最后贷款人，最后贷款人是指商业银行无法进行即期支付而面临倒闭时，中央银行及时向商业银行提供贷款支持以增强商业银行的流动性。

12. B。中国建设银行属于商业银行，而其他三家都是政策性银行。

13. A。流通手段、价值尺度和储藏手段是货币的三大基础职能。

14. B。弗里德曼的单一规则货币分析逻辑是这样的：货币供给要与货币需求相适应，从货币需求角度出发，货币需求主要由恒久性收入决定。由于恒久性收入具有高度的稳定性，所以受恒久性收入支配的货币需求也是稳定的。

15. A。当市场利率低于均衡利率时，说明货币被低估了，就会出现超额需求，利率逐渐上升，直到和均衡利率一致。

二、简答题(每题 10 分，共 30 分)

1. 金融市场基础设施是指在金融工具之间发挥转换功能并提供相关信息支持服务的流程及框架，包括支付系统、中央证券托管、证券清算系统、中央交易对手和场外衍生品交易信息库等。金融市场的交易分为交易所交易和场外交易两种。整个金融交易过程始于交易匹配，并以相互清算结束。无论哪种交易，交易完成后，相关交易流程都被传递到所谓的交易后基础设施，亦即金融市场基础设施。证券清算通常涉及金融资产或者金融衍生品等金融工具之间的转换。在现代金融体系中，这种金融工具之间的转换主要通过大额支付体系、证券清算体系以及中央交易对手等金融市场基础设施来完成。

金融市场基础设施的设计和运作方式对金融稳定会产生重要影响。由于这些基础设施被赋予金融工具之间的转换功能，因此，通过它们可以减轻金融市场参与者之间的关联性，进而降低金融风险传染的几率。当然，如果运用不当，这些基础设施也会成为在金融市场参与者之间传播不稳定因素的渠道。

2. 金融危机预警机制指标有：

(1) 资本项目，包括国际储备、长期资本流动、短期资本流动、对外直接投资以及国内利率与外国利率的差异。

(2) 债务，包括公共外债、总外债、短期外债、外债中不同利率结构的比率、外债中不同期限结构的比率、短期外债与 GDP 的比率。

(3) 经常项目，包括真实汇率、经常项目差额、贸易差额、进口、出口、贸易条件、出口品的平均价格。

(4) 国际变量，包括国外 GDP 增长率、国外利率水平和价格水平。

(5) 国内金融变量，包括信贷增长额、货币乘数的变化、实际利率、银行存贷利差、中央银行对国内银行体系的信贷量、股票价格、货币供给满足货币需求的程度、货币供给增长率、债券收益率、国内通货膨胀率、实际汇率和理论汇率、M2 与国际储备的比率。

(6) 实际经济变量，包括 GDP 增长率、失业率、消费、投资。

(7) 财政变量，包括财政赤字、政府消费、对公共部门的信贷。

(8) 政治变量，包括选举因素、政府的更迭、合法政权交替、非正常政权转移等。

3. 由于经济、法律、历史、传统乃至体制的不同，各国金融监管的诸多具体方面存在着不少差异，但有些一般性原则却贯穿于各国金融监管的各个环节与整个过程。

(1) 依法管理原则。这有几重原则：一是对金融机构进行监督管理，必须有法律、法规为据；二是金融机构对法律、法规所规定的监管要求必须接受，不能有例外；三是金融管理当局实施监管必须依法行事。

(2) 合理、适度竞争原则。竞争是市场经济条件下的一条基本规律。金融监管当局的监管重心应放在保护、维持、培养、创造一个公平、高效、适度、有序的竞争环境上：既要避免造成金融高度垄断、排斥竞争，从而丧失效率与活力，又要防止出现过度竞争、破坏性竞争，从而波及金融业的安全和稳定。

(3) 自我约束和外部强制相结合的原则。外部强制管理再缜密严格，其作用也是相对有限的。如果管理对象不配合，不愿自我约束，那么外部强制监管也难以收到预期效果。反之，如果将全部希望寄托在金融机构本身自觉自愿的自我约束上，则不可能有效地避免种种不负责任的冒险经营行为与道德风险的发生。

(4) 安全稳健与经济效率相结合的原则。要求金融机构安全稳健的经营业务历来都是金融监管的中心目的，为此所设置的金融法规和一系列指标体系都着眼于金融业的安全稳健及风险防范。但金融业的发展毕竟在于满足社会经济发展的需要，而追求发展就必须讲求效率。因此金融监管不应是消极地单纯防范风险，而应是积极地把防范风险同提高金融效率这个最基本的要求协调起来。

三、计算题(每题 12 分，共 60 分)

1. (1)假设联想为证券 1，其收益为 0.1，收益的方差为 0.1；讯飞为证券 2，其收益为 0.2，收益的方差为 0.2；证券 1 和证券 2 的协方差为 0.12。最小方差组合中证券 1 的比重为：

$$w_1^* = \frac{\sigma_2^2 - \text{cov}(r_1, r_2)}{\sigma_1^2 + \sigma_2^2 - 2\text{cov}(r_1, r_2)} = \frac{0.2 - 0.12}{0.1 + 0.2 - 2 \times 0.12} = \frac{4}{3}$$

则 $w_2^* = 1 - \frac{4}{3} = -\frac{1}{3}$。由于题目没有限制卖空，所以可以卖出相当于自身资产 1/3 价值的讯飞股票，同时买入相当于自身资产 4/3 价值的联想股票，可以构建最小方差证券组合。

（2）最小方差组合的回报率为：$E(r_p) = 0.1 \times \frac{4}{3} + 0.2 \times \left(-\frac{1}{3}\right) = 6.67\%$。最小方差组合的方差为：

$$\sigma_p^2 = 0.1 \times \left(\frac{4}{3}\right)^2 + 0.2 \times \left(-\frac{1}{3}\right)^2 + 2 \times \frac{4}{3} \times \left(-\frac{1}{3}\right) \times 0.12 = 0.093$$

2. 根据利率平价可得，当外汇市场上 $1+r = \frac{f}{e}(1+r^*)$，此时投资于两国金融市场是没有区别的。本题题干表明，在直接标价法下美元是本币，则：

$$1+r = 1+5.6\% = 1.056$$

$$\frac{f}{e}(1+r^*) = \frac{1.33}{1.32}(1+5.8\%) = 1.066$$

两者不相等，因此存在套利空间。由于英国市场上的收益率更高，选择投资于英国市场。具体套利过程如下：

假设套利者持有 1000 美元，在外汇市场上兑换为 1000/1.32 英镑，然后用兑换的英镑在英国投资 1 年，其本息收益为 1000/1.32(1+5.8%)英镑，最后将英镑以 1.33 的汇率兑换为 1000/1.32(1+5.8%)×1.33 美元，套利净收益为：1000/1.32(1+5.8%)×1.33−1000=66 美元。

根据利率平价可得，满足利率平价时的远期汇率为：

$$f = e \times \frac{1+r}{1+r^*} = \frac{1.32 \times 1.056}{1.058} \approx 1.318$$

此时，不存在套利机会。

3. 根据单步二叉树期权定价公式可知，看涨期权上涨的概率 p 为：

$$p = \frac{e^{rt} - d}{u - d} = \frac{e^{2.5\% \times 1} - \frac{70}{80}}{\frac{98}{80} - \frac{70}{80}} = 0.4295$$

则该看涨期权的价格为：

$$f = e^{-rt}[pf_u + (1-p)f_d] = e^{-2.5\% \times 1}[0.4295 \times (98-85) + (1-0.4295) \times 0] \approx 5.45 \text{ 美元}$$

4.（1）$EBIT$=边际贡献−固定性经营成本=70×(1−60%)−18=10 万元

（2）经营杠杆系数=边际贡献/$EBIT$=70(1−60%)/10=2.8

（3）息税前利润变动率=销售量变动率×经营杠杆系数=15%×2.8=42%

明年的息税前利润=10×(1+42%)=14.2 万元

5.（1）$E(r_p) = 0.5 \times (10.5\% + 5\%) = 7.75\%$

（2）由于无风险资产的贝塔为 0，设投资组合中股票 X 的比重为 w，则有：$0.92w + 0 \times (1-w) = 0.50$，计算可得：$w = 54.35\%$，无风险资产的比重为 45.65%。

（3）当投资组合的贝塔系数为 1.84 时，投资组合中股票 X 的比重为 1.84/0.92=2，无风险资产的比重为−1，这意味着借入相当于自身资产 100%的无风险资金，同时买入相当于自身资产 2 倍价值的 X 股票。

（4）根据 CAPM 可得，按照市场公平定价，股票 Y 和 Z 的内在收益率分别为：

$$r_Y = r_f + \beta_Y(r_m - r_f) = 5.5\% + 1.35 \times 6.8\% = 14.68\%$$

$$r_z = r_f + \beta_z(r_m - r_f) = 5.5\% + 0.85 \times 6.8\% = 11.28\%$$

对比可知，股票 Y 的内在收益率大于其现实收益率，股票 Z 的内在收益率低于其现实收益率。因此，

Y 和 Z 的定价均不合理，可以进行套利。股票 Y 被高估，应该卖出；股票 Z 被低估，应该买入。

四、分析论述题(15 分)

互联网金融是指传统金融机构与互联网企业利用互联网技术和信息通信技术实现资金融通、支付、投资和信息中介服务的新型金融业务模式。

（1）互联网金融的主要形式有：

① 第三方支付平台模式。第三方支付企业指在收付款人之间作为中介机构，提供网络支付、预付卡发行、受理银行卡账单以及其他支付服务的非金融机构。第三方支付平台提供一系列的应用接口程序，将多种银行卡支付方式整合到一个界面上，负责交易结算中与银行的对接，使网上购物更加快捷、便利。

② P2P 网络小额信贷模式。通过 P2P 网络融资平台，借款人直接发布借款信息，出借人了解对方的身份信息后，可以直接与借款人签署借贷合同，提供小额贷款，并能及时获知借款人的还款进度，获得投资回报。

③ 众筹融资模式。这是基于“互联网+金融”所创新的一种模式，是指其创意人向公众募集小额资金或其他支持，再将创意实施结果反馈给出资人的平台。

④ 数字货币。数字货币通常由开发者发行和管理，被特定虚拟社区的成员所接受和使用。与传统的银行转账、汇款等方式相比，数字货币交易不需要向第三方支付费用，其交易成本更低，特别是相较于向支付服务供应商提供高额手续费的跨境支付。

（2）互联网金融特点：

① 成本低。互联网金融模式下，资金供求双方可以通过网络平台自行完成信息甄别、匹配、定价和交易，无传统中介、无交易成本、无垄断利润。

② 效率高。互联网金融业务主要由计算机处理，操作流程完全标准化，客户不需要排队等候，业务处理速度更快，用户体验更好。

③ 覆盖广。互联网金融模式下，客户能够突破时间和地域的约束，在互联网上寻找需要的金融资源，金融服务更直接，客户基础更广泛。

④ 发展快。依托于大数据和电子商务的发展，互联网金融得到了快速增长。

⑤ 管理弱。一是风控弱。互联网金融还没有接入人民银行征信系统，也不存在信用信息共享机制，不具备类似银行的风控、合规和清收机制，容易发生各类风险问题。二是监管弱。互联网金融在中国处于起步阶段，还没有监管和法律约束，缺乏准入门槛和行业规范，整个行业面临诸多政策和法律风险。

⑥ 风险大。一是信用风险大。现阶段中国信用体系尚不完善，互联网金融的相关法律还有待配套，互联网金融违约成本较低，容易诱发恶意骗贷、卷款跑路等风险问题。

【科兴点评】相比于前两年，2021 年的试题又恢复了单选题，而且分值比较大，进一步增加了试题的客观性。2021 年选择题和计算题多为中低难度的题目，考生得分率很高。简答题由于考查得比较冷僻，得分率很低。这就要求考生在备考时一定要重视黄达《金融学》，尤其是第一轮复习，要没有重点地过一遍，做好笔记。

中央财经大学 2021 年金融学综合试题

一、单项选择题(每题 1 分，共 30 分)

1. 居民储蓄存款投资于货币市场基金，M_1、M_2的变化为(　　)。

A. 使 M_1降低　　B. 使 M_2降低

C. 使 M_2不变　　D. 使 M_1/M_2的比例发生变动

2. 以下货币职能的行使中，需要观念中的货币，并不需要现实货币的是(　　)。

A. 交换手段　　B. 计价标准　　C. 支付手段　　D. 资产职能

3. 根据利率平价理论，当本国货币利率上升时，下列说法正确的是(　　)。

A. 本币即期汇率贴水　　B. 本币即期汇率不变

C. 外币远期汇率升水　　D. 外币远期汇率贴水

4. 下列关于商业信用和银行信用区别的说法中，错误的是(　　)。

A. 银行信用克服了商业信用期限限制

B. 银行信用克服了商业信用规模限制

C. 商业信用先于银行信用产生

D. 银行信用的高度发展将取代商业信用

5. 下列关于收益率的说法中，正确的是(　　)。

A. 零息债券的到期收益率一定大于 0

B. 到期收益率与票面利率不相等是因为债券的价格波动

C. 如果证券的卖出价格大于买入价格，收益率一定大于票面利率

D. 当期收益率一定等于票面利率

6. 我国充当货币市场基准利率的是(　　)。

A. Shibor　　B. Libor　　C. Fibor　　D. 联邦基金利率

7. 下列不属于资本市场功能的是(　　)。

A. 筹资和融资的平台　　B. 促进企业并购重组

C. 促进产业结构升级　　D. 商业银行进行流动性管理的场所

8. 关于 CAPM 模型说法不正确的是(　　)。

A. 假定投资者在投资决策中要考虑系统性风险和非系统性风险

B. 说明资本市场上风险证券的价格会在风险和预期收益的联动关系中趋于均衡

C. 如果某资产的$\beta=1$，则该资产的必要收益率和市场平均收益率相等

D. 可以针对单个金融资产进行定价

9. 金融产品的组合风险不小于单个金融产品的风险，则各单个金融产品之间的关系是(　　)。

A. 正相关　　B. 负相关　　C. 完全正相关　　D. 完全负相关

10. 下列不属于证券基本面分析的是(　　)。

A. 宏观政策　　B. 公司财务情况

C. 历史股价波动　　D. 公司所处行业政策

11. 赋予持有人在某一特定日期或者该日之前的任何时间以固定价格购进或售出一种资

产的权利的合约为(　　)。

A. 期权　　B. 期货　　C. 远期　　D. 互换

12. 下列属于存款类金融机构的是(　　)。

A. 中央银行　　B. 金融资产管理公司

C. 信托公司　　D. 小额贷款公司

13. 以下不是中央银行的职能的是(　　)。

A. 政府的银行　　B. 银行的银行　　C. 发行的银行　　D. 人民的银行

14. 下列关于平方根理论，说法错误的是(　　)。

A. 平方根定律说明了利率与交易性货币需求的关系

B. 交易性货币需求同利率反方向变动

C. 交易性货币需求同利率的弹性系数为 0.5

D. 平方根定律运用存货理论分析交易性货币需求

15. 下列不属于银行体系供给货币的基本条件的是(　　)。

A. 实行"中央银行-商业银行"二级银行体制

B. 实行完全的信用货币流通

C. 实行部分存款准备金制度

D. 广泛采用非现金货币结算方式

16. 如果流通中的现金为 100，存款准备金率为 10%，存款准备金为 20，则货币供应量为(　　)。

A. 200　　B. 250　　C. 300　　D. 400

17. 在高通胀的经济环境中，下列表述最正确的是(　　)。

A. 已从银行获得贷款的债务人受益

B. 持有银行存款的债权人受益

C. 高通胀将导致本国货币名义汇率对外大幅度升值

D. 对有固定收入的群体有利

18. 在《中国人民银行法》中，确定的货币政策目标为(　　)。

A. 维护人民币与外币汇率稳定，并以此促进经济的增长

B. 控制货币发行量，防止发生通货膨胀

C. 保持货币币值稳定，促进充分就业

D. 保持货币币值稳定，促进经济增长

19. 根据传统金融价格传导理论，下列说法中错误的是(　　)。

A. 汇率传导机制认为，货币政策通过影响汇率，进而影响净出口

B. 托宾 Q 理论指出，随着货币供给增加，金融资产价格上升，居民消费增加

C. 财富效应机制认为，在扩张性的货币政策下，股票价格上升，家庭的消费支出增加

D. 流动性效应认为，货币供给增加，实际利率下降，引起投资上升

20. "现有金融资产总值在国民财富中所占的份额"衡量的指标是(　　)。

A. 金融相关比率　　B. 金融工具比率　　C. 金融构成比率　　D. 金融中介比率

21. 某公司净利润为 550 万元，总资产为 4800 万元，应收账款 620 万元，应收账款周转天数 205 天，BS=1.25，假设全年为 365 天，则总资产周转率为(　　)。

A. 3.42　　B. 3.11　　C. 2.61　　D. 2.3

22. 某个项目的初始投资额是4000万元，每年的固定成本是900万元，可变成本为40万元，销售单价为60万元，所得税率为30%，贴现率为10%，项目持续期10年。会计利润盈亏平衡点为(　　)。

A. 45　　B. 50　　C. 60　　D. 65

23. 已知明年预计发放的股利20，现在股票价格100，股利增长率4%，股票发行费用率3%，则投资该股票的必要收益率为(　　)。

A. 22.43%　　B. 24.62%　　C. 24.35%　　D. 35.27%

24. 经营杠杆为1.2，财务杠杆为2。当销售额增加1%时，EBIT变化为(　　)。

A. 1%　　B. 1.2%　　C. 2%　　D. 2.4%

25. 下列关于贝塔系数的说法中，错误的是(　　)。

A. 无风险资产的贝塔系数为0

B. 资产的贝塔系数都是大于0的

C. 证券资产组合的β系数是所有单项资产β系数的加权平均数

D. 市场组合的贝塔系数为1

26. 下列不属于企业财务危机直接成本的是(　　)。

A. 破产清算发生的法律费用　　B. 破产清算发生的管理费用

C. 股东投资不足产生的代理成本　　D. 企业因财务危机造成的资产贬值损失

27. 下列不属于债券合同中的限制性条款的是(　　)。

A. 对增发新股的限制　　B. 对企业并购的限制

C. 对公司投资行为的限制　　D. 对支付现金股利的限制

28. 下列表述，正确的是(　　)。

A. 股票股利直接增加股东的财富

B. 股票股利导致公司资产的流出

C. 股票股利会导致公司资产的增加

D. 股票股利会引起所有者权益各项目的结构变化

29. 某食品厂每年需要采购3000吨面粉用于生产，每次采购订货手续费为300元，每吨产品的年库存成本为20元，该食品厂采购面粉的经济订货批量为(　　)。

A. 200　　B. 250　　C. 300　　D. 350

30. 当公司成为其他企业的并购目标后，公司的管理层为阻碍恶意接管的发生，去寻找一家“友好”公司进行合并，这种方式被称为(　　)。

A. 白衣骑士　　B. 金降落伞　　C. 恶意并购　　D. 毒丸计划

二、多选题(每小题2分，共10分)

1. 下列有关货币与信用关系的说法中，不正确的有(　　)。

A. 信用足够发达后货币会消失　　B. 货币与信用是在私有制后出现的

C. 货币与信用交织构成了金融　　D. 货币是先于信用出现的

E. 在现代，信用往往与货币联系紧密

2. 下列关于国际货币制度的说法中，正确的有(　　)。

A. 布雷顿森林体系是以美元为核心的可调整的固定汇率体系

B. 牙买加体系下各国可以自由选择汇率制度

C. 牙买加体系中美元仍然是最主要的国际货币

D. 布雷顿森林体系的本质是金块本位制

E. 国际金本位制需要各国积极调节国际收支

3. 下列关于货币市场交易工具中，说法不正确的有(　　)。

A. 同业拆借利率一般低于回购利率

B. 同业拆借属于信用融资

C. 企业将商业票据转让给商业银行称为转贴现

D. 央行发行票据的目的是为政府融资

E. 同业拆借市场最重要的交易对象是商业银行吸收的存款

4. 下列关于 MM 定理的因果关系的说法中，不正确的有(　　)。

A. 由于债务的资本成本小，导致杠杆企业的价值高于无杠杆企业

B. 由于债务具有税盾效应，导致杠杆企业的股东必要报酬率下降

C. 由于债务的资本成本小，导致杠杆企业的加权平均资本成本下降

D. 由于债务具有税盾效应，导致杠杆企业的加权平均资本成本下降

E. 由于债务的资本成本小，导致杠杆企业的股东必要报酬率下降

5. 下列关于新股发行的说法中，正确的有(　　)。

A. 目前我国新股承销大多采取代销方式

B. 首次发行价格一般应高于每股净资产

C. 上市公司再次增发新股时股价常常下跌

D. 发行成本为发行价与实际收入的差额

E. 配股时若有股东未参加，则其股份数不变，财富不变

三、计算题(每题 10 分，共 30 分)

1. 某公司现有发行在外的普通股 50000 股，股票价格为 22 元，计划发放 100000 元的现金，$EPS=5$ 元。

(1) 计算该公司目前的市盈率；

(2) 计算发放现金股利(全部发放)后的除权价格；

(3) 若公司用(2)中的现金进行股票回购，计算回购价格和回购数量；

(4) 比较股票回购和现金股利对股东的影响。

2. 某公司的债务权益比为 2，每年实现的销售收入为 4000 万元，变动成本率为 60%，每年的固定成本为 900 万元，公司税率为 30%，权益资本成本为 12%，公开市场债务融资的税前成本 6%。

(1) 利用 MM 定理计算无杠杆公司价值；

(2) 利用 WACC 方法计算有杠杆公司价值。

3. 某公司现有一个项目，前期调查研究费用为 2 万元，初期机器设备投资 20 万元，每年折旧为初始购置账面价值的 30%，三年后机器设备按市价 3 万元卖出，初期需要投入 4 万元的净营运现金流，新的生产线使用后第一年节约成本 8 万元，每年节约的成本递增 50%。已知适合该项目风险的贴现率为 15%，税率为 40%。

(1) 计算该项目各期现金流；

(2) 计算该项目的 NPV；

(3) 计算该项目的投资回收期。

四、名词解释(每题 4 分，共 20 分)

1. 市净率
2. 逆回购协议
3. 泰勒规则
4. 融资租赁
5. 股票回购

五、简答题(每题 8 分，共 32 分)

1. 简述可贷资金理论与 IS-LM 模型对利率决定因素的相同点与不同点。
2. 简述商业银行经营管理理论的发展历程及各个历程的特点。
3. 简述凯恩斯货币需求理论及发展。
4. 简述 IPO 折价及给出至少 2 个解释。

六、论述题(每小题 14 分，共 28 分)

1. 随着金融浪潮的兴起，许多非银行金融机构和银行产生了许多金融创新产品，信托公司发展迅猛，还出现了银行表内业务表外化、影子银行等现象。论述金融脱媒和影子银行对货币供给、货币政策与金融稳定产生了哪些影响，并给出应对措施。

2. 2020 年 6 月至 11 月人民币对美元由 7.13 升至 6.57。请根据所学知识论述人民币升值的主要原因，并根据汇率决定相关理论，分析人民币汇率未来走势。

中央财经大学 2021 年金融学综合试题解析

一、单项选择题(每题 1 分，共 30 分)

1. C。居民储蓄存款和货币市场基金均属于 M_2，内部结构调整不改变 M_2总量。

2. B。执行价值尺度的职能(计价标准)可以是观念或想象的货币。

3. C。本国利率上升将会吸引短期套利资本，在套利结束后，短期资本又会流回高利率国家，使得外币远期汇率升水。

4. D。商业信用在期限、规模和方向上存在局限。商业信用的期限受到企业生产周期的限制，规模是以销售额为限，方向上一般是由上游企业向下游企业提供。银行信用的出现克服了商业信用在期限、规模和方向上的局限。虽然银行信用较商业信用在诸多方面拥有优势，但是银行信用的发展不会排斥商业信用的发展。相反，与商业信用相关的业务如贴现等依旧是银行的重要业务。银行信用和商业信用是相互促进。

5. A。到期收益率与票面利率不相等是因为债券的发行价与面值不相等，即使价格不波动，到期收益率和票面利率也可能不相等，选项 B 错误。当买入价格大于面值时，如果证券的卖出价格大于买入价格，收益率不一定大于票面利率，选项 C 错误。只有债券平价发行时，当期收益率才等于票面利率，折价或者溢价发行则不相等，选项 D 错误。

6. A。Shibor(上海银行间同业拆放利率)是我国货币市场基准利率。

7. D。选项 D 是货币市场的功能。

8. A。CAPM 模型是以充分分散投资组合，非系统性风险被分散为前提的理论。

9. C。在投资比例不变的情况下，投资组合的风险会随着相关系数的减小而减小。当相关系数为 1 时，两项资产的收益变化的方向完全相同，因此不能分散任何风险。

10. C。证券的基本面分析包括宏观经济周期、宏观经济政策、产业生命周期、公司经营状况的基本面分析。历史股价波动属于技术分析。

11. A。期权赋予持有人在某一特定日期或者该日之前的任何时间以固定价格购进或售出一种资产的权利的合约。

12. A。存款类金融机构包括管理性存款类金融机构和营业性存款类金融机构。其中管理性存款类金融机构主要包括中央银行，营业性存款类金融机构主要包括商业银行、政策性银行、专业银行、财务公司等。

金融资产管理公司、信托公司、小额贷款公司都属于非存款类金融机构。

13. D。中央银行的职能主要是发行的银行、银行的银行、政府的银行。

14. C。交易性货币需求同利率的弹性系数为-0.5。

15. A。银行体系供给货币的基本条件：(1)实行完全的信用货币流通；(2)实行部分存款准备金制度；(3)广泛采用非现金货币结算方式。

16. C。存款货币 $D=20/10\%=200$，货币供应量 $Ms=C+D=100+200=300$。

17. A。根据费雪效应：实际利率=名义利率-通货膨胀率。因此在高通胀的经济环境中，实际利率是比较低的，债务人可以付更少的利息，对债务人更有利，但对债权人以及固定收入的群体而言，获取的实际收入更少，对这部分群体也就更加不利。选项 A 正确，选项 B 和 D 错误。根据购买力平价理论，高通胀，物价上升，本币购买力下降，本币名义汇率贬值，选项 C 错误。

18. D。根据《中国人民银行法》，中国的货币政策的目标是保持币值稳定，并以此促进经济增长。

19. B。托宾 Q 理论传导机制是：货币供应↑→股票价格↑→Q↑→投资支出↑→总产出↑。

20. A。现有金融资产总值在国民财富中所占的份额是金融相关比率。金融工具比率是指金融机构发行的金融工具与非金融机构发行的金融工具之比。金融构成比率是指各类金融工具在金融工具总额中所占的份额。金融中介比率是所有金融机构持有的金融资产在全部金融资产中所占的份额。

21. D。应收账款周转率=365/应收账款周转天数=17.80，销售收入=应收账款周转率×应收账款=11036万元，总资产周转率=销售收入/总资产平均余额=2.3。

22. A。设会计盈亏平衡点为 Q，则有：$(P-V)\times Q=F$，即 $(60-40)\times Q=900$，计算可得 $Q=45$。

23. B。设必要收益率为 r，则有：

$$r=\frac{D_1}{P(1-f)}+g=\frac{20}{100(1-3\%)}+4\%=24.62\%$$

24. B。经营杠杆为 EBIT 的相对变动和销售额相对变动之比，所以当销售额增加1%时，EBIT 的变化就为1.2%。

25. B。贝塔系数可以为正，可以为零，也可以为负，保险类证券贝塔系数就是负数。

26. C。财务危机成本可以分为直接成本、间接成本和代理成本。直接成本包括破产清算发生的法律费用、管理费用、企业因财务危机造成的资产贬值损失。间接成本包括企业为避免破产而付出的代价等各种成本的总和。代理成本是指为了防止代理问题而增加的成本。

27. B。债务合同中的限制性条款主要有对企业发行新债、发放现金股利、投资行为。并购增发新股一般情况下是有利于债权人的行为，不会被限制。

28. D。发放股票股利只是将企业的税后利润转化为股本金，不会导致企业的现金流出，股东权益账面价值也不发生变化，但是会引起股本、资本公积、未分配利润等各个项目的结构变化。

29. C。根据最优批量订购模型可知：

$$Q^*=\sqrt{\frac{2AB}{C}}=\sqrt{\frac{2\times3000\times300}{20}}=300$$

30. A。白衣骑士是指当企业面临敌意并购的威胁时，可以选择一个愿意与之合作的目标企业或者个人作为自己的收购者，以粉碎敌意收购者的企图。

二、多选题(每小题2分，共10分)

1. AD。作为等价交换物，有商品的存在，等价交换物就有存在的价值。信用足够发达后货币也不会消失，选项 A 说法错误。在货币产生之前，信用的基本形态为实物借贷。因此信用是先于货币产生的，选项 D 说法错误。

2. ABC。布雷顿森林体系的本质是金汇兑本位制，选项 D 错误；国际金本位制下国际收支具有自动调节机制，不需要各国积极调节国际收支，选项 E 错误。

3. ACDE。同业拆借为信用拆借，回购相当于质押拆借，因此同业拆借的信用风险更大一些，利率也应该更高。选项 A 说法错误。企业将票据转让给商业银行称为贴现，商业银行再将已经贴现过的商业票据转让给其他金融机构称为转贴现。选项 C 说法错误。央行的发行票据的目的是调整货币量而非为政府融资。选项 D 说法错误。同业拆借市场最重要的交易对象是商业银行超额准备金，只是吸收的存款中的部分。选项 E 说法错误。

4. ABCE。根据有税 MM 定理，杠杆企业的加权平均成本更小以及杠杆企业的价值更高是因为债务具有税盾效应而非债务的资本成本小，选项 A 和 C 说法错误。股东收益的波动性会随着企业的杠杆比率的上升而增大，因此要求的回报率也会更高，选项 B、E 说法错误。

5. BCDE。目前我国新股承销大多采取包销方式，选项 A 错误。

三、计算题(每题 10 分，共 30 分)

1. (1)公司的市盈率为：$\frac{P}{E}=\frac{22}{5}=4.4$

(2) 设除权后的股价为 $P*$，则：

$$P^*=P_0-\frac{\text{现金股利}}{\text{流通股数量}}=22-\frac{1000000}{500000}=20\text{ 元}$$

(3) 由于 22 元的股价已经反映了即将发放的股利，因此应以 22 元进行回购，回购的数量为 1000000/22=45455 股。

(4) 以现金股利的方式，每个股东每股得到 2 元的现金股利，同时持有价值 20 元的股票，每股股票的总价值是 22 元。以股票回购的方式，如果回购价格合理，向公司回收的股票每股价值是 22 元，继续持有公司股票的每股价值也是 22 元，与领取现金股利每股股票的价值完全相同。也就是说，在完美资本市场条件下，现金股利和股票回购对股东是没有区别的(股利无关论)。

2. (1)$EBIT$=边际贡献-固定性经营成本=4000×(1-60%)-900=700 万元，则无杠杆自由现金流=700×(1-30%)=490 万元。

由有税 MM 定理可得：

$$r_S=r_U+\frac{B}{S}(r_U-r_B)(1-T_C)\Rightarrow 12\%=r_U+\frac{2}{1}(r_U-6\%)(1-30\%)\Rightarrow r_U=8.5\%$$

则公司无杠杆价值为：490/8.5%=5764.71 万元。

(2) 公司的 WACC 为：

$$WACC=\frac{S}{B+S}r_S+\frac{B}{B+S}r_B(1-T_C)=\frac{1}{3}\times 12\%+\frac{2}{3}\times 6\%\times(1-30\%)=6.8\%$$

则杠杆公司价值为：490/6.8%=7205.88 万元。

3. (1)本题中调查费用为沉没成本，不予考虑。

第 0 期：机器设备投入和净营运现金流投入=-20-4=-24 万元

第 1 期：节约的成本和折旧抵税 8+20×30%×40%=10.4 万元

第 2 期：节约的成本和折旧抵税 8×150%+20×30%×40%=14.4 万元

第 3 期：节约的成本、折旧抵税、设备处置和净营运现金流回收 8×150%×150%+20×30%×40%+3-(3-2)×40%+4=27 万元

(2) 项目的净现值为：

$$NPV=-24+\frac{10.4}{1.15}+\frac{14.4}{1.15^2}+\frac{27}{1.15^3}=13.68\text{ 万元}$$

(3) 由于 24<10.4+14.4，因此投资回收期应该在 1 和 2 之间，即：1+(24-10.4)/24=1.57 年。

四、名词解释(每题 4 分，共 20 分)

1. 市净率指的是每股股价与每股净资产的比率。市净率可用于股票投资分析，一般来说市净率较低的股票，投资价值较高，相反，则投资价值较低。但在判断投资价值时还要考虑当时的市场环境以及公司经营情况、盈利能力等因素。

2. 逆回购协议就是证券持有者(即证券卖主)为与证券买主达成一笔证券交易，在签订的合约中约定卖

主在卖出一笔证券后须在某个双方商定的时间以商定的价格再买回这笔证券，并以商定的利率付息。

3. 泰勒规则，由斯坦福大学的约翰·泰勒于1993年根据美国货币政策的实际经验而确定的一种短期利率调整的规则。泰勒认为，保持实际短期利率稳定和中性政策立场，当产出缺口为正(负)和通胀缺口超过(低于)目标值时，应提高(降低)名义利率。其基本公式为：$i_0=r_f+\pi_t+\alpha(\pi_t-\pi^*)+\beta\Delta y_t$，其中，$i_0$为名义利率，$r_f$为均衡实际利率(长期内和充分就业相适应的利率)，$\pi_t$为$t$期实际通货膨胀率，$\pi^*$为目标通货膨胀率，$(\pi_t-\pi^*)$为通货膨胀缺口，$\Delta y_t$为产出缺口，即实际GDP与潜在充分就业水平下的GDP估计值的百分率偏差，α和β为管理层分别对通货膨胀、产出调控目标重视程度的权重，且$0\leqslant\alpha\leqslant1$，$0\leqslant\beta\leqslant1$。在美国的实践运用中，$\alpha=\beta=0.5$。

4. 融资租赁是指出租人根据承租人(用户)的请求，与第三方(供货商)订立供货合同，根据此合同，出租人出资向供货商购买承租人选定的设备。同时，出租人与承租人订立一项租赁合同，将设备出租给承租人，并向承租人收取一定的租金。

5. 股票回购是指上市公司利用现金等方式，从股票市场上购回本公司发行在外的一定数额的股票的行为。公司在股票回购完成后可以将所回购的股票注销。但在绝大多数情况下，公司将回购的股票作为“库藏股”保留，不再属于发行在外的股票，且不参与每股收益的计算和分配。库藏股日后可移作他用，如发行可转换债券、雇员福利计划等，或在需要资金时将其出售。

五、简答题(每题8分，共32分)

1. IS-LM模型是建立在可贷资金模型基础上的，因此二者都同时考虑了实际因素与货币因素，认为利率由商品市场和货币市场共同决定。

二者的不同主要体现在：

(1) 阐述角度不同。可贷资金理论是从可贷资金的供需角度来阐述利率的决定机制，而IS-LM模型是从商品市场和货币市场全面均衡的角度来阐述利率的决定机制。

(2) 决定机制不同。可贷资金理论认为利率是在货币市场和商品市场总量达到均衡时决定的，此时，货币市场和商品市场各自不一定均衡。而IS-LM模型认为利率是由商品市场和货币市场同时出现均衡决定的。

(3) 考虑因素不同。可贷资金理论没有考虑收入水平的影响，而IS-LM模型同时考虑了收入因素和利率水平。相对来说，IS-LM模型是一个更为彻底的一般均衡分析方法。

(4) 主要观点不同。可贷资金理论认为，利率应由可用于贷放的资金的供求来决定。IS-LM模型认为，利率是在既定的国民收入下由商品市场和货币市场共同决定。

2. 商业银行经营管理理论，按其发展脉络，可分为资产管理理论、负债管理理论和资产负债综合管理理论。

(1) 资产管理理论将银行的负债视为既定，在此基础上研究如何用既定的负债去购买资产以实现三性协调，具体可以分为真实票据理论、资产转换理论和预期收入理论。

① 真实票据理论认为，商业银行的资金运用只能是发放短期的，且以真实的商业票据做抵押的、周转性的工商企业贷款。

② 资产转换理论认为，除了发放短期贷款以外，商业银行还可以通过持有那些信誉高、期限短、易于转让的资产来保持流动性，如短期票据、国库券等。

③ 预期收入理论强调，从根本上来说，商业银行的流动性状态取决于贷款的偿还，这与借款人未来的预期收入和银行对贷款的合理安排密切相关。因此，即使是中长期贷款，只要其能按期偿还，在对资产组合期限结构的合理安排下，同样可以提供流动性。

(2) 负债管理理论，产生于20世纪60年代，认为银行可以主动管理负债，积极争取存款。负债管理理论包括购买理论和销售理论。购买理论认为，商业银行应主动购买现金，变被动的存款为主动的借款；销售理论认为，商业银行应设计多样化的金融产品，来推销，满足客户需求。

(3) 资本负债综合管理理论，强调对银行的资产和负债进行全面综合管理。该理论认为，一个能将盈利性、流动性和安全性三者的组合推进到更协调合理的、有效率的管理，应该是对资产和负债的并重管理、综合性管理。

3. 传统的凯恩斯货币需求理论认为，人们的货币需求行为是由三种动机决定的，即交易动机、预防动机和投机动机。其中，交易动机与预防动机的货币需求是收入的函数，而投机动机的货币需求是当前利率水平的减函数。凯恩斯认为货币需求函数受未来利率不确定性的影响，因而是不稳定的。

20 世纪 50 年代后期，一些后凯恩斯学派深入研究和扩展了凯恩斯的货币需求理论。

（1）鲍莫尔-托宾模型发展了凯恩斯的交易货币需求理论。他们认为，即使交易货币需求同样对利率敏感，交易货币需求与收入的平方根成正比，与利率的平方根成反比。

（2）惠伦模型发展了凯恩斯的预防货币需求理论。他们发现，预防货币需求也与利率相关，并且与利率成反向变化关系。预防性货币需求的利率弹性为-1/3。

（3）托宾的"资产选择理论"对凯恩斯投机货币需求的发展。凯恩斯认为投资者要么持有货币，要么持有债券。然而现实情况却与凯恩斯的理论不相吻合。一般人往往既持有货币，同时又持有债券。托宾认为，人们选择财富持有形式的主要依据是各种资产的预期报酬率和风险。因此，人们会选择货币和债券的不同组合来持有其财富。

4. 关于 IPO 折价发行现象，常见的解释有：

（1）Rock 的赢者诅咒假说。有关 IPO 抑价理论占主流地位的是 Rock 赢者诅咒假说。他认为市场是不完全的，信息是不对称的，存在掌握信息的投资者和未掌握信息的投资者。掌握信息的投资者往往能利用其信息优势购买到具有投资价值的股票，而未掌握信息的投资者只能根据其他主体的行为作出判断，最终购买到掌握信息的投资者所规避的、不具有投资价值的股票。当未掌握信息的投资者意识到这一"赢者诅咒"时，就会退出市场。由于股票发行人需要吸引未掌握信息投资者的投资，因此不得不降低新股发行价来弥补未掌握信息者所承担的风险，确保发行的顺利进行。

（2）Barron 的投资银行买方垄断假说。他假定投资银行作为股票的承销商相对于上市公司来说具有更多的关于资本市场及发行定价方面的信息，于是上市公司将股票发行的定价交由投资银行决定。由于委托-代理关系的存在，发行公司在发行过程中不能很好地监督投资银行的行为，这时投资银行便通过低价发行的方式来提高承销活动的成功概率。

（3）信号假说。该假说认为，市场中存在着业绩较好和较差的两类公司，市场中上市公司拥有比较完备的信息，而投资者则难以区分这两类公司，于是产生信息不对称。业绩较好的公司通过在 IPO 中的低价发行旨在对投资者表明，本公司具有美好的发展前景，并且有实力在上市后通过增资发行中的高价发行来弥补，因此他们更看中长期的投资收益，而实力较差的公司则倾向于 IPO 高价发行。

六、论述题(每小题 14 分，共 28 分)

1. 影子银行是指通过私募基金、信托产品、证券公司集合理财等证券化和担保融资技巧进行融资的中介机构，其运行机制是超越普通的银行信贷关系，在证券市场上获取信贷资金，最终通过较高的杠杆率从中获利。影子银行引发的金融脱媒会对我国的货币供给、货币政策和金融稳定产生一定影响。

（1）对货币供给的影响

① 影子银行也具有信用创造能力。影子银行同传统的商业银行一样为资金的需求者和资金的供给者搭建桥梁，成为重要的金融中介。信用创造主要从两方面增大了货币供给量：第一种是依附于传统的商业银行的信用创造，实质是扩大了传统商业银行的信用创造能力；第二种是增加货币的流动性，如互联网金融、民间借贷。可见，影子银行提高了整体的信贷水平，从而影响了市场上流动的货币的供应量。

② 影子银行对基础货币也会产生影响。影子银行流放到市场的大量金融理财产品、衍生产品，使收益高于传统借贷及投资活动，这使得公众持有货币的机会成本加大，从而人们更愿意将货币进行投资而不是持有。而正是因为公众持有货币的偏好减弱，减少了持有库存现金的需要，因此中央银行提取存款准备金的难度随之增加。通过货币供应量=基础货币×货币乘数，可以得知：当传统银行存入央行的存款准备金减少和公众持有的货币减少，基础货币大大降低，那么将以货币乘数数值的倍数使货币供应量减少。

（2）对货币政策的影响

影子银行的信用创造功能以及其对基础货币的影响给货币供应量造成了很大的冲击，其后果就是严重降低了货币供应量这个货币政策中介目标的有效性，其中货币供应量的有效性可分为货币供应量的可测性、可控性和相关性。

① 影子银行影响货币供应量可测性。影子银行的快速发展使得现有的广义货币已经不能完全反映全部的信用创造，社会整体的货币供应量大于广义货币供应量，使货币供应量准确度下降。

② 影子银行影响货币供应量可控性。由于影子银行提供的金融产品收益率更高，且没有存款准备金率和其他金融监管约束，使影子银行比商业银行有更高的信用创造功能，从而放大了货币乘数，这也使得货币供应量的可控性大大降低。

③ 影子银行影响货币供应量相关性。在影子银行广泛影响下，央行想通过调整货币供给来控制市场上流通的资金已经不再具有以前那样的可靠性，即作为货币政策中介目标的货币供应量的相关性降低。

（3）对金融稳定的影响

影子银行主要从两个方面直接对金融稳定产生影响。一是推升资产价格，影响金融风险“防范”。二是扭曲监管指标，影响金融风险“化解”。此外，在影子银行发展的后期，各类非银行金融机构、各类资产管理产品都牵涉其中，原来由存贷款构成的简单融资链条替换成了由多家机构、多个特殊目的载体(SPV)构成的复杂交易结构，银行资金向股票、房地产等资本市场外溢，给金融管理部门准确识别风险，实行“穿透式监管”造成了巨大障碍。

（4）为有效应对影子银行发展对我国金融稳定造成的影响，提出如下政策建议：

① 强化影子银行的金融创新功能，优化金融市场融资结构。

② 完善影子银行信息披露机制，提高业务交易透明度。

③ 建立覆盖影子银行的相关法律法规，合理规范影子银行的发展。

④ 建立影子银行内控机制，提高自律能力。

⑤ 加强金融监管机构的协调与合作，建立影子金融监管协作委员会。

⑥ 构筑影子银行影响金融稳定的前瞻性预警机制，及时追踪影子银行活动的发展趋势，评价影子银行自身风险及其冲击金融稳定的程度。

2.（1）2020年6月初至11月末，美元兑人民币汇率由7.13持续升值至6.57，累计升幅达7.8%。人民币持续升值，背后存在四大支撑力：一是中美经济基本面错位，二是中美货币政策错位，三是美元流动性外溢，四是美元指数低位。

① 2020年中国经济率先恢复，领先全球；而美国新冠疫情管控不佳，经济活动恢复滞后。在中美经济基本面错位背景下，人民币相较美元有较高的投资回报率，投资者持有人民币意愿增强，带来人民币升值。此外，中国出口高增长，迎来大量贸易顺差，外汇市场对人民币的需求加大，人民币存在升值趋势。

② 2020年5月中国货币政策回归常态化，但美国陷于新冠疫情，美联储宣布开放式资产购买计划，大量释放流动性。在中美货币政策分化背景下，人民币投放量下降，利率上升，吸引资本流入，人民币具有升值潜力。

③ 美元持续低位，带来非美货币升值，人民币兑美元升值。美元指数持续低位，主要原因在于，美元指数是美国相对于一揽子货币的比价，欧元在美元指数中占比接近60%。欧洲新冠疫情防控以及经济复苏持续向好，在一定程度上抑制了美元上涨。

④ 美国货币市场流动性过剩，美联储逆回购操作创新高。美联储逆回购金额4853亿美元，创历史新高。美元流动性过剩主要是拜登的刺激政策以及居民储蓄率上升导致。

（2）从中长期来看，决定汇率走势的根本因素仍是货币的购买力。购买力平价学说根据一价定律认为，两种货币间的比价关系（汇率）取决于两国货币各自所具有的购买力之比（绝对购买力平价学说），汇率的变动也取决于两国货币购买力的变动（相对购买力平价学说）。通俗地讲，绝对购买力平价认为，等值美元在美国能够买到的商品和服务，与通过人民币兑美元汇率套算过来后，在中国能够买到的商品和服务应该一样多。相对购买力平价认为，同汇率处于均衡的时期相比，如果日本的通胀水平比美国高，日元兑美元汇率就应该贬值。通过对世界银行主导的ICP项目测算的购买力平价汇率分析，以及考虑中美两国通胀率的差别，我认为，购买力平价汇率与人民币实际汇率不断趋近是长期主导因素。这意味着5—10年内，购买力平价因素将起主导作用，人民币兑美元将会继续升值。

对外经济贸易大学 2022 年金融学综合试题

一、单项选择题(每题 2 分，共 20 分)

1. 中国人民银行发行的数字人民币主要是位于(　　)。
   A. 活期存款　　B. 流通中的货币 M_0
   C. 狭义货币 M_1　　D. 广义货币 M_2
2. 下列最能体现金融服务于实体经济的融资方式是(　　)。
   A. 票据贴现　　B. 信用贷款　　C. 融资租赁　　D. 股票质押贷款
3. 在利率走廊调控模式中，常规货币政策操作工具是(　　)。
   A. 存款准备金　　B. 常备借贷便利　　C. 中期借贷便利　　D. 公开市场操作
4. 下列不属于货币局制度特点的是(　　)。
   A. 通常要求货币发行必须以一定的外国货币作为准备金
   B. 货币局制度能够有效地保障政府的财政支出自由
   C. 本国的货币发行量不再听任货币当局的主观愿望或经济运行的实际状况，而是取决于可用作准备的外币数量的多少
   D. 货币当局无法充当最后贷款人
5. 我国对津巴布韦的债务减免记录在国际收支平衡表中的哪类账户(　　)。
   A. 经常账户　　B. 金融账户
   C. 资本账户　　D. 误差和遗漏账户
6. 如果相同期限的一国中央政府债券利率高于地方政府债券利率，可能的解释是因为(　　)所致。
   A. 税收差异　　B. 流动性升水　　C. 违约风险　　D. 市场风险
7. 中国双支柱监管框架下宏观审慎政策的主要目标是(　　)。
   A. 防范系统性金融风险　　B. 经济增长
   C. 充分就业　　D. 国际收支平衡
8. 下列不属于国际收支弹性论前提条件的是(　　)。
   A. 进出口商品供给弹性无穷大　　B. 收入价格不变
   C. 贸易收支最初是平衡的　　D. 资本自由流动
9. 以下哪项是做项目评估时不应考虑的增量现金流？(　　)
   A. 机会成本　　B. 沉没成本　　C. 税　　D. 折旧
10. 在进行资本预算时，项目的期末现金流量中不包括(　　)。
    A. 处置残余资产所得　　B. 与处置残余资产相关的所得税
    C. 回收的净营运资本投资　　D. 项目贷款的本金偿还

二、判断题(每小题 1 分，共 15 分)

1. 费雪效应描述了名义利率、实际利率与预期通胀率之间的关系。
2. 由于通常情况下，持有债券的收益总是高于持有现金的收益，因此货币政策操作受到零利率下限的约束。
3. 根据凯恩斯的流动性偏好理论，当预期未来利率上升时，人们会抛售债券持货币。

4. 根据国际收支的吸收论，贸易条件效应属于吸收效应。

5. 在 IMF 的汇率制度分类中，弹性最小的汇率制度是无单独法定货币的汇率制度。

6. 作为外汇储备的一部分，SDR 的性质等同于国际货币，可用于偿付任何国际的债务。

7. 资产证券化将降低银行资本充足率从而影响其积极性。

8. 反映金融资产的现值对利率变化的敏感性的指标是久期。

9. 我国存款保险制度于 2005 年正式实施。

10. 2020 年 10 月，我国发布了《关于建立银行业金融机构房地产贷款集中度管理制度的通知》，此政策工具属于典型的结构性调控工具。

11. 凯恩斯学派认为货币需求函数是稳定的。

12. 侨汇应记入一国国际收支平衡表的初次收入账户。

13. 有效市场的支持者主张采用被动交易策略。

14. 当债务权益比率恰好等于 1 时，利息税盾对公司没有价值。

15. 当投资者可以构造一个有正利润的零投资(不用其自有资金)的资产组合时，就一定存在着一个风险套利机会。

三、名词解释(每题 4 分，共 20 分)

1. 贷款出售
2. 杜邦恒等式
3. 金融衍生工具
4. 企业价值(EV)
5. 自由现金流量假说

四、计算题(每题 10 分，共 20 分)

1. 已知某外汇市场的汇率为：GBP/USD = 1.6635/75，USD/JPY = 102.37/42。

(1) 计算 GBP/USD 与 USD/JPY 的中间价(分别保留小数点后 4 位和后 2 位)。如果当天公布美元兑换人民币的中间价为：USD/CNY = 6.1521，求 GBP/CNY、JPY/CNY。

(2) 如同一外汇市场上同时公布 GBP/JPY = 173.72/80，请问市场上是否存在套利机会？如存在，试以美元为例说明如何操作？每单位美元获利多少？

2. AAA 公司没有债务，但是可以以 5%的利率借款。公司目前的 WACC 是 11%，税率是 30%，请问：

(1) AAA 公司的权益成本是多少？

(2) 如果公司通过借债，使得债务资产比达到 25%，那么权益资本是多少？

(3) 在第(2)题的情形下，该公司的 WACC 是多少？

五、简答题(每题 6 分，共 30 分)

1. 简述绿色金融的特点及种类。

2. 简述货币政策中介目标的选择标准及主要种类。

3. 比较分析浮动汇率制度下且资本完全流动时财政政策与货币政策的效应。

4. 简述有税情况下，当企业的资产负债率发生变化时，企业的权益贝塔如何变化？

5. 什么是斯旺曲线？利用斯旺曲线说明：当存在国际收支逆差和国内经济衰退时，应采取怎样的政策搭配？

六、论述题(每题 15 分，共 45 分)

1. 2021 年 11 月 5 日，中国人民银行副行长陈雨露在第四届中国国际进口博览会上表示，“提高金融监管的专业性和有效性，建好各地防火墙，在开放的同时，坚决守住不发生系统性金融风险的底线。”请根据上述材料回答以下问题：

（1）什么是金融监管？什么是系统性金融风险？

（2）银行谨慎性金融措施有哪些？

2. 2021 年 3 月 27 日，中国国务委员兼外长王毅在德黑兰同伊朗外长扎里夫举行会谈，并共同签署了为期 75 年的中伊全面合作协议，该协议的重要内容之一是中伊之间的石油结算和贸易往来将使用人民币和中国新推出的数字人民币结算，避开美元结算。请根据上述材料，回答以下问题：

（1）如何理解“美元霸权”？美元霸权产生的根本原因是什么？

（2）作为世界上最大的债务国，美国为何能够持续举债？

（3）你认为中国推行人民币国际化的根本原因是什么？“美元霸权”对中国有何影响？试分析产生该影响的原因。

3. 近年来我国上市公司的负债率居高不下，在非上市公司中更为明显。请问企业的负债率是越高越好吗？为什么？哪些因素的导入解释了最优负债率的存在性？

对外经济贸易大学 2022 年金融学综合试题解析

一、单项选择题（每题 2 分，共 20 分）

1. B。央行的数字货币是数字化的人民币，与纸币发挥同样的功能，因此数字货币属于 M_0。

2. B。信用贷款更容易让资金直达实体经济。票据贴现、融资租赁和股票质押贷款等选项金融属性很强，资金需要经历更多的环节才能进入实体经济。

3. D。公开市场操作 7 天期逆回购利率是央行短期政策利率。MLF 利率是央行中期政策利率，与公开市场操作 7 天期逆回购利率共同构成了央行政策利率体系。但是，MLF 不是常规货币政策工具，是一种结构型货币政策工具。

4. B。货币局制对货币局为财政赤字提供融资做了严格的限制。

5. C。债务减免和投资捐赠记录在资本账户；经常转移记录在经常账户。

6. A。影响债券利率风险结构的因素有违约风险、流动性和税收差异。中央政府债券的流动性大于地方政府债券，违约风险也小于地方政府债券，因此其收益率一般是小于地方政府债券的。出现题干中的状况，只有一种可能，就是税收差异。

7. A。双支柱包含货币政策和宏观审慎政策两个支柱，其中货币政策主要是“总量”政策，主要用于调节总需求，侧重于维护物价稳定，平抑经济周期波动；宏观审慎政策主要是“结构性”政策，更多针对加杠杆行为，侧重于防范化解系统性风险、维护金融体系稳定，逆周期调节金融周期。

8. D。国际收支弹性论的条件：(1)进出口商品的供给弹性无限大；(2)利率、国民收入、价格等其他因素都不变，只考虑汇率对贸易收支的影响；(3)没有资本流动，国际收支等于贸易收支；(4)经济处于充分就业状态；(5)汇率变动前贸易收支处于平衡状态。

9. B。沉没成本是指已经付出的成本，或者已经产生了的需偿还的债务。这种成本不会因为今天关于一个项目的取舍而发生变化。因此在计算增量现金流时，应将其去除。

10. D。期末的现金流量除了期间增量现金流外，还有潜在的现金流量，包括：出售或处置的资产；与资产出售或处置有关的税收；营运资本的回收。

二、判断题（每小题 1 分，共 15 分）

1. 正确。

2. 正确。

3. 正确。

4. 错误。根据国际收支的吸收论，贸易条件效应属于收入效应。

5. 正确。

6. 错误。SDR 只能用于国家间的债务偿付。

7. 错误。资产证券化将提高银行资本充足率。

8. 正确。

9. 错误。我国存款保险制度于 2015 年正式实施。

10. 正确。

11. 错误。凯恩斯学派认为货币需求函数是不稳定的，货币主义学派认为货币需求函数是稳定的。

12. 错误。侨汇应记入一国国际收支平衡表的二次收入账户。

13. 正确。

14. 错误。当有债务时，无论权益负债比是多少，利息税盾都会对公司价值产生影响。

15. 正确。

三、名词解释(每题 4 分，共 20 分)

1. 贷款出售业务是债权转让的一种做法，即银行或其他金融机构将其已发放出去的贷款再转售给第三者，重新获得资金来源。贷款出售是近年来西方银行业开展的一种表外业务。通过这种资产调整，银行既可以提高其资产的流动性，逃避“巴赛尔协议”对银行资本金的限制，又可弥补资金缺口，降低资金成本，获取更高的收益。

2. 杜邦恒等式是用于揭示企业获利能力以及权益乘数对净资产收益率的影响，以及各相关指标间的相互影响作用关系的等式。杜邦等式的计算公式为：净资产收益率=销售净利率×资产周转率×权益乘数。杜邦等式中当销售净利率或资产周转率越大，资产净利率越大，而资产净利率越大则净资产收益率越大。企业在资产总额不变的条件下，可以适度开展负债经营以减少所有者权益所占的份额，从而达到提高净资产收益率的目的。

3. 金融衍生工具是指一种根据事先约定的事项进行支付的双边合约，其合约价格取决于或派生于原生金融工具的价格及其变化。金融衍生工具是相对于原生金融工具而言的。这些相关的或原生的金融工具一般指股票、债券、存单、货币等。常见的金融衍生工具有远期、期货、期权和互换。

4. 企业价值是企业预期自由现金流量以其加权平均资本成本为贴现率折现的现值。它与企业的财务决策密切相关，体现了企业资金的时间价值、风险以及持续发展能力。一般而言，企业价值=股权价值+债务价值。

5. 自由现金流假说是关于公司资本结构的代理理论解释。对于处于成熟期的盈利公司来说，企业拥有大量闲置现金但成长机会较少，代理人有滥用现金资源的倾向。使用举债可以通过定期支付利息和还本向代理人施加压力，从而抑制管理层滥用现金的动机。

四、计算题(每题 10 分，共 20 分)

1. (1) GBP/USD 的中间价为(1.6635+1.6675)/2=1.6655

USD/JPY 的中间价为(102.37+102.42)/2=102.40

GBP/CNY=1.6655×6.1521=10.2436

JPY/CNY=6.1521/102.40=0.0601

(2) GBP/JPY 的交叉汇率采用同边相乘可得：GBP/CNY=170.29/79，而市场上公布的 GBP/JPY=173.72/80，明显存在套利机会。先以 1 美元换成英镑可得 1/1.6675=0.5997 英镑，然后将英镑换成日元可得 0.5997×173.72=104.18 日元，最后将日元换成美元可得 104.18/102.42=1.0172 美元，因此每单位美元最终可获利 0.0172 美元。

2. (1) 没有债务时，权益资本成本=无杠杆资本成本=$WACC$=11%。

(2) 当债务比例达到 25%时，根据有税 MM 定理 2，可得：

$$r_S=r_U+\frac{B}{S}(r_U-r_B)(1-T_C)=11\%+\frac{1}{3}\times(11\%-5\%)(1-30\%)=12.4\%$$

(3) 此时该公司的 WACC 为：

$$WACC=\frac{S}{B+S}r_S+\frac{B}{B+S}r_B(1-T_C)=\frac{3}{4}\times 12.4\%+\frac{1}{4}\times 5\%\times(1-30\%)=10.175\%$$

五、简答题(每题 6 分，共 30 分)

1. 绿色金融是指金融部门把环境保护作为一项基本政策，在投融资决策中要考虑潜在的环境影响，把与环境条件相关的潜在的回报、风险和成本都要融合进银行的日常业务中。与传统金融相比，绿色金融最突出的特点就是，它更强调人类社会的生存环境利益，它将对环境保护和对资源的有效利用程度作为计量其活动成效的标准之一，通过自身活动引导各经济主体注重自然生态平衡。它讲求金融活动与环境保护、生态平衡的协调发展，最终实现经济社会的可持续发展。

绿色金融的种类也非常多，包括绿色信贷、绿色债券、绿色投资基金、ESG 投资、绿色保险、绿色证券基金、碳基金、碳资产等，如银行等金融机构加大对绿色行业的融资，政府部门在制定政策时向绿色环保行业提供金融便利等，都属于传统的绿色金融；而绿色保险、绿色证券基金、碳基金、碳资产等，则是较为创新的绿色金融方式。

2. (1) 中央银行选择货币政策中介目标的主要标准是可控性、可测性、相关性。

① 可控性是指银行通过各种货币政策工具的作用，能对货币政策中介指标进行有效的控制和调节，能够较准确地控制中介指标的变动状况和变动趋势。

② 可测性是指中央银行选择的中介指标对货币政策能够作出反应。这些金融变量应明确清晰，央行能够迅速而准确地收集到有关指标的数据资料，并且进行定量分析。

③ 相关性是指中央银行选择的中介指标必须与货币政策的最终目标有密切的联动关系，央行能够通过对中介指标的控制和调节，促使货币政策最终目标的实现。

(2) 中介目标分为操作目标和效果目标：

① 操作目标，是指在货币政策实施过程中，为中央银行提供直接的和连续的反馈信息，借以衡量货币政策的初步影响，也称为近期目标。常见的操作目标是超额准备金和基础货币。

② 效果指标，是指在货币政策实施的后期，为中央银行进一步提供反馈信息，衡量货币政策最终目标的效果，也称为远期目标。常见的效果目标是利率和货币供应量。

3. (1) 浮动汇率制度下的财政政策效果分析

如图 1 所示，假设政府采取扩张性的财政政策，*IS* 曲线右移至 *IS'*。在浮动汇率制度下，货币当局不会为维持汇率而干预市场。这一方面导致货币供应不变，*LM* 曲线不移动；另一方面导致本币随市场要求而升值。本币升值会带来净出口和产出下降，*IS'* 曲线不断左移，利率下降，直到 *IS'* 曲线重新回到原来 *IS* 曲线的位置时，经济内外均衡。在此过程中，财政支出主动的扩张被本币升值带来的净出口下降所抵消了。也就是说，当资本完全流动时，财政政策对实现经济扩张的目标是无效的。

(2) 浮动汇率制度下的货币政策效果分析

如图 2 所示，假设政府采取扩张性的货币政策，*LM* 曲线右移至 *LM'*。在浮动汇率制度下，货币当局不会为维持汇率而干预市场。这一方面导致货币供应不变，*LM'* 曲线不再移动，另一方面导致本币随市场要求而贬值。本币贬值会带来净出口和产出上升，*IS* 曲线不断右移，直到 *IS* 曲线到达 *IS'* 曲线的位置时，经济重新达到内外均衡。在这个过程中，货币供给增加引发的本币贬值进一步增加了商品市场的需求，产出水平比封闭经济下的使用货币政策所能达到的产出水平更高。也就是说，在浮动汇率制下，当资本完全流动时，货币政策对实现经济扩张的目标是有效的。

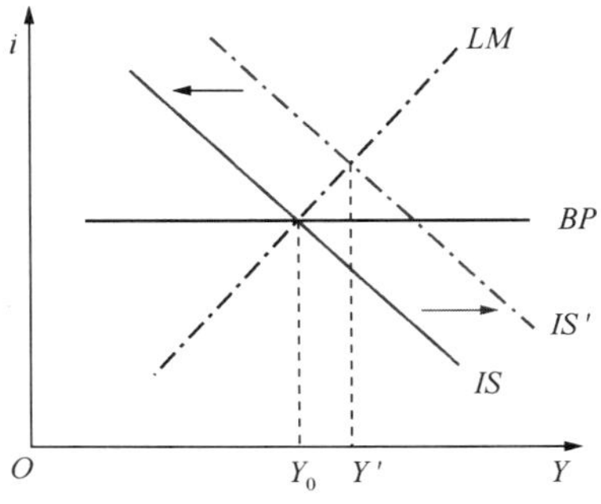

图 1　财政政策效果分析

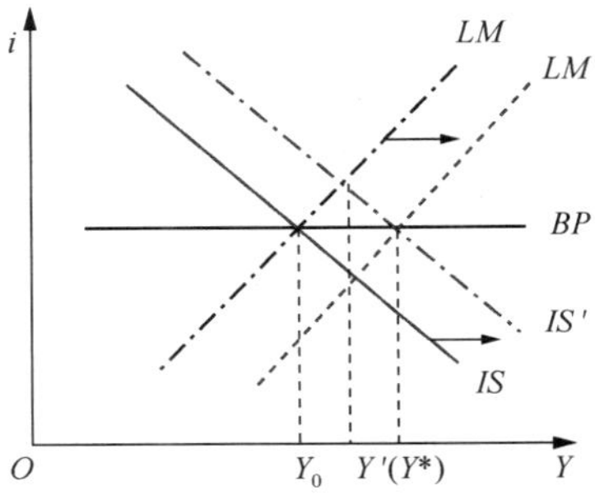

图 2　货币政策效果分析

4. 根据有税 MM 定理 2 可知，权益资本的期望收益率与财务杠杆存在正相关关系，杠杆公司的权益资本成本等于相同风险等级的无杠杆公司的权益资本成本加上风险报酬。

$$r_S = r_U + \frac{B}{S}(1 - T_c)(r_U - r_B)$$

至于 B/S 变化对 β_S 的影响，则取决于 r_U 和 r_B 的关系。

① 当 $r_U > r_B$ 时，B/S 的提高会增加权益资本成本，也就是说会放大企业的财务风险，提升企业的权益贝塔。

② 当 $r_U = r_B$ 时，B/S 的提高不会影响企业的权益资本成本，也就是说对权益贝塔没有影响。

③ 当 $r_U < r_B$ 时，B/S 的提高会降低权益资本成本，也就是说会减少企业的财务风险，降低企业的权益贝塔。

5. 如图 3 所示，斯旺曲线坐标系，横轴是一国居民的总支出，代表支出增减政策；纵轴是实际汇率，代表支出转换政策（汇率政策）。EB 曲线代表外部平衡，向右上倾斜。IB 曲线代表内部均衡，向右下倾斜。斯旺曲线采用支出转换政策和支出增减政策搭配来解决内外均衡的冲突问题。政府的支出增减型政策（譬如财政政策）可以直接改变国内支出总水平，主要用来解决内部均衡问题。政府的支出转换型政策（譬如实际汇率水平的调节）可以改变对本国产品和进口产品的相对需求，主要用来解决外部平衡问题。

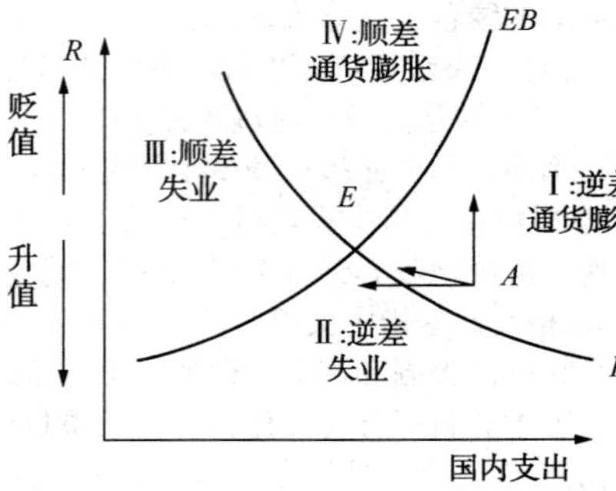

图 3　斯旺曲线

当出现国际收支逆差和国内经济衰退时，应当一方面增加国内支出，一方面促进本币贬值，从而使进口减少，并使国内支出中由国内供给满足的部分进一步增加，从而增加国际收支顺差和国内收入水平。

六、论述题（每题 15 分，共 45 分）

1.（1）金融监管是政府通过特定的机构，如中央银行、证券交易委员会等对金融交易行为主体所做的某种限制或规定。金融监管是金融监督和金融管理的总称。金融监督指金融主管当局对金融机构实施的全面性、经常性的检查和督促，并以此促进金融机构依法稳健地经营和发展。金融管理指金融主管当局依法对金融机构及其经营活动实施的领导、组织、协调和控制等一系列的活动。

系统性金融风险是指危及整个金融体系和实体经济体系的金融风险。所谓“守住不发生系统性金融风险底线的目标”实际上是指严防累积的潜在系统性金融风险转化为现实的系统性金融风险，即演变为金融危机。

（2）银行谨慎性监管措施有：

① 市场准入监管。它是指对金融机构进入市场有关环节的监管，主要考虑必要性和可能性。必要性是考察新设金融机构是否适合宏观经济发展的需要，是否符合金融业发展的政策和方向，是否符合地域分布合理化的要求。可能性是考察新设金融机构资本金、经营场所、业务范围、高级管理人员等是否符合必要的条件。

② 业务运作过程中的监管。主要包括资本充足性监管、资产的流动性监管、业务范围和经营活动的监管、贷款风险控制、准备金监管、外汇风险管理。

③ 市场退出监管。它是指监管当局对经营管理存在严重问题或业务活动出现重大困难的金融机构采取的救助性或惩罚性强制措施。市场退出监管的目的在于防止由于个别金融机构的问题危及整个金融体系的安全稳定。

2.（1）美元霸权其实指的是美元在事实上成为世界通用货币后，在执行其世界货币职能的过程中，利用其霸权地位，给美国带来了很多利益，并在一定程度上对其他国家，尤其是小国进行了剥削，变相用“美元霸权税”让其他国家承担了本不应承担的美国经济、社会运行成本。

美元霸权的形成，要求美元在国际贸易结算中占垄断地位，在各国外汇储备中占垄断地位，在外汇交易市场中占垄断地位，并拥有全球货币的锚作用。以上几条缺一不可。可见，美国强大的经济实力始终是维护其霸权地位的最基本的决定因素，也正是美元霸权形成的最根本原因。

（2）这种情况是由以下几个因素产生的：

① 美元在全球货币体系中拥有特殊地位。在世界货币体系中，美元是享有特权的货币，是各国主要的储备资产，美国政府可以通过直接印刷美钞来弥补国际收支逆差，而不用像其他国家那样通过扩大生产和出口获得美元。可见，美国政府可以从美元发行中获得巨额的铸币税。

② 美国成为世界上最大的债务国，是其经常账户长期逆差的必然后果，外国中央银行用美元储备购买美国的国库券，是外资流入美国的主要途径之一，使得美国在经常项目逆差的同时存在着资本和金融账户的巨额顺差。

③ 美国的巨额经常项目逆差之所以没有引起人们的悲观情绪，在于人们对美国的经济增长一直持有良好的预期。这种预期认为，由于美国掌握着世界上最先进的生产技术，在美国投资的预期收益率要高于在世界其他地区的投资收益，因此会有资本源源不断地输入美国，以弥补巨额的经常项目赤字，从而使美国可以长期保持巨额的经常项目逆差。

（3）人民币国际化的根本原因是打破美元的霸权地位。美元霸权对我国的不利影响是显而易见的。美国通过过于庞大的财政赤字和经常项目赤字向全球输出美元，其所固有的削弱美元价值倾向将使布雷顿森林体系下的“特里芬难题”（即作为国际货币要求的货币坚挺与作为世界主要储备货币要求的国际收支逆差之间的矛盾）重新上演，一旦美国的“双赤字”超越市场忍受与认同的极限而损及美元的国家信用，维系美国资产市场繁荣的资金链就会断裂，对美元资产的逃离可能引发美元破裂性贬值，从而导致美国经济与世界经济的“一损俱损”。危险性叠加上美元霸权的剥削性，客观上要求我国在经贸体量跻身世界顶级水平中加快推进人民币国际化进程，尽快摆脱美元霸权的桎梏。

3.（1）根据有税 MM 定理可以知道，由于利息税盾的节税效应，采用杠杆融资可以增加企业价值，即杠杆公司的价值=无杠杆公司的价值+利息税盾。以此推论，对每一个追求企业及股东价值最大化的公司，其最优的资本结构自然是 100%的负债。但是，现实情况却并非如此，没有一个公司采用 100%负债的资本结构。

（2）理论和现实的悖反使人们对 MM 定理的正确性产生了怀疑，后来有学者将现实中的破产成本和代理成本纳入公司资本决策的考虑范畴中，不断放松假设，修正和完善了 MM 定理。

① 权衡理论。权衡理论放松了 MM 定理无破产成本的假设。权衡理论形成于 20 世纪 70 年代，其主要观点是公司的最优资本结构应在税盾效应和破产成本之间进行权衡。权衡理论认为，随着公司债权比例的提高，公司的风险也会上升，因而公司陷入财务危机甚至破产的可能性也就越大，由此会增加公司的额外成本，降低公司的价值。因此，公司最佳的资本结构是对税盾效应和破产概率增加所导致的各种相关成本上升进行均衡的结果。根据权衡理论可得：$V_L=V_U+PV$（利息税盾）$-PV$（财务困境成本）。很明显，当且仅当 PV（利息税盾）$=PV$（财务困境成本）时公司价值最大，此时的资本结构即为最优资本结构。

② 代理成本理论。代理成本理论认为，债务资本和权益资本都存在代理问题，资本结构由各方利息冲突引发的代理成本决定。这意味着最优资本结构可以用代理成本进行解释，而非仅仅是税盾效应和破产成本。代理成本理论通过分析指出，公司债务的违约风险是财务杠杆系数的增函数；随着公司债务资本的增加，债权人的监督成本随之上升，债权人会要求更高的利率。这种代理成本最终要由股东承担，公司资本结构中债权比率过高会导致股东价值的减低。同时，债务资本也可以产生代理收益，能够改善对管理者的激励，促使他们更积极、更有效地经营公司。考虑债务的代理成本和收益后的公司价值为：$V_L=V_U+PV$（利息税盾）$-PV$（财务困境成本）$-PV$（债务的代理成本）$+PV$（债务的代理收益）。很明显，当且仅当 PV（利息税盾）$=PV$（财务困境成本）$+PV$（债务的代理成本）$-PV$（债务的代理收益）时公司价值最大，此时的资本结构为最优资本结构。

（3）近年来我国上市公司的负债率居高不下，显然不符合最优资本结构理论。市场环境灵活多变，过高的负债比率会使上市公司的短期偿债压力倍增，资金周转难度加大，经营风险增强，不利于公司的长期可持续经营。

复旦大学 2022 年金融学综合试题

一、单项选择题(每题 4 分，共 40 分)

1. 下列说法不正确的是(　　)。

A. 某居民全款向房地产商购买住房，会导致 M_1 增加，M_2 不变

B. 中国人民银行负债科目“货币发行”规模始终大于流通中的现金 M_0

C. 当货币的价值储藏功能消失时，货币的支付媒介功能也就不存在了

D. 中央银行向 X 大学财政拨款 10 亿元，X 大学的该笔存款记在央行的“政府存款”科目

2. 在其他条件不变的情况下，美联储卖出国债回收流动性，资产负债表规模收缩，而中国人民银行卖出(发行)央行票据回收流动性，资产负债表规模(　　)。

A. 收缩　　B. 扩张　　C. 不变　　D. 不能确定

3. 关于资本外逃的说法，不正确的是(　　)。

A. 资本外逃可以通过贸易中“高报进口，低报出口”来进行

B. 本国政治前景的不确定会加剧资本外逃

C. 国际收支平衡表中的错误和遗漏账户余额，能够反映一部分资本外逃情况

D. 本币币值被人为低估可能会引发资本外逃

4. 股票期权的货币时间价值在到期日之前总是(　　)。

A. 为正　　B. 为负　　C. 为零　　D. 股票价格减去执行价格

5. 按照 CAPM 模型，假定市场预期收益率为 15%，无风险收益率为 8%，ABC 证券的预期收益率为 17%，ABC 的贝塔值为 1.25，则以下哪种说法正确？(　　)

A. ABC 被高估　　B. ABC 是公平定价

C. ABC 的阿尔法值是-0.25%　　D. ABC 的阿尔法值是 0.25%

6. 与 CAPM 模型相比，套利定价理论(　　)。

A. 要求市场均衡

B. 使用以微观变量为基础的风险溢价

C. 指明数量并确定哪些能够决定期望收益率的特定因素

D. 不要求关于市场资产组合的限制性假定

7. 关于资本市场线表述不正确的是(　　)。

A. 资本市场线反映有效组合的期望收益率和风险之间的均衡关系

B. 资本市场线说明有效组合的期望收益率由对延迟消费的补偿和对承担风险的补偿两部分构成

C. 由资本市场线所反映的关系可以看出，在均衡状态下市场对有效组合的风险(标准差)提供补偿

D. 资本市场线给出任意证券或组合的风险收益均衡关系

8. 短期银行借款是一种常用的协议融资方式，它包括抵押和非抵押短期银行借款。严格来说，以下哪一种属于非抵押短期银行借款？(　　)

A. 信托收据　　B. 应收账款让售

C. 应收账款抵押　　　　　　　　　D. 一揽子留置权

9. 当企业债务成本过高时，不能调整其资本结构的方式是(　　)。

A. 以公积金转增资本

B. 将可转债转换成普通股股票

C. 利用留存收益还债

D. 提高偿还长期债务，筹集相应的权益资金

10. C 公司向银行借款 900 万元，年利率为 7%，期限为 1 年，到期还本付息，银行要求按借款余额的 20%保持补偿性余额(银行按 2%付息)，该借款的年化成本为(　　)。

A. 6.60%　　　B. 7.00%　　　C. 8.25%　　　D. 10.10%

二、简答题(每题 10 分，共 30 分)

1. 请比较中央银行提高法定准备金率和发行央票对基础货币和货币乘数的影响。

2. 什么是三角套汇？我国中央银行能否同时控制人民币兑美元汇率和人民币兑欧元汇率，为什么？我国中央银行能否同时控制人民币兑美元汇率和人民币有效汇率？

3. 简述前景理论(Prospect Theory)的基本内容及其与传统期望效用理论的区别。

三、计算题(每题 20 分，共 60 分)

1. 考虑标准普尔 500 指期合约，6 个月后到期。利率为每 6 个月 3%，红利在未来 6 个月后，价值预期为 10 美元。指数现行水平为 950 点，假定可以卖空标准普尔指数。

(1) 假定市场的期望收益率为每 6 个月 6%，6 个月后预期的指数水平是多少？

(2) 理论上标准普尔 500 六个月期货合约的无套利定价是多少？

(3) 假定期货价格为 948 点，是否有套利机会？如果有，怎样套利？

2. 甲公司积极开发新产品，准备尽快投放市场。为了对该项目进行估值，并进行投资评价，需要估计该项目的资本成本。相关资料如下：

(1) 该项目拟按照资本结构(负债/权益)20/80 的比例进行筹资，税前债务资本成本预计为 9%。

(2) 目前市场上 10 年期国债的面值为 100 元，票面利率为 6%，每年付息一次，到期一次归还本金，到期收益率为 5%。

(3) 公司所在行业的标杆企业是乙公司和丙公司，乙公司的资本结构(负债/权益)为 30/70，股东权益的贝塔系数为 1.2，丙公司的资本结构(负债/权益)为 40/60，股东权益的贝塔系数为 1.25。市场组合的期望收益率是 8%。

(4) 甲、乙、丙三个公司适用的企业所得税税率均为 25%。

请回答如下问题：

(1) 计算无风险收益率。

(2) 适用比照公司法计算行业标杆企业的平均资产贝塔、该项目的权益贝塔与权益资本成本。

(3) 计算该项目的加权平均资本成本。

3. 某公司拟投资一新项目，该项目能够推出一种新产品，相关资料如下：

(1) 初始投资为 100 万元。

(2) 该项目预计每年产生 11 万元的现金净流量(设永续现金流量)。

(3) 该产品市场不确定性大，因此，永续年现金净流量有 13 万元和 7 万元两种情况。

(4) 设无风险年利率为 6%，期望收益率为 12%。

要求：

(1) 计算不考虑期权的项目净现值。

(2) 若1年后实施该项目(即延迟执行该项目)，请计算延迟期权价值。

四、分析论述题(1题，共20分)

什么是流动性陷阱和投资陷阱？分别讨论流动性陷阱和投资陷阱条件下货币政策和财政政策的有效性。进一步讨论在金融危机期间各国经济下滑的背景下，采取什么样的政策更有效？

复旦大学2022年金融学综合试题解析

一、单项选择题(每题4分，共40分)

1. C。居民全款买房，可以理解为流通中的现金转化为企业活期存款。(也可以理解为居民储蓄存款转化为活期存款，这样 M_1 增加，M_2 也不变)，选项A正确。央行货币发行=流通中的现金+商业银行库存现金，选项B正确。在金属货币时代，支付手段是以储藏手段为前提的。但是，在信用货币时代，纸币不具备典型意义上的储藏手段，但是支付手段还是存在的，选项C错误。财政拨款属于央行的代理国库职能，财政部的存款集中在政府存款科目，选项D正确。

2. C。国债的发行主体是财政部，美联储卖出国债回收流动性，会造成央行资产负债表两端同步收缩。央票的发行主体是中央银行，发行央票则是在保持央行资产总额不变的情况下，通过对负债结构调整来回收流动性，具体表现为央票规模提升，准备金下降。

3. D。本币币值被人为高估才会引发资本外逃，选项D错误。

4. A。期权时间价值指期权合约的购买者为购买期权而支付的权利金超过期权内在价值的那部分价值。到期期限越长，则时间价值越大；到期期限越短，则时间价值越小。

5. D。用CAPM算出理论收益率(必要收益率)，即 $r_S = 8\% + 1.25 \times (15\% - 8\%) = 16.75\%$，则超额收益率 $= 17\% - 16.75\% = 0.25\%$。

6. D。CAPM只是APT的一个特例。APT可以由多个因素来解释收益率变化，市场也只是其中的一个可能因素。

7. D。资本市场线是指表明有效组合的期望收益率和标准差之间的一种简单的线性关系的一条射线。

8. B。应收账款代理，又称应收账款让售，是指公司将应收账款出售给商业银行等金融机构(代理商)获得资金的一种融资方式。

9. A。以公积金转增资本是所有者权益内的此增彼减，不会使债务比重下降。

10. C。利息支出 $= 900 \times 7\% = 63$ 万元，利息收入 $= 900 \times 20\% \times 2\% = 3.6$ 万元，实际可使用的资金 $= 900 \times (1 - 20\%) = 720$ 万元，有效年利率 $= (63 - 3.6) / 720 \times 100\% = 8.25\%$。

二、简答题(每题10分，共30分)

1. 中央银行提高法定准备金率和公开市场业务都会同时影响基础货币和货币乘数，但这两种工具对基础货币和货币乘数变动方向的影响不尽相同。

(1) 从准备金工具来看，如果商业银行存在超额准备金，央行提高法定准备金率，超额准备金会转化成法定准备金，即超额准备金率同等比例下降，则提高法定准备金率对基础货币和货币乘数没有影响，进而对货币供应量没有影响。如果商业银行没有超额准备金，则提高法定准备金率，商业银行必须收缩信贷，上缴法定准备金，基础货币会增加，而不是下降，但是此时货币乘数会下降，因为法定准备金率上升，货币扩张能力下降，货币乘数下降。以上是理论层面的分析，实际上，商业银行在存在超额准备金的条件下，央行提高法定准备金率，为了满足自身的流动性，超额准备金率可能不会同比例下降，而且下降的幅度可能要小于法定准备金率上升的幅度，因此货币乘数可能也会下降。

(2) 如果央行发行票据回笼货币，则对基础货币的影响是直接的。央票发行将会导致基础货币下降或基础货币增速变缓，但是对货币乘数的影响就不一样了。如商业银行用超额准备金购买央票，则超额准备金率下降，基础货币下降的同时，货币乘数会上升。如果商业银行没有超额准备金，则必须收紧信贷资金以购买央票，存贷款减少，法定准备金下降，基础货币减少，货币乘数也是下降的。

（3）因此从两种工具对基础货币和货币乘数的影响机制来看，提高法定准备金率要么不影响基础货币和货币乘数，要么增加基础货币，降低货币乘数；而公开市场业务减少基础货币，增加或减少货币乘数，视不同的情况而定。根据货币供应量公式，如果货币乘数和基础货币同时变动，则对货币供应量变动的影响取决于二者的相对变化，对货币供应量影响是这两种效应的叠加。如果基础货币和货币乘数同时增加（或减少），则货币供应量加速增加（或减少）；如果基础货币增加（或减少），货币乘数下降（或增加），则货币供应量变动取决于基础货币和货币乘数相对变动大小。

2.（1）三角套汇又称间接套汇，是指套汇者利用三个不同外汇市场中三种不同货币之间交叉汇率的差异，在同一时点在这三个外汇市场上贱买贵卖，从中赚取汇率差额的一种套汇交易。

（2）我国中央银行不能同时控制人民币兑美元汇率和人民币兑欧元汇率。根据多点套汇原理，假定 0 表示人民币、1 表示美元，2 到 n 表示其他 $n-1$ 种非美元货币，其中S_1^0表示 1 单位人民币等于S_1^0美元，X_2^1表示 1 单位美元等于X_2^1第 2 种货币，以此类推，S_0^n表示 1 单位第 n 种货币等于S_0^n单位人民币，只有当满足：$S_1^0 X_2^1 X_3^2 \times \cdots X_{i+1}^i \times \cdots \times X_n^{n-1} S_0^n = 1$ 时（$0 \leqslant i \leqslant n$），投资者才不能够获得汇差。从多点套汇的公式可以看出，$X_2^1 X_3^2 \times \cdots X_{i+1}^i \times \cdots \times X_n^{n-1}$是非人民币货币之间的汇率，它是由国际金融市场来决定的，我国央行是不能控制的。因此在S_1^0、S_0^n之间，央行只能控制其中之一。以上是多点套汇的情况，如果以三角套汇为例，假定 2 是欧元，S_1^0表示美元和人民币之间的汇率为S_1^0美元/元，欧元和美元之间的汇率可以表示为X_2^1欧元/美元，人民币和欧元之间的汇率为S_2^0元/欧元，只有当满足：$S_1^0 X_2^1 S_0^2 = 1$ 时，投机者才不能获得汇差。美元和欧元之间的汇率X_2^1是由国际金融市场来决定的，S_1^0、S_0^2之间央行只能控制其中之一。一旦央行确定了人民币对美元的汇率，则人民币对非美元货币的变动和美元对非美元货币汇率变动趋势一致。

（3）我国中央银行可以同时控制人民币兑美元汇率和人民币有效汇率。人民币有效汇率是人民币对美元汇率和人民币对非美元货币汇率的加权平均，而人民币对非美元货币是由人民币对美元汇率和美元对非美元货币汇率套算出来的，因此，人民币有效汇率也主要是由人民币对美元汇率和美元对非美元货币汇率加权平均得到的，因此从美元有效汇率的变化和人民币对美元汇率的变动就能够基本判断人民币有效汇率的变化。

3.（1）前景理论是一种研究人们在不确定的条件下如何做出决策的理论，主要针对解释的是传统理论中的理性选择和现实情况相背离的现象，它是由卡尼曼和特维尔斯基共同在 1979 年提出来的，并在其后得到了不断的补充和修正。其主要理念一方面一定程度上继承了传统金融理论关于人类具有根据成本收益采取效用最大化的倾向，另一方面又提出，由于有限理性、有限自制力和有限自利的存在，人们不完全像主流理论所假设的那样，在每一种情境下都清楚地计算得失和风险概率，人们的选择往往受到个人偏好、社会规范、观念习惯的影响，因而未来的决策存在着不确定性。

（2）前景理论将违反传统理论的部分用以下三个效应进行说明。

① 确定效应。这是指相对不确定的结果而言，投资者对确定性结果表现出高度重视，这表明在特定情况下，投资者的效用函数会低估一些只是可能性的结果而高估确定性的结果，它直接导致面临条件相当的盈利前景时则更倾向于接受确定性的盈利。

② 反射效应。这表示投资者对利得和损失的偏好相反现象，即面对损失时存在风险偏好的倾向，而对于利得则有风险规避的倾向。

③ 分离效应。人们在分析评价不同的“待选择前景时”，经常暂时剔除各种前景中的相同因子，但在通常情况下一组前景预期可用多种方法分解成共同和不同的因子，这种分解方式的多样性会导致人们偏好和选择的不一致性。

为了解释这三种效应，他们提出了前景理论作为预期效用理论的替代理论。这是因为大多数的投资者并非是标准金融投资者，而是行为投资者，他们的行为并不总是理性的，他们的效用不是单纯财富的函数，他们也并不是规避风险的。在预期效用理论中，决策是基于财富总量和相应的概率；而在前景理论中，决策是基于价值函数和决策权重，即：

$$V = \sum \pi(p_i) \cdot v(x_i)$$

式中，决策权重函数 $\pi(p_i)$ 是概率的函数，是主观概率。

三、计算题(每题 20 分，共 60 分)

1. (1)标准普尔 500 指数期货合约的最小变动价位是 0. 05 个指数点，每个指数点的价值为 500 美元，最小变动价位是 25 美元。

$$\text{根据期货-现货平价关系 } F = S_0(1+r_f-d) = S_0(1+r_f)-D = 950\times(1+6\%)-10 = 997 \text{ 美元}$$

(2) $F=950\times(1+3\%)-10=968.5$ 美元

(3) 期货价格太低，应买入期货，卖空指数，将卖空收入投资于国库券。

	现在的 CF	6 个月后 CF
买入期货	0	$S-948$
卖空指数	950	$-S-10$
买入国库券	-950	968. 5+10
合计	0	20. 50

套利利润等于合约错误定价的差。

【科兴提示】本题源于博迪《投资学》的课后习题。

2. (1)近似把 10 年期国债到期收益率看成无风险利率，即无风险利率为 5%。

(2) 根据杠杆加载和卸载公式可得：

乙公司的资产贝塔为：

$$\beta_U = \frac{\beta_S}{1+\frac{B}{S}\times(1-T_C)} = \frac{1.2}{1+\frac{30}{70}\times(1-25\%)} \approx 0.91$$

丙公司的资产贝塔为：

$$\beta_U = \frac{\beta_S}{1+\frac{B}{S}\times(1-T_C)} = \frac{1.25}{1+\frac{40}{60}\times(1-25\%)} \approx 0.83$$

行业平均资产贝塔为：(0. 91+0. 83)/2=0. 87。

可以采用行业平均资产贝塔作为新项目的资产贝塔，则新项目的权益贝塔：

$$\beta_S = \beta_U\left[1+\frac{B}{S}\times(1-T_C)\right] = 0.87\times\left[1+\frac{20}{80}\times(1-25\%)\right] \approx 1.03$$

根据 CAPM 可以计算出新项目的权益资本成本：

$$r_s = 5\%+1.03\times(8\%-5\%) \approx 8.09\%$$

(3) 则该项目的加权平均资本成本：

$$r_{WACC} = \frac{S}{B+S}r_S+\frac{B}{B+S}r_B(1-T_C) = 0.8\times8.09\%+0.2\times9\%\times0.75 = 7.82\%$$

3. (1)不考虑期权时，每年可产生 11 万元的永续现金流，则：

$$NPV = C_0+\frac{FCFF}{r} = -100+\frac{11}{12\%} = -8.33 \text{ 万元}$$

(2) 若一年后实施该项目则可能产生两种情况：

好的情况下，项目永续年现金流量为 13 万元，则项目的净现值为：

$$NPV=C_0+\frac{FCFF}{r}=-100+\frac{13}{12\%}=8.3\text{ 万元}$$

坏的情况下，项目永续年现金流量为 7 万元，则项目的净现值为：

$$NPV=C_0+\frac{FCFF}{r}=-100+\frac{7}{12\%}=-41.7\text{ 万元}$$

这里运用计算量较小的风险中性法来计算上行概率和下行概率，假设上行概率为 p，则：上行概率×上行收益率+下行概率×下行收益率=无风险利率。根据题意可知上行收益率=(108.3+13-100)/100=21.3%，下行收益率=(58.3+7-100)/100=-34.7%。代入上面的公式可得：

$$p\times 21.3\%+(1-p)\times(-34.7\%)=6\%\Rightarrow p=0.727$$

则延迟期权的价值为：

$$c=\frac{0.727\times 8.3+(1-0.727)\times 0}{1+6\%}=5.7\text{ 万元}$$

四、分析论述题(1 题，共 20 分)

(1) 流动性陷阱是指当一定时期的利率水平降低到不能再低时，货币需求弹性就会变得无限大，即无论增加多少货币，都会被人们储存起来。

投资陷阱是指当企业家对未来的预期变得不确定时，或对未来的预期非常悲观时，无论利率怎样下降都不会增加投资，即投资对利率完全没有弹性。

(2) 从货币市场的角度来看，由于流动性陷阱的存在，许多金融机构持有大量的不良资产，尽管央行降低利率，提供大量流动性，但是在经济形势不明朗的情况下，这些金融机构不愿意贷款或购买金融资产，以防资产负债进一步恶化。另外，目前投资者对市场丧失信心，他会从银行提出存款、卖出股票和债券等，纷纷将自己各种金融资产变现，导致整个市场的流动性短缺。在存在“流动性陷阱”的情况下，扩张性的货币政策是无效的，因为金融机构或投资者都把钱放在口袋里，而不去贷款或购买金融资产向别人融通资金。

从实体经济的角度来看，存在投资陷阱问题。从次贷危机的情况来看，资产市场价格下降，实物资产和金融财富缩水，居民消费和投资的信心受挫，同时次贷危机导致人们对未来收入产生悲观预期，总需求的下降也使得出口企业对前景更加担忧。因此即使央行降低利率或采取其他扩张性的货币政策，由于投资信心缺乏，投资者也不愿意投资，出现了“投资陷阱”现象。此时，扩张性的货币政策不可能起到刺激经济的作用，央行刺激经济的措施不可能被实体经济吸收，货币政策无法向实体经济传导。

(3) 在存在流动性陷阱和投资陷阱的情况下，最有效的政策是财政政策，政府通过扩大政府支出和减税来刺激经济，即政府直接参与投资或消费。另外，在“流动性陷阱”和“投资陷阱”的情况下，向市场注资的货币政策尽管难以发挥作用，但并不是说它绝对无效。由于次贷危机加剧，总需求下降，国际大宗商品的价格水平也在下降，但随着价格水平的下降，投资者和消费者实际财富和实际货币余额会增加，人们会感觉自己的财富增加了，因此，消费和投资信心会有所恢复，但这可能需要一段较长的调整时间。

【科兴点评】2022 年复旦大学 431 命题有了新的变化，宏观金融部分更多考查教材知识点的理解和运用，简答题和论述题的命题题源均为经济学院陆前进老师发表的文章，很有难度。微观金融部分由于投资学大纲发生了变化，明显加大了对金融衍生品的考查，这部分内容考生应结合博迪《投资学》或赫尔《期权、期货及其他衍生品》进行深入学习。

广东外语外贸大学2022年金融学综合试题

一、名词解释(每题5分，共30分)

1. 流动性陷阱
2. 隐含收益率
3. 货币乘数
4. 逐日盯市制度
5. 债券到期收益率
6. 公开市场业务

二、简答题(每题10分，共40分)

1. 简述保持国际收支平衡的意义。
2. 利率期限结构是什么？请用相关的理论来解释收益率曲线的特征。
3. 简述投资绩效评估的主要指标。
4. 分别简述价值投资策略和成长投资策略特点。

三、计算题(每题15分，共30分)

1. 某银行资产持续期为5年，负债平均持续期为6年，总资产为200亿元，总负债为180亿元，假设初始利率为6%。

（1）假设利率从6%上升到8%，即利率上升了2%。问：该银行净值有何变动？若利率从6%降到4%，净值又有何变化？

（2）求银行资产和负债的久期缺口。久期缺口和银行净值有怎样的关系？

2. 某投资者预期在一年内购买股票，股票现价10元，欧式看跌期权价格1元，其执行价格8元。未来股价变动有两种情况：60%的概率上涨为15元，40%的概率下跌为5元。试计算：

（1）股票一年后的收益率和方差。

（2）期权一年后的收益率和方差。

（3）两者的协方差。

（4）如何配置以使股票期权的方差最少。

四、论述题(每题25分，共50分)

1. 国际货币是什么？当前国际货币体系是指什么？我国加快人民币国际化对于我国经济发展有什么影响？对世界货币体系有什么作用？

2. 论述我国多元化股票市场的结构，我国多元化股票市场的功能和作用。

广东外语外贸大学2022年金融学综合试题解析

一、名词解释(每题5分，共30分)

1. 流动性陷阱是凯恩斯提出的一种假说，指当一定时期的利率水平降低到不能再低时，货币需求弹性就会变得无限大，即无论增加多少货币，都会被人们储存起来。发生流动性陷阱时，再宽松的货币政策也无法改变市场利率，使得货币政策失效。国民手中的钱袋就像是一个能够吸收任何物质的“黑洞”一样，把国家分配给国民的所有货币都无情地吞噬掉了，由此产生了一个货币需求无限大的“流动性陷阱”。

2. 隐含收益率即内部收益率，是指投资收益现值与其初始投资额相等时的收益率，即净现值为零时的折现率。如果证券的贴现率小于隐含收益率，意味着该证券的净现值大于零，即该证券被低估；反之，当贴现率大于隐含收益率时，该股票的净现值小于零，说明该证券被高估。

3. 货币乘数是指货币供给量对基础货币的倍数关系，简单地说，货币乘数是一单位准备金所产生的货币量。货币乘数的大小决定了货币供给扩张能力的大小。狭义货币乘数公式如下：

$$m=\frac{1+k}{r_d+e+k+t \cdot r_t}$$

其中，k 为现金漏损率，r_d 和 r_t 为法定存款准备金率，e 为超额存款准备金率，t 为定期存款和活期存款比率。

4. 逐日盯市制度是指在每个交易日结束之后，交易所结算部门先计算出当日各期货合约结算价格，核算出每个会员每笔交易的盈亏数额，以此调整会员的保证金账户，将盈利记入账户的贷方，将亏损记入账户的借方。若保证金账户上贷方金额低于保证金要求，交易所通知该会员在限期内缴纳追加保证金以达到初始保证金水平，否则不能参加下一交易日的交易。

5. 到期收益率(YTM)是指使债券未来现金流量的现值等于债券当前市场价格的贴现率。它相当于投资者按照当前市场价格购买并且一直持有到满期时可以获得的年平均收益率，其中隐含了每期的投资收入现金流均可以按照到期收益率进行再投资。到期收益率的公式是 $P_0 = \sum_{t=1}^{n} \frac{CF_t}{(1+y)^t}$，其中，$P_0$ 表示金融工具的当前市价，CF_t 表示在第 t 期的现金流，n 表示到期期数，y 表示到期收益率。

6. 公开市场业务是指中央银行在公开市场上买进卖出有价证券(主要是政府债券)借以调控货币供应量的一种政策手段，是中央银行的三大传统法宝之一。当经济出现泡沫时，中央银行就在公开市场上出售债券，回笼资金；反之，当经济萧条时，中央银行就在公开市场上买进债券，投放货币。作为一种优良的政策工具，公开市场业务是中央银行最经常使用的政策工具。

二、简答题(每题 10 分，共 40 分)

1. 国际收支平衡的意义有：

(1) 国际收支总体平衡与否，反映了一个国家宏观经济总体情况。总体顺差或逆差，反映的是经常项目和资本项目之比例失调。无论是经常项目差额过大，还是资本项目差额过大，都会对外汇储备的增速产生影响，从而影响一国经济的内部均衡。

(2) 国际收支总体失衡，不论是总体逆差还是总体顺差，都有可能引起国内货币供应量的变化。若顺差，意味着外汇进来多，可能迫使货币扩大供应；若逆差，意味着外汇支出过多，国内外汇供给相应下降，外汇可能升值，要使本币币值稳定，就必须考虑减少供给。以上仅仅是多种情况中的两种可能，但已表明，国际收支差额影响货币供应量变化，进而对国内经济稳定性产生影响。

(3) 国际收支失衡，在浮动汇率制度下，对汇率直接产生影响。总体顺差，外汇供给量增大，本币相应汇价升值；总体逆差，外汇供给量减少，本币汇价相应贬值。进一步对国内经济的影响，则可从汇率变动的影响而得知。

(4) 总体失衡的原因还在于具体项目的失衡，表明某些具体经济领域中还需要改革或改善工作。比如经常项目逆差过大，表明出口努力受挫，创汇能力下降；资本项目逆差过大，表明吸引外资不足，国内资本外流过多，可能是国内投资环境有很大不足；等等。

2. (1)利率的期限结构，是指具有相同违约风险、流动性、税收待遇的债券，其利率随到期期限不同所形成的到期期限与到期收益率或利率之间的关系。或者说，在一个时点上，因期限差异而产生的不同的利率组合。表示到期期限与利率关系的曲线称为收益曲线。在一定时期内，收益曲线可能呈向上倾斜、向下倾斜和水平状三种情况。但典型的收益曲线通常是向上倾斜的。

(2) 目前，主要有三种理论解释利率的期限结构，它们是预期理论、分割市场理论和流动性溢价理论。其中流动性溢价理论是被最广泛接受的利率期限结构理论。流动性溢价理论假设，投资者更喜欢流动性强的债券。要想让投资者持有流动性较差的债券，就需要支付一个流动性升水，以补偿其承受的流动性不足可能给他带来的不便。所以，债券的长期利率应该在该债券到期前的短期的预期平均值基础上，再加上补偿给债权人的流动性升水。

流动性溢价理论可以解释收益率曲线的三个特点：

① 随着时间的推移，到期期限不同的债券的利率有同向运动的趋势。短期利率上升意味着未来短期利率的平均值更高，因此长期利率将随着短期利率的上升而上升。

② 如果短期利率较低，收益率曲线倾向于向上倾斜；如果短期利率较高，收益率曲线通常是翻转的。一般来说，当短期利率较低时，人们通常预期未来短期利率将上升到其正常水平，未来短期利率预期的平均值高于当前的短期利率。此外加入正的流动性溢价，长期利率会大大高于当前的短期利率，收益率曲线呈现陡峭的向上倾斜的形状。相反，如果短期利率较高，投资者通常预期短期利率未来将回落。由于未来短期利率的平均值会远远低于当前的短期利率，虽然存在正的流动性溢价，但长期利率仍然会低于短期利率，收益率曲线向下倾斜。

③ 一般来讲，收益率曲线大多是向上倾斜的。由于投资者更偏好短期债券，因此流动性溢价随着到期期限的延长而上升，即使预期未来短期利率的平均值不变，长期利率也仍然高于短期利率，因此，典型的收益率曲线是向上倾斜的。当预期未来短期利率的下降幅度非常大，以至于预期未来短期利率的平均值远远低于目前的短期利率水平时，即使正的流动性溢价增加到这个平均值中，所得到的长期利率仍然低于目前的短期利率。

3. 投资绩效评估的主要指标有：

（1）夏普指数，是用投资组合的风险溢价除以标准差，即用单位标准差的超额收益来衡量投资效益，是总风险的单位溢价。其公式为：

$$S_p = \frac{r_p - r_f}{\sigma_p}$$

其中，r_p表示组合的收益率，r_f为无风险收益率，σ_p为组合收益率的标准差，S_p即夏普指数。实际运用中，当采用夏普指数评估模型时，首先要计算市场上各种组合在样本期内的夏普指数，然后进行比较，较大的夏普指数表示较好的绩效。

（2）特雷纳指数也是衡量单位风险的超额收益，但其中的风险度量指标是系统性风险指标，它以单位系统性风险的超额收益衡量投资业绩好坏，其公式为：

$$T_p = \frac{r_p - r_f}{\beta_p}$$

其中，r_p表示组合的收益率，r_f为无风险收益率，β_p为组合的贝塔系数（反映系统性风险大小），T_p即特雷纳指数。特雷纳指数表示的是该投资组合承受每单位系统风险所获取风险收益的大小，其评估方法是首先计算样本期内各种基金和市场的特雷纳指数，然后进行比较，较大的特雷纳指数意味着较好的绩效。

（3）詹森指数以 CAPM 为理论依据，计算组合的平均超额收益，是一种绝对收益指标。它是在根据历史数据测算出组合风险的前提下计算期望收益率，然后用实际收益率减去期望收益率得到该数值。其公式为：

$$\alpha_p = r_P - [r_f + \beta_p(r_m - r_f)]$$

其中，r_P为组合实际收益率，r_f为无风险收益率，β_p为组合贝塔系数（衡量系统性风险大小），$r_f+\beta_p(r_m-r_f)$为根据系统风险大小计算的组合预期收益率。詹森指数为绝对绩效指标，当投资组合之间进行业绩比较时，詹森指数越大越好。

（4）信息比率是用投资组合除以该组合的非系统性风险。它测量的是每单位非系统性风险所带来的超额收益。非系统风险指原则上可以通过持有市场上全部投资组合而分散掉的那一部分风险。其公式为：

$$IR_p = \frac{\alpha_p}{\sigma(e_p)}$$

其中，α_p为组合的超额收益即投资组合的詹森指数，$\sigma(e_p)$为回归模型的残差的标准差，即投资组合的非系统性风险。信息比率用资产组合的价值增量除以其非系统风险，它测算的是每单位非系统风险所带来的非常规收益，衡量该风险组合中积极型组合业绩的指标。

4. 价值投资策略指投资价格低于其内在价值的企业，以追求较为固定的投资回报为目标。价值投资策略分析股票价值时主要侧重其内在价值，其主要分析数据包括公司权益、负债、收益等财务指标，主要来源于过去和现在；在实际购买时机方面，由于选择公司经营处于相对低迷的时期，所以买入价格往往接近公司市场价格的最低水平。

成长投资是一种选择高成长潜力的股票的投资策略，在大多数情况下，成长型股票具有高于所在行业平均收益水平的特点。成长投资策略在分析股票时更加侧重分析公司的未来前景，诸如公司所处的行业前景、竞争优势、管理水平以及产品的开发能力、市场占有率等；在购买时机方面，由于公司当前已经展示出一定的收益上升迹象，所以在买入价格方面往往处于中低或中高水平。

单就两种策略本身而言，并没有绝对的优劣之分。在投资基金的投资实践中，根据市场的不同状况以及基金管理者的不同偏好，价值策略和成长策略既被广泛地单独使用，同时又被广泛地结合起来运用，实际绩效的好坏则取决于基金管理者对市场各种因素的综合把握。

三、计算题(每题 15 分，共 30 分)

1. (1)假设利率从最初的 6%上升到 8%，即利率上升了 2%，此时，银行资产价值下降 = 200×(-2%)×5 = -20 亿元，银行负债支出下降 = 180×(-2%)×6 = -21.6 亿元，因此，银行净值增加了 -20-(-21.6) = 1.6 亿元。同理可得，利率从最初的 6%下降到 4%，银行净值减少 1.6 亿元。

(2) 持续期缺口 = 资产加权平均持续期 - (总负债/总资产) × 负债加权平均持续期 = 5-(180/200)×6 = -0.4。久期缺口的绝对值越大，银行对利率的变化就越敏感，银行的利率风险暴露量也就越大，因而，银行最终面临的利率风险也越高。久期缺口大于 0 时，利率下降，公司价值上升；利率上升，公司价值下降。久期缺口小于 0 时，利率下降，公司价值下降；利率上升，公司价值上升。

【科兴提示】利率从 6%上升至 8%，实际上利率变化的幅度是 2%/(1+6%)而不是 2%，但是题干中明确给出了近似 2%的上升幅度，因此计算时就不强求精确了。

2. (1)股票价格上升时的收益率 = (15-10)/10 = 50%，股票下降时的收益率为(5-10)/10 = -50%，则股票的预期收益率 $E(r_A) = 60\% \times 50\% + 40\% \times (-50\%) = 10\%$。

股票预期的方差为：$\sigma_A^2 = (50\%-10\%)^2 \times 60\% + (-50\%-10\%)^2 \times 40\% = 0.24$

(2) 如果股票价格上涨，投资者不会执行看跌期权，净损失 1 元期权费；如果股票价格下降，投资者执行看跌期权，净收益 = 8-5-1 = 2 元。因此，期权的预期收益率为：$E(r_B) = 60\% \times (-1)/1 + 40\% \times 2/1 = 20\%$。

看跌期权的方差为：$\sigma_B^2 = (-100\%-20\%)^2 \times 60\% + (200\%-20\%)^2 \times 40\% = 2.16$

(3) 二者的协方差为：$\text{cov}(r_A, r_B) = 60\% \times (50\%-10\%) \times (-100\%-20\%) + 40\% \times (-50\%-10\%) \times (200\%-20\%) = -0.72$

(4) 假设最小方差组合中股票的比重为 w，则：

$$w = \frac{\sigma_B^2 - \text{cov}(r_A, r_B)}{\sigma_A^2 + \sigma_B^2 - 2\text{cov}(r_A, r_B)} = \frac{2.16-(-0.72)}{0.24+2.16-2\times(-0.72)} = 0.75$$

则最小方差组合中看跌期权的比重为 1-0.75 = 0.25。

四、论述题(每题 25 分，共 50 分)

1. (1)国际货币指在国际经济交易中被普遍接受、广泛使用的货币。国际货币具有可兑换性、价值相对稳定性和普遍接受性三个基本特征。国际货币主要指美元、欧元、人民币、日元、英镑等。

(2) 当前的国际货币体系是牙买加体系。牙买加体系的特征是黄金的非货币化、浮动汇率制度、国际储备货币的多元化。牙买加体系有以下缺陷亟待改进。

① 牙买加体系的不公平性。在牙买加体系下，在美元主要充当着世界货币的情况下，一旦美国发生金融危机或是经济危机，世界各国就必定要为美国承担危机带来的相当一部分的损失。

② 牙买加体系的不稳定性。牙买加体系最明显的内在缺陷就是不稳定性，主要表现为汇率的剧烈波动。汇率的剧烈波动性给各国政府及整个世界经济都带来了巨大危害。

③ 牙买加体系的根本问题。我们知道布雷顿森林体系崩溃的根本原因就是特里芬难题，其实在现行的国际货币体系下，特里芬难题并没有得到根除。

(3) 人民币国际化就是人民币超越中国国界发挥交易媒介、价值尺度和储藏手段的货币职能。加快人民币国际化进程，对我国经济发展的影响有利有弊。

① 有利方面：人民币国际化之后，能够使中国更好地参与国际经济事务，还能够降低中国对外贸易的汇率风险，从而促进中国对外贸易的发展。此外，还有利于减少外汇储备。

② 不利方面：人民币国际化使得中国的金融市场很容易受到国际市场的冲击，还加大了国家通货膨胀的可能性，影响货币政策的实施。

（4）尽管人民币国际化势在必行，但对目前以美元为中心的国际货币体系进行重大改革，仍将是一个长期、渐进、缓慢的过程。2008 年金融危机爆发以来，美国经济深受打击，但是这些打击仍在其可控范围之内，美国依然是无可争议的全球第一经济大国，其经济的竞争力仍排名世界第一，因此美元的地位在短期内很难动摇。另外，国际货币体系的运行具有巨大的惯性，大部分国家并不愿意看到其剧烈变化所带来的不确定性。事实上，维持美元作为重要国际储备货币的地位及其汇率的稳定也符合大多数国家的利益。因此国际货币体系的改革仍将是一项长期的任务，就近期而言主要仍应对现行国际货币体系作进一步的完善。就长期而言，进一步改革现行的国际货币体系，建立一个更加多元化的、合理和稳定的国际货币体系是各国面临的一个重要任务。历史经验表明，国际货币体系的结构只有与储备货币国家的经济实力基本一致才能实现其持续平衡和稳定，因此国际货币体系的演变从根本上来说取决于大国经济实力对比的变化。在国际货币体系走向多元化的过程中，中国应当发挥重要作用，随着中国经济和贸易大国地位的确立和巩固，人民币无疑将具有更大的影响力并发挥更加积极的作用。

2. 我国资本市场从 20 世纪 90 年代发展，资本市场已由场内市场和场外市场两部分构成。其中场内市场的主板（含中小板）、科创板、创业板（俗称二板）和场外市场的全国中小企业股份转让系统（俗称新三板）、区域性股权交易市场、证券公司主导的柜台市场共同组成了我国多层次资本市场体系。

（1）主板市场。主板市场也称为一板市场，指传统意义上的证券市场（通常指股票市场），是证券发行、上市及交易的主要场所。主板市场对发行人的营业期限、股本大小、盈利水平、最低市值等方面的要求标准较高，上市企业多为大型成熟企业，具有较大的资本规模以及稳定的盈利能力。主板市场的公司在上交所和深交所两个市场上市。主板市场是资本市场中最重要的组成部分，很大程度上能够反映经济发展状况，有“国民经济晴雨表”之称。

（2）科创板市场。科创板独立于现有主板市场。在上交所设立的科创板主要服务于符合国家战略、突破关键核心技术、市场认可度高的科技创新企业。重点支持新一代信息技术、高端装备、新材料、新能源、节能环保以及生物医药等高新技术产业和战略性新兴产业，推动互联网、大数据、云计算、人工智能和制造业深度融合，引领中高端消费，推动质量变革、效率变革、动力变革。

（3）二板市场。二板市场又称为创业板市场，是地位次于主板市场的二级证券市场，以纳斯达克市场为代表，在中国特指深圳创业板。它在上市门槛、监管制度、信息披露、交易者条件、投资风险等方面和主板市场有较大区别。其目的主要是扶持中小企业，尤其是高成长性企业，为风险投资和创投企业建立正常的退出机制，为自主创新国家战略提供融资平台，为多层次的资本市场体系建设添砖加瓦。

（4）三板市场。即全国中小企业股份转让系统，是经国务院批准设立的全国性证券交易场所，全国中小企业股份转让系统有限责任公司为其运营管理机构。目前新三板形成了“基础层-创新层-精选层”三个层次的市场结构，对企业的财务状况和公众化水平要求逐层提高，监管标准逐层趋严。2021 年年底成立的北京证券交易所总体平移新三板精选层各项基础制度，与创新层、基础层一起组成大新三板。由于新三板市场的定位是“以机构投资者和高净值人士为参与主体，为中小微企业提供融资、交易、并购、发债等功能的股票交易场所”，因此，其市场生态、研究方法、博弈策略、生存逻辑等等，都和以中小散户为参与主体的沪深股票市场有着显著的区别。

（5）四板市场。即区域性股权交易市场，是为特定区域内的企业提供股权、债券的转让和融资服务的私募市场，一般以省级为单位，由省级人民政府监管。它是我国多层次资本市场的重要组成部分，亦是中国多层次资本市场建设中必不可少的部分。它对于促进企业特别是中小微企业股权交易和融资，鼓励科技创新和激活民间资本，加强对实体经济薄弱环节的支持，具有积极作用。

【科兴点评】广东外语外贸大学初试参考书目是黄达《金融学》和贺显南《投资学原理及应用》。宏观部分试题约占 90%，且以货币银行学的知识点考查为主；微观部分只考查投资学，不考查公司金融相关的知识点。总体来说，试题难度较低，有志去珠三角发展的同学，可以选择这个学校。

华东师范大学 2022 年金融学综合试题

一、名词解释（每题 3 分，共 18 分）

1. 第三方支付
2. 常备借贷便利
3. 北京证券交易所
4. 美元化
5. 国际债务危机
6. 资本结构

二、简答题（每题 8 分，共 56 分）

1. 简述广义货币 M_2增长的驱动因素和作用机制。
2. 简述金融体系如何解决企业激励问题。
3. 简述汇率变动的影响因素。
4. 简述国际储备需要保持适度规模的原因。
5. 如果财政政策使货币供应量增加 Δm，试用凯恩斯理论分析其对经济的影响。
6. 单个证券的系统性风险能不能被分散？并说明原因。
7. 简述低正常股利加额外股利政策对公司决策的影响。

三、计算题（每题 10 分，共 40 分）

1. 现有两张零息债券 A 和 B，面值都为 100 元，债券 A 将于 1 年后到期，购买价格为 96 元，债券 B 将于 2 年后到期，购买价格为 89 元。则：

（1）若某 1 年期债券面值为 100 元，息票率为 5%，则发行价格为多少？

（2）若某 2 年期债券面值为 100 元，息票率为 6%，则发行价格是多少？

2. 假设 BBC 公司资产负债表中长期负债账面价值为 3810 万元（每张债券面值为 100 元），息票率为 10%，期限 1 年，每半年付息一次，假设同等期限政府债券收益率为 7%，考虑风险因素，投资者对公司债券要求的收益率为 12. 36%，则半年为 6%（即 $\sqrt{1.1236}-1$）。公司所得税税率为 40%，已知税前筹资费用率为 4. 3%，求该债券的资本成本率。

3. 目前有资金 100 万元，计划投资于一个由股票 X、股票 Y 和无风险资产构成的投资组合，要求该组合有 10. 7%的收益率且风险只有市场风险的 80%。如果股票 X 的期望收益率为 17. 2%，贝塔值为 1. 8，股票 Y 的期望收益率为 8. 75%，贝塔值为 0. 5，无风险收益率为 7%，求投资于股票 X 的资金。

4. 某公司拟购买新机器替换旧机器，新机器需要花费 120 万元，旧机器目前账面价值 40 万元，若出售则市值 30 万元。旧机器剩余 4 年使用时间，新机器也只能使用 4 年，4 年后新旧两台机器都没有残值。使用新机器可以每年省去 45 万元经营成本。使用新机器还需要花费 2. 5 万元净营运资本。该投资项目必要回报率为 10%，税率为 39%。求使用新设备替换旧设备的净现值。

四、论述题（每题 12 分，共 36 分）

1. 试述货币政策传导机制对我国经济结构调整的有效性。
2. 论述企业数字化转型对企业估值的影响。
3. 论述人民币离岸市场建立的作用和风险。

华东师范大学 2022 年金融学综合试题解析

一、名词解释(每题 3 分，共 18 分)

1. 第三方支付是指具备一定实力和信誉保障的独立机构，通过与银联或网联对接而促成交易双方进行交易的网络支付模式。在第三方支付模式，买方选购商品后，使用第三方平台提供的账户进行货款支付(支付给第三方)，并由第三方通知卖家货款到账、要求发货；买方收到货物，检验货物，并且进行确认后，再通知第三方付款；第三方再将款项转至卖家账户。

2. 常备借贷便利是国际上较普遍的中央银行货币政策工具，主要功能是满足金融机构期限较长的大额流动性需求。常备借贷便利以抵押的方式，向政策性银行和全国性商业银行等金融机构提供流动性支持。常备借贷便利的主要作用是提高货币调控效果，有效防范银行体系流动性风险，增强对货币市场利率的调控效力。

3. 北京证券交易所(简称北交所)于 2021 年 9 月 3 日注册成立，是经国务院批准设立的我国第一家公司制证券交易所，受中国证监会监督管理。北交所经营范围为依法为证券集中交易提供场所和设施、组织和监督证券交易以及证券市场管理服务等业务。

4. 美元化是指一国居民在其资产中持有相当大部分外币资产(主要是美元)，美元大量进入流通领域，具备货币的全部或部分职能，并具有逐步取代本国货币，成为该国经济活动的主要媒介的趋势，因而美元化实质上是一种狭义或程度较深的货币替代现象。

5. 国际债务危机是指一国不能按时偿付其国外债务，包括主权债和私人债务，表现为大量的公共或私人部门无法清偿到期外债，一国被迫要求债务重新安排和国际援助。国际债务危机产生的直接原因是对国际资本盲目借入、使用不当和管理不善。

6. 资本结构是指企业债务与股权的比例关系。它在很大程度上决定着企业的偿债和再融资能力，决定着企业未来的盈利能力，是企业财务状况的一项重要指标。合理的融资结构可以降低融资成本，发挥财务杠杆的调节作用，使企业获得更大的自有资金收益率。

二、简答题(每题 8 分，共 56 分)

1. (1)根据资产的流动性，我国的货币层次划分为：M_0=流通中的现金，$M_1=M_0$+企业活期存款，$M_2=M_1$+定期存款+储蓄存款+其他存款+客户保证金。一般来说，若 M_1 增速较快，则消费和终端市场活跃；若 M_2 增速较快，则投资和中间市场活跃。也就是说，M_2 增长的驱动因素是投资和中间市场活跃。

(2) 弗里德曼的货币政策传导机制强调货币供应量(M_2)在货币政策传导中所起的作用，用符号表示就是：货币政策工具→M→FA→H→Y，其中 M 为货币供应量，FA 为金融资产，H 为实物资产，Y 为产出。该理论认为，在现实中存在极为稳定的货币需求函数，如果中央银行实施扩张性货币政策，人们会发现其所持有的名义货币余额较其希望持有的数额要多。这时人们会把增加的货币转向其他资产，引起金融资产价格上涨，并进一步扩大到实物资产领域，导致实物资产价格上涨，刺激生产者增产，使名义收入和产出增加。

2. 在生产经营中，激励问题广泛存在。激励问题的产生，源于信息不对称以及所有权和决策权的分离。金融体系可以为解决由于信息不对称而产生的道德风险、逆向选择以及委托-代理问题提供方法与途径。

(1) 道德风险是由于事后的信息不对称所导致的一种现象，指人们享有自己行为的收益，而将成本转嫁给别人，从而造成他人损失的可能性。金融体系可以通过净值与抵押品、限制新条款的监督和执行、成立金融中介等方法来解决道德风险。

(2) 逆向选择是由于事前的信息不对称所导致的市场资源配置扭曲的现象。金融市场上的逆向选择是指违约风险高的融资者，由于寻求资金最积极因而最可能成为得到资金的人。金融体系有助于减少逆向选择问题的办法包括：私人信息的生产和销售、旨在增加信息的政府监管、成立金融中介、抵押品和净值。

（3）代理问题是指由于代理人的目标函数与委托人的目标函数不一致，加上存在不确定性和信息不对称，代理人有可能偏离委托人目标函数而委托人难以观察和监督，从而出现代理人损害委托人利益的现象。金融体系也提供了解决代理问题的方法，最常见的就是代理人股票期权分红的做法，使代理人与委托人的利益一致。

3. 影响汇率变动的主要因素有：

（1）国际收支。当一国的国际收入大于支出即国际收支顺差时，本国货币升值，外国货币贬值；反之则本国货币贬值，外国货币升值。

（2）相对通货膨胀率。相对通货膨胀率持续较高的国家，由于其货币的国内价值和购买力下降相对较快，则其货币相对于外国货币也会贬值。

（3）相对利率。本国利率相对于外国利率较高时，投资者愿意持有本币资产，进而本币需求上升，本币升值。反之则本币贬值。

（4）总需求与总供给。当总需求增长快于总供给时，本国货币一般呈贬值趋势。

（5）预期。预期一方面会改变利率、国际收支等宏观经济变量以间接影响汇率，另一方面还会在外汇市场上直接影响汇率，譬如集体性的贬值预期可能会推动货币的贬值。

（6）财政赤字。财政赤字往往导致货币供应增加（政府融资）和需求增加，因此，赤字的增加将导致本国货币贬值。

（7）国际储备。储备增加能加强外汇市场对本国货币的信心，因而有助于本国货币升值。反之，储备下降则会引诱本国货币贬值。

（8）劳动生产率。在工资水平稳定的前提下，劳动生产率的相对快速增长，使单位货币代表的价值相对增加，从而使本国货币的对外价值相应上升。

4.（1）所谓适度国际储备规模，是指一国政府为实现国内经济目标而持有的用于平衡国际收支和维持汇率稳定所必要的黄金和外汇的储备量。国际储备适度规模管理的必要性可以从规模失当对一国经济的不利影响体现出来。国际储备作为一国调节国际收支逆差、稳定外汇市场的现实能力的标志，其规模不能过小，因为那样容易发生支付危机、经济脆弱，不利于一国经济的稳定增长。

（2）同时，国际储备的规模也不宜过大，否则将产生以下不利的影响：

① 国际储备过多将人为地减少本国国民经济对其资源、物资的有效利用。

② 国际储备过多将对一国的通货膨胀带来压力。

③ 国际储备过多对于发展中国家来说尤其不利，因为它让国际社会认为该国具有充裕的资金，这样该国就可能失去享受国际金融组织低利息优惠贷款的机会，从而难以借助国际力量加快经济发展。

④ 由于国际储备的构成中外汇储备占大部分，因此国际储备过多，其实质往往就是外汇储备过多，而外汇储备是一国存放在其他国家银行的国外资产，因此，难免要受到外汇汇率波动的冲击。

5. 在凯恩斯理论中，货币供给是外生变量，由中央银行、商业银行及非银行公众共同决定，在其他条件不变的情况下，利率越高，货币的供给将越大，这是因为利率越高，银行持有超额准备金的机会成本就越大，因而商业银行将降低超额准备金率，而超额准备金率的下降又会使货币乘数增大，从而使基础货币的扩张能力增大。因此考虑到商业银行之后的货币供给是利率的增函数，即：

$$M^S = M^S(i)\,,\ \frac{\mathrm{d}M^S}{\mathrm{d}i}>0$$

式中，M^S代表货币供给。

同时，凯恩斯理论告诉我们，货币需求与利率负相关，即：

$$M^d = P \cdot L(Y,\ i)\,,\ \frac{\partial M^d}{\partial i}<0$$

式中，M^d代表货币需求。

将上面的两个式子联立可得均衡利率。用下面的图表示：

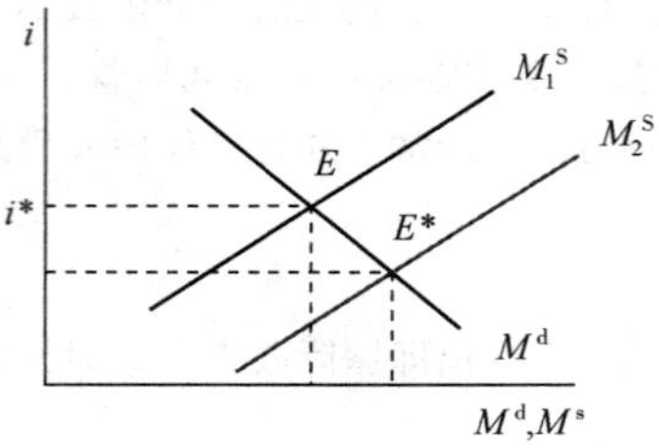

均衡利率即为货币供给曲线和需求曲线的交点 E 所对应的 $i*$。在这一点上，货币供给恰好等于人们愿意持有的货币量。如果财政政策使货币供应量增加 Δm，则货币供给曲线右移，均衡利率下降，并进而影响到投资和实际收入。

6. 单个证券的系统性风险可以通过套期保值这样的操作进行分散。证券市场的风险分为系统性风险和非系统性风险。非系统性风险是针对特定的证券产生的风险，是由公司内部的微观因素决定的，投资者可以通过分散化的投资组合方式将这类风险降到最低。而系统性风险则是对整个证券市场所产生的风险，是由宏观性因素决定的，投资者很难通过分散投资的方法加以规避。股指期货的套期保值功能正好弥补这一缺陷，投资者可以通过股指期货根据需要以空头套期保值或多头套期保值的方式来规避市场的系统性风险。

7. 低正常股利加额外股利政策是一种介于固定股利政策与变动股利政策之间的折中股利政策。这种股利政策每期都支付稳定的、较低的正常股利额，当企业盈利较多时，再根据实际情况发放额外股利。这种股利政策具有较大的灵活性：在公司盈利较少或投资需要较多资本时，可以只支付较低的正常股利，这样既不会给公司造成较大的财务压力，又能保证股东定期得到一笔固定的股利收入；在公司盈利较多且不需要较多投资资本时，可以向股东发放额外的股利。低正常股利加额外股利政策既可以维持股利的一贯稳定性，又有利于使公司的资本结构达到目标资本结构，使灵活性和稳定性较好地结合，因而为许多公司采用。

三、计算题(每题 10 分，共 40 分)

1. 期限为 n 期的附息债券(假设面值为 100 元，票面利率为 i)的价值可以拆成 n 只零息债券的价值之和。若 y_1、y_2和 y_3分别表示剩余期限是 1 期、2 期至 n 期的零息债券的 YTM，则：

$$P=\frac{100i}{1+y_1}+\frac{100i}{(1+y_2)^2}+\cdots+\frac{100i+100}{(1+y_n)^n}$$

(1) 债券 A 的到期收益率为：$96=\frac{100}{1+y_1}\Rightarrow y_1=4.2\%$

则一年期付息债券的价格为：$P=\frac{100\times5\%+100}{1+4.2\%}=100.77$ 元

(2) 债券 B 的到期收益率为：$89=\frac{100}{(1+y_2)^2}\Rightarrow y_2=6\%$

则 2 年期付息债券的价格为：

$$P=\frac{100\times6\%}{1+y_1}+\frac{100\times6\%+100}{(1+y_2)^2}=\frac{6}{1+4.2\%}+\frac{106}{(1+6\%)^2}=100.10\text{ 元}$$

2. 根据投资者要求的收益率确定债券的价格(P_b)：

$$P_b=\frac{5}{1+6\%}+\frac{105}{(1+6\%)^2}=98.17\text{ 元}$$

将投资者要求的收益率转化为债务资本成本，则债券资本成本(半年)为：

$$98.17\times(1-4.3\%)=\frac{100\times5\%\times(1-40\%)}{1+r_b}+\frac{100\times5\%\times(1-40\%)}{(1+r_b)^2}+\frac{100}{(1+r_b)^2}$$

计算可得：$r_b=6.4\%$，则年债务成本为：$r=(1+6.4\%)^2-1=13.21\%$。

3. 设投资于 X 股票的比例为 x，投资于 Y 股票的比例为 y，投资于无风险资产的比例为 z，则根据题意可得如下三个式子：

$$17.2\%x+8.75\%y+7\%z=10.7\%$$
$$1.8x+0.5y=0.8$$
$$x+y+z=1$$

联立计算可得：$x=23\%$，$y=77.2\%$，$z=-0.2\%$。则投资于股票 X 的资金为 $100\times23\%=23$ 万元。

4. ①初始阶段。因出售旧设备而产生的税后现金流＝售价－税率×出售利得＝售价－税率×（售价－账面价值）＝30－（30－40）×39%＝33.9 万元。差量现金流量＝－新设备的投资额＋（旧设备的变现收入＋变现损失抵税）－净营运资本的支出＝－120＋33.9－2.5＝－88.6 万元。

②经营阶段。差量现金流量＝Δ 新旧设备付现营运成本×（1－所得税税率）＋Δ 新旧设备折旧额×所得税税率＝45×（1－39%）＋（120/4－40/4）×39%＝35.25 万元。

③终结阶段。差量现金流量＝（新设备残值收入＋处置净损失抵税）－（旧设备残值收入＋处置净损失抵税）＋净营运资本的回收＝35.25＋2.5＝37.75 万元。

则使用新项目替换旧项目的净现值为：

$$NPV=-88.6+\frac{35.25}{1.1}+\frac{35.25}{1.1^2}+\frac{35.25}{1.1^3}+\frac{37.75}{1.1^4}=24.85\text{ 万元}$$

四、论述题（每题 12 分，共 36 分）

1.（1）货币传导机制是指各种货币工具的运用引起中间目标的变动和社会经济生活的某些变化，从而实现中央银行货币政策的最终目标这样一个过程。它实际上包含两方面内容：一是内部传导机制，即从货币工具选定、操作到金融体系中货币供给收缩或扩张的内部作用过程；二是由中间指标发挥外部影响，即对总支出起作用的过程。常见的货币政策传导机制有四种：利率传导机制、汇率传导机制、信贷传导机制、非货币资产价格传递途径。

① 利率渠道。这是传统的凯恩斯学派观点，即由于利率的变动而对投资产生相应的影响。利率传导机制的基本途径可表示为：货币供应量 $M\uparrow\rightarrow$实际利率水平 $i\downarrow\rightarrow$投资 $I\uparrow\rightarrow$总产出 $Y\uparrow$。

② 汇率渠道。货币政策的汇率传导机制的基本途径可表示为：货币供应量 $M\uparrow\rightarrow$实际利率 $i\downarrow\rightarrow$汇率 $E\downarrow\rightarrow$净出口 $NX\uparrow\rightarrow$总产出 $Y\uparrow$。

③ 信贷传导机制。该理论包括两种：一种是建立在斯蒂格利茨和韦斯对信贷配给问题研究的基础上。这种理论反映的主要是银行通过主动的信贷控制对货币供应产生作用，继而对整体经济产生影响的机制。另一种就是银行被动的信贷控制，即由于央行的政策直接导致银行可贷资金的变化从而贷款量发生变化继而影响投资和总产出。

④ 非货币资产价格传递途径。托宾的 Q 理论与莫迪利亚尼的生命周期理论则提出了货币政策的非货币资产价格传递途径。资产价格传导理论强调资产相对价格与真实经济之间的关系，其基本途径可表示为：货币供应量 $M\uparrow\rightarrow$实际利率 $i\downarrow\rightarrow$资产（股票）价格 $P\uparrow\rightarrow$投资 $I\uparrow\rightarrow$总产出 $Y\uparrow$。

（2）我国货币政策的传导机制对经济结构调整的有效性还存在一定的问题，主要体现在以下几个方面：

① 利率市场化程度不高，利率尚未进入货币政策目标系统。首先，作为价格调节的利率政策问题，我国利率市场化程度还不高，企业对利率的敏感程度也不高，因而利率尚未进入我国货币政策中介目标和操作目标系统。其次，作为数量调节的基础货币，调整的主动性和灵活性受到很大的限制。近年来，外汇占款和对政策性银行的贷款大幅增加，作为基础货币主要投放对象的商业银行的资金量也较充足。基础货币需求与供应的矛盾，在一定程度上削弱了中央银行基础货币调控的主动性和灵活性，使货币政策的作用受到一定限制。

② 货币市场的基础建设有待加强。货币市场发展的突出问题是，市场建设存在许多困难，市场参与主体尚不够。与此同时，批发市场与零售市场、农村市场（农村信用社）和城市市场、货币市场和资本市场都存在不同程度的分割现象。由于资金的趋同性强，银行的存贷款利率受到管制，货币市场的基准利率还难以发挥作用，同业拆借利率水平变动引导整个利率体系水平变动的作用还未发挥出来，货币市场尚不能满足中央银行以公开市场操作为主要手段实行间接调控的需要。

③商业银行的利益机制和发展动力问题尚未解决。我国还没有建立真正的商业银行运行机制，尤其是

在强调降低不良贷款率的情况下，从过去的盲目扩张发展到一度盲目收缩，从过去的无人负责发展到一度谁也不愿负责。利润指标没有成为考核商业银行经营业绩的主要指标，商业银行不太关心成本-利润管理与考核，约束机制和激励机制不对称，在一定程度上制约了信贷人员放贷的积极性，影响了货币政策的传导。

【科兴提示】经济结构是一个宏大的概念，很多考生不明白经济结构具体是什么，这客观上增加了这道题目的难度。我们不妨换一种思路，命题老师到底想考查什么。其实就是我国现行货币政策传导机制并没有发挥对实体经济的支持，对经济结构的调整存在障碍。

2. (1)企业估值方法分为绝对数估值法和相对数估值法，前者主要计算企业价值额的大小，后者主要计算投资回报率的大小。现金流折现估值模型(DCF 模型)、乘数估值模型、实物期权估值模型、梅特卡夫估值模型是四类主要估值模型，其中 DCF 估值模型是财务管理中的主流模型，也是迄今逻辑性最强、最科学的估值模型。DCF 模型认为，企业价值等于公司预期未来的自由现金流用加权平均资本成本折现的现值。从某种意义上说，公司估值模型是迄今为止讨论过的所有内容的集大成者，因为这一模型将财务报表、现金流量、财务计划、货币时间价值、风险及资本成本等都整合进来。

(2) 当下的人类社会正从工业经济时代跨入数字经济时代，驱动生产力发展的关键生产要素从资本、劳动力转向数字、智慧。工业时代背景下建立的 DCF 模型在数字经济时代面临严峻的挑战。现实中无数的案例表明，用传统的 DCF 估值模型来评估数字化企业的价值已经失灵，其原因主要有：

① 会计信息的不完全有效性。DCF 估值模型的底层数据源于企业财务报表，根据基期的财务数据，按照一定的增长模型预测未来各个时期的财务数据，而像特斯拉、拼多多这样的企业，股价走势却越来越背离财务报表反映的会计信息。这说明，现有的会计信息还无法完全反映股价，即“会计信息不完全有效性”。基于这样的会计信息进行企业估值，其结果的参考意义就会大打折扣。

② 企业价值衡量标准多样化。进入数字经济时代，开明的投资者更加注重“数字资产、科技创新、商业模式、企业家精神、ESG(环境保护、社会责任、公司治理)”这些表外信息；守旧的投资者仍然关注“利润最大化、营业收入增长率、资产配置、自由现金流量”这些表内信息。因此，不同的投资者对同一投资标的的投资决策会出现两种相反的操作。

(3) 如何重构数字经济时代企业估值方法或估值模型，不仅是理论界需要研究的问题，也是实务界需要思考的问题，显得迫切而必要。为避免“DCF 估值悖论”的尴尬，在数字经济时代企业估值中嵌入“非会计信息”是必要的，也是合理的。这里的非会计信息包括数据资产价值、商业模式创新、科学技术先进性、企业家精神、ESG 影响力等。因此，数字经济时代企业估值不能神化基于会计信息的估值模型，还需要评估非会计信息对企业估值的重大影响，真正做到定量评估与定性评估的完美结合。

3. (1)人民币离岸市场是指在中国境外开展人民币相关业务的市场。人民币离岸市场建立的作用重大：

① 人民币离岸市场的建立，将为部分离岸资金提供有效的流通和运用的渠道，从而对人民币“走出去”战略的顺利实施提供有效的支持。

② 人民币离岸市场的建立，将为境外主体获取人民币融资打通渠道，进而促进人民币资金跨境流动及海外流通的良性发展。

③ 离岸人民币市场能够为境外商业银行之间的人民币资金拆借、购售、互换等货币市场行为提供统一的平台，从而为不同期限、不同方向的人民币资金头寸敞口提供互相平补的渠道，并使海外人民币资金的利率价格更加公平和稳定，使人民币“走出去”的步伐迈得更加稳健。

(2) 人民币离岸市场建立的风险有：

① 人民币离岸市场建立意味着中国政府必须加快开放资本项目，在短期国际资本大量流入新兴市场国家的大背景下，这会使得中国面临更大规模的短期国际资本流入的冲击。

② 如果离岸人民币市场发展得足够大，离岸人民币市场上形成的价格(包括利率与汇率)会对在岸人民币利率与汇率形成冲击，从而削弱中国政府货币政策的效力。

③ 在单边人民币升值预期的背景下，境外居民与企业愿意成为人民币资产的持有者，但不愿意举借人

民币债务。这或者意味着人民币跨境贸易结算必然是跛足的，或者意味着人民币升值的收益被境外居民与企业享用。

④ 人民币国际化不仅不会导致外汇储备积累速度的下降，反而可能导致外汇储备积累速度的上升，从而恶化中国过多持有外汇储备的问题。

【科兴点评】2022 年的试题难度比较大，简答题第 1 题和第 6 题明显有难度，虽然没有超纲，但是教材上也没有明确阐述。计算题涉及到了债券的息票剥离法，这无论在罗斯《公司理财》还是荆新《财务管理》都没有涉及，存在超纲考查的问题。论述题第 1—2 题明显就是学校布置的论文题目，题干空洞且考查不明确，考生往往不知道具体回答什么，容易陷入泛泛而谈的尴尬处境。

中国人民大学2022年金融学综合试题

一、单项选择题(每题1分，共30分)

1. 司马迁在《史记·平准书》中说：“农工商交易之路通，而龟贝金钱刀布之币兴焉”说明了货币的产生是为了(　　)。

A. 巩固统治的需要　　B. 商品经济的发展

C. 社会分工的发展　　D. 私人拥有

2. 中国人民银行发布公告称，不得拒收现金，是因为(　　)。

A. 现金是法定货币　　B. 为保护现金使用

C. 现金有匿名性　　D. 现金流动性强

3. 以下古今金融术语中，概念接近的一组是(　　)。

A. 子钱家-出纳　　B. 质库-住房抵押

C. 银号-银行券　　D. 飞钱-汇兑

4. 商业银行不良债权的出现是(　　)。

A. 取决于市场　　B. 由商业银行决定

C. 由客户行为决定　　D. 是不可避免的

5. (　　)指的是国债发行额占财政收入的比重，警戒线是(　　)。

A. 国债依存度；20%　　B. 国债负担率；60%

C. 国债偿债率；10%　　D. 最后清偿率；130%

6. 银行控股公司(　　)。

A. 指专门控制和收购银行股为主的公司

B. 实际上是银行建立并受银行操纵的组织

C. 美国几乎所有的银行归属银行控股公司

D. 可以直接或间接经办多种金融业务

7. 中国不是以下哪家银行的创始成员国？(　　)

A. 国际清算银行　　B. 世界银行

C. IMF　　D. 亚投行

8. 欧洲中央银行的总部设在(　　)。

A. 德国法兰克福　　B. 英国伦敦

C. 美国纽约　　D. 法国巴黎

9. 政府收税，货币在这一过程中发挥的职能是(　　)。

A. 流通手段　　B. 支付手段

C. 价值尺度　　D. 储藏手段

10. (　　)是我国货币市场规模最大，也是央行进行公开市场操作的主要场所。

A. 大额可转让存单市场　　B. 国债市场

C. 银行间同业拆借市场　　D. 国库券市场

11. 看跌期权执行价格越高，内在价值(　　)和期权费(　　)。

A. 越高；越高　　B. 越高；越低

C. 越低；越低　　　　D. 越低；越高

12. 风险投资在哪个国家最活跃，已经对于促进产业发展起重要作用？(　　)

A. 美国　　B. 中国　　C. 英国　　D. 德国

13. 以下(　　)的行为只与通货存款比有关。

A. 中央银行　　B. 商业银行　　C. 企业　　D. 居民

14. (　　)认为因为存在时滞，逆周期的货币政策反而不好。

A. 凯恩斯主义　　B. 供给学派　　C. 预期学派　　D. 货币主义学派

15. 1904 年成立了官商合办的户部银行，发展到现在成为了(　　)。

A. 中国银行　　B. 交通银行

C. 中国工商银行　　D. 中国通商银行

16. 通货紧缩的后果最不可能是(　　)。

A. 实际利率上升　　B. 提前消费支出增加

C. 证券市场萎缩　　D. 推迟当前投资

17. 经济金融化的表述不符合的是(　　)。

A. 金融资本的扩张速度超过经济发展

B. 金融部门的回报高于实业部门

C. 金融家所掌握的权力越来越大

D. 金融服务实体经济功能越来越突出

18. 以下属于间接信用控制工具的是(　　)。

A. 信贷配给　　B. 优惠利率　　C. 公开市场操作　　D. 道义劝告

19. 普惠金融是(　　)。

A. 提高金融服务人群比例

B. 政府要起主要作用

C. 为了让更多人享受免费金融服务

D. 消除普惠障碍和减轻自主抵触(通过破除金融服务供给障碍以消除自主排斥)

20. 以下不属于《巴塞尔协议Ⅲ》的调整内容的是(　　)。

A. 从信用风险扩展到金融所有风险

B. 从关注单个银行到关注金融体系的稳定性

C. 从关注金融系统本身到关注金融体系对实体经济影响

D. 从单个银行的资产方到整个银行的资产负债表

21. 以下最不可能降低股东与管理层代理成本的是(　　)。

A. 向机构投资者非公开募股　　B. 公开发行债券

C. 实行双层股权结构　　D. 对管理层股权激励

22. 以下哪一项行为会减少公司的净营运资本？(　　)

A. 赊购原材料　　B. 应收账款的增加

C. 对股东进行分红　　D. 都不是

23. 当企业资不抵债时，不可能损害债权人利益的是(　　)。

A. 投资新项目　　B. 放弃续建项目

C. 按原计划分配未分配利润　　D. 引入战略投资者

24. 公司宣布要投资元宇宙，然后股价有几天大幅上涨，一段时间后又下跌几天，符合

下面哪种说法？(　　)

A 未达到弱势有效　　B. 达到弱势有效

C. 未达到半强势有效　　D. 以上都不对

25. 现在中国证券市场上的公司普遍喜欢采用高股利政策，最不可能的原因是(　　)。

A. 缺少投资机会　　B. 迎合再融资需要

C. 提高股价　　D. 控股股东有现金股利需求

26. 假定其他因素不变，如果折现率提高，下列指标中数字会变小的是(　　)。

A. 内部收益率　　B. 盈利指数　　C. 折现回收期　　D. 回收期

27. 根据有税 MM 定理，提高负债权益比可增加公司价值，增加的价值(　　)。

A. 全归债权人　　B. 全归股东

C. 部分归股东，部分归债权人　　D. 归管理层

28. 某房地产公司市净率长期<1，最不可能因为(　　)。

A. 会计政策保守　　B. 房地产政策缩紧

C. 公司所用的折现率大　　D. 公司未来发展前景不被看好

29. 可持续增长率 12%，现金股利支付率 30%，负债权益比 1：2，资产销售量比 1：1，求对应最低的销售利润率为(　　)。

A. 9. 45%　　B. 11. 42%　　C. 30. 35%　　D. 以上都不对

30. 甲公司有 X、Y 两个项目组，分别承接不同的项目类型，X 项目组的资本成本为 8%，Y 项目组的资本成本为 12%，甲公司资本成本为 10%，下列项目中，甲公司可以接受的是(　　)。

A. 报酬率为 9%的 X 类项目　　B. 报酬率为 7%的 X 类项目

C. 报酬率为 10%的 Y 类项目　　D. 报酬率为 11%的 Y 类项目

二、判断题(每题 1 分，共 30 分)

1. 始终实行全能型银行的国家有德国、日本、奥地利、瑞典。

2. 出现货币收支的盈余或赤字意味着相应金额的债权与债务关系的存在。

3. 保费收入聚集起大量货币资本，是金融体系长期资本的重要来源。

4. 2016 年 10 月起，国际货币基金组织首次公开公布将人民币列入官方外汇储备。

5. 中国投资有限公司控股国有商业银行，负责主权投资盈利，主要投资国外的实物资产，对内履行国家控股股东的职能；对外主要负责主权基金，主要通过投资国外实物资产获取长期稳定收益。

6. 银行理财产品利率刚性兑付，提高了无风险利率，增加了投资者与金融机构的道德风险。

7. 社会融资规模是由国际清算银行提议，中国最先采纳的货币中介目标，表示实体经济从金融体系中得到的支持。

8. 存款保险制度有利于改善银行市场结构。

9. 索罗斯的量子基金是一种相对价值基金，运用高杠杆投资获利。

10. 银保监会成立后，全面接管了银监会和保监会的监管业务。

11. 从利率、股市行情等金融信息的角度看，金融市场在信息方面的优势是金融机构完全不能代替的。

12. 金融监管机构应当采取适当措施帮助消除市场泡沫。

13. 衍生金融工具的运用可以转移和分散既有金融风险，但也有可能带来新的风险。

14. 国债一般全部直接卖给中央银行，这是财政收支作用于货币供给的主要途径。

15. 瑞典学派认为收入指数化会使得收入-价格指数螺旋式上升。

16. 货币政策决策的依据和追求的目标必须是可以把握和度量的经济过程。

17. 监管竞争的主体并非竞争成本和收益的直接承担者，与一般的产品竞争明显不同。

18. 根据马科维茨资产组合理论，最佳资产组合是风险相同情况下收益最高的组合。

19. 我国 CIPS 二期采用混合结算，是我国人民币资本项目开放中最重要的基础设施之一。

20. 夏普比率等于资产的风险溢价除以其标准差，度量了每单位系统性风险所获得的风险溢价。

21. 上市公司对美团买菜的消费者进行补贴，短期导致亏损，这不违背股东权益价值最大化的目标。

22. 在进行投资决策时，用现金回购股票，公司的自由现金流会减少。

23. IRR 法在估算项目价值时错误地假定未来增量现金流的折现率等于内部收益率，从而可能导致评估结果出错，因此在企业资本预算实务上并不经常使用。

24. 场景分析是从众多不确定性因素中找出对投资项目经济效益指标有重要影响的因素，是压力测试之一。

25. 某公司经营状况良好，ROE 为 20%，股票市盈率为 1.5，债券评级为 AAA，股东大会杠杆通过了发行少量债券回购股票的议案，该议案可能带来的影响是公司 ROA 下降。

26. 某只股票位于证券市场线上方，证明该证券价值被高估。

27. 无税 MM 定理中，当公司的借债利率低于个人的借债利率，此时杠杆公司的价值将高于无杠杆公司的价值。

28. 如果一个组合对每种资产都是正投资，这个组合的贝塔有可能比组合中的每种资产的贝塔都小。

29. 半强有效市场价格已经反映了历史信息，内幕消息是无用的。

30. 信号价格理论可以解释高质量公司高负债。

三、计算题(每题 20 分，共 40 分)

1. Z 公司是一家上市公司，由于经营不善，准备增发股票偿还债券。公司资本结构是 1 : 1，公司权益贝塔为 1.0，债券为 AA 级，债券贝塔为 0.3，在外流通的股数 100 亿，价格为 10 元，无风险利率为 2%，风险溢价为 10%，负债权益均为市场价值，债券为永续债，公司税率为 25%。

(1) 计算公司目前的加权平均资本成本。

(2) 求公司的无杠杆贝塔。

(3) 用现有股价的 80%价格，非公开发行 30 亿股股票，无发行费用，用募集的资金回购债券，求发股偿还债券后，股票的每股价值。

(4)接第(3)问，因为负债减少，债券信用等级升为 AAA，债券贝塔变为 0.2，求此时的权益价值和负债价值。

2. 某公司打算为某个项目购入一批新能源汽车，预计税后经营性现金流为 200 万元，项目为期 4 年，项目期末残值为 0，4 年后可获得政府的回收补贴 50 万元，无风险利率为 2.5%，无杠杆公司的资本成本为 10%，税率为 25%。

（1）求公司的最高出价。

（2）公司打算投入 500 万元，公司当前可平价发行债券 400 万元，利率为 5%，为期 4 年，试求 APV。

（3）接第（2）问，政府能为公司所发债券中的 300 万元提供为期两年 2% 的利息补贴，试求此时的 APV。

四、论述题（每题 25 分，共 50 分）

1. 有人说“传统商业银行是要在 21 世纪灭绝的一群恐龙”，也有人认为，在金融科技的颠覆性冲击影响下，使得银行的内生产品链演变为全社会的产业，银行的基础业务正在被金融科技企业分割蚕食，如果银行不迎击、反击、蜕变、革新，未来将变得“毫无价值”，请结合金融学基本原理和国内外银行业实践，谈谈你对商业银行在当前经济中所发挥作用的理解以及你对商业银行未来发展前景的观点和理由。

2. 易纲行长的文章指出，“近 30 年来持续进行利率市场化改革，目前我国已形成了市场化的利率形成和传导机制以及较为完整的市场化利率体系”。请结合主要利率品种简述当前我国利率体制的构成情况和调控框架，并分析为发挥好利率对我国经济金融运行的调节作用还应努力解决哪些问题？

中国人民大学 2022 年金融学综合试题解析

一、单项选择题（每题 1 分，共 30 分）

1. B。司马迁的论断说明，货币产生于交换的发展之中，即货币是商品经济发展的产物。

2. A。在我国主币和辅币都是无限法偿的，交易中不能拒收现金。

3. D。子钱家是放高利贷的人，质库就是典当行，银号就是规模较大的钱庄，飞钱就是兑换券。

4. D。商业银行不良债权的出现或因银行自身的错误，或因外部环境因素，或因借款人无力偿还，总体来说是不可避免的。

5. A。国债依存度是指当年国债发行额占当年中央财政支出的比率。国际上关于国债依存度公认的警戒线是 20%。

6. B。银行控股公司，就是由某一集团出资成立一个股权公司，再由该公司通过收购等方式控制两家以上银行，股权公司经营政策和业务活动控制银行经营行为。美国采用的是连锁银行制度。

7. A。国际清算银行成立于 1930 年，其创始成员国包括英国、法国、意大利、德国、比利时、日本等。

8. A。欧洲中央银行简称欧洲央行，总部位于德国法兰克福，成立于 1998 年 6 月 1 日，其负责欧盟欧元区的金融及货币政策。

9. B。作为支付手段的货币，在购买商品或服务时，可以是分次交付的，在时间和空间上是可以分开的。

10. C。银行拆借市场是我国规模最大的货币市场，也是中国人民银行进行公开市场操作的场所。

11. A。看涨期权的内在价值 = 执行价格 - 市场价格。期权的价格（期权费）= 内在价值 + 时间价值，可见，看跌期权执行价格越高，内在价格越高，期权费也越高。

12. A。美国风险投资融资额长期保持全球第一。

13. D。影响通货存款比的参与主体是非银行公众。选项 C 中的企业也包括商业银行，因此不够精确。

14. D。货币主义学派主张实行单一规则，不主张国家干预经济运行，认为因为存在时滞，逆周期的货币政策反而会加剧经济周期的波动。

15. A。清末新政设立户部银行，1908 年改称大清银行。民国成立，大清银行改称中国银行。

16. B。通货紧缩，名义利率刚性，则会引发实际利率上升，选项 A 正确；同时，证券价格由于折现率上升而下降，证券市场萎靡，选项 C 正确；对消费者而言，收入降低则会推迟消费，选项 B 错误，选项 D 正确。

17. D。经济金融化可能会导致资金脱实向虚，不能有效服务于实体经济。

18. D。信贷配给和优惠利率属于直接信用工具，公开市场操作属于一般货币政策工具。

19. D。我国对普惠金融的定义是：立足平等要求和商业可持续原则，以可负担的成本为有金融服务需求的社会各阶层和群体提供适当、有效的金融服务。并不能简单理解为提高金融服务人群，这个理解有“普”没有“惠”，选项 A 错误；普惠金融要坚持商业可持续原则，不是慈善和救助，因此起主要作用的是银行而不是政府，选项 C 和 B 错误。

20. D。从信用风险扩展到金融所有风险是巴塞尔协议Ⅱ的内容。

21. C。双层股权结构弊端之一就是两权分离，易使公司经营者利用与股东信息不对称的地位，滥用自己的权力，违背信托责任，形成内部人控制问题。

22. C。净营运资本=流动资产-流动负债。流动资产包括现金、短期有价证券、应收账款、短期应收票据、存货和预付款项。流动负债是指一年内或一个营业周期内到期的负债，包括应付账款、应付费用、应付利息、应付税金、短期应付票据和长期债务的到期部分。当流动资产的减少量多过流动负债的减少量，或流动资产的增加量小于流动负债的增加量时，营运资金就会减少。选项 A 错误，赊购原材料会同时增加存货和增加应付账款，净营运资本不变；选项 B 错误，应收账款增加，流动资产增加，流动负债不变，净营运资本增加；选项 C 正确，现金流出，流动资产减少，流动负债不变，净营运资本减少。

23. D。引入战略投资者，股票定向增发，扩大股本，对债权人是有利的。

24. B。根据有效市场假说，累积超常收益在公告日前一天和公告日当天会发生变化，但是公告后超长收益基本没有变动，这样才符合半强有效市场的特征。

25. C。发放现金股利，会降低股价。

26. C。利率降低，IRR 和回收期不变，盈利指数会变大，只有折现回收期会变小。

27. B。公司增加债务，债务利息税前扣除，减少了流向税务部门的现金流，但债权人的获得现金流是固定的，因此利息税盾全归全体股东所有。

28. A。市净率=P/每股净资产=股利支付率×权益净利率/(股权资本成本-增长率)。选项 A，会计政策保守，就是每股净资产下降，市净率上升；选项 B，房地产政策收紧，即 ROE 变小，市净率下降；选项 C，折现率变大，即股权资本成本变大，市净率下降；选项 D，公司发展前景不被看好，就是增长率下降，市净率下降。

29. B。可持续增长率$=b\times ROE\Rightarrow 12\%=0.7\times ROE\Rightarrow ROE=17.14\%$。同时，根据杜邦分析法可得，$ROE$ =销售净利率×资产周转率×权益乘数⇒17.14%=销售净利率×1×3/2⇒销售净利率=11.42%。

30. A。项目的资本成本与公司的资本成本不同是因为项目的风险与公司整体风险不同，因此不能用公司资本成本作为评价项目是否接受的标准，而应该用项目的资本成本，只有选项 A 的报酬率是大于该项目的资本成本的。

二、判断题(每题 1 分，共 30 分)

1. 错误。日本金融业 20 世纪 90 年代开始重组银行业，才开启混业经营模式。
2. 正确。
3. 正确。
4. 正确。
5. 错误。中投公司对外，作为国家主权基金，其投资业务以境外资产组合产品为主。
6. 正确。
7. 错误。社会融资规模是中国首创，中国人民银行率先提出。
8. 正确。
9. 错误。量子基金是宏观基金。

10. 错误。重组后，银行业和保险业的法规法案的制定权归于中国人民银行。

11. 正确。

12. 正确。

13. 正确。

14. 错误。国债直接卖给中央银行这是财政赤字货币化，是非常规的货币政策。

15. 正确。

16. 正确。

17. 正确。

18. 错误。根据马科维茨资产组合理论，有效资产组合是风险相同情况下收益最高的组合。最佳资产组合还要结合无风险资产进行综合考量。

19. 正确。

20. 错误。夏普比率等于资产的风险溢价除以其标准差，度量了每单位总风险所获得的风险溢价。

21. 正确。公司价值是未来现金流现值的和，暂时的现金流出并不违反公司价值最大化的目标。

22. 错误。现金减少，净营运资本减少，公司的自由现金流会增加。

23. 错误。IRR 法虽然有各种缺陷，但现实中使用频率还是很高的。

24. 错误。敏感性分析是从众多不确定性因素中找出对投资项目经济效益指标有重要影响的因素，是压力测试之一。

25. 正确。*ROA*=净利润/总资产，公司发行少量债务回购股票，净利润会随着利息的增加而减少，利息的节税效应会使得总资产增加，分子减少，分母增加，因此 *ROA* 下降。

26. 错误。某只股票位于证券市场线上方，证明该证券价值被低估。

27. 正确。

28. 错误。投资组合的贝塔是组合中各证券贝塔的加权平均，不可能小于任何一个证券的贝塔。

29. 错误。半强有效市场上，内幕消息仍可带来超额利润。

30. 正确。

三、计算题(每题 20 分，共 40 分)

1.(1)CAPM 中的资本资产指股票、债券等有价证券(当然债券与市场的相关性很弱)。

$$r_S = 2\%+1\times10\% = 12\%$$

$$r_B = 2\%+0.3\times10\% = 5\%$$

$$r_{WACC} = \frac{S}{B+S}r_S + \frac{B}{B+S}r_B(1-T_C) = 12\%\times0.5+5\times0.5\times75\% = 7.875\%$$

(2) 公司的无杠杆贝塔为：

$$\beta_U = \frac{S}{B+S}\beta_S + \frac{B}{B+S}\beta_B = 0.5\times(1.0+0.3) = 0.65$$

(3) 新发的股票可以回购债务 30×8=240 亿元，回购后债务价值=100×10−240=760 亿元。回购债券后税盾减少 240×0.25=60 亿元，回购后股权价值为 1000+240−60=1180 亿元，回购后的股票数量为 100+30=130 亿股，则每股股价为 1180/130=9.08 元。

(4) 回购后负债价值为 1000−240=760 亿元，调整后股权价值为 1000+240−60=1180 亿元。

2.(1)设最高出价为 *X*，则有：

$$-X+200(P/A,\ 10\%,\ 4)+\frac{X}{4}\times0.25(P/A,\ 2.5\%,\ 4)+50(P/F,\ 2.5\%,\ 4)=0$$

计算可得 *X*=888.09 万元。

(2) 先计算 NPV：

$$NPV=-500+200(P/A,\ 10\%,\ 4)+\frac{500}{4}\times0.25(P/A,\ 2.5\%,\ 4)+50(P/F,\ 2.5\%,\ 4)=296.78\text{ 万元}$$

然后计算债务筹资的副效应现值：$400\times5\%\times0.25\times(P/A, 5\%, 4)=17.73$ 万元，则 $APV=296.78+17.73=314.51$ 万元。

（3）新增副效应的现值为 $300\times2\%\times(P/A, 5\%, 2)=11.16$ 万元，此时的调整后净现值为 $APV=314.51+11.16=325.67$ 万元。

四、论述题（每题 25 分，共 50 分）

1.（1）信用中介是商业银行的基本功能。商业银行的信用中介功能基于三大能力：

① 长期积累形成的信息优势。银行在长期承担信用中介的过程中，依托自身在资金流动中的枢纽地位，成为经济信息的重要汇集点，逐步积累了基于个人、企业资金及账户活动大量的有价值信息。商业银行利用这些信息资源，减少由交易成本和信息成本所带来的市场摩擦，把不对称的信息变得对称，促进资金供求双方更有效地匹配，由此巩固和发展了自身的信用中介地位。

② 长期积累形成的信用优势。现代银行制度形成以后，信用经济得到极大发展。商业银行凭借“信任”这个重要特征，为信息不对称的双方撮合交易。信用制度经历了长期的积累与完善，才形成了以社会广泛信任为基础、以经营信用为主要业务的专业中介模式，并建立起完善可靠的信用风险管理体系。商业银行的中介功能弥补了巨大的信用鸿沟，是数千年发展形成的信用共识。同时，重任在肩的银行也须接受审慎监管，满足严格的资本要求。

③ 长期承担的资产转化职能，锻造了银行的专业管理和风险控制基因。金融业愈开放、产品体系愈复杂、金融业参与国际金融的范围愈广深度愈大，对于专业管理和风险控制的要求就愈高，信息成本付出也愈高，因而金融业必须通过规模经营以降低边际成本。这种规模门槛又进一步强化了银行在专业管理能力方面的不可替代性。

（2）近年来金融科技发展迅速，对商业银行的发展提出了严峻的挑战，但并不能就此断言金融机构会被“去中介化”。这主要是基于以下原因。

① 金融机构的核心功能是资产转化，即实现资金在时间、空间、规模等维度上的转化，这是金融的核心竞争力所在，是社会资源合理利用和配置之所需。实现这一功能需要有风险控制技能、团队和经验，需要完善的金融基础设施、信息数据积累和处理分析能力，其投资大、见效慢。虽然互联网技术的发展降低了信息的检索和传递成本，但互联网金融的本质还是金融。一方面，第三方机构是通过嫁接金融系统的基础设施，才在办理支付、撮合资金供求双方交易等方面取得了部分进展；另一方面，至今所有的实践都未能证明第三方机构具备承担大规模资产转化的能力与经验。

② 金融服务需要高效率和低成本，只有综合化、一揽子服务和线上线下相结合才能形成竞争力。现代金融服务需要多项金融功能的组合。这些功能涵盖存贷、支付、交易、咨询、风险管理、资产及利率汇率管理等各个领域，覆盖国内外两个市场，只有具备完备的产品组合和线上线下资源、专业的服务技能、丰富的运作经验才能完成这样复杂、综合性的金融服务，从而降低买卖双方之间的交易成本和信息博弈成本，平衡利益并增加双方的收益。

③ 金融机构需要承担昂贵的监管成本。现代金融监管体系对金融机构确立高标准的资本和流动性比例、严苛的合规监管及风险管理要求，并通过宏观审慎管理，维系信用经济的正常运转和金融体系稳定。金融机构不乏百年老店，长期稳健经营、注重信誉品牌，加强信息披露，不滥用信息优势，通过传递“公正和信任”信号，降低了消费者的“获得成本”。美国的数字化发展、互联网创新均领全球之先，信用环境也非常完善，但它的银行等金融中介仍在有效发挥作用，并没有任何消亡迹象。

（3）金融科技的挑战是现实的，商业银行要巩固和发展中介功能，就要适应挑战，尽快从支付中介、融资中介向信息中介升级。为了实现转型目标，商业银行要从平台、数据、金融三方面入手。

① 商业银行要建立起高效的信息平台，不仅要成为金融服务提供商，还要成为经济体系中重要的信息服务提供商，通过经济活动各个环节的交易信息、金融信息、物流信息等信息资源的积累，利用大数据处理和数学建模分析，发现市场潜在的金融需求，从而更有针对性地为客户提供金融服务。

② 商业银行要打造完备的数据基础。把数据仓库构建好，包括对各种结构化、非结构化数据进行挖掘分析，将数据作为判断市场、精准营销、发现价格、评估风险、配置资源的重要依据，实现数据共享。

③ 商业银行要主动融入互联网的金融变局，吸收信息技术创新发展成果，推进金融产品和服务的创新。借助大数据技术强大的数据分析能力，推出新产品、新服务，延伸服务范围，有效增加在传统业务模式下容易被忽视的长尾客户的服务供给，有效提高客户的金融服务体验，促进金融体系运作效率的提升。

2. 经过近 30 年来持续推进利率市场化改革，目前我国已基本形成了市场化的利率形成和传导机制，以及较为完整的市场化利率体系，主要通过货币政策工具调节银行体系流动性，释放政策利率调控信号，在利率走廊的辅助下，引导市场基准利率以政策利率为中枢运行，并通过银行体系传导至贷款利率，形成市场化的利率形成和传导机制，调节资金供求和资源配置，实现货币政策目标。

我国当前的利率体系和框架如下图所示：

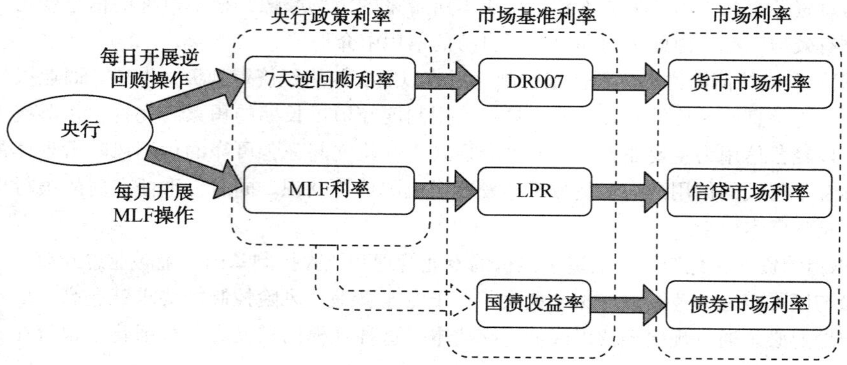

我国市场化利率体系中，最为重要的利率品种包括：

① 公开市场操作(OMO)利率与利率走廊。公开市场操作 7 天期逆回购利率是央行短期政策利率。央行通过每日开展公开市场操作，保持银行体系流动性合理充裕，持续释放短期政策利率信号，使存款类金融机构质押式回购利率(DR)等短期市场利率围绕政策利率为中枢波动，并向其他市场利率传导。同时，通过以常备借贷便利(SLF)利率为上限、超额准备金利率为下限的利率走廊的辅助，将短期利率的波动限制在合理范围。其中，SLF 是央行按需向金融机构提供短期资金的工具，由于金融机构可按 SLF 利率从央行获得资金，就不必以高于 SLF 利率的价格从市场融入资金，因此 SLF 利率可视为利率走廊的上限。

② 中期借贷便利(MLF)利率。MLF 利率是央行中期政策利率，与公开市场操作 7 天期逆回购利率共同构成了央行政策利率体系。2019 年以来，央行逐步建立 MLF 常态化操作机制，每月月中开展一次 MLF 操作，通过以相对固定的时间和频率开展操作，提高操作的透明度、规则性和可预期性，向市场连续释放中期政策利率信号，引导中期市场利率。

③ 贷款市场报价利率(LPR)。2019 年 8 月，央行推进 LPR 改革，报价行在 MLF 利率的基础上，综合考虑资金成本、风险溢价等因素报出 LPR，充分反映市场供求状况。经过两年来的持续演进，金融机构新发放贷款已基本参考 LPR 定价，存量贷款也已完成定价基准转换，LPR 已代替贷款基准利率，成为金融机构贷款利率定价的主要参考基准，贷款利率的市场化程度明显提升。改革后，贷款利率隐性下限被打破，LPR 及时反映了市场利率略有下降的趋势性变化，有效发挥方向性和指导性作用，引导贷款实际利率有所下行，并且形成了“MLF 利率→LPR→贷款利率”的利率传导机制，货币政策传导渠道有效疏通，贷款利率和债券利率之间的相互参考作用也有所增强。

④ 存款准备金利率。存款准备金利率是央行对金融机构存在央行的准备金支付的利率，分为法定准备金利率和超额准备金利率。目前，我国的法定准备金利率为 1.62%，有利于平衡各方面利益，支持金融机构可持续发展。2020 年超额准备金利率由 0.72%降至 0.35%，与活期存款基准利率一致，统一了居民在商业银行的活期存款利率与商业银行在央行的超额准备金利率水平，比较公平。同时，降低了商业银行超额准备金的收益，提高了其闲置资金的机会成本，有利于促使银行提高资金使用效率，鼓励其用好自身资金增加信贷投放支持实体经济。

⑤ 上海银行间同业拆放利率(Shibor)。目前 Shibor 已被应用于货币市场及债券、衍生品等市场各个层

次的金融产品定价。自 Shibor 建立以来，人民银行持续对 Shibor 进行监督管理，有效地保证了 Shibor 的报价质量。

（2）当前深化利率市场化改革的一个重要矛盾在于市场化利率在“形得成”和传导方面存在障碍，其原因包括监管套利、金融市场不成熟等造成的市场分割，以及融资平台预算软约束、存款无序竞争等财政金融体制问题。下一阶段，要继续加强监管、优化营商环境、硬化预算约束、化解金融风险，为进一步深化利率市场化改革提供更有利条件。

【科兴点评】【科兴点评】中国人民大学的试题既注重细节，又注重宏观。细节体现在单项选择题和判断题涉及的知识点多，分值小；宏观体现在重难点考查很明确，而且给的分值很大。总体来看试卷具有很强的考查筛选能力。报考中国人大的同学一定要重视历年真题，很多题目看似很难，其实都是历年真题的改编或者重复考查。

科兴教育 2023 年金融硕士辅导课程设置

科兴从事 431 金融学考试辅导 10 多年，帮助众多考生步入复旦、上财等金融名校。2023 年，为满足不同考生的学习需要，科兴推出两大课程体系：一是针对上海地区 431 招生单位开设全程定向班，一校一课、定向辅导；二是针对《金融学综合复习指南》推出配套强化课程，精准高效、吃透教辅。想了解辅导课程的同学可拨打 021-65111511 或者加微信 kexingkaoyan、QQ2228764643 联系咨询。

一、上财 431/复旦 431

课程	上课时间	授课内容	授课课时
前置导学	2021 年 9 月	会计财务基础	8 课时
教材导学	2022 年 1 月	核心教材导读	4 课时
教材精讲	2022 年 3—6 月	核心教材精讲	64 课时
重难点提高	2022 年 7—8 月	模块化精讲	48 课时
习题精讲	2022 年 9—10 月	经典习题讲解	16 课时
真题精讲	2022 年 9—10 月	历年真题讲解	16 课时
延申拓展	2022 年 11 月	课外补充讲解	8 课时
热点精讲	2022 年 11 月	热点归纳精讲	8 课时
技巧点拨	2022 年 11 月	答题方法讲解	4 课时
预测模考	2022 年 12 月	考前模拟预测	4 课时

二、上海其他高校 431 课程

课程	上课时间	授课内容	授课课时
前置导学	2021 年 9 月	会计财务基础	8 课时
教材导学	2022 年 1 月	核心教材导读	4 课时
教材精讲	2022 年 3—6 月	核心教材精讲	64 课时
重难点提高	2022 年 7—8 月	模块化精讲	32 课时
习题精讲	2022 年 9—10 月	经典习题讲解	8 课时
真题精讲	2022 年 9—10 月	历年真题讲解	8 课时
热点精讲	2022 年 11 月	热点归纳精讲	8 课时
技巧点拨	2022 年 11 月	答题方法讲解	4 课时
预测模考	2022 年 12 月	考前模拟预测	4 课时

三、《金融学综合复习指南》配套课程

本课程共计 64 课时，以黄达《金融学》(第 5 版) 和罗斯《公司理财》(第 11 版) 知识框架进行讲解。其中罗斯《公司理财》仅讲解第 1—20 和第 26—28 章节。本课程适用于绝大多数高校的第二轮备考复习。

关于科兴

科兴成立于 2000 年，地处上海，与复旦、上财为邻，办学历史已超过二十年，主要涉足考研和插班生等大学生考试辅导培训。身处经济金融中心，科兴既与城市高速发展同向而行，又得百年名校书香浸润，收购翔高教育后，其考研专业课继承先进辅导理念和优质辅导资料，始终保持教育辅导初心，遵循“精准、高效、专业、深度”的办学宗旨，坚持在 431 金融学领域深耕，已成为上海地区金融硕士培训的领导品牌。